Der Auslandseinsatz der Bundeswehr und das Parlamentsbeteiligungsgesetz

D1666491

ISBN 978-3-86676-019-6

Dieter Wiefelspütz

Der Auslandseinsatz der Bundeswehr und das Parlamentsbeteiligungsgesetz

ISBN 978-3-86676-019-6

Verlag für Polizeiwissenschaft
Dr. Clemens Lorei

Bibliografische Information Der Deutschen Bibliothek
Die Deutsche Bibliothek verzeichnet diese Publikation in der Deutschen Nationalbibliografie; detaillierte bibliografische Daten sind im Internet über http://dnb.ddb.de abrufbar.

Verlag für Polizeiwissenschaft, Dr. Clemens Lorei
Eschersheimer Landstraße 508 • 60433 Frankfurt
Telefon/Telefax 0 69/51 37 54 • verlag@polizeiwissenschaft.de
www.polizeiwissenschaft.de

Printed in Germany

Inhaltsverzeichnis

A. Einführung

Als die Bundesrepublik Deutschland im Jahre 1949 gegründet wurde, war für die Zeitgenossen kaum vorstellbar, daß Deutschland in überschaubaren Zeiträumen wieder über nationale Streitkräfte verfügen könnte.[1] Die nachträgliche Implementierung der wehrverfassungsrechtlichen Normen in das Grundgesetz in den fünfziger Jahren des vergangenen Jahrhunderts[2] war deshalb folgerichtig mit einer der ersten großen politischen Kontroversen in der noch jungen Bundesrepublik Deutschland verbunden. Eine ähnlich leidenschaftlich, auch außerparlamentarisch geführte Debatte prägte später im Jahre 1968 die Einfügung der wehrverfassungsrechtlich bedeutsamen so genannten Notstandsverfassung in das Grundgesetz.[3]

Die deutsche Nachkriegsgesellschaft ist erkennbar pazifistisch geprägt. Gleichwohl blickt die Bundeswehr inzwischen auf eine mehr als fünfzigjährige Geschichte zurück. Die Bundeswehr und die Soldatinnen und Soldaten Deutschlands genießen das Vertrauen und den Respekt des Volkes und der Bündnispartner.

Die Bundeswehr ist Ausdruck wehrhafter Staatlichkeit und inzwischen ein wichtiges Instrument deutscher Außen-, Sicherheits- und Friedenspolitik. Über zahlreiche Stationen der Geschichte unseres Landes ist die Bundeswehr längst in der Wirklichkeit komplexer außen-, sicherheits- und bündnispolitischer Interessen angekommen.

Die wenigen Artikel des Grundgesetzes, die über die Verwendung der Bundeswehr Aufschluß geben, wurden und werden von der Bundesregierung, den politischen Parteien und der interessierten Öffentlichkeit, aber auch vom rechtswissenschaftlichen Schrifttum unterschiedlich beurteilt. Unübersehbar ist aber auch, daß die veränderte Stellung Deutschlands in der internationalen Politik eine sich zunehmend verändernde Auslegung der wehrverfassungsrechtlichen Normen prägte.

Bis 1990 wurden bundesdeutsche Soldaten außer zu Manövern, Übungen, Staatsbesuchen

---

1 Vgl. Wiefelspütz, Das Parlamentsheer, 2005, S. 9 ff.; ders., AöR 132 (2007), S. 44 (45 ff.); Wieland, NZWehr 2006, S. 133.

2 4. Gesetz zur Ergänzung des Grundgesetzes vom 26. März 1954 (BGBl I S. 45); 7. Gesetz zur Ergänzung des Grundgesetzes vom 19. März 1956 (BGBl I S. 111); vgl. dazu Wiefelspütz, Das Parlamentsheer, S. 12 ff., 28 ff., 45 ff. m. w. N.; Epping, in: Verfassungsrecht und soziale Wirklichkeit in Wechselwirkung, hgg. von Bodo Pieroth, 2000, S. 183 (193 ff.); Wieland, NZWehr 2006, S. 133 ff.; Paulus, Parlament und Streitkräfteeinsatz in rechtshistorischer und rechtsvergleichender Perspektive, Habilitationsschrift, Universität München, Typoskript (noch nicht veröffentlicht), März 2006, S. 168 ff.; knapper Überblick bei Baldus, in: von Mangoldt/Klein/Starck (Hg.), Grundgesetz, Bd. 3, 5. Aufl., 2005, Art. 87 a Rdnr. 3.

3 17. Gesetz zur Ergänzung des Grundgesetzes, BGBl. I S. 709. Dazu Wiefelspütz, Das Parlamentsheer, S. 61 ff.; ders., AöR 132 (2007), S. 44 (48 ff.); Epping, in: Verfassungsrecht und soziale Wirklichkeit in Wechselwirkung, hgg. von Bodo Pieroth, S. 183 (196 f.).

und ähnlichen Verwendungen zu humanitären Hilfeleistungen ins Ausland entsandt.[4] Bemerkenswert war freilich, daß die Bundeswehr bald nach Aufnahme der Bundesrepublik Deutschland in die Vereinten Nationen (VN) Blauhelm-Einsätze der VN logistisch unterstützte.[5] Diese Staatspraxis der Bundesrepublik Deutschland hat sich seit der Wiedergewinnung der staatlichen Einheit im Jahre 1990 massiv verändert. Nach der Wiedervereinigung wurden die Streitkräfte mehr und mehr zu einer „Bundeswehr im Einsatz"[6]. In bislang 63 (!) Fällen[7] erteilte der Deutsche Bundestag seine Zustimmung zum Einsatz bewaffneter deutscher Streitkräfte im Ausland.

In engem Zusammenhang mit dieser Entwicklung steht eine fundamentale Neuorientierung bei der Beurteilung der verfassungsrechtlichen Vorgaben für die Verwendung der Bundeswehr im Ausland, obwohl die wehrverfassungsrechtlichen Normen des Grundgesetzes seit 1968 nur unwesentlich verändert wurden.[8] Gleiches gilt für die verteidigungspolitischen Vorstellungen der Bundesregierung, die in den letzten Jahrzehnten nachhaltig verändert wurden. Vorläufiger Schlußpunkt dieser Entwicklung sind die Verteidigungspolitischen Richtlinien des Bundesver-

---

4 Vgl. dazu Dreist, in: Entschieden für Frieden – 50 Jahre Bundeswehr 1955 bis 2005, hgg. von Klaus-Jürgen Bremm, Hans Mack und Martin Rink, 2005, S. 507 (509); Rauch, Auslandseinsätze der Bundeswehr, 2006, S. 47 ff.

5 UNEF 1973/74; UNIFIL 1978; UNTAC; vgl. dazu Tomuschat, AFDI 39 (1993), S. 451 (453).

6 Verteidigungspolitische Richtlinien, hgg. vom Bundesministerium der Verteidigung, 2003, S. 25; zu den Richtlinien: Meier, in: Krause/Irlenkaeuser (Hg.): Bundeswehr – Die nächsten 50 Jahre, 2006, S. 63 ff.

7 Stand: 1. November 2007.

Zuletzt:

Fortsetzung ISAF; Fortsetzung der Beteiligung bewaffneter deutscher Streitkräfte an dem Einsatz einer Internationalen Sicherheitsunterstützungstruppe in Afghanistan unter Führung der NATO (ISAF); Kabinettentscheidung vom 19. September 2007; BT-Drs. 16/6460; Zustimmung des Deutschen Bundestages am 12. Oktober 2007; Deutscher Bundestag, 16. Wahlperiode, Sten. Prot. S. 12 373 A (Ergebnis der namentlichen Abstimmung); Personalobergrenze (einschließlich der Fähigkeiten zur Aufklärung und Überwachung aus der Luft): 3500 Soldaten. Der Einsatz ist bis zum 13. Oktober 2008 befristet.

Verlängerung UNIFIL; Beteiligung bewaffneter deutscher Streitkräfte an der „United Nations Interim Force in Lebanon" (UNIFIL); Kabinettentscheidung vom 22. August 2007; BT-Drs. 16/6278; Zustimmung des Bundestages am 12. September 2007; Deutscher Bundestag, 16. Wahlperiode, Sten. Prot. S. 11570 C (Ergebnis der namentlichen Abstimmung); Personalobergrenze: 1400 Soldatinnen und Soldaten; der Einsatz ist bis zum 15. September 2008 befristet.

Fortsetzung KFOR; Fortsetzung der deutschen Beteiligung an der Internationalen Sicherheitspräsenz im Kosovo; Kabinettentscheidung vom 13. Juni 2007; BT-Drs. 16/5600; Zustimmung des Bundestages am 21. Juni 2007; Deutscher Bundestag, 16. Wahlperiode, Sten. Prot. S. 10772 D (Ergebnis der namentlichen Abstimmung). Personalobergrenze: 8500 Soldaten. Verlängerung des Einsatzes für weitere zwölf Monate; die Kräfte können eingesetzt werden, solange ein Mandat des Sicherheitsrats der Vereinten Nationen und ein entsprechender Beschluß des NATO-Rates sowie die konstitutive Zustimmung des Deutschen Bundestages vorliegen.

8 Wieland, NZWehrr 2006, S. 133 (136 ff.).

teidigungsministers aus dem Jahre 2003[9] und das „Weißbuch zur Sicherheitspolitik Deutschlands und zur Zukunft der Bundeswehr"[10], das am 25. Oktober 2006 von der Bundesregierung beschlossen wurde.

Die Verteidigungspolitischen Richtlinien sehen ein umfassendes Einsatzspektrum der Bundeswehr im Ausland vor. Nicht mehr die Landesverteidigung im herkömmlichen, territorial orientierten Sinne, sondern der deutsche Beitrag zur multilateralen internationalen Krisenprävention, zum Krisenmanagement, aber auch zur Friedenssicherung und die Bekämpfung des internationalen Terrorismus stehen im Mittelpunkt dieser Richtlinien. Das „Weißbuch zur Sicherheitspolitik Deutschlands und zur Zukunft der Bundeswehr" aus dem Jahre 2006 stellt eine Weiterentwicklung dieser Richtlinien dar. Im Weißbuch wird das aktuelle nationale und internationale Aufgabenspektrum der Bundeswehr umfassend beschrieben.

In der Rückschau kann man sich des Eindrucks nicht erwehren, daß über mehrere Jahrzehnte, insbesondere aber vor der Wiedervereinigung Deutschlands, zentrale Fragen des deutschen Wehrverfassungsrechts vornehmlich auf der Grundlage politischer Interessenlagen und Opportunitäten beantwortet wurden. Politik ist aber nicht Recht, schon gar nicht Verfassungsrecht.[11]

Im geteilten Deutschland galt es lange Zeit mit Recht als politisch klug, sich an militärischen Unternehmungen außerhalb des NATO-Bündnisses und des Verteidigungsauftrags im NATO-Bündnis *nicht* zu beteiligen.[12] Dies bleibt eine der bedeutsamsten Leistungen bundesdeutscher Politik in der Nachkriegszeit.

Insbesondere lehnte die Bundesregierung eine Beteiligung an Friedensmissionen der Vereinten Nationen (VN) ab. Die jahrelang befolgte Leitlinie deutscher Politik wurde (nicht nur) von der Bundesregierung innenpolitisch, aber auch außenpolitisch mit *verfassungsrechtlichen* Argumenten geführt. Das Grundgesetz erlaube den „out of area"-Einsatz der Bundeswehr nicht, war das Standardargument.[13] Das politisch

---

9 Verteidigungspolitische Richtlinien, hgg. vom Bundesministerium der Verteidigung, 2003.

10 Weißbuch zur Sicherheitspolitik Deutschlands und zur Zukunft der Bundeswehr, hgg. vom Bundesministerium der Verteidigung, 2006.

11 Instruktiv ist die Skizze über die Entwicklung der bundesdeutschen Debatte von Horst Stein, GYIL 46 (2003), S. 64 ff.; Tomuschat, AFDI 39 (1993), S. 451 (464).

12 Wiefelspütz, Das Parlamentsheer, S. 3; ders., Der Einsatz bewaffneter deutscher Streitkräfte und der Parlamentsvorbehalt, 2003, S. 9; Dreist, in: Entschieden für Frieden – 50 Jahre Bundeswehr 1955 bis 2005, hgg. von Klaus-Jürgen Bremm, Hans Mack und Martin Rink 2005, S. 507 (508); ders., BWV 2005, S. 29 (30); Gramm, NZWehr 2005, S. 133.

13 Vgl. Inacker, Unter Ausschluß der Öffentlichkeit?, 1991, S. 28 ff.; Kreß, ICLQ 44 (1995), S. 414; Stein, GYIL 46 (2003), S. 64 (68 ff.); Kutscha, KJ 37 (2004), S. 228 (231); Paulus, Parlament und Streitkräfteeinsatz, S. 201 ff.

Gewollte wurde dabei freilich als das verfassungsrechtlich Gebotene ausgegeben.[14] Die Verfassung diente als Schutzschild und Ausrede,[15] um militärische Anforderungen der Bündnispartner, insbesondere aber um die Beteiligung deutscher Soldaten an militärisch geprägten Missionen der VN abzuwehren.[16] Unilaterale Auslandseinsätze bewaffneter deutscher Streitkräfte schienen außerhalb des Vorstellungsvermögens der politischen Eliten Deutschlands.

Fast zwei Jahrzehnte lang vertrat die Bundesregierung die Rechtsauffassung, daß die Bundeswehr ausschließlich zur Landes- und zur Bündnisverteidigung eingesetzt werden dürfe.[17] Die Bundesrepublik Deutschland war zwar 1973 den VN beigetreten[18] und hatte sich mit dem Beitritt verpflichtet, sich an der Friedenssicherung durch die VN zu beteiligen, wozu auch militärische Maßnahmen gehören können. Ein Widerspruch zum Grundgesetz wurde darin weder von der Bundesregierung noch von Bundestag und Bundesrat gesehen.[19] Gleichwohl verbot das Grundgesetz angeblich den militärischen Einsatz der Bundeswehr im Rahmen der VN.[20]

Der Urheber und gleichzeitig politisch Hauptverantwortliche für die verfehlte Rechtsauffassung der Bundesregierung dürfte der langjährige Bundesaußenminister Hans-Dietrich Genscher (F.D.P.) gewesen sein.[21] Dieser teilte dem damaligen stell-

---

14 Stein, in: Frowein/Stein (Hg.), Rechtliche Aspekte einer Beteiligung der Bundesrepublik Deutschland an Friedenstruppen der Vereinten Nationen, 1990, S. 17 (18).

15 Ähnlich Zöckler, EJIL 1995, S. 274 (286); Stein, GYIL 46 (2003), S. 64 (86). Alfred Grosser sprach im Jahre 1988 in polemischer Zuspitzung von „verfassungsscheinheiligen Gründen"; zitiert nach Dau, in: Goebel (Hrsg.), Von Kambodscha bis Kosovo, 2000, S. 21 (23).

16 Vgl. überzeugend von Münch, Staatsrecht I, 6. Aufl., 2000, Rdnr. 866 (S. 379 f.).

17 Vgl. Erklärung der Staatsministerin Hamm-Brücher vom 18. September 1978, BT-Drs. 8/2115, Nr. 10, S. 6: „Das Grundgesetz enthält keine Bestimmung, die die Beteiligung der Bundeswehr an Friedenstruppen der Vereinten Nationen ausdrücklich zuläßt." Weitere Nachweise bei Riedel, Der Einsatz deutscher Streitkräfte im Ausland – verfassungs- und völkerrechtliche Schranken, 1989, S. 3; Limpert, Auslandseinsatz der Bundeswehr, 2002, S. 16. Eine differenzierte Darstellung der von und in der Bundesregierung vertretenen Auffassungen wird erst nach Öffnung der Akten der Bundesregierung möglich sein. Vgl. auch Stein, GYIL 46 (2003), S. 64 (71 f.); Wiefelspütz, Das Parlamentsheer, S. 3 f.; Dreist, in: Entschieden für Frieden, S. 507 (508); ders., BWV 2005, S. 29 (30); Paulus, Parlament und Streitkräfteeinsatz, S. 200 ff.

18 Gesetz zum Beitritt der Bundesrepublik Deutschland zur Charta der Vereinten Nationen vom 6. Juni 1973 (BGBl. 1973 II S. 430).

19 Vgl. von Münch, Staatsrecht I, Rdnr. 866.

20 Vgl. Dau, in: Goebel (Hrsg.), Kambodscha, S. 21 (22); Stein, GYIL 46 (2003), S. 64 (70); Tomuschat, AFDI 39 (1993), S. 451 (464).

21 Vgl. Stein, GYIL 46 (2003), S. 64 (71); Meyer, Von der Entscheidungsmündigkeit zur Entscheidungsmüdigkeit?, 2004, S. 4 f.

4

vertretenden Fraktionsvorsitzenden der SPD-Bundestagsfraktion Prof. Dr. Horst Ehmke unter dem 4. August 1988 brieflich mit:

„Art. 87 a des Grundgesetzes bestimmt, daß die Streitkräfte „zur Verteidigung" und in den vom Grundgesetz ausdrücklich zugelassenen Fällen (Art. 35 Abs. 2 und 3, Art. 87 a Abs. 3 und 4) eingesetzt werden dürfen. Die Bundesregierung ist dementsprechend der Auffassung, daß Einsätze der Streitkräfte grundsätzlich nur zur Verteidigung der Bundesrepublik Deutschland, d. h. zur Selbstverteidigung, einschließlich der kollektiven Selbstverteidigung im Rahmen der Bündnisse, denen die Bundesrepublik Deutschland angehört, infragekommen. Die Bundeswehr erfüllt ihren Auftrag in diesem Rahmen."[22]

Das Ergebnis einer kaum zu entwirrende Verstrickung aus Staatsräson, politischen Interessenlagen und Zeitgeist wurde seinerzeit von einem wesentlichen Teil der bundesdeutschen Politik als geltendes Verfassungsrecht ausgegeben und verstanden.

Auch das rechtswissenschaftliche Schrifttum blieb von dieser Gemengelage nicht unberührt. In der Rückschau ist eine nur mit Mühe überschaubare Vielfalt an Meinungen zum Auslandseinsatz deutscher Soldaten festzustellen.[23] Nahezu jede Ansicht schien vertretbar. Alle diese Auffassungen nahmen für sich in Anspruch, geltendes Verfassungsrecht zu sein. Um die Übersicht nicht zu verlieren, bedienen sich einzelne Autoren graphischer Darstellungen,[24] um das vielfältige Meinungsspektrum strukturieren zu können. Statt eine sorgfältige Auslegung der Verfassung vorzunehmen, schien gelegentlich das Prinzip zu gelten: Alles geht.

Die säkulare Wende der Jahre 1989/90 ermöglichte nicht nur die Wiedervereinigung Deutschlands. Die überraschenden weltpolitischen Ereignisse jener Jahre bewirkten nach der Wiedervereinigung einen Paradigmenwechsel der deutschen Außen- und Sicherheitspolitik. In der Folge wuchs der Bundesrepublik Deutschland eine deutlich größere Bedeutung in der internationalen Politik zu. Der zunehmende internationale Einfluß hatte aber auch einen „Preis". Der Bundesrepublik Deutschland wurde ein spürbarer, nicht nur finanzieller Beitrag zu den militärischen und polizeilichen Komponenten multilateraler internationaler Friedenspolitik abverlangt. Die Kehrseite des neuen internationalen Gewichts der Bundesrepublik Deutschland war die Verpflichtung zur Übernahme von Verantwortung in Gestalt der Beteiligung deutscher Streitkräfte und deutscher Polizei an internationalen Friedensmissionen.

Nach der Wiedervereinigung begann die Bundesregierung allmählich – nicht

---

22 Zitiert nach: Deutscher Bundestag, 12. Wahlperiode, 101. Sitzung, 22. Juli 1992, Sten. Prot. S. 8615 C; Dau/Wöhrmann (Hg.), Der Auslandseinsatz deutscher Streitkräfte, 1996, S. 403 f.

23 Zum rechtswissenschaftlichen Meinungsspektrum bis zur Streitkräfteentscheidung des Bundesverfassungsgerichts vom 12. Juli 1994 instruktiv: Paulus, Parlament und Streitkräfteeinsatz, S. 202 ff.

24 Vgl. Philippi, Bundeswehr-Auslandseinsätze als außen- und sicherheitspolitisches Problem des geeinten Deutschland, 1997, Anlage, Abbildung 4.

ohne Konflikte zwischen einzelnen Ressorts der Bundesregierung und den die Bundesregierung tragenden Fraktionen[25] – ihre Auffassung zur Zulässigkeit des Auslandseinsatzes der Streitkräfte zu ändern.[26] Parallel dazu wirkte die Bundesrepublik Deutschland bei der nachhaltigen Weiterentwicklung des Bündnisses mit. Sie trug die so genannten Petersberg-Beschlüsse der Westeuropäischen Union (WEU) mit, die eine Ausweitung der Aufgaben der WEU in Richtung auf eine aktive Friedenspolitik unter Einschluß von militärischen Friedensmissionen beinhaltete, ohne daß eine Änderung des WEU-Vertrages[27] für erforderlich gehalten wurde.[28] Die Mehrheit der deutschen Staatsrechtslehrer hatte sich bereits zuvor dazu bekannt, daß das Grundgesetz der Beteiligung deutscher Streitkräfte an militärisch geprägten Missionen der VN nicht entgegensteht.[29]

Aber erst das Bundesverfassungsgericht leistete mit seinem Streitkräfteurteil vom 12. Juli 1994,[30] was an sich Aufgabe der Politik und/oder des Verfassungsgesetzgebers gewesen wäre: Die eindeutige und verbindliche Klärung der zentralen verfassungsrechtlichen Bedingungen der wichtigsten Fälle der Auslandseinsätze der Bundeswehr. Seither gilt als gerichtet, daß die Ermächtigung des Art. 24 Abs. 2 GG den Bund nicht nur zum Eintritt in ein System gegenseitiger kollektiver Sicherheit wie VN und NATO und zur Einwilligung in damit verbundene Beschränkungen seiner Hoheitsrechte berechtigt. Art. 24 Abs. 2 GG bietet vielmehr auch die verfassungsrechtliche Grundlage für die Übernahme der mit der Zugehörigkeit zu einem solchen System typischerweise verbundenen Aufgaben und damit auch für eine Verwendung der Bundeswehr zu Einsätzen, die im Rahmen und nach den Regeln dieses Systems stattfinden.[31]

---

25 Vgl. Dreist, BWV 1994, S. 125 (127); Stein, GYIL 46 (2003), S. 64 (72); Schmidt-Jortzig, in: Dau/Wöhrmann (Hg.), Der Auslandseinsatz, S. 683 ff.; Diskussionsbeitrag Rupert Scholz, in: Schwarz/Steinkamm (Hg.), Rechtliche und politische Probleme des Einsatzes der Bundeswehr „out of area", 1993, S. 42; Wild, in: Menzel (Hg.), Verfassungsrechtsprechung, 2000, S. 547; Biermann, ZParl 2004, S. 607 (608 f.), unterscheidet seit 1991 vier Phasen gesteigerten militärischen Engagements.

26 Vgl. Bähr, Verfassungsmäßigkeit des Einsatzes der Bundeswehr im Rahmen der Vereinten Nationen, 1994, S. 19; König, GYIL 38 (1995), S. 103 (104 ff.); Stein, GYIL 46 (2003), S. 64 (74 ff.). Siehe aber Scholz, Süddeutsche Zeitung vom 25. August 1988, der bereits damals als Bundesminister der Verteidigung die Auffassung vertrat, das Grundgesetz erlaube den Einsatz von deutschen Soldaten im Rahmen von bewaffneten VN-Friedensmissionen.

27 Treaty for collaboration in economic, social and cultural matters and for collective self-defence vom 23. Oktober 1954, UNTS 211, 342, BGBl. 1955 II S. 283.

28 Vgl. Paulus, Parlament und Streitkräfteeinsatz, S. 207.

29 Repräsentativ: Frowein/Stein (Hg.), Rechtliche Aspekte einer Beteiligung der Bundesrepublik Deutschland an Friedenstruppen der Vereinten Nationen, 1990; Tomuschat, AFDI 39 (1993), S. 451 ff.

30 BVerfGE 90, S. 286 ff.; siehe dazu unten S. 184 ff.

31 BVerfGE 90, S. 286, Ls. 1.

Das Bundesverfassungsgericht bescherte dem Deutschen Bundestag aber auch den konstitutiven wehrverfassungsrechtlichen Parlamentsvorbehalt und damit eine konstitutive Mitwirkung des Parlaments beim Einsatz bewaffneter deutscher Streitkräfte im Ausland. Die Bundeswehr war urplötzlich – nicht zuletzt zur Überraschung des Parlaments – zum „Parlamentsheer"[32] geworden. Damit war freilich nicht nur die vollständige Einordnung der Streitkräfte in die Verfassungsordnung der Bundesrepublik Deutschland gemeint, sondern auch die konstitutive Beteiligung des Deutschen Bundestages an Entscheidungen über Auslandseinsätze der Streitkräfte. Der Bundestag verfügt seither über einen maßgeblichen Einfluß beim Einsatz bewaffneter deutscher Streitkräfte im Ausland – und macht keine Anstalten, auch nur substantielle Teile dieser Machtposition der Bundesregierung zu übertragen.

Die nähere gesetzliche Ausgestaltung der Mitwirkungsrechte des Deutschen Bundestages stand lange aus. Die parlamentarische Behandlung eines Antrages der Bundesregierung auf Zustimmung des Deutschen Bundestages zu einem Auslandseinsatz bewaffneter deutscher Streitkräfte war bis zum Inkrafttreten des Parlamentsbeteiligungsgesetzes nicht gesetzlich geregelt, sondern orientierte sich vor dem Hintergrund der Rechtsprechung des Bundesverfassungsgerichts an einer vereinbarten parlamentarischen Übung, die weitgehend dem herkömmlichen Gesetzgebungsverfahren nachgebildet war.[33] Vor diesem Hintergrund unternahm

---

32 BVerfGE 90, S. 286 (382). Den an sich nur verfassungshistorisch bedeutsamen Begriff „Parlamentsheer" führte der am Streitkräfteurteil beteiligte Verfassungsrichter und Staatsrechtslehrer Ernst-Wolfgang Böckenförde in die bundesdeutsche Debatte in Abgrenzung zum „Königsheer" oder „autonomen Präsidialheer" ein. Vgl. Böckenförde, Die Eingliederung der Streitkräfte in die demokratisch-parlamentarische Verfassungsordnung und die Vertretung des Bundesverteidigungsministers in der militärischen Befehlsgewalt (Befehls- und Kommandogewalt) in: Stellvertretung im Oberbefehl, Veröffentlichungen der Hochschule für politische Wissenschaften München, 1966, S. 43 (48, 58); ders., Die Organisationsgewalt im Bereich der Regierung, 1964, S. 153 ff.; ders., in: Böckenförde (Hg.), Moderne deutsche Verfassungsgeschichte (1815 – 1914), 2. Aufl., 1981, S. 152: „Das Heer der konstitutionellen Monarchie war Königsheer, nicht Parlamentsheer." Kritisch zur Verwendung des Begriffs „Parlamentsheer": Isensee, Veranstaltung der Deutschen Vereinigung für Parlamentsfragen vom 4. Juni 2003, Sten. Prot., Deutscher Bundestag, 15. Wahlperiode, Ausschuß für Wahlprüfung, Immunität und Geschäftsordnung, Ausschußdrucksache 15 – G – 17, S. 10 f. Zum verfassungsgeschichtlichen Hintergrund des Begriffs „Parlamentsheer" instruktiv die Übersicht bei Paulus, Parlament und Streitkräfteeinsatz, S. 31 – 162.

33 1. Beratung des Antrags der Bundesregierung im Plenum des Deutschen Bundestages und Überweisung des Antrags in die Fachausschüsse (federführend: Auswärtiger Ausschuß).

2. Beratung des Antrags in den Fachausschüssen des Deutschen Bundestages.

3. abschließende Beratung und Abstimmung im Plenum.

Vgl. auch BT-Drs. 14/9402, S. 1.; Limpert, Auslandseinsatz, S. 92 ff.; Dreist, KritV 87 (2004), S. 79 (86 ff.); Kretschmer, in: Schmidt-Bleibtreu/Klein, Grundgesetz, 10. Aufl., 2005, Art. 45 a Rdnr. 15; Schmidt-Radefeldt, Parlamentarische Kontrolle der internationalen Kontrolle der Streitkräfteintegration, 2005, S. 156; Biermann, ZParl 2004, S. 607 (616 f.); Schröder, Das parlamentarische Zustimmungsverfahren zum Auslandseinsatz der Bundeswehr in der Praxis, 2005, S. 140, schreibt geschwollen von „Ver-

es der Deutsche Bundestag im Jahre 2004, ein Parlamentsbeteiligungsgesetz[34] zu beraten. Die Vorarbeiten dazu hatten bereits im Frühjahr 2003 begonnen. Am 3. Dezember 2004 schließlich verabschiedete der Deutsche Bundestag das Parlamentsbeteiligungsgesetz (PBG).[35]

Nicht alle Fragen der Verwendung der Streitkräfte im Ausland wurden von dem überaus bedeutsamen, politisch klugen[36], bis heute gleichwohl umstrittenen Streitkräfteurteil des Bundesverfassungsgerichts beantwortet. Weitere Entscheidungen der Bundesregierung wie die Evakuierung von deutschen und anderen Staatsbürgern aus Tirana/Albanien im Jahre 1997[37] durch bewaffnete Kräfte der Bundeswehr, vor allem aber der militärische Einsatz der Bundeswehr im ehemaligen Jugoslawien im Jahre 1999[38] – bis heute weder politisch, historisch, noch staatsrechtlich und

---

fassungskonventionalregeln im Range unterhalb von rechtsverbindlichen Normen". Eine „zweite und dritte Lesung" des Antrages, wie Gilch, Das Parlamentsbeteiligungsgesetz, Diss., Universität Würzburg, 2005, S. 102, und Schaefer, Verfassungsrechtliche Grenzen des Parlamentsbeteiligungsgesetzes, 2005, S. 295, sowie Rau, AVR 44 (2006), S. 93 (104 f.), angeben, fand und findet freilich im Plenum des Deutschen Bundestages nicht statt.

34 Kutscha, KJ 2004, S. 228 (234), meint, die Wahl der Bezeichnung des Gesetzes verrate „nicht gerade ein ausgeprägtes Bewußtsein für die zentrale Rolle des Parlaments im demokratischen Entscheidungsverfahren".

35 Deutscher Bundestag, 15. Wahlperiode, 146. Sitzung, 3. Dezember 2004, Sten. Prot. S. 13 652 B, C. (BGBl. I 2005 S. 775); Nolte, in: Ku/Jacobson (Hg.), Democratic Accountability and the Use of Force in International Law, 2003, S. 231 (246), meinte noch 2003, es sei unwahrscheinlich, daß der Bundestag in naher Zukunft ein Parlamentsbeteiligungsgesetz verabschieden werde. Zur Gesetzgebungsgeschichte des Parlamentsbeteiligungsgesetzes ausführlich Wiefelspütz, Das Parlamentsheer, S. 330 ff. Zum PBG siehe unten S. 293 ff.; vgl. auch Wiefelspütz, Das Parlamentsheer, S. 407 ff.; ders., NVwZ 2005, S. 496 ff.; Schröder, NJW 2005, S. 1401 ff.; ders., Das parlamentarische Zustimmungsverfahren zum Auslandseinsatz der Bundeswehr in der Praxis, 2005, S. 321 ff. Weiß, NZWehr 2005, S. 100 ff.; Gilch, Das Parlamentsbeteiligungsgesetz, Diss., Universität Würzburg, 2005; Paulus, Parlament und Streitkräfteeinsatz, S. 287 ff.; Schaefer, Verfassungsrechtliche Grenzen des Parlamentsbeteiligungsgesetzes, 2005; Rau, AVR 44 (2006), S. 93 ff.; Sigloch, Auslandseinsätze der deutschen Bundeswehr, 2006, S. 295 ff.

36 Vgl. Stein, GYIL 46 (2003), S. 64 (81).

37 BT-Drs. 13/7233; nachträgliche Zustimmung des Deutschen Bundestages am 20. März 1999, Deutscher Bundestag, 13. Wahlperiode, 166. Sitzung, 20. März 1997, Sten. Prot. S. 14989 C, D. Vgl. dazu Schultz, Die Auslandsentsendung von Bundeswehr und Bundesgrenzschutz zum Zwecke der Friedenswahrung und Verteidigung, 1998, S. 95 f.; Kreß, ZaöRV 57 (1997), S. 229 ff.; Limpert, Auslandseinsatz, S. 60, 62; Fastenrath, FAZ vom 19. März 1997; Dau, NZWehr 1998, S. 89 ff.; Hermsdörfer, BayVBl. 1998, S. 652 ff.; Epping, AöR 124 (1999), S. 423 ff.; von Lersner, Humanitäres Völkerrecht – Informationsschriften – 1999, S. 156 ff.; Wild, DÖV 2000, S. 622 (625); Dreist, NZWehr 2002, S. 133 (141 ff.).

38 Allied Force; Operationszweck: Limited/Phased Air Operations (Luftschläge früheres Jugoslawien); NATO-Ratsbeschluß: 8. Oktober 1998; BT-Drs. 13/11469; Kabinettentscheidung: 12. Oktober 1998; BT-Drs. 13/11469; Zustimmung des Bundestages: 16. Oktober 1998. Vgl. den Diskussionsstand in: Merkel (Hg.), Der Kosovo-Krieg und das Völkerrecht, 2000, passim; Laubach, ZRP 1999, S. 276

völkerrechtlich aufgearbeitet – haben zu anhaltenden Kontroversen geführt.

Der Gesetzgeber war gut beraten, trotz des Hinweises des Bundesverfassungsgerichtes, die Beteiligung des Bundestages an der Entscheidung über den Einsatz bewaffneter Streitkräfte gesetzlich zu regeln,[39] zunächst ohne ein Parlamentsbeteiligungsgesetz Erfahrungen mit den vielgestaltigen Problemen des militärischen Einsatzes der Bundeswehr zu sammeln.[40] Zum Zeitpunkt der Verabschiedung des PBG blickte der Bundestag auf eine mehr als zehnjährige Staatspraxis der konstitutiven Beteiligung am Einsatz bewaffneter Streitkräfte zurück. Das Parlament wußte inzwischen, „wie es geht". Die Intensität der parlamentarischen Beratung war auch in der Zeit ohne Parlamentsbeteiligungsgesetz stets sehr hoch. Die Beratung eines Antrages der Bundesregierung auf Zustimmung zu einem Auslandseinsatz deutscher Streitkräfte war nie parlamentarische Routine.[41]

Andererseits war die rechtliche, vor allem aber die rechtspolitische Unsicherheit der im Bundestag vertretenen Parteien in zentralen Fragen des konstitutiven wehrverfassungsrechtlichen Parlamentsvorbehalts ebenso unverkennbar wie die unterschiedlichen Interessenlagen zwischen Bundesregierung und Parlament. Es war deshalb im Jahre 2004 der geeignete Zeitpunkt gekommen, Streitpunkte zu klären, rechtliche Grauzonen zu beseitigen und die notwendigen Entscheidungen des Gesetzgebers zu treffen. Weder „Entscheidungsmüdigkeit"[42] noch „das Verlangen nach vereinfachten und beschleunigten Entscheidungen"[43] stand im Zentrum des Gesetzgebungsverfahrens. Das gesetzgeberische Ziel war Rechtssicherheit und Rechtsklarheit. Das PBG sollte aber auch die praktische Konkordanz von der Bündnisfähigkeit, der außenpolitischen Handlungsfähigkeit, vom Eigenbereich

---

ff.; Epping, in: Brücken bauen und begehen: Festschrift für Knut Ipsen zum 65. Geburtstag, hrsg. von Volker Epping und Horst Fischer und Wolff Heintschel von Heinegg, 2000, S. 615 (637 ff.); Tomuschat, Die Friedens-Warte 1999, S. 33 ff.; ders., Leviathan 2003, S. 450 (455 ff. m. w. N.); Dahm/ Delbrück/Wolfrum, Völkerrecht, Bd. I/3, Die Formen des völkerrechtlichen Handelns; Die inhaltliche Ordnung der internationalen Gemeinschaft, 2. Aufl., 2002, § 169 X 3 d (S. 828 ff. m. w. N.); Hobe, in: Die Macht des Geistes: Festschrift für Hartmut Schiedermair, hgg. von Bernhard Kempen u. a., 2001, S. 819 ff.; Kreß, NJW 1999, S. 3077 ff.; Wolfrum, http://www.mpil.de/de/Wolfrum/irak.pdf, S. 1 (7); Günther, in: Wehrhafte Demokratie, hgg. von Markus Thiel, 2003, S. 329 (357 ff.); Hillgenberg, in: Frowein/Scharioth/Winkelmann/Wolfrum (Hg.), Verhandeln für den Frieden – Negotiating for Peace, Liber Amicorum Tono Eitel, 2003, S. 141 (150 ff.); Limpert, Auslandseinsatz, S. 39 f., 66 ff.; Warg, Von Verteidigung zu kollektiver Sicherheit, 2004, S. 94 ff.

39 Vgl. BVerfGE 90, S. 286 (389).

40 Schaefer, Verfassungsrechtliche Grenzen, S. 25.

41 Vgl. Paulus, Parlament und Streitkräfteeinsatz, S. 284 f., 356, 402. Kritisch Gilch, Das Parlamentsbeteiligungsgesetz, S. 78.

42 Vgl. Meyer, Entscheidungsmündigkeit, S. 25.

43 Meyer, Entscheidungsmündigkeit, S. 2.

exekutiver Handlungsbefugnis und Verantwortlichkeit[44] einerseits und den legitimen Rechten des Parlaments andererseits gewährleisten.

Die verfassungsrechtliche und wehrrechtliche Debatte ist freilich durch die Verabschiedung des PBG nicht abgeschlossen. Die fortschreitende Integration der Bundeswehr in die militärischen Strukturen der NATO und jetzt auch der EU wirft komplexe Fragen auf. Ob, in welchem Umfang und vor allem wie die nationale Verantwortung für den Auslandseinsatz deutscher Soldaten in integrierten Strukturen in Zukunft gewährleistet wird, ist gegenwärtig nicht absehbar. Bislang legen Bundesregierung und Bundestag Wert auf die letztlich souveräne und ungeschmälerte Verantwortung für den Auslandseinsatz deutscher Soldaten. Im diesem Zusammenhang wird immer wieder zu überprüfen sein, ob die nationalen Entscheidungsprozesse beim Einsatz bewaffneter deutscher Streitkräfte vor dem Hintergrund fortschreitender politischer und militärischer Integrationsprozesse, aber auch veränderter Einsatzstrukturen angemessen und sachgerecht sind.

Es wird die Frage zu beantworten sein, ob das Aufgabenspektrum der Bundeswehr im Rahmen der Sicherheitsarchitektur der Bundesrepublik Deutschland verändert werden muß. Es wird zu klären sein, ob den Streitkräften durch eine Änderung des Grundgesetzes generell weitere Aufgaben im Bereich der inneren Sicherheit zugewiesen werden. Das stark beachtete Luftsicherheitsurteil des Bundesverfassungsgerichts vom 15. Februar 2006[45] aktualisiert die Auseinandersetzung um den Einsatz der Bundeswehr gegen terroristische Anschläge. Abgesehen von der durch das Urteil nahe gelegte Änderung zumindest des Art. 35 Abs. 2 und 3 GG ist zu entscheiden, ob und gegebenenfalls unter welchen näheren Umständen der Einsatz der Streitkräfte gegen terroristische Angriffe als Verteidigung im Sinne des Art. 87 a Abs. 1 Satz 1 GG zulässig ist.[46]

---

44 BVerfGE 90, S. 286 (389).

45 BVerfG, 1 BvR 357/05, Urteil vom 15. Februar 2006, BVerfGE 115, S. 118 ff. = NJW 2006, S. 751 ff.

46 Zur verfassungspolitischen Diskussion vgl. Wiefelspütz, ZRP 2007, S. 17 ff.; ders., ZG 2007; S. 97 ff.; Sittard/Ulbrich, NZWehr 2007, S. 60 ff.; Pestalozza, NJW 2007, S. 492 ff.; Franz, Der Staat 45 (2006), S. 501 (532 ff.).

B. Der Auslandseinsatz bewaffneter deutscher Streitkräfte

I. Der Einsatz der Streitkräfte zur Verteidigung

1. Art. 87 a Abs. 1 Satz 1 GG als Grundnorm der Staatsaufgabe Verteidigung

Mit den nachträglich in das Grundgesetz eingefügten Bestimmungen der Art. 73 Nr. 1 GG und Art. 87 a Abs. 1 Satz 1 GG[47] traf der Verfassungsgesetzgeber zugleich eine verfassungsrechtliche Grundentscheidung für die militärische Landesverteidigung.[48] Einrichtung und Funktionsfähigkeit der Bundeswehr haben verfassungsrechtlichen Rang.[49] Das Bundesverfassungsgericht stellte dazu fest:

„Damit nimmt die Bundesrepublik Deutschland wie andere Staaten in der vorgegebenen historisch politischen Situation die Wehrhoheit und die Ausübung militärischer Hoheitsrechte als Ausfluß ihrer Staatsgewalt in Anspruch. Gleichzeitig wird im Einklang mit dem bereits in Art. 26 Abs. 1 GG enthaltenen Verbot des Angriffskrieges der eindeutige und unmißverständliche Wille des Verfassungsgebers zum Ausdruck gebracht, daß die Streitkräfte der Verteidigung gegen bewaffnete Angriffe dienen sollen."[50]

In einer weiteren Entscheidung des Bundesverfassungsgerichts heißt es:

„Mit den nachträglich in das Grundgesetz eingefügten wehrverfassungsrechtlichen Bestimmungen, insbesondere den heute geltenden Vorschriften der Art. 12 a, 73 Nr. 1, 87 a und 115 b GG hat der Verfassungsgeber eine verfassungsrechtliche Grundentscheidung für eine wirksame militärische Landesverteidigung getroffen. Einrichtung und Funktionsfähigkeit der Bundeswehr haben verfassungsrechtlichen Rang. In Übereinstimmung mit dem bereits in Art. 26 Abs. 1 GG enthaltenen Verbot des Angriffskrieges kommt in den genannten Vorschriften der eindeutige und unmißverständliche Wille des Verfassungsgebers zum Ausdruck, daß die Streitkräfte der Verteidigung gegen bewaffnete Angriffe dienen sollen (vgl. BVerfGE 48, 127 [159 f.])."[51]

---

47 Art. 87 a Abs. 1 Satz 1 GG = Art. 87 a GG in der Fassung der Grundgesetzergänzung vom 19. März 1956.

48 Vgl. BVerfGE 105, S. 61 (73); 77, S. 170 (221); 69, S. 1 (21).

49 BVerfGE 28, S. 243 (261); 32, S. 40 (46).

50 BVerfGE 48, S. 127 (159 f.); vgl. auch P. Kirchhof, in: Ulrich Beyerlin u. a. (Hg.), Recht zwischen Umbruch und Bewahrung. Festschrift für Rudolf Bernhardt, 1995, S. 797 (802).

51 BVerfGE 69, S. 1 (21 f.); kritisch dazu F. Kirchhof, in: Isensee/Kirchhof (Hg.), Handbuch des Staatsrechts der Bundesrepublik Deutschland, Bd. IV, Aufgaben des Staates, 3. Aufl., 2006, § 84 Rdnr. 10.

Art. 87 a Abs. 1 Satz 1 GG ist nicht nur Aufgaben-[52] und Kompetenznorm[53], sondern auch Befugnisnorm.[54] Art. 87 a Abs. 1 Satz 1 GG ermächtigt die Bundesexekutive zur Aufstellung, aber auch zum Einsatz der Streitkräfte zu Verteidigungszwecken.[55]

Wenn es um Verteidigung im Sinne des Grundgesetzes geht, ist nicht Art. 87 a Abs. 2 GG, der häufig – regelmäßig allerdings ohne Begründung – genannt wird,[56] sondern

---

52 Limpert, Auslandseinsatz, S. 20; Winkler, DÖV 2006, S. 149 (156); Yousif, Die extraterritoriale Geltung der Grundrechte bei der Ausübung deutscher Staatsgewalt im Ausland, (zugleich: Dissertation, Universität Köln, 2007) 2007, S. 178.

53 So aber die h. M. Vgl. Baldus, in: von Mangoldt/Klein/Starck (Hg.), Grundgesetz, Bd. 3, Art. 87 a Rdnr. 1, 6, 13; Dürig, in: Maunz/Dürig, Grundgesetz, Art. 87 a Rdnr. 7 m. w. N.; Stein, in: Frowein/Stein, Rechtliche Aspekte, S. 17 (26); Pieroth, in: Jarass/Pieroth, Grundgesetz, 9. Aufl., 2007, Art. 87 a Rdnr. 1; Hömig, in: Hömig (Hg.), Grundgesetz für die Bundesrepublik Deutschland, 8. Aufl., 2007, Art. 87 a Rdnr. 1; Oldiges, in: Achterberg/Püttner/Würtenberger (Hg.), Besonderes Verwaltungsrecht, Bd. II, 2. Aufl., 2000, § 23 Rdnr. 12; Henneke/Ruge, in: Schmidt-Bleibtreu/Klein, Grundgesetz, 10. Aufl., 2005, Art. 87 a Rdnr. 3; Paulke, Die Abwehr von Terrorgefahren im Luftraum im Spannungsverhältnis zwischen neuen Bedrohungsszenarien und den Einsatzmöglichkeiten der Streitkräfte im Inneren unter besonderer Berücksichtigung des Luftsicherheitsgesetzes, 2005, S. 69 f.

Es wir indes auch die Auffassung vertreten, der Auslandseinsatz deutscher Streitkräfte werde im Grundgesetz nicht ausdrücklich geregelt, sondern vorausgesetzt. Vgl. dazu Kokott, in: Sachs (Hg.), Grundgesetz, 4. Aufl., 2007, Art. 87 a Rdnr. 9; Günther, in: Wehrhafte Demokratie, S. 329 (333); Stein, in: Frowein/Stein, Rechtliche Aspekte, S. 17 (24, 26): „... ist der Auslandseinsatz der Streitkräfte – abgesehen selbstverständlich von Art. 26 Abs. 1 – im Grundgesetz nicht besonders geregelt, sondern wird von der Zuweisung der auswärtigen Gewalt an den Bund durch Art. 32 Abs. 1 mit umfaßt."; Winkler, DÖV 2006, S. 149 (154, 156 f.); Stein, in: Recht – Staat – Gemeinwohl, Festschrift für Dietrich Rauschning, herausgegeben von Jörn Ipsen und Edzard Schmidt-Jortzig, 2001, S. 487 (498 f.).

54 P. Kirchhof, in: Festschrift Bernhardt, S. 797 (805); Dau, NZWehrr 1998, S. 89 (92); Fink, JZ 1999, S. 1016 (1018); Wiefelspütz, Das Parlamentsheer, S. 107; ders., RuP 2006, S. 71 (72); ders., BWV 2006, S. 49 (50); ders., AöR 132 (2007), S. 44 (54); Gramm, NZWehrr 2005, S. 133; Paulus, Parlament und Streitkräfteeinsatz, S. 373; F. Kirchhof, in: Isensee/Kirchhof (Hg.), Handbuch des Staatsrechts, Bd. IV, Aufgaben des Staates, § 84 Rdnr. 49; offen gelassen Grzeszick, in: Friauf/Höfling (Hg.), Berliner Kommentar zum Grundgesetz, Art. 87 a Rdnr. 6.

55 P. Kirchhof, in: Festschrift Bernhardt, S. 797 (804); Wiefelspütz, Das Parlamentsheer, S. 107; ders., AöR 132 (2007), S. 44 (54 f.). Voss, ZRP 2007, S. 78 (81), fordert für den Auslandseinsatz der Streitkräfte unter Berufung auf die Wesentlichkeitstheorie ein Bundeswehraufgabengesetz, „ das die Funktionen der Bundeswehr in ähnlicher Dichte wie ein Polizeiaufgabengesetz beschreiben sollte ...".

56 Vgl. Schmidt-Jortzig, in: Dau/Wöhrmann (Hg.), Der Auslandseinsatz, S. 28 m. w. N.; Oldiges, in: Achterberg/Püttner/Würtenberger (Hg.), Besonderes Verwaltungsrecht, Bd. II, § 23 Rdnr. 12; Depenheuer, DVBl. 1997, S. 685 (687); Baldus, in: Erberich/Hörster/Hoffmann/Kingreen/Pünder/Störmer (Hg.), Frieden und Recht, 1998, S. 259 (276 ff.); ders., NVwZ 2004, S. 1278 (1280 ff.); Spranger, in: Fleck (Hg.), Rechtsfragen der Terrorismusbekämpfung durch Streitkräfte, 2004, S. 183 (188); Sattler, NVwZ 2004, S. 1286; Hillgruber/Hoffmann, NWVBl. 2004, S. 176 (177); Kutscha, in: Paech/Rinken/Schefold/Weßlau (Hrsg.), Völkerrecht statt Machtpolitik, Beiträge für Gerhard Stuby, 2004, S. 268 (271); ders., KJ 2004, S. 228 (231); ders., RuP 2006, S. 202 (203); Henneke/Ruge, in: Schmidt-Bleibtreu/Klein, Grundgesetz, Art. 87 a Rdnr. 1; Schröder, Das parlamentarische

Art. 87 a Abs. 1 GG die grundlegende Norm.[57] Der positive Zweck „Verteidigung" wird durch Art. 87 a Abs. 1 Satz 1 GG geregelt.[58] Art. 87 a Abs. 2 GG hingegen regelt lediglich den (ausnahmsweise) zulässigen Einsatz der Streitkräfte im Innern.[59] Dies ist freilich bis heute umstritten.

2. Die Bedeutung von Art. 87 a Abs. 2 GG

Ob Art. 87 a Abs. 2 GG lediglich ein Verfassungsvorbehalt für den Einsatz der Bundeswehr im Innern ist[60] oder ob die Norm neben Inlandseinsätzen auch Einsätze

---

Zustimmungsverfahren zum Auslandseinsatz der Bundeswehr in der Praxis, 2005, S. 28; Gilch, Das Parlamentsbeteiligungsgesetz, S. 37; Odendahl, Die Verwaltung 38 (2005), S. 425 (438 f.); Arndt, DÖV 2005, S. 908 (909); Dreist, UB 2006, S. 93 (96); Winkler, DÖV 2006, S. 149 (153); Paulus, Parlament und Streitkräfteeinsatz, S. 371; Sigloch, Auslandseinsätze der deutschen Bundeswehr, 2006, S. 27; Franz/Günther, VBlBW 2006, S. 340 (341, 347); Laschewski, Der Einsatz der deutschen Streitkräfte im Inland unter Berücksichtigung des neuen Luftsicherheitsgesetzes sowie aktuellen Initiativen zur Änderung des Grundgesetzes, Diss., Universität Würzburg, 2005, S. 49.

57 Isensee/Randelzhofer, in: Dau/Wöhrmann (Hg.), Der Auslandseinsatz, S. 545; Isensee, in: Mellinghoff/Morgenthaler/Puhl (Hrsg.), Die Erneuerung des Verfassungsstaates, Symposion aus Anlaß des 60. Geburtstags von Prof. Dr. Paul Kirchhof, 2003, S. 7 (34); Dau, NZWehr 1998, S. 89 (92); Limpert, Auslandseinsatz, S. 20, ders., in: Häberle/Schwarze/Graf Vitzthum (Hg.), Der Staat als Teil und als Ganzes, 1998, S. 41 (44); Wiefelspütz, Das Parlamentsheer, S. 107; ders., BWV 2006, S. 49 (50); ders., AöR 132 (2007), S. 44 (55); Gramm, NZWehrr 2005, S. 133; vgl. jetzt BVerfG, Urteil vom 15. Februar 2006 – 1 BvR 357/05 –, BVerfGE 115, S. 118 (142) = NJW 2006, S. 751 (754 = Absatz-Nr. 93); offen gelassen von Seifert/Bünker, ThürVBl. 2006, S. 49 (53) und von Ladiges, Die Bekämpfung nicht-staatlicher Angreifer im Luftraum, 2007, S. 54 f.

58 Isensee/Randelzhofer, in: Dau/Wöhrmann (Hg.), Der Auslandseinsatz, S. 543.

59 Wiefelspütz, Das Parlamentsheer, S. 72 ff. m. w. N., 108; a. A. im aktuellen Schrifttum: Kadelbach/Hilmes, Jura 2005, S. 628 (632); Graf Vitzthum/Hahn, VBlBW 2004, S. 71 (72 f.); Baldus, in: von Mangoldt/Klein/Starck (Hg.), Grundgesetz, Bd. 3, Art. 87 a Rdnr. 31; Paulus, Parlament und Streitkräfteeinsatz, S. 373 ff.; Grzeszick, in: Friauf/Höfling, Grundgesetz, Art. 87 a Rdnr. 19, 22; offen gelassen von Gramm, NZWehr 2005, S. 133 (136) und von Ladiges, Die Bekämpfung nicht-staatlicher Angriffe im Luftraum, S. 67.

60 Dürig, in: Maunz/Dürig, Grundgesetz, Art. 87 a Rdnr. 32; Kokott, in: Sachs (Hg.), Grundgesetz, Art. 87 a Rdnr. 10 („Dem entspricht es, Art. 87 a II allein als Norm über die Zuständigkeitsverteilung zwischen den Polizeibehörden der Länder und der im inneren Notstand zu sehen."); F. Kirchhof, in: Isensee/Kirchhof (Hg.), Handbuch des Staatsrechts, Bd. IV, Aufgaben des Staates, § 84 Rdnr. 57; Doehring, in: Isensee/Kirchhof (Hg.), Handbuch des Staatsrechts der Bundesrepublik Deutschland, Bd. VII, Normativität und Schutz der Verfassung - Internationale Beziehungen, 1992, § 177 Rdnr. 25; Kersting, NZWehr 1983, S. 64 (71); Pechstein, Jura 1991, S. 461 (466 f.); Robbers, DÖV 1989, S. 926 (931); Hopfauf, ZRP 1993, S. 321 ff.; Thomsen, Der Parlamentsvorbehalt für den Einsatz der Streitkräfte zur Verteidigung, Diss., Universität Bonn, 1988, S. 9; Stein, in: Frowein/Stein (Hg.), Rechtliche Aspekte, S. 17 (22 ff.); ders., in: Staat und Völkerrechtsordnung: Festschrift für Karl

der Streitkräfte im Ausland einbezieht[61], wird kontrovers diskutiert. Lange Jahre wurde der Wortlaut des Art. 87 a Abs. 2 GG als Argument gegen die Zulässigkeit des Auslandseinsatzes der Bundeswehr verwendet.[62]

Bereits der Wortlaut „außer zur Verteidigung" deutet indes darauf hin, daß der Begriff Verteidigung in Art. 87 a Abs. 2 GG vorausgesetzt wird.[63] Aus dem Entstehungs-

---

Doehring, hgg. von Kay Hailbronner, 1989, S. 935 (941 ff.); ders., in: Festschrift Rauschning, S. 487 (496 ff.); Stein/Kröninger, Jura 1995, S. 254 (255); Thalmair, ZRP 1993, S. 201 (202 ff.); Randelzhofer, in: Maunz/Dürig, Grundgesetz, Art. 24 II Rdnr. 63; ders., Politische Studien, Sonderheft 1, 1996, S. 31 (41 f.); Isensee, in: Wellershoff (Hg.), Frieden ohne Macht, 1991, S. 210 (215); ders., Deutscher Bundestag, 12. Wahlperiode, Rechtsausschuß, Protokoll 67, S. 20 f.; Schmidt-Bleibtreu, in: Schmidt-Bleibtreu/Klein, Grundgesetz, 9. Aufl., 1999, Art. 87 a Rdnr. 5; Limpert, Auslandseinsatz, S. 21 ff.; von Münch, Staatsrecht I, Rdnr. 866; Röben, ZaöRV 63 (2003), S. 585 (591); Krieger, Streitkräfte im demokratischen Verfassungsstaat, Habilitationsschrift, Universität Göttingen, Typoskript, Juni 2004 (noch nicht veröffentlicht), S. 412 ff.; Wiefelspütz, Das Parlamentsheer, S. 71 ff; Hillgruber, in: Umbach/Clemens (Hg.), Grundgesetz, Bd. II, 2002, Art. 87 a Rdnr. 48, trennt wie schon P. Kirchhof, in: Festschrift Bernhardt, S. 797 (808) die Regelungsbereiche von Art. 87 a Abs. 1 Satz 1 und Art. 87 a Abs. 2 GG nicht territorial, sondern funktional.

61 Hömig, in: Hömig (Hg.), Grundgesetz, Art. 87 a Rdnr. 5; Klein, ZaöRV 34 (1974), S. 429 (432); von Bülow, NZWehrr 1984, S. 237 (239); ders., Der Einsatz der Streitkräfte zur Verteidigung, 1984, S. 52 ff.; Stern, Das Staatsrecht der Bundesrepublik Deutschland, Bd. II, 1980, S. 1477 f.; Speth, Rechtsfragen des Einsatzes der Bundeswehr unter besonderer Berücksichtigung sekundärer Verwendungen, 1985, S. 13 ff.; Tomuschat, in: Bonner Kommentar, Art. 24 Rdnr. 185; ders., Außenpolitik 1985, S. 272 (279 f.); ders., AFDI 39 (1993), S. 451 (460 f.); Riedel, Der Einsatz deutscher Streitkräfte im Ausland, S. 222 ff.; Wieland, DVBl. 1991, S. 1174 (1175, 1179); Arndt, DÖV 1992, S. 618 (619); Bähr, ZRP 1994, S. 97 (98); Kind, DÖV 1993, S. 139 (143); Nölle, Die Verwendung deutscher Soldaten im Ausland, Diss., Universität Bonn, 1973, S. 56; Schopohl, Der Außeneinsatz der Streitkräfte im Frieden, Diss., Universität Hamburg, 1991, S. 130; Fibich, ZRP 1993, S. 5 (6); Zimmer, Einsätze der Bundeswehr im Rahmen kollektiver Sicherheit: staats- und völkerrechtliche Grundlagen unter Berücksichtigung des BVerfG-Urteils vom 12.07.1994, 1995, S. 49 ff.; Grubert, Verteidigungsfremde Verwendungen der Streitkräfte in Deutschland seit dem Kaiserreich außerhalb des inneren Notstandes, 1997, S. 232; Schultz, Die Auslandsentsendung, S. 150 ff.; Epping, AöR 124 (1999), S. 423 (435); ders., in: Pieroth (Hg.), Verfassungsrecht und soziale Wirklichkeit, S. 183 (201); ders., NZWehrr 1993, S. 103 (106 ff., 110); Fehn/Fehn, Jura 1997, S. 621; Pieroth, in: Jarass/Pieroth, Grundgesetz, Art. 87 a Rdnr. 7; Hernekamp, in: von Münch/Kunig (Hg.), Grundgesetz, Bd. 3, 4./5. Aufl., 2003, Art. 87 a Rdnr. 13; Heun, in: Dreier (Hg.), Grundgesetz, Bd. III, 2000, Art. 87 a Rdnr. 16; Frank, in: Denninger/Hoffmann-Riem/Schneider/Stein (Hg.), Kommentar zum Grundgesetz für die Bundesrepublik Deutschland, Reihe Alternativkommentare (AK-GG), 3. Aufl., 2001, nach Art. 87 Rdnr. 23, 25; Coridaß, Der Auslandseinsatz von Bundeswehr und Nationaler Volksarmee, 1985, S. 46; März, Bundeswehr in Somalia, verfassungsrechtliche und verfassungspolitische Überlegungen zur Verwendung deutscher Streitkräfte in VN-Operationen, 1993, S. 23 f.; Brenner/Hahn, JuS 2001, S. 729 (730); Philippi, Bundeswehr-Auslandseinsätze, S. 37; Günther, in: Wehrhafte Demokratie, S. 329 (336 f.); Oldiges, in: Achterberg/Püttner/Würtenberger (Hg.), Besonderes Verwaltungsrecht, Bd. II, § 23 Rdnr. 13 ff.; Kutscha, in: Paech/Rinken/Schefold/Weßlau (Hrsg.), Völkerrecht statt Machtpolitik, S. 268 (271); ders., KJ 2004, S. 228 (230); Baldus, in: von Mangoldt/Klein/Starck (Hg.), Grundgesetz, Bd. 3, Art. 87 a Rdnr. 31; Winkler, DÖV 2006, S. 149 (153); Paulus, Parlament und Streitkräfteeinsatz, S. 373 ff.; Sigloch, Auslandseinsätze der deutschen Bundeswehr, S. 40 ff.

62 Vgl. Günther, in: Wehrhafte Demokratie, S. 329 (333 m. w. N. in Fn. 17).

63 P. Kirchhof, Festschrift Bernhardt, S. 797 (805).

14

zusammenhang ergibt sich eindeutig, daß Art. 87 a Abs. 2 GG *ausschließlich* Einsätze der Streitkräfte im Innern Deutschlandes erfaßt.[64] Die einzelnen Phasen der Entstehungsgeschichte der Norm belegen, daß Art. 87 a Abs. 2 GG nur die Regelung des Art. 143 GG a. F. ersetzen[65] und somit lediglich Inlandseinsätze regeln sollte.[66]

Das war auch das Verständnis der Abgeordneten bei der parlamentarischen Beratung des Art. 87 a Abs. 2 GG, was durch die Beiträge der Abgeordneten Dr. Reischl (SPD)[67] und Matthöfer (SPD)[68] im Rechtsausschuß des Deutschen Bundestages belegt wird.

Die Normierung des Einsatzes der Streitkräfte „für den Fall des inneren Notstandes sollte nicht zuletzt der Sorge Rechnung tragen, die Streitkräfte könnten gegen Streikende eingesetzt werden"[69]. In einer politisch aufgeladenen und gereizten Debatte war lediglich der Einsatz der Streitkräfte im Innern Deutschlands im Blickfeld des Verfassungsgesetzgebers.[70]

Auslandseinsätze der Bundeswehr kamen bei den parlamentarischen Beratungen des Art. 87 a Abs. 2 GG *nicht* zur Sprache.[71] Der Wortlaut „außer zur Verteidigung" belegt, daß Art. 87 a Abs. 2 GG die Kernaufgabe der Bundeswehr, die Verteidigung,

---

64 Wiefelspütz, AöR 132 (2007), S. 44 (50); vgl. auch Isensee/Randelzhofer, in: Dau/Wöhrmann (Hg.), Der Auslandseinsatz, S. 548 f.; Isensee, Deutscher Bundestag, 12. Wahlperiode, Rechtsausschuß, Protokoll 67, S. 20 f.

65 Siehe Wiefelspütz, Das Parlamentsheer, S. 61 ff., 67 ff.; vgl. auch Nolte, in: Ku/Jacobson (Hg.), Democratic Accountability, S. 231 (236); Wieland, NZWehrr 2006, S. 133 (135 f.).

66 Wiefelspütz, AöR 132 (2007), S. 44 (50).

67 Deutscher Bundestag, 5. Wahlperiode, Rechtsausschuß, Vermerk über die Besprechung des Rechtsausschusses vom 1. April 1968, S. 4: „Abg. Dr. Reischl (SPD) bemängelt den Ausdruck „im Innern". Gemeint sei wohl die Verwendung der Bundeswehr nach innen. Nachdem dies bestätigt wird, erhebt er keine weiteren Einwendungen." Dazu Wiefelspütz, Das Parlamentsheer, S. 69.

68 Deutscher Bundestag, 5. Wahlperiode, Rechtsausschuß, Vermerk über die Besprechung des Rechtsausschusses vom 1. April 1968, S. 4: „Abg. Matthöfer (SPD) beantragt, Absatz 2 wie folgt zu fassen: "Außer zur Landesverteidigung dürfen die Streitkräfte nur eingesetzt werden, soweit dieses Grundgesetz es ausdrücklich zuläßt." Im Ausschuß werden dagegen keine Einwendungen erhoben, es wird nur empfohlen, statt „Landesverteidigung" „Verteidigung" zu sagen, um zu vermeiden, das ganze Grundgesetz auf den neuen Begriff hin überprüfen zu müssen. Ferner soll geprüft werden, ob das Wort "ausdrücklich" juristisch richtig sei. Mit dieser Einschränkung schließt sich der Ausschuß bei einer Enthaltung dem Antrag des Abg. Matthöfer (SPD) an." Dazu Wiefelspütz, Das Parlamentsheer, S. 69.

69 Isensee/Randelzhofer, in: Dau/Wöhrmann (Hg.), Der Auslandseinsatz, S. 546; vgl. auch Rosenberg, Deutscher Bundestag, 5. Wahlperiode, 2. öffentliche Informationssitzung des Rechtsausschusses und des Innenausschusses am 16. November 1967, Protokoll Nr. 57/73, S. 16 ff.

70 Überzeugend: Limpert, Auslandseinsatz, S. 21 ff.; Wiefelspütz, Der Einsatz bewaffneter deutscher Streitkräfte und der konstitutive Parlamentsvorbehalt, 2003, S. 24; ders., AöR 132 (2007), S. 44 (50); Wieland, NZWehrr 2006, S. 133 (135 f.).

71 Krieger, Streitkräfte im demokratischen Verfassungsstaat, S. 412.

nicht zum Regelungsgegenstand hatte.[72] Vor dem Hintergrund der Erarbeitung einer Notstandsverfassung, die u. a. Inlandseinsätze der Bundeswehr, nicht aber Auslandseinsätze zu regeln hatte, bestand dazu auch keine Veranlassung. Auslandsverwendungen der Bundeswehr waren für den Verfassungsgesetzgeber im Jahre 1968 ohne Bedeutung. Sie waren nicht Gegenstand der Beratungen.[73]

Überzeugend führte das Bundesverfassungsgericht dazu in seinem Streitkräfteurteil vom 12. Juli 1994 aus:

„Hierbei[74] ging es nicht darum, Mitwirkungsmöglichkeiten Deutschlands im Rahmen etwa der Vereinten Nationen zu schmälern, denen die Bundesrepublik damals noch nicht beigetreten war und denen beizutreten aus damaliger Sicht auch auf absehbare Zeit nicht möglich zu sein schien; diese Frage lag außerhalb dessen, was zwischen den Beteiligten in diesem Zusammenhang den Gegenstand der Verhandlung bildete. Ihre Aufmerksamkeit war vielmehr darauf gerichtet, den Verfassungsvorbehalt des Art. 143 des Grundgesetzes in der Fassung vom 19. März 1956 (BGBl. I S. 111) auszufüllen und im Grundgesetz nunmehr auch die Voraussetzungen zu regeln, unter denen die Streitkräfte im Falle eines inneren Notstandes eingesetzt werden dürfen. Darüber hinaus sollte die Notstandsverfassung weder neue Einsatzmöglichkeiten der Streitkräfte schaffen noch im Grundgesetz bereits zugelassene beschränken."[75]

Lediglich eine „etwas dunkele Passage"[76] könnte den Schluß zulassen, daß Art. 87 a Abs. 2 GG auch Auslandseinsätze der Streitkräfte meint, denn im „Schriftlichen Bericht des Rechtsausschusses" heißt es zu Art. 87 a GG, der Ausschuß schlage vor, „die Bestimmungen über den Einsatz der Streitkräfte – abgesehen vom Fall der Katastrophenhilfe – in einem Artikel zusammenzufassen". Hierfür eigne sich Art. 87 a GG. „Dabei sollte auch einbezogen werden die Regelung über den Einsatz der Streitkräfte im Innern."[77]

Es ist aber zu beachten, daß es im „Schriftlichen Bericht des Rechtsausschusses" zu Art. 87 a Abs. 2 GG heißt, die „Bestimmung" behalte „die Zuweisung von Vollzugsbefugnissen an die Streitkräfte außer zur Verteidigung einer ausdrücklichen Regelung im Grundgesetz vor"[78]. Mit Vollzugsbefugnissen der Streitkräfte kann aber nur die innerstaatliche Verwendung der Streitkräfte gemeint sein.[79] Außerdem

---

72 P. Kirchhof, Festschrift Bernhardt, S. 797 (807).

73 Wiefelspütz, AöR 132 (2007), S. 44 (51).

74 Gemeint ist die Einführung der Notstandsverfassung.

75 BVerfGE 90, S. 286 (356); vgl. auch Nolte, in: Ku/Jacobson (Hg.), Democratic Acountability, S. 231 (236).

76 Thalmair, ZRP 1993, S. 201 (203).

77 BT-Drs. V/2873, S. 12 f.

78 BT-Drs. V/2873, S. 13.

79 Thalmair, ZRP 1993, S. 201 (203).

beziehen sich die Ausführungen des Rechtsausschusses nicht speziell auf Art. 87 a Abs. 2 GG,[80] sondern auf Art. 87 a GG insgesamt.[81] In der Tat umfaßt nämlich Art. 87 a Abs. 1 GG auch (und vor allem) Auslandseinsätze der Bundeswehr.

Es wird eingewandt, es erscheine wenig wahrscheinlich, daß der verfassungsändernde Gesetzgeber des Jahres 1968 den Einsatz der Bundeswehr im Innern penibel regeln, der Regierung zum Einsatz im Ausland aber freie Hand lassen wollte.[82] Die Gesetzgebungsmaterialien verdeutlichen jedoch unmißverständlich, daß ausschließlich der Einsatz der Bundeswehr im Innern im Blickfeld der Gesetzgebungsorgane war.[83]

Schließlich wurde in der zeitgenössischen Interpretation des Art. 87 a Abs. 2 GG ganz überwiegend die Meinung vertreten, daß diese Norm ausschließlich die Funktion habe, an die Stelle des früheren Art. 143 GG zu treten, der bereits nach seinem eindeutigen Wortlaut lediglich auf den Einsatz der Streitkräfte im Innern gerichtet war.[84] Auch dies verweist auf die Funktion des Art. 87 a Abs. 2 GG als Verfassungsvorbehalt für den Einsatz der Bundeswehr im Innern.

Es überzeugt deshalb nicht, wenn Manfred Baldus geltend macht, Art. 87 a Abs. 2 GG liefere die konstitutive Einsatzermächtigung für die Verteidigung. Abs. 1 in seiner ursprünglichen Fassung rechtfertige den Einsatz zur Verteidigung nur in der Zeit zwischen 1956 und 1968. Mit der Novellierung der Wehrverfassung im Jahre 1968 sei dieser Bedeutungsgehalt von Abs. 2 übernommen und verdrängt worden. Zudem habe der verfassungsändernde Gesetzgeber im Jahre 1968 durch Abs. 2 eine gegenüber Satz 1 jüngere und vor allem speziellere Norm in Kraft gesetzt. Daher sei nun dieser Vorschrift des Grundgesetzes die Ermächtigung zu Einsätzen der Streitkräfte auch zum Zwecke der Verteidigung zu entnehmen.[85]

---

80 So aber Schmidt, Deutscher Bundestag, 12. Wahlperiode, Rechtsausschuß, 67. Sitzung, Protokoll der Sitzung vom 11. Februar 1993, S. 68 f.; ebenso Wieland, DVBl. 1991, S. 1174 (1178 f.); Fibich, ZRP 1993, S. 5 (6); Kind, DÖV 1993, S. 139 (143 Fn. 51).

81 Isensee/Randelzhofer, in: Dau/Wöhrmann (Hg.), Der Auslandseinsatz, S. 547.

82 Kutscha, KJ 2004, S. 228 (232); ähnlich Winkler, DÖV 2006, S. 149 (153).

83 Wiefelspütz, AöR 132 (2007), S. 44 (51).

84 Vgl. Dürig, in: Maunz/Dürig, Grundgesetz, Art. 87 a Rdnr. 32; Hamann, in: Hamann/Lenz, Das Grundgesetz für die Bundesrepublik Deutschland vom 23. Mai 1949, 3. Aufl., 1970, S. 580 f.; F. Klein, in: von Mangoldt/Klein, Das Bonner Grundgesetz, 2. Aufl., 1974, Bd. II, S. 2320 f.; Schmidt-Bleibtreu, in: Schmidt-Bleibtreu/Klein, Grundgesetz, 2. Aufl., 1969, S. 657; a. A. seinerzeit Nölle, Die Verwendung des deutschen Soldaten im Ausland, S. 47; vgl. dazu Isensee/Randelzhofer, in: Dau/Wöhrmann (Hg.), Der Auslandseinsatz, S. 548 f.

85 Baldus, in: von Mangoldt/Klein/Starck (Hg.), Grundgesetz, Bd. 3, Art. 87 a Rdnr. 13; ebenso Paulke, Die Abwehr von Terrorgefahren im Luftraum, S. 70.

Ebenso wenig trifft es zu, wenn hervorgehoben wird, der Verfassungsgesetzgeber habe bei Erlaß des Art. 87 a Abs. 2 GG die Verwendung der Streitkräfte zu anderen als Verteidigungszwecken ganz, also auch im Ausland, untersagen wollen.[86] Dafür findet sich in der Entstehungsgeschichte des Art. 87 a Abs. 2 GG nicht der geringste Beleg. Es ging dem Verfassungsgesetzgeber bei der Neufassung des Art. 87 a Abs. 2 GG im Jahre 1968 nämlich um die „möglichst weitgehende Neutralisierung der Streitkräfte als Machtfaktor im Innern der Bundesrepublik"[87] oder – anders formuliert – Art. 87 a Abs. 2 GG „läßt das Bestreben des verfassungsändernden Gesetzgebers erkennen, jeden Einsatz der Streitkräfte im Inneren im Hinblick auf die damit verbundenen innenpolitischen Gefahren eng zu begrenzen"[88]. Maßgeblich war das Ziel, „die Möglichkeiten für einen Einsatz der Bundeswehr im Innern durch das Gebot strikter Texttreue zu begrenzen"[89]. Es sollte verhindert werden, daß „ungeschriebene Zuständigkeiten aus der Natur der Sache" abgeleitet werden.[90] Auslandseinsätze waren demgegenüber nicht in die Regelungsabsichten des Verfassungsgesetzgebers einbezogen.[91]

Völlig neben der Sache liegt freilich Christian Lutze mit seiner singulär gebliebenen Meinung, Art. 87 a Abs. 2 GG sei seit seiner Einfügung im Jahre 1968 neben Art. 87 a Abs. 1 GG als speziellere Befugnisnorm zum Einsatz der Streitkräfte anzusehen.[92] Bereits der Wortlaut des Art. 87 a Abs. 2 GG („außer zur Verteidigung") belegt, daß Verteidigungseinsätze in dieser Norm gerade nicht geregelt werden.

Zu den Standardargumenten gegen die Beschränkung der Anwendung des Art. 87 a Abs. 2 GG auf den Einsatz der Streitkräfte im Innern gehört der Hinweis, Art. 26 Abs. 1 GG sei bei einer einschränkenden Auslegung des Art. 87 a Abs. 2 GG die einzige verfassungsrechtliche Schranke für Auslandseinsätze der Bundeswehr.[93] Exakt dies

---

86 Mössner, in: Staatsrecht – Völkerrecht – Europarecht, Festschrift für Hans-Jürgen Schlochauer zum 75. Geburtstag am 28. März 1981, herausgegeben von Ingo von Münch, 1981, S. 97 (108); E. Klein, ZaöRV 34 (1974), S. 429 (432); Stern, Staatsrecht, Bd. II, § 56 IV 3 c (S. 1477).

87 Randelzhofer, in: Maunz/Dürig, Grundgesetz, Art. 24 Abs. 2 Rdnr. 66.

88 Dürig, in: Maunz/Dürig, Grundgesetz, Art. 87 a Rdnr. 32; vgl. auch Hamann, in: Hamann/Lenz, Grundgesetz, Art. 87 a Anm. A 2; Wiefelspütz, Die Polizei 2003, S. 301 (302).

89 BVerfGE 90, S. 286 (357); Linke, AöR 129 (2004), S. 489 (517); Hernekamp, in: von Münch/Kunig (Hg.), Grundgesetz, Bd. 3, Art. 87 Rdnr. 13; F. Kirchhof, in: Isensee/Kirchhof (Hg.), Handbuch des Staatsrechts, Bd. IV, Das Handeln des Staates, § 84 Rdnr. 57; Speth, Rechtsfragen des Einsatzes der Bundeswehr, S. 57.

90 Bericht des Rechtsausschusses des Deutschen Bundestages, BT-Drs. V/2873, S. 13.

91 So jetzt auch F. Kirchhof, in: Isensee/Kirchhof (Hg.), Handbuch des Staatsrechts, Bd. IV, Aufgaben des Staates, § 84 Rdnr. 57.

92 Lutze, NZWehrr 2003, S. 101 (107).

93 Brenner/Hahn, JuS 2001, S. 729 (733); Pechstein, Jura 1991, S. 461 (467); Graf Vitzthum/Hahn, VBlBW 2004, S. 71 (73); ähnlich Winkler, DÖV 2006, S. 149 (152); Sigloch, Auslandseinsätze der deutschen Bundeswehr, S. 39 f.

18

ist indes der Fall,[94] wenngleich außerdem Art. 25 GG zu beachten ist. Es existiert kein staatsrechtlicher deutscher Sonderweg für den Auslandseinsatz der Streitkräfte. Die völkerrechtlich erlaubten Einsatzarten der Streitkräfte sind auch staatsrechtlich zulässig.[95] Der Verfassungsvorbehalt des Art. 87 a Abs. 2 GG „garantiert" nach bisherigem Verständnis lediglich „die strikte Trennung zwischen äußerem militärischen und inneren polizeilichen Gewaltmonopol der Bundesrepublik"[96] und gehört damit zu den Fundamenten der Sicherheitsarchitektur der Bundesrepublik Deutschland.[97]

3. Verteidigung im Sinne des Art. 87 a GG

a) Einsatzraum und Verteidigung

Verteidigung setzt einen fremden, von außen[98] kommenden bewaffneten Angriff voraus,[99] dem – soweit er das Bundesgebiet betrifft – mit polizeilichen Mitteln allein

---

94 Vgl. Kokott, in: Sachs (Hg.), Grundgesetz, Art. 87 a Rdnr. 13; Stein, in: Festschrift Doehring, S. 935 (941); ders., in: Festschrift Rauschning, S. 487 (498 f.); Hillgruber, in: Umbach/Clemens (Hg.), Grundgesetz, Bd. II, Art. 87 a Rdnr. 24; Doehring, in: Isensee/Kirchhof (Hg.), Handbuch des Staatsrechts, Bd. VII, Normativität und Schutz der Verfassung - Internationale Beziehungen, § 178 Rdnr. 21 f., 34.

95 Wiefelspütz, Das Parlamentsheer, S. 76; ders., AöR 132 (2007), S. 44 (53); im Ergebnis ebenso Krieger, Streitkräfte im demokratischen Verfassungsstaat, S. 415.

96 Heun, in: Dreier (Hg.), Grundgesetz, Bd. III, Art. 87 a Rdnr. 18; Linke, DÖV 2003, S. 890 (893); vgl. auch Krieger, Streitkräfte im demokratischen Verfassungsstaat, S. 412; Winkler, DÖV 2006, S. 149 (153, 157); Laschewski, Der Einsatz der deutschen Streitkräfte im Inland, S. 49; Linke, NZWehrr 2006, S. 177 (178).

97 Wiefelspütz, Die Polizei 2003, S. 301 (302); ders., BWV 2004, S. 121 (122); ders., Das Parlamentsheer, S. 77; ders., AöR 132 (2007), S. 44 (53).

98 Schmidt-Jortzig, DÖV 2002, S. 773 (775); Herzog, in: Maunz/Dürig, Grundgesetz, Art. 115 a Rdnr. 26; Ipsen, in: Bonner Kommentar, Art. 87 a Rdnr. 29; Deiseroth, in: Umbach/Clemens (Hg.), Grundgesetz, Bd. II, Art. 115 a Rdnr. 13; Wiefelspütz, Der Einsatz bewaffneter deutscher Streitkräfte, S. 22; ders., Das Parlamentsheer, S. 108; Pieroth, in: Jarass/Pieroth, Grundgesetz, Art. 87 a Rdnr. 9; Keidel, Polizei und Polizeigewalt im Notstandsfall, 1973, S. 45; Klückmann, Die Bundeswehr im Recht der Amtshilfe, 1984, S. 49; Hernekamp, in: von Münch/Kunig (Hg.), Grundgesetz, Bd. 3, Art. 87 a Rdnr. 4; Pannkoke, Der Einsatz des Militärs im Landesinnern in der neueren deutschen Verfassungsgeschichte, 1998, S. 208; Fiebig, Der Einsatz der Bundeswehr im Innern: verfassungsrechtliche Zulässigkeit von innerstaatlichen Verwendungen der Streitkräfte bei Großveranstaltungen und terroristischen Bedrohungen, 2004, S. 243; Lorse, DÖV 2004, S. 329; Gramm, NZWehrr 2005, S. 133; Mager, Terrorismusbekämpfung zwischen Freiheit und Sicherheit, Diss., Universität Kiel, 2005, S. 137; Paulke, Die Abwehr von Terrorgefahren im Luftraum. S. 75 ff.; Odendahl, Die Verwaltung 38 (2005), S. 425 (438); Ladiges, Die Bekämpfung nicht-staatlicher Angreifer im Luftraum, S. 59; a. A. Baldus, in: von Mangoldt/Klein/Starck (Hg.), Grundgesetz, Bd. 3, Art. 87 a Rdnr. 47; unklar Hillgruber/Hoffmann, NWVBl. 2004, S. 176 (177).

99 F. Kirchhof, in: Isensee/Kirchhof (Hg.), Handbuch des Staatsrechts, Bd. IV, Aufgaben des Staates,

nicht begegnet werden kann und der den Einsatz der Bundeswehr unumgänglich macht.[100] Bei den Angreifern muß es sich in der Regel um Angehörige einer fremden Macht handeln.[101] Sind es deutsche Angreifer, kommt die Anwendung der Vorschriften über den inneren Notstand in Betracht.[102] Bei inneren Unruhen, einem militärisch bewaffneten Aufstand oder einem Bürgerkrieg in Deutschland liegt *kein* Angriff auf das Bundesgebiet vor.[103] Der Einsatz der Bundeswehr ist in diesen Fällen unter den Voraussetzungen des Art. 87 a Abs. 4 GG und Art. 91 GG zulässig.[104]

Das Grundgesetz begrenzt den Einsatzraum der Streitkräfte nicht, wenn und soweit die Streitkräfte zur Verteidigung eingesetzt werden. Operationsbereich kann im Falle der Verteidigung das Inland[105] ebenso wie das Ausland, die offene See oder der Weltraum sein.[106]

b) Die Gleichsetzung von Verteidigung und Verteidigungsfall

Bei der Interpretation des Begriffs Verteidigung werden sehr unterschiedliche Auffassungen vertreten.[107] Das Bundesverfassungsgericht ließ den Anwendungsbereich

---

§ 84 Rdnr. 49.

100 Graf Vitzthum, in: Isensee/Kirchhof (Hg.), Handbuch des Staatsrechts, Bd. VII, Normativität und Schutz der Verfassung - Internationale Beziehungen, § 170 Rdnr. 30 (S. 439); Wiefelspütz, Das Parlamentsheer, S. 108; ders., RuP 2006, S. 71 (72); Schäuble, in: Glos (Hg.), Friedrich Zimmermann – 80 Jahre, 2005, S. 45 (48).

101 Versteyl, in: von Münch/Kunig (Hg.), Grundgesetz, Bd. 3, 4./5. Aufl., 2003, Art. 115 a Rdnr. 12.

102 Versteyl, in: von Münch/Kunig (Hg.), Grundgesetz, Bd. 3, Art. 115 a Rdnr. 12.

103 Deiseroth, in: Umbach/Clemens (Hg.), Grundgesetz, Bd. II, Art. 115 a Rdnr. 13.

104 Robbers, in: Sachs (Hg.), Grundgesetz, Art. 115 a Rdnr. 4; Deiseroth, in: Umbach/Clemens (Hg.), Bd. II, Art. 115 a Rdnr. 13.

105 Zutreffend: Winkler, DÖV 2006, S. 149 (153); Ladiges, Die Bekämpfung nicht-staatlicher Angreifer im Luftraum, S. 64.

106 Blumenwitz, NZWehrr 1988, S. 133 (136 f.); Stein, in: Frowein/Stein (Hg.), Rechtliche Aspekte, S. 17 (21); F. Kirchhof, in: Isensee/Kirchhof (Hg.), Handbuch des Staatsrechts, Bd. IV, Aufgaben des Staates, § 84 Rdnr. 50; Kokott, in: Sachs (Hg.), Grundgesetz, Art. 87 a Rdnr. 21; Spies, in: Fischer/Froissart/Heintschel von Heinegg/Raap (Hg.), Krisensicherung und Humanitärer Schutz – Crisis Management and Humanitarian Protection, Festschrift für Dieter Fleck, 2004, S. 531 (537); Wiefelspütz, Der Einsatz bewaffneter deutscher Streitkräfte, S. 22 f.; ders., Das Parlamentsheer, S. 109; ders., AöR 132 (2007), S. 44 (56); Fiebig, Der Einsatz der Bundeswehr im Innern, S. 275; Gilch, Das Parlamentsbeteiligungsgesetz, S. 42; Winkler, DÖV 2006, S. 149 (153). Mager, Terrorismusbekämpfung, S. 138, verkennt, daß ein Angriff von außen in das Inland hineingetragen werden kann. Inlandseinsätze können, wenn ein Auslandsbezug zum Angreifer gegeben ist, sehr wohl Verteidigungseinsätze sein.

107 Vgl. Wiefelspütz, Das Parlamentsheer, S. 108 ff.; ders., AöR 132 (2007), S. 44 (56 ff.); Schäuble, in: Glos (Hg.), Friedrich Zimmermann – 80 Jahre, S. 45 (47 ff.); Baldus, in: von Mangoldt/Klein/Starck

des Begriffs Verteidigung im Streitkräfteurteil vom 12. Juli 1994 ausdrücklich offen[108] und hatte in weiteren Entscheidungen keine Veranlassung, den Begriff zu klären.

Nach einer immer noch vertretenen, obgleich überzeugend widerlegten Auffassung, wird Verteidigung mit dem Verteidigungsfall nach Art. 115 a GG gleichgesetzt.[109] Verteidigungsobjekt sei allein das Bundesgebiet. Der Verteidigungsbegriff des Art. 87 a Abs. 1 und Abs. 2 GG sei inhaltlich mit dem Begriff Verteidigungsfall des Art. 115 a Abs. 1 GG gleichzusetzen. Der verfassungsändernde Gesetzgeber habe den Regelungsgehalt des Art. 59 a GG a. F. in Art. 115 a GG als dessen Nachfolgevorschrift übernehmen wollen, damit der Einsatz der Streitkräfte auch weiterhin an die Zustimmung des Parlaments gebunden sei.[110] Niemand habe sich bei der Implementierung des Art. 87 a Abs. 2 GG in das Grundgesetz vorstellen können, daß Bündnisfall oder Verteidigungsfall auseinander fallen könnten.[111]

(Hg.), Grundgesetz, Bd. 3, Art. 87 a Rdnr. 40 ff.; Paulke, Die Abwehr von Terrorgefahren im Luftraum, S. 71 ff.; Dau, NZWehrr 2005, S. 218 (219), empfiehlt den Begriff „Sicherheitspolitik".

108 BVerfGE 90, S. 286 (355).

109 Dürig, in: Maunz/Dürig, Grundgesetz, Art. 87 a Rdnr. 22 Fn. 5, 24; Wipfelder, BWV 1992, S. 197; Emde, NZWehrr 1992, S. 134; Arndt, DÖV 1992, S. 618 f.; ders., DÖV 2005, S. 908 (909 f.); Bartke, Verteidigungsauftrag der Bundeswehr, 1991, S. 67 ff.; Brunkow, Rechtliche Probleme des Einsatzes der Bundeswehr auf dem Territorium der Bundesrepublik Deutschland nach Art. 87 a GG, 1971, S. 32; Coridaß, Der Auslandseinsatz, S. 42 ff.; Fuchs, Die Entscheidung über Krieg und Frieden, Friedensordnung und Kriegsrecht nach dem Bonner Grundgesetz, Diss., Universität Bonn, 1981, S. 297; Rieder, Die Entscheidung über Krieg und Frieden nach deutschem Verfassungsrecht, 1984, S. 348; Schmidt-Bleibtreu, in: Schmidt-Bleibtreu/Klein, Grundgesetz, 9. Aufl., 1999, Art. 87 a Rdnr. 5; Stern, Staatsrecht, Bd. II, § 54 V 10 (S. 1430); Bähr, ZRP 1994, S. 97 (99); Pieroth, in: Jarass/Pieroth, Grundgesetz, 6. Aufl., 2002, Art. 87 a Rdnr. 5 (in den folgenden Auflagen wurde diese Auffassung aufgegeben); Wilkesmann, NVwZ 2002, S. 1316 (1320); Kutscha, in: Völkerrecht statt Machtpolitik, S. 268 (273 f.); ders., NVwZ 2004, S. 801 (803 f.); offener ders., RuP 2006, S. 202 (203: „Aus systematischer Sicht liegt es immerhin nahe, „Verteidigung" auf das Vorliegen des in Art. 115 a GG definierten „Verteidigungsfalls" zu beziehen."); Melzer/Haslach/Socher, NVwZ 2005, S. 1361 (1363). Unklar Linke, DÖV 2003, 890 (892 f.); ders., AöR 129 (2004), S. 489 (515). Linke geht offenbar von der verfehlten Ansicht aus, daß ein Angriff auf die Bundesrepublik Deutschland mit dem Verteidigungsfall nach Art. 115 a GG gleichzusetzen ist. Dies wird insbesondere bei Linke, DÖV 2003, S. 890 (892 f.), ders., AöR 129 (2004), S. 489 (515); ders., NZWehrr 2004, S. 115 (117) und ders., NWVBl. 2007, S. 101 (103), deutlich. Vgl. aber jetzt Linke, NZWehrr 2006, S. 177 (180).

110 Bähr, Verfassungsmäßigkeit des Einsatzes der Bundeswehr, S. 118; ders., ZRP 1994, S. 99; Fuchs, Die Entscheidung über Krieg und Frieden, S. 279; Coridaß, Der Auslandseinsatz, S. 37; Rieder, Die Entscheidung über Krieg und Frieden, S. 318 f., 332 ff.

111 Arndt, DÖV 1992, S. 620; ders., DÖV 2005, S. 908 (909). Diese Auffassung ist definitiv falsch und geradezu irreführend. In der zeitgenössischen Diskussion war ein Auseinanderfallen von Bündnisfall und Verteidigungsfall nicht nur bekannt, sondern war Gegenstand von Gesetzentwürfen, von Beratungen des Bundeskabinetts und des Bundestages. Vgl. dazu BVerfGE 90, S. 286 (295 ff.); Limpert, Auslandseinsatz, S. 48 ff. Es mag aber zutreffen, wenn Schmidt-Radefeldt, Parlamentarische Kontrolle, S. 180, hervorhebt, die Unterscheidung zwischen Bündnis- und Verteidigungsfall sei im

Diese Auffassung ist indes auf drastische Kritik[112] gestoßen. Das Bundesverfassungsgericht hob im Streitkräfteurteil hervor:

„Die Feststellung des Verteidigungsfalles nach Art. 115 a Abs. 1 GG bewirkt zwar unmittelbar nur den Übergang von der Normal- zur Notstandsverfassung und paßt insbesondere das Staatsorganisationsrecht den Anforderungen eines durch einen bewaffneten Angriff auf das Bundesgebiet hervorgerufenen äußeren Notstandes an. Sie ist also nicht Voraussetzung für jeden Verteidigungseinsatz der Bundeswehr. Das Grundgesetz knüpft aber an die Feststellung dieses Verteidigungsfalles neben notstandsrechtlichen auch wehrverfassungsrechtliche und den Bereich der auswärtigen Gewalt betreffende Rechtsfolgen (vgl. Art. 87 a Abs. 3; Art. 115 a Abs. 5; Art. 115 b; Art. 115 l Abs. 3 GG). Vor allem der Übergang der Befehlsgewalt vom Bundesminister der Verteidigung auf den Bundeskanzler nach Art. 115 b GG zeigt, daß die Feststellung des Verteidigungsfalles durch das Parlament gemäß Art. 115 a Abs. 1 GG zugleich zum militärischen Einsatz der Streitkräfte ermächtigt. Der durch den Parlamentsentscheid bewirkte Übergang von einer bloßen Richtlinienkompetenz des Bundeskanzlers zu einem direkten Vorgesetztenverhältnis konzentriert die militärische und auswärtige Gewalt in der Kompetenz des Bundeskanzlers, der nun hierfür die volle parlamentarische Verantwortung trägt."[113]

c) Verteidigung als Abwehr von außen herrührender Angriffe

Jan-Peter Fiebig meint, Verteidigung im Sinne von Art. 87 a Abs. 1 und 2 GG umfasse nur die Abwehr solcher Angriffe, „die von außen gegen die Bundesrepublik geführt

---

öffentlichen Bewußtsein verloren gegangen.

112 Besonders eindringlich: Tomuschat, in: Bonner Kommentar, Art. 24 Rdnr. 172; Kreß, ICLQ 44 (1995), S. 414 (419): „This position is manifestly erroneous..."

113 BVerfGE 90, S. 286 (385 f.); vgl. grundlegend bereits Ipsen, DÖV 1971, S. 583 ff.; ders., in: Schwarz (Hg.), Sicherheitspolitik, 3. Aufl., 1978, S. 615 (617 f.); Tomuschat, AFDI 39 (1993), S. 451 (454 ff.); Mössner, Festschrift Schlochauer, S. 97 ff.; Hillgruber, in: Umbach/Clemens (Hg.), Grundgesetz, Bd. II, Art. 87 a Rdnr. 15 f.; von Bülow, Der Einsatz der Streitkräfte, S. 90 ff.; Schopohl, Der Außeneinsatz der Streitkräfte im Frieden, S. 100 ff.; Isensee/Randelzhofer, in: Dau/Wöhrmann (Hg.), Der Auslandseinsatz, S. 543; Zimmer, Einsätze der Bundeswehr, S. 80 ff.; Baldus, in: von Mangoldt/Klein/Starck (Hg.), Grundgesetz, Bd. 3, Art. 87 a Rdnr. 43; F. Kirchhof, in: Isensee/Kirchhof (Hg.), Handbuch des Staatsrechts, Bd. IV, Aufgaben des Staates, § 84 Rdnr. 49; Schultz, Die Auslandsentsendung, S. 201 ff.; Heun, in: Dreier (Hg.), Grundgesetz, Bd. III, Art. 87 a Rdnr. 11; Geiger, Grundgesetz und Völkerrecht, 3. Aufl., 2002, § 66 IV b (S. 378 f.); Lutze, NZWehrr 2003, S. 101 (108); Fiebig, Der Einsatz der Bundeswehr im Innern, S. 233 f.; Stein, in: Recht, Kultur, Finanzen: Festschrift für Reinhard Mußgnug zum 70. Geburtstag am 26. Oktober 2005, hrsg. von Klaus Grupp und Ulrich Hufeld, 2005, S. 85 (89); Wiefelspütz, Das Parlamentsheer, S. 109 ff.; ders., ZaöRV 2005, S. 819 (824 ff.); Archangelskij, Das Problem des Lebensnotstandes am Beispiel des Abschusses eines von Terroristen entführten Flugzeugs, 2005, S. 125 f.; Schäuble, in: Glos (Hg.), Friedrich Zimmermann – 80 Jahre, S. 45 (47); Gilch, Das Parlamentsbeteiligungsgesetz, S. 41; Winkler, DÖV 2006, S. 149 (153); Seifert/Bünker, ThürVBl. 2006, S. 49 (53); Paulus, Parlament und Streitkräfteeinsatz, S. 378; Jochum, JuS 2006, S. 511 (513); Niedzwicki, ThürVBl. 2006, S. 145 (147); Laschewski, Der Einsatz der deutschen Streitkräfte im Inland, S. 50 f.; Schenke, in: (Hg.), Mit Recht für Menschenwürde und Verfassungsstaat, Festgabe für Dr. Burkhard Hirsch, 2006, S. 75 (79); Ladiges, Die Bekämpfung nichtstaatlicher Angreifer im Luftraum, S. 59 f.

werden"[114]. Hierbei sei es gleichgültig, ob die Verteidigungshandlungen auf dem Staatsgebiet der Bundesrepublik oder außerhalb desselben durchgeführt würden.[115] Verteidigung sei deshalb „die Abwehr von außen herrührender Angriffe souveräner Staaten mittels ihrer Streitkräfte und sonstiger äußerer Gefahren, soweit letztere nicht durch Kräfte der Polizei, insbesondere den BGS, abgewehrt werden können"[116].

d) Das völkerrechtsorientierte Verständnis von Verteidigung

Nach einer häufig vertretenen Meinung wird Verteidigung verstanden als individuelle und kollektive Selbstverteidigung im Sinne von Art. 51 der Satzung der Vereinten Nationen (SVN).[117] Bei der Auslegung des Begriffs Verteidigung sei das Gebot der völkerrechtskonformen Auslegung des Grundgesetzes zu beachten.[118] Unerheblich sei dabei, ob die territoriale Integrität Deutschlands verteidigt werde. Danach umfaßt der Begriff der Verteidigung im Sinne des Art. 87 a Abs. 1 Satz 1 GG neben der Landesverteidigung auch die Verteidigung im Rahmen eines Bündnisses sowie überhaupt jede nach Völkerrecht zulässige Verteidigung auch nicht verbündeter Staaten, also auch den Fall völkerrechtlich erlaubter Nothilfe.[119]

---

114 Fiebig, Der Einsatz der Bundeswehr im Innern, S. 274; Sigloch, Auslandseinsätze der deutschen Bundeswehr, S. 66 ff.

115 Fiebig, Der Einsatz der Bundeswehr im Innern, S. 274 f.

116 Fiebig, Der Einsatz der Bundeswehr im Innern, S. 275; ähnlich Pieroth/Hartmann, Jura 2005, S. 729 (732).

117 Baldus, in: von Mangoldt/Klein/Starck (Hg.), Grundgesetz, Bd. 3, Art. 87 a Rdnr. 44; ders., NVwZ 2004, S. 1278 (1281); Blumenwitz, NZWehr 1988, S. 133 (134); von Bülow, Der Einsatz der Streitkräfte, S. 164; Mössner, Festschrift Schlochauer, S. 97 (105); Kersting, Bündnisfall und Verteidigungsfall, Diss., Universität Bochum, 1979, S. 196 f.; ders., NZWehr 1983, S. 69; Kriele, ZRP 1994, S. 103 (104); Scholz, Europäische Wehrkunde 1990, S. 580 (581); Busch, Marineforum 1989, S. 190; Ipsen, in: Schwarz (Hg.), Sicherheitspolitik, S. 615 (623); ders., DÖV 1971, S. 586; Zimmer, Einsätze der Bundeswehr, S. 88; Boldt, ZRP 1992, S. 218 (220); Burmester, NZWehr 1993, S. 133 (139 f.); Doehring, in: Isensee/Kirchhof (Hg.), Handbuch des Staatsrechts, Bd. VII, Normativität und Schutz der Verfassung - Internationale Beziehungen, § 177 Rdnr. 23; Isensee, Deutscher Bundestag, 12. Wahlperiode, Rechtsausschuß, 67. Sitzung vom 11. Februar 1993, Protokoll 67, S. 19; Krieger, Streitkräfte im demokratischen Verfassungsstaat, S. 409; Gramm, NZWehr 2005, S. 133; Kadelbach/Hilmes, Jura 2005, S. 628 (632); Schenke, in: (Hg.), Mit Recht für Menschenwürde und Verfassungsstaat, Festgabe für Dr. Burkhard Hirsch, S. 75 (79); Seifert/Bünker, ThürVBl. 2006, S. 49 (52); Grzeszick, in: Friauf/Höfling, Grundgesetz, Art. 87 a Rdnr. 25; Ladiges, Die Bekämpfung nichtstaatlicher Angreifer im Luftraum, S. 59 ff.

118 Baldus, in: von Mangoldt/Klein/Starck (Hg.), Grundgesetz, Bd. 3, Art. 87 a Rdnr. 41.

119 Isensee/Randelzhofer, in: Dau/Wöhrmann (Hg.), Der Auslandseinsatz, S. 545; Isensee, in: Die Erneuerung des Verfassungsstaates, S. 7 (34 f.); Limpert, Auslandseinsatz, S. 20; Pieroth, in: Jarass/Pieroth, Grundgesetz, Art. 87 a Rdnr. 9.

Eine ähnliche Meinung vertritt Werner Heun[120], der Verteidigung definiert als Abwehr oder Abschreckung eines Aggressors im Sinne der VN-Definition vom 14. Dezember 1974.[121] Hans-Günter Henneke und Kay Ruge heben hervor, es sei eine weite Auslegung des Begriffs Verteidigung vorzuziehen, die auf eine Wahrung oder Wiederherstellung der äußeren Sicherheit der Bundesrepublik Deutschland auf der Basis des Völkerrechts abstelle.[122] Für Tobias Linke ist Verteidigung der Gegensatz des völkerrechtswidrigen Angriffs. Verteidigung sei die militärische Abwehr fremdstaatlicher Aggression gegen die Bundesrepublik Deutschland.[123] Juliane Kokott schreibt, der Begriff „Verteidigung" in Art. 87 a GG sei weit auszulegen und im Übrigen auf die das Völkerrecht integrierenden Vorschriften der Art. 25 und 26 GG abzustellen.[124]

e) Verteidigung als Schutz völkerrechtlich geschützter Rechtsgüter Deutschlands

Außerdem wird vertreten, Verteidigung sei der Schutz völkerrechtlich geschützter Rechtsgüter der Bundesrepublik Deutschland.[125] Nach Dieter Walz ist Verteidigung „die Abwehr eines Angriffs auf ein völkerrechtlich geschütztes Rechtsgut der Bundesrepublik Deutschland oder eines mit ihr verbündeten Staates mit militärischen Mitteln"[126]. Für Andreas Gilch ist Verteidigung die Abwehr von feindlichen, bewaffneten Angriffen einer anderen bewaffneten Macht auf ein völkerrechtlich geschütztes deutsches Rechtsgut mit militärischen Mitteln.[127]

f) Verteidigung und Friedenssicherung

Verteidigung wird vielfach nicht nur als Landes- und Bündnisverteidigung, sondern auch als Teilnahme an Maßnahmen in einem System kollektiver Sicherheit interpretiert.[128] Danach wird Art. 24 Abs. 2 GG als Erläuterungsnorm bei der Ausle-

---

120 Heun, in: Dreier (Hg.), Grundgesetz, Bd. III, Art. 87 a Rdnr. 11.

121 Beschluß der VN-Generalversammlung vom 14. Dezember 1974, Nr. 3314.

122 Henneke/Ruge, in: Schmidt-Bleibtreu/Klein, Grundgesetz, Art. 87 a Rdnr. 5.

123 Linke, DÖV 2003, S. 890 (892); ders., AöR 129 (2004), S. 489 (514 f.).

124 Kokott, in: Sachs (Hg.), Grundgesetz, Art. 87 a Rdnr. 21.

125 Raap, Deutsches Wehrrecht, 1999, S. 11; Walz, in: Prüfert (Hg.), Einsatz der Bundeswehr außerhalb des NATO-Bündnisses, 1991, S. 25 (26).

126 Walz, in: Prüfert (Hg.), Einsatz der Bundeswehr, S. 25 (26).

127 Gilch, Das Parlamentsbeteiligungsgesetz, S. 41.

128 Nölle, Die Verwendung des deutschen Soldaten im Ausland, S. 118; Mössner, in: Festschrift Schlochauer, S. 97 (111); Heyde, Diskussionsbeitrag, in: Frowein/Stein, Rechtliche Aspekte, S. 80; Weis, in: Frowein/Stein, Rechtliche Aspekte, S. 79; Kind, in: Frowein/Stein, Rechtliche Aspekte,

gung des Verteidigungsbegriffs verstanden.[129] Schutzgut des Verteidigungsauftrags ist dann auch das friedliche Zusammenleben der Staatengemeinschaft insgesamt.[130]

Eine ähnliche Argumentation verwendet Christian Hillgruber. Mit dem Begriff der Verteidigung sei den Streitkräften die Gesamtaufgabe militärischer Friedenssicherung übertragen worden, ohne daß sich der verfassungsändernde Gesetzgeber damit die völkerrechtliche Unterscheidung zwischen Selbstverteidigung und kollektiver Sicherheit zu Eigen gemacht hätte.[131]

Für Andreas Gilch ist jeder Einsatz als Verteidigung zu betrachten, der dazu diene, den übernational geschützten Frieden zu sichern und zu verteidigen.[132]

g) Verteidigung als Wahrung oder Wiederherstellung des äußeren Friedens

Am weitesten geht die Meinung, die Verteidigung als „umfassende Chiffre für jede völkerrechtskonforme militärische Wahrung oder Wiederherstellung des äußeren Friedens"[133] versteht.

Nach Auffassung von Karl-Andreas Hernekamp[134] umfaßt Verteidigung jede völkerrechtskonforme Wahrung oder Wiederherstellung der äußeren Sicherheit der Bundesrepublik mit militärischen Mitteln. Maßgeblich sei der Bezug auf einen äußeren Gegner. Schon von daher könne innerhalb der Grenzen des Art. 26 Abs. 1 Satz 1 GG der Verteidigungsbegriff nicht reduktiv in Stellung gebracht werden gegen internationale bewaffnete Bundeswehrverwendungen nach Art. 24 Abs. 2 GG innerhalb eines Systems gegenseitiger kollektiver Sicherheit – die stets die äußere

---

S. 55; Wieland, NZWehrr 2006, S. 133 (135); Isensee, Deutscher Bundestag, 12. Wahlperiode, Rechtsausschuß, 67. Sitzung vom 11. Februar 1993, Sten. Prot. Nr. 67 vom 11. Februar 1993, S. 120, 124; Funke, APuZ vom 6. November 1992, S. 17 (21, 24); Schopohl, Der Außeneinsatz der Streitkräfte im Frieden, S. 203 f.

129 Mössner, in: Festschrift Schlochauer, S. 97 (111); Isensee, Deutscher Bundestag, 12. Wahlperiode, Rechtsausschuß, 67. Sitzung vom 11. Februar 1993, Sten. Prot. Nr. 67 vom 11. Februar 1993, S. 120; ähnlich Franzke, NJW 1992, S. 3075 (3077).

130 Mössner, in: Festschrift Schlochauer, S. 97 (104 f.); Boldt, ZRP 1992, S. 218 (220); Speth, Rechtsfragen des Einsatzes der Bundeswehr, S. 167; Frank, in: AK-GG, hinter Art. 87 Rdnr. 18 ff.

131 Hillgruber, in: Umbach/Clemens (Hg.), Grundgesetz, Bd. II, Art. 87 a Rdnr. 29.

132 Gilch, Das Parlamentsbeteiligungsgesetz, S. 44.

133 Hernekamp, in: von Münch/Kunig (Hg.), Grundgesetz, Bd. 3, Art. 87 a Rdnr. 4; Spies, in: Festschrift für Dieter Fleck, S. 531 (532); kritisch dazu Baldus, in: von Mangoldt/Klein/Starck (Hg.), Grundgesetz, Bd. 3, Art. 87 a Rdnr. 45.

134 Hernekamp, in: von Münch/Kunig (Hg.), Grundgesetz, Bd. 3, Art. 87 a Rdnr. 4.

Sicherheit sämtlicher Mitglieder sei –, wie auch nach Art. 25 GG außerhalb eines solchen Systems.

h) Verteidigung als Landes- und Bündnisverteidigung

Nach einer verbreiteten Meinung wird zur Verteidigung neben der Landesverteidigung auch der Einsatz der Streitkräfte in einem Verteidigungsbündnis (militärische Reaktion auf den Angriff auf einen Bündnispartner)[135] einschließlich der Nothilfe zugunsten eines nicht verbündeten Drittstaates gerechnet.[136] Zum Teil wird diese Auffassung aber dahingehend eingeschränkt, daß ein Einsatz der Streitkräfte zur Verteidigung nur zur Abwehr von Angriffen auf die Bundesrepublik Deutschland und ihrer Bündnispartner, nicht jedoch zur Verteidigung von Drittstaaten zulässig ist.[137] Neuerdings wird der Begriff Verteidigung um die Komponente Personalverteidigung erweitert. Otto Depenheuer versteht unter Verteidigung neben der Abwehr unmittelbarer oder drohender Angriffe auf das Territorium Deutschlands oder auf das Staatsgebiet eines Bündnispartners auch den Schutz deutscher Staatsbürger im Ausland.[138] Nach dieser Auffassung sollen aufgrund der staatlichen Schutzpflicht für die Staatsangehörigen entsprechende militärische Rettungsmaßnahmen im Ausland als Verteidigung qualifiziert werden.[139]

---

135 Graf Vitzthum/Hahn, VBlBW 2004, S. 71 (72).

136 Ipsen, Rechtsgrundlagen und Institutionalisierung der atlantisch-westeuropäischen Verteidigung, 1967, S. 25; Busch, NZWehrr 1981, S. 56 f.; Geiger, Grundgesetz und Völkerrecht, 2. Aufl., 1994, § 67 III 1a (S. 385); Kersting, Bündnisfall und Verteidigungsfall, S. 196 ff.; Speth, Rechtsfragen des Einsatzes der Bundeswehr, S. 40; Pieroth, in: Jarass/Pieroth, Grundgesetz, Art. 87 a Rdnr. 9; Kokott, in: Sachs (Hg.), Grundgesetz, Art. 87 a Rdnr. 20 – 22; Blumenwitz, BayVBl. 1994, S. 678; Fink, JZ 1999, S. 1016 (1020); Randelzhofer, in: Maunz/Dürig, Grundgesetz, Art. 24 Abs. 2 Rdnr. 65; Riedel, Der Einsatz deutscher Streitkräfte im Ausland, S. 107 f.; Zimmer, Einsätze der Bundeswehr, S. 82 f.

137 So Herzog, in: Maunz/Dürig, Grundgesetz, Art. 115 a Rdnr. 24; Blumenwitz, BayVBl. 1994, S. 641 (643); Tomuschat, AFDI 39 (1993), S. 451 (457); ders., AFDI 40 (1994), S. 371 (377); Depenheuer, DVBl. 1997, S. 685 (688); Wieland, DVBl. 1991, S. 1174 (1179); F. Kirchhof, in: Isensee/Kirchhof (Hg.), Handbuch des Staatsrechts, Bd. IV, Aufgaben des Staates, § 84 Rdnr. 53; Hoffmann, Bundeswehr und Friedenssicherung, 1991, S. 160 f.; Riedel, Der Einsatz deutscher Streitkräfte im Ausland, S. 107 f., 140 ff.; Fibich, ZRP 1993, S. 5 (7); Stein, in: Festschrift Doehring, S. 935 (940); Klein, ZaöRV 34 (1974), S. 429 (439); von Bülow, Der Einsatz der Streitkräfte, S. 164 f., 184, 205; Woopen, NZWehrr 1983, S. 201 (213); Oldiges, in: Achterberg/Püttner/Würtenberger (Hg.), Besonderes Verwaltungsrecht, Bd. II, § 23 Rdnr. 18; Wild, DÖV 2000, S. 622 (625); Schröder, Das parlamentarische Zustimmungsverfahren, S. 33 f.; Gilch, Das Parlamentsbeteiligungsgesetz, S. 43; ähnlich Sigloch, Auslandseinsätze der deutschen Bundeswehr, S. 113 ff.; wohl auch Jochum, JuS 2006, S. 511 (513).

138 Depenheuer, DVBl. 1997, S. 685 (688).

139 Franzke, NZWehrr 1996, S. 189 (192); Depenheuer, DVBl. 1997, S. 685 (687 f.); Kokott, in: Sachs (Hg.), Grundgesetz, Art. 87 a Rdnr. 23; Hömig, in: Hömig (Hg.), Grundgesetz, Art. 87 a Rdnr. 5; Günther, in: Wehrhafte Demokratie, S. 329 (347 f.); kritisch Heun, in: Dreier (Hg.), Grundgesetz, Bd. III, Art. 87 a Rdnr. 13; Schröder, NJW 2005, S. 1401 (1403); Sigloch, Auslandseinsätze der deutschen Bundeswehr, S. 123 ff., 138.

i) Weitere Deutungen des Begriffs Verteidigung

Karl Doehring betont, Verteidigung sei lediglich die Absage an jede Art der Angriffshandlung. Verteidigung sei als Gegensatz von Aggression zu verstehen.[140] Für Carl Otto Lenz ist Verteidigung „nur die militärische Verteidigung einschließlich der Ausbildung dafür"[141]. Daniel Sigloch meint, Verteidigung sei immer nur zulässig, wenn der Verteidigungseinsatz zu einem Sicherheitsgewinn für die Bundesrepublik Deutschland führe.[142]

j) Bewertung

Die Gleichsetzung von Verteidigung und Verteidigungsfall[143] ist verfehlt, weil Art. 115 a GG und die anderen im Abschnitt X a des Grundgesetzes zusammengefaßten Normen die Funktion haben, die innerstaatliche Rechtsordnung an eine äußere Gefahrenlage anzupassen, die wegen eines bewaffneten Angriffs auf das Territorium der Bundesrepublik Deutschland tatsächlich besteht oder doch unmittelbar droht.[144] Anders gewendet: Art. 115 a GG betrifft in erster Linie nicht Fragen des Einsatzes der Streitkräfte, sondern die interne Kompetenzverteilung des Bundes.[145] Der Verteidigungsfall „löst nicht den Verteidigungsauftrag der Bundeswehr aus, sondern den Eintritt notstandsrechtlicher Kompetenzverschiebungen und Sonderbefugnisse"[146]. Die Feststellung des Verteidigungsfalles enthält aber gleichzeitig die Zustimmung des Parlaments zum Einsatz der Streitkräfte.[147]

Wenn die Voraussetzungen des Art. 115 a Abs. 1 GG erfüllt sind, liegt es im Ermessen der dazu berufenen Verfassungsorgane, den Verteidigungsfall festzustellen.[148] Das ist angesichts der weit reichenden Umgestaltung des Verfassungsgefüges nach Feststellung des Verteidigungsfalls auch sachgerecht. Nicht jeder militärische Angriff auf die

---

140 Doehring, in: Isensee/Kirchhof, Handbuch des Staatsrechts, Bd. VII, Normativität und Schutz der Verfassung - Internationale Beziehungen, § 177 Rdnr. 25.

141 Lenz, Notstandsverfassung des Grundgesetzes, 1971, Art. 87 a Rdnr. 4.

142 Sigloch, Auslandseinsätze der deutschen Bundeswehr, S. 116 ff.

143 Daß Verteidigfall und Bündnisfall auseinander fallen können, ist freilich nicht erst seit den Anschlägen vom 11. September 2001 bekannt, wie Schmidt-Radefeldt, in: Born/Hänggi (ed.), The ‚Double Democratic Deficit', S. 147 (156 f.), meint.

144 Schultz, Die Auslandsentsendung, S. 202 m. w. N.; Graf Vitzthum/Hahn, VBlBW 2004, S. 71 (74).

145 Randelzhofer, in: Maunz/Dürig, Grundgesetz, Art. 24 Abs. 2 Rdnr. 46.

146 Isensee, in: Die Erneuerung des Verfassungsstaates, S. 7 (35); vgl. auch Wiefelspütz, RuP 2007, S. 3 (4 f.).

147 BVerfGE 90, S. 286 (387); a. A. Schaefer, Verfassungsrechtliche Grenzen, S. 123 ff.

148 Robbers, in: Sachs (Hg.), Grundgesetz, Art. 115 a Rdnr. 10; Herzog, in: Maunz/Dürig, Grundgesetz, Art. 115 a Rdnr. 55.

Bundesrepublik Deutschland wird gravierend genug sein und einen hinreichenden Grund liefern, um eine Notstandsverfassung in Kraft zu setzen, die die Folgen des äußeren Notstands für das gesamte Staatswesen im Innern regeln soll.[149]

Vor allem aber ist der Einsatz der Streitkräfte zur Verteidigung der Bundesrepublik Deutschlands keineswegs auf den Verteidigungsfall begrenzt.[150] Die vor allem im älteren Schrifttum vertretene Gegenauffassung[151] ist erkennbar von den Bedrohungsszenarien geprägt, die während der Zeit des „Kalten Krieges" und der Konfrontation von NATO und Warschauer Pakt vorherrschten. Vorstellbar war seinerzeit vor allem ein großflächiger und massiver, insbesondere ein nuklearer Angriff auf die Bundesrepublik Deutschland und ihre Bündnispartner.[152] In einem solchen Fall wäre unzweifelhaft ein elementarer äußerer Notstand gegeben gewesen.

Die Gleichsetzung des Begriffs Verteidigung mit dem Begriff Verteidigungsfall hieße, den deutschen Streitkräften nur die Landesverteidigung, nicht aber die Bündnisverteidigung zu erlauben. Es ist indes nahezu abwegig zu unterstellen, daß die Bundesrepublik Deutschland ohne Einschränkung Mitglied von Systemen kollektiver Sicherheit wie NATO und WEU geworden ist, ohne die zentralen völkerrechtlichen Pflichten aus dieser Mitgliedschaft – die militärische Beistandspflicht im Falle eines Angriffs nach Art. 5 NATO-Vertrag oder Art. V WEU-Vertrag – erfüllen zu können.[153]

Es ist freilich eine unzulässige Überinterpretation des Streitkräfteurteils, wenn Christof Gramm meint, das Urteil müsse als „Absage an bewaffnete militärische Einsätze außerhalb des Geltungsbereichs des Grundgesetzes in nationaler Alleinverantwortung oder in bilateralen Aktionen"[154] verstanden werden. Das Gericht hatte *ausschließlich* über die verfassungsrechtliche Zulässigkeit der deutschen Beteiligung an *multilateralen* militärischen Aktionen im Rahmen und nach den Regeln von Systemen gegenseitiger kollektiver Sicherheit (NATO, WEU und VN)

---

149 Vgl. Tomuschat, AFDI 39 (1993), S. 451 (456); F. Kirchhof, in: Isensee/Kirchhof (Hg.), Handbuch des Staatsrechts, Bd. IV, Aufgaben des Staates, § 84 Rdnr. 49; Wiefelspütz, RuP 2007, S. 3 (5); Ladiges, Die Bekämpfung nicht-staatlicher Angreifer im Luftraum, S. 60, 62.

150 F. Kirchhof, in: Isensee/Kirchhof (Hg.), Handbuch des Staatsrechts, Bd. IV, Aufgaben des Staates, § 84 Rdnr. 49; Mössner, in: Festschrift Schlochauer, S. 97 ff.; Ipsen, in: Schwarz (Hg.), Sicherheitspolitik, S. 615 (617 f.); Wiefelspütz, RuP 2007, S. 3 (5); Ladiges, Die Bekämpfung nicht-staatlicher Angreifer im Luftraum, S. 60, 62; a. A. Versteyl, in: von Münch/Kunig (Hg.), Grundgesetz, Bd. 3, Art. 115 a Rdnr. 8; Rieder, Die Entscheidung über Krieg und Frieden, S. 348 m. w. N.

151 Coridaß, Der Auslandseinsatz, S. 43; Speth, Rechtsfragen des Einsatzes der Bundeswehr, S. 31; Rieder, Die Entscheidung über Krieg und Frieden, S. 337 ff.

152 Vgl. Rieder, Die Entscheidung über Krieg und Frieden, S. 294 m. w. N.

153 Vgl. Randelzhofer, in: Maunz/Dürig, Grundgesetz, Art. 24 Abs. 2 Rdnr. 46; Tomuschat, in: Bonner Kommentar, Art. 24 Rdnr. 172; Tomuschat, AFDI 39 (1993), S. 451 (454 ff.); Wiefelspütz, RuP 2007, S. 3 (5).

154 Gramm, NZWehrr 2005, S. 133 (138).

zu entscheiden. Es mußte deshalb *unilaterale* militärische Auslandseinsätze nicht bewerten und hat dies auch nicht getan. Christof Gramm widerspricht sich im Übrigen zumindest teilweise selbst. Wer wie Christof Gramm zutreffend die individuelle und kollektive Selbstverteidigung dem Begriff Verteidigung im Sinne des Art. 87 a Abs. 1 Satz 1 GG zuordnet, hält auch unilaterale Selbstverteidigung für zulässig. Die Bundesrepublik Deutschland darf sich im Falle eines militärischen Angriffs auch allein verteidigen. Sie darf – außerhalb von Bündnisverpflichtungen – auch einem nichtverbündeten angegriffenen Staat militärisch Hilfe leisten.[155] Im Zusammenhang mit dem Beitritt zum Brüsseler Vertrag und zum NATO-Vertrag ging die Bundesrepublik Deutschland davon aus, daß *jeder* Staat völkerrechtlich berechtigt ist, ein anderes Land im Falle eines völkerrechtswidrigen Angriffs zu verteidigen.[156]

In diesem Kontext verdient Beachtung, daß im Rahmen der parlamentarischen Beratung des 7. Gesetzes zur Ergänzung des Grundgesetzes „Verteidigung" nicht nur als Territorialverteidigung und Bündnisverteidigung verstanden wurde, sondern auch der Fall der Hilfe für ein angegriffenes befreundetes Land einbezogen wurde.[157] Der Entstehungszusammenhang der Verfassungsänderungen der Jahre 1954 und 1956 lasse „einen Willen zur verfassungsrechtlichen Selbstbeschränkung bei der Inanspruchnahme der Befugnis zur völkerrechtlich zulässigen, militärischen Gewaltanwendung nicht erkennen"[158].

An den Überlegungen von Jan-Peter Fiebig ist verdienstvoll, daß er den Schutz der territorialen Integrität der Bundesrepublik Deutschland als „primäre Aufgabe"[159] der

---

155 Vgl. Wiefelspütz, Das Parlamentsheer, S. 60 f.

156 Vgl. Abg. Willy Brandt (SPD), Deutscher Bundestag, 2. Wahlperiode, BT-Drs. II/1200, S. 44: „Während der Ausschußberatungen wurde seitens der Bundesregierung klargestellt, nach den Verträgen bestehe eine Verpflichtung der Bundesrepublik, an der Verteidigung der freien Welt mitzuwirken, nur insoweit, als es sich um Staaten handelt, die durch die gegenseitigen Beistandsabreden gebunden sind. Es bestehe also keine Verpflichtung der Bundesrepublik, sich beispielsweise für die Verteidigung Spaniens oder Jugoslawiens zu engagieren. Das schließe nicht aus, daß man es im Falle eines Angriffs auf ein solches außerhalb der Verträge stehendes Land nach dem allgemeinen völkerrechtlichen Begriff der kollektiven Selbstverteidigung doch im gemeinsamen Interesse für notwendig erachte, für die Verteidigung dieses Landes einzustehen. Jedes Land ist völkerrechtlich berechtigt, ein anderes Land zu verteidigen, das Opfer eines rechtswidrigen Angriffs geworden ist; dieser Grundsatz des allgemeinen Völkerrechts hat in der Charta der Vereinten Nationen noch einmal seinen besonderen Ausdruck gefunden. In diesem Sinne wäre eine Beteiligung der Bundesrepublik an der Verteidigung auch eines außerhalb der Verträge stehenden Landes denkbar; eine Verpflichtung hierzu besteht jedoch nicht." Dazu Wiefelspütz, AöR 132 (2007), S. 44 (47).

157 Vgl. Abg. Dr. Richard Jäger (CDU/CSU), Deutscher Bundestag, 2. Wahlperiode, Ausschuß für Rechtswesen und Verfassungsrecht, 107. Sitzung, 8. Februar 1956, Protokoll Nr. 107, S. 34. Paulus, Parlament und Streitkräfteeinsatz, S. 374, hingegen meint, Auslandseinsätze außer zur Bündnisverteidigung hätten seinerzeit als undenkbar gegolten.

158 Hillgruber, in: Umbach/Clemens (Hg.), Grundgesetz, Bd. II, Art. 87 a Rdnr. 24.

159 Fiebig, Der Einsatz der Bundeswehr im Innern, S. 275.

Bundeswehr herausarbeitet und den Begriff Verteidigung nicht auf militärische Angriffe souveräner Staaten begrenzt, sondern auch die Abwehr anderer äußerer Gefahren einbezieht, wenn die Mittel der Polizei zur Gefahrenabwehr nicht ausreichen.[160] Für den Einsatz der Streitkräfte zur Verteidigung ist nämlich nicht entscheidend, ob es sich bei den Angreifern um reguläre Truppen eines anderen Staates, um Freischärler oder um einen nichtstaatlichen Verband von Terroristen handelt.[161] Maßgeblich ist vielmehr, ob angesichts des Ausmaßes, der Tragweite, der Intensität und der militärischen bzw. kriegerischen oder kriegsähnlichen Prägung des Angriffs von außen allein die Streitkräfte in der Lage sind, dem Angriff wirksam zu begegnen.[162]

Eine Beschränkung des Begriffs Verteidigung auf die Abwehr von Angriffen souveräner Staaten[163] nimmt ohne Not eine Schutzlücke in Kauf, wenn die Fähigkeiten der Polizei nicht ausreichen, um die Gefahr abzuwenden. Eine solche Schutzlücke ist dem Grundgesetz indes nicht zu entnehmen.[164]

Es ist auch nicht erkennbar, daß der Verfassungsgesetzgeber eine solche Schutzlücke hinzunehmen bereit gewesen ist. Kernaufgabe der Streitkräfte ist die Landesverteidigung im Sinne des Schutzes der territorialen Integrität des Staatsgebietes Deutschlands.[165] Bei dieser Schutzfunktion ist es ohne Bedeutung, ob die Gefahr von einem souveränen Staat oder anderen Kräften ausgeht. Entscheidend ist, daß die Unversehrtheit des eigenen Hoheitsgebietes geschützt wird.[166] Militärische Landesverteidigung umfaßt somit nicht nur die Abwehr des militärischen Angriffs eines anderen Staates auf die Bundesrepublik Deutschland, sondern auch die Abwehr von Angriffen nichtstaatlicher terroristischer Gruppierungen, wenn ihnen ein militärähnliches Gepräge zukommt[167] oder der Anschlag eine Intensität und Tragweite erreicht, die einem kriegerischen Angriff gleichkommt.[168] Es ist allerdings

---

160 So jetzt auch Hernekamp, in: von Münch/Kunig (Hg.), Grundgesetz, Bd. 3, Art. 87 a Rdnr. 4; Krieger, Streitkräfte im demokratischen Verfassungsstaat, S. 455; vgl. auch Wiefelspütz, Der Einsatz bewaffneter deutscher Streitkräfte, S. 24; ders., NZWehrr 2003, S. 45 (55 f.); ähnlich Paulus, Parlament und Streitkräfteeinsatz, S. 387; wohl auch Palm, AöR 132 (2007), S. 95 (104 f.).

161 Wiefelspütz, Die Polizei 2003, S. 301 (302).

162 Schultz, Die Auslandsentsendung, S. 237; Wiefelspütz, Der Einsatz bewaffneter deutscher Streitkräfte, S. 24; ders., Das Parlamentsheer, S. 117; Schäuble, in: Glos (Hg.), Friedrich Zimmermann – 80 Jahre, S. 45 (48); Isensee, in: Die Erneuerung des Verfassungsstaates, S. 7 (35); Krieger, Streitkräfte im demokratischen Verfassungsstaat, S. 455.

163 Vgl. Wiefelspütz, Das Parlamentsheer, S. 121 f., 124 ff., 128 ff., 132.

164 Wiefelspütz, Das Parlamentsheer, S. 117; ders., ZaöRV 2005, S. 819 (828); ders., RuP 2006, S. 71 (73).

165 Wiefelspütz, Das Parlamentsheer, S. 117; ders., ZaöRV 2005, S. 819 (828); Gramm, NZWehrr 2005, S. 133.

166 Wiefelspütz, Das Parlamentsheer, S. 117; ders., ZaöRV 2005, S. 819 (828); ders., RuP 2006, S. 71 (74).

167 Vgl. jetzt F. Kirchhof, in: Isensee/Kirchhof (Hg.), Handbuch des Staatsrechts, Bd. IV, Aufgaben des Staates, § 84 Rdnr. 49.

168 Jochum, JuS 2006, S. 511 (513).

einzuräumen, daß die Streitkräfte in aller Regel ihre Schutzaufgabe gegenüber den militärischen Kräften souveräner Staaten wahrnehmen.

Die begrifflichen Ableitungen Jan-Peter Fiebigs werden jedoch erstaunlicherweise nicht zu Ende geführt und sind deshalb nur von beschränktem Nutzen, weil Jan-Peter Fiebig ohne erkennbare Begründung offen läßt, ob Verteidigungsobjekt ausschließlich die Bundesrepublik Deutschland oder auch ein Bündnispartner oder ein nicht verbündeter, angegriffener Staat sein kann.[169] Die Reichweite des Begriffs Verteidigung bleibt deshalb bei Jan-Peter Fiebig letztlich offen.

Abwegig und naiv, vor allem aber ohne Bezug zum Grundgesetz ist die Meinung von Daniel Sigloch, Verteidigung sei immer nur zulässig, wenn der Verteidigungseinsatz zu einem Sicherheitsgewinn für die Bundesrepublik Deutschland führe.[170] Nach welchen Maßstäben soll der Sicherheitsgewinn beurteilt werden? Verteidigungshandlungen können bei fehlendem militärischem Erfolg zu weniger Sicherheit führen, sind aber gleichwohl staatsrechtlich zulässig.

Bereits der Wortlaut des Art. 87 a Abs. 1 Satz 1 GG legt nahe, daß die Verteidigung der Bundesrepublik Deutschland gemeint ist, und zwar der Schutz des Territoriums der Bundesrepublik Deutschland[171] unter Einbeziehung des Bündnisfalles, weil bei einem Angriff auf ein Mitglied der NATO regelmäßig auch die Sicherheit der Bundesrepublik Deutschland beeinträchtigt ist.[172] Der Verteidigungsauftrag der Streitkräfte wurde im Übrigen von Anfang an bündnisorientiert verstanden.[173] Denn die Aufstellung von Streitkräften in der Bundesrepublik Deutschland erfolgte – darauf weist Juliane Kokott[174] mit Recht hin – unter der Voraussetzung ihrer Einbeziehung in das NATO-Bündnis und wäre anders nicht oder zumindest nicht zum damaligen Zeitpunkt möglich gewesen.

Aber auch die Nothilfe zugunsten eines angegriffenen Staates – sei es eines verbündeten, sei es eines nicht verbündeten Staates – war bei der Einfügung der Wehrverfassung

---

169 Fiebig, Der Einsatz der Bundeswehr im Innern, S. 276: „Von der Identifizierung des Verteidigungsobjekts wurde abgesehen. Diese Komponente bleibt deshalb unerörtert."

170 Sigloch, Auslandseinsätze der deutschen Bundeswehr, S. 116 ff.

171 Günther, in: Wehrhafte Demokratie, S. 329 (345), und Wild, DÖV 2000, S. 622 (625), verkennen, daß „Verteidigung" der Bundesrepublik Deutschland nicht gleichbedeutend ist mit Verteidigungsfall i. S. des Art. 115 a GG. Das Territorium der Bundesrepublik Deutschland kann auch verteidigt werden, ohne die weitreichende Feststellung des Verteidigungsfalls vorzunehmen.

172 Randelzhofer, in: Maunz/Dürig, Grundgesetz, Art. 24 Abs. 2 Rdnr. 53.

173 Hillgruber, in: Umbach/Clemens (Hg.), Grundgesetz, Bd. II, Art. 87 a Rdnr. 18; Wiefelspütz, BWV 2006, S. 49 (50).

174 Kokott, in: Sachs (Hg.), Grundgesetz, Art. 87 a Rdnr. 21; vgl. auch Boldt, ZRP 1992, S. 218 (220); Arndt, DÖV 1992, S. 618 (620); Giegerich, ZaöRV 49 (1989), S. 1 (19 f.); Doehring, in: Isensee/Kirchhof (Hg.), Handbuch des Staatsrechts, Bd. VII, Normativität und Schutz der Verfassung - Internationale Beziehungen, § 177 Rdnr. 23.

in das Grundgesetz Bestandteil des Verständnisses von Verteidigung.[175] Das kann auch nicht überraschen, weil Territorialverteidigung gegenüber einem Angriff von außen, Bündnisverteidigung und Nothilfe zugunsten eines angegriffenen Staates dem herkömmlichen Verständnis der Wehrhoheit eines Staates auf der Ebene des Staatsrechts entsprach und bis heute als Völkergewohnheitsrecht Geltung beansprucht.[176]

Es ist deshalb die Auffassung vorzugswürdig, die Verteidigung im Sinne des Grundgesetzes als Territorialverteidigung, Bündnisverteidigung und Nothilfe zugunsten eines angegriffenen Staates, mithin als individuelle oder kollektive Selbstverteidigung versteht.[177]

Es überzeugt freilich nicht, wenn gelegentlich der Begriff Verteidigung um die Komponente Personalverteidigung erweiternd interpretiert wird. Der Staat hat zwar Schutzpflichten gegenüber deutschen Staatsbürgern im Ausland, ein Angriff auf einen Deutschen im Ausland ist aber in der Regel noch kein Angriff auf die Bundesrepublik Deutschland, der eine militärische Verteidigung erlaubt.[178] Dementsprechend ist die Wahrnehmung der Schutzpflichten gegenüber einem Deutschen im Ausland auch keine Verteidigung der Bundesrepublik Deutschlands.[179] Unter besonders gelagerten Umständen kommt aber eine staatsrechtlich und völkerrechtlich erlaubte humanitäre Intervention zur Rettung von eigenen Staatsangehörigen in Betracht.[180]

---

175 Vgl. Abg. Willy Brandt (SPD), Deutscher Bundestag, 2. Wahlperiode, BT-Drs. II/1200, S. 39 f.; Abg. Dr. Richard Jäger (CDU/CSU), Deutscher Bundestag, 2. Wahlperiode, Ausschuß für Rechtswesen und Verfassungsrecht, 107. Sitzung, 8. Februar 1956, Protokoll Nr. 107, S. 34; P. Kirchhof, Festschrift Bernhardt, S. 797 (801); Wiefelspütz, RuP 2006, S. 71 (73); das übersieht Paulus, Parlament und Streitkräfteeinsatz, S. 374: „undenkbar".

176 Vgl. Randelzhofer, in: Simma (Hg.), The Charter of the United Nations, Volume I, Second Edition, 2002, Art. 51 Rdnr. 43 ff.; Kunde, Der Präventivkrieg. Geschichtliche Entwicklung und gegenwärtige Bedeutung, 2007 (zugleich: Dissertation, Universität Würzburg, 2006), S. 121 f. Wiefelspütz, RuP 2006, S. 71 (73); ders., BWV 2006, S. 49 (50).

177 Wiefelspütz, Das Parlamentsheer, S. 119; ders., ZaöRV 2005, S. 819 (823 f.); ders., RuP 2006, S. 71 (73); ders., BWV 2006, S. 49 (51); ders., AöR 132 (2007), S. 44 (61); so auch Günther, in: Wehrhafte Demokratie, S. 329 (350); Pieroth, in: Jarass/Pieroth, Grundgesetz, Art. 87 a Rdnr. 9, und jetzt Paulke, Die Abwehr von Terrorgefahren im Luftraum, S. 71, und wohl auch Paulus, Parlament und Streitkräfteeinsatz, S. 380; im Ergebnis auch Grzeszick, in: Friauf/Höfling, Grundgesetz, Art. 87 a Rdnr. 25.

178 Vgl. Wiefelspütz, Das Parlamentsheer, S. 258 f.

179 Vgl. auch Wiefelspütz, Das Parlamentsheer, S. 119; Krieger, Streitkräfte im demokratischen Verfassungsstaat, S. 409; ähnlich Gramm, NZWehrr 2005, S. 133 (139 f.); Baldus, in: von Mangoldt/Klein/Starck (Hg.), Grundgesetz, Bd. 3, Art. 87 a Rdnr. 51; Seifert/Bünker, ThürVBl. 2006, S. 49 (53); Paulus, Parlament und Streitkräfteeinsatz, S. 380 ff.; a. A. wohl jetzt Grzeszick, in: Friauf/Höfling, Grundgesetz, Art. 87 a Rdnr. 25.

180 Vgl. Wiefelspütz, Das Parlamentsheer, S. 286 f. m. w. N.; ders., AöR 132 (2007), S. 44 (62); a. A. Baldus, in: von Mangoldt/Klein/Starck (Hg.), Grundgesetz, Bd. 3, Art. 87 a Rdnr. 51, der in solchen Fällen nur den Einsatz der Bundespolizei nach Art. 32 GG für zulässig hält.

Das weit verbreitete völkerrechtliche Verständnis des Begriffs Verteidigung überzeugt bereits deshalb nicht, weil auch bei der gebotenen völkerrechtsfreundlichen
und völkerrechtsoffenen Interpretation des Grundgesetzes zentrale Begriffe des
Grundgesetzes aus der Verfassung hergeleitet werden müssen und nicht aus anderen
Rechtsquellen wie dem Völkerrecht.[181]

Es ist aber einzuräumen, daß die Differenz zwischen dem völkerrechtsorientierten
Verständnis des Begriffs Verteidigung und der hier bevorzugten Interpretation
des Begriffs Verteidigung als Territorialverteidigung und Bündnisverteidigung unter Einschluß von Nothilfe, somit als Recht auf individuelle und kollektive Selbstverteidigung, eher methodischer als inhaltlicher Art ist. Die Friedensstaatlichkeit
des Grundgesetzes[182], die unmittelbare Geltung des völkerrechtlichen Selbstverteidigungsrechts als deutsches Bundesrecht durch Art. 25 GG und das Verbot
des Angriffskrieges nach Art. 26 GG sind materiell identisch mit den zentralen
völkerrechtlichen Rechtsprinzipien des Gewaltverbots und des Rechts auf individuelle und kollektive Selbstverteidigung.[183]

Der Begriff Verteidigung in Art. 87 a Abs. 1 Satz 1 GG wird freilich bereits von seiner
Wortbedeutung her sprachlich überdehnt, wenn damit die Beteiligung deutscher
Soldaten an VN-Friedensmissionen gerechtfertigt werden soll.[184] Die Beteiligung an
militärisch geprägten Einsätzen mit einem Mandat der VN richtet sich in der Regel
nicht auf die Verteidigung Deutschlands oder eines Bündnispartners, sondern dient
der internationalen Friedensicherung.[185] Solche Einsätze sind vielmehr nach Art. 24
Abs. 2 GG erlaubt.[186]

---

181 Brenner/Hahn, JuS 2001, S. 729 (733); Fibich, ZRP 1993, S. 5 (7); Pechstein, Jura 1991, S. 461
(466); Riedel, Der Einsatz deutscher Streitkräfte im Ausland, S. 100; Graf Vitzthum/Hahn, VBlBW
2004, S. 71 (72).

182 Vgl. Dreier, in: Dreier (Hg.), Grundgesetz, Bd. I, 2. Aufl., 2004, Art. 1 Abs. 2 Rdnr. 2, 6, 22, 27.

183 P. Kirchhof, Festschrift Bernhardt, S. 797 (799); Wiefelspütz, AöR 132 (2007), S. 44 (63).

184 E. Klein, ZaöRV 34 (1974), S. 429 (433); Randelzhofer, in: Maunz/Dürig, Grundgesetz, Art. 24 Abs.
2 Rdnr. 53; König, GYIL 38 (1995), S. 103 (111); Wiefelspütz, Das Parlamentsheer, S. 118; ähnlich
Krieger, Streitkräfte im demokratischen Verfassungsstaat, S. 410; Gramm, NZWehrr 2005, S. 133
(135); Baldus, in: von Mangoldt/Klein/Starck (Hg.), Grundgesetz, Bd. 3, Art. 87 a Rdnr. 49.

185 Randelzhofer, in: Maunz/Dürig, Grundgesetz, Art. 24 Abs. 2 Rdnr. 54 ff.; Tomuschat, AFDI 39
(1993), S. 451 (461 f.).

186 Randelzhofer, in: Maunz/Dürig, Grundgesetz, Art. 24 Abs. 2 Rdnr. 54 ff.; Wiefelspütz, Das Parlamentsheer, S. 120; Seifert/Bünker, ThürVBl. 2006, S. 49 (53); Paulus, Parlament und Streitkräfteeinsatz,
S. 376, 379; Grzeszick, in: Friauf/Höfling, Grundgesetz, Art. 87 a Rdnr. 26.

4. Die Abwehr eines militärischen Angriffs

Es ist allerdings zu bedenken, daß nach dem herkömmlichen Verständnis von Verteidigung die Abwehr *militärischer* Angriffe gemeint ist.[187] Es gehört grundsätzlich nicht nach Art. 87 a Abs. 1 Satz 1 GG zu den Aufgaben der Streitkräfte, Grenzübertritte durch bewaffnete Banden oder Terroristen zu verhindern, die in Deutschland Straftaten begehen wollen. Das ist regelmäßig Aufgabe der Polizei.[188]

Terroristische Bedrohungsszenarien für sich genommen rechtfertigen deshalb noch nicht, den Verteidigungsbegriff von der Voraussetzung eines *militärischen* Angriffs zu lösen.[189] Die Aufgabe dieser Verknüpfung ist jedoch dann geboten, wenn die gesamten Umstände eines terroristischen Anschlags mit einem militärischen Angriff gleichzusetzen sind und der Angriff von außen auf die Integrität des Bundesgebietes nicht nach Maßgabe des Art. 87 a Abs. 4 GG und Art. 91 GG unter Inanspruchnahme der Polizei der Bundesländer und des Bundes bekämpft werden kann.[190] Wenn der Angreifer eine militärähnliche Operations- und Organisationsstruktur erkennen läßt oder das Zerstörungspotential, über das er verfügt und das er einzusetzen bereit ist, kriegsähnliches Ausmaß hat, ist es gerechtfertigt, einen grenzüberschreitenden terroristischen Anschlag wie einen militärischen Angriff zu behandeln.[191]

Es ist deshalb auch nicht entscheidend, ob die Angreifer Kombattantenstatus haben.[192]

---

187 Baldus, in: von Mangoldt/Klein/Starck (Hg.), Grundgesetz, Bd. 3, Art. 87 a Rdnr. 46; Herzog, in: Maunz/Dürig, Grundgesetz, Art. 115 a Rdnr. 26; Sattler, NVwZ 2004, S. 1286; Pieroth/Hartmann, Jura 2005, S. 729 (732); Winkler, DÖV 2006, S. 149 (153); Paulus, Parlament und Streitkräfteeinsatz, S. 379; Wiefelspütz, RuP 2006, S. 71 (74).

188 Schultz, Die Auslandsentsendung, S. 237; Wiefelspütz, Der Einsatz bewaffneter deutscher Streitkräfte, S. 24; ders., Die Polizei 2003, S. 301 (302).

189 Baldus, in: von Mangoldt/Klein/Starck (Hg.), Grundgesetz, Bd. 3, Art. 87 a Rdnr. 52; ders., NVwZ 2004, S. 1278 (1281); Lutze, NZWehrr 2003, S. 101 (112); Wiefelspütz, NZWehrr 2003, S. 45 (55); vgl. auch Deiseroth, in: Umbach/Clemens (Hg.), Grundgesetz, Bd. II, Art. 115 a Rdnr. 9; Grote, in: von Mangoldt/Klein/Starck (Hg.), Grundgesetz, Bd. 3, Art. 115 a Rdnr. 16.

190 Deiseroth, in: Umbach/Clemens (Hg.), Grundgesetz, Bd. II, Art. 115 a Rdnr. 9; Wiefelspütz, NZWehrr 2003, S. 45 (55); ders., ZaöRV 2005, S. 819 (827); Hernekamp, in: von Münch/Kunig (Hg.), Grundgesetz, Bd. 3, Art. 87 a Rdnr. 4; Ladiges, Die Bekämpfung nicht-staatlicher Angreifer im Luftraum, S. 110 ff., 119; ähnlich Jochum, JuS 2006, S. 511 (513) ; wohl auch Palm, AöR 132 (2007), S. 95 (104 f.).

191 Baldus, NVwZ 2004, S. 1278 (1281); Stein, in: Festschrift Mußgnug, S. 85 (89); ähnlich Grzeszick, in: Friauf/Höfling, Grundgesetz, Art. 87 a Rdnr. 28; Götz, in: Isensee/Kirchhof (Hg.), Handbuch des Staatsrechts, Bd. IV, Aufgaben des Staates, § 85 Rdnr. 32; Franz/Günther, VBlBW 2006, S. 340 (347); Franz, Der Staat 45 (2006); S. 501 (544); Laschewski, Der Einsatz der deutschen Streitkräfte im Inland, S. 52 ff.; Wiefelspütz, Die Abwehr terroristischer Anschläge und das Grundgesetz, S. 16 f.; ders., RuP 2007, S. 3 (6); ders., AöR 132 (2007), S. 44 (64).

192 Wiefelspütz, Das Parlamentsheer, S. 121; Schäuble, in: Glos (Hg.), Friedrich Zimmermann – 80 Jahre, S. 45 (47); a. A. Paulke, Die Abwehr von Terrorgefahren im Luftraum, S. 73 ff., 87 ff.; Sittard/Ulbrich, JuS 2005, S. 432 (433).

Bei der Lagebeurteilung hat das Verteidigungsministerium eine Einschätzungs-prärogative.[193] Dabei ist für die Einschätzung die ex-ante-Betrachtungsweise maßgeblich.[194] Wenn bei Ausschöpfung aller verfügbaren Erkenntnisse nicht geklärt ist, ob die Polizei der Länder und des Bundes in der Lage sind, die Gefahr abzuwenden, darf die Bundesregierung die wirksamsten Kräfte, gegebenenfalls auch die Streitkräfte einsetzen. Es kann nicht angehen, daß bei einer unklaren Lagebeurteilung zunächst Polizeikräfte gegen einen möglicherweise waffentechnisch überlegenen Angreifer eingesetzt werden.[195]

Sofern von außen terroristische Anschläge drohen, die nach Entstehungszusam-menhang, Ablauf, Art und Ausmaß den Anschlägen des 11. September 2001 gleich-zusetzen sind, ist es nach all dem Sache der Streitkräfte, nach Art. 87 a Abs. 1 Satz 1 GG im Rahmen des Verteidigungsauftrages den Angriff abzuwehren.[196]

5. Die Abwehr eines bewaffneten Angriffs von außen

Der Verteidigungsauftrag bezieht unstreitig die militärische Abwehr eines von *außen*[197] kommenden Angreifers mit – in der Regel – Kombattantenstatus[198] ein. Gegen innere

---

193 Wiefelspütz, Die Polizei 2003, S. 301 (302); ders., RuP 2006, S. 71 (74).

194 Wiefelspütz, ZaöRV 2005, S. 819 (831); ders., RuP 2006, S. 71 (74); ders., AöR 132 (2007), S. 44 (65); Ladiges, Die Bekämpfung nicht-staatlicher Angreifer im Luftraum, S. 148 ff.

195 Wiefelspütz, NZWehr 2003, S. 45 (55 f.); ders., Die Polizei 2003, S. 301 (302); ders., ZaöRV 2005, S. 819 (831); ders., RuP 2006, S. 71 (74); ders., BWV 2006, S. 49 (54).

196 Wiefelspütz, RuP 2006, S. 71 (74); ders., AöR 132 (2007), S. 44 (65); Ladiges, Die Bekämpfung nicht-staatlicher Angreifer im Luftraum, S. 167.

197 Vgl. Dürig, in: Maunz/Dürig, Grundgesetz, Art. 87 a Rdnr. 22, 24; Schmidt-Jortzig, DÖV 2002, S. 773 (775); Jarass, in: Jarass/Pieroth, Grundgesetz, Art. 87 a Rdnr. 9; Lutze, NZWehr 2003, S. 101 (113); Isensee, in: Die Erneuerung des Verfassungsstaates, S. 7 (35); Fischer, JZ 2004, S. 376 (380); Pieroth/Hartmann, Jura 2005, S. 729 (732); Knödler, BayVBl. 2002, S. 107 (108); Mager, Terrorismusbekämpfung, S. 137; Hase, DÖV 2006, S. 213 (215); Seifert/Bünker, ThürVBl. 2006, S. 49 (53); Jochum, JuS 2006, S. 511 (513); Wiefelspütz, RuP 2006, S. 71 (72, 74); ders., NWVBl. 2006, S. 41 (42); Drees/Niedzwicki, UBWV 2006, S. 139; Schenke, in: (Hg.), Mit Recht für Menschenwürde und Verfassungsstaat, Festgabe für Dr. Burkhard Hirsch, S. 75 (79); a. A. Baldus, in: von Mangoldt/Klein/Starck (Hg.), Grundgesetz, Bd. 3, Art. 87 a Rdnr. 47.

Ein Anschlag ist auch dann als Angriff von außen zu werten, wenn – wie bei den Anschlägen vom 11. September 2001 in den USA – die Täter einreisen, um im Inland den Anschlag zu begehen. Ob einem solchen Anschlag mit militärischen oder polizeilichen Mitteln zu begegnen ist, hängt von der Intensität und dem Ausmaß des Anschlags ab. Vgl. dazu Wiefelspütz, NZWehr 2003, S. 45 (49 ff. m. w. N., 56); Heintschel von Heinegg/Gries, AVR 2002, S. 145 (153 f.); Melzer/Haslach/Socher, NVwZ 2005, S. 1361 (1363 Fn. 35); Archangelskij, Das Problem des Lebensnotstandes, S. 126; Winkler, DÖV 2006, S. 149 (153).

198 F. Kirchhof, in: Isensee/Kirchhof (Hg.), Handbuch des Staatsrechts, Bd. IV, Aufgaben des Staates, § 84 Rdnr. 49; Schreiber, DÖV 1969, S. 729 (731 f.); Paulke, Die Abwehr von Terrorgefahren im Luftraum, S. 73.

Bedrohungen, auch solche terroristischer Art, ist grundsätzlich die Polizei zuständig.[199] Von *außen* kommt ein Angriff oder Anschlag auch dann, wenn die Tat zwar im Innern begangen wird, der Angriff aber vom Ausland aus gesteuert wird.[200] Freilich kann im Einzelfall fraglich sein, ob ein Angriff von außen oder von innen droht.[201] Wolff Heintschel von Heinegg und Tobias Gries[202] weisen zu Recht darauf-hin, daß diese Feststellung bei international agierenden Organisationen schwer fallen könne.[203] Dies werde jedenfalls dann deutlich, wenn die Attentäter bereits längere Zeit im Land des Anschlags gelebt haben.[204]

Andreas L. Paulus meint im Zusammenhang mit terroristischen Anschlägen, für Verteidigung im Sinne des Grundgesetzes müsse ein Angriff militärischer Art vorliegen, der mit einer gewissen Offensichtlichkeit eine militärische Abwehr erfordere. Da im Falle einer dringlichen Entscheidung kaum Nachforschungen darüber angestellt werden könnten, ob ein Anschlag von innen oder mit Einwirkung von außen erfolge und ob die Einwirkung den Anschlag als einen äußeren Angriff erscheinen lasse, sei im Zweifel nicht davon auszugehen, daß ein militärischer Angriff von außen vorliege, der zur Verteidigung mit Streitkräften gemäß Artikel 87 a GG ermächtige. Ansonsten liefe die verfassungsrechtlich gewollte Unterscheidung zwischen Innen- und Außeneinsätzen der Bundeswehr leer. Für einen nichtmilitärischen Angriff auf die Bundesrepublik sollten daher die Kriterien für den Einsatz im Innern gelten, während sich Verteidigung auf den Einsatz gegen Kräfte außerhalb des Bundesgebiets konzentriere, die dort dauerhaft verankert seien.[205] Im Falle der Unsicherheit, ob ein Angriff von außen oder innen erfolge, solle unabhängig von der verfassungsrechtlichen Lage eine vorherige Zustimmung des Bundestags eingeholt werden, bevor zu dessen Abwehr die Streitkräfte im Innern – einschließlich zur Abwehr eines Terroranschlags mit Involvierung von Gruppen im

---

199 Lutze, NZWehrr 2003, S. 101 (114); Melzer/Haslach/Socher, NVwZ 2005, S. 1361 (1363).

200 Lutze, NZWehrr 2003, S. 101 (114); Krings/Burkiczak, NWVBl. 2004, S. 249 (252); Wiefelspütz, ZaöRV 2005, S. 819 (829); ders., BWV 2006, S. 49 (53); ders., AöR 132 (2007), S. 44 (65). A. A. Fischer, JZ 2004, S. 376 (380), der verengend auf die Notwendigkeit des Grenzübertritts der Angreifer abhebt, und Drees/Niedzwicki, UBWV 2006, S. 139, die einen Angriff von außen verneinen, wenn die Angreifer einreisen. Diesen Ansichten steht freilich die Konstellation des 11. September 2001 entgegen. Seinerzeit waren die Täter eingereist. Die von ihnen verübten Anschläge werden nach nahezu einmütiger Ansicht als Angriffe von außen gewürdigt.

201 Wiefelspütz, Das Parlamentsheer, S. 123; ders., NWVBl. 2006, S. 41 (42 f.); Schäuble, in: Glos (Hg.), Friedrich Zimmermann – 80 Jahre, S. 45 (56); Melzer/Haslach/Socher, NVwZ 2005, S. 1361 (1363 Fn. 35); Sattler, NVwZ 2004, S. 1286; Hase, DÖV 2006, S. 213 (215); Franz/Günther, VBlBW 2006, S. 340 (347).

202 Heintschel von Heinegg/Gries, AVR 2002, S. 145 (153 FN 33).

203 Vgl. auch Sattler, NVwZ 2004, S. 1286.

204 Ähnlich argumentiert Paulke, Die Abwehr von Terrorgefahren im Luftraum, S. 77 f.

205 Paulus, Parlament und Streitkräfteeinsatz, S. 384 f.

Ausland oder von ausländischen Staaten – oder im Äußeren eingesetzt werden.[206]

Dem ist zu entgegnen, daß unabhängig von den Schwierigkeiten der Lageeinschätzung entschieden werden muß, ob die Polizei oder die Bundeswehr zuständig ist.[207] Es trifft zwar zu, daß Unsicherheiten bei der Prognose, ob ein Angriff von außen oder von innen kommt, zunächst keine Auswirkungen auf die grundgesetzliche Kompetenzverteilung haben.[208] Es geht indes nicht darum, ob *vielleicht* ein Angriff von außen vorliegen könnte[209], der die Zuständigkeit der Bundeswehr zur Verteidigung auslöst. Es kommt vielmehr darauf an, daß bei der Beurteilung ex ante[210] bei verständiger Würdigung aller Umstände ein Angriff von außen *oder* von innen angenommen werden muß. Schwierigkeiten und Unsicherheiten in der Prognose treffen Bundeswehr und Polizei gleichermaßen. Diese Unsicherheiten dürfen aber nicht dazu führen, daß Bundeswehr und Polizei tatenlos einem gefährlichen Angriff zusehen.[211] Prognoseunsicherheiten sind jedenfalls nicht geeignet, Verteidigung generell infrage zu stellen.[212]

Jan-Peter Fiebig[213] macht indes geltend, die Abwehr von Angriffen auf Rechtsgüter innerhalb der Bundesrepublik sei keinesfalls Verteidigung, wenn im gesamten Kausalverlauf bis zur Rechtsgutsverletzung überhaupt keine Bezüge zu ausländischen Verursachungsfaktoren bestünden. Dies sei als Abwehr innerer Gefahren eine verteidigungsfremde Aufgabe. Die Abwehr von Angriffen auf Rechtsgüter innerhalb der Bundesrepublik, bei denen Verursachungsfaktoren aus dem Ausland den Kausalverlauf beeinflußt haben, erfolge dann zur Verteidigung, wenn der Angriff nicht nur innerhalb der Bundesrepublik stattfinde und deshalb ein äußerer Angriff vorliege. Ein Angriff beginne in Anlehnung an strafrechtliche Methoden zur Abgrenzung der straflosen Vorbereitung vom strafbaren Versuch, wenn die ausführenden Personen in subjektiver Hinsicht die Schwelle des *Jetzt geht's los!* überschreiten und aus der Sicht eines objektiven Beobachters, der nicht mehr wisse, als er optisch wahrnehmen könne, ein

---

206 Paulus, Parlament und Streitkräfteeinsatz, S. 388, unter Berufung auf E. Klein, in: Isensee/Kirchhof (Hg.), Handbuch des Staatsrechts, Bd. VII, Normativität und Schutz der Verfassung - Internationale Beziehungen, § 169 Rdnr. 54.

207 Wiefelspütz, RuP 2006, S. 71 (74).

208 Gramm, NZWehrr 2003, S. 89 (91).

209 Vgl. Gramm, NZWehrr 2003, S. 89 (91).

210 Vgl. Isensee, in: Die Erneuerung des Verfassungsstaates, S. 7 (35); Wiefelspütz, Das Parlamentsheer, S. 123; ders., ZaöRV 65 (2005), S. 819 (829); ders., BWV 2006, S. 49 (53); kritisch Paulus, Parlament und Streitkräfteeinsatz, S. 384.

211 Dies verkennen Sattler, NVwZ 2004, S. 1286, und Paulke, Die Abwehr von Terrorgefahren im Luftraum, S. 77 f. Vgl. Wiefelspütz, Das Parlamentsheer, S. 123; ders. ZaöRV 2005, S. 819 (829); ders., RuP 2006, S. 71 (75); ders., BWV 2006, S. 49 (53); ders., NWVBl. 2006, S. 41 (43); ders., AöR 132 (2007), S. 44 (67).

212 So aber Sittard/Ulbrich, JuS 2005, S. 432 (433).

213 Fiebig, Der Einsatz der Bundeswehr im Innern, S. 311 f.

feindseliges unmittelbar auf die Verletzung eines Rechtsguts gerichtetes Verhalten vorliege.[214] Daneben seien alle Bezüge ins Ausland wie die Staatsangehörigkeit der handelnden Personen, deren Zugehörigkeit zu ausländischen Organisationen, erfolgte theoretische oder praktische Ausbildung im Ausland, Unterstützung mit Material, Waffen, Ausrüstung, Plänen oder Finanzmitteln durch das Ausland sowie die Verfolgung von Zielen mit Bezügen ins Ausland ohne Bedeutung, soweit der Angriff allein in der Bundesrepublik ausgeführt werde.[215]

Übernähmen Terroristen oder andere Personen im Luftraum außerhalb des deutschen Staatsgebietes die Gewalt über ein Luftfahrzeug, um von diesem aus mit Bomben oder Luft-Boden-Raketen eine Großveranstaltung oder ein sonstiges für sie lohnendes Ziel anzugreifen, so sei die Abwehr dieses Angriffs Verteidigung.[216] Die Bekämpfung von Luftfahrzeugen, mittels derer Terroristen Angriffe mit B- oder C-Waffen verüben wollen, sei dann Verteidigung, wenn der Angriffsbeginn außerhalb der Bundesrepublik liege. Dies sei nur dann der Fall, wenn diese Flugzeuge außerhalb der Bundesrepublik entwendet und sie sodann in den deutschen Luftraum geflogen worden seien.[217]

Diese grundsätzlich verdienstvollen Überlegungen von Jan-Peter Fiebig versagen indes in einem entscheidenden Beispielsfall: Die Anschläge vom 11. September 2001 in den USA – mit denen sich Jan-Peter Fiebig erstaunlicherweise nicht vertieft auseinandersetzt – wurden von ausländischen Tätern begangen, die in die USA einreisten. Sie entführten in den USA vier zivile Flugzeuge, um sie als Waffen zu mißbrauchen. In den USA, im NATO-Bündnis und überwiegend auch in der völkerrechtlichen Literatur[218] wurden diese Anschläge als bewaffneter Angriff („armed attack") im Sinne von Art. 51 SVN gewertet, weil die Täter „ferngesteuert" waren, dem De-facto-Regime der Taliban in Afghanistan zugerechnet werden konnten und der Geschehensablauf bei einer Gesamtbetrachtung einem militärischen Angriff von außen gleichgesetzt wurde. Nach den strafrechtlich geprägten Kategorisierungen Jan-Peter Fiebigs dürfte solchen Anschlägen, würden sie unter vergleichbaren Abläufen und Umständen in Deutschland verübt, nicht militärisch begegnet werden, weil sich der Geschehensablauf ausschließlich im Inneren unseres Landes abspielt – ein unhaltbares Ergebnis.[219]

Es fällt negativ auf, daß sich Jan-Peter Fiebig diese Konsequenzen nicht vergegenwärtigt, obwohl er sich insbesondere mit den Folgen der Anschläge vom 11.

---

214 Fiebig, Der Einsatz der Bundeswehr im Innern, S. 312.

215 Fiebig, Der Einsatz der Bundeswehr im Innern, S. 312.

216 Fiebig, Der Einsatz der Bundeswehr im Innern, S. 313.

217 Fiebig, Der Einsatz der Bundeswehr im Innern, S. 295.

218 Siehe unten S. 266 ff.; vgl. auch Wiefelspütz, Das Parlamentsheer, S. 64 f. und die Nachweise dort in Fn. 1105 und Fn. 1109; a. A. jetzt Hartmann, Staatliche Beteiligung an terroristischen Gewaltaktionen, 2006, S. 432 ff.

219 Wiefelspütz, NZWehr 2004, S. 174 (175); ders., RuP 2006, S. 71 (74); ders., AöR 132 (2007), S. 44 (69); instruktiv: Heintschel von Heinegg/Gries, AVR 2002, S. 145 (153 f.).

September 2001 auseinandersetzen will. Es war aber schwerlich zu übersehen, daß aufgrund der Anschläge vom 11. September 2001 erstmals der NATO-Bündnisfall nach Maßgabe der Beistandspflicht des Art. 5 des NATO-Vertrages festgestellt wurde. Deutsche Soldaten wurden und werden (!) im Rahmen der Operation Enduring Freedom eingesetzt, um unter Berufung auf Art. 5 des NATO-Vertrages und auf Art. 51 SVN dem Bündnispartner USA wegen eines Angriffs auf die USA militärisch Beistand zu leisten.[220] Die Operation Enduring Freedom ist freilich keine NATO-Operation, sondern eine Verteidigungsoperation der USA, unterstützt von einigen Bündnispartnern.[221] Mit anderen Worten: Deutsche Streitkräfte unterstützen die USA militärisch bei einem Verteidigungskrieg, der durch Anschläge einer nichtstaatlichen terroristischen Organisation ausgelöst wurde.[222]

Auch Katja Paulke vertritt die Auffassung, ein Einsatz zur Verteidigung setze einen exterritorial gestarteten Aggressor voraus. Die Abwehr von Angriffen, welche aus dem Staatsinneren erfolgen, sei keine Aufgabe, die von den Streitkräften im Rahmen des Verteidigungsauftrages wahrgenommen werden könnten.[223]

Dieser Meinung fehlt die begriffliche Präzision. Verteidigung im Sinne des Völkerrechts (vgl. Art. 5 des NATO-Vertrages, Art. 51 SVN) und des Art. 87 a Abs. 1 Satz 1 GG setzt einen Angriff mit Auslandsbezug voraus, „auslandgesteuerte" Täter genügen aber, wie der Referenzfall 11. September 2001 zeigt, um diese Voraussetzung zu erfüllen.[224]

Katja Paulke meint freilich, die Erfüllung der militärischen Beistandspflichten der

---

220 Vgl. ENDURING FREEDOM; Gemeinsame Reaktion auf terroristische Angriffe gegen die USA am 11. September 2001; Kabinettentscheidung am 7. November 2001; BT-Drs. 14/7296, S. 3; zuletzt: Fortsetzung ENDURING FREEDOM; Gemeinsame Reaktion auf terroristische Angriffe gegen die USA am 11. September 2001; Kabinettentscheidung vom 25. Oktober 2006; BT-Drs. 16/3150; Zustimmung des Deutschen Bundestages am 10. November 2006; Deutscher Bundestag, 16. Wahlperiode, Sten. Prot. S. 6331 D (Ergebnis der namentlichen Abstimmung); Personalobergrenze: 1800 Soldaten; Einsatzzeitraum über den 15. November 2006 hinaus für weitere 12 Monate. Zu ENDURING FREEDOM: Wiefelspütz, NZWehrr 2004, S. 174 (175); Heintschel von Heinegg/Gries, AVR 2002, S. 145 ff.; Wandscher, Internationaler Terrorismus und Selbstverteidigungsrecht, 2006, S. 189 ff.; Schmidt-Radefeldt, Humanitäres Völkerrecht – Informationsschriften – 2006, S. 245 ff. Diesen Sachverhalt übersehen auch Schütte, DPolBl 3/2005, S. 15 (16) und Paulke, Die Abwehr von Terrorgefahren im Luftraum, S. 77 ff.

221 Es trifft deshalb nicht zu, wenn Winkler, DÖV 2006, S. 149 (157), meint, der Einsatz deutscher Streitkräfte zur Abwehr Terroristen sei nach Art. 24 Abs. 2 GG zulässig. Staatsrechtliche Rechtsgrundlage für die Beteiligung deutscher Soldaten an der Operation Enduring Freedom ist Art. 87 Abs. 1 Satz 1 GG.

222 A. A. Schmidt-Radefeldt, Humanitäres Völkerrecht – Informationsschriften – 2006, S. 245 (248), der die Auffassung vertritt, die UN-Resolutionen der letzten Jahre zeigten, daß sich die Terrorismusbekämpfung in Afghanistan von eine ursprünglichen Selbstverteidigungsmaßnahme zu einer friedenssichernden erweitert habe, die vom Sicherheitsrat mit getragen werde. Dies sehen die VN und die beteiligten Staate freilich anders.

223 Paulke, Die Abwehr von Terrorgefahren im Luftraum, S. 78.

224 Krings/Burkiczak, NWVBl. 2004, S. 249 (252); Wiefelspütz, RuP 2006, S. 71 (76); ders., AöR 132 (2007), S. 44 (69).

Bundesrepublik Deutschland nach den Anschlägen vom 11. September 2001 stütze sich auf Art. 24 Abs. 2 GG. Bei einem Einsatz auf Grundlage des Art. 24 Abs. 2 GG blieben die Fallgestaltungen außen vor, in denen zivile Störer von außen die Bundesrepublik Deutschland angriffen. Ein Streitkräfteeinsatz im Inneren könne nicht durch den Bündnisfall legitimiert werden. Dem Bund bleibe es unbenommen, seinen Bündnisverpflichtungen durch Entsendung deutscher Streitkräfte nachzukommen. Der Einsatz im Inland werde hingegen durch Art. 87 a Abs. 2 GG abschließend reglementiert und begrenzt.[225]

Im Klartext bedeutet dies, daß deutsche Streitkräfte im Falle eines Angriffs nichtstaatlicher Terroristen auf einen Bündnispartner diesem Staat militärisch Beistand leisten dürfen, im Falle eines entsprechenden Angriffs auf die Bundesrepublik Deutschland das eigene Territorium aber nicht verteidigen dürfen. Deutschen Soldaten ist es erlaubt, dem Bündnispartner militärisch zu helfen, im eigenen Land sind sie zur Untätigkeit gezwungen! Hier wird überdeutlich, daß die gekünstelten Ableitungen von Katja Paulke zu absurden Ergebnissen führen.[226]

Matthias Schütte betont, es überzeuge nicht, bei den Anschlägen des 11. September 2001 eine zur Verteidigung durch die Streitkräfte berechtigende Lage anzunehmen, da sie das Maß der für die Verteidigung erforderlichen Erheblichkeit des Angriffs zu stark herabsetze. Es handele sich um Anschläge, die die USA nicht in ihrer Existenz bedroht hätten.[227]

Diese Auffassung ist bereits deshalb verfehlt, weil die Existenzbedrohung eines Staates nicht Voraussetzung für die Ausübung des Selbstverteidigungsrechts ist.[228]

6. Anschläge von außen unterhalb der Schwelle des bewaffneten Angriffs

Soweit Anschläge von außen nicht die Voraussetzungen eines bewaffneten Angriffs erfüllen – etwa kleinere Grenzzwischenfälle –, ist die Abwehr jedenfalls dann vom Verteidigungsauftrag gedeckt, wenn polizeiliche Mittel zur Gefahrenabwehr nicht ausreichen.

Der Verteidigungsauftrag der Streitkräfte wird insbesondere berührt sein, wenn der zu besorgende Anschlag aus dem Luftraum oder von See her droht, und zwar auch dann, wenn es sich um ein einzelnes entführtes Flugzeug oder Schiff

---

225 Paulke, Die Abwehr von Terrorgefahren im Luftraum, S. 95 ff.
226 Wiefelspütz, RuP 2006, S. 71 (76).
227 Schütte, DPolBl 3/2005, S. 15 (16).
228 Wiefelspütz, AöR 132 (2007), S. 44 (70).

handelt.[229] Denn sowohl Bundespolizei[230] als auch Länderpolizeien verfügen regelmäßig nicht über die Fähigkeiten, terroristischen Anschlägen aus der Luft oder von See her zu begegnen. Es überzeugt deshalb nicht, wenn gelegentlich die Auffassung vertreten wird, die Abwehr von Flugzeugen, die nicht Teil der Streitkräfte eines anderen Staates sind, sei keine Verteidigung.[231] Gleiches gilt, wenn ein Angriff von See her von einem Schiff droht, das von der Polizei nicht abgewehrt werden kann. Maßgebend ist freilich, daß der Angreifer eine militärähnliche Operations- und Organisationsstruktur erkennen läßt oder sein Handeln gar einem Staat zuzurechnen ist.

Es ist nicht *allein* entscheidend für die Anwendung des Art. 87 a Abs. 1 Satz 1 GG, daß bei dem Angriff ein Zerstörungspotential verwirklicht wird, das einem herkömmlichen militärischen Angriff entspricht.[232] Das Territorium der Bundesrepublik Deutschland darf durch die Streitkräfte auch dann nach Art. 87 a Abs. 1 Satz 1 GG geschützt werden, wenn ein Anschlag nicht das Ausmaß eines bewaffneten Angriffs i. S. von Art. 51 SVN erreicht. Voraussetzung ist u. a., daß der Angriff von außen droht und die Kräfte der Polizei nicht in der Lage sind, den Grenzübertritt zu vereiteln.[233] Freilich beschränkt sich in diesem Fall die Verteidigung auf die bloße Abwehr des Angreifers.

Es überzeugt nicht, wenn Manfred Baldus in diesem Fall den Einsatz der Bundeswehr nach Art. 35 Abs. 2 und 3 GG in Betracht zieht.[234] Denn Art. 35 Abs. 2 und 3 GG beziehen sich ausschließlich auf den Einsatz der Bundeswehr im Innern. Verteidigung i. S. von Art. 87 a Abs. 1 Satz 1 GG ist indes geographisch nicht eingeschränkt und kann schon vor dem Überschreiten der deutschen Grenze geboten sein.

---

229 So auch Schultz, Die Auslandsentsendung, S. 237; Wiefelspütz, Die Polizei 2003, S. 301 (302); a. A. Pieroth/Hartmann, Jura 2005, S. 729 (732).

230 Der Bundesgrenzschutz wurde mit Gesetz vom 21. Mai 2005 (BGBl. I S. 1818) in Bundespolizei umbenannt. Am 1. Juli 2005 trat das Gesetz in Kraft. Vgl. dazu Scheuring, NVwZ 2005, S. 903 ff.

231 So Grubert, Verteidigungsfremde Verwendungen der Streitkräfte, S. 222; überholt ist die Argumentation von Schopohl, Der Außeneinsatz der Streitkräfte, S. 150, der die Auffassung vertritt, (private) terroristische Anschläge seien grundsätzlich keine bewaffneten Angriffe i. S. des Art. 51 der VN-Charta.

232 So aber Baldus, NVwZ 2004, S. 1278 (1281), der diese Fragestellung beim Begriff Verteidigung nach Art. 87 a Abs. 2 GG erörtert.

233 Wiefelspütz, Das Parlamentsheer, S. 128; ebenso Ladiges, Die Bekämpfung nicht-staatlicher Angreifer im Luftraum, S. 119.

234 Baldus, NVwZ 2004, S. 1278 (1281 ff.).

7. Verteidigung und Terrorismusbekämpfung durch die Streitkräfte

a) Das Verschwimmen der Grenzen von äußerer und innerer Sicherheit

Der internationale Terrorismus hat inzwischen eine bedrohliche Dimension und eine akute Gefährlichkeit erreicht. Eine Bekämpfung *ausschließlich* mit den Mitteln des Strafrechts, der Polizei und der Justiz ist nicht mehr angemessen und ausreichend.

Herkömmlich wird grenzüberschreitender internationaler Terrorismus als Schwerkriminalität mit den Mitteln der internationalen polizeilichen und justiziellen Zusammenarbeit in Strafsachen bekämpft.[235] Zentrales Anliegen waren und sind verbesserte internationale Kooperation bei Rechtshilfe und Auslieferung.[236] Der Terrorist war und bleibt freilich ein „Straftäter des nationalen Rechts"[237]. Terroristische Anschläge wurden bislang ganz überwiegend als schwere Straftaten angesehen, die im Rahmen internationaler Konventionen als Straftaten nach nationalem Recht und nach dem überkommenen Grundsatz des Völkerrechts „dedere aut judicare" behandelt wurden.[238]

Dies soll hier nicht in Frage gestellt werden.[239] Terroristen sind Schwerverbrecher, aber in der Regel nicht Kombattanten im Sinne des humanitären Völkerrechts.[240] Die Grenze zwischen Strafrecht und Völkerrecht darf auch

---

235 Geiger, Grundgesetz und Völkerrecht, § 66 II (S. 370); Blumenwitz, BayVBl. 1986, S. 737 (742); Bubnoff, NJW 2002, S. 2672 ff.; Schmalenbach, NZWehrr 2000, S. 177 (186); Hillgenberg, in: Liber Amicorum Tono Eitel, S. 141 (154); Wiefelspütz, ZaöRV 2005, S. 819 (820); ders., NWVBl. 2006, S. 41.

236 Tietje/Nowrot, NZWehrr 2002, S. 1 (2); Ruffert, ZRP 2002, S. 247 (250); Stahn, ZaöRV 62 (2002), S. 183 (187); Tomuschat, EuGRZ 2001, S. 535 (537 f.); vgl. auch Pieper, Völkerrechtliche Aspekte der internationalen Verbrechensbekämpfung, Diss., Universität München, 2004, S. 44 ff.

237 Oppermann, in: Festschrift Schlochauer, S. 495 (504); Blumenwitz, BayVBl. 1986, S. 737 (742); Krajewski, KJ 2001, S. 363 (365); Nehm, NJW 2002, S. 2665 ff.

238 Vgl. Fischer in: Ipsen, Völkerrecht, 5. Aufl., 2004, § 59 Rdnr. 13; Hillgenberg, in: Liber Amicorum Tono Eitel, S. 141 (154); Frowein, ZaöRV 62 (2002), S. 879 (893, 897 f.); Tomuschat, in: Jahrbuch Menschenrechte 2004, hgg. vom Deutschen Institut für Menschenrechte und von Gabriele von Arnim/Deile/Hutter/Kurtenbach und Tessmer, 2003, S. 121 (124); ders., DÖV 2006, S. 357 (361, 367 f.); Wiefelspütz, Das Parlamentsheer, S. 128 f.; ders. Die Abwehr terroristischer Anschläge und das Grundgesetz, 2007, S. 9; Paulus, Parlament und Streitkräfteeinsatz, S. 383 f.; Wandscher, Internationaler Terrorismus und Selbstverteidigungsrecht, S. 34 ff.

239 Vgl. auch Delbrück, GYIL 44 (2001), S. 9 (122 f.). Zur „strafrechtlichen Lösung" vgl. Walter, in: Fleck (Hg.), Rechtsfragen der Terrorismusbekämpfung, S. 23 (31).

240 Tomuschat, EuGRZ 2001, S. 535 (536); Blumenwitz, ZfP 50 (2003), S. 301 (312); Lutze, NZWehrr 2003, S. 101 (109 ff.); Dederer, JZ 2004, S. 421 (426 Fn. 73); Wiefelspütz, ZfP 2006, S. 143 (151); Gilch, Das Parlamentsbeteiligungsgesetz, S. 15 f.; Hase, DÖV 2006, S. 213 (214); Wiefelspütz, Die Friedens-Warte 2006, S. 73 (75); Ipsen, dpa-Gespräch vom 20. Februar 2006: „Völkerrechtler Ipsen:

in Zukunft nicht verwischt werden.[241] Selbst wenn terroristische Anschläge militärische Dimensionen erreichen können, macht es wenig Sinn, aus Verbrechern Kombattanten zu machen.[242] Ebenso verfehlt wäre es, dem organisierten Terrorismus (partiell) Völkerrechtssubjektivität zuzubilligen.[243]

Es setzt sich in den letzten Jahren zunehmend die Erkenntnis durch, daß allein eine ausschließlich strafrechtliche Sanktionierung terroristischer Umtriebe keine angemessene und ausreichende Reaktion ist. Die terroristischen Anschläge vom 11. September 2001 haben gezeigt, daß grenzüberschreitender Terrorismus auch zu einer unmittelbaren Gefährdung des Weltfriedens und der internationalen Sicherheit führen kann.[244] Gleichwohl sah der Sicherheitsrat der VN bislang davon ab, militärische Zwangsmaßnahmen gegen terroristische Organisationen zu autorisieren.[245] Der Sicherheitsrat beschränkte sich darauf, das naturgegebene Recht zur individuellen und kollektiven Selbstverteidigung anzuerkennen und zu bekräftigen.[246] Immerhin war bereits vor dem 11. September 2001 eine Entwicklung zur international umfassenden Ächtung terroristischer Anschläge festzustellen.[247]

Die Attentate vom 11. September 2001 haben jedoch international – vor allem im Bereich des Völkerrechts[248] –, aber auch national zu einer rechtlichen Neubewertung

---

Terrorabwehr ist keine Landesverteidigung"; Vöneky, German Law Journal Vol. 8 No. 7 - 1 July 2007, S. 747 (752); dies., in: Fleck (Hg.), Rechtsfragen der Terrorismusbekämpfung durch Streitkräfte, 2004, S. 147 (153 m. w. N.).

241 Vgl. Heintze, Internationale Politik und Gesellschaft 2004, 3/2004, S. 38 (44 ff.); instruktiv zum Thema Terrorismus und Völkerrecht: Tomuschat, DÖV 2006, S. 357 ff.

242 Vgl. Blumenwitz, ZRP 2002, S. 102 (104); Wiefelspütz, ZfP 2006, S. 143 (151); ders., Die Abwehr terroristischer Anschläge und das Grundgesetz, S. 10; Kutscha, RuP 2006, S. 202 (205).

243 So aber Gilch, Das Parlamentsbeteiligungsgesetz, S. 16.

244 Dahm/Delbrück/Wolfrum, Völkerrecht, Bd. I/2, Der Staat und andere Völkerrechtssubjekte, Räume und internationale Verwaltung, 2. Aufl., 2002, § 195 II 1 (S. 1112); Dederer, JZ 2004, S. 421 (422); Tomuschat, in: Jahrbuch Menschenrechte 2004, S. 121 (125); das übersieht offenbar Kutscha, RuP 2006, S. 202 (205).

245 Schaller, Das Friedenssicherungsrecht, S. 10.

246 SR-Res. 1368 (2001); SR-Res. 1373 (2001).

247 Instruktiv: Tietje/Nowrot, NZWehrr 2002, S. 1 (2 f. m. w. N.); vgl. auch Krajewski, KJ 2001, S. 363 (365, 368 f.); Schmalenbach, NZWehrr 2000, S. 177 (178).

248 Vgl. Tomuschat, EuGRZ 2001, S. 535 ff.; Tietje/Nowrot, NZWehrr 2002, S. 1 ff.; Hillgenberg, in: Liber Amicorum Tono Eitel, S. 141 ff.

bis hin zu Gesetzesinitiativen wie dem Luftsicherheitsgesetz[249] geführt[250]. Die Attentate werden vielfach wegen ihres Ausmaßes und ihrer Intensität einem militärischen Angriff gleichgesetzt.[251] Gleichzeitig ist festzustellen, daß *allein* mit polizeilichen und justiziellen Mitteln terroristischen Bedrohungen vielfach nicht erfolgreich begegnet werden kann. Die Grenzen zwischen innerer und äußerer Sicherheit verschwimmen teilweise angesichts terroristischer Bedrohungen.[252] Im „Weißbuch zur Sicherheitspolitik Deutschlands und zur Zukunft der Bundeswehr" der Bundesregierung heißt es dazu:

„Die Verflechtungen zwischen innerer und äußerer Sicherheit nehmen immer mehr zu. Die Abwehr terroristischer und anderer asymmetrischer Bedrohungen innerhalb Deutschlands ist vorrangig eine Aufgabe der für die innere Sicherheit zuständigen Behörden von Bund und Ländern. Jedoch kann die Bundeswehr zu ihrer Unterstützung

---

249 Gesetz zur Neuregelung von Luftsicherheitsaufgaben vom 11. Januar 2005 (BGBl. I S. 78). Dazu das Urteil des Bundesverfassungsgerichts vom 15. Februar 2006 – 1 BvR 357/05 –, BVerfGE 115, S. 118 ff. = NJW 2006, S. 751 ff. Zum Luftsicherheitsgesetz vgl. Linke, NZWehrr 2004, S. 115 ff.; ders., DÖV 2003, 890 (892); ders., NWVBl. 2006, S. 71 ff.; Krings/Burkiczak, NWVBl 2004, S. 249 ff.; Schlink, DER SPIEGEL 2005, S. 34 ff.; Sattler, NVwZ 2004, S. 1286 ff.; Spranger, in: Fleck (Hg.), Rechtsfragen der Terrorismusbekämpfung, S. 183 (197 ff.); Baldus, NVwZ 2004, S. 1278 ff.; Pawlik, JZ 2004, S. 1045 ff.; Sinn, NStZ 2004, S. 585 ff.; Mitsch, JR 2005, S. 274 ff.; Stein, in: Festschrift für Reinhard Mußgnug, S. 85 ff.; E. Klein, in: Recht, Kultur, Finanzen: Festschrift für Reinhard Mußgnug zum 70. Geburtstag am 26. Oktober 2005, hrsg. von Klaus Grupp und Ulrich Hufeld, 2005, S. 71 ff.; Dreist, in: Sicherheit statt Freiheit?, Staatliche Handlungsspielräume in extremen Gefährdungslagen, hgg. von Ulrich Blaschke, Achim Förster, Stephanie Lumpp, Judith Schmidt, 2005, S. 77 ff.; Kaiser, TranspR 2004, S. 353 ff.; Meyer, ZRP 2004, S. 203 ff.; Giemulla, in: Möllers/van Ooyen (Hg.), Jahrbuch Öffentliche Sicherheit 2004/2005, 2005, S. 261 ff.; ders., ZLW 2005, S. 32 ff.; Hillgruber/ Hoffmann, NWVBl 2004, S. 176 ff.; Kersten, NVwZ 2005, S. 661 ff.; Sittard/Ulbrich, JuS 2005, S. 432 ff.; Tettinger, ZLW 2004, S. 334 ff.; Burkiczak, VR 2004, S. 379 ff.; Schütte, DPolBl 2005, S. 15 ff.; Höfling/Augsberg, JZ 2005, S. 1080 ff.; Harmann/Pieroth, Jura 2005, S. S. 274 ff.; Droege, NZWehrr 2005, S. 199 ff.; Mitsch, JR 2005, S. 274 ff.; Koch, JA 2005, S. 745 ff.; Melzer/Haslach/ Socher, NVwZ 2005, S. 1361 ff.; Archangelskij, Das Problem des Lebensnotstandes, S. 85 ff; Mager, Terrorismusbekämpfung, S. 134 ff.; Paulke, Die Abwehr von Terrorgefahren im Luftraum im Luftraum im Spannungsverhältnis zwischen neuen Bedrohungsszenarien und den Einsatzmöglichkeiten der Streitkräfte im Inneren unter besonderer Berücksichtigung des Luftsicherheitsgesetzes, 2005; Winkler, DÖV 2006, S. 149 ff.; Hase, DÖV 2006, S. 213 ff.; Laschewski, Der Einsatz der deutschen Streitkräfte im Inland, S. 116 ff.; vgl. auch die mündlichen und schriftlichen Stellungnahmen der Sachverständigen Baldus, Bittlinger, Epping, J. Ipsen, Marzi, Ronellenfitsch, Scholz, Tettinger und Robbers in der Anhörung des Innenausschusses des Deutschen Bundestages zum Luftsicherheitsgesetz, 15. Wahlperiode, 35. Sitzung, 26. April 2004, Protokoll 15/35.

250 Instruktiv zur Terrorismusbekämpfung auf staatlicher Ebene: Tomuschat, DÖV 2006, S. 357 (359 ff.); Wiefelspütz, Die Abwehr terroristischer Anschläge und das Grundgesetz, S. 10 f.

251 Vgl. Wiefelspütz, Der Einsatz bewaffneter deutscher Streitkräfte, S. 24; ders., NZWehrr 2003, S. 45 (55); ders., Das Parlamentsheer, S. 129; ders., ZaöRV 2005, S. 819 (820); Schäuble, in: Glos (Hg.), Friedrich Zimmermann – 80 Jahre, S. 45 (56); Deiseroth, in: Umbach/Clemens, Grundgesetz, Bd. II, Art. 115 a Rdnr. 9; Hillgenberg, in: Liber Amicorum Tono Eitel, S. 141 (154); Baldus, NVwZ 2004, S. 1278 (1281); Huber, ZUR 2004, S. 1(4).

252 Wiefelspütz, ZaöRV 2005, S. 819 (821); ders., NWVBl. 2006, S. 41 (42).

mit den von ihr bereitgehaltenen Kräften und Mitteln immer dann im Rahmen geltenden Rechts zum Einsatz kommen, wenn nur mit ihrer Hilfe eine derartige Lage bewältigt werden kann, insbesondere wenn nur sie über die erforderlichen Fähigkeiten verfügt oder wenn die zuständigen Behörden erst zusammen mit Kräften der Bundeswehr den Schutz der Bevölkerung und gefährdeter Infrastrukturen sicherstellen können. Besondere Leistungen erbringt die Bundeswehr bei der Überwachung des deutschen Luft- und Seeraums sowie zur Unterstützung anderer Ressorts bei deren Wahrnehmung von luft- und seehoheitlichen Aufgaben. Rettung und Evakuierung von Staatsbürgern liegt grundsätzlich in nationaler Verantwortung. …

Deshalb sieht die Bundesregierung die Notwendigkeit einer Erweiterung des verfassungsrechtlichen Rahmens für den Einsatz der Streitkräfte. Infolge der neuartigen Qualität des internationalen Terrorismus sowie des gewachsenen und territorial weitgehend unbeschränkten Gewaltpotentials nichtstaatlicher Akteure sind heute auch in Deutschland Angriffe vorstellbar, die aufgrund ihrer Art, Zielsetzung sowie ihrer Auswirkungen den bestehenden tatsächlichen und rechtlichen Rahmen der klassischen Gefahrenabwehr überschreiten. Eine vorausschauende und verantwortliche staatliche Sicherheitspolitik muß derartige Extremsituationen in die Betrachtungen mit einbeziehen."[253]

b) Landesverteidigung gegen den Terrorismus im Spiegel der Meinungen

Vor diesem Hintergrund wird immer wieder die Forderung nach einer Ergänzung des Grundgesetzes erhoben, um den Einsatz der Streitkräfte gegen terroristische Bedrohungen zu ermöglichen.[254] Dabei wird häufig übersehen, daß das Grundgesetz bereits jetzt in vielen Bedrohungsszenarien den Einsatz der Streitkräfte zuläßt.[255]

Nach herkömmlicher Auffassung erfaßt Verteidigung i. S. des Art. 87 a Abs. 1 Satz 1 GG nur die Abwehr von außen herrührender militärischer Angriffe *souveräner* Staaten.[256] Auf nichtstaatliche Angreifer bezieht sich danach das Verständnis von militärischer Verteidigung nicht.[257]

---

253 Weißbuch zur Sicherheitspolitik Deutschlands und zur Zukunft der Bundeswehr, hgg. vom Bundesministerium der Verteidigung, S. 72, 76.

254 Vgl. Scholz, in: Limpert, Auslandseinsatz, S. 5 (6); Limpert, Auslandseinsatz, S. 145; Hase, DÖV 2006, S. 213 (217 f.); Wieland, in: Fleck (Hg.), Rechtsfragen der Terrorismusbekämpfung, S. 167 (179 f.); Schmidt-Radefeldt, UB 2006, S. 161 (165 ff.).

255 Vgl. Baldus, NVwZ 2004, S. 1278 ff.

256 Bähr, Verfassungsmäßigkeit des Einsatzes der Bundeswehr, S. 119; Grubert, Verteidigungsfremde Verwendungen der Streitkräfte, S. 221; Hamann, in: Hamann/Lenz, Grundgesetz, Art. 87 a Anm. A 2; Riedel, Der Einsatz deutscher Streitkräfte im Ausland, S. 80; Ipsen, in: Bonner Kommentar, Art. 87 a Rdnr. 29; Dürig, in: Maunz/Dürig, Grundgesetz, Art. 87 a Rdnr. 22.

257 Vgl. Burkiczak, VR 2004, S. 379 (382); Wiefelspütz, Die Abwehr terroristischer Anschläge und das Grundgesetz, S. 17.

Dem wird entgegengehalten, daß der Begriff Verteidigung nicht auf die Abwehr militärischer Angriffe souveräner Staaten beschränkt sei,[258] wenngleich einzuräumen sei, daß Verteidigung vorrangig die Bewältigung eines zwischenstaatlichen militärischen Konflikts sei.[259] Ebenso wenig sei entscheidend, daß der terroristische Anschlag einem Staat oder einem staatsähnlichen Herrschaftsverband zuzurechnen sei.[260]

Wenngleich die traditionelle Auffassung nach wie vor Anhänger hat, findet erkennbar immer häufiger die Meinung Zustimmung, daß grenzüberschreitende terroristische Anschläge nichtstaatlicher Gruppierungen unter besonderen Umständen im Rahmen von Verteidigung militärisch bekämpft werden dürfen. Prägend für die Weiterentwicklung der Auffassungen sind dabei offenkundig die Erfahrungen mit den Anschlägen vom 11. September 2001 in den USA.

Manfred Baldus hebt hervor, Verteidigung sei „auch als Abwehr von Angriffen terroristischer Gruppierungen zu verstehen, sofern diese Gruppierungen eine militärähnliche Organisationsstruktur aufweisen, wie eine staatliche Armee international aktionsfähig sind und Zerstörungspotentiale zu aktualisieren vermögen, die den Waffen solcher Armeen entsprechen"[261].

Ähnlich argumentiert Heike Jochum. Der Einsatz der Streitkräfte könne als Verteidigung im Sinne des Art. 87 a Abs. 1 GG einzuordnen sein, soweit die terroristischen Aktionen ein Bedrohungspotential erreichten, das zwischenstaatlichen Konflikten gleichkomme. Um zu beurteilen, ob das Bedrohungspotential ein solches Maß erreiche, lasse sich insbesondere darauf abstellen, ob die terroristische Gruppierung über eine militärähnliche Organisationsstruktur verfüge, wie eine staatliche Armee international aktionsfähig sei und eine existentiell relevante Zerstörungswirkung zu entfalten vermöge, die den Waffen staatlicher Armeen entspreche. Fehle der terroristischen Bedrohung diese Dimension, stehe der Einsatz der Streitkräfte unter dem Verfassungsvorbehalt des Art. 87 a Abs. 2 GG.[262]

---

258 So aber Linke, NZWehrr 2004, S. 115 (117), und ders., AöR. 129 (2004), S. 489 (514 f.): „Vielmehr muß die Aggression dem Staat, aus dem sie herrührt, zurechenbar sein." Ebenso Schmidt-Radefeldt, UB 2006, S. 161 (163). A. A.: Wiefelspütz, NZWehrr 2003, S. 45 (55 f.); ders., BWV 2006, S. 49 (52); Lutze, NZWehrr 2003, S. 101 (112 ff.); Jochum, JuS 2006, S. 511 (513); Krings/Burkiczak, DÖV 2002, S. 501 (511); Burkiczak, VR 2004, S. 379 (382); Martinez Soria, DVBl. 2004, S. 597 (605 f.); Archangelskij, Das Problem des Lebensnotstandes, S. 129; Melzer/Haslach/Socher, NVwZ 2005, S. 1361 (1363).

259 Jochum, JuS 2006, S. 511 (513).

260 So aber Spranger, in: Fleck (Hg.), Rechtsfragen der Terrorismusbekämpfung, S. 183 (187); Odendahl, Die Verwaltung 38 (2005), S. 425 (439); Linke, NWVBl. 2006, S. 71 (74); Hase, DÖV 2006, S. 213 (215); Wolff, ThürVBl. 2003, S. 176.

261 Baldus, NVwZ 2004, S. 1278 (1281); ders., in: von Mangoldt/Klein/Starck (Hg.), Grundgesetz, Bd. 3, Art. 87 a Rdnr. 47, 52; ähnlich Franz/Günther, VBlBW 2006, S. 340 (347).

262 Jochum, JuS 2006, S. 511 (513).

Nach Juliane Kokott hatte Art. 87 a GG einen entstaatlichten Kampf nicht vor Augen. Vielmehr sollte er den innerstaatlichen Einsatz der Bundeswehr auch gegen Terrorismus gerade ausschließen. Folglich komme nur ein Einsatz der Bundeswehr gegen Terrorismus internationaler Dimension in Betracht, der ein zwischenstaatlichen Konflikten vergleichbares Bedrohungspotential erreiche. Dies sei grundsätzlich zu bejahen, wenn der Sicherheitsrat der Vereinten Nationen eine Bedrohung des Weltfriedens feststelle oder auch der NATO-Rat den Bündnisfall beschließe. Ein Inneneinsatz der Bundeswehr zur Abwehr von Flugzeugangriffen nach dem Muster des 11. September 2001 könnte Verteidigung i. S. des Art. 87 a Abs. 1 und 2 GG sein. Dafür spreche, daß der Verteidigungsbegriff für die Erweiterung auf neue, äußere Gefahren durchaus offen und sie zur Gewährleistung einer wirksamen Landesverteidigung geboten sei. Nicht überzeugend sei die Kritik, daß mit dem extensiven Verständnis der Verteidigung Art. 87 a Abs. 4 GG überflüssig werde, da diese Regelung weiterhin einen Einsatz gegen nationale Terroristen auf bestimmte Ausnahmesituationen begrenze. Hingegen seien Einwände der Praktikabilität gewichtig, da es im Vorhinein schwierig sein könne festzustellen, ob gerade Angehörige einer internationalen terroristischen Organisation ein Flugzeug steuere.[263] Richtigerweise stehe Art. 87 a GG Gesetzen, die Streitkräfte zu Zwangsmaßnahmen gegen Luftzwischenfälle ermächtigten, nicht in allen Fällen entgegen. Denn wenn Angehörige einer internationalen terroristischen Organisation, die eine militärähnliche Organisationsstruktur und Zerstörungskraft aufwiesen, das Luftfahrzeug steuerten, können Maßnahmen der Streitkräfte auf den Verteidigungsauftrag gestützt werden. Ob solche Eingriffe dem Verhältnismäßigkeitsprinzip genügten, könne nur im Einzelfall festgestellt bzw. prognostiziert werden.[264] Wenn ein Einzeltäter ein Luftfahrzeug steuere und einen erheblichen Luftzwischenfall provoziere, könne der Einsatz der Streitkräfte nicht auf ihren Verteidigungsauftrag gestützt werden, da keinerlei Bezug zu einer äußeren, sondern nur zu einer inneren Gefahr bestehe, auf den sich der Verteidigungsauftrag nicht erstrecken lasse.[265]

Bernd Grzeszick betont, soweit Terrorakte ein Bedrohungs- und Zerstörungspotential hätten, das dem Störungspotential der anderen von Art. 87 a Abs. 2 GG erfaßten Konstellationen von Einsätzen zur Verteidigung entspreche, sei auch ein Einsatz gegen nicht-staatliche terroristische Akte ein Einsatz zur Verteidigung im Sinne von Art. 87 a Abs. 2 GG.[266]

Günter Erbel meint, soweit Terroristen den Angriff nach Technik und Schädlichkeitspotential auf einer kriegsähnlichen Ebene führten, würden innere und äußere Sicherheit in einer Gemengelage angegriffen. Bei evidenter Überforderung des

263 Kokott, in: Sachs (Hg.), Grundgesetz, Art. 87 a Rdnr. 33, 34.

264 Kokott, in: Sachs (Hg.), Grundgesetz, Art. 87 a Rdnr. 17.

265 Kokott, in: Sachs (Hg.), Grundgesetz, Art. 87 a Rdnr. 18.

266 Grzeszick, in: Friauf/Höfling, Grundgesetz, Art. 87 a Rdnr. 28.

polizeitechnischen Abwehrinstrumentariums gehe die Gefahrenabwehraufgabe auf die Streitkräfte über. Zur Begründung der militärischen Abwehrzuständigkeit müsse im Selbstverteidigungsnotstand aber das Bestehen einer polizeilich nicht zu meisternden Gefahrenlage ausreichen.[267]

Martin Oldiges schreibt, der Verteidigungsbegriff müsse sich von seiner herkömmlichen Fixierung auf militärische Feindseligkeiten lösen und müsse auch neuartige internationale Konfliktfelder – Wirtschaft, Ökologie, Migration, Staatsterrorismus – einbeziehen. Derartige Bedrohungen böten allerdings nur dann Anlaß zur Verteidigung, wenn sie sich territorial oder personell auf die Bundesrepublik Deutschland bezögen, ein existentiell relevantes Gewicht besäßen und auch völkerrechtlich den Einsatz militärischer Gewalt rechtfertigten.[268]

Josef Isensee vertritt die Auffassung, Anschläge, die vom Ausland geführt würden, fielen unter die primäre Aufgabe der Bundeswehr, die Verteidigung. Diese sei im Kontext des Grundgesetzes nicht anders zu verstehen, als sie im Kontext des NATO-Vertrages bzw. im Kontext der UN-Charta („Selbstverteidigung") verstanden werde: Verteidigung sei auch gegen nichtstaatlicher Angreifer möglich. Ob ein solcher Angriff vorliege, entscheide, wie allgemein bei Gefahrenabwehr, die Sicht ex ante. Auf die förmliche Feststellung des Verteidigungsfalls komme es nicht an. Dieser löse nicht den Verteidigungsauftrag der Bundeswehr aus, sondern den Eintritt notstandsähnlicher Kompetenzverschiebungen und Sonderbefugnisse.[269]

Für Günter Krings und Christian Burkiczak muß der Begriff der Verteidigung unabhängig von einem im klassischen Sinne militärischen, staatlichen oder staatlich zurechenbaren Angriff bestimmt werden, so daß etwa auch ein Vorfall wie der vom 11. September 2001 in den USA, wenn er sich in Deutschland ereignen würde, darunter zu subsumieren wäre.[270] Entscheidendes Kriterium könne nur Art und Ausmaß der Attacke sein. Die verfassungsrechtliche Zulässigkeit der Verteidigung entfalle auch nicht, falls es sich beim Gegner nicht um einen Staat, sondern um „Privatterrorismus" handele, der nicht von einem anderen Staat unterstützt werde. Dies ergebe sich aus dem Gebot einer effektiven Landes- und Bündnisverteidigung. Sachgerechtes Abgrenzungskriterium könne nur Art und Ausmaß des Angriffs, nicht aber die Identität des Angreifers sein.[271]

Nach José Martinez Soria setzt Verteidigung nicht notwendig einen staatlichen Angriff voraus. Es müsse sich aber um einen Angriff von außen handeln und der

---

267 Erbel, APuZ B 10 – 11/2002, S. 14 (18).

268 Oldiges, in: Achterberg/Püttner/Würtenberger (Hg.), Besonderes Verwaltungsrecht, Bd. II, § 23 Rdnr. 18.

269 Isensee, in: Die Erneuerung des Verfassungsstaates, S. 7 (34 f.).

270 Krings/Burkiczak, NWVBl. 2004, S. 249 (252).

271 Krings/Burkiczak, DÖV 2002, S. 501 (505).

Angriff müsse militärischer Natur sein, d. h. er müsse durch einen militärischen Verband mit einer derartigen Intensität erfolgen, daß er nur durch Streitkräfte abgewehrt werden könne.[272]

Gregor Laschewski hebt hervor, eine Fixierung des Verteidigungsbegriffs auf die Abwehr militärischer Angriffe anderer Staaten erscheine angesichts neuartiger und von ihrer Gefährlichkeit für die Bundesrepublik Deutschland mit einem militärischen Angriff vergleichbarer Bedrohungen nicht mehr überzeugend.[273]

Ferdinand Kirchhof meint, die Streitkräfte dienten der Abwehr eines von außen kommenden Angreifers mit Kombattantenstatus oder von außen kommender, hierarchisch gesteuerter, militärähnlicher Organisationen auch terroristischer Herkunft.[274]

Für Volkmar Götz ist es denkbar, daß die Abwehr terroristischer Angriffe, wenn sie vom Ausland ausgehen und ihrer Art nach eine Abwehr mit militärischen Mitteln erfordern, dem Begriff der Verteidigung unterfällt.[275]

Demgegenüber betont Michael Droege, Verteidigung sei Abwehr kriegerischer Bedrohung durch andere Staaten. Zwar sei diese Definition insoweit unbefriedigend, als sie Gefahren, die von nichtstaatlichen Terrororganisationen ausgingen, nicht oder nur dann, wenn jene hinreichend institutionalisiert mit Staaten zusammenarbeiteten, erfassen könne. Allen Versuchen, diesem Mißstand durch eine erweiternde „Neuausrichtung des Verteidigungsbegriffs" zu begegnen, stehe das verfassungsgeberische Ziel entgegen, „die Möglichkeit für einen Einsatz der Bundeswehr durch das Gebot strikter Texttreue zu begrenzen". Öffne man den Verteidigungsbegriff für die Abwehr terroristischer Bedrohungen, zahlte man einen hohen Preis: Die dadurch gewonnene Handlungsfreiheit ginge einher mit einer erheblichen Prognoseunsicherheit, wann sich ein Luftzwischenfall ex ante klar als ein Akt terroristischer Aggression darstelle, mag er auch ex post quantitativ kriegsanaloge Verheerungsausmaße mit sich bringen. Ein verläßlicher Rechtsrahmen lasse sich durch den Rückgriff auf Art. 87 a Abs. 1 GG letztlich nicht gewinnen.[276]

Dieter Hömig betont, zur Verteidigung gehörten nicht Maßnahmen, der Terrorismusbekämpfung, die nicht ohne Verbindung zu auswärtigen Staaten oder sonstigen Auslandsbezug im Innern der Bundesrepublik wirksam würden.[277]

---

272 Martinez Soria, DVBl. 2004, S. 597 (605 f.).

273 Laschewski, Der Einsatz der deutschen Streitkräfte im Inland, S. 53.

274 F. Kirchhof, in: Isensee/Kirchhof (Hg.), Handbuch des Staatsrechts, Bd. IV, Aufgaben des Staates, § 84 Rdnr. 49.

275 Götz, in: Isensee/Kirchhof (Hg.), Handbuch des Staatsrechts, Bd. IV, Aufgaben des Staates, § 85 Rdnr. 32.

276 Droege, NZWehrr 2006, S. 199 (206).

277 Hömig, in: Hömig (Hg.), Grundgesetz, Art. 87 a Rdnr. 5.

Andreas Musil und Sören Kirchner vertreten die Auffassung, der vereinzelt unternommene Versuch, einen polizeilichen Einsatz der Bundeswehr im Falle terroristischer Bedrohung damit zu begründen, es handele sich hierbei um „Verteidigung", müsse im Ansatz scheitern. Verteidigung setze einen militärischen Angriff von außen auf das Gebiet der Bundesrepublik Deutschland voraus. Insbesondere das Erfordernis militärischer Organisation werde bei Angriffen von Terroristen fehlen.[278]

Tobias Linke meint, gegen die vermeintlich zeitgemäße Interpretation des Begriffs Verteidigung (durch Einbeziehung der Abwehr terroristischer Anschläge in den Begriff Verteidigung) spreche, daß durch sie die Trennung von Polizei und Militär und damit der Verfassungsvorbehalt des Art. 87 a Abs. 2 GG unterlaufen würde. Änderungen von solchem Gewicht ließen sich nicht durch eine „modernisierte" Verfassungsauslegung, sondern nur im Wege der Verfassungsänderung herbeiführen.[279]

Heinrich Amadeus Wolff weist darauf hin, daß grenzüberschreitende Gewaltanwendung allein noch nicht ausreiche, um eine Gefahrenlage aus dem Bereich der polizeilichen Gefahrenlage in den Bereich der militärischen Gefahrenlage zu verschieben. Der Bezug der Terrorismusbekämpfung zum Begriff der Verteidigung im Sinne von Art. 87 a GG setze wegen des Charakters der militärischen Verteidigung als Maßnahme der Wahrung der äußeren Sicherheit voraus, daß die Terrorismusorganisation in irgendeiner Weise mit einem Staat verbunden sei.[280]

Für Friedhelm Hase darf die Reaktion auf die Anschläge vom 11. September 2001 nicht in der Weise verallgemeinert werden, daß sich die Staaten bei Luftzwischenfällen mit terroristischem Hintergrund *immer* militärisch verteidigen dürften. Das Selbstverteidigungsrecht entstehe nur bei einem Angriff von außen. Ob ein solcher Angriff vorliege, werde in der aktuellen Situation eines Luftzwischenfalls praktisch nicht feststellbar sein. Nur wenn ein Anschlag einem Staat oder einem staatsähnlichen Herrschaftsverband zuzurechnen sei, könne von einem militärisch abzuwehrenden Angriff die Rede sein.[281]

Henriette Sattler wendet ein, wolle man den Begriff Verteidigung auf ein Vorgehen gegen Angriffe jeglicher Art ausweiten, so wäre der Verfassungsvorbehalt des Art. 87 a Abs. 2 GG bedeutungslos und die Grenze zwischen militärischem und polizeilichem Vorgehen der Bundeswehr verwischt. Damit ein Angriff „von außen" angenommen werden könne, müsse der Angriff zumindest auch „von außen", das heißt von ausländischen oder internationalen, nicht aber von deutschen Terrororganisationen gesteuert werden. Ob dies der Fall sei, werde jedoch in der konkreten Situation in der Regel nicht feststellbar

---

278 Musil/Kirchner, Die Verwaltung 2006, S. 373 (382).

279 Linke, NWVBl. 2006, S. 174 (177); ders., NZWehrr 2006, S. 177 (180 Fn. 15); ders., NZWehrr 2004, S. 115 (118).

280 Wolff, ThürVBl. 2003, S. 176.

281 Hase, DÖV 2006, S. 213 (215).

sein. Ein Einsatz „zur Verteidigung" sei dann nicht möglich. Auch liege ein militärischer Angriff nicht schon deswegen vor, weil wegen seines Ausmaßes und seiner Tragweite nur die Streitkräfte zur effektiven Bekämpfung in der Lage seien. Aus der faktischen Möglichkeit (und Notwendigkeit) der Abwehr folge noch keine Befugnis.[282]

Nach Auffassung von Andreas L. Paulus berechtigt ein einzelner terroristischer Angriff, auch mit Zivilflugzeugen als Waffe, nicht zum Einsatz der Streitkräfte.[283]

Vor dem Hintergrund terroristischer Bedrohungen macht Joachim Wieland geltend, Verteidigung bedeute nicht die Abwehr von Gefahren für die öffentliche Sicherheit und Ordnung, sondern die Abwehr und Abschreckung eines Aggressors im Sinne des Beschlusses der Generalversammlung der VN vom 14. Dezember 1974.[284] Der verfassungsändernde Gesetzgeber habe unter Verteidigung die Abwehr kriegerischer Bedrohungen durch andere Staaten – also von außen – verstanden. Daran müßten alle Versuche der Literatur scheitern, den Verteidigungsbegriff so zu erweitern, daß er auch die Abwehr terroristischer Attacken erfasse. Auch von außen gesteuerte Terrororganisationen, die eine militärähnliche Struktur aufwiesen, können im Innern Deutschlands ohne Verfassungsänderung nicht auf der Grundlage einer Neuinterpretation des Verteidigungsbegriffs durch die Bundeswehr bekämpft werden.[285] Wenn klar sei, daß ein völkerrechtlich relevanter Angriff eines anderen Staates auf die Bundesrepublik nicht unternommen werde, sondern etwa ein ziviles Flugzeug im In- oder Ausland entführt worden sei, liege eine Störung der öffentlichen Sicherheit und kein Angriff von außen vor, der ein militärisches Handeln zur Verteidigung rechtfertige. Fehlende Mittel der Polizei der Länder und des Bundes vermögen keine Handlungskompetenz der Streitkräfte zu begründen.[286]

Ähnlich argumentiert Roman Schmidt-Radefeldt. Er betont, es überzeuge nicht, die Terrorismusbekämpfung generell dem Verteidigungsbegriff zuzuschlagen. Diese Auffassung negiere die in aller Regel vorliegende Prognoseunsicherheit über Täter, Motive und Herkunft der Bedrohung und begründe eine Zuständigkeitsvermutung für Abwehrmaßnahmen der Streitkräfte allein auf den Verdacht einer möglichen Selbstverteidigungslage hin. Doch der Schluß von fehlenden polizeilichen Mitteln auf die Handlungskompetenz der Streitkräfte solle durch den Verfassungsvorbehalt gerade ausgeschlossen werden.[287]

---

282 Sattler, NVwZ 2004, S. 1286.

283 Paulus, Parlament und Streitkräfteeinsatz, S. 386.

284 Wieland, in: Fleck (Hg.), Rechtsfragen der Terrorismusbekämpfung, S. 167 (173 f.); ähnlich Paulke, Die Abwehr von Terrorgefahren im Luftraum, S. 88 ff.

285 Wieland, in: Fleck (Hg.), Rechtsfragen der Terrorismusbekämpfung, S. 167 (174); ähnlich Schütte, DPolBl 3/2005, S. 15 (16).

286 Wieland, in: Fleck (Hg.), Rechtsfragen der Terrorismusbekämpfung, S. 167 (175); ähnlich Mager, Terrorismusbekämpfung, S. 138 ff.

287 Schmidt-Radefeldt, UB 2006, S. 161 (163).

Auch Burkhard Hirsch versteht Verteidigung als Abwehr eines Aggressors im Sinne der UN-Definition vom 14. Dezember 1974. Verteidigung sei der Schutz des Staates gegen eine militärische Bedrohung oder den Angriff eines anderen Staates. Ein Terrorakt sei kein Krieg. Die Täter seien nicht Kombattanten und keine Völkerrechtssubjekte, sondern Verbrecher. Ihre Bekämpfung sei kein Fall der Verteidigung im Sinne des Art. 87 a Abs. 2 GG. Nach Art. 115 a GG erfolge die Feststellung des Verteidigungsfalls durch Bundestag und Bundesrat. Krieg setze einen militärischen Angriff auf das Bundesgebiet voraus. Das Selbstverteidigungsrecht nach Art. 51 SVN und ein von der NATO ausgerufener Bündnisfall ändere daran nichts. Der Hinweis auf das humanitäre Völkerrecht sei abwegig. Das humanitäre Völkerrecht wolle die Wirkung eines Krieges auf die Zivilbevölkerung mildern und nicht etwa ermöglichen, daß Unschuldige vorsätzlich getötet werden. Kriegsvölkerrecht gelte zwischen Staaten und allenfalls im Verhältnis zu kriegführenden Gruppen, aber nicht zwischen der Regierund eines Staates und seinen Bürgern.[288] Die Erklärung des Verteidigungsfalls sei in Art. 115 a ff. GG abschließend geregelt. Für die Ermessensentscheidung eines Mitglieds der Bundesregierung, wann er ein Verbrechen für Krieg und seine Täter für dem Völkerrecht unterliegende Kombattanten halte, sei verfassungsrechtlich kein Raum. Sie würde nicht nur die Rechtstellung der Täter, sondern auch die der eigenen Staatsbürger fundamental verändern.[289]

Knut Ipsen hält die Abwehr von Terrorangriffen nach den Regeln der Landes-verteidigung für unzulässig. In diesem Fall setze der Einsatz der Bundeswehr nach dem Grundgesetz den bewaffneten Angriff einer anderen staatlichen Macht voraus.[290]

Martin Kutscha meint, beim Terrorismus handele es sich um ein Phänomen schwer-ster Kriminalität, das in den Zuständigkeitsbereich der Polizei und der anderen für die innere Sicherheit verantwortlichen Behörden falle. Terroristen seien Straftäter, aber keine Kombattanten, auf die das Kriegsvölkerrecht anwendbar sei. Ebenso wenig handele es sich bei der Abwehr terroristischer Anschläge im Inneren Deutschlands sowie der Verfolgung der Täter um militärische „Verteidigung". Wenn man aber in Anbetracht der terroristischen Bedrohung die Trennung zwischen innerer und äußerer Sicherheit preisgebe, werde damit die nach ausführlichen politischen Debatten im Zuge der Notstandsgesetzgebung verfassungsrechtlich präzise normierte Grenzziehung zwischen Bundeswehreinsätzen zur Verteidigung einerseits (Art. 87 a Abs. 1 und 2 GG) und unter engen Voraussetzungen im Inneren andererseits (Art. 87 a Abs. 3 und 4 GG, Art. 35 Abs. 2 und 3 GG) eingeebnet.[291]

---

288 Hirsch, NJW 2007, S. 1188 (1189 f.); ders., RuP 2007, S. 153 (157).

289 Hirsch, RuP 2007, S. 153 (157 f.).

290 Ipsen, dpa-Gespräch vom 20. Februar 2006: „Völkerrechtler Ipsen: Terrorabwehr ist keine Landes-verteidigung".

291 Kutscha, RuP 2006, S. 202 (205).

Einiko Benno Franz wendet ein, es sei bedenklich, jeden Terrorangriff als militärischen Angriff anzusehen. Die Grenzlinie zwischen Krieg und Frieden würde verwischt und die militärische Gewalt zu einer auch im Frieden jederzeit aktivierbaren Größe mutieren. Liege nicht gerade ein Fall des inneren Notstands nach Art. 91 Abs. 2 i. V. mit Art. 87 a Abs. 4 GG vor, sei der Einsatz der Streitkräfte im Innern gegen Teile der Bevölkerung strikt verboten. Dieses Argument versage jedoch, wenn der Terrorangriff „von außen" stamme, von ausländischen oder internationalen Terrororganisationen gesteuert sei, und angesichts seiner Intensität nur von der Bundeswehr abgewehrt werden könne. Nach Entstehungsgeschichte und Funktion sollte Art. 87 a Abs. 2 GG nur dem Schutz vor Angriffen fremder Armeen dienen. Eine Ausweitung dieses Verständnisses aufgrund neuer Bedrohungslagen kollidiere generell mit dem Gebot der Texttreue für Bundeswehreinsätze im Innern. Anders liege es, wenn die Terrorgruppe militärähnliche Strukturen aufweise, wie eine staatliche Armee aktionsfähig sei sowie ähnliche Bewaffnungspotentiale besitze. Dann könne ein terroristischer Anschlag das Recht auf individuelle und kollektive Verteidigung im Sinne des Art. 51 SVN entstehen lassen und eine völkerrechtskonforme Auslegung des Art. 87 a Abs. 2 GG erfordern.[292]

Stefan Middel betont, weder der Schutz ziviler Objekte vor Terroristen noch die Fälle der Flugzeugentführung unterlägen dem Anwendungsbereich der „Verteidigung". Nach herkömmlicher Auffassung müsse dem Angreifer im Rahmen von Verteidigung i. S. des Grundgesetzes Kombattantenstatus zukommen. Terroristen erfüllten dieses Merkmal nicht. Es erscheine erwägenswert, bei einer Zurechnung terroristischer Anschläge zu einem fremden Staat auf das Erfordernis des Kombattantenstatus zu verzichten. Im Zeitpunkt des notwendigen Einschreitens lasse sich jedoch kaum beurteilen, ob die Anforderungen an eine Staatenverantwortlichkeit erfüllt seien. Allein aus dem Umstand, daß die Streitkräfte aus tatsächlichen Gründen ausschließlich zur Gefahrenabwehr in der Lage seien, folge noch nicht, daß ihnen die dazu erforderlichen Maßnahmen auch rechtlich erlaubt seien.[293]

In Anlehnung – wie häufig – an die Überlegungen des Verfassers dieses Buches meint Manuel Ladiges, die Begrenzungsfunktion des Art. 87 a Abs. 2 GG habe nicht den Sinn, die Bundesrepublik Deutschland bei nicht-staatlichen Angriffen von außen, die nicht von Polizeikräften abgewehrt werden könnten, schutzlos zu stellen. Der Verteidigungsbegriff des Art. 87 a Abs. 1 Satz 1, Abs. 2 GG erfasse die Abwehr von äußeren Angriffen. Die Einschränkung, daß nur Streitkräfte eines anderen Staates bekämpft werden dürften, bestehe nicht.[294]

---

292 Franz, Der Staat 45 (2006), S. 501 (543 f.).

293 Middel, Innere Sicherheit und präventive Terrorismusbekämpfung, 2006, S. 76 f.

294 Ladiges, Die Bekämpfung nicht-staatlicher Angreifer im Luftraum, S. 117 f.

c) Bewertung

Zunächst ist hervorzuheben, daß die Abwehr grenzüberschreitender terroristischer Anschläge nichtstaatlicher Organisationen unschwierig unter den Begriff Verteidigung fällt, wenn die terroristischen Aktionen einem Staat zuzurechnen sind.[295] Die Voraussetzungen für eine Zurechnung vor dem Hintergrund asymmetrischer Bedrohungen sind deutlich abgesenkt worden.[296]

Diejenigen, die Verteidigung im Sinne des Art. 87 a Abs. 1 Satz 1 GG gegen nichtstaatliche Aggressoren, insbesondere gegen grenzüberschreitende terroristische Anschläge nicht für zulässig halten, verkennen, daß es nicht um eine extensive Interpretation des Begriffs Verteidigung geht, sondern um die Gleichstellung der Bekämpfung von militärischen Anschlägen, die einem Staat zuzurechnen sind, mit der Abwehr von Angriffen vergleichbaren Ausmaßes, die von nichtstaatlichen Gruppierungen verantwortet werden.[297] Art. 87 a Abs. 1 Satz 1 GG meint nicht, daß die Bundesrepublik Deutschland schutzlos sein soll, wenn sie von einer nichtstaatlichen Organisation angegriffen wird.[298]

Wenn Militärflugzeuge eines fremden Staates eine Stadt in Deutschland angreifen, darf die Luftwaffe der Bundeswehr nach Art. 87 a Abs. 1 Satz 1 GG diesen Angriff überall mit militärischen Mitteln abwehren – außerhalb des deutschen Luftraums, aber auch im innerdeutschen Luftraum.[299] Wenn vergleichbare Anschläge mit einem von Terroristen im Ausland gekaperten Zivilflugzeug begangen werden, darf die Bundeswehr im Rahmen ihres Verteidigungsauftrages militärische Abwehrmaßnahmen ergreifen, die allerdings durch den Grundsatz der Verhältnismäßigkeit strikt begrenzt werden.[300] Das gilt insbesondere für den Fall, daß sich tatunbeteiligte Personen (Besatzung, Passagiere) an Bord des entführten Flugzeugs befinden.

Es ist nicht entscheidend, daß der Angreifer einem Staat zuzurechnen ist, sondern daß der Angriff von außen herrührt, ein militärisches Gepräge und kriegsähnliches Ausmaß hat.[301] Gleiches gilt, wenn sich das Tatgeschehen im Innern vollzieht, die

---

295 Wiefelspütz, Die Abwehr terroristischer Anschläge und das Grundgesetz, S. 23; ders., RuP 2007, S. 73 (76).

296 Siehe unten S. 272 ff.

297 Wiefelspütz, AöR 132 (2007), S. 44 (77).

298 Wiefelspütz, Das Parlamentsheer, S. 124; ders., ZaöRV 2005, S. 819 (828 f.); ders., RuP 2006, S. 71 (73); ders., NWVBl. 2006, S. 41 (42); Ladiges, Die Bekämpfung nicht-staatlicher Angreifer im Luftraum, S. 117; ähnlich C. Tomuschat, EuGRZ 2001, S. 535 (540), unter Berufung auf den telos von Art. 51 SVN.

299 Wiefelspütz, RuP 2006, S. 71 (74)

300 Ablehnend Kutscha, in: Roggan (Hg.), Mit Recht für Menschenwürde und Verfassungsstaat, Festgabe für Dr. Burkhard Hirsch, 2006, S. 129 (134).

301 Wiefelspütz, Die Abwehr terroristischer Anschläge und das Grundgesetz, S. 26.

im Ausland lokalisierbare Tatherrschaft von „Hintermännern" es aber zuläßt, von einem Angriff von außen zu reden.[302]

Den Überlegungen von Michael Droege steht bereits entgegen, daß das „Gebot strikter Texttreue" ausschließlich die Bundeswehreinsätze „außer zur Verteidigung" im Innern, nicht jedoch Verteidigungseinsätze der Bundeswehr begrenzt.[303]

Das Grundgesetz erlaubt nach Art. 87 a Abs. 1 Satz 1 GG den Einsatz der Streitkräfte gegen einen terroristischen Anschlag von außen, wenn die Polizei nicht in der Lage ist, den Angriff abzuwehren.[304] Das wird immer wieder übersehen. Der Begriff Verteidigung ist nicht auf die Bekämpfung des Angriffs einer regulären staatlichen Armee oder militärischer oder vergleichbarer Kräfte, die einem Staat zurechenbar sind, beschränkt.[305] Voraussetzung ist aber, daß die Bundesrepublik Deutschland Ziel des Anschlags ist.

Zu eng ist die Auffassung von Katja Paulke, nach der terroristische Vereinigungen nur dann einen Einsatz zur Verteidigung auslösen, wenn ein Eindringen von außen in die Bundesrepublik Deutschland vorliege, wenn die Aggressoren von ihrem Heimatstaat oder einem anderen Völkerrechtssubjekt umfassende Unterstützung erführen und von den Tätern eine massive Gewaltbereitschaft kriegsanalogen Ausmaßes ausgehe. Terroristische Anschläge, deren Urheberschaft nicht auf ein Völkerrechtssubjekt zurückführbar sei, blieben trotz ihres Zerstörungsausmaßes eine Form schwerster Kriminalität.[306]

Katja Paulke berücksichtigt nur halbherzig und letztlich inkonsequent veränderte Bedrohungsszenarien. Es fehlt vor allem eine überzeugende Begründung, warum zwingend die umfassende Unterstützung der Täter durch ein Völkerrechtssubjekt

302 Wiefelspütz, Das Parlamentsheer, S. 125; ders., RuP 2006, S. 71 (75); ders., AöR 132 (2007), S. 44 (78); ders, RuP 2007, S. 73 (77); Schäuble, in: Glos (Hg.), Friedrich Zimmermann – 80 Jahre, S. 45 (48); Krings/Burkiczak, NWVBl. 2004, S. 249 (252); Ladiges, Die Bekämpfung nicht-staatlicher Angreifer im Luftraum, S. 127 ff., 131 ff.; wohl auch Droege, NZWehr 2005, S. 199 (206).

303 Winkler, DÖV 2006, S. 149 (154); Archangelskij, Das Problem des Lebensnotstandes, S. 124; Sigloch, Auslandseinsätze der deutschen Bundeswehr, S. 189; Laschewski, Der Einsatz der deutschen Streitkräfte im Inland, S. 49; Ladiges, Die Bekämpfung nicht-staatlicher Angriffe im Luftraum, S. 65, 117.

304 So auch Isensee, in: Die Erneuerung des Verfassungsstaates, S. 7 (34 f.); Wiefelspütz, RuP 2006, S. 71 (73); einschränkend Baldus, in: von Mangoldt/Klein/Starck (Hg.), Grundgesetz, Bd. 3, Art. 87 a Rdnr. 48; a. A. Pieroth/Hartmann, Jura 2005, S. 729 (732).

305 Zutreffend Baldus, NVwZ 2004, S. 1278 (1281); ders., in: von Mangoldt/Klein/Starck (Hg.), Grundgesetz, Bd. 3, Art. 87 a Rdnr. 47; Huber, ZUR 2004, S. 1 (4); Burkiczak, VR 2004, S. 279 (382 f.); Wiefelspütz, Das Parlamentsheer, S. 130; ders., ZaöRV 2005, S. 819 (827); ders., RuP 2006, S. 71 (73). Schäuble, in: Glos (Hg.), Friedrich Zimmermann – 80 Jahre, S. 45 (48); Melzer/Haslach/Socher, NVwZ 2005, S. 1361 (1363); Archangelskij, Das Problem des Lebensnotstandes, S. 129; im Ergebnis ebenso Grzeszick, in: Friauf/Höfling, Grundgesetz, Art. 87 a Rdnr. 28.

306 Paulke, Die Abwehr von Terrorgefahren im Luftraum, S. 92; ähnlich Sittard/Ulbrich, JuS 2005, S. 432 (433): „Zudem hat man sich bei Schaffung von Art. 87 a II GG klar am völkerrechtlichen Verteidigungsbegriff orientiert, der seinerseits auf den Kombattantenstatus abstellt."

verlangt wird. Es erscheint geradezu willkürlich, angesichts veränderter Bedrohungs-lagen auf Begrifflichkeiten der Vergangenheit zu beharren. Schwerste Straftaten waren auch die Anschläge vom 11. September 2001, obgleich diese Anschläge dem De-facto-Regime Afghanistans zugerechnet wurden und deshalb das Selbst-verteidigungsrecht nach Art. 51 SVN auslösten.

Die Überlegungen von Martin Kutscha sind geprägt von der Weigerung, neuartige grenzüberschreitende Bedrohungen, die „Privatisierung" von Gewalt und das aktuelle und das zukünftige Gewaltpotential terroristischer Organisationen zur Kenntnis zu nehmen. Er ignoriert weitgehend die Entwicklung des Staats- und des Völkerrechts in den letzten Jahre. Bei elementaren Störungen der Friedensordnung gehören auch militärische Optionen zum Spektrum möglicher Verteidigungshandlungen. Es mag ein Trugschluß sein, den internationalen Terrorismus vor allem militärisch besiegen zu wollen und dabei zentrale eigene Werte zu dehnen oder gar unbeachtet zu lassen. Langfristig wird eine solche Strategie teuer bezahlt. Es sollte zu denken geben, daß zunehmend die Frage gestellt wird, ob die Welt aufgrund der militärischen Ak-tionen in Afghanistan und im Irak sicherer vor den Gefahren des internationalen Terrorismus geworden ist oder ob das Gegenteil der Fall ist.[307] Dies sind aber politische Betrachtungen, die nicht geeignet sind, bei der Interpretation von Art. 51 SVN oder Art. 87 a Abs. 1 Satz 1 GG hilfreich zu sein.

Auch Burkhard Hirsch verharrt in überholten Argumentationsmustern. Selbstver-ständlich löst nicht jeder terroristische Anschlag das Selbstverteidigungsrecht bzw. das Recht aus, sich nach Art. 87 a Abs. 1 Satz 1 GG militärisch zu verteidigen. Wenn ein nichtstaatlicher, grenzüberschreitender terroristischer Anschlag kriegsähnliches Ausmaß, Struktur und Gepräge hat, ist freilich militärische Landesverteidigung nicht nur völkerrechtlich, sondern auch staatsrechtlich zulässig. Burkhard Hirsch macht überdies den Fehler die Zulässigkeit militärische Landesverteidigung an die Feststellung des Verteidigungsfalls zu knüpfen. Das ist evident falsch. Die Bun-desrepublik Deutschland darf außerhalb und innerhalb des eigenen Staatsgebietes militärisch verteidigt werden, ohne daß nach Art. 115 a Abs. 1 GG der Verteidigungsfall festgestellt wurde. Das wird nämlich immer dann der Fall sein, wenn der Angriff nicht so gravierend ist, daß er die weitreichenden innerstaatlichen Rechtswirkungen rechtfertigen könnte, die durch die Feststellung des Verteidigungsfalls konstitutiv bewirkt werden.[308] Richtig ist, daß das humanitäre Völkerrecht, soweit es dem Schutz von Zivilpersonen zu dienen bestimmt ist, nicht die Befugnis erhält, unbeteiligte Zivilpersonen zu töten. Die entsprechenden Normen des humanitären Völkerrechts implizieren aber, daß die Tötung unbeteiligter Zivilpersonen unter Umständen keineswegs völkerrechtswidrig ist.[309]

---

307 Vgl. Wiefelspütz, Die Friedens-Warte 2006, S. 73 (80).

308 Siehe dazu oben S. 27 f.

309 Siehe dazu unten S. 115.

Der Schutz der Bundesrepublik Deutschland vor rechtswidrigen Grenzübertritten ist jedenfalls dann Sache der Streitkräfte, wenn die Polizei der Länder und des Bundes technisch oder personell zur Gefahrenabwehr nicht imstande sind.[310] Die Bundeswehr darf ihre Schutzfunktion zur Verteidigung aber auch dann ausüben, wenn Terroristen – ohne daß dies verhindert werden konnte – von außen in deutsches Hoheitsgebiet eingedrungen sind und die Kräfte der Polizei nicht ausreichen, um terroristische Umtriebe erfolgreich zu bekämpfen. Auch in diesem Fall verteidigen die Streitkräfte die Bundesrepublik Deutschland, weil ein Angriff von außen abgewehrt wird.[311]

Die militärische Bekämpfung einer von außen drohenden terroristischen Bedrohung ist allerdings nicht auf das Territorium Deutschlands beschränkt. Denn Landesverteidigung im Sinne des Art. 87 a Abs. 1 Satz 1 GG kann im Inland, aber auch im Ausland, auf Hoher See und im Weltraum stattfinden.[312] Ein auf Hoher See gekapertes Schiff, ein im internationalen Luftraum von Terroristen in ihre Gewalt gebrachtes Flugzeug darf nach Art. 87 a Abs. 1 Satz 1 GG bereits außerhalb der Grenzen Deutschlands von den deutschen Streitkräften militärisch bekämpft werden, wenn das Ziel der Terroristen das Hoheitsgebiet Deutschlands ist.[313]

Ist die terroristische Bedrohung im Innern Deutschlands entstanden und das gesamte Tatgeschehen ohne Auslandsbezug, kommt der Einsatz der Streitkräfte nach Art. 35 Abs. 2 und 3 GG[314] oder nach Art. 87 Abs. 3 GG sowie nach Art. 87 a Abs. 4 i. V. mit Art. 91 GG in Betracht.[315] Dabei ist freilich die einschränkende Auslegung des Art.

---

310 Wiefelspütz, in: Möllers/van Ooyen (Hg.), Jahrbuch Öffentliche Sicherheit 2002/2003, 2003, S. 283 (286); ders., ZaöRV 2005, S. 819 (828); ders., RuP 2006, S. 71 (73); ders., BWV 2006, S. 49 (52 f.); a. A. Pieroth/Hartmann, Jura 2005, S. 729 (732).

311 Wiefelspütz, Die Abwehr terroristischer Anschläge und das Grundgesetz, S. 28.

312 Vgl. Wiefelspütz, Das Parlamentsheer, S. 109; Ladiges, Die Bekämpfung nicht-staatlicher Angreifer im Luftraum, S. 64; das übersieht Dreist, NZWehrr 2006, S. 45 (56 f.), wenn er zwar Art. 35 Abs. 2 und 3 GG sowie Art. 87 a Abs. 3 und 4 GG als Grundlage für den Einsatz der Bundeswehr im Innern prüft, die möglicherweise zulässige Landesverteidigung im Innern aber ausblendet.

313 Wiefelspütz, BWV 2006, S. 49 (54); ders., NWVBl. 2006, S. 41 (43).

314 BVerfG, 1 BvR 357/05, Urteil vom 15. 2. 2006, BVerfGE 115, S. 118 ff. = NJW 2006, S. 751 ff. Zum Streitstand vor der Entscheidung des Bundesverfassungsgerichts vgl. nur Wiefelspütz, NZWehrr 2003, S. 133 ff.; ders., ZRP 2003, S. 140; ders., in: Möllers/van Ooyen (Hg.), Jahrbuch Öffentliche Sicherheit 2002/2003, S. 283 ff.; ders., Die Polizei 2003, S. 301 ff.; Klein, ZRP 2003, S. 140; Fehn/ Brauns, Bundeswehr und innere Sicherheit, 2003; Spranger, Wehrverfassung im Wandel, 2003; Fiebig, Der Einsatz der Bundeswehr im Innern, 2004; Dreist, der kriminalist 2003, S. 349 ff.; Wolff, ThürVBl. 2003, S. 176 ff.; Gramm, NZWehrr 2003, S. 89 ff.; Tammler, Wissenschaftlicher Dienst des Deutschen Bundestages, Verfassungsrechtliche Prüfung des Gesetzes zum Luftsicherheitsgesetz, WF III – 248/03; ders., Wissenschaftlicher Dienst des Deutschen Bundestages, WF III – 11/03; Knelangen/Irlenkaeuser, Die Debatte über den Einsatz der Bundeswehr im Innern, 2004; Hillgruber/Hoffmann, NWVBl. 2004, S. 176 ff.; Baldus, NVwZ 2004, S. 1278 ff.; Krieger, Streitkräfte im demokratischen Verfassungsstaat, S. 441 ff.; Melzer/Haslach/Socher, NVwZ 2005, S. 1361 (1363).

315 Vgl. Wiefelspütz, in: Möllers/van Ooyen (Hg.), Jahrbuch Öffentliche Sicherheit 2002/ 2003, S. 283 (291); Grzeszick, in: Friauf/Höfling, Grundgesetz, Art. 87 a Rdnr. 28; ausführlich Fiebig, der

35 Abs. 2 und 3 GG durch das Bundesverfassungsgericht im Luftsicherheitsurteil vom 15. Februar 2006 zu beachten. Noch größere Bedeutung kommt dem Urteil zu, soweit es im Falle eines *nichtkriegerischen* Luftzwischenfalls den Einsatz von Waffengewalt für verfassungswidrig erklärt, wenn tatunbeteiligte Menschen an Bord des Luftfahrzeugs betroffen werden.[316]

Nicht überzeugend ist freilich die Auffassung von Christian Hillgruber und Jeannine Hoffmann, ein terroristischer Schlag aus der Luft löse nur dann den Verteidigungsauftrag nach Art. 87 a Abs. 1 Satz 1 GG aus, wenn es sich völkerrechtlich betrachtet um eine das Selbstverteidigungsrecht begründende Lage, nämlich einen Angriff eines anderen Staates auf die Bundesrepublik Deutschland handele.[317] Der Verteidigungsauftrag nach Art. 87 a Abs. 1 Satz 1 GG greife nicht ein, wenn bei einem terroristischen Anschlag einer nichtstaatlichen Organisation die Zurechnung der Tat zu einem dritten Staat nicht erfolgen könne.[318]

Christian Hillgruber und Jeannine Hoffmann berücksichtigen nicht die Entwicklung der völkerrechtlichen Diskussion seit den Anschlägen vom 11. September 2001. Ganz überwiegend wird angenommen, daß auch ein Anschlag von erheblicher Tragweite einer nichtstaatlichen Organisation geeignet ist, das Selbstverteidigungsrecht nach Art. 51 SVN auszulösen.[319] Immerhin weisen Christian Hillgruber und Jeannine Hoffmann zu Recht darauf hin, daß die Zurechnungsregeln seit dem 11. September 2001 in einer Art von „instant custom" drastisch verschärft wurden und „daß heute wohl bereits die bloße Duldung des Operierens von Terroristen auf dem eigenen Territorium die Zurechnung an den betreffenden Staat"[320] erlaube.

Staatsrechtlich betrachtet setzt Verteidigung lediglich einen bewaffneten Angriff von außen von einigem Gewicht voraus. Das Territorium der Bundesrepublik Deutschland muß auch mit militärischen Mitteln verteidigt werden können, wenn nichtstaatliche Organisationen mit einem militärähnlichen Gepräge imstande sind, von außen kommende Anschläge zu verüben, die das Ausmaß eines herkömmlichen militärischen Angriffs erreichen oder gar überschreiten.[321] Andernfalls wäre eine unerträgliche Schutzlücke festzustellen.

Einsatz der Bundeswehr im Innern, S. 332 ff.; F. Kirchhof, in: Isensee/Kirchhof (Hg.), Handbuch des Staatsrechts, Bd. IV, Aufgaben des Staates, § 84 Rdnr. 49 Fn. 127; kritisch Henneke/Ruge, in: Schmidt-Bleibtreu/Klein, Grundgesetz, Art. 87 a Rdnr. 9.

316 Siehe unten S. 90 ff.

317 Hillgruber/Hoffmann, NWVBl. 2004, S. 176 (177); ähnlich Ipsen, dpa-Gespräch vom 20. Februar 2006: „Völkerrechtler Ipsen: Terrorabwehr ist keine Landesverteidigung".

318 Hillgruber/Hoffmann, NWVBl. 2004, S. 176 (177); ähnlich Wolff, ThürVBl. 2003, S. 176.

319 Siehe Wiefelspütz, Das Parlamentsheer, S. 264 ff.

320 Hillgruber/Hoffmann, NWVBl. 2004, S. 176 (177).

321 Baldus, NVwZ 2004, S. 1278 (1280 f.); Wiefelspütz, Die Abwehr terroristischer Anschläge und das Grundgesetz, S. 29; ders., RuP 2007, S. 73 (77).

Wenn und soweit die Bundeswehr im Rahmen von Systemen gegenseitiger kollektiver Sicherheit zur Bekämpfung des internationalen Terrorismus eingesetzt wird, ist Art. 24 Abs. 2 GG Rechtsgrundlage für den Streitkräfteeinsatz. Ist ein Bündnispartner im Rahmen eines Systems gegenseitiger kollektiver Sicherheit oder Deutschland unmittelbar betroffen, stützt sich der Einsatz deutscher Streitkräfte auf Art. 24 Abs. 2 GG i. V. mit Art. 87 a Abs. 1 Satz 1 GG. Vor allem sind die Friedensicherung der VN – unstreitig ein System gegenseitiger kollektiver Sicherheit – und der NATO im Kampf gegen den internationalen Terrorismus unverzichtbar.[322] Der jeweilige Einsatz muß freilich im Rahmen und nach den Regeln des Systems gegenseitiger kollektiver Sicherheit erfolgen. Außerdem muß das Völkerrecht, insbesondere die SVN bei der Anwendung militärischer Gewalt eingehalten werden.[323]

8. Terroristische Anschläge und Verteidigungsfall

Im rechtswissenschaftlichen Schrifttum ist eher beiläufig erörtert worden, ob ein terroristischer Anschlag geeignet ist, die Voraussetzungen für die Feststellung des Verteidigungsfalls nach Art. 115 a GG zu erfüllen.

Nach Martin Hochhuth läßt bereits die Annäherung eines im Ausland entführten Zivilflugzeugs an das Bundesgebiet in der Absicht, sie auf ein deutsches Atomkraftwerk zu stürzen, lasse die Fiktion des Art. 115 Abs. 4 Satz 1 GG eintreten.[324] Demgegenüber wird die Auffassung vertreten, terroristische Anschläge stellten niemals einen Angriff auf die Bundesrepublik Deutschland im Sinne des 115 Abs. 1 Satz 1 GG dar.[325]

Es mag theoretisch denkbar sein, daß ein terroristischer Angriff wegen seines Ausmaßes und seiner Intensität die Feststellung des Verteidigungsfalles rechtfertigt.[326] Wahrscheinlich ist das nicht. Gleiches gilt für den Spannungsfall[327].

Mit der Feststellung des Verteidigungsfalls wird die Notstandsverfassung mit ihren weitreichenden Folgen ausgelöst. Nur bei einem gravierenden, die Existenz der Bundesrepublik Deutschland gefährdenden Angriff macht es Sinn, den äußeren Notstand festzustellen. Das wird aber selbst bei einem terroristischen Angriff mit einer hohen Zahl von Opfern regelmäßig nicht der Fall sein, weil die Umstellung

---

322 Vgl. Blumenwitz, ZRP 2002, S. 102 (103); Tomuschat, DÖV 2006, S. 357 (358 f.).

323 Blumenwitz, ZRP 2002, S. 102 (103).

324 Hochhuth, NZWehrr 2002, S. 154 (155 Fn. 2).

325 Sterzel, in: AK-GG, Sonderabschnitt Spannungs- und Verteidigungsfall Rdnr. 37.

326 Krings/Burkiczak, DÖV 2002, S. 501 (503); Wiefelspütz, NZWehrr 2003, S. 45 (59).

327 Krings/Burkiczak, DÖV 2002, S. 501 (503); Wiefelspütz, RuP 2007, S. 3 (5).

der innerstaatlichen Rechtsordnung zur Erhaltung der Funktionstüchtigkeit der Verfassungsorgane nicht erforderlich ist.[328] Selbst ein Angriff von der Bedeutung der Anschläge vom 11. September 2001 würde, wäre die Bundesrepublik Deutschland betroffen, die Feststellung des Verteidigungsfalls nicht rechtfertigen.[329]

9. Terrorismus und Luftsicherheit – Das Luftsicherheitsgesetz und das Luftsicherheitsurteil des Bundesverfassungsgerichts

a) Das Luftsicherheitsgesetz

Nach den terroristischen Anschlägen vom 11. September 2001 in den USA und der Entführung eines Kleinflugzeugs durch einen verwirrten Studenten am 5. Januar 2003 in Hessen wurde auch in Deutschland die Sicherheit des Luftraums vor terroristischen Gefahren intensiv diskutiert. Daß bei der Gefahrenabwehr im Luftraum die Bundeswehr eine wichtige Funktion zu übernehmen hatte, war und ist evident, weil die Polizeien der Länder und des Bundes technisch und personell nur unzureichend für die Gefahrenabwehr im Luftraum ausgestattet sind und eine entsprechende „Aufrüstung" nicht erwogen wird. Es wurde deshalb ein „Nationales Lage- und Führungszentrum Sicherheit im Luftraum" in Kalkar eingerichtet, das im Oktober 2003 seine Arbeit aufnahm.[330]

In einer Koalitionsarbeitsgruppe[331] der damaligen Rot-Grünen Koalition wurde im Jahre 2003 folgende Fassung des § 14 LuftSiG erarbeitet, die in dieser Fassung vom Kabinett beschlossen wurde und in dem anschließenden förmlichen Gesetzgebungsverfahren nicht mehr geändert wurde[332]:

---

328 Laschewski, Der Einsatz der deutschen Streitkräfte im Inland, S. 61; Krings/Burkiczak, DÖV 2002, S. 501 (503); weitergehend Schmidt-Jortzig, DÖV 2002, S. 773 (777).

329 Krings/Burkiczak, DÖV 2002, S. 501 (503); dies., NWVBl. 2004, S. 249 (251); Wiefelspütz, RuP 2007, S. 3 (6).

330 Vgl. Giemulla, in: Giemulla/van Schyndel, Luftsicherheitsgesetz, 2006, § 14 Rdnr. 164 ff. = Giemulla, in: Frankfurter Kommentar zum Luftverkehrsrecht, Bd. 1.3, Luftsicherheitsgesetz, § 14 LuftSiG Rdnr. 87 ff.

331 Die Arbeitsgruppe bestand aus den Abgeordneten Dr. Dieter Wiefelspütz (SPD), Vorsitz, Frank Hofmann (SPD), Michael Hartmann (SPD), Silke Stokar (Bündnis 90/Die Grünen), Christian Ströbele (Bündnis 90/Die Grünen) und Volker Beck (Bündnis 90/Die Grünen) sowie leitenden Mitarbeitern der Bundesministerien des Innern und der Justiz. Vgl. dazu Wiefelspütz, Die Abwehr terroristischer Anschläge und das Grundgesetz, S. 41 ff.

332 Vgl. auch Wiefelspütz, Die Abwehr terroristischer Anschläge und das Grundgesetz, S. 41 ff.

§ 14

Einsatzmaßnahmen, Anordnungsbefugnis

(1) Zur Verhinderung des Eintritts eines besonders schweren Unglücksfalles dürfen die Streitkräfte im Luftraum Luftfahrzeuge abdrängen, zur Landung zwingen, den Einsatz von Waffengewalt androhen oder Warnschüsse abgeben.

(2) Von mehreren möglichen Maßnahmen ist diejenige auszuwählen, die den Einzelnen und die Allgemeinheit voraussichtlich am wenigsten beeinträchtigt. Die Maßnahme darf nur so lange und so weit durchgeführt werden, wie ihr Zweck es erfordert. Sie darf nicht zu einem Nachteil führen, der zu dem erstrebten Erfolg erkennbar außer Verhältnis steht.

(3) Die unmittelbare Einwirkung mit Waffengewalt ist nur zulässig, wenn nach den Umständen davon auszugehen ist, daß das Luftfahrzeug gegen das Leben von Menschen eingesetzt werden soll, und sie das einzige Mittel zur Abwehr dieser gegenwärtigen Gefahr ist.

(4) Die Maßnahme nach Absatz 3 kann nur der Bundesminister der Verteidigung oder im Vertretungsfall das zu seiner Vertretung berechtigte Mitglied der Bundesregierung anordnen. Im Übrigen kann der Bundesminister der Verteidigung den Inspekteur der Luftwaffe generell ermächtigen, Maßnahmen nach Absatz 1 anzuordnen.

In der Begründung des Gesetzentwurfs heißt es zu § 14 Abs. 3:

„Absatz 3 verleiht die Befugnis, unmittelbar mit Waffengewalt auf Luftfahrzeuge einzuwirken. Die Vorschrift enthält für den schwersten aller denkbaren Eingriffe, die unmittelbare Einwirkung mit Waffengewalt, eine Ultima-Ratio-Klausel. Voraussetzung ist, daß das Luftfahrzeug gegen das Leben von Menschen eingesetzt werden soll. Das Luftfahrzeug muß selbst als Tatwaffe, nicht als bloßes Hilfsmittel zur Tatbegehung eingesetzt werden. Voraussetzung ist, daß zusätzlich zu dem Leben der im Luftfahrzeug befindlichen Menschen zielgerichtet auch das Leben anderer Menschen durch den Einsatz von Gewalt rechtswidrig bedroht wird. Von der Nutzung des Luftfahrzeugs als Waffe sowie der Lebensbedrohung der Flugzeuginsassen und der weiteren Personen muss nach allen vorliegenden Umständen auszugehen sein. Zudem muß im Rahmen der Verhältnismäßigkeitsprüfung festgestellt werden, daß die unmittelbare Einwirkung von Waffengewalt das einzige Mittel ist, um Menschenleben zu retten."[333]

Das Bundeskabinett beschloß den Gesetzentwurf in seiner Sitzung vom 5. November 2003. Die erste Beratung des Gesetzentwurfs im Plenum des Deutschen Bundestages fand am 30. Januar 2004[334] statt.[335] Der Innenausschuß des Deutschen Bundestages führte am 26. April 2004 eine öffentliche Anhörung zu dem Gesetzentwurf durch.[336] Im Mittelpunkt der Erörterung der Sachverständigen standen wehrverfassungsrechtliche Fragestellungen. Die 2. und 3. Beratung des Gesetzentwurfs fand am 18. Juni

---

333 BT-Drs. 15/3261, S. 21.

334 Deutscher Bundestag, 15. Wahlperiode, 89. Sitzung vom 30. Januar 2004, Sten. Prot. S. 7881 ff.

335 Dreist, in: Sicherheit statt Freiheit?, S. 77 (88 ff.).

336 Deutscher Bundestag, 15. Wahlperiode, Innenausschuß, Protokoll der 35. Sitzung nebst Anlagen.

2004 statt.[337] Am 24. September 2004 wies der Deutsche Bundestag den Einspruch gegen das Gesetz mit der nach Art. 77 Abs. 4 GG erforderlichen Mehrheit zurück. Am 14. Januar 2005 wurde das Gesetz im Bundesgesetzblatt verkündet.[338]

Das LuftSiG faßt die Vorschriften, die sich mit Sicherheitsaufgaben zur Abwehr von Angriffen auf den Luftverkehr im Bereich der zivilen Luftfahrt befassen, in einem Gesetz zusammen.[339] Nach § 1 LuftSiG dient das Gesetz dem Schutz vor Angriffen auf die Sicherheit des Luftverkehrs, insbesondere vor Flugzeugentführungen, Sabotageakten und terroristischen Anschlägen. Das Gesetz ist hiernach von der Gefahrenabwehr geprägt. Das gilt auch für die §§ 13 und 14 LuftSiG, die die Voraussetzungen und Entscheidungszuständigkeiten für Maßnahmen der Streitkräfte zur Unterstützung der Polizei sowie der Mittel der Zwangsanwendung betreffen.

Das Bundesverfassungsgericht erkannte mit Urteil vom 15. Februar 2006, daß § 14 Absatz 3 des Luftsicherheitsgesetzes vom 11. Januar 2005[340] nichtig ist.[341]

---

337 Deutscher Bundestag, 15. Wahlperiode, 115. Sitzung vom 18. Juni 2004, Sten. Prot. S. 10536 A ff.

338 BGBl. I S. 78.

339 Vgl. BT-Drs. 15/2361, S. 15 (Zu Artikel 1: Luftsicherheitsgesetz). Die wesentlichen Meinungen zum Luftsicherheitsgesetz: Wiefelspütz, Die Abwehr terroristischer Anschläge und das Grundgesetz, S. 44 ff.

340 BGBl. I S. 78.

341 BVerfG, 1 BvR 357/05, Urteil vom 15. 2. 2006, BVerfGE 115, S. 118 ff. = NJW 2006, S. 751 ff. Zur Sichtweise der Antragsteller: Hirsch, KritV 2006, S. 3 ff.; kritisch dazu Otto, Jura 2005, S. 470 (479). Zum Urteil: Schenke, NJW 2006, S. 736 ff.; Starck, JZ 2006, 417 ff.; Rettenmaier, VR 2006, S. 109 ff.; Sachs, JuS 2006, S. 448 ff.; Wiefelspütz, RuP 2006, S. 71 ff.; ders., Die Abwehr terroristischer Anschläge und das Grundgesetz, S. 59 ff.; ders., RuP 2007, S. 3 ff.; ders., AöR 132 (2007), S. 44 (80 ff.); Baldus, NVwZ 2006, S. 532 ff.; Gramm, DVBl. 2006, S. 653 ff; ders., GreifRecht 2006, S. 82 ff.; ders., UBWV 2007, S. 121 ff.; Spendel, RuP 2006, S. 131 ff.; Linke, NWVBl. 2006, S. 174 ff.; Winkler, NVwZ 2006, S. 536 ff.; Jochum, JuS 2006, S. 511 (513 ff.), Poretschkin, NZWehrr 2006, S. 123 f.; Westphal, juridicum 2006, S. 138 ff.; Baumann, Jura 2006, S. 344 ff.; Gropp, GA 2006, S. 284 ff.; Burkiczak, JA 2006, S. 500 f.; ders., NZWehrr 2006, S. 89 ff.; Hecker, KJ 2006, S. 179 ff.; Domgörgen, EuGRZ 2006, S. 233 (245 f.); Lepsius, German Law Journal Vol. 7 No. 9 - 1 September 2006, S. 761 ff.; ders., in: Roggan (Hg.), Mit Recht für Menschenwürde und Verfassungsstaat, Festgabe für Dr. Burkhard Hirsch, 2006, S. 47 (55 ff.); Kutscha, in: Roggan (Hg.), Mit Recht für Menschenwürde und Verfassungsstaat, Festgabe für Dr. Burkhard Hirsch, S. 129 (133 f.); ders., RuP 2006, S. 202 ff.; Herzog, in: Roggan (Hg.), Mit Recht für Menschenwürde und Verfassungsstaat, Festgabe für Dr. Burkhard Hirsch, 2006, S. 89 ff.; Ladiges, German Law Journal Vol. 8 No. 3 - 1 March 2007, S. 307 ff.; Herdegen, in: Maunz/Dürig, Grundgesetz, Art. 1 Rdnr. 90; Franz/Günther, VBlBW 2006, S. 340 ff.; Hobe, ZLW 2006, S. 333 ff.; Isensee, AöR 131 (2006), S. 173 (190 ff.); Adamski, GWP Heft 2/2006, S. 241 ff.; Reimer, StudZR 2006, S. 601 ff.; Möller, Public law: incorporating the British journal of administrative law 2006, S. 457 ff.; Hirsch, in: Festschrift für Wilfried Küper zum 70. Geburtstag, herausgegeben von Michael Hettinger, Jan Zops, Thomas Hillenkamp, Michael Köhler, Jürgen Rath, Franz Streng, Jürgen Wolter, 2007, S. 149 ff.; Waechter, JZ 2007, S. 61 ff.; Pestalozza, NJW 2007, S. 492 ff.; Kahl, AöR 131 (2006), S. 579 (596); Kirchhof, in: Die Ordnung der Freiheit. Festschrift für Christian Starck zum siebzigsten Geburtstag. Herausgegeben von Rainer Grote u. a., 2007, S. 275 (293 ff.); Hillgruber, JZ 2007, S. 209 (214 ff.); Spectator, RuP 2007, S. 1 f.; Gas, Die Polizei 2007, S. 33 (36); Hirsch, NJW 2007, S. 1188 ff.; Hetzer, Kriminalistik 2007, S. 140 ff.; Merkel, JZ 2007, S. 373 ff.; Franz, Der Staat 45 (2006), S. 501 ff.; Sittard/Ulbrich, NZWehrr 2007, S. 60 (62 ff.); Palm, AöR

Das Luftsicherheitsurteil ist von erheblicher Bedeutung und Tragweite. Es hat die Qualität, eines Tages als klassischer juristischer Text gewertet zu werden. Es ist die erste verfassungsgerichtliche Entscheidung zu Art. 35 GG. Das Urteil klärt eine Reihe von Streitfragen, die insbesondere in der jüngeren Vergangenheit die rechtswissenschaftliche Literatur und die (rechts)politische Auseinandersetzung intensiv beschäftigt haben. Noch größere, ja überragende Bedeutung kommt freilich den Ausführungen des Gerichts zu Art. 1 Abs. 1 GG zu. Das Urteil mißt nämlich das rechtsethische Zentrum des Grundgesetzes mit einer erstaunlichen Rigorosität und Konsequenz aus.

b) Das Meinungsbild im Schrifttum

Die Beratung und Verabschiedung des LuftSiG wurde vom rechtswissenschaftlichen Schrifttum ungewöhnlich intensiv begleitet. Zunächst standen wehrverfassungsrechtliche Fragestellungen aus den Bereichen von Art. 35 Abs. 2 und 3 sowie Art. 87 a GG im Mittelpunkt der Erörterungen. Später verschob sich der Schwerpunkt auf grundrechtliche Problemstellungen des Art. 2 Abs. 2 und Art. 1 GG sowie strafrechtliche Überlegungen. Das Meinungsbild läßt eine eindeutige Tendenz nicht erkennen.

Burkhard Hirsch, einer der schärfsten Kritiker des Gesetzes, betonte, nach allen historischen Erfahrungen sei der Einsatz der Bundeswehr im Inland bei der Einführung der Wehrverfassung ein wesentliches Problem gewesen. Die Bundeswehr sollte der Verteidigung dienen, aber nicht als Machtinstrument der Regierung bei innenpolitischen Auseinandersetzungen mißbraucht werden. Ein Gesetzgeber könne nicht bei klarem Verstand sein, wenn er eine Rechtsgrundlage dafür schaffen wolle, ein vollbesetztes Passagierflugzeug ab- und seine Passagiere dabei in Nothilfe zu erschießen. Ein Gesetzgeber, der den militärischen Einsatz der Bundeswehr im Inland über den jetzigen Umfang hinaus ermöglichen wolle, müsse die Verfassung ändern.[342]

Torsten Stein meint, die Abwehr vermuteter schwerer terroristischer Anschläge aus der Luft gehöre von vornherein in die Kompetenz des Bundes und seiner Streitkräfte. Die sachliche Nähe zur „Verteidigung" sei hier viel größer als zur Unterstützung der Polizei bei Naturkatastrophen am Boden. Es hätte sich angeboten, die direkte Einsatzermächtigung der Streitkräfte in Art. 87 a GG zu ergänzen und dann die Einzelheiten im Luftsicherheitsgesetz zu regeln.[343]

---

132 (2007), S. 95 ff.; Erbguth, in: Sachs (Hg.), Grundgesetz, Art. 35 Rdnr. 38; Frenz, NVwZ 2007, S. 631 f.

342 Hirsch, ZRP 2003, S. 378; vgl. auch ders., KritV 2006, S. 3 ff. Kritisch dazu Otto, Jura 2005, S. 470 (479).

343 Stein, in: Festschrift für Reinhard Mußgnug, S. 85 (99).

Nach Auffassung von Eckart Klein erlaubt der durch Art. 35 Abs. 2 und 3 GG markierte Zusammenhang nicht den Schluß vom Verteidigungseinsatz auf den Einsatz zur Unterstützung der Polizei. Im Rahmen der Gefahrenabwehr nach Art. 35 Abs. 2 und 3 GG sei die vorsätzliche Tötung eines Menschen nicht von vorneherein unzulässig. Ziel sei jedoch immer der Störer. Auch gegen den Nichtstörer dürfe vorgegangen werden, aber das Sonderopfer, das ihm zugemutet werde, schließe sein Recht auf Leben nicht ein.[344] Das Leben Unbeteiligter sei der Abwägung nach Qualitätsmerkmalen nicht zugänglich. Es sei vielmehr stets in gleicher Weise schutzwürdig.[345] Wolle man sich von dem Grundsatz lösen, der die vorsätzliche Tötung Unbeteiligter ausschließe, müsse durch eine Grundgesetzänderung die Kategorie des Streitkräfteeinsatzes eingeführt werden, mit der terroristischen Gefahren entgegengetreten werden könne und bei der von dem strikten Verbot der Tötung Unbeteiligter dispensiert werden könne.[346]

Stefan Kaiser meint, die der Anwendung von Waffengewalt gemäß § 14 Abs. 3 LuftSiG vorgeschaltete Zulässigkeits- und Verhältnismäßigkeitsprüfung werde in der Praxis zu erheblichen Problemen führen. Dies gelte insbesondere für die Prognoseentscheidung eines bevorstehenden besonders schweren Unglücksfalls und die Verhältnismäßigkeitsprüfung zur Anordnung eines Abschusses als das einzige geeignete Mittel. Der verfassungsrechtliche Rahmen des Art. 35 Abs. 2 und 3 GG sei für einen Abschuß nach § 14 Abs. 3 LuftSiG ungeeignet. Die Maßnahme richte sich nämlich nicht nur gegen die Folgen des bevorstehenden besonders schweren Unglücksfalls, sondern zugleich gegen den Luftzwischenfall an sich. Außerdem stehe § 14 Abs. 3 LuftSiG dem Völkergewohnheitsrecht und Art. 3 des Abkommens über die Internationale Zivilluftfahrt entgegen.[347]

Nach Meinung von Jens Kersten ist die gezielte Tötung von Unbeteiligten unzulässig. § 14 Abs. 3 LuftSiG sei verfassungskonform dahingehend auszulegen, daß unweigerlich tödliche Waffengewalt nur gegen ein Flugzeug eingesetzt werden dürfe, wenn die Gefährdung von Unbeteiligten mit hoher Wahrscheinlichkeit ausgeschlossen sei. Bestünden Zweifel, ob Unbeteiligte an Bord seien, sei ein legaler Abschuß nicht möglich. Da die Aufopferung von Unbeteiligten verfassungsrechtlich ausgeschlossen sei, wäre der Abschuß einer Passagiermaschine strafrechtlich zu bewerten. Der Verteidigungsminister und der Pilot könnten nach den Grundsätzen des übergesetzlichen Notstands hinsichtlich der Tötung der unbeteiligten Passagiere entschuldigt sein.[348]

---

344 E. Klein, in: Festschrift für Reinhard Mußgnug, S. 71 (77 f.); ders., ZG 2005, S. 289 (294 f.).

345 E. Klein, in: Festschrift für Reinhard Mußgnug, S. 71 (79); ders., ZG 2005, S. 289 (296).

346 E. Klein, in: Festschrift für Reinhard Mußgnug, S. 71 (83); ders., ZG 2005, S. 289 (299).

347 Kaiser, TranspR 2004, S. 353 (356).

348 Kersten, NVwZ 2005, S. 661 (663).

Bernhard Schlink hebt hervor, nur wer für eine Gefahr verantwortlich sei, könne, wenn die Abwehr der Gefahr es verlange, getötet werden. Der tödliche Schuß auf den Geiselnehmer oder den Terroristen, der gerade töten wolle, sei gerechtfertigt; der auf das Opfer des Geiselnehmers nicht. Der Abschuß des Passagierflugzeugs, zu dem das Luftsicherheitsgesetz ermächtige, sei ebenso Verletzung von Würde und Leben wie die Folter.[349]

Für Anton Meyer sind die mit der Schaffung einer Befugnisnorm zum Einsatz von Waffengewalt gegen Luftfahrzeuge verbundenen polizei- wie strafrechtlichen Probleme keineswegs gelöst.[350]

Nach Karsten Baumann verbietet der dem Grundrecht auf Leben immanente Menschenwürdekern die Quantifizierung von Leben in der Eingriffssituation. Das Grundgesetz gestatte nicht die Tötung unbeteiligter Flugzeuginsassen zum Zwecke der Rettung vieler Menschenleben am oder im Zielobjekt des terroristischen Anschlags. Der Abschuß der Entführungsopfer entziehe sich der polizeirechtlichen Normierbarkeit, könne aber wegen unauflösbarer Güterkollisionen unter Rückgriff auf die Rechtsfigur des übergesetzlichen Notstands entschuldigt sein. Damit bleibe das Eingreifen in außergewöhnliche Bedrohungslagen „sanktionslos rechtswidrig".[351]

Wolfram Höfling und Steffen Augsberg meinen, die Aporie, die aus der Notwendigkeit entstehe, Unschuldige zu töten oder einen noch größeren Unglücksfall hinzunehmen, erfahre durch die nur vordergründig pragmatische Legalisierung der ersten Handlungsalternative (in § 14 Abs. 3 LuftSiG) keine sinnvolle Lösung. Gegenüber der defätistischen Hinnahme des bewußten Bruchs mit dem dem geltenden Recht immanenten Wertesystem bilde die Hinnahme rechtlicher Steuerung entzogener Ausnahmesituationen nicht das geringere von zwei Übeln, sondern die einzig rechtskonforme Lösung.[352]

Friedhelm Hase vertritt die Auffassung, auch die Passagiere und Besatzungsmitglieder in einer entführten Maschine hätten Anspruch auf den Schutz ihres Lebens, doch der Staat habe keine Möglichkeit, *sie* zu schützen. Dies allein könne es rechtfertigen, sie zu opfern, wenn ein Anschlag mit schwerwiegenden Folgen für die Bevölkerung des Landes anders nicht mehr zu verhindern sei.[353]

Reinhold Zippelius und Thomas Würtenberger betonen, der Schutz der Würde des Menschen als des höchsten und unantastbaren Rechtswertes innerhalb der verfassungsmäßigen Ordnung verbiete bei Grundrechtskollisionen eine Abwä-

---

349 Schlink, DER SPIEGEL 2005, S. 34 (35 f.).

350 Meyer, ZRP 2004, S. 203 (207).

351 Baumann, DÖV 2004, S. 853 (860).

352 Höfling/Augsberg, JZ 2005, S. 1080 (1088).

353 Hase, DÖV 2006, S. 213 (218).

gung des Art. 1 Abs. 1 GG mit entgegenstehenden Grundrechten Dritter. Das Kollisionsproblem stelle sich aber dann, wenn zur Bekämpfung eines terroristischen Angriffs durch einen „finalen Rettungsabschuß" nach § 14 Abs. 3 Luftsicherheitsgesetz ein Passagierflugzeug abgeschossen und der Tod einer Vielzahl unbeteiligter Dritter verursacht werde. In dieser unauflösbaren Rechtsgüterkollision, die Würde und das Leben der Betroffenen nicht verletzen zu dürfen, aber der potentiellen Opfer schützen zu müssen, lasse sich auf die Rechtsfigur des übergesetzlichen Notstands zurückgreifen. Eine solche Situation eines übergesetzlichen Notstandes in § 14 Abs. 3 Luftsicherheitsgesetz rechtlich zu regeln, erscheine mit Blick auf den Gesetzesvorbehalt des Art. 2 Abs. 2 Satz 3 GG geboten und erforderlich, um Rechtssicherheit zu schaffen.[354]

Tade Matthias Spranger schreibt, durch die Anknüpfung an Art. 35 Abs. 2 und 3 GG werde eine verfassungsrechtlich tragfähige Grundlage für den Streitkräfteeinsatz gewählt. Für die mit dem Streitkräfteeinsatz möglicherweise einhergehenden (Grund-)Rechtsbeeinträchtigungen Dritter fänden sich in den §§ 14 und 15 LuftSiG-E hinreichende Ermächtigungsgrundlagen.[355]

Kerstin Odendahl meint, der vom LuftSiG vorgesehene Streitkräfteeinsatz sei unzulässig. Das Gesetz sei formell verfassungswidrig. Die Verhinderung eines Unglücksfalls sei nicht Aufgabe der Bundeswehr, sondern der Polizei.[356] Man könnte die neuen Kompetenzen der Bundeswehr auf die Abwehr von Gefahren beschränken, die von als Waffen eingesetzten Luftfahrzeugen ausgingen. Dann wäre eine verfassungsrechtliche Grundlage speziell für das LuftSiG geschaffen.[357] Unmittelbar vor dem Flugzeugangriff könne der Staat seiner Schutzpflicht gegenüber den Flugzeuginsassen nicht mehr nachkommen. Entscheide er sich deshalb zur Erfüllung der anderen Schutzpflicht (gegenüber den Personen am Zielort), so sei dies nicht nur rechtmäßig, sondern sogar geboten. Der Abschuß sei im Hinblick auf die dabei getöteten Flugzeuginsassen verhältnismäßig, allerdings nur, wenn der bevorstehende Tod der Flugzeuginsassen unabwendbar sei.[358] § 14 Abs. 3 LuftSiG verstoße gegen das rechtstaatliche Bestimmtheitsgebot und bedürfe der Überarbeitung. Dabei wäre zu berücksichtigen, daß eine Tötung unbeteiligter Flugzeuginsassen nur zulässig sei, wenn deren unmittelbar bevorstehender Tod sicher und nicht mehr anders abzuwenden sei, und außerdem die Gefährdung Unbeteiligter am Boden durch den Abschuß erheblich verringert werde.[359]

---

354 Zippelius/Würtenberger, Deutsches Staatsrecht, 31. Aufl., 2005, § 21 III 2. (S. 209 f.).

355 Spranger, in: Fleck (Hg.), Rechtsfragen der Terrorismusbekämpfung, S. 183 (199).

356 Odendahl, Die Verwaltung 38 (2005), S. 425 (440, 443).

357 Odendahl, Die Verwaltung 38 (2005), S. 425 (443).

358 Odendahl, Die Verwaltung 38 (2005), S. 425 (447).

359 Odendahl, Die Verwaltung 38 (2005), S. 425 (451).

Günther Jakobs meint, § 14 Abs. 3 LuftSiG könne in seiner systematischen Sprengkraft kaum überschätzt werden. Die Sprengkraft dieser Vorschrift resultiere aus dem Umstand, daß sie nur dann einen sinnvollen Regelungsgegenstand aufweise, wenn Kollateralschäden in Kauf genommen werden dürften, konkreter, der Tod von Passagieren, die für den Konflikt nicht einmal ansatzweise verantwortlich gemacht werden könnten. Damit würden diese bürgerlichen Opfer entpersonalisiert; denn ihr Lebensrecht werde ihnen zugunsten anderer genommen.[360]

Tobias Linke betont, die Tötung der Entführer beim Abschuß einer entführten Passagiermaschine sei analog dem finalen Rettungsschuß im Polizeirecht gerechtfertigt. Die Tötung der (tatunbeteiligten) Passagiere und der Crew könne zweifelhaft sein. Der Staat könne nicht dazu verpflichtet sein, eine fatalistische Grundhaltung einzunehmen. Für den Fall, daß es sonst ohne Zweifel zu einem Angriff auf ein Ziel mit hohem Schadenspotential kommen werde, so daß allein durch den Abschuß eine weitaus größere Zahl an Menschenleben gerettet werden könne, lasse sich wohl vertreten, daß der Eingriff in das Lebensrecht der Passagiere und der Crew zur Abwendung eines verheerenden Unglücksfalles gerechtfertigt sei.[361]

Bodo Pieroth und Bernd J. Hartmann heben hervor, § 14 Abs. 3 LuftSiG verletze die Menschenwürdegarantie und das Grundrecht auf Leben. Die Ermächtigungsgrundlage sei unverhältnismäßig, taste das Lebensrecht in seinem Wesensgehalt an und betraue die Bundeswehr mit einer Aufgabe, die wahrzunehmen ihr Art. 87 a Abs. 2 GG verbiete.[362]

Elmar M. Giemulla stellt den Abschuß eines von Terroristen entführten und mit tatunbeteiligten Personen besetzten Zivilflugzeugs nicht grundsätzlich in Frage. Dem Bund fehle allerdings nach derzeitiger Verfassungslage die Kompetenz für die Schaffung einer Rechtsgrundlage für den Abschuß von Zivilluftfahrzeugen.[363] Elmar M. Giemulla hält freilich eine Änderung des Art. 35 GG für unausweichlich, weil Art. 35 Abs. 2 und 3 GG nicht die (an sich sachgerechte) Verhinderung eines besonders schweren Unglücksfalls durch die Bundeswehr erlaube.[364] Wegen der unausweichlichen Tiefe des vorgesehenen Grundrechtseingriffs (bei einem Flugzeugabschuß mit unbeteiligten Personen an Bord) sollte die Ermächtigungsgrundlage deutlicher dem Verfassungsprinzip vom Vorbehalt des Gesetzes Genüge tun. Der hohe Rang der infrage stehenden Rechtsgüter zwinge zudem zu

360 Jakobs, ZStW 117 (2005), S. 839 (848).

361 Linke, NWVBl. 2006, S. 71 (77).

362 Pieroth/Hartmann, Jura 2005, S. 729 (734).

363 Giemulla, ZLW 2005, S. 32 (47).

364 Giemulla, in: Möllers/van Ooyen (Hg.), Jahrbuch Öffentliche Sicherheit 2004/2005, S. 261 (274); ähnlich ders., ZLW 2005, S. 32 (46 ff.).

hohen Anforderungen an die Prognosesicherheit hinsichtlich des weiteren Verlaufs im Falle eines Nichteingriffs.[365]

Ulrich Sittard und Martin Ulbrich meinen, wenn der Staat sich auf Grund sachlicher Kriterien für den Schutz der Menschen am Boden und damit gegen das Untätigbleiben entscheide, sei die Tötung der Flugzeuginsassen eine harte, aber noch angemessene Entscheidung. Einzig zulässiges Entscheidungskriterium könne wohl nur die Anzahl der betroffenen Menschen sein, da sich eine qualitative Bewertung einzelner Leben verbiete. Indem der Staat jedem Menschenleben den prinzipiell gleichen Wert zumesse und seine Rettungsentscheidung deswegen nach ihrer Zahl und nicht nach anderen Kriterien ausrichte, behandele er sie gerade als Subjekt.[366]

Für Christoph Enders ist Rechtsgrund der an sich unbeteiligten, vom Abschuß des von Terroristen zweckentfremdeten Verkehrsflugzeugs aber notwendig mitbetroffenen Passagiere, die allgemeine, solidarische Einstandspflicht zur Bewährung der Unverbrüchlichkeit der Rechtsordnung . Es gehe damit – anders als bei der Folter – um die Frage der von allen gleich geschuldeten Solidarität, wie sie auch der Fall der klassische Fall des polizeilichen Notstandsstörers aufwerfe. Der Staat sei befugt, jedem Einzelnen die Solidarität abzuverlangen, deren es bedürfe, um das rechtlich verfaßte Gemeinwesen vor Angriffen zu bewahren, die auf seinen Zusammenbruch abzielten. Die Verpflichtung des Staates, die Bedingungen der Möglichkeit rechtlicher Freiheit überhaupt zu bewahren, genieße Vorrang vor dem Schutz selbst gewichtiger, rechtlich anerkannter Einzelinteressen.[367]

Manfred Baldus betont, der im Luftsicherheitsgesetz vorgesehene Einsatz des letzten Mittels, die Einwirkung mit Waffengewalt, habe zwangsläufig den Tod der Gefahrverantwortlichen zur Folge. Der damit erfolgende Eingriff in das Grundrecht auf Leben gleiche dem gezielten Todesschuß, den die Polizei einsetze, um eine Geisel aus der Gewalt eines Entführers zu befreien. Dies sei zulässig. Die in Kauf genommene Tötung der Passagiere gehe nicht mit Verhaltensweisen und Motivationen einher, durch die den Betroffenen der Achtungsanspruch als Mensch abgesprochen werde. Eine solche, zum Tod der Passagiere führende Maßnahme ziele allein darauf, das Leben der Menschen zu retten, die am Zielort des Absturzes bedroht seien. Nach utilitaristischen Nützlichkeitserwägungen sei letztlich entscheidend, bei welcher Entscheidungsmöglichkeit am Ende mehr Leben gerettet werden könnten.[368]

Christian Burkiczak meint, die Tötung tatunbeteiligter Passagiere verstoße nicht

---

365 Giemulla, in: Möllers/van Ooyen (Hg.), Jahrbuch Öffentliche Sicherheit 2004/2005, S. 261 (275); ähnlich ders., ZLW 2005, S. 32 (46 ff.).

366 Sittard/Ulbrich, JuS 2005, S. 432 (435 f.).

367 Enders, in: Friauf/Höfling (Hg.), Grundgesetz, Art. 1 Rdnr. 93.

368 Baldus, NVwZ 2004, S. 1278 (1284 f.).

gegen Art. 1 GG. Die Tötung der Passagiere sei nicht Ziel des Abschusses, sondern lediglich dessen zwangläufige und in Kauf genommene Folge.[369]

Für Torsten Hartleb bedeutet § 14 Abs. 3 LuftSiG, daß der Einsatz staatlicher Waffengewalt gegen Flugzeuge keinesfalls mit dem ohnehin nahenden Tod der Insassen, also ihrer Todgeweihtheit, legitimiert werden könne, denn hierin läge gerade eine Mindergewichtung ihres Existenzrechts. Art. 1 Abs. 1 GG schließe jede Form qualitativer oder quantitativer Lebensgewichtung aus.[370]

Nach Auffassung von Otto Schily läßt die Verfassung die Aufopferung Unschuldiger nicht zu. Sie schütze das Leben jedes Einzelnen. Die Verfassung lasse auch keine Abwägung zwischen dem Leben des Einen und des Anderen zu. Eine Abwägung von Leben gegen Leben sei absolut unzulässig. Die Tragik terroristischer Angriffe liege darin, daß es auch unter den Passagieren an Bord des Luftfahrzeugs mit Sicherheit keine Überlebenden geben werde. In einer solchen Lage sei entscheidend, daß der Einsatz von Waffengewalt das letzte Mittel sei, um wenigstens das Leben zahlreicher anderer Menschen retten zu können, die im Falle der Untätigkeit ebenfalls zu Tode kommen würden. Damit werde eine Abwägung von Leben gegen Leben nicht getroffen. § 14 Abs. 3 LuftSiG erlaube eine Einwirkung mit Waffengewalt nur dann, wenn diese Abwägung schon gar nicht mehr möglich sei. So sehr ein militärischer Einsatz grundsätzlich und theoretisch zulässig sei, zum Abschuß einer entführten Passagiermaschine werde es jedoch aus tatsächlichen Gründen nie kommen, weil erst in einer Situation, in der Einschreiten nicht mehr möglich sei, die Feststellung getroffen werden könne, daß das Leben der Passagiere verloren sei.[371]

Wolfgang Schäuble schreibt, die verfassungsrechtliche Begründung für das Luftsicherheitsgesetz aus der Amtshilfe nach Art. 35 GG sei nicht zureichend. Die Lösung des Problems könne nur im Begriff „Einsatz der Streitkräfte" (Art. 87 a GG) liegen. Das sei etwas anderes als die polizeiliche Gefahrenabwehr. Beim Einsatz der Streitkräfte gehe es um Verteidigung.[372]

Nach Michael Droege werde man den Einsatz von Waffengewalt dann als ultima Ratio für verfassungskonform halten dürfen, wenn und soweit sie sich gegen das Leben des die Gefahr Verursachenden richte.[373] In materieller Hinsicht führe § 14 Abs. 3 LuftSiG die bisherige Grundrechtsdogmatik im Rahmen des Art. 2 Abs. 2 GG an ihre Grenzen und darüber hinaus. Eine überzeugende Lösung wäre es, den Verteidigungsauftrag der

---

369 Burkiczak, VR 2004, S. 379 (385).

370 Hartleb, NJW 2005, S. 1397 (1398, 1401).

371 Schily, EuGRZ 2005, S. 290 (293 f.); ders., in: Robbers/Umbach/Gebauer (Hg.), Innere Sicherheit, Menschenwürde, Gentechnologie, 2005, S. 17 (25 ff.).

372 Schäuble, in: Robbers/Umbach/Gebauer (Hg.), Innere Sicherheit, Menschenwürde, Gentechnologie, S. 35 (40 ff.).

373 Droege, NZWehrr 2005, S. 199 (203).

Bundeswehr und die Einsatzmöglichkeiten im Innern durch Änderung des Art. 87 a Abs. 2 GG an die tatsächliche Bedrohungslage anzupassen.[374]

Gerhard Robbers betont, das Leben der Entführungsopfer müsse nicht etwa deswegen hinter dem Leben der Geretteten zurückstehen, weil es unwiederbringlich verloren sei. Ausschlaggebend sei, daß die Betroffenen mit dem Angriffsmittel und den Angreifern untrennbar verbunden seien, so daß jede grundsätzlich berechtigte und unerläßliche Abwehrmaßnahme zugleich immer auch sie beeinträchtigen werde.[375]

Wolfgang Melzer, Christian Haslach und Oliver Socher halten es für gerechtfertigt, den Staat selbst zu schützen, auch gegen das Leben Unschuldiger, wenn sich ein bevorstehender Terroranschlag gegen „den Staat" wende. In einem solchen Fall gehe es aus der Sicht des Staates nur scheinbar um eine Abwägung „Leben gegen Leben". Tatsächlich stehe die Legitimation des Staates insgesamt in Frage. Dieses Szenario sei jedoch weit enger definiert, als es in der vagen Formulierung des § 14 Abs. 3 LuftSiG zum Ausdruck komme. In seiner derzeitigen Fassung genüge § 14 Abs. 3 LuftSiG verfassungsrechtlichen Anforderungen nicht.[376]

Alexander Archangelskij meint, der starken grundrechtlich begründeten Pflicht des Staates zur Achtung des Lebens der Flugzeuginsassen stehe eine schwächere Pflicht zum Schutz des Lebens der Menschen am Boden gegenüber. Deswegen wögen die Interessen der Flugzeuginsassen schwerer.[377]

Martin Hochhuth betont, das einzige Problem, an dem die geltende Rechtsordnung scheitern müsse, die staatliche Tötung der unschuldigen Nichtstörer, sei durch staatliches Recht nicht befriedigend im Voraus zu regeln. Die hier aufbrechende Aporie sei aber durch den Notstand i. S. von § 34 StGB soweit eingehegt oder umrissen, wie das irgend möglich sei.[378]

Für Günter Jerouschek ergibt sich die vernünftigste rechtliche Lösung der aus einem Terrorangriff mittels eines entführten Passagierflugzeugs resultierenden Probleme aus der Angriffsrichtung, auf die die Attacke abziele: Die Attacke auf den Gesamtstaat. Handele es sich um einen Angriff auf das Bundesgebiet mit Waffengewalt, so wäre die terroristische Aktion unter Art. 115 a GG zu subsumieren. Der Bundeskanzler erhalte damit die Befugnis, die zur Abwehr eines solchen Terrorangriffs erforderlichen Maßnahmen, nötigenfalls den Abschuß des Flugzeugs, zu ergreifen.[379]

---

374 Droege, NZWehrr 2005, S. 199 (209, 211).

375 Robbers, Deutscher Bundestag, 15. Wahlperiode, Innenausschuß, 35. Sitzung, 26. April 2004, Protokoll 15/35, S. 10.

376 Melzer/Haslach/Socher, NVwZ 2005, S. 1361 (1362).

377 Archangelskij, Das Problem des Lebensnotstandes, S. 108 f.

378 Hochhuth, NZWehrr 2002, S. 154 (167).

379 Jerouschek, in: Strafrecht Biorecht Rechtsphilosophie, Festschrift für Hans-Ludwig Schreiber zum 70. Geburtstag am 10. Mai 2003, hgg. von Knut Amelung u. a., 2003, S. 185 (197 ff.).

Für Werner Beulke kann die Tötung anderer durch aktives Tun nicht gerechtfertigt, sondern allenfalls nach § 35 StGB entschuldigt werden. Der Grundsatz des absoluten Lebensschutzes lasse Ausnahmen ebenso wenig zu wie der Rückgriff auf § 34 StGB, weil die Rechtsordnung jedes Menschenleben schon auf Grund seiner realen Existenz und ohne Rücksicht auf seine künftige Dauer in völlig gleicher Weise schütze. Dem stehe auch die problematische Regelung des § 14 Abs. 3 LuftSiG nicht entgegen. Diese gesetzgeberische Entscheidung für einen eng begrenzten Ausnahmefall könne nicht verallgemeinert werden.[380]

Nach Meinung von Harro Otto erscheint es nicht angemessen, die Tötung der Geiseln[381] als rechtmäßig im Sinne einer den Wertmaßstäben der Rechtsordnung entsprechenden Tötung einzuordnen, noch eine Verpflichtung der durch das Flugzeug Bedrohten anzunehmen, den Tod nach den Maßstäben der Rechtsordnung zu erleiden. Sachgerecht erscheine es auch hier, das Verhalten des Retters als nicht rechtswidrig zu beurteilen. Auch wenn eine Aufrechnung der kurzen Lebenszeit Weniger gegen die lange Lebenszeit Vieler nicht in Betracht komme, so lasse sich doch argumentieren, daß im Falle einer existentieller Bedrohung des Gemeinwesens – und eine solche stelle ein terroristischer Angriff dar – die Achtung des kurzfristigen Lebensrechts einer Gruppe von Personen, die den anschließenden Tod dieser Personen nicht verhindere und die den Tod einer Vielzahl anderer zur Folge habe, nicht der Idee des Gemeinwohl entspreche. Der Eingreifende müsse eine Entscheidung treffen, möglichst viele zu retten. Treffe er diese Entscheidung, so sei sie nicht rechtswidrig im Sinne einer den Wertmaßstäben der Rechtsordnung widersprechenden Entscheidung, sie sei aber im Hinblick auf die Geiseln auch nicht rechtmäßig, so daß die Betroffenen zur Aufopferung ihres Lebens verpflichtet wären.[382]

Thomas Fischer kritisiert, § 14 Abs. 3 LuftSiG regele keinen Fall des rechtfertigenden Notstands. Vielmehr handele es sich um eine dem Kriegsrecht entnommene Regelung, die das Verbot einer die Menschenwürde verletzenden Instrumentalisierung von Personen zu bloßen („verbrauchbaren") Objekten staatlicher Aufgabenerfüllung außer Acht lasse.[383]

Theodor Lenckner und Walter Perron betonen, die Tötung eines Menschen sei auch dann rechtswidrig, wenn dadurch eine größere Zahl von Menschen gerettet werde, da jedes Leben für das Recht einen absoluten Höchstwert darstelle und quantitative Gesichtspunkte damit von vornherein ausschieden. Dies sei im Wesentlichen unbestritten bei der Tötung von Unbeteiligten. Rechtswidrig sei auch der Abschuß

---

380 Wessels/Beulke, Strafrecht, Allgemeiner Teil, 35. Aufl., 2005, § 8 Rdnr. 316.

381 Gemeint sind die tatunbeteiligten Passagiere und Besatzungsmitglieder eines von Terroristen entführten Flugzeugs.

382 Otto, Jura 2005, S. 470 (478 f.).

383 Tröndle/Fischer, Strafgesetzbuch mit Nebengesetzen, 54. Aufl., 2007, § 34 Rdnr. 16 a.

eines von Terroristen gekaperten Flugzeugs (und die damit verbundene Tötung Tatunbeteiligter), um zu verhindern, daß das Flugzeug als Bombe gegen andere Menschen benutzt werden könne. In diesem Fall komme nur ein übergesetzlicher Entschuldigungsgrund in Betracht.[384]

Kristian Kühl meint, im Rahmen des strafrechtlichen Notstands sei eine quantitative Abstufung bei höchstpersönlichen Gütern, namentlich dem Leben, grundsätzlich nicht möglich. Daher sei keine Rechtfertigung gegeben, wenn der sichere Tod weniger Menschen zur Rettung vieler in Kauf genommen werde; es komme jedoch entschuldigender Notstand in Frage.[385]

Frank Zieschang betont, § 34 StGB rechtfertige nicht den Abschuß eines entführten Flugzeugs. Art. 34 GG sei keine Rechtsgrundlage für hoheitliche Maßnahmen, auch wenn die gesellschaftliche Existenz bedroht werde. Darüber hinaus könne die Tötung von Menschen, um andere Menschen zu retten, selbst im Defensivnotstand über § 34 StGB nicht gerechtfertigt sein.[386]

In demselben Großkommentar schreibt Thomas Rönnau, der Gesetzgeber habe mit § 14 Abs. 3 LuftSiG einen Regelungsversuch auf rechtsethisch höchst brisantem Gebiet unternommen. Hier sei der bisher einhellig akzeptierte Grundsatz der Unabwägbarkeit menschlichen Lebens gelockert worden, indem die Regelung es im Extremfall für zulässig erklärt habe, „Leben zu vernichten, um Leben zu retten."[387]

Demgegenüber ist für Ulfrid Neumann die asymmetrische Verteilung von Rettungschancen entscheidend. Es gehe nicht um unterschiedliche Lebenserwartungen, deren Berücksichtigung indiskutabel wäre, sondern darum, daß das unrettbar verlorene Leben des einen nur um den Preis des Lebens des anderen um wenige Augenblicke länger erhalten werden könne. Hier, wo nicht Schutzwürdigkeit, wohl aber die Schutzmöglichkeit des einen Rechtsguts nahezu auf Null reduziert sei, sei die Rettung des anderen gerechtfertigt. Im Gegenteil würde die Solidarität des anderen überfordern, wer darauf bestehen würde, ihn um einer ganz geringfügigen Verlängerung des eigenen Lebens willen mit sich in den Tod zu reißen. Nur unter dem Gesichtspunkt der asymmetrischen Gefahrengemeinschaft und nur in den damit markierten Grenzen sei die erheblich zu weit geratene Regelung des § 14 Abs. 3 LuftSiG zu rechtfertigen. Diese Regelung sei verfassungskonform dahingehend auszulegen, daß eine „Einwirkung mit Waffengewalt", bei der bewußt der Tod

---

384 Lenckner/Perron, in: Schönke/Schröder, Strafgesetzbuch, Kommentar, 27. Aufl., 2006, § 34 Rdnr. 23 f.

385 Kühl, Strafgesetzbuch, Kommentar, 26. Aufl., 2007, § 34 Rdnr. 8.

386 Zieschang, in: Strafgesetzbuch. Leipziger Kommentar, hgg. von Heinrich Wilhelm Laufhütte, Ruth Rissing-van Saan, Klaus Tiedemann. Zweiter Band. §§ 32 bis 55, 12. Aufl., 2006, § 34 Rdnr. 17 b, 74 a.; ders., Strafrecht, Allgemeiner Teil, 2005, S. 69.

387 Rönnau, in: Strafgesetzbuch. Leipziger Kommentar, hgg. von Heinrich Wilhelm Laufhütte, Ruth Rissing-van Saan, Klaus Tiedemann. Zweiter Band. §§ 32 bis 55, Vor § 32 Rdnr. 254.

unbeteiligter Flugzeuginsassen in Kauf genommen werde, nur dann zulässig sei, wenn mit an Sicherheit grenzender Wahrscheinlichkeit das Flugzeug gegen Menschenleben eingesetzt werden soll, die Flugzeuginsassen bei dieser Aktion gleichfalls ums Leben kommen würden und das Unterbleiben der „Rettungshandlung" für die Flugzeuginsassen nur eine ganz geringfügige Lebensverlängerung bedeuten würde.[388]

Christian Jäger meint, wenn ein Abfangjäger durch den Abschuß eines Passagierflugzeugs zu verhindern suche, daß dieses in die Zwillingstürme rase, wenn sein Handeln also von dem Bemühen getragen sei, Tausende von Menschen in den Zwillingstürmen zu retten, so handele der Militärpilot gegenüber den Terroristen im Wege der Nothilfe. Die Tötung der Flugzeugpassagiere unterliege dagegen nur einem übergesetzlichen entschuldigenden Notstand.[389]

Michael Köhler schreibt, stünden in der defensiven Notstandslage gleichwertige Rechtsgütergegeneinander, insbesondere Leben gegen Leben, so müsse sich die überwiegende objektiv zurechenbare Gefahrenverantwortung der einen Person zu ihren Lasten auswirken. Der außenstehende Betroffene brauche die von der personalen Freiheitssphäre eines anderen drohende Gefahr nicht zu dulden, gleichviel ob sie im konkreten Fall auf technischem oder körperlichem Versagen oder auf krimineller Inverfügungnahme durch einen Dritten beruhe. Soweit möglich sei primär der rechtswidrig Handlungsverantwortliche in Anspruch zu nehmen. Lasse sich aber im konkreten Fall die von ihm einbezogene personale Sphäre des anderen nicht von seinem Handeln trennen, so dürfe im notwendigen und verhältnismäßigen Umfang auch in jene eingegriffen werden. Stünden gleichwertige Rechtsgüter gegeneinander, stehe Leben gegen Leben, so falle die mitwirkende objektiv zurechenbare Gefahrenverantwortung des in den Angriff Einbezogenen, da sie jedenfalls im Verhältnis zum gänzlich unbeteiligten Gefahrbetroffenen überwiege, jenem zur Last. Das schließe auch die Tötung ein, wenn der selbst nicht mehr zurechenbar Betroffene gegen schwere Verletzungsgefahr, namentlich Lebensgefahr, nicht anders geschützt werden könne. Verfassungsrechtlich gewendet: Die betroffene Person werde nicht bloß als Objekt behandelt, sondern als Subjekt einer objektiven Zurechnungsregel, an der mitkonstitutiv teilhabe.[390]

Volker Erb referiert, es sei nach ganz herrschender Meinung unzulässig, mehrere Menschen zu töten, um eine noch größere Zahl zu retten. Diese Betrachtung ändere sich allerdings im Falle einer einseitigen Verteilung der Rettungschancen. So sei der Fall gelagert, in dem – wie bei den Anschlägen vom 11. September 2001 – Terroristen

388 Neumann, in: Kindshäuser/Neumann/Paeffgen (Hg.), Nomos Kommentar, Strafgesetzbuch, Bd. 1, 2. Aufl., 2005, § 34 Rdnr. 76 f.

389 Jäger, ZStW 115 (2003), S. 765 (788).

390 Köhler, in: Festschrift für Friedrich-Christian Schröder zum 70. Geburtstag. Hgg. von Andreas Hoyer, Henning Ernst Müller, Michael Pawlik, Jürgen Wolter. 2006, S. 257 (267, 269 f.).

ein Passagierflugzeug kapern und dieses als „Selbstmordpiloten" auf ein Hochhaus oder ein anderes empfindliches Objekt zusteuern, wenn die Gelegenheit bestehe, die Maschine schon vor Erreichen des Terrorziels zum Absturz zu bringen. In diesem Fall begründe die Chancenlosigkeit der Getöteten für die Rechtsordnung sowohl den Ansatzpunkt als auch die Notwendigkeit, zugunsten derer Partei zu ergreifen, die der Gefahr noch entrinnen können. Die Forderung des rettungslos Verlorenen, die anderen mit in den sicheren Tod zu nehmen, stelle infolge ihrer Sinnlosigkeit keine legitime Berufung auf die Grenzen der eigenen Solidaritätspflicht, sondern eine Überstrapazierung der Solidarität der anderen dar.[391]

Ähnlich argumentiert Hans Joachim Hirsch. Würde die Rechtsordnung in dieser Situation verlangen, daß jede Rettung unterbliebe und der Tod auf der ganzen Linie siege, so würde die Lebensschutzfunktion des Tötungsverbots in ihr Gegenteil verkehrt.[392]

In einem aktuellen Beitrag für die Festschrift Wilfried Küper vertieft Hans Joachim Hirsch seine Überlegungen. Die Frage der Zulässigkeit der mit dem Abschuß verbundenen Tötung der Passagiere und Besatzungsmitglieder entscheide sich nicht nach Notwehrgesichtspunkten, sondern beurteile sich danach, ob die Voraussetzungen des rechtfertigenden Defensivnotstandes gegeben seien. Daß ein mit der Tötung von Passagieren und Besatzung verbundener Abschuß unzulässig wäre, entspreche wohl der bisher in der Notstandsdoktrin vorherrschenden Ansicht. Im Vordringen sei eine zur Zulässigkeit tendierende Richtung. Wollte man denjenigen, die noch zu retten seien, die Rettungshandlung untersagen, liefe das darauf hinaus, letztere rechtlich dazu zu verpflichten, mit den ohnehin Verlorenen in den Tod zu gehen. Eine solche Übersolidarisierung lasse sich rational nicht begründen. Vielmehr müsse die Rechtsordnung hier für diejenigen Partei ergreifen, welche der Gefahr noch entrinnen könnten. Sie disponiere damit nicht über das Schicksal der Betroffenen, sondern das Schicksal habe in solchen Fällen bereits gesprochen. Deliktsrechtlich sprächen überwiegende Gründe dafür, daß das Vorliegen einer Defensivnotstandslage die vorsätzliche Tötung unrettbar Verlorener zulasse, falls diese – wenn auch schicksalhaft – untrennbar mit der Gefahrenquelle verbunden seien und die Rettung des Lebens der von der Gefahr bedrohten Dritten nur durch die Opferung des Lebens der ohnehin nicht zu rettenden möglich sei. Grundsätzlich sei eine Tötung der ohnehin Verlorenen im Rahmen der Voraussetzungen des rechtfertigenden Defensivnotstandes zulässig. Diese Lösung lasse sich auch ohne spezielle gesetzliche Regelung bereits aus der allgemeinen Vorschrift des rechtfertigenden Notstandes ableiten.[393]

---

391 Erb, in: Münchener Kommentar zum Strafgesetzbuch, Bd. 1, §§ 1 – 51 StGB, Bandredakteur Bernd von Heintschel-Heinegg, 2003, § 34 Rdnr. 116, 118 f.

392 Hirsch, in: Leipziger Kommentar, Strafgesetzbuch, hgg. von Burkhard Jähnke, Heinrich Wilhelm Laufhütte, Walter Odersky, Zweiter Band, §§ 32 – 60, 11. Aufl., 2003, § 34 Rdnr. 74.

393 Hirsch, in: Festschrift Küper, S. 149 (152 ff., 162 f.).

Eric Hilgendorf meint, durch das Luftsicherheitsgesetz werde das Saldierungsverbot verletzt. Das Verbot einer Saldierung von Menschenleben, der verrechnenden Abwägung „Leben gegen Leben", habe im deutschen Strafrecht eine zentrale Bedeutung gehabt.[394] Die zur Legitimierung des Luftsicherheitsgesetzes vorgebrachten (strafrechtlichen) Ansätze seien nicht tragfähig. Der noch am ehesten in Frage kommende Legitimierungsansatz, der rechtfertigende Notstand, scheide deshalb aus, weil nach der bisher ganz h. M. eine Saldierung von Menschenleben und die Annahme, daß das Leben vieler das Leben weniger „wesentlich überwiegen" könne, im Kontext des § 34 StGB nicht zulässig seien. Allerdings habe es der Gesetzgeber in der Hand, neue Rechtfertigungsgründe zu schaffen. Besser sei es, den Abschuß von mit unschuldigen Passagieren besetzten Verkehrsflugzeugen ungeregelt zu lassen. Der Abschuß bliebe dann im konkreten Fall rechtswidrig. Allerdings stehe dem Verantwortlichen der übergesetzliche entschuldigende Notstand zur Seite, so daß er nicht mit Strafe zu rechnen habe. Diese Lösung habe den Vorteil, daß sie nicht am Grundsatz der Nichtverrechenbarkeit von Menschenleben rüttele. Die Achtung vor jedem einzelnen Leben bleibe ungebrochen. Das Recht regele stets nur die gesellschaftliche Normallage. Den extremen Ausnahmefall könne und müsse das Recht nicht regeln.[395]

In einem besonders eindringlichen Beitrag macht Reinhard Merkel geltend, wenn sich der Staat unter bestimmten Bedingungen selbst die Opferung von Menschenleben zugunsten Dritter gestatte, so exkludiere er die Betroffenen im Anwendungsfall aus der Sphäre des Rechts. Als legislative Antwort auf das Katastrophen-Szenario des 11. September 2001 sei § 14 Abs. 3 LuftSiG zu weit und zu ungenau geraten. Ohne weiteres legitimierbar sei die Tötung der Terroristen selbst. Sie griffen gegenwärtig und rechtswidrig das Leben anderer Menschen an. Die Passagiere in der Maschine freilich griffen niemanden an. Es sei ausgeschlossen, rechtmäßig unbeteiligte Dritte zu töten, um das eigene oder das Leben anderer, und wären es Millionen, zu retten. Gleichwohl möge § 14 Abs. 3 LuftSiG am Ende legitimierbar sein. Nur soweit der Staat die Schutzfunktion seiner Normen hinreichend gewährleisten könne, könne er für diese und vor ihnen Gehorsam verlangen. Wenn die Garantiefunktion des Staates für den Bestand der gesamten Normenordnung bedroht sei, möge die Verpflichtung auf die internen Maximen dieser Ordnung im Extremfall ihren Sinn verlieren. Das sei es, was der Begriff einer Exklusion aus den Grundrechten bezeichne.[396]

---

394 Hilgendorf, FAZ vom 14. Februar 2005, S. 40.

395 Hilgendorf, in: Sicherheit statt Freiheit?, Staatliche Handlungsspielräume in extremen Gefährdungslagen, hgg. von Ulrich Blaschke, Achim Förster, Stephanie Lumpp, Judith Schmidt, 2005, S. 107 (129 f.).

396 Merkel, Die Zeit vom 8. Juli 2004.

In einem älteren Beitrag hatte Reinhard Merkel indes betont, er habe keinen Zweifel, daß der Abschuß der entführten amerikanischen Maschine[397] zumindest entschuldigt gewesen wäre. Er halte sogar eine Rechtfertigung für richtig, wiewohl dies gegen ein Urdogma der deutschen Strafrechtspflege zu verstoßen scheine, nämlich gegen das der absoluten Unabwägbarkeit von Menschenleben in (Aggressiv) Notstandslagen.[398] Nur in einem Fall der De-facto-Reduktion des verbleibenden Lebens auf einen für den noch Lebenden selbst bedeutungslosen Rest könne die Pflicht zur gesellschaftlichen Solidarität in Notfällen sogar die „Hergabe" dieses Lebensrestes beanspruchen, wenn allein damit das Leben anderer zu retten sei.

In seinem jüngsten Beitrag zu § 14 Abs. 3 LuftSiG meint Reinhard Merkel, die Vorschrift sei innerhalb der geltenden Verfassungsordnung nicht legitimierbar. Unbeschadet der Grundsatzfrage seiner Legitimität sei § 14 Abs. 3 LuftSiG schon deshalb inakzeptabel, weil er das Eingriffskriterium nicht nur erheblich zu grob und zu weit, sondern in einer an Schlampigkeit grenzenden Weise vage formuliere.[399]

Claus Roxin schreibt, in dem durch § 14 Abs. 3 LuftSiG geregelten Fall, daß ein entführtes Flugzeug abgeschossen werde, um wenigstens diejenigen zu retten, die bei dem von den Entführern beabsichtigten Absturz der Maschine am Boden getötet worden wären, müsse eine Rechtfertigung nach § 34 StGB ausscheiden. Eine Rechtfertigung könne allenfalls erfolgen, wenn man § 14 Abs. 3 LuftSiG als einen dem § 34 StGB vorgehenden Fall des Staatsnotstandes deute.[400]

Matthias Jahn meint, die Chancenlosigkeit der Getöteten begründe den rechtlichen Ansatzpunkt, für die Gruppe der zu Rettenden Partei zu ergreifen. Der bislang unbestrittene Grundsatz des absoluten Lebensschutzes werde dadurch für praktische Konkordanzen geschmeidig gemacht.[401]

Nach Arndt Koch schuf der Gesetzgeber mit § 14 Abs. 3 LuftSiG erstmals eine Eingriffsermächtigung zur Tötung Unschuldiger in einer bestimmten Ausnahmekonstellation. Für die an der absoluten Unabwägbarkeit menschlichen Lebens festhaltende herrschende Ansicht müsse diese Norm einen bedenklichen „Tabu-Bruch" darstellen. Die auf das Kriterium der „einseitig verteilten Rettungschancen" abstellende Gegenauffassung sehe sich dagegen bestätigt, gelangte sie doch bereits vor Einführung des neuen Gesetzes zur Rechtfertigung des Abschusses einer von Terroristen entführten Passagiermaschine.[402]

---

397 Gemeint sind die Flugzeugentführungen vom 11. September 2001 in den USA.

398 Merkel, ZStW 114 (2002), S. 437 (452 f.).

399 Merkel, JZ 2007, S. 373 (373, 384 Fn. 70).

400 Roxin, Strafrecht, Allgemeiner Teil, Bd. I, 4. Aufl., 2006, § 16 Rdnr. 88.

401 Jahn, Das Strafrecht des Staatsnotstandes, 2004, S. 217.

402 Koch, JA 2005, S. 245 (749).

Michael Pawlik meint, der Gesetzgeber habe im Hinblick auf § 14 Abs. 3 LuftSiG den Unterschied zwischen Normallage und Grenzsituation nicht hinreichend reflektiert und deshalb eine Eingriffsnorm, die lediglich bei strikter Beschränkung auf staatstheoretische Grenzsituationen in das Wertungsgefüge der Rechtsordnung hineinpasse, unter Berufung auf den Allerweltstopos der „Gefahrenabwehr" auch auf heikle Situationen innerhalb der staatlichen Normallage erstreckt. Zur Bewältigung von Krisenszenarien der letzteren Art komme richtigerweise allein der übergesetzliche entschuldigende Notstand in Betracht, mit allen Unannehmlichkeiten, die diesem Rechtsinstitut anhafteten.[403]

In einem weiteren Beitrag schreibt Michael Pawlik, wolle man die Regelung des § 14 Abs. 3 LuftSiG als ein Institut des Rechts begreifen, so müsse sie in den gleichen Begründungszusammenhang gestellt werden wie Art. 20 Abs. 4 GG. Wer von einer freiheitlichen Ordnung profitiere, von dem dürfe verlangt werden, daß er bei Bedrohungen dieser Ordnung notfalls mit seinem Leben für sie einstehe. Die totale Inpflichtnahme der Bürger sei demnach zur Abwehr einer existentiellen Bedrohung des Gemeinwesens zulässig. Es sei bereits zu bezweifeln, ob ein Terroranschlag die politische Ordnung in ihren Grundfesten erschüttere. Sofern der Gesetzgeber dies im Rahmen seiner Einschätzungsprärogative bejahe, müßte er jedenfalls das Erfordernis der kollektiven Bedrohung eindeutig zum Ausdruck bringen. In der gegenwärtigen Fassung von § 14 Abs. 3 LuftSiG sei dies nicht geschehen.[404]

Arndt Sinn vertritt die Auffassung, mit § 14 Abs. 3 LuftSiG habe sich der Gesetzgeber für die Zulässigkeit der Tötung unschuldiger Menschen und im Rahmen einer Vorwegabwägung für ein überwiegendes Interesse der am Boden befindlichen Personen entschieden. Was den Lebensschutz der Personengruppen anbelange, so bestehe über die Schutzwürdigkeit beider kein Zweifel. Anders sehe es hingegen mit dem anderen Aspekt des Lebensschutzes, der Schutzfähigkeit aus. Staatlicherseits sei die Macht, die Personen im Flugzeug zu schützen, eingeschränkt. Mit der unterschiedlichen Schutzfähigkeit sei zum einen das Kriterium genannt, das die gesetzgeberische Eingriffsgestattung und Vorzugsentscheidung in § 14 Abs. 3 LuftSiG trage, und zum anderen der Grund, der den möglichen Vorwurf einer Verfassungswidrigkeit auf Grund ungleicher Behandlung ausräume. § 14 Abs. 3 LuftSiG sei eine dem § 34 StGB vorgehende Sonderregelung im Notstandsbereich.[405]

---

403 Pawlik, JZ 2004, S. 1045 (1055).

404 Pawlik, FAZ vom 19. Juli 2004.

405 Sinn, NStZ 2004, S. 585 (592 f.).

Wolfgang Mitsch befaßt sich in mehreren, allerdings widersprüchlichen Beiträgen mit der strafrechtlichen Beurteilung des Abschusses von Zivilflugzeugen. Er betont, der Abschuß eines Flugzeugs und die damit verbundene Tötung der Flugzeuginsassen seien durch Notstand nicht gerechtfertigt. Eine Rechtfertigung des tödlichen Flugzeugabschusses lasse sich allenfalls auf den umstrittenen § 14 Abs. 3 LuftSiG stützen.[406] In einem anderen Beitrag meint Wolfgang Mitsch freilich unter Berufung auf den Abgeordneten Christian Ströbele (Bündnis 90/Die Grünen), in § 14 Abs. 3 LuftSiG sei von keiner Maßnahme die Rede, durch die Flugzeuginsassen mit an Sicherheit grenzender Wahrscheinlichkeit getötet würden. Die Ableitung einer todbringenden Abschußerlaubnis sei eine Interpretation, die in dem Wortlaut des Gesetzes keine tragfähige Stütze habe. § 14 Abs. 3 LuftSiG verleihe dem Staat kein Recht zur Tötung Unschuldiger und setze sich daher nicht über entgegenstehende Grundrechtsnormen hinweg.[407] Schließlich meint Wolfgang Mitsch, die Einräumung der Tötungserlaubnis in § 14 Abs. 3 LuftSiG sei ein Schritt in rechtliches Neuland über eine Grenze hinweg, die bisher als unüberschreitbar gegolten habe. Gleichwohl könne sich die Rechtsordnung diesem Regelungsgegenstand nicht verschließen und die Sache in einen „rechtsfreien Raum" verweisen.[408]

Erstaunlich knapp und zurückhaltend fällt die Stellungnahme von Klaus Stern aus: Bei § 14 Abs. 3 LuftSiG handele es sich um den Konflikt Leben gegen Leben, bei dem der Rechtsgüterabwägung wegen des Gesetzesvorbehalts des Art. 2 Abs. 2 Satz 3 GG zwar Spielraum eingeräumt werde, der aber wegen Art. 1 Abs. 1 GG äußerst begrenzt sei.[409]

Für Michael Sachs verfängt der Einwand, daß der Lebensschutz keine Differenzierung zwischen verschiedenen Leben zulasse, deswegen nicht, weil die geringere Stringenz des Lebensschutzes während bestimmter Stadien, deren Eigentümlichkeit einen weniger weit reichenden Grundrechtsschutz legitimiere, ohne Unterschied für jedes individuelle Leben gelte. Unabhängig von jeder Abstufung des Lebensschutzes scheine nicht einmal die Tötung eines unschuldig infizierten Seuchenträgers oder des undolosen Werkzeugs eines Terroranschlags oder sonst dabei Mitbetroffener als ultima ratio zur Rettung vieler anderer Menschen von vornherein jeder Abwägung im Rahmen des Art. 2 Abs. 2 Satz 3 GG entzogen.[410]

Horst Dreier meint, § 14 Abs. 3 LuftSiG lasse sich weder auf Gesichtspunkte des rechtfertigenden noch des entschuldigenden Notstandes stützen und auch nicht mit

---

406 Mitsch, GA 153 (2006), S. 11 (23).

407 Mitsch, Leviathan 2005, S. 279 (282 f.).

408 Mitsch, JR 2005, S. 274 (278).

409 Stern, in: Stern, Das Staatsrecht der Bundesrepublik Deutschland, Bd. IV/1, Die einzelnen Grundrechte. Der Schutz der freien Entfaltung des Individuums, 2006, § 97 II 4 a (S. 25 f.).

410 Sachs, in: Stern, Staatsrecht, Bd. IV/1, Die einzelnen Grundrechte. Der Schutz der freien Entfaltung des Individuums, § 98 II 5 b (S. 159 f.).

dem polizeilichen Todesschuß parallelisieren. In existentiellen Konfliktsituationen wie bei dem Brett des Karneades vermag die Rechtsordnung nicht positiv zu entscheiden, wer leben soll und wer nicht.[411]

Überaus polemisch, mit Anflügen von Hysterie, reagiert Wolfgang Hetzer. Mit der Einbringung und Verabschiedung des Luftsicherheitsgesetzes hätten die Bundesregierung und der Deutsche Bundestag in der Absicht gehandelt, das Unverfügbare verfügbar zu machen. Die gesetzliche Ermächtigung sei nicht nur der (vorläufige) Höhepunkt eines seit längerem anhaltenden Prozesses der Erosion der Rechtsstaatlichkeit, der durch den modernen Terrorismus in Gang gesetzt worden sei. In einem Klima, das von individueller Angst, gesellschaftlicher Hysterie und politisch publizistischer Profitabilität geprägt sei, hätten die für eine verteidigenswerte Ordnung unverzichtbaren Freiheitsvermutungen ihre prägende Kraft verloren.[412]

Ulrich Palm vertritt die Auffassung, die Menschenwürde sei nicht verletzt, wenn sich die Gemeinschaftsgebundenheit der Person realisiere. Nach diesem Maßstab sei die Menschenwürde durch § 14 Abs. 3 Luftsicherheitsgesetz nicht beeinträchtigt, weil Ziel der Maßnahme die Abwehr eines Terrorangriffs sei, um andere Menschen zu retten.[413]

Einiko Benno Franz schreibt, mit der Regelung in § 14 Abs. 3 LuftSiG, die die sichere Aufopferung von Unbeteiligten zulasse, habe der Gesetzgeber verfassungsrechtliches Neuland betreten und dabei eine Grenze überschritten, die bislang als unüberschreitbar gegolten habe. Daher wecke es Unverständnis, wenn die Gesetzesbegründung dieser zentrale Vorschrift lediglich zwölf Zeilen widme und auf die Tötung Unschuldiger nicht ein Wort verliere.[414]

Jürgen Wolter meint, der Staat besitze weder ein Wahlrecht zum Handeln noch eine vorrangige Schutzpflicht. Er könne nicht Lebensschicksal für die Geiselopfer „spielen". Der Abschuß lasse sich weder durch den Hinweis auf einen Staatsnotstand oder den Verteidigungsfall noch auf den sicher schwer erträglichen Umstand der staatlichen Wehrlosigkeit noch gar auf eine Aufopferungspflicht des Bürgers stützen. Eine wie immer geartete Berücksichtigung staatlicher Interessen dürfe von vornherein nicht stattfinden. Maßgebend sei allein, daß die Flugzeuginsassen durch den staatlich veranlaßten Abschuß ihrer Freiheit, sich – wenn auch in einer kurzen Zeitspanne – selbst zu bestimmen und frei zu entfalten, enthoben, zum Objekt des Staates herabgewürdigt und ihrer unverbrüchlichen menschlichen Würde beraubt würden.[415]

---

411 Dreier, JZ, 2007, S. 261 (267).

412 Hetzer, Kriminalistik 2007, S. 140 (145). Die maßlose Kritik Hetzers gipfelt darin, daß er die Bundesrepublik Deutschland indirekt auf dem Wege in eine Diktatur (!) sieht (ebda., S. 145).

413 Palm, AöR 132 (2007), S. 95 (111).

414 Franz, Der Staat 45 (2006), S. 501 (502).

415 Wolter, in: Festschrift für Wilfried Küper zum 70. Geburtstag, herausgegeben von Michael Hettinger,

Felix Herzog betont, in dem von § 14 Luftsicherheitsgesetz geregelten Fall handele es sich um eine auf der Ebene der Rechtfertigung und des Gesetzes unauflösbare Konfliktlage. Die Rechtsordnung des freiheitlich-demokratischen und auf die Menschenwürde gegründeten Rechtsstaates müsse den Abschuß einer Passagiermaschine als Rettungsmaßnahme missbilligen. Sie dürfe aus diesem Grunde auch keine Entscheidungsbefugnisse und –voraussetzungen für eine solche Situation normieren, da sie sich sonst von den für den Ausnahmezustand getroffenen Regelungen her aufzulösen beginnt. Diejenigen, die derartige Anordnungen träfen, und diejenigen, die vor der Frage stünden, ob sie derartige Anordnungen ausführen sollten, müßten wissen, daß ihr Handeln rechtswidrig sei, auch wenn sie unter Umständen wegen der tragischen Situation in irgendeiner Form die Nachsicht des Rechts verdienen mögen, was die Vollstreckung einer Strafe anbelange.[416]

Für Wolf-Rüdiger Schenke beinhaltet die mit dem Abschuß eines Passagierflugzeugs regelmäßig verbundene Tötung Unschuldiger angesichts der nicht mehr zu übertreffenden Schwere eines derartigen Eingriffs eine Verletzung des Art. 2 Abs. 2 GG in Verbindung mit Art. 1 Abs. 1 GG. Anders als die Tötung von Personen, die hochwertige Rechtsgüter anderer, insbesondere deren Leben, mit hoher Wahrscheinlichkeit gefährdeten, sei deshalb die Tötung Unschuldiger, um das Leben anderer zu retten, in der Regel unzulässig. Als mit Art. 2 Abs. 2 GG vereinbar anzusehen wäre der Abschuß eines Luftfahrzeugs allenfalls dann, wenn es nicht nur um den Schutz des Lebens von anderen Personen ginge, sondern um die Abwehr einer existentiellen Gefahr für den Staat. § 14 Abs. 3 LuftSiG sei aus einer Vielzahl von Gründen verfassungswidrig. Es fehle an der erforderlichen Zustimmung des Bundesrats, die Vorschrift laufe auf eine durch Art. 35 Abs. 2 Satz 2 und Abs. 3 GG nicht gedeckte Militarisierung der Gefahrenabwehr hinaus; sie halte einer grundrechtlichen Prüfung nicht stand und verstoße schließlich auch gegen den rechtsstaatlichen Grundsatz der Bestimmtheit.[417]

Oliver Lepsius hebt hervor, § 14 Abs. 3 LuftSiG sei eine Rechtsnorm, bei der der Gesetzgeber die im Flugzeug befindlichen Menschen nicht als Primäradressaten der Norm im Blick habe, obwohl sie die Betroffenen seien. Eine solche Norm müsse dem Verdikt des Art. Art. 1 Abs. 1 verfallen, ganz unabhängig davon, ob das Leben vernichtet werde. § 14 Abs. 3 LuftSiG erzeuge eine Unsicherheit, indem es nicht typisierbare Ausnahmesituationen einem generell-abstrakten Regelwerk zu unterwerfen versuche. Wenn eine Situation wie am 11. September 2001 in der

---

Jan Zops, Thomas Hillenkamp, Michael Köhler, Jürgen Rath, Franz Streng, Jürgen Wolter, S. 707 (715).

416 Herzog, in: Roggan (Hg.), Mit Recht für Menschenwürde und Verfassungsstaat, Festgabe für Dr. Burkhard Hirsch, 2006, S. 89 (97).

417 Schenke, in: Roggan (Hg.), Mit Recht für Menschenwürde und Verfassungsstaat, Festgabe für Dr. Burkhard Hirsch, S. 75 (85 f., 87).

Bundesrepublik Deutschland einträte, bliebe jeder bei seiner Entscheidung auf sich gestellt, wer auch immer handeln müsse. Ihre Entscheidung nehme ihnen das Recht nicht ab. Sie müssen sie nach ihrem Gewissen und nach ethischen Überzeugungen treffen. Rechtlich bleibe der Abschuß rechtswidrig. Das Unrechtsurteil der Rechtsordnung bleibe bestehen. Doch kenne die Rechtsordnung auch für solche Situationen Auswege: Den strafrechtlichen Ausweg über die Schuld sowie den politischen Ausweg über das Gnadenrecht.[418]

Otto Depenheuer kritisiert, in der Regelung des § 14 Abs. 3 LuftSiG zeige sich verdrängtes Problembewußtsein. Der Gesetzgeber habe diese Regelung in den Kontext der Amtshilfe nach Art. 35 GG gestellt, also als eine polizeiliche – und keine militärische – Antwort auf die terroristische Gefährdungslage verstehen wollte.[419]

Frank Winkeler wendet ein, § 14 Abs. 3 LuftSiG sei gesetzestechnisch wie auch inhaltlich mißglückt. [420] Kollidiere das Lebensgrundrecht der unschuldigen Passagiere mit dem Lebensgrundrecht der unschuldigen Bodenbevölkerung, so könne das Kriterium der Todesgeweihtheit im Rahmen der Verhältnismäßigkeitsprüfung herangezogen werden, womit die Schutzintensität, die Art. 2 Abs. 2 GG biete, in verfassungsrechtlich unbedenklicher Weise dem tatsächlichen Geschehen angepaßt werden könne. Da nur diejenigen Hilfsmöglichkeiten genutzt werden könnten, die auch tatsächlich möglich seien, wirke sich dieser Umstand im Ergebnis zu Gunsten der der Personengruppe am Boden aus. Der Umstand der Todesgeweihtheit für sich genommen könne aber grundsätzlich niemanden dazu berechtigen, den unmittelbar bevorstehenden Tod zu beschleunigen und sei es auch zur Rettung anderer. Der Faktor der Todesgeweihtheit könne aber Auswirkungen auf die Schutzintensität des Lebensgrundrechts haben und sei grundsätzlich geeignet, einen verfassungsrechtlich zulässigen Teilaspekt im Rahmen der Verhältnismäßigkeit staatlicher Tötungshandlungen darzustellen. Nach den anerkannten polizeirechtlichen Kategorien seien die unschuldigen Passagiere in dem entführten Renegadeflugzeug keine Störer. Durch das Besteigen des Flugzeugs hätten sie die polizeiliche Gefahrenschwelle nicht überschritten. Sie seien aber im Gegensatz zu den potentiellen Opfern im Zielgebiet räumlich betrachtet nicht nur näher an der Gefahr, sondern stünden in freilich nicht vorwerfbarer Weise faktisch „im Lager des Unrechts". Die betroffenen Passagiere seien mit dem Angriffsmittel und den Angreifern untrennbar verbunden, so daß jede grundsätzlich berechtigte und unerläßliche Abwehrmaßnahme zugleich auch sie beeinträchtigt würden. Dies stelle einen wesentlichen Unterschied zu den völlig unbeteiligten Personen am Boden dar, denen jeglicher kausaler Zusammenhang zu den Vorgängen an Bord der Maschine fehle. Die Angriffsqualität des alle Insassen

---

418 Lepsius, in: Roggan (Hg.), Mit Recht für Menschenwürde und Verfassungsstaat, Festgabe für Dr. Burkhard Hirsch, S. 47 (60 f., 71).

419 Depenheuer, Selbstbehauptung des Rechtsstaats, 2007, S. 24 f.

420 Winkeler, Bedingt abwehrbereit?, (zugleich: Diss. Freiburg, 2007) 2007, S. 75.

umgebenden Flugzeugs dürfe im Rahmen der Güterabwägung ebenso wenig unberücksichtigt bleiben wie die Angreifereigenschaft des Geiselnehmers im Falle des gezielten polizeilichen Todesschusses, sei aber mit geringerem Gewicht in die Güterabwägung einzustellen. Im Renegade-Fall handele es sich nicht um die Frage „entweder die einen werden gerettet, oder der Tod siege auf der ganzen Linie". Der Staat erkenne die ausschließlich von den Entführern herbeigeführte schicksalhafte Entwicklung an Bord, nehme diese ernst und handele durch Schaffung des § 14 Abs. 3 LuftSiG im Sinne des ihm von der Verfassung aufgegebenen Schutzauftrags. Wenn der Staat sich vor die Aufgabe gestellt sehe, ob er zur Rettung unschuldiger anderer unschuldigen Menschen das Leben nehmen dürfe, erweise sich ein solches Vorgehen dann als verhältnismäßig, wenn es keine andere Möglichkeit mehr gebe, das Leben der Betroffenen zu retten, die Rettungschance der betroffenen Personengruppen einseitig verteilt seien, die von der staatlichen Maßnahme Betroffenen auch ohne Eingreifen mit an Sicherheit grenzender Wahrscheinlichkeit wenige Augenblicke später durch das verbrecherische Handeln der Täter den Tod finden würden und jede erforderliche und grundsätzlich auch erlaubte Gefahrenabwehr zwangsläufig auch die Unschuldigen treffe. Eine Würdeverletzung liege nicht vor, weil der Staat im Rahmen des § 14 Abs. 3 LuftSiG nicht willkürlich handelt, sondern einen Abschuß von verfassungsrechtlich unbedenklichen Motiven abhängig mache. Die Passagiere würden durch die Abschußermächtigung nicht zum Rettungsmittel degradiert. Denn die bloße Inkaufnahme der Tötung der Passagiere an Bord sei gerade nicht Mittel zur Rettung der Personen am Boden, sondern unausweichliche Folge der Gefahrenabwehrmaßnahme.[421]

Manuel Ladiges schreibt in seiner Dissertation, der Gesetzgeber habe sein Ziel, durch das LuftSiG „Rechtssicherheit und Rechtsklarheit" im Bereich der Gefahrenabwehr in der Luft zu erreichen, noch nicht einmal ansatzweise erreicht. Das gesamte Gesetz sei wegen der fehlenden Zustimmung des Bundesrates bereits formell verfassungswidrig. Des Weiteren seien die Regelungen über den Streitkräfteeinsatz in §§ 13 bis 15 ff. LuftSiG mit den wehrverfassungsrechtlichen Vorschriften des Grundgesetzes nur teilweise vereinbar: Zwar sei ein präventiver Einsatz zur Verhinderung eines besonders schweren Unglücksfalls auf Grundlage der Regelungen des Katastrophennotstandes in Art. 35 Abs. 2 Satz 2, Abs. 3 Satz 1 GG nicht ausgeschlossen, allerdings dürften die Streitkräfte keine spezifisch militärische Gewalt anwenden. Dem Gesetzgeber sei vorzuwerfen, daß er es unterlasse habe, die wehrverfassungsrechtlichen Probleme durch eine Grundgesetzänderung zu lösen. Ein absolutes Verbot der Tötung von Unbeteiligten könne nicht überzeugend vertreten werden, insbesondere stelle der Schutz der Menschenwürde keine unüberwindbare Schranke dar.[422]

---

421 Winkeler, Bedingt abwehrbereit?, S. 307 ff.

422 Ladiges, Die Bekämpfung nicht-staatlicher Angreifer im Luftraum, S. 489 f.

10. Der *nichtkriegerische* terroristische Luftzwischenfall

Das Urteil des Bundesverfassungsgerichts befaßt sich freilich ausdrücklich nur mit dem *nichtkriegerischen* Luftzwischenfall.[423] Das ist konsequent und überzeugend, weil der Einsatz der Bundeswehr nach den §§ 13 – 15 LuftSiG als Gefahrenabwehr im Luftraum der Bundesrepublik Deutschland auf der Grundlage des Art. 35 Absatz 2 und 3 GG konzipiert ist.[424] Der Einsatz der Bundeswehr nach dem LuftSiG ist ein Einsatz „Außer zur Verteidigung" im Sinne des Art. 87 a Abs. 2 GG.[425] „Verteidigung" nach Art. 87 a Abs. 1 Satz 1 GG steht nach dem LuftSiG nicht in Rede.[426] Aber gerade deshalb hätte es nahe gelegen, die Abgrenzung zum *kriegerischen* Luftzwischenfall vorzunehmen. Das Bundesverfassungsgericht verliert leider kein Wort über den Schlüsselbegriff „Verteidigung".[427] Vor allem bei massiven Luftzwischenfällen mit Auslandsbezug der Täter wie bei den Anschlägen vom 11. September 2001 in den USA drängt sich die Frage auf, ob es sich nicht um einen *kriegerischen* Luftzwischenfall handelt, gegen den Verteidigung i. S. des Art. 87 a Abs. 1 Satz 1 GG erlaubt ist.

a) Die Gesetzgebungskompetenz

Das Bundesverfassungsgericht klärte in seiner Entscheidung vom 15. Februar 2006 zunächst, daß der Bund unmittelbar aus Art. 35 Abs. 2 Satz 2 und Abs. 3 Satz 1 GG das Recht zur Gesetzgebung für Regelungen habe, die das Nähere über den Einsatz der Streitkräfte bei der Bekämpfung von Naturkatastrophen und besonders schweren Unglücksfällen nach diesen Vorschriften und über das Zusammenwirken mit den beteiligten Ländern bestimmen.

Der Gesetzgeber stützte die Kompetenz des Bundes für die Gefahrenabwehr im

---

423 BVerfGE 115, S. 118 (153, 157) = NJW 2006, S. 751 (758 = Absatz-Nr. 122, 130).

424 Schily, EuGRZ 2005, S. 290 (292); Wiefelspütz, AöR 132 (2007), S. 44 (81); Ladiges, German Law Journal Vol. 8 No. 3 - 1 March 2007, S. 307.

425 BVerfGE 115, S. 118 (142) = NJW 2006, S. 751 (754 = Absatz-Nr. 94).

426 Wiefelspütz, RuP 2006, S. 71; ders., Die Abwehr terroristischer Anschläge und das Grundgesetz, S. 60; ders., AöR 132 (2007), S. 44 (81); E. Klein, ZG 2005, S. 289 (290); Ladiges, German Law Journal Vol. 8 No. 3 - 1 March 2007, S. 307; Pieroth/Hartmann, Jura 2005, S. 729 (732); Schenke, in: Roggan (Hg.), Mit Recht für Menschenwürde und Verfassungsstaat, Festgabe für Dr. Burkhard Hirsch, S. 75 (79); im Ergebnis auch Odendahl, Die Verwaltung 38 (2005), S. 425 (439); Kutscha, RuP 2006, S. 202 (203); dieser Aspekt wird von Pestalozza, NJW 2007, S. 492 ff., völlig übersehen.

427 So auch Linke, NWVBl. 2006, S. 174 (177); Burkiczak, JA 2006, S. 500 (501); ders., NZWehr 2006, S. 89 (101); Sittard/Ulbrich, NZWehr 2007, S. 60 (67); Ladiges, German Law Journal Vol. 8 No. 3 - 1 March 2007, S. 307; Ladiges, Die Bekämpfung nicht-staatlicher Angriffe im Luftraum, S. 110. Lepsius, in: Roggan (Hg.), Mit Recht für Menschenwürde und Verfassungsstaat, Festgabe für Dr. Burkhard Hirsch, S. 47 (55), meint irrtümlich, das Bundesverfassungsgericht halte am klassischen Begriff der Verteidigung fest.

Luftraum auf den Sachzusammenhang mit der Gesetzgebungskompetenz für den Luftverkehr (Art. 73 Nr. 6 GG).[428] Diese nahe liegende Überlegung[429] fand nicht die Zustimmung des Bundesverfassungsgerichts, weil der Einsatz der Bundeswehr – so das Gericht – konzeptionell als Unterstützung der Gefahrenabwehr der Länder ausgestaltet sei. Die Kompetenz des Bundes für die §§ 13 – 15 LuftSiG folge vielmehr unmittelbar aus Art. 35 Abs. 2 Satz 2 und Abs. 3 GG.[430] Das Luftsicherheitsgesetz ist danach – jedenfalls soweit die §§ 13 – 15 LuftSiG in Rede stehen – ein Ausführungsgesetz zu Art. 35 Abs. 2 und 3 GG.[431]

b) Der besonders schwere Unglücksfall

Eher beiläufig bejaht das Bundesverfassungsgericht überzeugend die Frage, ob ein terroristischer Anschlag ein schwerer Unglücksfall sein kann.[432] Als ein besonders schwerer Unglücksfall nach Art. 35 Abs. 2 Satz 2 GG könne nach dem allgemeinen

---

428 Vgl. BT-Drs. 15/2361, S. 14 (Begründung A. Allgemeines).

429 So auch Baldus, NVwZ 2004, S. 1278 (1279); Tettinger, ZLW 2004, S. 334 (339); Linke, NWVBl. 2006, S. 71 (73); ders., NWVBl. 2006, S. 174 (176); Paulke, Die Abwehr von Terrorgefahren im Luftraum, S. 22 ff.; Pieroth/Hartmann, Jura 2005, S. 729 (730); Odendahl, Die Verwaltung 38 (2005), S. 425 (437 f.); Laschewski, Der Einsatz der deutschen Streitkräfte im Inland, S. 129 f.; Schenke, in: Roggan (Hg.), Mit Recht für Menschenwürde und Verfassungsstaat, Festgabe für Dr. Burkhard Hirsch, S. 75 (76); ders., NJW 2006, S. 736 (737); a. A. Giemulla, ZLW 2005, S. 32 f. Ladiges, Die Bekämpfung nicht-staatlicher Angreifer im Luftraum, S. 177 ff., 186, befürwortet für die §§ 13 bis 15 LuftSiG eine ausschließliche Gesetzgebungskompetenz des Bundes nach Art. 73 Nr. 1 GG.

430 BVerfG, NJW 2006, S. 751 (754 = Absatz-Nr. 91); zustimmend Franz, Der Staat 45 (2006), S. 501 (522 ff.); kritisch zu der Argumentation des Gerichts: Schenke, NJW 2006, S. 736 (737); Linke, NWVBl. 2006, S. 174 (176); Burkiczak, NZWehr 2006, S. 89 (93 ff.); Franz/Günther, VBlBW 2006, S. 340 f.; Westphal, juridicum 2007, S. 138 (140); Palm, AöR 132 (2007), S. 95 (100 ff.); ablehnend Ladiges, Die Bekämpfung nicht-staatlicher Angreifer im Luftraum, S. 185 f. Ladiges, a. a. O., S. 190 ff., 201, ist im Übrigen der Auffassung, das LuftSiG sei ohne die erforderliche Zustimmung des Bundesrates zustande gekommen und deshalb formell verfassungswidrig. Mit dieser Meinung steht er freilich bislang allein.

431 Für ein Ausführungsgesetz zu Art. 35 Abs. 2 und 3 GG bereits Wiefelspütz, in: Möllers/van Ooyen (Hg.), Jahrbuch Öffentliche Sicherheit 2002/2003, S. 283 (300); Hillgruber/Hoffmann, NWVBl. 2004, S. 176 (180); jetzt Ladiges, ZRP 2007, S. 172; ders., Die Bekämpfung nicht-staatlicher Angreifer im Luftraum, S. 213.

432 BVerfGE 115, S. 118 (143 f.) = NJW 2006, S. 751 (754 f. = Absatz-Nr. 98, 100); so bereits E. Klein, in: Isensee/Kirchhof (Hg.), Handbuch des Staatsrechts, Bd. VII, Normativität und Schutz der Verfassung - Internationale Beziehungen, § 169 Rdnr. 30; Stern, Staatsrecht, Bd. II, § 56 II 1 (S. 1462); Spranger, NJW 1999, S. 1003 (1004); Hochhuth, NZWehr 2002, S. 154 (156); Wilkesmann, NVwZ 2002, S. 1316 (1321); Lutze, NZWehr 2003, S. 101 (105); Wiefelspütz, NZWehr 2003, S. 45 (60 f.); ders., Die Polizei 2003, S. 301 (304); ders., in: Möllers/van Ooyen (Hg.), Jahrbuch Öffentliche Sicherheit 2002/2003, S. 283 (293); ders., NWVBl. 2006, S. 41 (43); Martinez Soria, DVBl. 2004, S. 597 (602); Hillgruber/Hoffmann, NWVBl. 2004, S. 176 (177 f.); Baldus, NVwZ 2004, S. 1278 (1282); Knödler, BayVBl. 2002, S. 107 (110); Sattler, NVwZ 2004, S. 1286 (1287); Krings/Burkiczak, DÖV 2002, S. 501 (512); dies., NWVBl. 2004, S. 249 (251); Burkiczak, VR 2004, S. 379 (381); Linke, AöR 129 (2004), S. 489 (520); ders., NZWehr 2004, S. 115 (119); Fischer, JZ 2004, S. 376 (381); ders.,

Sprachgebrauch unschwer auch ein Ereignis verstanden werden, dessen Eintreten auf den Vorsatz von Menschen zurückgehe.[433] Der Begriff des Unglücksfalls sei weit auszulegen.[434] Diesem Verständnis entspreche auch die Staatspraxis.[435]

Die politische Meinung Nr. 390/2002, S. 51 (52); Odendahl, Die Verwaltung 38 (2005), S. 425 (440); Stein, in: Festschrift für Reinhard Mußgnug, S. 85 (91 f.); Pieroth/Hartmann, Jura 2005, S. 729 (733); Archangelskij, Das Problem des Lebensnotstandes, S. 131; Dreist, UB 2006, S. 100 (93); Hase, DÖV 2006, S. 213 (216); Schenke, in: Roggan (Hg.), Mit Recht für Menschenwürde und Verfassungsstaat, Festgabe für Dr. Burkhard Hirsch, S. 75 (80); Winkler, DÖV 2006, S. 149 (154 f.); dies., NVwZ 2006, S. 536; wohl auch Pestalozza, NJW 2007, S. 492. A. A. Krieger, Streitkräfte im demokratischen Verfassungsstaat, S. 447 f.; Droege, NZWehr 2005, S. 199 (208 f.); Wolff, ThürVBl. 2003, S. 176 (177); Laschewski, Der Einsatz der deutschen Streitkräfte im Inland, S. 84. Zweifel bei Papier, FAZ vom 22. Februar 2003, S. 4, der deshalb eine „ausdrückliche Klarstellung oder auch Ergänzung etwa des Art. 35" vorschlug, und bei Schmidt-Radefeldt, UB 2006, S. 161 (164). Offen gelassen von Hecker, KJ 2006, S. 179 (181).

433 BVerfGE 115, S. 118 (143 f.) = NJW 2006, S. 751 (755 = Absatz-Nr. 100); so auch die ganz h. M.: Bauer, in: Dreier (Hg.), Grundgesetz, Bd. II, 2. Aufl., 2006, Art. 35 Rdnr. 29; von Danwitz, in: von Mangoldt/Klein/Starck (Hg.), Grundgesetz, Bd. 2, 5. Aufl., 2005, Art. 35 Rdnr. 70; Eichhorn, Besondere Formen der Zusammenarbeit, S. 101, 107 f.; Jahn/Riedel, DÖV 1988, S. 957 (961); Wiefelspütz, NZWehr 2003, S. 45 (60 f.); Esklony, Das Recht des inneren Notstandes unter besonderer Berücksichtigung der tatbestandlichen Voraussetzungen von Notstandsmaßnahmen und ihrer parlamentarischen Kontrolle, Diss., Universität Hamburg, 2000, S. 219; Baldus, Deutscher Bundestag, 15. Wahlperiode, Innenausschuß, Protokoll der 35. Sitzung vom 25. April 2004, S. 17; ders., NVwZ 2004, S. 1278 (1282); Fischer, JZ 2004, S. 376 (381); Sattler, NVwZ 2004, S. 1286 (1287); Spranger, in: Fleck (Hg.), Rechtsfragen der Terrorismusbekämpfung, S. 183 (193); Paulke, Die Abwehr von Terrorgefahren im Luftraum, S. 150 f.; Schily, EuGRZ 2005, S. 290 (292); Seifert/Bünker, ThürVBl. 2006, S. 49 (54); Schenke, NJW 2006, S. 736 (737); ders., in: Roggan (Hg.), Mit Recht für Menschenwürde und Verfassungsstaat, Festgabe für Dr. Burkhard Hirsch, S. 75 (80); Jochum, JuS 2006, S. 511 (514); Linke, AöR 129 (2004); S. 489 (520); ders., NWVBl. 2006, S. 71 (75); Drees/Niedzwicki, UBWV 2006, S. 139 (141 f.); Grzeszick, in: Friauf/Höfling, Grundgesetz, Art. 35 Rdnr. 45; F. Kirchhof, in: Isensee/Kirchhof (Hg.), Handbuch des Staatsrechts, Bd. IV, Aufgaben des Staates, § 84 Rdnr. 62; Franz/Günther, VBlBW 2006, S. 340 (341); Franz, Der Staat 45 (2006), S. 501 (526); Musil/Kirchner, Die Verwaltung 2006, S. 373 (375); Erbguth, in: Sachs (Hg.), Grundgesetz, Art. 35 Rdnr. 38; Ladiges, Die Bekämpfung nicht-staatlicher Angreifer im Luftraum, S. 209; a. A. Riedel, Der Einsatz deutscher Streitkräfte im Ausland, S. 161.

434 Abwegig freilich Giemulla, in: Möllers/van Ooyen (Hg.), Jahrbuch Öffentliche Sicherheit 2004/2005, S. 261 (273), und ders., ZLW 2005, S. 32 (36), wonach bereits die widerrechtliche Inbesitznahme eines Zivilluftfahrzeuges einen „besonders schweren Unglücksfall" im Sinne des Art. 35 GG darstellt. Ähnlich gekünstelt Archangelskij, Das Problem des Lebensnotstandes, S. 133, unter Berufung auf Hochhuth, NZWehr 2002, S. 154 (158), der die Entführung und den vorsätzlich herbeigeführten Flugzeugabsturz für einen „Gesamtunglücksfall" hält sowie Melzer/Haslach/Socher, NVwZ 2005, S. 1361 (1363 f.), die ein lediglich bevorstehendes Schadensereignis bereits für einen Unglücksfall halten. Ähnlich auch Schenke, in: Roggan (Hg.), Mit Recht für Menschenwürde und Verfassungsstaat, Festgabe für Dr. Burkhard Hirsch, S. 75 (81). Kritisch zum „Gesamtunglücksfall" Ladiges, Die Bekämpfung nicht-staatlicher Angreifer im Luftraum, S. 227 f.

435 BVerfGE 115, S. 118 (144) = NJW 2006, S. 751 (755 = Absatz-Nr. 100).

c) Der präventive Einsatz der Streitkräfte

Ungleich umstrittener war bis zur Entscheidung des Gerichts, ob als Voraussetzung für den Streitkräfteeinsatz der besonders schwere Unglücksfall nach Art. 35 Abs. 2 Satz 2 GG bereits vorliegen muß, das Schadensereignis also bereits eingetreten sein muß[436] oder auch Gefahrenlagen erfaßt werden, die den nahen Eintritt der Katastrophe erwarten lassen[437]. Das Bundesverfassungsgericht betont, Art. 35 Abs. 2 Satz 2 GG verlange nicht, daß der besonders schwere Unglücksfall, zu dessen Bekämpfung die Streitkräfte

---

436 So Dreist, NZWehrr 2002, S. 133 (138); ders., DPolBl 2005, S. 7 (9, 11); ders., NZWehrr 2006, S. 45 (62); ders., UB 2006, S. 93 (98 ff., 102); ders., in: Sicherheit statt Freiheit?, S. 77 (98); Knödler, BayVBl. 2002, S. 107 (110 FN 27); Wilkesmann, NVwZ 2002, S. 1316 (1321); Krings/Burkiczak, DÖV 2002, S. 501 (512); dies., NWVBl 2004, S. 249 (251); Burkiczak, VR 2004, S. 379 (381); Lutze, NZWehrr 2003, S. 101 (105); Tettinger, Besonderes Verwaltungsrecht/1, Rdnr. 655; ders., ZLW 2004, S. 334 (341 f.); Fehn/Brauns, Bundeswehr und innere Sicherheit, S. 61; Wolff, ThürVBl 2003, S. 176 (177); Fiebig, Der Einsatz der Bundeswehr im Innern, S. 325; Kaiser, TranspR 2004, S. 353 (355); Linke, NZWehrr 2004, S. 115 (121 ff.); von Danwitz, in: von Mangoldt/Klein/Starck (Hg.), Grundgesetz, Bd. 2, Art. 35 Rdnr. 71; Giemulla, in: Möllers/van Ooyen (Hg.), Jahrbuch Öffentliche Sicherheit 2004/2005, S. 261 (273 f.); ders., ZLW 2005, S. 32 (35 ff.); Paulke, Die Abwehr von Terrorgefahren im Luftraum, S. 153 ff.; Hase, DÖV 2006, S. 213 (216 f.); Krieger, Streitkräfte im demokratischen Verfassungsstaat, S. 445 f., 458; Odendahl, Die Verwaltung 38 (2005), S. 425 (441); Droege, NZWehrr 2005, S. 199 (208); Hecker, KJ 2006, S. 179 (184); Schmidt-Radefeldt, UB 2006, S. 161 (164); Middel, Innere Sicherheit und präventive Terrorismusbekämpfung, S. 82; wohl auch Fischer, JZ 2004, S. 376 (381), anders aber ders., Die politische Meinung Nr. 390/2002, S. 51 (52).

437 Wiefelspütz, NZWehrr 2003, S. 45 (62); ders., Die Polizei 2003, S. 301 (305); ders., NWVBl. 2006, S. 41 (44); Großmann, Bundeswehrsicherheitsrecht, 1981, Rdnr. 347; Hillgruber/Hoffmann, NWVBl 2004, S. 176 (177 f.); Hochhuth, NZWehrr 2002, S. 154 (156 ff.); Gramm, NZWehrr 2003, S. 89 (93); Knelangen/Irlenkaeuser, Die Debatte über den Einsatz der Bundeswehr im Innern, S. 10; Ladiges, in: Meyer/Vogt (Hg.), CIMIC-Faktoren: Arenen, Speyerer Arbeitshefte Nr. 159, 2004, S. 161 (176); Martinez Soria, DVBl. 2004, S. 597 (602); Spranger, in: Fleck (Hg.), Rechtsfragen der Terrorismusbekämpfung, S. 183 (193); Sittard/Ulbrich, JuS 2005, S. 432 (434); Sattler, NVwZ 2004, S. 1286 (1287 f.); Hillgruber/ Hoffmann, NWVBl 2004, S. 176 (177 f.); NVwZ 2004, S. 1278 (1281); Baldus, NVwZ 2004, S. 1278 (1282 f.); ders., Deutscher Bundestag, 15. Wahlperiode, Innenausschuß, Protokoll der 35. Sitzung vom 25. April 2004, S. 35; Epping, ebda., S. 16; Robbers, ebda., S. 23; Scholz, ebda., S. 38; Stein, in: Festschrift für Reinhard Mußgnug, S. 85 (93 ff.); Archangelskij, Das Problem des Lebensnotstandes, S. 133; E. Klein, in: Festschrift für Reinhard Mußgnug, S. 71 (73); Diskussionsbeitrag Hans H. Klein, in: Robbers/Umbach/Gebauer (Hg.), Innere Sicherheit, Menschenwürde, Gentechnologie, S. 46; Melzer/ Haslach/Socher, NVwZ 2005, S. 1361 (1364); Zippelius/Würtenberger, Staatsrecht, § 51 II 1. e) (S. 491 f.); Schily, EuGRZ 2005, S. 290 (292); Erbel, APuZ B 10-11/2002, S. 14 (18); Fischer, Die politische Meinung Nr. 390/2002, S. 51 (52); Seifert/Bünker, ThürVBl. 2006, S. 49 (54); Jochum, JuS 2006, S. 511 (514); Schenke, NJW 2006, S. 736 (737); ders., in: Roggan (Hg.), Mit Recht für Menschenwürde und Verfassungsstaat, Festgabe für Dr. Burkhard Hirsch, S. 75 (81); Franz, Der Staat 45 (2006), S. 501 (526 ff.); Winkler, DÖV 2006, S. 149 (155); dies., NVwZ 2006, S. 536; Grzeszick, in: Friauf/Höfling, Grundgesetz, Art. 35 Rdnr. 46; ähnlich Linke, AöR 129 (2004), S. 489 (520 f.); ders., NZWehrr 2004, S. 115 (119); ders., NWVBl. 2006, S. 71 (75); ders., NWVBl. 2006, S. 174 (178); F. Kirchhof, in: Isensee/ Kirchhof (Hg.), Handbuch des Staatsrechts, Bd. IV, Aufgaben des Staates, § 84 Rdnr. 62; Franz/Günther, VBlBW 2006, S. 340 (341); Laschewski, Der Einsatz der deutschen Streitkräfte im Inland, S. 84 ff., 89 f.; Hillgruber, JZ 2007, S. 209 (214); kritisch Erbguth, in: Sachs (Hg.), Grundgesetz, Art. 35 Rdnr. 38; offen gelassen Bauer, in: Dreier (Hg.), Grundgesetz, Bd. II, Art. 35 Rdnr. 31; Ladiges, Die Bekämpfung nichtstaatlicher Angreifer im Luftraum, S. 224, 226 f.

eingesetzt werden sollen, schon vorliege. Unter den Begriff des Katastrophennotstands fielen vielmehr auch Vorgänge, die den Eintritt einer Katastrophe mit an Sicherheit grenzender Wahrscheinlichkeit erwarten ließen.[438]

d) Der Einsatz militärischer Waffen

aa) Die Begründung des Bundesverfassungsgerichts

Die formelle Verfassungswidrigkeit begründet das Bundesverfassungsgericht vor allem damit, daß Art. 35 Abs. 2 Satz 2 und Abs. 3 Satz 1 GG dem Bund nicht erlaube, die Streitkräfte bei der Bekämpfung von Naturkatastrophen und besonders schweren Unglücksfällen mit spezifisch *militärischen* Waffen einzusetzen.[439] Das wird in der Literatur überwiegend auch so gesehen.[440] Die „Hilfe" – so das Bundesverfassungsgericht –, von der Art. 35 Abs. 2 Satz 2 GG spreche, werde den Ländern gewährt,

---

438 BVerfGE 115, S. 118 Ls. 1 = NJW 2006, S. 751 Ls. 1; Winkeler, Bedingt abwehrbereit?, S. 231; kritisch Schenke, NJW 2006, S. 736 (737), der eine „unmittelbar drohende Gefahr" für ausreichend hält. Ebenso Franz, Der Staat 45 (2006), S. 501 (527).

439 BVerfGE 115, S. 118 Ls. 1 = NJW 2006, S. 751 (Ls. 2).

440 Pannkoke, Der Einsatz des Militärs im Landesinnern, S. 250 f.; Spranger, NJW 1999, S. 1003 (1004); Arndt, DVBl. 1968, S. 729; Robbers, DÖV 1989, S. 926 (928); vgl. auch Lenz, Notstandsverfassung, Art. 35 Rdnr. 9, 17, und Benda, Die Notstandsverfassung, S. 147 („Der Einsatz der Streitkräfte ist ebenso wie im Falle regionaler Katastrophennotstände auf technische Hilfeleistungen und andere Maßnahmen zur Entlastung der Polizeikräfte beschränkt."); Isensee, in: Die Erneuerung des Verfassungsstaates, S. 7 (35 f.); Paulke, Die Abwehr von Terrorgefahren im Luftraum, S. 166 ff.; ähnlich Linke, AöR 129 (2004), S. 489 (523 ff.); ders., NZWehrr 2004, S. 115 (121 ff.); ders., NWVBl. 2006, S. 71 (75); Stein, in: Festschrift für Reinhard Mußgnug, S. 85 (95 f.); Hase, DÖV 2006, S. 213 (217); Fischer, JZ 2004, S. 376 (382); Seifert/ Bünker, ThürVBl. 2006, S. 49 (54 f.); Starck, JZ 2006, S. 417; Jochum, JuS 2006, S. 511 (513); Schenke, NJW 2006, S. 736 (737); ders., in: Roggan (Hg.), Mit Recht für Menschenwürde und Verfassungsstaat, Festgabe für Dr. Burkhard Hirsch, S. 75 (82 f.); Winkler, DÖV 2006, S. 149 (156); dies., NVwZ 2006, S. 536; Drees/Niedzwicki, UBWV 2006, S. 139 (142); Hecker, KJ 2006, S. 179 (181 f.); Hobe, ZLW 2006, S. 333 (335); Musil/Kirchner, Die Verwaltung 2006, S. 373 (382); Palm, AöR 132 (2007), S. 95 (102 ff.); a. A. Karpinski, Öffentlich-rechtliche Grundsätze für den Einsatz der Streitkräfte, S. 86 f.; Speth, Rechtsfragen des Einsatzes der Bundeswehr, S. 138 ff.; Hochhuth, NZWehrr 2002, S. 154 (161 f.); Wiefelspütz, NZWehrr 2003, S. 45 (61); ders., Die Polizei 2003, S. 301 (302); ders., ZRP 2003, S. 140; ders., in: Möllers/van Ooyen (Hg.), Jahrbuch Öffentliche Sicherheit 2002/2003, S. 283 (294); ders., NWVBl. 2006, S. 41 (44); Westphal, juridikum 2006, S. 138 (140); Spranger, in: Fleck (Hg.), Rechtsfragen der Terrorismusbekämpfung, S. 183 (199); Baldus, NVwZ 2004, S. 1278 (1284); Sittard/Ulbrich, JuS 2005, S. 432 (434); Franz/ Günther, VBlBW 2006, S. 340 (342); Laschewski, Der Einsatz der deutschen Streitkräfte im Inland, S. 94 f.; Hillgruber, JZ 2007, S. 209 (214). Zweifelnd Erbguth, in: Sachs (Hg.), Grundgesetz, Art. 35 Rdnr. 40. Offen gelassen: Burkiczak, VR 2004, S. 379 (381 f.); Pestalozza, NJW 2007, S. 492; Ladiges, Die Bekämpfung nicht-staatlicher Angreifer im Luftraum, S. 236 f., der freilich darauf abstellt, wie die Waffe eingesetzt wird. Hillgruber/Hoffmann, NWVBl. 2004, S. 176 (200), verlangen, freilich ohne Resonanz in Literatur und Rechtsprechung, eine – bislang nicht vorhandene – landespolizeirechtliche Regelung für den Einsatz einer militärischen Waffe. Differenzierend Franz/Günther, VBlBW 2006, S. 340 (342 f.), die den Einsatz militärischer Waffen nur im Rahmen des Art. 35 Abs. 2 GG, nicht aber nach Art. 35 Abs. 3 GG für unzulässig halten. Ebenso Franz, Der Staat 45 (2006), S. 501 (528 ff.).

damit diese die ihnen im Rahmen der Gefahrenabwehr obliegende Aufgabe der Bewältigung von Naturkatastrophen und besonders schweren Unglückfällen wirksam erfüllen können. Die Ausrichtung auf diese Aufgabe im Zuständigkeitsbereich der Gefahrenabwehrbehörden der Länder bestimme notwendig auch die Art der Hilfsmittel, die beim Einsatz der Streitkräfte zum Zweck der Hilfeleistung verwendet werden dürfen. Sie können nicht von qualitativ anderer Art sein als diejenigen, die den Polizeikräften der Länder für die Erledigung ihrer Aufgaben originär zur Verfügung stünden.[441] Das Gericht vertieft dieses Ergebnis durch eine sorgfältige Analyse der Gesetzgebungsgeschichte des Art. 35 Abs. 2 und Abs. 3 GG.[442]

bb) Bewertung

Es ist in der Tat nicht zu übersehen, daß der Verfassungsgesetzgeber im Jahre 1968 bei der Neufassung des Art. 35 GG den Einsatz der Bundeswehr mit militärischen Waffen gegen terroristische Gewalttäter nicht im Blickfeld hatte und auch nicht haben konnte.[443] Es mag deshalb bereits wegen der Entstehungsgeschichte des Art. 35 Abs. 2 (und 3) GG und der subsidiären Funktion der Streitkräfte im Katastrophennotstand nahe liegen, bei einem Einsatz der Streitkräfte nach Art. 35 Abs. 2 Satz 2 GG eine spezifisch militärische Bewaffnung nicht für zulässig zu halten.[444]

Das ist aber weder zwingend noch überzeugend. Dem steht nämlich gegenüber, daß der „Einsatz" der Streitkräfte prinzipiell die funktions- und lagegerechte Anwendung *aller* Mittel und Fähigkeiten der Bundeswehr umfaßt[445], auch wenn die Streitkräfte lediglich zur Gefahrenabwehr eingesetzt werden. Wenn die Streitkräfte bei einem besonders schweren Unglücksfall, der sich im Einzelfall auch als gefährlicher terroristischer Anschlag erweisen kann, helfen sollen, können ihr nicht die technische Ausrüstung und die Waffen versagt werden, die zu einer erfolgreichen Aufgabenwahrnehmung erforderlich sind.[446] Die Beschränkung der Argumentation des Bundesverfassungsgerichts auf den Entstehungszusammenhang des Art. 35 Abs. 2 und 3 GG ist methodisch einseitig und angesichts sich verändernder Bedrohungsszenarien überaus vordergründig.

---

441 BVerfGE 115, S. 118 (146) = NJW 2006, S. 751 (755 = Absatz-Nr. 106).

442 BVerfGE 115, S. 118 (147 f., 151) = NJW 2006, S. 751 (755 f. = Absatz-Nr. 107 ff., 117 ff.).

443 Vgl. Krings/Burkiczak, NWVBl 2004, S. 249 (251 m. w. N. in Fn. 22); Dreist, DPolBl. 2005, S. 7 (9); Schily, EuGRZ 2005, S. 290 (292); Wiefelspütz, NWVBl. 2006, S. 41 (44); Dreist, in: Sicherheit statt Freiheit?, S. 77 (98).

444 Vgl. auch Schily, EuGRZ 2005, S. 290 (293).

445 Hochhuth, NZWehr 2002, S. 154 (161 f.).

446 Wiefelspütz, NZWehr 2003, S. 45 (61); ders., NWVBl. 2006, S. 41 (44); ders., Die Abwehr terroristischer Anschläge und das Grundgesetz, S. 65; ähnlich Gramm, DVBl. 2006, S. 653 (654); ders., GreifRecht 2006, S. 82 (85 f.); ders., UBWV 2007, S. 121 (123); überzeugend Hillgruber, JZ 2007, S. 209 (214); im Ergebnis ebenso Westphal, juridikum 2006, S. 138 (140).

e) Entscheidung der Bundesregierung oder des Verteidigungsministers?

aa) Die Begründung des Bundesverfassungsgerichts

Das Bundesverfassungsgericht beanstandet außerdem, daß der Streitkräfteeinsatz gemäß § 13 Abs. 3 LuftSiG entgegen Art. 35 Abs. 3 Satz 1 GG nicht durchweg eine vorherige Entscheidung der Bundesregierung voraussetzt.[447]

§ 13 Abs. 2 und 3 LuftSiG sehen vor, daß der Bundesminister der Verteidigung oder im Vertretungsfall das zu seiner Vertretung berechtigte Mitglied der Bundesregierung im Benehmen mit dem Bundesminister des Innern entscheidet, wenn eine rechtzeitige Entscheidung der Bundesregierung nicht möglich ist; deren Entscheidung ist in diesem Fall, bei dem es sich nach Auffassung der Bundesregierung um den Regelfall handeln wird, unverzüglich nachzuholen.

Die Bundesregierung werde danach – so das Bundesverfassungsgericht – bei der Entscheidung über den Einsatz der Streitkräfte im überregionalen Katastrophenfall nicht nur ausnahmsweise, sondern regelmäßig durch einen Einzelminister ersetzt. Das lasse sich im Blick auf Art. 35 Abs. 3 Satz 1 GG auch nicht mit einer besonderen Eilbedürftigkeit rechtfertigen.[448] Das knappe Zeitbudget, das im Anwendungsbereich des § 13 Abs. 3 LuftSiG im Allgemeinen nur zur Verfügung stehe, mache vielmehr gerade deutlich, daß Maßnahmen der in § 14 Abs. 3 LuftSiG normierten Art auf dem in Art. 35 Abs. 3 Satz 1 GG vorgesehenen Wege in der Regel nicht zu bewältigen seien.[449]

bb) Bewertung

Diese Auffassung wird auch in der Literatur vertreten.[450] Dem ist freilich entgegen-zuhalten, daß Katastrophenszenarien, die sich im Luftraum anbahnen, nach aller Lebenserfahrung strukturell eilbedürftige Entscheidungsabläufe erzwingen. Das ist

---

447 BVerfGE 115, S. 118 (149) = NJW 2006, S. 751 (756 = Absatz-Nr. 112); kritisch dazu Franz/Günther, VBlBW 2006, S. 340 (343); Franz, Der Staat 45 (2006), S. 501 (530 f.).

448 BVerfGE 115, S. 118 (150) = NJW 2006, S. 751 (756 = Absatz-Nr. 114).

449 BVerfGE 115, S. 118 (150) = NJW 2006, S. 751 (756 = Absatz-Nr. 114).

450 Vgl. bereits Karpinski, Öffentlich-rechtliche Grundsätze für den Einsatz der Streitkräfte im Staatsnotstand, S. 90; Pannkoke, Der Einsatz des Militärs im Landesinnern, S. 249; Keidel, Polizei und Polizeigewalt im Notstandsfall, S. 125 (Fn. 220 m. w. N.); Speth, Rechtsfragen des Einsatzes der Bundeswehr, S. 142. Zu § 13 LuftSiG: Martinez Soria, DVBl. 2004, S. 597 (603); Sattler, NVwZ 2004, S. 1286 (1289); E. Klein, in: Festschrift für Reinhard Mußgnug, S. 71 (73 f.); ders., ZG 2005, S. 289 (292); Paulke, Die Abwehr von Terrorgefahren im Luftraum, S. 176 ff.; Pieroth/Hartmann, Jura 2005, S. 729 (733 f.); Linke, AöR 129 (2004); S. 489 (536 f.); ders., NWVBl. 2006, S. 71 (76); Starck, JZ 2006, S. 417; Hobe, ZLW 2006, S. 333 (335); Grzeszick, in: Friauf/Höfling, Grundgesetz, Art. 35 Rdnr. 50; Erbguth, in: Sachs (Hg.), Grundgesetz, Art. 35 Rdnr. 38; in der Tendenz anders Schenke, NJW 2006, S. 736 (737 f.).

aber bei anderen Fällen eines Katastrophennotstandes nach Art. 35 Abs. 2 und 3 GG nicht der Fall. Wenn bei Luftzwischenfällen – einem eher schmalen Segment denkbarer Katastrophennotstände – die Eilbedürftigkeit der Entscheidung durch ein einzelnes Mitglied der Bundesregierung eher die Regel als die Ausnahme ist und deshalb eine entsprechende gesetzliche Regelung vorgenommen wird, bewegt man sich gleichwohl im Bereich geordneter Entscheidungsabläufe des Art. 35 Abs. 3 GG.[451]

f) Die Tötung tatunbeteiligter Personen

Von erheblich größerer Tragweite sind die Ausführungen des Bundesverfassungsgerichts zur materiellen Verfassungswidrigkeit des § 14 Abs. 3 LuftSiG.

§ 14 Abs. 3 LuftSiG – so das Gericht – sei auch mit dem Recht auf Leben (Art. 2 Abs. 2 Satz 1 GG) in Verbindung mit der Menschenwürdegarantie (Art. 1 Abs. 1 GG) nicht vereinbar, soweit von dem Einsatz der Waffengewalt tatunbeteiligte Menschen an Bord des Luftfahrzeugs betroffen würden.[452] Die einem solchen Einsatz ausgesetzten Passagiere und Besatzungsmitglieder befänden sich in einer für sie ausweglosen Lage. Sie können ihre Lebensumstände nicht mehr unabhängig von anderen selbstbestimmt beeinflussen. Dies mache sie zum Objekt nicht nur der Täter. Auch der Staat, der in einer solchen Situation zur Abwehrmaßnahme des § 14 Abs. 3 LuftSiG greife, behandele sie als bloße Objekte seiner Rettungsaktion zum Schutze anderer. Eine solche Behandlung mißachte die Betroffenen als Subjekte mit Würde und unveräußerlichen Rechten. Sie würden dadurch, daß ihre Tötung als Mittel zur Rettung anderer benutzt werde, verdinglicht und zugleich entrechtlicht; indem über ihr Leben von Staats wegen einseitig verfügt werde, werde den als Opfern selbst schutzbedürftigen Flugzeuginsassen der Wert abgesprochen, der dem Menschen um seiner selbst willen zukomme.[453] Dies geschehe zudem unter Umständen, die nicht erwarten ließen, daß in dem Augenblick, in dem über die Durchführung einer Einsatzmaßnahme nach § 14 Abs. 3 LuftSiG zu entscheiden sei, die tatsächliche Lage immer voll überblickt und richtig eingeschätzt werden könne.[454]

Unter der Geltung des Art. 1 Abs. 1 GG (Menschenwürdegarantie) sei es schlechterdings unvorstellbar, auf der Grundlage einer gesetzlichen Ermächtigung unschuldige Menschen, die sich in einer derart hilflosen Lage befänden, vorsätzlich zu töten.[455]

---

451 Wiefelspütz, Die Abwehr terroristischer Anschläge und das Grundgesetz, S. 66; ähnlich Schenke, NJW 2006, S. 736 (737); Franz/Günther, VBlBW 2006, S. 340 (343); Franz, Der Staat 45 (2006), S. 501 (530 f.); Laschewski, Der Einsatz der deutschen Streitkräfte im Inland, S. 132 f.; Ladiges, Die Bekämpfung nicht-staatlicher Angreifer im Luftraum, S. 250 ff.

452 BVerfGE 115, S. 118 Ls. 3 = NJW 2006, S. 751 Ls. 3.

453 BVerfGE 115, S. 118 (154) = NJW 2006, S. 751 (758 = Absatz-Nr. 124).

454 BVerfGE 115, S. 118 (154 f.) = NJW 2006, S. 751 (758 = Absatz-Nr. 125).

455 BVerfGE 115, S. 118 (157) = NJW 2006, S. 751 (759 = Absatz-Nr. 130).

Es sei nicht zu entscheiden, wie ein gleichwohl vorgenommener Abschuß und eine auf ihn bezogene Anordnung strafrechtlich zu beurteilen wären.[456]

Für die verfassungsrechtliche Beurteilung sei allein entscheidend, daß der Gesetzgeber nicht durch Schaffung einer gesetzlichen Eingriffsbefugnis zu Maßnahmen der in § 14 Abs. 3 LuftSiG geregelten Art gegenüber unbeteiligten, unschuldigen Menschen ermächtigen, solche Maßnahmen nicht auf diese Weise als rechtmäßig qualifizieren und damit erlauben dürfe. Sie seien als Streitkräfteeinsätze nichtkriegerischer Art mit dem Recht auf Leben und der Verpflichtung des Staates zur Achtung und zum Schutz der menschlichen Würde nicht zu vereinbaren.[457]

Dazu kämen auch Ungewißheiten im Tatsächlichen. Die Unsicherheiten, die die Lagebeurteilung im Anwendungsbereich der §§ 13 bis 15 LuftSiG im Allgemeinen kennzeichneten, beeinflußten notwendigerweise auch die Prognose darüber, wie lange Menschen, die sich an Bord eines zur Angriffswaffe umfunktionierten Luftfahrzeugs befänden, noch zu leben hätten und ob noch die Chance einer Rettung bestehe. Eine verläßliche Aussage darüber, daß das Leben dieser Menschen „ohnehin schon verloren" sei, werde deshalb im Regelfall nicht getroffen werden können.[458]

Die Annahme, daß derjenige, der als Besatzungsmitglied oder Passagier ein Luftfahrzeug besteige, mutmaßlich in dessen Abschuß und damit in die eigene Tötung einwillige, falls dieses in einen Luftzwischenfall verwickelt werde, sei eine lebensfremde Fiktion. Auch die Einschätzung, daß die Betroffenen ohnehin dem Tod geweiht seien, vermöge der Tötung unschuldiger Menschen in der geschilderten Situation nicht den Charakter eines Verstoßes gegen den Würdeanspruch dieser Menschen zu nehmen. Menschliches Leben und menschliche Würde genössen ohne Rücksicht auf die Dauer der physischen Existenz des einzelnen Menschen gleichen verfassungsrechtlichen Schutz.[459]

Die teilweise vertretene Auffassung, daß die an Bord festgehaltenen Personen Teil einer Waffe geworden seien und sich als solcher behandeln lassen müßten, bringe geradezu unverhohlen zum Ausdruck, daß die Opfer eines solchen Vorgangs nicht mehr als Menschen wahrgenommen würden. Der Gedanke, der Einzelne sei im Interesse des Staatsganzen notfalls verpflichtet, sein Leben aufzuopfern, wenn es nur auf diese Weise möglich sei, das rechtlich verfaßte Gemeinwesen vor Angriffen zu bewahren, die auf dessen Zusammenbruch und Zerstörung abzielten, führe ebenfalls zu keinem anderen Ergebnis. Denn im Anwendungsbereich des § 14 Abs. 3 LuftSiG gehe es nicht um die Abwehr von Angriffen, die auf die Beseitigung des

---

456 BVerfGE 115, S. 118 (157) = NJW 2006, S. 751 (759 = Absatz-Nr. 130).

457 BVerfGE 115, S. 118 (157) = NJW 2006, S. 751 (759 = Absatz-Nr. 130).

458 BVerfGE 115, S. 118 (158) = NJW 2006, S. 751 (759 = Absatz-Nr. 133).

459 BVerfGE 115, S. 118 (158) = NJW 2006, S. 751 (759 = Absatz-Nr. 132).

Gemeinwesens und die Vernichtung der staatlichen Rechts- und Freiheitsordnung gerichtet seien.[460]

Schließlich lasse sich § 14 Abs. 3 LuftSiG auch nicht mit der staatlichen Schutzpflicht zugunsten derjenigen rechtfertigen, gegen deren Leben das als Tatwaffe mißbrauchte Luftfahrzeug eingesetzt werden soll. Zur Erfüllung staatlicher Schutzpflichten dürften nur solche Mittel verwendet werden, die mit der Verfassung in Einklang stünden. Daran fehle es im vorliegenden Fall.[461]

g) Der finale Rettungsschuß

§ 14 Abs. 3 LuftSiG sei dagegen mit Art. 2 Abs. 2 Satz 1 in Verbindung mit Art. 1 Abs. 1 GG insoweit vereinbar, als sich die unmittelbare Einwirkung mit Waffengewalt gegen ein unbemanntes Luftfahrzeug oder ausschließlich gegen Personen richte, die das Luftfahrzeug als Tatwaffe gegen das Leben von Menschen auf der Erde einsetzen wollen.[462]

Das Gericht betont, es entspreche der Subjektstellung des Angreifers, wenn ihm die Folgen seines selbstbestimmten Verhaltens persönlich zugerechnet würden und er für das von ihm in Gang gesetzte Geschehen in Verantwortung genommen werde.[463] Auch der Verhältnismäßigkeitsgrundsatz sei gewahrt. Das mit § 14 Abs. 3 LuftSiG verfolgte Ziel, Leben von Menschen zu retten, sei von solchem Gewicht, daß es den schwerwiegenden Eingriff in das Grundrecht auf Leben der Täter rechtfertigen könne. Die Schwere des gegen sie gerichteten Grundrechtseingriffs werde zudem dadurch gemindert, daß die Täter selbst die Notwendigkeit des staatlichen Eingreifens herbeigeführt hätten und dieses Eingreifen jederzeit dadurch wieder abwenden können, daß sie von der Verwirklichung ihres verbrecherischen Plans Abstand nähmen.[464]

Gleichwohl habe die Regelung auch insoweit keinen Bestand, da es dem Bund schon an der Gesetzgebungskompetenz mangele.[465]

---

460 BVerfGE 115, S. 118 (159) = NJW 2006, S. 751 (759 = Absatz-Nr. 135).

461 BVerfGE 115 (159 f.) = NJW 2006, S. 751 (759 f. = Absatz-Nr. 137 ff.).

462 BVerfGE 115 (160) NJW 2006, S. 751 (760 = Absatz-Nr. 140); zustimmend: Starck, JZ 2006, S. 417 (418); Merkel, Die Zeit vom 8. Juli 2004; Franz/Günther, VBlBW 2006, S. 340 (346); Musil/Kirchner, Die Verwaltung 2006, S. 373 (382); Franz, Der Staat 45 (2006), S. 501 (504); Reimer, StudZR 2006, S. 601 (603 f.).

463 BVerfGE 115, S. 118 (161) = NJW 2006, S. 751 (760 = Absatz-Nr. 141).

464 BVerfG 115, S. 118 (164) = NJW 2006, S. 751 (761 = Absatz-Nr. 150).

465 BVerfGE 115, S. 118 (165) = NJW 2006, S. 751 (761 = Absatz-Nr. 155).

11. Die Reaktionen auf das Flugsicherheitsurteil des Bundesverfassungsgerichts

a) Das Meinungsbild

Die rechtswissenschaftliche Literatur würdigte die Begründung des Luftsicherheitsurteils bislang überwiegend positiv. Vor allem wegen des Schutzes tatunbeteiligter Personen an Bord eines von Terroristen gekaperten Flugzeugs wird im Schrifttum überwiegend die Auffassung vertreten, der Abschuß eines Flugzeugs sei unzulässig, wenn sich tatunbeteiligte Personen an Bord eines solchen Flugzeugs befinden.[466]

Wolf-Rüdiger Schenke betont, die Stellungnahme des Bundesverfassungsgerichts zur Tötung unschuldiger, an Bord des abgeschossenen Flugzeugs befindlicher Personen sei jedenfalls im Ergebnis überzeugend.[467]

Daniela Winkler meint, im Ergebnis sowie in den entscheidungsrelevanten Wertungen sei dem Urteil des Bundesverfassungsgerichts zuzustimmen.[468] Die Ausführungen des Gerichts zur Verfassungsmäßigkeit des Abschusses eines nur mit Terroristen besetzten Flugzeugs hinterließen einen faden Beigeschmack. Das Gericht lasse vermissen, die im Rahmen der Einzelfallentscheidung für den Grundrechtsschutz entstehenden Gefahren stärker herauszuarbeiten.[469]

Tobias Linke schreibt, die Grundthese des Gerichts, der Staat negiere (durch den Abschuß des entführten Flugzeugs) die Würde der Passagiere und der Crew, scheine nicht unanfechtbar zu sein, weil weder eine willkürliche Auswahl stattfinde noch die Betroffenen leichtfertig geopfert würden.[470] Das Urteil könnte sich als Hindernis für deutsche Soldaten im Auslandseinsatz erweisen, wenn militärische Ziele angegriffen werden müssen, die der Gegner völkerrechtswidrig mit zivilen Geiseln schütze, ein völkerrechtlich zulässiger Militäreinsatz aus anderen Gründen zwangsläufig Kollateralschäden verursache oder ein Attentat mit einem Fahrzeug voller Sprengstoff ausgeführt werde, in dem sich neben dem Täter auch Unbeteiligte befänden. Für die in der Formulierung des Senats anklingende Relativierung der Menschenwürde im Verteidigungsfall enthalte das Grundgesetz keinen Anhaltspunkt.[471]

Christian Starck hebt hervor, die Argumentation des Gerichts mit der Menschenwürde,

---

466 Schenke, NJW 2006, S. 736 (738); Winkler, NVwZ 2006, S. 536 (537 f.); Hobe, ZLW 2006, S. 333 (335 f.); Fehn/Brauns, Bundeswehr und innere Sicherheit, S. 66 ff.; Reimer, StudZR 2006, S. 601 (606 ff.).

467 Schenke, NJW 2006, S. 736 (737)); vgl. auch ders., in: Roggan (Hg.), Mit Recht für Menschenwürde und Verfassungsstaat, Festgabe für Dr. Burkhard Hirsch, S. 75 ff.

468 Winkler, NVwZ 2006, S. 536 (538).

469 Winkler, NVwZ 2006, S. 536 (538).

470 Linke, NWVBl. 2006, S. 174 (178).

471 Linke, NWVBl. 2006, S. 174 (179).

aus der ein striktes Verbot abgeleitet werde, gesetzliche Regelungen zu erlassen, nach denen ein mit unbeteiligten Personen besetztes Flugzeug abgeschossen werden dürfe, um Menschenleben auf der Erde zu schützen, könne so aufgefaßt werden, daß insoweit auch keine Kompetenznorm geschaffen werden dürfe. Es sei aber zu empfehlen, bei Schaffung der Kompetenznorm danach zu unterscheiden, ob Tatbeteiligte oder Unbeteiligte betroffen sein können. Vielmehr sollte eine Kompetenz zum militärischen Eingreifen der Streitkräfte gegen terroristische Angriffe aus der Luft und von See geschaffen werden, über deren Nutzung am Maßstab der Grundrechte zu entscheiden sei.[472]

Alexander Poretschkin kritisiert das Urteil. Im Urteil werde der als mit dem Schutz der menschlichen Würde nicht zu vereinbarende Streitkräfteeinsatz als ein solcher „nichtkriegerischer Art" definiert. Diese beiden zunächst harmlos friedlichen Worte relativierten die Gesamtaussage in einem zentralen Punkt. Sie ließen den Schluß zu, daß das Verfassungsgericht es für denkbar halte, daß der von ihm untersuchte Streitkräfteeinsatz im Verteidigungsfalle anders zu bewerten sein könnte. Es erscheine kaum vorstellbar, daß der Verfassungsgeber die Menschenwürde im Verteidigungsfalle in Teilen zur Disposition stellen könnte. Richtig sei, daß eine auch nach außen wehrhafte Demokratie im Extremfalle dem dauerhaften und unabänderlichen Schutz der Menschenwürde den Vorrang vor dem auch in Artikel 2 GG selber relativierten Schutz des Lebens einräume. Wenn die vom Verfassungsgericht in seinem Urteil nunmehr gezogene Grenze aber eine einerseits sehr enge, aber andererseits doch nicht absolute sein sollte, so erwecke genau dies Zweifel an der Richtigkeit der so apodiktischen Begründung der Entscheidung.[473]

Walter Gropp betont, der durch das Urteil des Bundesverfassungsgerichts für nichtig erklärte § 14 Abs. 3 LuftSiG wäre mit strafrechtlichen Prinzipien durchaus vereinbar gewesen, wenn man auch das Lebensrecht der von einem drohenden Flugzeugabsturz betroffenen Menschen am Boden ernst nehme. Daß das Bundesverfassungsgericht § 14 Abs. 3 LuftSiG dennoch für nichtig erklärt habe, liege an den unterschiedlichen Ebenen straf- und verfassungsrechtlichen Denkens. Was die Passagiere ihren Mitbürgern gegenüber im Fall des defensiven Notstands erdulden müßten, müßten sie sich nicht auch dem Staat gegenüber gefallen lassen.[474]

Felix Rettenmaier begrüßt das Urteil.[475] Sowohl die Annahme, daß das Leben der an Bord befindlichen Passagiere „ohnehin verloren" sei, als auch die Auffassung, die sich in ihrer Argumentation dem übergesetzlichen Notstand annähere und dem

472 Starck, JZ 2006, S. 417 (418).

473 Poretschkin, NZWehrr 2006, S. 123.

474 Gropp, GA 2006, S. 284 (284, 288).

475 Rettenmaier, VR 2006, S. 109 ff.; eine knappe Zustimmung auch bei Domgörgen, EuGRZ 2006, S. 233 (245 f.).

Grundrechtsträger damit das Grundrecht faktisch entziehe, sei nicht grundrechts-konform. Ein Eingriff auf das Grundrecht auf Leben im Einklang mit der Verfassung lasse sich „nur" für die Terroristen als Gefahrverantwortliche rechtfertigen.[476]

Elmar Giemulla vertritt die Auffassung, der rechtfertigende Defensivnotstand und die hinter ihm stehenden rechtspolitischen Erwägungen eigneten sich durchaus zur Übertragung auf die vorliegende Konstellation (des Abschusses eines Zivilflugzeugs mit tatunbeteiligten Personen an Bord). Man hätte vom Gesetzgeber erwarten dürfen, daß er sich angesichts der Bestreitbarkeit dieser Frage und der Brisanz des Themas mit diesen Aspekten intensiver auseinandergesetzt hätte. Weder dem dürftigen Gesetzeswortlaut noch der Gesetzesbegründung lasse sich ein entsprechender Hintergrund entnehmen.[477]

Auch Karsten Baumann wertet das Urteil positiv. Es erlaube die Aussage, daß eine gesetzliche Ermächtigung zum Abschuß entführter und mit hoher Wahrscheinlichkeit als Waffe gegen das Leben von Menschen vorgesehener Luftfahrzeuge, in denen sich nicht nur die Attentäter befänden, wegen des Verstoßes gegen Art. 2 Abs. 2 Satz 1 in Verbindung mit der Menschenwürdegarantie des Art. 1 Abs. 1 GG auch im Falle einer Neuordnung des GG keinen Bestand habe. Die Tötung tatunbeteiligter Flugzeuginsassen entziehe sich angesichts der Menschenwürdeverletzung zwar der polizeirechtlichen Normierbarkeit, könne strafrechtlich aber unter Rückgriff auf die Rechtsfigur des so genannten übergesetzlichen Notstands entschuldigt sein. Damit bleibe das Eingreifen in außergewöhnlichen Bedrohungslagen „sanktionslos rechtswidrig", was zur Bewältigung derartiger singulärer Extremsituationen aus-reiche.[478]

Christof Gramm wendet sich kritisch gegen das Urteil. Die Entdeckung des ungeschriebenen Tatbestandsmerkmals „keine spezifisch militärische Waffen" durch das Bundesverfassungsgericht sei wenig überzeugend. Sie führe zu einer äußerst problematischen Beschränkung der Handlungsmöglichkeiten des Staates. Die materielle Entscheidung des Gerichtes bedeute im Ergebnis nichts anderes, als daß der Schutzauftrag des Staates in Fällen wie denen des 11. September 2001 ende. Der Staat breche damit in einer äußerst bedrohlichen Lage sein Versprechen eines effektiven Schutzes der Rechte des Einzelnen. Für tragische Situationen, wie sie § 14 Abs. 3 LuftSiG im Visier habe, erkläre das Bundesverfassungsgericht das Recht für unzuständig. Menschliches Leben dürfe nicht verrechnet werden. Dies unterbleibe aber bei der Fallkonstellation des § 14 Abs. 3 LuftSiG. Beim Luftsicherheitsgesetz werde nicht abgezählt, eine Verrechnung mit der Bildung eines Saldos finde nicht

---

476 Rettenmaier, VR 2006, S. 109 (112 f.).

477 Giemulla, in: Giemulla/van Schyndel, Luftsicherheitsgesetz, 2006, § 14 Rdnr. 121 = Giemulla, in: Frankfurter Kommentar zum Luftverkehrsrecht, Bd. 1.3, Luftsicherheitsgesetz, § 14 LuftSiG Rdnr. 82.

478 Baumann, Jura 2006, S. 447 (453 f.).

statt. Gerade weil das Gesetz von der prinzipiellen Gleichwertigkeit des Lebens ausgehe, könne der Abschuß im äußersten Fall zulässig sein. Wenn es wirklich richtig sei, daß die Menschenwürde auch im säkularen Verfassungsstaat in der Gemeinschaftsbezogenheit und Gemeinschaftsverbundenheit des Menschen wurzele, dann könne es sehr wohl Extremlagen geben, in denen die Aufopferung des Lebens der einen im Namen dieser Gemeinschaftsgebundenheit zulässig sei.[479]

In einem weiteren Beitrag betont Christof Gramm, die eigentliche Herausforderung (für das Bundesverfassungsgericht) hätte darin bestanden, einerseits rechtlich anzuerkennen, daß es auch außerhalb einer kriegerischen Situation Grenzsituationen geben kann, in denen der Staat berechtigt sei, einen aller Voraussicht nach tödlichen Kausalverlauf seinerseits mit tödlichen Mitteln zu unterbrechen, wenn dadurch Menschenleben gerettet werden könnten. Andererseits wäre es darum gegangen, diese Grenzsituation so zu fixieren und so rechtlich einzuschränken, daß ihr Mißbrauch und ihre Ausweitung auf andere potentielle Opfersituationen ausgeschlossen seien.[480]

Erhebliche Einwände gegen das Urteil erhebt auch Manfred Baldus. Die Gestaltungsmöglichkeiten des verfassungsändernden Gesetzgebers seien nur insoweit eingeschränkt, als keine menschenwürdewidrigen Einsatzermächtigungen in das Grundgesetz aufgenommen werden dürften. Selbst durch die Aufnahme des § 14 Abs. 3 LuftSiG in die Verfassung könnte keine Rechtsgrundlage für den Abschuß eines mit Unschuldigen besetzten Flugzeugs geschaffen werden. Terroristische Täter, die zum Äußersten zu gehen bereit seien und denen es gelänge, die Sicherheitskontrollen auf dem Boden zu überwinden, müßten nicht mehr damit rechnen, vor Vollendung ihres verbrecherischen Tuns gestoppt zu werden. Es überzeuge nicht, wenn das Gericht zu dem Ergebnis komme, Streitkräfte dürften zur Bewältigung eines Unglücksfalls keine spezifisch militärischen Waffen verwenden. Der Wortlaut des Art. 35 GG liefere für dieses enge Verständnis keinerlei Hinweise. Die Botschaft, die von der Entscheidung des Bundesverfassungsgerichts ausgehe, laute offenkundig: Das Recht solle extreme Grenzfragen unbeantwortet lassen.[481]

Für Einiko B. Franz und Thomas Günther liegt eine Kollision von Abwehrrecht der Passagiere einerseits und Schutzpflicht zu Gunsten der Menschen am Boden andererseits vor, die grundsätzlich im Wege praktischer Konkordanz aufzulösen sei, wobei der abwehrrechtlichen Dimension des Rechts auf Leben nicht unbedingt der Vorzug zukomme. Das Bundesverfassungsgericht bleibe seiner bisherigen Linie treu, wonach ein Eingriff in die Menschenwürde nicht rechtfertigungsfähig und damit automatisch verfassungswidrig sei. Hingegen mehrten sich zu Recht die Stimmen,

---

479 Gramm, DVBl. 2006, S. 653 (654, 659 ff.); ähnlich ders., GreifRecht 2006, S. 82 (88 ff.); ders., UBWV 2007, S. 121 (126 f.).

480 Gramm, GreifRecht 2006, S. 82 (90); ders., UBWV 2007, S. 121 (127).

481 Baldus, NVwZ 2006, S. 532 (533 ff.).

die zur Rechtfertigung eine Abwägung zuließen, wenn die Würde des Täters gegen die Würde des Opfers stehe. Danach sei im Falle eines die Menschenwürde betreffenden „Grundrechtspatts" eine Entscheidung verfassungsgemäß, die sich an normative Gesichtspunkte orientiere, wie der Zurechenbarkeit der Gefahr für das zu schützende Rechtsgut, der Wahrscheinlichkeit der Bewahrung dieses Schutzguts und möglicher Gefährdungen für das zu beeinträchtigende Schutzgut bereits durch Dritte. Dann sei zur Erfüllung der Schutzpflicht für das menschliche Leben die Tötung Unschuldiger wegen des Gesetzesvorbehalts des Art. 2 Abs. 2 Satz 3 GG nicht schlechthin ausgeschlossen.[482]

Christian M. Burkiczak kritisiert die wehrverfassungsrechtlichen Bewertungen des Bundesverfassungsgerichts. Es sei unklar, nach welchen Kriterien der Senat die Zuordnung einer gesetzlichen Regelung zu einem Kompetenztitel vornehme. Was der tatsächliche materielle Gehalt der zur verfassungsrechtlichen Prüfung stehenden Norm sei, prüfe das Gericht nicht. Außerdem kläre der Senat nicht das Verhältnis von Art. 35 Abs. 2 und Abs. 3 GG zu den ausdrücklichen Kompetenzregelungen in Art. 73 ff. GG. Der Kompetenztitel des Art. 73 Nr. 1 GG sei bislang so verstanden worden, daß hierunter auch der Einsatz der Streitkräfte zu anderen als Verteidigungszwecken falle. Die Tatsache, daß Art. 35 Abs. 2 Satz 2 und Abs. 3 GG nicht einschlägig sei, könne die Kompetenznorm des Art. 73 Nr. 6 GG nicht verdrängen. Deswegen hätte es einer inhaltlichen Auseinandersetzung mit den beiden in Betracht kommenden ausdrücklichen Kompetenztiteln bedurft.[483] Daß das Bundesverfassungsgericht einen Kampfeinsatz der Streitkräfte mit spezifisch militärischen Waffen im Rahmen von Art. 35 Abs. 2 und 3 GG nicht erlaube, sei im Angesicht von Wortlaut sowie Sinn und Zweck der Vorschrift nicht zwingend.[484] Der Entscheidung des Gerichts werde man im Hinblick auf die grundrechtliche Argumentation im Ergebnis kaum zwingende Einwände entgegensetzen können. Aus grundrechtsdogmatischer Sicht sei zu kritisieren, daß das Bundesverfassungsgericht das Grundrecht auf Leben aus Art. 2 Abs. 2 GG und die Menschenwürdegarantie aus Art. 1 Abs. 1 GG vermenge. Dadurch, daß das Gericht sich nur mit dem nichtkriegerischen Luftzwischenfall auseinandergesetzt habe, sei implizit zugleich ausgesprochen, daß Maßnahmen wie nach § 14 Abs. 3 LuftSiG aus Anlaß eines kriegerischen Luftzwischenfalls zumindest möglicherweise eine andere verfassungsrechtliche Beurteilung zur Folge haben könnten. Da das Gericht sich nicht mit der Frage auseinandergesetzt habe, wie der Begriff der Verteidigung im Sinne des Art. 87 a Abs. 2 GG auszulegen sei, bleibe weiterhin Raum für Überlegungen, inwiefern auch der „Krieg gegen den Terrorismus" dem Verteidigungsauftrag der Streitkräfte unterfalle.[485]

Wolfgang Hecker würdigt das Urteil des Bundesverfassungsgerichts in einem freilich über weite Strecken polemischen Beitrag insgesamt positiv. Der vom

---

482 Franz/Günther, VBlBW 2006, S. 340 (345 f.).

483 Burkiczak, NZWehrr 2006, S. 89 (93 ff.).

484 Burkiczak, NZWehrr 2006, S. 89 (96).

485 Burkiczak, NZWehrr 2006, S. 89 (99 ff.).

Luftsicherheitsgesetz vorgesehene Einsatz der Bundeswehr für einen Abschuß entführter Luftfahrzeuge zwecks Gefahrenabwehr habe evident im Widerspruch zu der grundgesetzlichen Begrenzung von Bundeswehreinsätzen gestanden.[486] Das Gericht habe eindeutig klargestellt, daß das Grundgesetz die in § 14 Abs. 3 LuftSiG vorgesehene Abwägung von Leben gegen Leben nicht zulasse.[487]

Josef Franz Lindner betont, das Bundesverfassungsgericht habe erst mit seiner Entscheidung zur Verfassungswidrigkeit von § 14 Abs. 3 LuftSiG ein absolutes Verbot der Abwägung von Leben gegen Leben postuliert, das seine Basis in Art. 1 GG habe.[488] Beim Abschuß eines entführten Zivilflugzeugs komme der Staat seiner Schutzpflicht zugunsten der potentiellen Opfer am Boden dadurch nach, daß er in das Lebensrecht der Passagiere eingreife. Dies dürfte mit der kategorischen, durch Art. 1 Abs. 1 GG verbürgten Gleichwertigkeit jeden menschlichen Lebens nicht vereinbar und damit verfassungswidrig sein.[489] Letztlich sollte die Rechtsordnung solche „tragic choices" als das anerkennen, was sie sind, nämlich hinsichtlich einer Bewertung unlösbare Fälle. Eine nicht nur rechtsphilosophische, sondern auch rechtsdogmatische Kategorie zur angemessenen Erfassung solcher Grenzfälle könnte die Kategorie des rechtswertungsfreien Raums sein.[490]

Günter Spendel schreibt, das Urteil sei insofern verfehlt, als es nur die Ermächtigung zur Vernichtung des Flugzeugs und der damit verbundenen Tötung der entführten Flugzeuginsassen sowie die Fragen des öffentlichen Rechts erörtere, nicht aber die Rettung der vielen Gebäudeinsassen und die Fragen des Strafrechts berücksichtige. Daß von den entführten Geiseln kein Angriff ausgehe, sei richtig, aber ebenso richtig sei es, daß sie sich als Opfer der Terroristen auf der Seite des Angriffs und Unrechts befänden. Bei der Entscheidung zwischen den zwei Übel, entweder Tod aller bedrohten Menschen oder aber Tod nur eines Teils zur Rettung der anderen, sei das kleinere Übel zu wählen und damit nach einer vernünftigen Interessen- und Güterabwägung die Aufopferung der unrettbar verlorenen Menschen als Notstandstat strafrechtlich zu rechtfertigen.[491]

Stefan Huster gibt zu bedenken, immer gehe es um das Grundgut des Lebens, das gerettet oder erhalten werde, ob man sich für oder gegen den Abschuß des Flugzeugs entscheide. Warum sollte man sich dann nicht für die Option entscheiden, die die Anzahl der geretteten Leben erhöhe.[492]

---

486 Hecker, KJ 2006, S. 179 (180).

487 Hecker, KJ 2006, S. 179 (185).

488 Lindner, DÖV 2006, S. 577 (580).

489 Lindner, DÖV 2006, S. 577 (586).

490 Lindner, DÖV 2006, S. 577 (588).

491 Spendel, RuP 2006, S. 131 (131, 134).

492 Huster, Merkur 2004, S. 1047 (1049).

Matthias Herdegen meint, problematisch sei die hingenommene Tötung Unbeteiligter im Lichte der Menschenwürde, wenn der Zugriff auf das Leben zwar nicht Mittel, aber doch unausweichliche Folge der Gefahrenabwehr sei. Beim Abschuß eines entführten Flugzeugs zur Abwehr eines terroristischen Angriffs stufe die Rechtsprechung die Tötung der Passagiere und Besatzungsmitglieder als deren würdeverletzende „Verdinglichung" ein. Dieses plakative Verdikt liefere nur eine karge Begründung für die Verletzung des personalen Achtungsanspruchs und bedürfe vor einer Verallgemeinerung der Nuancierung.[493]

Kai Möller kritisiert, das Bundesverfassungsgericht habe in seiner Entscheidung die moralische Komplexität der Konfliktsituation nicht hinreichend analysiert.[494]

In einem weiteren Beitrag meint Kai Möller, im Fall des Abschusses von Passagierflugzeugen werde eine klare Beurteilung durch die vom Bundesverfassungsgericht herausgestellten tatsächlichen Probleme erschwert. Es komme entscheidend darauf an, ob man den mit einer Abschußerlaubnis einhergehenden Preis der Antastung der Unverletzlichkeit zur Rettung der Opfer des geplanten Anschlags zu zahlen bereit sei. Soll das Flugzeug verwendet werden, um es in ein Kraftwerk zu steuern und eine nukleare Katastrophe herbeizuführen, so scheine dieser Preis gerechtfertigt. Gehe es um eine verhältnismäßig begrenzte Zahl von Opfern, so mag er zu hoch erscheinen.[495] Die Ausführungen des Bundesverfassungsgerichts zur Menschenwürde und zur Objektformel seien besonders schwach und erschöpften sich in allgemein gehaltenen Phrasen. Der bessere Weg sei, die besondere Problematik der gezielten Tötung Unschuldiger nicht über die Objektformel, sondern über die Eigenschaft des Lebensrechts als Statusrecht zu begründen.[496]

Äußerst scharf kritisiert Josef Isensee das Urteil des Bundesverfassungsgerichts. Auf den ersten Blick sei das Urteil ein Triumph der Absolutheit der Menschenwürde. Beim näheren Hinsehen deren Kapitulation. Denn das Bundesverfassungsgericht sehe allein auf die Menschenwürde der Flugzeuginsassen, indes es die der externen Opfer ignoriere. Damit der Würdeschutz für jene absolut sei, werde er für diese von vornherein ausgeschaltet. Das Bundesverfassungsgericht sichere den Geiselnehmern

---

493 Herdegen, in: Maunz/Dürig, Grundgesetz, Art. 1 Rdnr. 90 (Stand: 45. Nachlieferung, März 2006); zuvor hieß es bei Herdegen, in: Maunz/Dürig, Grundgesetz, Art. 1 Rdnr. 90 (Stand: 44. Nachlieferung, Februar 2005): „Insbesondere läßt sich die Inkaufnahme der Tötung Unbeteiligter nicht als deren „Instrumentalisierung" begreifen; denn der Zugriff auf das Leben ist hier nicht Mittel, sondern unausweichliche Folge der Gefahrenabwehr. Auch die Berücksichtigung eines ohnehin unmittelbar drohenden Todes (Beispiel Abschuß eines entführten Flugzeugs zur Abwehr eines terroristischen Angriffs nach § 14 Abs. 3 des Luftsicherheitsgesetzes) verletzt den Würdeanspruch nicht, da sich dieses Kriterium gerade auf das beeinträchtigte Rechtsgut Leben (in seinem schicksalhaft, nicht von Staats wegen geminderten Gehalt) bezieht."

494 Möller, Public law: incorporating the British journal of administrative law 2006, S. 457 (464 ff.).

495 Möller, Der Staat 46 (2007), S. 109 (122 f.).

496 Möller, Der Staat 46 (2007), S. 109 (124 f.).

gleichsam freies Geleit und zwinge den Staat, dessen primärer Daseinszweck die Sicherheit seiner Bürger sei, im Ernstfall untätig zu bleiben; aber es gestatte ihm, im Wasser grundrechtlicher Unschuld seine Pilatushände zu waschen. In der Realität seien die tatunbeteiligten Passagiere zu Bestandteilen der Angriffswaffe umfunktioniert worden. Daß dies gegen ihren Willen durch verbrecherischen Zwang geschehen sei, hebe das Faktum der Gefahr nicht auf, die von dem Flugzeug ausgehe. Der Staat aber habe sich diesem Faktum zu stellen, um die Gefahr für die öffentliche Sicherheit abzuwehren und wenigstens seiner grundrechtlichen Schutzpflicht für die von der Maschine bedrohten Personen zu genügen. Das Gericht wende die Augen ab von der Wirklichkeit.[497]

Ebenso harsch und deutlich ist die Kritik von Otto Depenheuer. Ohne Selbstbehauptungswillen der staatlichen Gemeinschaft werde der freiheitliche Rechtsstaat nicht zu verteidigen sein. Doch dazu bedürfe es einer rechtsstaatlichen Theorie des Opfers. Gerade diese aber werde vom Bundesverfassungsgericht in seiner Entscheidung zum Luftsicherheitsgesetz a limine verweigert. Das Gericht versuche erst gar nicht, das mögliche Bürgeropfer zu rechtfertigen. Stattdessen spreche es dem Staat unter Hinweis auf die nach Art. 1 Abs. 1 GG unantastbar gewährleistete Menschenwürde die Befugnis ab, sich unter bewußter Inkaufnahme ziviler Opfer gegen einen terroristischen Angriff zu verteidigen. Die praktischen Konsequenzen seien klar: die deutschen Sicherheitsorgane hätten einem Angriff nach dem Muster des 11. September tatenlos zuzusehen. Sei deutscher Luftraum erst einmal erreicht, seien dem Staat militärisch die Hände gebunden. Da ein Abschuß aber als menschenunwürdig verfassungsgerichtlich verboten sei, bleibe den Terroristen volle Tatherrschaft und dem Staat nur ohnmächtiges Beobachten der sich anbahnenden Katastrophe. Die Unantastbarkeit der Menschenwürde werde derart zum absoluten und unübersteigbaren Reflexions- und Handlungsstopp staatlicher Selbstbehauptung. Stehe die Menschenwürde auf dem Spiel, so habe der Staat nach Auffassung des Gerichts sein Recht auf Selbstbehauptung verloren. Der Staat mißachte mit einem Abschuß des Flugzeugs nicht Würde und Persönlichkeit der Passagiere; er reduziere die unschuldigen Passagiere gerade nicht auf ihre bloße Körperlichkeit, sondern löse eine tragische Konfliktlage: Verteidigung oder Selbstaufgabe des Gemeinwesens. Diese tragische Entscheidungssituation unter Berufung auf die Menschenwürde rechtlich wie politisch alternativlos nur nach einer Seite hin aufzulösen und die Menschenwürde der Opfer am Zielort schlicht zu ignorieren, wäre ein Akt staatlicher Aufkündigung der Solidargemeinschaft, des wechselseitigen Einstehens für einander. Mit dieser Entscheidung habe die Juridifizierung des Politischen ihren kaum mehr überbietbaren Höhepunkt erreicht, ihn aber gleichzeitig in einem Akt singulären Verfassungsautismus desavouiert: der prinzipielle Verzicht auf Selbstbehauptung im Namen der Menschenwürde bedeute eben zugleich deren faktische Preisgabe. Den Worten, unbedingt für die Werte des Verfassungsstaates

---

[497] Isensee, AöR 131 (2006), S. 173 (192 f.).

einzutreten, sollen – im Namen eben dieser Werte – keine Taten folgen dürfen. Diese Perversion des Rechtsdenkens dürfe als Verrat an den Ideen und Werten freiheitlicher Verfassungsstaatlichkeit bezeichnet werden.[498]

Ähnlich pointiert wendet sich Hans Joachim Hirsch gegen das Urteil. Es verwundere, daß das Bundesverfassungsgericht den einschlägigen strafrechtlichen Erläuterungen (zur Notstandsproblematik) keine Beachtung geschenkt habe. Das Bundesverfassungsgericht sei einseitig darauf fixiert, ob der Staat ein so weitgehendes Eingriffsrecht haben dürfe, wie es die Ermächtigung zum Abschuß eines Passagierflugzeugs darstelle. Es lasse völlig unberücksichtigt, daß der Staat hier nicht um seiner selbst willen tätig werde, sondern für in eine defensive Notstandslage geratene Bürger, denen er die nur ihm mögliche Notstandshilfe zu leisten habe.[499]

Christian Pestalozza hebt hervor, das Bundesverfassungsgericht sei dem Gesetzgeber weit entgegengekommen. Es habe Art. 35 Abs. 2 Satz 2, Abs. 3 GG für einschlägig gehalten. Seine äußerst großzügige Deutung des „Unglücksfalls" müsse einstweilen hingenommen werden. Ebenso, daß es – ziemlich überraschend – dem Art. 35 Abs. 2 Satz 2, Abs. 3 GG und nur ihm die grundsätzliche Zuständigkeit des Bundes entnommen habe, den Streitkräfteeinsatz in den dort genannten Fällen gesetzlich zu regeln. Daß § 14 Abs. 3 LuftSiG dennoch gescheitert sei, habe zunächst und hauptsächlich an der Annahme des Gerichts gelegen, die durch Art. 35 Abs. 2 Satz 2, Abs. 3 GG implizit bereitgestellte Bundeskompetenz erfasse nicht auch den Einsatz spezifisch militärischer Mittel (z. B. von Kampfflugzeugen). Es sei zudem müßig, darüber nachzusinnen, ob Art. 35 Abs. 2 Satz 2, Abs. 3 GG in seiner bisherigen Gestalt als Gesetzgebungskompetenztitel überhaupt tauge, warum ihm nicht vielmehr eine ausdrückliche Ermächtigung zur Seite gestellt werden müßte. Müßig sei es seitdem auch zu überlegen, ob nicht der Sinn des Art. 35 Abs. 2 Satz 2, Abs. 3 GG gerade darin bestehe, Polizei und Bundesgrenzschutz nicht nur personellquantitativ, sondern auch sächlich-qualitativ ergänzen zu können. Verbindlich klar sei nun vielmehr, daß der Einsatz spezifisch militärischer Mittel im Rahmen des Art. 35 GG nur durch eine Verfassungsänderung legitimiert werden könne.[500]

Wolfgang Kahl schreibt, das Bundesverfassungsgericht habe in seinem Urteil zum Luftsicherheitsgesetz mit Deutlichkeit jedweden Bestrebungen, menschliches Leben fremdbestimmt durch Zwang zur altruistischen Aufopferung im Interesse anderer zum Objekt zu machen, eine grundlegende Absage erteilt.[501]

---

498 Depenheuer, in: Staat im Wort, Festschrift für Josef Isensee, hgg. von Otto Depenheuer, Markus Heintzen, Matthias Jestaedt, Peter Axer, 2007, S. 43 (46 f., 56 f.) = ders., Selbstbehauptung des Rechtsstaats, S. 79 ff., 97 ff.

499 Hirsch, in: Festschrift Küper, S. 149 (151 f., 170); eher kritisch gegenüber dem Urteil Joecks, Strafgesetzbuch, § 34 Rdnr. 42 ff.

500 Pestalozza, NJW 2007, S. 492.

501 Kahl, AöR 131 (2006), S. 579 (596).

Paul Kirchhof äußert vorsichtige Kritik an dem Urteil. Diese vom hohen Ideal des Schutzes der Menschenwürde geprägte Rechtsprechung führe allerdings zu der Frage, wie der Staat seine Untätigkeit gegenüber den Menschen rechtfertige, die in dem als Angriffsziel ausgewählten Hochhaus sich in auswegloser Lage aufhielten, die dem vom Staat geduldeten Angriff nicht ausweichen könnten, ihm wehr- und hilflos ausgeliefert seien. Werden diese Menschen dadurch, daß ihre Tötung als Mittel zu einem – wohl untauglichen – Rettungsversuch zugunsten von Passagieren und Besatzung benutzt werde, verdinglicht und zugleich entrechtlicht? Da der Staat das menschliche Leben zu schützen habe, unterscheide sich seine Verantwortlichkeit nicht danach, ob er jemanden durch Tun oder Unterlassen töte. Die Extremsituation eines terroristischen Angriffs, bei dem sowohl das Angriffsmittel – das Flugzeug – wie auch das Angriffsobjekt – das Hochhaus – wehr- und hilflose Menschen in den Angriff einbeziehe, könne nicht im ausschließlichen Blick auf das angreifende Flugzeug und durch Vernachlässigung der im Hochhaus angegriffenen Menschen gelöst werden. Der Staat sei gehalten, jedes menschliche Leben zu schützen, jedes menschliche Leben vor rechtswidrigen Angriffen und Eingriffen von Seiten Dritter zu bewahren. Die Menschenwürde könne keinem Menschen genommen werden. Der Achtungsanspruch sei verletzbar, werde hier im Recht auf Leben verletzt und deswegen dort in gesetzlichem Ausgleich schonend auf andere Rechte abgestimmt. Wenn bei einem terroristischen Angriff Leben gegen Leben stehe, gebe es keinen schonenden Ausgleich, weil eine der gegenläufigen Rechtspositionen völlig zerstört werde. Dem Gesetzgeber bleibe jedoch die Entscheidung, gegen den rechtwidrigen Angriff vorzugehen und das rechtmäßige Verhalten zu schützen. Der Angriff der Terroristen sei rechtswidrig, deswegen richte sich der Schutz- und Abwehrauftrag gegen diesen Angriff. Wenn dort die unschuldigen und wehrlosen Passagiere und Besatzungsmitglieder in den Sog dieses Angriffs geraten seien, vermag ihre Mitbetroffenheit die Tötung der im Hochhaus wehrlos und schuldlos betroffenen Menschen nicht zu rechtfertigen. Die Abwägung von Leben gegen Leben führe zu keinem Ergebnis. Erst die Feststellung der Rechtswidrigkeit des Angriffs begründe für das verantwortliche Staatsorgan den Abwehrauftrag. Die Abwehr sei ihm aufgegeben, die Tötung der Nichtangreifer untersagt. Der Rechtsstaat mag ihn in dieser Konfliktlage ohne Maßstab allein lassen. Dann wäre die verantwortliche Entscheidung für wie gegen die Abwehrhandlung vertretbar, erträglich sanktionslos. Der Verantwortliche würde sich allerdings wünschen, der Gesetzgeber würde ihm diese Entscheidung in Bedrängnis abnehmen und in der Distanz der parlamentarischen Debatte anordnen, daß ein Terrorangriff grundsätzlich abgewehrt werde.[502]

Dietrich Westphal meint, das Urteil überzeuge im Großen und Ganzen. Es frage sich, was der Beweggrund für den vergleichsweise rigorosen Umgang des Senats

---

502 Kirchhof, in: Die Ordnung der Freiheit, Festschrift für Christian Starck zum siebzigsten Geburtstag. Herausgegeben von Rainer Grote u. a., S. 275 (294 f.).

mit der Menschenwürdegarantie gewesen sei. Die ganze Entscheidung atme die Sorge, daß der Staat sonst völlig entgrenzt würde und es kein Maß mehr gäbe für den Einsatz des allerletzten, weil absichtlich das Leben unschuldiger Menschen Mittels.[503]

Christian Hillgruber kritisiert das Urteil. Wer in der Konstellation des § 14 Abs. 3 LuftSiG von einer unzulässigen Abwägung Leben gegen Leben spreche, verkenne den entscheidenden Umstand, der darin liege, daß in der der Ermächtigung zugrunde liegenden Konstellation das Leben der zu Geiseln der Selbstmordattentäter gewordenen Flugzeugpassagiere schlechterdings nicht mehr zu retten sei. Gerettet werden könnten nur noch die Menschen, denen das gleiche Todesschicksal drohe, wenn das Flugzeug sein anvisiertes Ziel erreiche. Wenn die Achtungspflicht gegenüber dem einen mit der Schutzpflicht gegenüber einem anderen zusammentreffe, gerate der Staat in eine Pflichtenkollision; dann dürfte eine Abwägung innerhalb von Art. 1 Abs. 1 Satz 2 GG, die den relativen Vorrang des einen vor dem anderen, jeweils in der Menschenwürde wurzelnden Anspruchs erweisen müsse, unumgänglich sein. Dabei bestünde keine generelle Präferenz der Abwehrfunktion gegenüber der Schutzfunktion. Entscheide sich der Gesetzgeber in dieser Grenzsituation, in der er nur entweder die eine oder die andere Pflicht erfüllen könne, aus den dargelegten Gründen für die Erfüllung der Schutzpflicht, so liege darin unter den obwaltenden Umständen keine prinzipielle Mißachtung des Personseins der geopferten Menschen, zu deren Rettung der Staat sich lediglich außerstande sehe. Dieses Abwägungsergebnis lasse sich jedenfalls nicht eindeutig falsifizieren.[504]

Auch Thomas Elsner und Klara Schobert wenden sich gegen das Urteil. In dem Urteil werde deutlich, daß die (vom Gericht abgelehnte) Abwägung der Menschenwürde wegen der Möglichkeit der Kollision von Menschenwürden unumgänglich sei. Die Menschenwürde sei in der Rechtspraxis nicht abwägungsresistent, sie könne es schon aus dogmatischen Gründen nicht sein. Die rechtsethischen Probleme ließen sich mit dem Vorschieben einer starren Dogmatik nicht lösen. Deswegen sollte das Unabwägbarkeitsdogma aufgegeben werden und die Menschenwürde nach der üblichen Grundrechtsdogmatik geprüft werden.[505]

Tonio Gas wendet gegen das Urteil ein, ein menschenwürdeverletzendes Kalkül sei es nicht nur, wenn man einen sicheren Tod, sondern ebenfalls wenn man einen als möglich erkannten Tod in Kauf nehme. Auch dies instrumentalisiere die Opfer.[506]

Thomas Rönnau schreibt, das Gericht habe zutreffend den gesetzgeberischen Versuch, die Tötung unschuldiger Menschen durch staatliches Handeln zu rechtfertigen,

---

503 Westphal, juridikum 2006, S. 138 (140 f.).

504 Hillgruber, JZ 2007, S. 209 (216 f.).

505 Elsner/Schobert, DVBl. 2007, S. 278 (286 f.).

506 Gas, Die Polizei 2007, S. 33 (36).

abgewehrt. Denn ohne Zweifel habe § 14 Abs. 3 LuftSiG nur als Rechtfertigungsgrund gedeutet werden können.[507]

Ulrich Palm würdigt das Urteil des Bundesverfassungsgerichts überwiegend kritisch.
Entgegen früheren Entscheidungen des Gerichts vertrete der Erste Senat einen
betont idealistischen Personenbegriff. Unter Rückgriff auf die Objektformel Dürigs
komme er zu einem absoluten Wert des Individuums, solange nicht der Bestand des
Staates und der freiheitlichen Rechtsordnung in Frage stehe. Gerade Dürig spreche
sich jedoch für eine gemeinschaftsbezogene Interpretation des Rechts auf Leben
im Notstandsfall aus. Das Luftsicherheitsurteil bringe daher eine problematische
Ausdehnung der Menschenwürde mit sich.[508]

Einiko Benno Franz wendet ein, das Bundesverfassungsgericht sei zu kurz und mit
unzureichender Begründung auf die Möglichkeit einer Kollision von Schutzpflichten
aus Art. 2 Abs. 1 Satz 2 GG eingegangen, die eine Auflösung nach pflichtgemäßem
Ermessen der Bundesregierung erfordern könnte.[509] Angesichts des Gesetzesvorbehalts
in Art. 2 Abs. 2 Satz 3 GG könne der Menschenwürdekern des Rechts auf Leben nicht
bereits bei jeglicher durch staatliche Gewalt (mit)verursachten Tötung betroffen sein,
sondern nur aufgrund der Umstände des Einzelfalls.[510] Lege man die vom Gericht für
eine Menschenwürdeverletzung an den Passagieren geltend gemachten Kriterien auch
für die Menschen am Boden zugrunde, so sei auch deren Würde bedroht. Insoweit liege
eine fundamentale Rechtsgüterkollision vor, die es aufzulösen gelte und der man nicht mit
dem Argument der Unantastbarkeit der Menschenwürde ausweichen könne. Lasse man
sich auf eine Abwägung ein, so könne auch die Tötung Unschuldiger nach den Maßstäben
der Verhältnismäßigkeit ausnahmsweise zulässig sein. Um dem hohen Rang des Rechts
auf Leben Rechnung zu tragen, müßte allerdings, anders als im Luftsicherheitsgesetz
vorgesehen, gefordert werden, daß die Asymmetrie der Rettungschancen mit an
Sicherheit grenzender Wahrscheinlichkeit anzunehmen sei.[511]

Reinhard Merkel meint, das Ergebnis der Entscheidung (des Gerichts) erscheine
grundsätzlich richtig. Die Begründung des Gerichts bleibe freilich, bei aller
Entschiedenheit des kritischen Tons, begrifflich ohne klare Konturen und normativ
ohne überzeugende Kraft. Daran ändere die nachdrückliche Berufung auf Art.
1 Abs. 1 und 2 Abs. 2 GG nichts. Sedes materiae sei das Prinzip des defensiven
Notstands. Auch wer die Gefahrenquelle oder doch ein relevanter Teil von ihr
bloß *sei*, weil ihn ein böses Schicksal dazu gemacht habe, mag als Adressat eines

507 Rönnau, in: Strafgesetzbuch. Leipziger Kommentar, hgg. von Heinrich Wilhelm Laufhütte, Ruth
    Rissing-van Saan, Klaus Tiedemann. Zweiter Band. §§ 32 bis 55, 12. Aufl., 2006, Vor § 32 Rdnr. 252.

508 Palm, AöR 132 (2007), S. 95 (113).

509 Franz, Der Staat 45 (2006), S. 501 (506).

510 Franz, Der Staat 45 (2006), S. 501 (511).

511 Franz, Der Staat 45 (2006), S. 501 (513 ff.).

defensiven Notstandseingriffs in Frage kommen. Tötungshandlungen im defensiven Notstand reichten freilich hart an die Grenze des rechtlich Erträglichen. Defensivnotstandshandlungen gegen das Leben eines „schuldlos" Gefahrzuständigen seien stets *tragic choices*. Es sei aber ein Gebot der Fairness, also der Gerechtigkeit, mit der tragischen Beseitigung der Gefahr den zu belasten, den das Schicksal zu deren Ursprung gemacht habe. Ein einfaches Gesetz, das im Extremfall des defensiven Notstands anhand deutlich formulierter Kriterien auch staatliche Tötungen erlaube, könnte daher schwerlich als Verstoß gegen die Verfassung gelten.[512]

Ekkehart Reimer schreibt, es sei das zentrale Verdienst der Entscheidung, an der klassischen Dogmatik der Menschenwürde festgehalten zu haben. Der Wortlaut des § 14 Abs. 3 LuftSiG gestatte keineswegs nur den Abschuß von Flugzeugen, in denen sich auch unbeteiligte Dritte befänden. Vielmehr sei der Wortlaut offen und decke auch Fälle ab, die materiell mit den Grundrechten und der Unantastbarkeit der Menschenwürde in Einklang stünden. Daher habe sich die Möglichkeit einer verfassungskonformen Auslegung angeboten. Die grundrechtlichen Aspekte der Entscheidung verdienten inhaltlich Zustimmung.[513]

Wilfried Erbguth kritisiert das Bundesverfassungsgericht. Ob es sich beim Abschuß eines entführten Verkehrsflugzeugs kompetenzrechtlich nicht um „Hilfe" bzw. „Unterstützung" im Sinne von Art. 35 Abs. 2 Satz 2 oder Abs. 3 GG handele, weil hierunter keine militärischen Einsätze fielen, sondern nur solche polizeilicher Art, erscheine entgegen dem Bundesverfassungsgericht ebenso wenig zwingend, wie die von ihm implizierte Nachrangigkeit grundgesetzlicher Schutzpflichten aus Art. 2 Abs. 2, 1 Abs. 1 GG (für die vom Terrorakt bedrohten) gegenüber den (grundrechtlichen) Abwehrrechten (der vom staatlichen Abschuß bedrohten Insassen des entführten Flugzeugs), ebenfalls aus Art. 2 Abs. 2, 1 Abs. 1 GG. Denn weder allgemein noch im konkreten Fall lasse sich eine solche Vorrangigkeit der Abwehrfunktion konstruieren. In derartigen mehrpoligen Verfassungsverhältnissen sei vielmehr eine Abwägung vonnöten, die allerdings keine Verrechnung respektive Abstufung des Wertes von Leben darstellen dürfe und dies in den Renegade-Fällen bei näherer Betrachtung auch nicht sei. Entscheidend blieben indes die tatsächlichen Unsicherheiten bei der Prognose der Geschehensabläufe in solchen Entführungsfällen. Da niemals mit letzter Gewißheit festgestellt werden könne, ob es zu einem/dem Terrorakt auch wirklich kommen werde, könne auf einer derart unsicheren Grundlage ein Eingriff in Art. 2 Abs. 2 i. V. mit Art. 1 Abs. 1 GG nicht gerechtfertigt werden.[514]

Walter Frenz kritisiert das Urteil des Bundesverfassungsgerichts. Zwar könne man nicht Leben gegen Leben aufrechnen. Indes handele es sich um eine Extremsituation

---

512 Merkel, JZ 2007, S. 373 (373 f., 384).

513 Reimer, StudZR 2006, S. 601 (609 ff.).

514 Erbguth, in: Sachs (Hg.), Grundgesetz, Art. 35 Rdnr. 38.

auch zu Lasten der Betroffenen auf der Erde. Sei der Staat an wirksamen Maßnahmen zu ihrem Schutz gehindert, würden auch sie Opfer eines durch sie nicht beherrschbaren Vorgangs. Gebe der Staat ihre Leben von vornherein preis, indem er ein Vorgehen gegen Angriffsflugzeuge erst gar nicht vorsehe, mache er (auch) sie zum Objekt und negiere ihre Subjektqualität, nur daß er nicht aktiv handele. Das Ergebnis bleibe aber gleich, nämlich der staatlich in Kauf genommene Tod Unschuldiger. Damit stünden sich zwei Ausprägungen der Menschenwürde gegenüber: die der unschuldigen Passagiere im Flugzeug und die der nichts ahnenden Opfer auf dem Boden. Diesen Konflikt erörtere das Bundesverfassungsgericht nicht. Nehme man ihn hinzu, liege eine mögliche Legitimation eines Flugzeugabschusses darin, die Menschenwürde der auf dem Boden befindlichen Betroffenen zu schützen, mithin in der staatlichen Schutzpflicht aus Art. 1 Abs. 1 GG.[515]

Der Hinweis des Bundesverfassungsgerichts auf die mögliche strafrechtliche Verantwortlichkeit der Entscheidungsträger wird von den Kommentatoren des Urteils unterschiedlich gewürdigt.

Christian Starck meint, dieser Hinweis zeige Grenzen der generellen Normierbarkeit von Lebenssachverhalten und verweise damit zugleich auf die Möglichkeit, in außergewöhnlichen Lagen schwerwiegende Entscheidungen ohne gesetzliche Grundlagen zu treffen und dafür gegebenenfalls in einem Strafprozeß die Verantwortung zu tragen.[516]

Tobias Linke äußert „stärkste Bedenken". Möglicherweise habe der Senat damit einen (vermeintlichen) Ausweg aus der Misere weisen wollen, wenn sämtliche Sicherungen am Boden versagten. Gleichwohl bewirke der Hinweis auf die Selbständigkeit des Strafrechts nichts Gutes. Die beiläufige Bemerkung könnte die Politik in Versuchung führen, die straf- und disziplinarrechtliche Folgenlosigkeit einer entsprechenden Tat nach dem Vorbild des Abtreibungsstrafrechts in verfassungsrechtlich fragwürdiger Weise zu regeln.[517]

Christian M. Burkiczak schreibt, gerade da es des Hinweises (auf die strafrechtliche Verantwortung) nicht bedurft habe, liege darin seine Bedeutung: Zwar sei es von Verfassungs wegen unzulässig, eine solche Maßnahme durch Gesetz für rechtmäßig zu erklären. Bei der strafrechtlichen Beurteilung aber auf einen entschuldigenden (übergesetzlichen) Notstand oder einen persönlichen Strafausschließungsgrund zurückzugreifen, sei demgegenüber vom Grundgesetz nicht ausgeschlossen.[518]

Einiko B. Franz und Thomas Günther vertreten die Auffassung, ein Rückgriff auf

---

515 Frenz, NVwZ 2007, S. 631 (632).

516 Starck, JZ 2006, S. 417 (418).

517 Linke, NWVBl. 2006, S. 174 (179).

518 Burkiczak, NZWehrr 2006, S. 89 (100 f.).

§§ 32, 34 StGB sei nicht zulässig, weil dadurch wesentliche Bestimmungen des Grundgesetzes wie das Verhältnismäßigkeitsprinzip unterlaufen würden. Zum anderen ließe sich über eine Entschuldigungslösung keine hinreichende Sicherheit herstellen, weil die Tat verboten bliebe und zudem nach § 11 Abs. 1 Satz 2 Soldatengesetz kein Soldat einen Befehl befolgen müßte, der auf eine Verletzung der Menschenwürde gerichtet sei.[519]

Christof Gramm meint, dem Gericht schwebe mit seinem Fingerzeig offenbar vor, daß ein Soldat ohne Rechtsgrundlage, auf eigenes Risiko und nur seinem Gewissen folgend, letztlich doch den Abschuß vornehmen könnte. Weil es sich letztlich um eine ausweglos-tragische Situation handele, könne nur ein tragischer Held helfen.[520] Christof Gramm bezweifelt, ob die Handlungsbereitschaft des Einzelnen für eine existenzielle Ausnahmesituation wirklich die richtige Antwort des Rechtsstaates sei.[521]

Oliver Lepsius begrüßt das Urteil:

„This is a remarkable decision, particularly in three regards. Firstly, the Court, with impressive consistency, again struck down a prominent anti-terrorism statute. The Karlsruhe Court corrects the parliament's watering down of individual liberties and, at the same time, effectively limits contemporary statutory approaches to presumably increase the level of security by decreasing the level of civil liberties. In the legislative process the balancing of freedom and security has become one sided. It is the Federal Constitutional Court, not parliament, that guards individual freedom in these days.

Secondly, the judgment implicitly announces a re-introduction of an Article 1 jurisprudence that concentrates more on an autonomous understanding of the human dignity clause of the German Constitution and disentangles its understanding from the fundamental right to life in Article 2 (2) of the Basic Law…

The third beneficial effect calls for the implicit denial of special constitutional justifications in an emergency. Obviously the Court is not impressed with worst case scenarios. It did not bow to claims for the effectiveness of state action against terrorist attacks. There is no tendency in the judgement that the Court will lower either factual or normative requirements in order to justify infringements of civil rights in an emergency. Rather, the Court emphasized the importance of a strictly text-based legal interpretation (*strikte Texttreue*) and, hence, objected to functional interpretation of the constitution with the purpose to empower the Armed Forces to fulfil domestic tasks apart from defense against an enemy's military attack. In general, the Constitutional Court proved to be a reliable guardian of the constitution both in civil rights issues and competencies (enumerated powers, federalism).“[522]

---

519 Franz/Günther, VBlBW 2006, S. 340 (347).

520 Gramm, GreifRecht 2006, S. 82 (86 f.); ders., UBWV 2007, S. 121 (124).

521 Gramm, GreifRecht 2006, S. 82 (87); ders., UBWV 2007, S. 121 (124 f.).

522 Lepsius, German Law Journal Vol. 7 No. 9 - 1 September 2006, S. 761 (775 f.).

Eher kritisch sieht Manuel Ladiges das Urteil:

„Lastly, it has to be noted that individual rights and human dignity do not necessarily benefit from the judgment. In fact, the Court intensifies the motivation of attackers to hijack airplanes with innocent passengers on board, because the attackers can be certain that in such a situation the state has no legal means to shoot down the aircraft. Also, it should not be ignored that the Court has asserted a violation of human dignity only in case of a non-war deployment ("nichtkriegerischer Einsatz"). This raises the following question: Would the killing of innocent people be permitted in the case of war? If this question was negated, the Armed Forces would factually not be able to defend Germany effectively. If it was affirmed, human dignity would be less protected in war; this would hardly be accordable with the inviolability (Unantastbarkeit) and preeminence of human dignity as guaranteed in Article 1 (1) of the Basic Law."[523]

In einem weiteren Beitrag betont Manuel Ladiges, es spreche vieles dafür, daß die Tötung von Unbeteiligten in bestimmten Situationen verfassungsrechtlich gerechtfertigt werden könne. Jedoch wäre es hierfür wohl erforderlich, die Abwehr von Angriffen aus dem Luftraum dem Verteidigungsauftrag zuzuordnen. Festzuhalten bleibe, daß der Gesetzgeber gerade hinsichtlich der Frage von Leben und Tod seiner Rechtsunterworfenen nicht stumm bleiben und sich damit auf einen „rechtsfreien Raum" zurückziehen sollte.[524] Die unmittelbare Einwirkung mit Waffengewalt in der Konstellation des § 14 Abs. 3 LuftSiG stelle dann keine Verletzung der Menschenwürde dar, wenn die Tötung Unbeteiligter sichere Folge der Gefahrenabwehr sei. Entgegen der Auffassung des Bundesverfassungsgerichts sei der Gesetzgeber dazu befugt, die staatliche Tötung von Unbeteiligten unter besonderen Voraussetzungen zu regeln, soweit die Tötung der Unbeteiligten nicht das Ziel des staatlichen Handelns sei.[525] Der Eingriff in das Grundrecht auf Leben der Unbeteiligten durch die gesetzliche Regelung des § 14 Abs. 3 LuftSiG sei gerechtfertigt, da der Gesetzgeber sich im Einzelfall für die Wahrnehmung der staatlichen Schutzpflicht zu Lasten des Achtungsanspruchs entscheiden dürfe.[526]

Winfried Kluth würdigt das Urteil des Bundesverfassungsgerichts positiv. Im Falle des 11. September mag es sein, daß Passagiere den Weg des Martyriums[527] gewählt haben; aber nur sie könnten diesen Weg wählen. Der Staat könne diese Entscheidung weder abnehmen noch auferlegen. Es bleibe deshalb die Konfrontation mit dem Schicksal der Untätigkeit gegenüber dem Verbrechen Dritter, die durch den Respekt vor dem Leben Unschuldiger erzwungen werde. Diese Ohnmacht werde auch nicht durch die staatliche Schutzpflicht nicht überwunden, denn diese könne und

---

523 Ladiges, German Law Journal Vol. 8 No. 3 - 1 March 2007, S. 307 (309 f.).

524 Ladiges, ZRP 2007, S. 172.

525 Ladiges, Die Bekämpfung nicht-staatlicher Angreifer im Luftraum, S. 355.

526 Ladiges, Die Bekämpfung nicht-staatlicher Angreifer im Luftraum, S. 391.

527 Gemeint ist die Selbstopferung.

dürfe nur mit rechtstaatlichen Mitteln und unter Respektierung der Achtungspflicht verwirklicht werden.[528]

Frank Winkeler schreibt in seiner Dissertation, das Bundesverfassungsgericht messe mit seiner Beurteilung des LuftSiG als materiell verfassungswidrig der abwehrrechtlichen Komponente der Menschenwürdegarantie bzw. des Grundrechts auf Leben der liberalen Grundrechtsidee folgend im Ergebnis größere Bedeutung zu als der jeweiligen Schutzdimension.[529]

Hans Lisken und Erhard Denninger würdigen das Urteil positiv. Die Mittel, die der Staat zur Erfüllung seiner (Rettungs)Pflicht einsetzen dürfe, müßten mit der Verfassung in Einklang stehen. Daran fehle es, wenn außer Acht gelassen werde, daß die Schutzpflicht des Staates genau so zugunsten der hilflosen Entführungsopfer bestünde.[530]

b) Bewertung

In zuspitzender Vereinfachung lautet die Botschaft des Bundesverfassungsgerichts zu § 14 Abs. 3 LuftSiG: Der Verfassungsgesetzgeber wird Art. 35 GG „reparieren" müssen, wenn die Streitkräfte die Befugnis erhalten sollen, mit militärischen Waffen Gefahren im Luftraum und von See her abzuwehren.[531] Einer Änderung des Art. 35 GG bedarf es auch, wenn der zuständige Bundesminister, das ist beim Einsatz der Streitkräfte der Bundesminister der Verteidigung, im Eilfall Einsatzentscheidungen treffen soll.[532]

Der Abschuß eines von Terroristen gekaperten Flugzeugs ist im Rahmen eines *nichtkriegerischen* terroristischen Luftzwischenfalls auf gar keinen Fall zulässig, wenn tatunbeteiligte Personen an Bord sind. Wegen Art. 1 in Verbindung mit Art. 79 Abs. 3 GG kann dies auch durch den verfassungsändernden Gesetzgeber nicht geheilt werden.[533]

---

528 Kluth, in: Staat im Wort, Festschrift für Josef Isensee, hgg. von Otto Depenheuer, Markus Heintzen, Matthias Jestaedt, Peter Axer, 2007, S. 535 (544, 548).

529 Winkeler, Bedingt abwehrbereit?, S. 287.

530 Lisken/Denninger, in: Lisken/Denninger (Hg.), Handbuch des Polizeirechts, 4. Aufl., 2007, S. 125 f.

531 Vgl. auch Ladiges, German Law Journal Vol. 8 No. 3 - 1 March 2007, S. 307; ders., ZRP 2007, S. 172.

532 Schenke, NJW 2006, S. 736 (738 f.); Wiefelspütz, ZRP 2007, S. 17 (18). Ladiges, ZRP 2007, S. 172, tritt dafür ein, in Eilfällen die Einsatzbefugnis auf militärische Stellen zu übertragen. Dieser Vorschlag ist freilich ohne Aussicht auf Realisierung.

533 Wiefelspütz, RuP 2006, S. 71; ders., Die Friedens-Warte 2006, S. 73 (80); ders., Die Abwehr terroristischer Anschläge und das Grundgesetz, S. 77; ders., RuP 2007, S. 3; ders., AöR 132 (2007), S. 44 (81); Sachs, JuS 2006, S. 448 (453); Winkler, NVwZ 2006, S. 536 (538); Franz/Günther, VBlBW 2006, S. 340 (347); Pestalozza, NJW 2007, S. 492 (494; Sittard/Ulbrich, NZWehr 2007, S. 60 (68); Lepsius, in: Roggan (Hg.), Mit Recht für Menschenwürde und Verfassungsstaat, Festgabe für Dr.

Der im Schrifttum mehrfach erhobene Vorwurf, im Gesetzgebungsverfahren habe keine vertiefte Auseinandersetzung mit dem Eingriff in Grundrechte Tatunbeteiligter stattgefunden[534], trifft zu. Bei den Beratungen des Luftsicherheitsgesetzes stand die Auseinandersetzung mit Art. 35 GG im Mittelpunkt.

Das Bundesverfassungsgericht bestätigt mit seinem Urteil erstmals die verfassungs-rechtliche Zulässigkeit des finalen Rettungsschusses.[535] Die polizeirechtliche Diskussion über den finalen Rettungsschuß hatte freilich ihren Höhepunkt in den vergangenen Jahrzehnten. Der finale Rettungsschuß mit möglicherweise tödlichen Folgen ist inzwischen in nahezu allen Polizeigesetzen in Gestalt hoheitlicher Befugnisnormen geregelt.[536] Für den Bereich des LuftSiG ist der finale Rettungsschuß in Gestalt des Abschusses eines als Waffe mißbrauchten Zivilflugzeugs, das ausschließlich mit Terroristen besetzt ist, vom rechtswissenschaftlichen Schrifttum nicht infrage gestellt worden.[537]

Das Urteil des Bundesverfassungsgerichts und die Autoren, die die Auffassung des Gerichts stützen, blenden freilich aus, daß § 14 Abs. 3 LuftSiG von Situationen aus-geht, in denen angesichts der zu erwartenden Geschehensabläufe der Schutz todgeweihter unschuldiger Personen an Bord eines entführten Flugzeugs nicht (mehr) möglich ist, während der Schutz der Menschen, die von dem als Waffe zweckentfremdeten Flugzeugs bedroht werden, noch möglich ist. In einer solchen Situation zwingt das Bundesverfassungsgericht die verantwortlich Handelnden (Verteidigungsminister, Soldaten) zur Untätigkeit und beschränkt sich ferner auf den vielsagenden Hinweis, daß das Gericht nicht zu entscheiden hatte, wie ein gleichwohl vorgenommener Abschuß und eine auf ihn bezogene Anordnung strafrechtlich zu beurteilen wäre.[538]

Ausgangspunkt für die grundrechtliche Überprüfung von § 14 Abs. 3 LuftSiG sind folgende allgemein gebilligten Überlegungen des Bundesverfassungsgerichts:

Burkhard Hirsch, S. 47 (58); Ladiges, Die Bekämpfung nicht-staatlicher Angreifer im Luftraum, S. 351 f.

534 E. Klein, in: Festschrift für Reinhard Mußgnug, **S. 71 (75 f.)**; Merkel, Die Zeit vom 8. Juli 2004.

535 So auch Winkeler, Bedingt abwehrbereit?, S. 132 f. Fn. 469. Zur Zulässigkeit des finalen Rettungsschusses: Jakobs, DVBl. 2006, S. 83 ff. m. w. N.; Lindner, DÖV 2006, S. 577 (585 m. w. N.); Ladiges, Die Bekämpfung nicht-staatlicher Angreifer im Luftraum, S. 280 f.

536 Vgl. Art. 66 Abs. 2 Satz 2BayPAG; § 54 Abs. 2 BWPolG; § 67 BbgPolG; § 63 Abs. 2 Satz 2 RPPOG; § 34 Abs. 2 SPolG; § 65 Abs. 2 Satz 2 LSASOG; § 64 Abs. 2 Satz 2 ThPAG; § 46 Abs. 2 Satz 2 BremPolG; § 76 Abs. 2 Satz 2 NdsSOG.

537 Merkel, Die Zeit vom 8. Juli 2004; Sittard/Ulbrich, JuS 2005, S. 432 (434); Hartleb, NJW 2005, S. 1397 (1398 f.); Franz/Günther, VBlBW 2006, S. 340 (346); Hobe, ZLW 2006, S. 333 (336); Laschewski, Der Einsatz der deutschen Streitkräfte im Inland, S. 142; Winkeler, Bedingt abwehrbereit?, S. 137 f.; anders aber Hecker, KJ 2006, S. 179 (190).

538 BVerfGE 115, S. 118 (157) = NJW 2006, S. 751 (759 = Absatz-Nr. 130).

„Der Schutz es einzelnen Lebens darf nicht deswegen aufgegeben werden, weil das an sich achtenswerte Ziel verfolgt wird, andere Leben zu retten. Jedes menschliche Leben ... ist als solches gleich wertvoll und kann deshalb keiner irgendwie gearteten unterschiedlichen Bewertung oder gar zahlenmäßigen Abwägung unterzogen werden."[539]

Wenn die Geschehensabläufe freilich so gelagert sind, daß nur noch die bedrohten Menschen am Boden geschützt werden können, weil die tatunbeteiligten Personen an Bord des entführten Flugzeugs der verbrecherischen Gewalt der Entführer unterworfen sind, die einen selbstmörderischen Anschlag irrevisibel eingeleitet haben, darf eine Befugnisnorm den Abschuß des entführten Flugzeugs ermöglichen. Einzuräumen ist, daß dies gegenüber der herkömmlichen polizeirechtlichen Dogmatik eine „Grenzüberschreitung" ist. Denn das Polizeirecht erlaubt die Tötung des „Nichtstörers" nicht. Andererseits kamen Konfliktlagen wie die der Anschläge vom 11. September 2001 bis zu diesem Zeitpunkt im Polizeirecht nicht vor.[540]

Der Schutz menschlichen Lebens darf nicht quantifiziert werden. Ebenso wenig darf menschliches Leben „verrechnet" werden. Fraglos sind sowohl die unschuldigen Opfer an Bord des Flugzeugs ebenso zu schützen wie die potentiellen Opfer am Boden. Entscheidend ist aber die Asymmetrie der Schutz- und Rettungschance. Wenn den Opfern an Bord des Flugzeugs nicht mehr zu helfen ist, darf sich der schutzpflichtige Staat nicht auf die Zuschauerrolle zurückziehen, sondern darf den bedrohten Menschen am Boden im äußersten Notfall auch durch den Abschuß des Flugzeugs helfen. Dies ist nicht die „Verrechnung" von Menschenleben, keine (unzulässige) Abwägung von Leben gegen Leben, sondern die Wahrnehmung der einzigen verbliebenen Schutzchance.

Weitgehend unbeachtet[541] trug der Strafrechtslehrer Walter Gropp ein wesentliches strafrechtliches Argument vor: Die unschuldigen Passagiere müßten im Falle des defensiven Notstandes – dies ist die Konstellation des als mörderische Waffe mißbrauchten Zivilflugzeugs – unter strafrechtlichen Gesichtspunkten den Abschuß des Flugzeugs hinnehmen.[542] Wenn dies richtig ist, darf der Staat durch eine gesetzliche Nothilfenorm wie § 14 Abs. 3 LuftSiG den Abschuß eines entführten Flugzeugs regeln. Der am Boden bedrohte Mensch dürfte sich, stünde ihm eine Waffe zu Gebote, gegen das als Waffe mißbrauchte Zivilflugzeug wehren, auch um den Preis, daß tatunbeteiligte Personen an Bord des Flugzeugs Schaden nähmen. Wenn dieses Handeln als Notwehr und defensiver Notstand gerechtfertigt ist, dann darf der Gesetzgeber auch eine Befugnisnorm schaffen, die das staatliche Handeln zugunsten der bedrohten Opfer am Boden als Nothilfe oder Notstandshilfe erlaubt.[543]

---

539 BVerfGE 29, S. 1 (59).

540 Wiefelspütz, Die Abwehr terroristischer Anschläge und das Grundgesetz, S. 79.

541 Vgl. aber jetzt Merkel, JZ 2007, S. 373 (385).

542 Gropp, GA 2006, S. 284 (288).

543 Wiefelspütz, Die Abwehr terroristischer Anschläge und das Grundgesetz, S. 79; zur Indizwirkung des

Angesichts der existenziellen Bedeutung der in Rede stehenden Rechtsgüter sind an die Sicherheit der Lageeinschätzung hohe Anforderungen zu stellen. Bei relevanten Unsicherheiten in der Prognose der Kausalabläufe verbietet sich der Abschuß.[544]

Das Bundesverfassungsgericht kapituliert im Grunde vor einer Konfliktlage, die durch eine leider unauflösbare Verstrickung von extrem gefährlichen Tätern mit unschuldigen Menschen, die selber vor allem und in erster Linie Opfer eines Verbrechens sind, hervorgerufen und geprägt ist, während andererseits tatunbeteiligte Menschen am Boden staatlichen Schutz verlangen.

Der vage Hinweis des Gerichts auf die strafrechtliche Verantwortung im Falle des verfassungswidrigen Befehls zum Abschuß des entführten Flugzeugs ist keine Hilfe.[545] Den verantwortlich Handelnden im Falle eines Abschusses (Pilot, Verteidigungsminister) ist es nicht zuzumuten, das Verdikt der Rechtswidrigkeit ihres Handelns hinnehmen zu müssen und auf entschuldigenden Notstand verwiesen zu werden.[546]

So unbefriedigend das Urteil ist, die Verfassungsorgane der Bundesrepublik Deutschland werden es befolgen müssen. Für den Fall des *nichtkriegerischen* Luftzwischenfalls sind die Gestaltungsmöglichkeiten des verfassungsändernden Gesetzgebers wegen Art. 79 Abs. 3 in Verbindung mit Art. 1 Abs. 1 GG beschränkt.[547]

Strafrechts vgl. Winkeler, Bedingt abwehrbereit?, S. 125 ff.

544 Wiefelspütz, Die Abwehr terroristischer Anschläge und das Grundgesetz, S. 79; ähnlich Winkeler, Bedingt abwehrbereit?, S. 230 f.

545 Zur strafrechtlichen Beurteilung des Abschusses eines zivilen Flugzeugs vgl. Winkeler, Bedingt abwehrbereit?, S. 103 ff.; Ladiges, Die Bekämpfung nicht-staatlicher Angreifer im Luftraum, S. 403 ff.

546 Wiefelspütz, Die Abwehr terroristischer Anschläge und das Grundgesetz, S. 79; ähnlich Linke, NWVBl. 2007, S. 101 (105).

547 Wiefelspütz, RuP 2006, S. 71; ders., Die Friedens-Warte 2006, S. 73 (80); ders., RuP 2007, S. 3; ders., AöR 132 (2007), S. 44 (81); Sachs, JuS 2006, S. 448 (453); Winkler, NVwZ 2006, S. 536 (538); Franz/Günther, VBlBW 2006, S. 340 (347); Pestalozza, NJW 2007, S. 492 (494; Sittard/Ulbrich, NZWehrr 2007, S. 60 (68); Lepsius, in: Roggan (Hg.), Mit Recht für Menschenwürde und Verfassungsstaat, Festgabe für Dr. Burkhard Hirsch, S. 47 (58); Ladiges, Die Bekämpfung nicht-staatlicher Angreifer im Luftraum, S. 351 f.

12. Der *kriegerische* Luftzwischenfall und der Einsatz der Streitkräfte zur Verteidigung

a) Der kriegerische Luftzwischenfall

Es ist von besonderer Bedeutung, daß das Luftsicherheitsurteil des Bundesverfassungsgerichts sich ausschließlich zum *nichtkriegerischen* Luftzwischenfall verhält.[548] In dem Urteil wird in zwei Passagen der nichtkriegerische Luftzwischenfall ausdrücklich angesprochen:

„Nach diesen Maßstäben ist § 14 Abs. 3 LuftSiG auch mit Art. 2 Abs. 2 Satz 1 in Verbindung mit Art. 1 Abs. 1 GG nicht vereinbar, soweit vom Abschuß eines Luftfahrzeugs Personen betroffen werden, die als dessen Besatzung und Passagiere auf die Herbeiführung des in § 14 Abs. 3 LuftSiG vorausgesetzten nichtkriegerischen Luftzwischenfalls keinen Einfluß genommen haben. ... Für die verfassungsrechtliche Beurteilung ist allein entscheidend, daß der Gesetzgeber nicht durch Schaffung einer gesetzlichen Eingriffsbefugnis zu Maßnahmen der in § 14 Abs. 3 LuftSiG geregelten Art gegenüber unbeteiligten, unschuldigen Menschen ermächtigen, solche Maßnahmen nicht auf diese Weise als rechtmäßig qualifizieren und damit erlauben darf. Sie sind als Streitkräfteeinsätze nichtkriegerischer Art mit dem Recht auf Leben und der Verpflichtung des Staates zur Achtung und zum Schutz der menschlichen Würde nicht zu vereinbaren."[549]

Die durch das Bundesverfassungsgericht erzwungene strikte Beschränkung militärischen Handelns gegenüber tatunbeteiligten Personen bezieht sich *ausschließlich* auf diesen Fall.[550] Das Bundesverfassungsgericht verliert im Luftsicherheitsurteil leider kein erläuterndes Wort über den *kriegerischen* Luftzwischenfall. Hilfreich wäre es jedenfalls gewesen, wenn das Gericht Kriterien für die Abgrenzung des nichtkriegerischen vom kriegerischen Luftzwischenfall genannt hätte.[551]

Die rechtwissenschaftlichen Kommentare, auch die politischen Kommentare zum Luftsicherheitsurteil würdigen ganz überwiegend nicht die Notwendigkeit der Unterscheidung des *nichtkriegerischen* vom *kriegerischen* Luftzwischenfall.[552] Für den *kriegerischen* Luftzwischenfall gilt nämlich nicht das Luftsicherheitsgesetz,

---

548 A. A. Hirsch, RuP 2007, S. 153 (153, 155, 156).

549 BVerfGE 115, S. 118 (153, 157) = NJW 2006, S. 751 (758 f. = Rn. 122, 130).

550 Wiefelspütz, RuP 2007, S. 73 (77).

551 Wiefelspütz, Die Abwehr terroristischer Anschläge und das Grundgesetz, S. 81; ders., RuP 2007, S. 73 (77).

552 Vgl. aber Wiefelspütz, Die Welt vom 20. Februar 2006; ders., RuP 2006, S. 71 ff.; Burkiczak, NZWehrr 2006, S. 89 (101); Gramm, GreifRecht 2006, S. 82 (86); ders., UBWV 2007, S. 121 (124); Poretschkin, NZWehrr 2006, S. 123; Ladiges, ZRP 2007, S. 172; ders., Die Bekämpfung nicht-staatlicher Angreifer im Luftraum, S. 330; Depenheuer, Selbstbehauptung des Rechtsstaats, S. 112 (Fn. 44).

sondern das humanitäre Völkerrecht[553] und – staatsrechtlich betrachtet – Art. 87 a Abs. 1 Satz 1 GG.[554]

Wenn ein grenzüberschreitender terroristischer Anschlag die allerdings erhebliche Schwelle des „bewaffneten Konflikts" erreicht, gilt das humanitäre Völkerrecht.[555] Das humanitäre Völkerrecht bestimmt die zulässige Art und Weise der Kriegführung.[556] Kriegshandlungen dürfen sich nur gegen militärische Ziele richten. Zivilpersonen, die das Kampfgebiet nicht verlassen können, sind soweit als irgend möglich zu schonen.[557] Mit dieser Begrenzung wird die zulässige Anwendung militärischer Gewalt wesentlich limitiert.[558] Kampfhandlungen dürfen unbeteiligte Zivilpersonen nur in Mitleidenschaft ziehen, wenn es sich um sogenannte Kollateralschäden bei Angriffen auf militärische Ziele handelt.[559]

Die Zulässigkeit der Führung eines Verteidigungskrieges wird vom Grundgesetz vorausgesetzt.[560] Beim Einsatz deutscher Streitkräfte zur Verteidigung sind die Normen des Völkerrechts, insbesondere des Kriegsrechts, die als „allgemeine Regeln des Völkerrechts" gemäß Art. 25 GG „Bestandteil des Bundesrechts" sind, aber auch deutsches Verfassungsrecht einzuhalten.[561]

Mit der Entscheidung für die militärische Landesverteidigung (Art. 24 Abs. 2, 87 a, 115 a GG) hat das Grundgesetz zu erkennen gegeben, daß der Schutzbereich des Art. 2 Abs. 2 Satz 1 GG Rückwirkungen auf die Bevölkerung bei einem völkerrechtsgemäßen Einsatz von Waffen gegen den militärischen Gegner im Verteidigungsfall nicht umfaßt.[562] Die Entscheidung für die militärische Landesverteidigung schließt die Befugnis ein, Tötungshandlungen vorzunehmen, die nicht gegen geltendes Kriegsvölkerrecht verstoßen.[563]

---

553 Wiefelspütz, AöR 132 (2007), S. 44 (81); ders., RuP 2007, S. 73 (77 f.). Zur grundlegenden Unterscheidung zwischen Kriegsrecht und Friedensrecht bei Luftzwischenfällen vgl. Hase, DÖV 2006, S. 213 (215 f.); unbrauchbar Giemulla, in: Giemulla/van Schyndel, Luftsicherheitsgesetz, 2006, § 14 Rdnr. 50 ff. Zutreffend weist Lüderssen, FAZ vom 18. Januar 2005 = StV 2005, S. 106, darauf hin, daß Art. 35 Abs. 2 und 3 GG nicht geeignet sind, die Anwendung des Kriegsrecht auszulösen.

554 Wiefelspütz, Die Abwehr terroristischer Anschläge und das Grundgesetz, S. 81. Es versteht sich im Übrigen von selbst, daß ein nichtkriegerischer Luftzwischenfall nicht qua Verfassungsänderung zum kriegerischen Luftzwischenfall erklärt werden kann. Vgl. dazu Sittard/Ulbrich, NZWehrr 2007, S. 60 (67).

555 Gaitanides, KritV 2004, S. 129 (134); Ladiges, Die Bekämpfung nicht-staatlicher Angreifer im Luftraum, S. 331, 343 ff.

556 Herdegen, Völkerrecht, 6. Aufl., 2007, § 56 Rdnr. 1.

557 Mußgnug, DÖV 1989, S. 917 (921); Linke, NZWehrr 2006, S. 177 (180).

558 Bothe, in: Weltinnenrecht. Liber amicorum Jost Delbrück. Hgg. von K. Dicke u. a., 2005, S. 67.

559 Herdegen, Völkerrecht, § 56 Rdnr. 13; Pawlik, JZ 2004, S. (1053 f.); Wiefelspütz, RuP 2006, S. 71; ders., Die Abwehr terroristischer Anschläge und das Grundgesetz, S. 81.

560 Murswiek, in: Sachs (Hg.), Grundgesetz, Art. 2 Rdnr. 172; Kutscha, NVwZ 2004, S. 801 (803).

561 Immer noch instruktiv: Mußgnug, DÖV 1989, S. 917 (918).

562 BVerfGE 77, S. 170 (221).

563 Murswiek, in: Sachs (Hg.), Grundgesetz, Art. 2 Rdnr. 172.

Beim Verteidigungseinsatz wird nach den anerkannten Grundsätzen des Völkerrechts und ihrer Billigung durch das Grundgesetz (Art. 25 GG) auch von dem strikten Verbot der Tötung Unbeteiligter dispensiert.[564] Realistischerweise kann das Kriegsvölkerrecht nicht ausschließen, daß bei Angriffen auf militärische Ziele Zivilpersonen in Mitleidenschaft gezogen werden.[565] Dann gilt das Verhältnismäßigkeitsprinzip.[566] Danach ist ein Angriff verboten, „bei dem damit zu rechnen ist, daß er auch Verluste an Menschenleben unter der Zivilbevölkerung, die Verwundung von Zivilpersonen, die Beschädigung ziviler Objekte oder mehrere derartige Folgen zusammen verursacht, die in keinem Verhältnis zum erwarteten konkreten und unmittelbaren militärischen Vorteil stehen"[567].

Werden Zivilpersonen von Kombattanten als „Schutzschild" mißbraucht, dürfen die Kombattanten unter Beachtung des Verhältnismäßigkeitsprinzips gleichwohl militärisch bekämpft werden.[568] Sie Pflicht zur Rücksichtnahme wird in einem solchen Fall sogar als gemindert angesehen.[569]

Für den Fall, daß Kriegsrecht auf einen Luftzwischenfall anzuwenden ist, kommt somit grundsätzlich auch der Abschuß eines als Angriffswaffe mißbrauchten zivilen Luftfahrzeugs in Betracht, selbst wenn sich an Bord unschuldige Zivilpersonen befinden.[570]

Dem steht nicht das Abkommen über die Internationale Zivilluftfahrt (ICAO-

---

564 E. Klein, in: Festschrift für Reinhard Mußgnug, S. 71 (83); ders., ZG 2005, S. 289 (299).

565 E. Klein, in: Festschrift für Reinhard Mußgnug, S. 71 (77); Pawlik, JZ 2004, S. (1053 f.); Lüderssen, FAZ vom 18. Januar 2005; ders., StV 2005, S. 106. Stein, in: Festschrift für Reinhard Mußgnug, S. 85 (98), betont freilich: „Im Krieg ist die Tötung von Zivilpersonen erlaubt, wenn sie unvermeidlich ist und zu einem erwarteten militärischen Vorteil in einem angemessenen Verhältnis steht. Aber jede auch nur angedachte Parallele zum Kriegsrecht verbietet sich, wenn ein möglicher terroristischer Anschlag aus der Luft einer Hochwasserkatastrophe im Sinne von Art. 35 GG gleichgesetzt wird."

566 Bothe, in: Graf Vitzthum (Hg.), Völkerrecht, 4. Aufl., 2007, 8. Abschnitt, Rdnr. 66; Seifert/Bünker, ThürVBl. 2006, S. 49 (53); Lüderssen, FAZ vom 18. Januar 2005; ders., StV 2005, S. 106; Wiefelspütz, RuP 2006, S. 71; Waechter, JZ 2007, S. 61 (65); Dinstein, The Conduct of Hostilities Under the Law of International Armed Conflict, Third Printing, 2005, S. 119 ff.; Wiefelspütz, AöR 132 (2007), S. 44 (81 f.); ders., RuP 2007, S. 73 (78); Gasser, Humanitäres Völkerrecht, 2007, S. 150 f.

567 Art. 51 Abs. 5 lit. b des Zusatzprotokolls über den Schutz der Opfer internationaler bewaffneter Konflikte (Zusatzprotokoll I, BGBl. 1990 II S. 1550). Vgl. auch Art. 19 Abs. 4 des Genfer Abkommens vom 12. August 1949 zum Schutz von Zivilpersonen in Kriegszeiten (BGBl. 1954 II S. 917). Siehe auch Pawlik, JZ 2004, S. (1054); Wiefelspütz, Die Abwehr terroristischer Anschläge und das Grundgesetz, S. 82; Gasser, Humanitäres Völkerrecht, S. 150 f.; Ladiges, Die Bekämpfung nicht-staatlicher Angreifer im Luftraum, S. 342 f.

568 Waechter, JZ 2007, S. 61 (65); Gasser, Humanitäres Völkerrecht, S. 148.

569 Waechter, JZ 2007, S. 61 (65); Dinstein, The Conduct of Hostilities, S. 129 ff.

570 Wiefelspütz, RuP 2006, S. 71; ders., Die Abwehr terroristischer Anschläge und das Grundgesetz, S. 83; ders., RuP 2007, S. 73 (78).

Abkommen)[571] entgegen.[572] Nach Art. 3 [bis] des ICAO-Abkommens[573] erkennen die Vertragsstaaten an, „daß sich jeder Staat der Anwendung von Waffen gegen im Flug befindliche Zivilluftfahrzeuge enthalten muß und daß im Fall des Ansteuerns das Leben der Personen an Bord und die Sicherheit des Luftfahrzeugs nicht gefährdet werden dürfen. Diese Bestimmung ist nicht so auszulegen, als ändere sie in irgendeiner Weise die in der Charta der Vereinten Nationen niedergelegten Rechte und Pflichten der Staaten". Zu den in der Charta der Vereinten Nationen (SVN) niedergelegten Rechte und Pflichten der Staaten gehört u. a. das Selbstverteidigungsrecht nach Art. 51 SVN.[574]

„Referenzfall" für den *kriegerischen* terroristischen Luftzwischenfall, gegen den militärische Verteidigung zulässig ist[575], sind die Anschläge in den USA vom 11. September 2001.[576] An Bord der Flugzeuge befanden sich neben den Terroristen zahlreiche tatunbeteiligte Passagiere und Besatzungsmitglieder. Durch die Anschläge wurden etwa 3000 Menschen getötet.[577] Der Sicherheitsrat der VN billigte den USA zumindest indirekt ein Recht auf militärische Verteidigung zu.[578] In den USA, im NATO-Bündnis und in der völkerrechtlichen Literatur[579] wurden diese Anschläge

---

571 Abkommen vom 7. Dezember 1944 über die Internationale Zivilluftfahrt (Gesetz über den Beitritt der Bundesrepublik Deutschland zu dem Abkommen über die Internationale Zivilluftfahrt und die Annahme der Vereinbarung vom 7. Dezember 1944 über den Durchflug im Internationalen Fluglinienverkehr vom 7. April 1956 – BGBl. II S. 411 –).

572 A. A. Hirsch, RuP 2007; S. 153 (156 f.); wohl auch im Ergebnis Giemulla, in: Frankfurter Kommentar zum Luftverkehrsrecht, Bd. 1.3, Luftsicherheitsgesetz, § 14 LuftSiG Rdnr. 32, sowie ders., in: Giemulla/van Schyndel, Luftsicherheitsgesetz, § 14 Rdnr. 68 ff., der meint, man solle diese Diskussion in Deutschland „nicht zu laut" führen, weil einige der Terroristen vom 11. September 2001 Deutschland als „Ruheraum" für die Vorbereitung terroristischer Aktivitäten mißbraucht hätten.

573 Gesetz zu dem Protokoll vom 10. Mai 1984 zur Änderung des Abkommens vom 7. Dezember 1944 über die Internationale Zivilluftfahrt (Neunte Änderung des Abkommens über die Internationale Zivilluftfahrt vom 9. Februar 1996 – BGBl. II S. 210).

574 Vgl. Giemulla, in: Giemulla/van Schyndel, Luftsicherheitsgesetz, § 14 Rdnr. 68 ff. = Giemulla, in: Frankfurter Kommentar zum Luftverkehrsrecht, Bd. 1.3, Luftsicherheitsgesetz, § 14 LuftSiG Rdnr. 29; Ladiges, Die Bekämpfung nicht-staatlicher Angriffe im Luftraum, S. 92 ff. Ganz souverän übersieht Hirsch, RuP 2007, S. 153 (156 f.), Art. 51 SVN.

575 Vgl. E. Klein, ZG 2005, S. 289 (294).

576 Wiefelspütz, RuP 2006, S. 71 (72); ders., AöR 132 (2007), S. 44 (82).

577 Zum Tatgeschehen vgl. Aust/Schnibben, Hg., Der 11. September. Geschichte eines Terrorangriffs, 5. Aufl., 2005.

578 Res. 1368 (2001) und 1373 (2001); dazu instruktiv: Meiser/von Buttlar, Militärische Terrorismusbekämpfung unter dem Regime der UN-Charta, 2005, S. 23 ff. m. w. N.; Stein, in: Festschrift für Reinhard Mußgnug, S. 85 (89); Tomuschat, DÖV 2006, S. 357 (358); ders., Die Friedens-Warte 82 (2007), S. 107 (114); Herdegen, in: Vogel/Dolzer/Herdegen (Hg.), Die Zukunft der UNO und des Völkerrechts, 2005, S. 226 (236); a. A. wohl Kutscha, RuP 2006, S. 202 (204).

579 Siehe Wiefelspütz, Das Parlamentsheer, S. 64 f.; Dinstein, War, Aggression and Self-Defence, Fourth Edition, 2005, S. 204 ff.; Gazzini, The changing rules on the use of force in international law, 2005, S. 76 f., 183; Herdegen, Völkerrecht, § 34 Rdnr. 16; Streinz, JöR n. F. 52 (2004), S. 219 (225); Heintschel

ganz weitgehend als bewaffneter Angriff („armed attack") gewertet, der nach Art. 51 SVN das Selbstverteidigungsrecht der USA auslöste. Nur wenige Staaten kritisierten die militärische Reaktion der USA.[580] Die Anschläge wurden trotz des starken Inlandsbezuges als Angriff von außen gewertet, weil die Täter „ferngesteuert" waren und der Geschehensablauf bei einer Gesamtbetrachtung einem militärischen Angriff von außen glich. Die Täter wurden dem De-facto-Regime der Taliban in Afghanistan zugerechnet.[581]

Aufgrund der Anschläge vom 11. September 2001 wurde erstmals der NATO-Bündnisfall nach Maßgabe der Beistandspflicht des Art. 5 des NATO-Vertrages festgestellt. Deutsche Soldaten wurden und werden (!) im Rahmen der Operation Enduring Freedom eingesetzt, um unter Berufung auf Art. 5 des NATO-Vertrages und auf Art. 51 SVN dem Bündnispartner USA wegen eines Angriffs auf die USA militärisch Beistand zu leisten.[582]

Man mag einwenden, Völkerrecht sei vom Staatsrecht zu unterscheiden. Die völkerrechtliche Betrachtungsweise sei nicht zwingend auf die bundesdeutsche staatsrechtliche Beurteilung grenzüberschreitender terroristischer Handlungen zu über-

---

von Heinegg/Gries, AVR 40 (2002), S. 145 (155 ff.); Bruha/Bortfeld, Vereinte Nationen 2001, S. 161 (165); Bruha, AVR 40 (2002), S. 383 (394 f.); Kugelmann, Jura 2003, S. 376 (378); Krajewski, AVR 40 (2002), S. 183 (197 ff.); Ruffert, ZRP 2002, S. 247 f.; Frowein, ZaöRV 62 (2002), S. 879 (887); Murphy, Harvard ILJ 43 (2002), S. 41 (50); Tietje/Nowrot, NZWehrr 2002, S. 1 (5 ff.); Schmitt, MJIL Vol. 24 (2003), S. 513 (536 ff., 539); Dederer, JZ 2004, S. 421 (423 ff.); Wolfrum, Max Planck Yearbook of United Nations Law Volume 7 (2003), S. 1 (36); Neuhold, ZaöRV 64 (2004), S. 263 (272); Schaller, Das Friedenssicherungsrecht, S. 12; Delbrück, in: GYIL 44 (2001), S. 9 (16); Meiser/von Buttlar, Militärische Terrorismusbekämpfung, S. 32 ff.; Stahn, in: Walter/Vöneky/Röben/ Schorkopf (eds.), Terrorism as a Challenge for National and International Law: Security versus Liberty?, 2004, S. 827 (838); a. A. Hartmann, Staatliche Beteiligung an terroristischen Gewaltaktionen, S. 432 ff.; kritisch Dörr, in: Dörr (Hg.), Ein Rechtslehrer in Berlin. Symposium für Albrecht Randelzhofer, S. 33 (39, 41), der betont, private Gewalt setze einen Staat nur dann der Selbstverteidigung durch den Opferstaat aus, wenn ihm die Gewalt zugerechnet werden könne.

580 Vgl. Gazzini, The changing rules, S. 77, verweist insbesondere auf die Stellungnahmen von Irak, Iran, Nord-Korea, Cuba und Malaysia.

581 Vöneky, German Law Journal Vol. 8 No. 7 - 1 July 2007, S. 747 (750). Kutscha, RuP 2006, 202 (204), meint, selbst im Falle der Rechtfertigung des Krieges gegen die Taliban als zulässige Selbstverteidigung, sei dieses Recht mit der Entmachtung der Taliban und der Etablierung einer neuen Regierungsgewalt in Afghanistan erloschen. Dem steht freilich entgegen, daß die Taliban intensiver denn je kämpfen.

582 Vgl. ENDURING FREEDOM; Kabinettentscheidung am 7. November 2001; BT-Drs. 14/7296, S. 3; Fortsetzung ENDURING FREEDOM; Gemeinsame Reaktion auf terroristische Angriffe gegen die USA am 11. September 2001; Kabinettentscheidung vom 7. November 2007; BT-Drs. 16/6939. Die Operation ENDURING FREEDOM wurde mehrfach verlängert, zuletzt: Zustimmung des Deutschen Bundestages am 15. November 2007; Deutscher Bundestag, 16. Wahlperiode, Sten. Prot. S. 13111 C (Ergebnis der namentlichen Abstimmung); Personalobergrenze: 1400 Soldaten; Einsatzzeitraum über den 15. November 2007 hinaus für weitere 12 Monate. Zu ENDURING FREEDOM: Wiefelspütz, NZWehrr 2004, S. 174 (175); Heintschel von Heinegg/Gries, AVR 40 (2002), S. 145 ff. Diesen Sachverhalt übersehen auch Schütte, DPolBl 3/2005, S. 15 (16) und Paulke, Die Abwehr von Terrorgefahren im Luftraum, S. 77 ff.

tragen. Immerhin ist die Entwicklung der völkerrechtlichen Debatte ein Indiz für die Notwendigkeit einer veränderten Interpretation des Begriffs „Verteidigung" in Art. 87 a Abs. 1 Satz 1 GG angesichts veränderter Bedrohungslagen.[583]

Was ist ein bewaffneter Angriff, wie stark muß sein Außenbezug sein, muß er von einem souveränen Staat ausgehen, genügen andere Zurechnungskriterien, kann auf eine staatsbezogene Zurechnung gänzlich verzichtet werden, unter welchen Voraussetzungen ist die Gebietshoheit eines Staates einschlägig? Diese völkerrechtlichen Fragestellungen wiederholen sich nahezu identisch, wenn im bundesdeutschen staatsrechtlichen Rechtskreis die militärische Landesverteidigung von innerstaatlicher, der Sache nach polizeilicher Gefahrenabwehr abzugrenzen ist.

Der Begriff „Verteidigung" ist *nicht* auf die Bekämpfung des Angriffs einer regulären staatlichen Armee eines souveränen Staates beschränkt.[584] Ebenso wenig ist entscheidend, daß der terroristische Anschlag einem Staat oder einem staatsähnlichen Herrschaftsverband zuzurechnen ist.[585] Eine Begrenzung des Begriffs „Verteidigung" auf die Abwehr von militärischen Angriffen souveräner Staaten ist nicht zwingend.[586]

Kernaufgabe der Streitkräfte ist die Landesverteidigung im Sinne des Schutzes der Integrität des Staatsgebietes Deutschlands und seiner Bürger. Bei dieser Schutzfunktion ist es ohne Bedeutung, von wem die Gefahren oder der Angriff ausgeht. Entscheidend ist, daß die Unversehrtheit des eigenen Hoheitsgebietes und seiner Bürger geschützt wird und polizeiliches Handeln erkennbar nicht für die Gefahrenabwehr ausreicht.

Es ist nicht entscheidend, daß der Angreifer einem Staat zuzurechnen ist, sondern daß der Angriff von außen herrührt und nach Art, Ausmaß, Gepräge und Struktur einem militärischen Angriff entspricht oder gleichkommt. Verteidigung im Sinne des Grundgesetzes ist auch dann gerechtfertigt, wenn sich das Tatgeschehen im Innern vollzieht, die im Ausland lokalisierbare Tatherrschaft von „Hintermännern" es aber zuläßt, von einem Angriff von außen zu reden.[587]

Demgegenüber wendet Martin Kutscha ein, im Luftsicherheitsurteil des Bundes-

---

583 Wiefelspütz, Die Abwehr terroristischer Anschläge und das Grundgesetz, S. 84 f.; ders., AöR 132 (2007), S. 44 (82); vgl. auch Palm, AöR 132 (2007), S. 95 (104 f.).

584 Wiefelspütz, RuP 2006, S. 71 (73).

585 So aber Hase, DÖV 2006, S. 213 (215).

586 Vgl. Baldus NVwZ 2004, S. 1278 (1280 f.).

587 Wiefelspütz, Das Parlamentsheer, S. 125; ders., Die Abwehr terroristischer Anschläge und das Grundgesetz, S. 85; Schäuble in: Glos (Hg.), Friedrich Zimmermann – 80 Jahre, 2005, S. 45 (48); wohl auch Droege, NZWehrr 2005, S. 199 (206); Palm, AöR 132 (2007), S. 95 (104 f.); offen gelassen: Gramm, GreifRecht 2006, S. 82 (86); ders., UBWV 2007, S. 121 (124); dies übersieht Linke, NWVBl. 2007, S. 101 (103 f.).

verfassungsgerichts finde sich kein Hinweis, daß die Ausführungen zur Unantastbarkeit der Menschenwürde und dem daraus abgeleiteten Verbot einer Abwägung von Leben gegen Leben durch den Staat nur im Frieden gelten solle. Darüber hinaus komme dem Völkerrecht keineswegs ein absoluter Geltungsvorrang gegenüber dem jeweiligen nationalen Verfassungsrecht zu. Nach der Rechtsprechung des Bundesverfassungsgerichts dürfe das Völkerrecht gerade nicht zu einer Schmälerung des verfassungsrechtlich verbürgten Grundrechtsschutzes herangezogen werden. Die Frage der Zulässigkeit bestimmter Grundrechtseingriffe dürfe nur dann nach Maßgabe des Kriegsvölkerrechts gelöst werden, wenn das Grundgesetz insoweit keine Antwort gebe, also eine Regelungslücke enthalte. Das sei aber weder für Bundeswehreinsätze im Frieden noch für die militärische Verteidigung der Fall. Daß unter Verteidigungsbedingungen die Unantastbarkeit der Menschenwürde zur Disposition der sich auf angeblich kriegsvölkerrechtliche Handlungsvollmachten stützenden Staatsgewalt stehen solle, lasse sich dem Grundgesetz gerade nicht entnehmen.[588]

Die Argumentation von Martin Kutscha ist vordergründig und oberflächlich. Es geht nicht um die Konstruktion eines „selbstgestrickten" Völkerrechts. Das humanitäre Völkerrecht wird leider täglich mit zivilen Opfern bewaffneter Konflikte konfrontiert. Der Schutz der zivilen Opfer wird durch das Zusatzprotokoll I über den Schutz der Opfer internationaler bewaffneter Konflikte und durch das Genfer Abkommen vom 12. August 1949 zum Schutz von Zivilpersonen in Kriegszeiten völkervertragsrechtlich verbürgt. Das humanitäre Völkerrecht verbietet bei Wahrung des Verhältnismäßigkeitsprinzips keineswegs die militärische Bekämpfung von Angreifern, wenn diese Zivilpersonen als Schutzschild mißbrauchen. Das gilt auch, wenn die Zivilpersonen in Mitleidenschaft gezogen werden.

Es trifft zu, daß das Völkerrecht stets Maßstab für den bewaffneten Auslandseinsatz deutscher Streitkräfte ist. Eine solche verfassungsunmittelbare Pflicht zur Beachtung des Völkerrechts

> „ist nach deutschem Verfassungsrecht allerdings nicht unbesehen für jede beliebige Bestimmung des Völkerrechts anzunehmen, sondern nur, soweit es dem in den Art. 23 bis 26 GG sowie in den Art. 1 Abs. 2, Art. 16 Abs. 2 Satz 2 GG niedergelegten Konzept des Grundgesetzes entspricht."[589]

Die hier in Rede stehenden Normen des humanitären Völkerrechts stehen aber ersichtlich nicht in einem Widerspruch zu dem vorstehenden Konzept des Grundgesetzes.

---

588 Kutscha, RuP 2006, S. 202 (206).
589 BVerfGE 112, S. 1 (25).

b) Die Abgrenzung des kriegerischen vom nichtkriegerischen Luftzwischenfall

Der Verteidigungsauftrag bezieht unstreitig die militärische Abwehr eines von *außen*[590] kommenden *militärischen*[591] Angreifers mit – in der Regel – Kombattantenstatus[592] ein. Es kann im Einzelfall nicht nur schwierig sein festzustellen, ob ein Angriff von außen herrührt.[593] Es wird angesichts der besonders schwierigen Lageeinschätzung bei Zwischenfällen im Luftraum im Einzelfall erhebliche Probleme bereiten können zu beurteilen, ob es sich um einen *nichtkriegerischen* oder *kriegerischen* Luftzwischenfall handelt.[594]

Nach aller Erfahrung mit gekaperten Zivilflugzeugen spricht bei Entführungsfällen eine Vermutung für einen *nichtkriegerischen* Luftzwischenfall, der nach den Maßstäben des nationalen innerstaatlichen polizeilichen Gefahrenabwehrrechts zu beurteilen und von den dazu vorgesehenen Kräften abzuwehren ist. Der nichtkriegerische Luftzwischenfall dürfte deshalb die Regel, der kriegerische Luftzwischenfall die seltene Ausnahme sein.[595]

Der bislang einzige Luftzwischenfall mit entführten Zivilflugzeugen der international übereinstimmend dem Regime der individuellen und kollektiven Selbstverteidigung nach Art. 51 SVN und damit dem Völkerrecht unterstellt wurde, sind die Anschläge vom 11. September 2001 in den USA. Alle anderen Luftzwischenfälle mit gekaperten Zivilflugzeugen wurden nach dem jeweiligen nationalen Gefahrenabwehrrecht beurteilt. Dieser freilich empirische Befund spricht für eine deutliche Zurückhaltung bei der Qualifizierung eines Entführungsfalls als *kriegerischen* Luftzwischenfall.

Man wird sich schnell auf einen nichtkriegerischen Luftzwischenfall verständigen können, wenn man sich die Kaperung eines Kleinflugzeugs durch einen verwirrten Studenten am 5. Januar 2003 in Hessen[596] in Erinnerung ruft. Bei der Entführung eines einzelnen Zivilflugzeugs durch Kriminelle ohne jegliche politische Motivation wird ebenfalls alles für einen nichtkriegerischen Luftzwischenfall sprechen – mit den restriktiven Vorgaben des Bundesverfassungsgerichts für die Exekutive. Wer als

---

590 Siehe oben S. 35 ff.

591 Baldus, in: von Mangoldt/Klein/Starck (Hg.), Grundgesetz, Bd. 3, Art. 87 a Rdnr. 46; Herzog, in: Maunz/Dürig, Grundgesetz, Art. 115 a Rdnr. 26; Sattler, NVwZ 2004, S. 1286; Pieroth/Hartmann, Jura 2005, S. 729 (732); Winkler, DÖV 2006, S. 149 (153); Paulus, Parlament und Streitkräfteeinsatz, S. 379; Wiefelspütz, RuP 2006, S. 71 (74).

592 Siehe oben S. 35 ff.

593 Vgl. dazu Wiefelspütz, Das Parlamentsheer, S. 123.

594 Ladiges, Die Bekämpfung nicht-staatlicher Angreifer im Luftraum, S. 330 Fn. 967, stellt die Frage nach der Abgrenzung, beantwortet sie aber nicht.

595 Wiefelspütz, RuP 2007, S. 73 (81).

596 Vgl. FAZ vom 7. Januar 2003.

Flüchtling gewaltsam ein Zivilflugzeug entführt und dabei Besatzung und Passagiere bedroht, will keinen Staat angreifen. Wer Gefangene mittels einer Flugzeugentführung freipressen will, will keinen internationalen bewaffneten Konflikt beginnen, sondern einen Staat erpressen.[597]

Sind hingegen Art, Ausmaß und Tragweite des Anschlags und der damit verbundene Schaden von einer Bedeutung, die einem herkömmlichen militärischen Angriff gleichzusetzen sind, handeln die Täter in einer militärischen oder militärähnlichen Organisationsstruktur und einer erkennbaren politischen Motivation, ist von einem kriegerischen Luftzwischenfall auszugehen. Kennzeichnend ist ferner, daß der Staat als Ganzes getroffen werden soll.[598]

Unverkennbar ist, daß die Abgrenzung erhebliche Schwierigkeiten bereiten kann. Schwierigkeiten und Unsicherheiten in der Prognose sind bei der Gefahrenabwehr nicht selten. Es geht immer um mehr oder weniger sichere Prognosen. Vor allem das Polizeirecht, aber auch das Strafrecht wird geprägt von Prognoseentscheidungen.[599] Diese Unsicherheiten dürfen aber nicht dazu führen, daß die staatlichen Sicherheitsbehörden tatenlos einem gefährlichen Angriff zusehen.[600] Prognoseunsicherheiten sind jedenfalls nicht geeignet, den Begriff Verteidigung infrage zu stellen.[601]

Entgegen der Kritik von Burkhard Hirsch[602] geht es bei der Abgrenzung des kriegerischen vom nichtkriegerischen Luftzwischenfall gerade nicht darum, die in der Tat bedeutsame Grenze zwischen Krieg und Frieden zu verwischen. Das Gegenteil ist richtig. Es geht vielmehr um die Entwicklung und Erarbeitung klarer Kriterien für die Unterscheidung von Krieg und Frieden.

c) Der kriegerische Luftzwischenfall und die Anwendung der Grundrechte

Gilt Art. 13 GG – und wenn ja wie –, wenn KSK-Soldaten der Bundeswehr im Süden Afghanistans im Rahmen ihres militärischen Auftrags ein Wohngebäude durchsuchen? Dürfen sich die betroffenen Bewohner auf Art. 19 Abs. 4 GG berufen? Wenn kämpfende Soldaten Zivilpersonen als „Schutzschild" mißbrauchen,

---

597 Wiefelspütz, RuP 2007, S. 73 (81).

598 Wiefelspütz, RuP 2007, S. 73 (81).

599 Hirsch, in: Festschrift Küper, S. 149 (162 f.); Franz, Der Staat 45 (2006), S. 501 (544 f.); Winkeler, Bedingt abwehrbereit?, S. 95; dies blendet Hirsch, RuP 2007, S. 153 (154), völlig aus.

600 Dies verkennen Sattler, NVwZ 2004, S. 1286, und Paulke. Die Abwehr von Terrorgefahren im Luftraum, S. 77 f. Vgl. Wiefelspütz, Das Parlamentsheer, S. 123; ders. ZaöRV 2005, S. 819 (829); ders., RuP 2006, S. 71 (75); ders., BWV 2006, S. 49 (53); ders., NWVBl. 2006, S. 41 (43).

601 So aber Sittard/Ulbrich, JuS 2005, S. 432 (433).

602 Hirsch, RuP 2007, S. 153 (154).

müssen deutsche Soldaten in Anwendung der Grundsätze des Luftsicherheitsurteils des Bundesverfassungsgerichts vom 15. Februar 2006 den militärischen Kampf einstellen, weil nicht auszuschließen ist, daß die Zivilpersonen in Mitleidenschaft gezogen werden? Sind deutsche Soldaten im Verlaufe eines bewaffneten Konflikts nicht verpflichtet, die Unantastbarkeit der Menschenwürde nach Art. 1 Abs. 1 GG strikt zu beachten?

Ob und in welchem Umfang die Grundrechte außerhalb der Grenzen der Bundesrepublik Deutschland und somit exterritorial gelten, gehört zu den schwierigsten und bis heute nicht befriedigend gelösten Fragen der Grundrechtsdogmatik. Die gilt erst recht für die Bindung der Streitkräfte an die Grundrechte bei bewaffneten Einsätzen im Ausland.[603]

Einerseits ist angesichts der zentralen Bedeutung der Grundrechte im Verfassungsstaat die Vorstellung nicht erträglich, daß die Streitkräfte bei einem Kampfeinsatz im Ausland von der Bindung an die Grundrechte dispensiert sein könnten.

Andererseits sind wirksame Kampfeinsätze der Streitkräfte nicht möglich, wenn kämpfende Soldaten der Bundeswehr neben der strikten Befolgung des humanitären Völkerrechts in demselben Umfang an die Grundrechte einschließlich der damit verbundenen Verfahrenssicherungen und Rechtsschutzgarantien gebunden wären, wie dies innerhalb der Bundesrepublik Deutschland und außerhalb von Kampfeinsätzen selbstverständlich ist.

aa) Das Meinungsbild

Es fällt auf, daß sich die Rechtswissenschaft nur sehr spärlich – die Rechtsprechung des Bundesverfassungsgerichts in einem bislang einzigen Fall und auch nur indirekt[604] – mit der an sich naheliegenden Frage auseinandergesetzt hat, ob und gegebenenfalls in welchem Umfang deutsche Soldaten an Grundrechte gebunden sind, wenn sie in einen bewaffneten Konflikt verstrickt sind. Der Eindruck drängt sich auf, daß bei dieser Frage Verdrängungsmechanismen im Bereich der in der Regel wortreichen Rechtswissenschaften am Werke sind.

Typisch dafür ist ein breit angelegter, ambitionierter Beitrag von Horst Dreier zu den Grenzen des Tötungsverbots. Dort heißt es:

> „Insbesondere im Gefolge der Französischen Revolution hat diese Wehrpflicht eine demokratisch-egalitäre Fundierung erfahren. Eine Einschränkung des Lebensrechts liegt hier gleichsam in doppelter Weise vor: einmal insofern, als die Tötung der feindlichen Soldaten nicht als kriminelles Delikt, sondern als Erfüllung einer militärischen Pflicht

---

603 Dazu jetzt Wiefelspütz, UBWV 2007, S. 321 ff.
604 Vgl. BVerfGE 77, S. 170 (170 Ls. 3 a und b, 221).

eingestuft wird; zum andern dadurch, daß die eigenen Soldaten, die für ihr Land in den Krieg ziehen, ihr Leben in die Waagschale zu werfen genötigt werden."[605]

Damit sind freilich die dogmatischen Bemühungen von Horst Dreier zu Tötungshandlungen in bewaffneten Konflikten bereits beendet.

Eduard Kern meint, für den Staat gebe es ein Recht zur Tötung im gerechten Krieg: nämlich ein Recht zur Vernichtung des Lebens des Feindes nach Maßgabe der völkerrechtlichen Bestimmungen über die Kriegführung.[606]

Günter Dürig betont, Angreifern mit Kombattanten-Status könne mit den nach Kriegsvölkerrecht anerkannten Kampfmaßnahmen begegnet werden.[607]

Adalbert Podlech vertritt die Auffassung, kein Problem des nur Individualrechtsschutz regelnden Grundrechts auf Leben sei das Problem des Krieges. Jede Entscheidung für einen Krieg sei eine Entscheidung für das Töten von Menschen. Eine gesetzliche Ermächtigung für diese Tötung gebe es nicht und sei vom Grundgesetz nicht vorgesehen. Die Rechtmäßigkeit eines Krieges werde nicht durch Grundrechte, sondern durch objektives Recht der Verfassung und das allgemeine und das besondere auf Kriegshandlungen bezogene Völkerrecht geregelt.[608]

Michael Sachs schreibt, in der Judikatur des Bundesverfassungsgerichts sei der in Art. 87 a Abs. 1 Satz 1 GG erteilte Verfassungsauftrag als Grundrechtsbegrenzung verstanden worden. Die Reichweite dieses Ansatzes sei nicht auf die im Soldatenverhältnis befindlichen Personen beschränkt geblieben, sondern sei auf die Gesamtbevölkerung erstreckt worden. Das Gericht habe (in der Chemiewaffen-Entscheidung[609]) eine quasi-tatbestandliche Begrenzung des Lebensgrundrechts vorgenommen. Dadurch habe sich das Gericht eine nähere Prüfung der im Rahmen des Gesetzesvorbehalts getroffenen Regelung erspart.[610]

In einem weiteren Beitrag meint Michael Sachs, die Annahme des Bundesverfassungsgerichts, daß „der Schutzbereich des Art. 2 Abs. 2 Satz 1 GG Rückwirkungen auf die Bevölkerung bei einem völkerrechtsgemäßen Einsatz von Waffen gegen den militärischen Gegner im Verteidigungsfall nicht erfaßt"[611], habe als quasi-tatbestand-

---

605 Dreier, JZ 2007, S. 261 (262).

606 Kern, in: Neumann/Nipperdey/Scheuner, Die Grundrechte. Handbuch der Theorie und Praxis der Grundrechte. Zweiter Band, 1954, S. 51 (59).

607 Dürig, in: Maunz/Dürig, Grundgesetz, Art. 87 a Rdnr. 54.

608 Podlech, in: Kommentar zum Grundgesetz für die Bundesrepublik Deutschland (Reihe Alternativkommentare), 1. Aufl., 1984, Art. 2 Abs. 2 Rdnr. 26.

609 BVerfGE 77, S. 170 (221).

610 Sachs, in: Stern, Das Staatsrecht der Bundesrepublik Deutschland, Bd. III/2, Allgemeine Lehren der Grundrechte, 1994, § 81 V 4 c (S. 585 f.).

611 BVerfGE 77, S. 170 (221).

liche Begrenzung der Schutzwirkungen besonderer Begründung unter Rückgriff auf die grundgesetzliche Entscheidung für die militärische Landesverteidigung bedurft. Diese müsse entsprechend auch die Tötung von Menschen durch deutsches Militär in einem verfassungsgemäßen Krieg aus dem Tatbestand des Lebensgrundrechts ausnehmen. Ob eine solche Konstruktion auf sonstige Militäreinsätze, insbesondere im Ausland, übertragen werden könnte, unterliege zusätzlichen Zweifeln.[612]

An anderer Stelle heißt es bei Michael Sachs, der Schutz des Staates und seiner Verfassungsordnung insgesamt könne eine taugliche Legitimationsgrundlage für Eingriffe in das Lebensrecht bilden. Dies belege die vom Grundgesetz gebilligte Möglichkeit der Beteiligung deutscher Staatsgewalt an kriegerischen Auseinandersetzungen mit ihren Folgen für das Leben von Soldaten, aber auch von Nichtkombattanten auf allen Seiten.[613]

Manfred Baldus hebt hervor, da Art. 1 Abs. 3 GG sich auch auf das Handeln der Streitkräfte erstrecke, seien Eingriffe in grundrechtlich geschützte Rechtsgüter legitimationsbedürftig. Dies gelte auch dann, wenn der Einsatz der Streitkräfte im Ausland erfolge. Denn deutsche Staatsgewalt handele grundsätzlich grundrechtsgebunden, unabhängig auf welchem Gebiet diese Gewalt agiere, sich ihr Handeln auswirke oder die Sachverhalte lokalisierbar seien, die sie durch ihre Normen zu steuern suchten. Einschränkungen des territorialen Schutzbereichs der Grundrechte müßten vielmehr aus den im konkreten Fall jeweils einschlägigen Verfassungsnormen ableitbar sein. Sofern bei Einsätzen zur Verteidigung in grundrechtlich geschützte Rechtsgüter eingegriffen werde, sei eine gesetzliche Eingriffsrechtfertigung nachzuweisen. Anderenfalls wäre Art. 1 Abs. 3 GG mißachtet. Normen des Kriegsvölkerrechts könnten prinzipiell als Eingriffsberechtigung herangezogen werden, soweit sie entweder als allgemeine Regel des Völkerrechts im Sinne von Art. 25 Satz 1 GG zu qualifizieren seien oder ein entsprechendes Zustimmungsgesetz nach Art. 59 Abs. 2 Satz 1 GG ergangen sei. § 7 SoldatenG („Der Soldat hat die Pflicht, der Bundesrepublik Deutschland treu zu dienen und das Recht und die Freiheit des deutschen Volkes tapfer zu verteidigen.") könne Eingriffe bei Einsätzen zur Verteidigung legitimieren.[614]

Martin Oldiges weist darauf hin, im Verteidigungsfall kämpften die Streitkräfte gegen den angreifenden Feind; diese Aufgabe sei ihnen in Art. 87 a Abs. 2 GG zugewiesen. Da es sich um einen internationalen Konflikt handele, ergäben sich Legitimation und Schranken der militärischen Handlungsbefugnisse unmittelbar aus dem Kriegsvölkerrecht. Es gestatte grundsätzlich die zur Kriegführung erforderlichen

---

612 Sachs, in: Stern, Staatsrecht, Bd. IV/1, Die einzelnen Grundrechte. Der Schutz der freien Entfaltung des Individuums, § 98 II 4 b (S. 152).

613 Sachs, in: Stern, Staatsrecht, Bd. IV/1, Die einzelnen Grundrechte. Der Schutz der freien Entfaltung des Individuums, § 98 II 5 b (S. 157).

614 Baldus, in: von Mangoldt/Klein/Starck (Hg.), Grundgesetz, Bd. 3, Art. 87 a Rdnr. 68 f.

Kriegshandlungen, stelle dabei aber die Truppen wie auch die Zivilbevölkerung des Kriegsgegners unter seinen Schutz.[615]

Für Martin Kutscha wird die Geltung des Art. 1 Abs. 3 GG nicht dadurch aufgehoben, daß deutsche Hoheitsgewalt auf fremdem Territorium ausgeübt werde. Wenn die Bindung deutscher Soldaten an die Bestimmungen des SoldatenG und anderer soldatenrechtlicher Regelungen auch bei Auslandseinsätzen als selbstverständlich gelte, könne von der Beachtung so elementarer Normen wie der Grundrechte ebenfalls kein Dispens erteilt werden. Das SoldatenG enthalte keine genauen Regelungen über die Eingriffsbefugnisse von Soldaten, dessen § 7 spreche lediglich von der Pflicht des Soldaten, „der Bundesrepublik Deutschland treu zu dienen und das Recht und die Freiheit des deutschen Volkes tapfer zu verteidigen". Eine „dynamische" Auslegung dieser Grundpflicht der Soldaten im Sinne der Gewährleistung einer abstrakten „Funktionsfähigkeit der Bundeswehr" und einer „schlagkräftigen Truppe" möge dem Interesse der militärischen Führung an größtmöglicher Flexibilität entsprechen, trage dem Klarheits- und Bestimmtheitsgebot für Eingriffsnormen jedoch keineswegs Rechnung.[616] Die in § 7 SoldatenG normierte Pflicht „zum treuen Dienen" sei viel zu unbestimmt, um diese Regelungslücke schließen zu können.[617]

In einem weiteren Beitrag betont Martin Kutscha, das Grundgesetz sehe eine Außerkraftsetzung des Art. 1 GG im Kriegsfall gerade nicht vor. Es habe vielmehr die Eingriffskompetenzen im Verteidigungsfall insbesondere in den Art. 12 a GG ff. und Art. 115 a GG ff. detailliert geregelt.[618]

Für Josef Isensee „wäre es absurd, den Einsatz der Bundeswehr im Verteidigungs- oder im Bündnisfall am Maßstab der deutschen Grundrechte zu messen und jede militärische Aktion, jeden Pulverschuß, als „Grundrechtseingriff" gegen einen „betroffenen" feindlichen Soldaten zu qualifizieren, mit den Konsequenzen der grundrechtlichen Güterabwägung, der Verfahrenssicherungen und Rechtsschutz- garantien. Hier fehle der individuelle status passivus als Anknüpfung. Der militärische Einsatz bewege sich auf der Ebene der zwischenstaatlichen Gleichordnung im Rahmen des Völkerrechts (nicht des Verfassungsrechts).[619]

Markus Heintzen meint, militärische Gewalt, die im Rahmen des Völkerrechts im Ausland ausgeübt werde, sei keine Staatsgewalt im Sinne von Art. 1 Abs. 3 GG, solange es an einer Unterordnung unter deutsches Militär fehle.[620]

---

615 Oldiges, in: Achterberg/Püttner/Würtenberger (Hg.), Besonderes Verwaltungsrecht, Bd. II, § 23 Rdnr. 96.

616 Kutscha, NVwZ 2004, S. 801 (803).

617 Kutscha, KJ 37 (2004), S. 228 (237).

618 Kutscha, in: Roggan (Hg.), Mit Recht für Menschenwürde und Verfassungsstaat, Festgabe für Dr. Burkhard Hirsch, S. 129 (134).

619 Isensee, in: Isensee/Kirchhof (Hg.), Handbuch des Staatsrechts der Bundesrepublik Deutschland, Bd. V, Allgemeine Grundrechtslehren, 2. Aufl., 2000, § 115 Rdnr. 90 Fn. 201.

620 Heintzen, in: Merten/Papier (Hg.): Handbuch der Grundrechte in Deutschland und Europa, Bd. II, Grundrechte in Deutschland: Allgemeine Lehren, 2006, § 50 Rdnr. 31; ähnlich ders., Auswärtige Beziehungen privater Verbände: eine staatsrechtliche, insbesondere grundrechtskollisionrechtliche

Heike Krieger argumentiert, die Geltung der Grundrechte sei nicht davon abhängig, ob sich Deutschland im Krieg befinde oder nicht. Das Grundgesetz gehe davon aus, daß die Grundrechte im Verteidigungsfall grundsätzlich fortgelten. Problematisch sei vielmehr die grenzüberschreitende Anwendung der Grundrechte. Auch wenn deutsche Staatsgewalt immer grundrechtsgebunden sei, werde eine grundrechtliche subjektive Rechtsposition nur vermittelt, wenn der Einzelne der deutschen Staatsgewalt unterworfen werde. Das sei nur bei einer regelmäßigen Ausübung der Hoheitsgewalt der Fall, die der innerstaatlichen Ausübung von Hoheitsgewalt vergleichbar sei. Erforderlich sei eine strukturierte Herrschaftsausübung im Sinne einer generalisierten Kontrolle. Im Falle eines internationalen bewaffneten Konflikts vermittelten die Grundrechte keine Rechtsposition nach Art. 19 Abs. 4 GG. Es fehle hier an einer regelmäßigen Ausübung deutscher Hoheitsgewalt, die zu einer Anwendung des Grundgesetzes führen würde. Aus der faktischen Betroffenheit allein folge noch kein Grundrechtsstatus. Die faktische Betroffenheit sei nur dort relevant, wo ein Herrschaftsverhältnis schon begründet sei. Würde jede militärische Aktion als Grundrechtseingriff gegen einen feindlichen Soldaten eingeordnet, hätte jeder Soldat den Anspruch, auf dem Rechtsweg die Aktion in einer grundrechtlichen Güterabwägung bei verfahrensrechtlicher Ausgestaltung überprüfen zu lassen. Eine solche Interpretation würde zu unerfüllbaren Erwartungen an das Recht führen.[621]

Dieter Fleck faßt seine Position als These zusammen: „Rechtswidrige Kampfhandlungen begründen keine Grundrechtsposition."[622]

Dietrich Murswiek betont, die prinzipielle Zulässigkeit des Verteidigungskriegs werde vom Grundgesetz vorausgesetzt. Dies impliziere die Befugnis, Tötungshandlungen vorzunehmen, die nicht gegen geltendes Völkerrecht verstießen. Solche Eingriffe auf das Recht auf Leben seien gerechtfertigt.[623]

Für Helmut Quaritsch ist entscheidend, wo sich das betroffene Rechtsgut befindet. Befinde sich das betroffene Rechtsgut im Ausland, so könne das Grundrecht dann gelten, wenn deutsche Staatsgewalt in dieses Rechtsgut eingreife, wenn z. B. Personen oder Sachschäden durch deutsche Kriegsschiffe und Kampfflugzeuge entstünden, die auf Hoher See oder über fremdem Territorium übten.[624]

Dirk Lorenz widerspricht Josef Isensee und Heike Krieger, warum (bei der Geltung der Grundrechte) zwischen Inlands- und Auslandssachverhalten differenziert werden

---

Untersuchung, 1988, S. 101 f., 150 f.

621 Krieger, in: Fleck (Hg.), Rechtsfragen der Terrorismusbekämpfung, S. 223 (237 f.).

622 Fleck, in: Fleck (Hg.), Rechtsfragen der Terrorismusbekämpfung, S. 254.

623 Murswiek, in: Sachs (Hg.), Grundgesetz, Art. 2 Rdnr. 172.

624 Quaritsch, in: Isensee/Kirchhof (Hg.), Handbuch des Staatsrechts der Bundesrepublik Deutschland, Bd. V, Allgemeine Grundrechtslehren, § 120 Rdnr. 80; ähnlich Merten, in: Festschrift für Hartmut Schiedermair, S. 331 (345).

sollte. Eine Überforderung der staatlichen Organe könne durch Modifikation sowie einer Parallelisierung mit dem humanitären Völkerrecht Rechnung getragen werden. Entscheidend sei, daß es aus der Sicht des Betroffenen unerheblich sei, ob ihm der status negativus final oder rein faktisch aufgezwungen werde. Ob eine faktische Maßnahme einen Grundrechtseingriff darstelle, gehöre damit, wie bei Inlandsfällen, zu den allgemeinen materiellen Voraussetzungen und sei anhand der von der Grundrechtsdogmatik vorgegebenen Kriterien zu entscheiden. Kampfhandlungen in bewaffneten Konflikten, die zur Zerstörung von Wohnungen, schweren körperlichen Schäden oder den Verlust von Menschenleben führten, seien jedenfalls aufgrund ihrer Schwere erfaßt. Ob solche Eingriffe im jeweiligen Fall zu rechtfertigen seien, sei dann auf einer weiteren Stufe in Harmonie mit dem humanitären Völkerrecht festzustellen.[625] Im Einzelnen müssen die Grund- und Menschenrechte mit dem humanitären Recht harmonisch abgestimmt werden, um zu vermeiden, daß ein staatliches Handeln einerseits rechtmäßig und andererseits gleichzeitig rechtswidrig sei. Dabei werde das ius in bello häufig das vorrangig zu beachtende Recht darstellen, da es gerade für Zeiten des bewaffneten Konflikts geschaffen worden sei. Die Rechtfertigung für diesen Vorrang ergebe sich daraus, daß das Kriegsrecht in weiten Teilen einen sorgfältig ausgehandelten Kompromiß zwischen Erwägungen der militärischen Notwendigkeit und humanitären Überlegungen darstellt.[626]

Angela Werner schreibt, die deutsche Verfassung könne als räumlich unbegrenzte Rechtsordnung verstanden werden. Art. 1 Abs. 3 GG lege mit seiner Bezugnahme auf das Dreigewaltenmodell eine lückenlose Grundrechtsbindung aller Staatsgewalt fest. Dieses Verfassungsgebot würde unterlaufen, wenn sich der Staat durch Tätigwerden im Ausland grundrechtsfreie Räume hoheitlichen Handelns schaffen könnte. Die Grundrechte gälten danach nicht nur im Bundesgebiet selbst, sondern auch außerhalb, sobald deutsche Staatsgewalt ausgeübt werde.[627] Grundsätzlich sei die Bundeswehr bei jeglichem Tätigwerden an die verfassungsmäßige Ordnung des Grundgesetzes gebunden.[628]

Der Bundesrepublik Deutschland werde durch das Grundgesetz die Möglichkeit eröffnet, sich an Systemen kollektiver Sicherheit zu beteiligen. Diese Offenheit, bedingt durch die aktive Mitwirkung an der Ausübung fremder Hoheitsbefugnisse, bedeute gleichzeitig einen Verzicht auf eine umfassende Geltung der deutschen Grundrechte. Das nationale Recht werde stellenweise von internationalen Rechtsgrundlagen überlagert.[629]

---

625 Lorenz, Der territoriale Anwendungsbereich der Grund- und Menschenrechte, 2005, S. 171 f.

626 Lorenz, Der territoriale Anwendungsbereich der Grund- und Menschenrechte, S. 214 ff.; zustimmend: Fleck, NZWehrr 2006, S. 87 (88).

627 Werner, Die Grundrechtsbindung der Bundeswehr bei Auslandseinsätzen, 2006 (zugleich: Diss., Universität Köln, 2005), S. 98 f.

628 Werner, Die Grundrechtsbindung der Bundeswehr bei Auslandseinsätzen, S. 171.

629 Werner, Die Grundrechtsbindung der Bundeswehr bei Auslandseinsätzen, S. 242.

Kämpfe eine Konfliktpartei gegen die andere, beurteilten sich die Handlungen als solche nicht nach dem Verfassungsrecht, sondern nach dem Kriegsführungsrecht. Im Gegensatz zu einem Handeln gegenüber zivilen Personen stießen in diesem Falle zwei Staatsgewalten aufeinander. Der militärische Einsatz bewege sich auf der Ebene der zwischenstaatlichen Gleichordnung im Rahmen des Völkerrechts und nicht des Verfassungsrechts. Die in der Verfassung enthaltenen Grundrechte könnten demnach lediglich die Eingriffsbefugnisse gegenüber der Zivilbevölkerung beschränken.[630] Die Annahme einer strikten Grundrechtsbindung (bei Auslandseinsätzen der Streitkräfte) käme einem „Grundrechtsimperialismus" gleich, der dem Grundgesetz fremd sei. Auf die Bundeswehr im Auslandseinsatz bezogen bedeute dies, daß eine umfassende Grundrechtsbindung, wie sie für ein innerstaatliches Handeln deutscher Organe bestehe, im Ansatz fragwürdig sei. Dies ergebe sich wesentlich daraus, daß in Krisengebieten die Soldaten mit Situationen konfrontiert seien, in denen allein der auch im Völkerrecht verankerte Rechtsgrundsatz der Verhältnismäßigkeit eine Richtschnur für das Handel der Soldaten geben könne. Da eine strikte Grundrechtsbindung nicht vorliege, sei logische Konsequenz, daß die Anwendbarkeit er Grundrechte eingeschränkt sein müsse.[631] Bei der Bestimmung des Umfangs der Grundrechtsbindung müsse die erfolgreiche Durchsetzung des militärischen Auftrags beachtet werden. Sei dieser gerade das Ziel eines Einsatzes der Streitkräfte, dürfe er nicht durch die engen Voraussetzungen der Grundrechte gefährdet werden.[632]

Nach Auffassung von Alexander Poretschkin erscheint es kaum vorstellbar, daß der Verfassungsgeber wirklich die Menschenwürde im Verteidigungsfalle in Teilen zur Disposition stellen könnte. Richtig sei, daß eine auch nach außen wehrhafte Demokratie im Extremfalle dem dauerhaften und unabänderlichen Schutz der Menschenwürde den Vorrang vor dem auch in Artikel 2 GG selber relativierten Schutz des Lebens einräume.[633]

Kay Waechter interpretiert das Luftsicherheitsurteil des Bundesverfassungsgerichts so, daß Art. 1 GG die Anwendung bestimmter kriegsrechtlicher Prinzipien verbiete.[634] Bei der Frage der Tötung von als Schutzschilder benutzten Zivilisten gehe es um die Frage von Kollateralschäden. Da nach Kriegsrecht die konkrete Situation einschlägig sei, sei Angriffsziel und –effekt gegen das Leben der Zivilisten abzuwägen. Diese Abwägung könne im Krieg und im Frieden nicht zu unterschiedlichen Ergebnissen gelangen. Daher sei die Entscheidung des Bundesverfassungsgerichts mit der gewählten Argumentation über die Menschenwürde im Vergleich mit dem geltenden Kriegsrecht nicht einleuchtend. Anders als das Polizeirecht nehme das Kriegsrecht

---

630 Werner, Die Grundrechtsbindung der Bundeswehr bei Auslandseinsätzen, S. 233 f.

631 Werner, Die Grundrechtsbindung der Bundeswehr bei Auslandseinsätzen, S. 234 f.

632 Werner, Die Grundrechtsbindung der Bundeswehr bei Auslandseinsätzen, S. 246.

633 Poretschkin, NZWehrr 2006, S. 123.

634 Waechter, JZ 2007, S. 61 (67).

Unbeteiligte nicht gezielt in Anspruch. Bei der Beurteilung von ungewollten Kollateralschäden bei Unbeteiligten wendeten beide Rechtsgebiete Abwägungen an, die auf die konkrete Situation bezogen seien. Jedoch werde im Polizeirecht anders als im Kriegsrecht ein Kernbereichsschutz für Unbeteiligte anerkannt, der die Abwägung abschneiden könne. Ein Grund für die unterschiedliche Beurteilung identischer Schutzschild-Situationen sei nicht ersichtlich.[635]

Paul Kirchhof meint, der Soldat würde seinen Verteidigungsauftrag kaum erfüllen können, wenn er Waffen einzusetzen habe, deren Wirkungen nicht wie beim Polizeibeamten individuell verhältnismäßig zugemessen seien, sondern in der Breite wirkten und auch unschuldige, wehrlose Menschen treffen.[636]

Knut Ipsen hebt hervor, auf unserem Hoheitsgebiet gelte das Gebot der Menschenwürde uneingeschränkt.[637]

Steffi Menzenbach betont, die Grundrechtsbindung gelte für die militärische Vollzugsgewalt in allen Erscheinungsformen. Betreffend das Luftsicherheitsgesetz beziehe sich das Gericht allerdings auf nichtkriegerische Einsätze. Es sei deshalb eine abschließende Antwort auf die Frage, ob Art. 1 Abs. 1 GG auch im Verteidigungsfall gelte, nicht möglich.[638]

Für Tonio Gas richtet sich die Frage, ob deutsche Soldaten bei Auslandseinsätzen töten dürfen, im Wesentlichen nach Völkerrecht. Gegenüber feindlichen Soldaten gelte völkerrechtliches Kriegsrecht, welches als allgemeine Regel des Völkerrechts Bestandteil des Bundesrechts sei und den einfachen Gesetzen vorgehe. Als solches genüge es den Anforderungen an gesetzliche Grundrechtseinschränkungen nach Art. 2 Abs. 2 Satz 3 GG. Man müsse hier klar sehen, daß das Töten im Krieg erheblich weiter gehe als das nach deutschem Strafrecht erlaubte Töten aus Notwehr bzw. Nothilfe. Vorzugswürdig sei ferner, daß das Kriegsrecht auch gegenüber Zivilisten die allgemeine Befugnisnorm zum Waffeneinsatz überlagere und verdränge. Durch einen Kampfeinsatz werde der Staat insgesamt frei von der Bindung an gesetzliche Eingriffsbefugnisse, aber im Ausgleich insgesamt gebunden an kriegsvölkerrechtliche Schutzstandards.[639]

Tobias Linke schreibt, gegen die systematisch nahestehende These, die Streitkräfte seien bei der Verteidigung des Landes im Rahmen des Art. 87 a Abs. 2 GG nach

---

635 Waechter, JZ 2007, S. 61 (68).

636 Kirchhof, in: Die Ordnung der Freiheit, Festschrift für Christian Starck zum siebzigsten Geburtstag. Herausgegeben von Rainer Grote u. a., S. 275 (296).

637 Ipsen, dpa-Gespräch vom 20. Februar 2006: „Völkerrechtler Ipsen: Terrorabwehr ist keine Landesverteidigung".

638 Menzenbach, Ausarbeitung des Wissenschaftlichen Dienstes des Deutschen Bundestages, WD 3 – 037/07, S. 16, 19.

639 Gas, Die Polizei 2007, S. 33 (36 f.).

nationalem Verfassungsrecht nicht bzw. nicht in demselben Maße an die Grundrechte gebunden, der das Bundesverfassungsgericht mit der Formel vom „Streitkräfteeinsatz nichtkriegerischer Art" Vorschub geleistet habe, spreche die Entstehungsgeschichte von Art. 1 Abs. 3 GG. Die für das Luftsicherheitsgesetz fatale Bindung an Art. 1 Abs. 1 GG bestehe ungemindert auch im Verteidigungsfall.[640]

Karl Ulrich Voss meint, der Grundrechtsschutz gelte weltweit und verpflichte damit die Bundesregierung prinzipiell zur Achtung der Grundrechte auch außerhalb Deutschlands, also auch bei militärischen Einsätzen jenseits der Grenze.[641]

Ulrich Sittard und Martin Ulbrich betonen, die Menschenwürde sei unantastbar. Sie gelte absolut und in allen Lagen – auch im Krieg. Andenken könne man nur, den Schutzgehalt der Menschenwürde in einer Kriegssituation anders zu bestimmen. Eine situationsabhängige Schutzbereichsbestimmung werde aber dem absoluten der Würdegarantie kaum gerecht.[642]

Einiko Benno Franz schreibt, die Streitkräfte seien auch bei Verteidigungseinsätzen grundsätzlich an die Grundrechte und die Menschenwürdegarantie gebunden. Über Ausnahmen werde lebhaft gestritten.[643]

In einer lesenswerten journalisch-juristischen Polemik fragt Thomas Darnstädt:

> „Sind deutsche Soldaten an die Grundrechte gebunden, wenn sie am Hindukusch Krieg führen? Und wie ist es, wenn sie zurückkommen, um im eigenen Land Flug- zeuge abzuschießen oder mehr? Eine bemerkenswerte Unsicherheit bei Verfassungsrechtlern und Politikern herrscht über diese Frage. Mit dem strengen Menschenwürdeverständnis des Verfassungsgerichts, heißt es im Gericht, könne man jedenfalls keinen Krieg gewinnen. Dürfte angesichts des strengen Menschenwürde- Satzes ein Soldat überhaupt töten? Die Furcht vor dem Terror habe den Staat aus der Fassung gebracht. Das Nachdenken über den Krieg verunsichere gestandene Verfassungsrechtler."[644]

Manuel Ladiges stellt im Zusammenhang mit einer Bewertung des Luftsicherheits-urteils des Bundesverfassungsgerichts die (rhetorische) Frage: „Would the killing of innocent people be permitted in the case of war? If this question was negated, the Armed Forces would factually not be able to defend Germany effectively. If it was affirmed, human dignity would be less protected in war; this would hardly be accordable with the inviolability (*Unantastbarkeit*) and preeminence of human dignity as guaranteed in Article 1 (1) of the Basic Law."[645]

---

640 Linke, NWVBl. 2007, S. 101 (104).

641 Voss, ZRP 2007, S. 78 (80).

642 Sittard/Ulbrich, NZWehrr 2007, S. 60 (67).

643 Franz, Der Staat 45 (2006), S. 501 (535).

644 Darnstädt, DER SPIEGEL Nr. 28/2007, S. 18 (28).

645 Ladiges, German Law Journal Vol. 8 No. 3 - 1 March 2007, S. 307 (310).

In seiner Dissertation schreibt Manuel Ladiges, die Menschenwürde müsse im Krieg genauso weit reichen wie unter der Geltung der „normalen" Friedensordnung. Folge man der Logik des (Luftsicherheits)Urteils, spreche vieles dafür, daß die Tötung von Unbeteiligten in einem bewaffneten Konflikt eine Menschenwürdeverletzung darstelle. Dadurch würde aber eine wirksame militärische Landesverteidigung nicht mehr möglich sein. Die einzige Lösung dieses Dilemmas zwischen dem Schutz der Menschenwürde einerseits und der Landesverteidigung andererseits liege darin, daß das Verbot der Tötung von Unbeteiligten hinter der wirksamen militärischen Landesverteidigung zurücktrete. Auch in den Zeiten des Krieges oder eines anderen bewaffneten Konflikts träten die Grundrechte nicht außer Kraft. Die Grundrechtsbindung gelte nach Art. 1 Abs. 3 GG unter allen Umständen. Das heiße jedoch noch nicht automatisch, daß die Streitkräfte selbst im Verteidigungsfall keine weitergehenden Befugnisse als im Normalfall hätten. Denn trotz der generellen Grundrechtsbindung sei es möglich, daß sich in besonderen Gefahrenlagen der Verhältnismäßigkeitsmaßstab verschiebe und damit weitergehende Eingriffe verfassungsrechtlich zulässig seien. Es müsse das Ziel sein, sowohl den Grundrechtsschutz als auch der Wirksamkeit der militärischen Landesverteidigung im Wege der praktischen Konkordanz eine größtmögliche Entfaltung zu ermöglichen. Dies bedeute, daß Tötungen von Unbeteiligten im Rahmen militärisch erforderlicher Verteidigungshandlungen gerechtfertigt sein müssen, denn ansonsten wäre eine militärische Verteidigung nicht mehr möglich. Es dürften aber keinesfalls Menschen aus dem Schutzbereich des Grundrechts auf Leben oder gar der Menschenwürde herausfallen. Einen Lösungsweg wiesen die kriegsvölkerrechtlichen Grundsätze, die eine größtmögliche Schonung der Zivilbevölkerung gewährleisten, aber dennoch auch die Durchführung des militärischen Auftrags gewährleisten. Im Ergebnis sei festzuhalten, daß das Völkerrecht die Tötung von Unbeteiligten unter bestimmten Voraussetzungen erlaube. Dies sei ein Anhaltspunkt dafür, daß die Tötung von Unbeteiligten nicht unbedingt einen Verstoß gegen die Menschenwürde darstelle.[646]

Muna A. Yousif schreibt, der Spannungs- und Verteidigungsfall dispensiere nicht von dem Erfordernis des hinreichend bestimmten Parlamentsgesetzes für staatliche Eingriffe in das Grundrecht auf Leben. Das geltende Recht enthalte keine Eingriffsgrundlage für Tötungshandlungen deutscher Soldaten im Ausland. Eine Eingriffsgrundlage ergebe sich auch nicht aus einer Gesamtschau verfassungs- und völkervertraglicher Bestimmungen. Weder enthalte Art. 87 a GG die Befugnis, Tötungshandlungen im Verteidigungskrieg vorzunehmen, noch könne eine solche aus völkerrechtlichen Regelungen, insbesondere der UN-Charta und/oder dem humanitären Völkerrecht abgeleitet werden. Denn die Herleitung einer Eingriffsermächtigung aus dem Gedanken, daß jede Tötungshandlung im Rahmen eines bewaffneten Konflikts erlaubt sei, die nicht gegen das Völkerrecht verstoße,

---

646 Ladiges, Die Bekämpfung nicht-staatlicher Angreifer im Luftraum, S. 331, 339, 343 f.

genüge den rechtsstaatlichen Ansprüchen des grundrechtlichen Gesetzesvorbehalts nicht. Daß alle im Ausland von deutschen Soldaten vorgenommenen Tötungshandlungen als verfassungswidrig eingestuft werden müßten, mag nur schwer verständlich sein, sei aber Ergebnis der Darstellung. Die Lösung der Tötungsproblematik verlange aus grundrechtsdogmatischer Sicht ein Handeln des Gesetzgebers. Erforderlich sei entweder die Schaffung einer einfachgesetzlichen Eingriffsermächtigung oder eine Verfassungsänderung.[647]

bb) Bewertung

Nach Art. 1 Abs. 3 GG binden die nachfolgenden Grundrechte Gesetzgebung, vollziehende Gewalt und Rechtsprechung als unmittelbar geltendes Recht. In der rechtswissenschaftlichen Literatur herrscht die Meinung vor, daß Art. 1 Abs. 3 GG eine umfassende Grundrechtsbindung aller öffentlichen Gewalt normiert und keine räumliche Beschränkung der Grundrechtsgeltung vorsieht.[648]

Das Grundgesetz gilt in erster Linie und in vollem Umfang im Bereich des Territoriums der Bundesrepublik Deutschland.[649] Angesichts des unmißverständlichen Wortlauts des Art. 1 Abs. 3 GG ist die deutsche Staatsgewalt, auch wenn sie im Ausland handelt, Wirkungen zeitigt oder Rechtsfolgen anordnet, an die Grundrechte gebunden.[650]

Die Grundrechte erschöpfen sich nicht ihrer inländischen Geltung. Nach inzwischen allgemeiner Meinung binden sie die Staatsgewalt grundsätzlich auch dann, „soweit Wirkungen ihrer Betätigung im Ausland eintreten"[651]. Bereits nach dem Wortsinn des Art. 1 Abs. 3 GG ist die Grundrechtsbindung „absolut und umfassend; Freiräume soll es nicht geben"[652]. Art. 1 Abs. 3 GG differenziert nicht nach Handlungs- und

---

647 Yousif, Die extraterritoriale Geltung der Grundrechte, S. 188.

648 Herdegen, in: Maunz/Dürig, Grundgesetz, Art. 1 Abs. 3 Rdnr. 71; Hochreither, Die heimliche Überwachung internationaler Kommunikation, 2002 (zugleich Diss., Universität München, 2001), S. 99.

649 Vgl. Badura, in: Merten/Papier, Handbuch der Grundrechte, Bd. II, Grundrechte in Deutschland: Allgemeine Lehren, § 47 Rdnr. 4.

650 BVerfGE 6, S. 290 (295); 57, S. 1 (23); Badura, in: Merten/Papier, Handbuch der Grundrechte, Bd. II, Grundrechte in Deutschland: Allgemeine Lehren, § 47 Rdnr. 4; Jarass, in: Jarass/Pieroth, Grundgesetz, Art. 1 Rdnr. 44; Pieroth/Schlink, Grundrechte Staatsrecht II, 23. Aufl., 2007, Rdnr. 188; Herdegen, in: Maunz/Dürig, Grundgesetz, Art. 1 Abs. 3 Rdnr. 71; Höfling, in: Sachs (Hg.), Grundgesetz, Art. 1 Rdnr. 86.

651 BVerfGE 6, S. 290 (295); 57, S. 1 (23); vgl. auch Isensee, in: Isensee/Kirchhof (Hg.), Handbuch des Staatsrechts, Bd. V, Allgemeine Grundrechtslehren, § 115 Rdnr. 77; Ruthig, in: Einwirkungen der Grundrechte auf das Zivilrecht, Öffentliches Recht und Strafrecht, hgg. von Jürgen Wolter, Eibe Riedel und Jochen Taupitz, 2000, S. 271 (289).

652 Stern, Das Staatsrecht der Bundesrepublik Deutschland, Bd. III/1, 1988, S. 1230; Tomuschat, in:

Erfolgsort.[653] Von einer Subordination des Betroffenen im Ausland als Voraussetzung für die Grundrechtsbindung ist an keiner Stelle des Grundgesetzes die Rede. Dies spricht bereits gegen die Auffassungen von Josef Isensee[654] und Markus Heintzen[655].

Dieter Fleck widerspricht sich selber, weil er einmal von der Grundrechtsgeltung und ein anderes Mal von der Nichtanwendbarkeit der Grundrechte ausgeht.[656]

Es überzeugt nicht, wenn Manfred Baldus § 7 SoldatenG als Rechtsgrundlage für Grundrechtseingriffe heranzieht. § 7 SoldatenG bestimmt die Aufgaben und Pflichten der Soldaten, nicht ihre Befugnisse für Eingriffe in Grundrechte.[657]

Die Auffassung von Martin Kutscha führt zu dem Ergebnis, daß die Bundeswehr ohne ausreichende Rechtsgrundlage für Kampfeinsätze ist, so daß sie gar nicht in der Lage ist, den Verteidigungsauftrag des Grundgesetzes zu erfüllen – ein unhaltbares, ja absurdes Ergebnis.

Heike Krieger[658] verlangt für die Anwendung der Grundrechte im Ausland eine regelmäßige Ausübung deutscher Hoheitsgewalt. Diese Auffassung ist nicht überzeugend. Für denjenigen, der deutsche Staatsgewalt ausübt, aber auch für denjenigen,

---

Isensee/Kirchhof (Hg.), Handbuch des Staatsrechts, Bd. VII, Normativität und Schutz der Verfassung - Internationale Beziehungen, § 172 Rdnr. 53; Elbing, Zur Anwendbarkeit der Grundrechte mit Auslandsbezug, 1992, S. 221 ff.; Hofmann, Grundrechte und Grenzüberschreitende Sachverhalte, 1993, S. 23; Talmon, NZWehr 1997, S. 221 (227); Kunig, in: von Münch/Kunig (Hg.), Grundgesetz, Bd. 1, 4./5. Aufl., 2000, Art. 1 Rdnr. 53 m. w. N.; Höfling in: Sachs (Hg.), Grundgesetz, Art. 1 Rdnr. 86; Baldus, Transnationales Polizeirecht, 2001, S. 147 f. m. w. N., 154; Lorenz Der territoriale Anwendungsbereich der Grund- und Menschenrechte, S. 159 m. w. N.; Badura, in: Merten/Papier, Handbuch der Grundrechte, Bd. II, Grundrechte in Deutschland: Allgemeine Lehren, § 47 Rdnr. 13; Werner, Die Grundrechtsbindung der Bundeswehr bei Auslandseinsätzen, S. 87; Yousif, Die extraterritoriale Geltung der Grundrechte, S. 100; einschränkend: Isensee, in: Isensee/Kirchhof (Hg.), Handbuch des Staatsrechts, Bd. V, Allgemeine Grundrechtslehren, § 115 Rdnr. 83; a. A. Merten, in: Festschrift für Hartmut Schiedermair, S. 331 (337 ff.); Heintzen, Auswärtige Beziehungen privater Verbände, S. 131 („grundsätzlich territoriale Geltung der Grundrechte").

653 Kronke, in: Berichte der Deutschen Gesellschaft für Völkerrecht Bd. 38 (1997), S. 33 (41); Schröder, in: Festschrift Schlochauer, S. 137 (138); ähnlich Cremer, Der Schutz vor den Auslandsfolgen aufenthaltsbeendender Maßnahmen, 1994 (zugleich Diss., Universität Heidelberg, 1991), S. 166 ff.

654 Isensee, in: Isensee/Kirchhof (Hg.), Handbuch des Staatsrechts, Bd. V, Allgemeine Grundrechtslehren, § 115 Rdnr. 90 Fn. 201.

655 Heintzen, in: Merten/Papier (Hg.): Handbuch der Grundrechte, Bd. II, Grundrechte in Deutschland: Allgemeine Lehren, § 50 Rdnr. 31; ähnlich ders., Auswärtige Beziehungen privater Verbände, S. 101 f., 150 f.

656 Fleck, NZWehrr 2006, S. 87 (88); ders., in: Fleck (Hg.), Rechtsfragen der Terrorismusbekämpfung, S. 254.

657 So auch Yousif, Die extraterritoriale Geltung der Grundrechte, S. 174.

658 Krieger, in: Fleck (Hg.), Rechtsfragen der Terrorismusbekämpfung, S. 223 (237 f.); dies., Streitkräfte im demokratischen Verfassungsstaat, S. 385.

auf den sich deutsche Staatsgewalt auswirkt, ist es unerheblich, ob die Staatsgewalt regelmäßig, unregelmäßig oder nur gelegentlich ausgeübt wird. Es ist auch nicht ersichtlich, warum erheblich unterschiedliche Maßstäbe für prinzipiell gleiche staatliche Handlungen gelten sollten.

Angela Werner[659] betont zunächst wortreich, grundsätzlich sei die Bundeswehr bei jeglichem Tätigwerden an die verfassungsmäßige Ordnung des Grundgesetzes gebunden. Kämpfe eine Konfliktpartei jedoch gegen die andere, beurteilten sich die Handlungen als solche nicht nach dem Verfassungsrecht, sondern nach dem Kriegsführungsrecht. Das hieße, daß der Einsatz der Streitkräfte im Ausland staatsrechtlich bindungsfrei wäre. Das ist bereits mit dem Wortlaut von Art. 1 Abs. 3 GG nicht vereinbar. Außerdem meint Angela Werner, bei der Bestimmung des Umfangs der Grundrechtsbindung müsse die erfolgreiche Durchsetzung des militärischen Auftrags beachtet werden. Sei dieser gerade das Ziel eines Einsatzes der Streitkräfte, dürfe er nicht durch die engen Voraussetzungen der Grundrechte gefährdet werden. Dies bedeutet die völlige Freistellung militärischen Handelns von den Bindungen der Rechtsordnung, weil alles Handeln durch den militärischen Auftrag gerechtfertigt wird – ein abwegiges Ergebnis.

Kay Waechter[660] interpretiert das Bundesverfassungsgericht so, daß Art. 1 GG die Anwendung bestimmter kriegsrechtlicher Prinzipien verbiete. Dafür findet sich freilich im Luftsicherheitsurteil nicht der geringste Beleg. In dem Urteil ist nur vom *nichtkriegerischen* Luftzwischenfall die Rede. Die Hauptthese von Kay Waechter, Schutzschild-Situationen müßten im Polizeirecht und im Kriegsrecht gleich behandelt werden, ist nicht belegbar. Es sind kaum zwei Rechtsgebiete denkbar, die so diametral unterschiedlich sind wie Polizeirecht und humanitäres Völkerrecht. Friedensrecht einerseits und Kriegsrecht andererseits, unterschiedlichere Normen sind kaum vorstellbar.

Knut Ipsen blendet aus, daß Verteidigung im Sinne des Grundgesetzes auch in deutschem Hoheitsgebiet stattfinden kann.

Die dogmatischen Bemühungen von Tonio Gas und Tobias Linke sind ausgesprochen dürftig und vor allem ergebnisorientiert. Vor allem Tobias Linke blendet die Realität der militärischen Verteidigung gegen einen bewaffneten Angriff aus. Im Rahmen der militärischen Landesverteidigung kann nicht garantiert werden, daß unbeteiligte Zivilpersonen stets und ausnahmslos nicht in Mitleidenschaft gezogen werden. Das verlangt freilich weder die nationale Rechtsordnung noch das Völkerrecht.

Ulrich Sittard und Martin Ulbrich kommen bei ihren tastenden Überlegungen zu keinem für die Praxis brauchbaren Ergebnis. Abgesehen davon waren sie noch in

---

659 Werner, Die Grundrechtsbindung der Bundeswehr bei Auslandseinsätzen, S. 233 – 246.
660 Waechter, JZ 2007, S. 61 (67 f.).

einem im Jahre 2005 veröffentlichten Beitrag der Meinung, wenn der Staat sich auf Grund sachlicher Kriterien für den Schutz der Menschen am Boden und damit gegen das Untätigbleiben entscheide, sei die Tötung der Flugzeuginsassen eine harte, aber noch angemessene Entscheidung..[661] Neuerdings gehen beide Autoren vom absoluten Gehalt der Menschenwürde aus.[662]

Das Völkerrecht steht der Geltung der Grundrechte im Ausland nicht entgegen.[663] Allerdings verbietet das Völkerrecht, Hoheitsakte – ohne Zustimmung oder Duldung des betroffenen Staates – auf fremdem Hoheitsgebiet zu setzen.[664] Freilich kann das Völkerrecht die räumliche Geltung staatlicher Normen begrenzen.[665]

Der Grundrechtsschutz kann in Fällen, in denen sich die Wirkungen deutscher Staatsgewalt im Ausland manifestieren, geringer ausfallen als bei Inlandssachverhalten.[666] Art. 1 Abs. 3 GG kann nicht so verstanden werden, daß an den deutschen Grundrechten „die Welt genesen" soll. „Es wäre nicht nur grundrechtsutopisch, sondern auch „grundrechtsimperialistisch", wenn sich der Regelungsbereich deutscher Grundrechtsbestimmungen schlechthin auf das Gebiet fremder Staaten erstrecken wollte ..."[667]

Zum grundsätzlichen Problem des territorialen Anwendungsbereichs der Grundrechte existiert keine abschließende Rechtsprechung des Bundesverfassungsgerichts. In seinem jüngsten Urteil zu diesem Problemkreis heißt es im Urteil vom 14. Juli 1999:

„Ansatzpunkt für die Beantwortung der Frage nach der räumlichen Geltung von Art. 10 GG ist Art. 1 Abs. 3 GG, der den Geltungsumfang der Grundrechte im allgemeinen bestimmt. Aus dem Umstand, daß diese Vorschrift eine umfassende Bindung von Gesetzgebung, vollziehender Gewalt und Rechtsprechung an die Grundrechte vorsieht, ergibt sich allerdings noch keine abschließende Festlegung der räumlichen Geltungsreichweite der Grundrechte. Das Grundgesetz begnügt sich nicht damit, die innere Ordnung des deutschen Staates festzulegen, sondern bestimmt auch in Grundzügen sein Verhältnis zur Staatengemeinschaft. Insofern geht es von der Notwendigkeit einer Abgrenzung und Abstimmung mit anderen Staaten und Rechtsordnungen aus. Zum einen ist der Umfang

---

661 Sittard/Ulbrich, JuS 2005, S. 432 (435 f.).

662 Sittard/Ulbrich, NZWehrr 2007, S. 60 (67).

663 Vgl. Rudolf, in: Berichte der Deutschen Gesellschaft für Völkerrecht Heft 11 (1971), S. 7 (17); Elbing, Zur Anwendbarkeit der Grundrechte mit Auslandsbezug, S. 137 ff.; Baldus, Transnationales Polizeirecht, S. 152 f.; Werner, Die Grundrechtsbindung der Bundeswehr bei Auslandseinsätzen, S. 101; Lorenz, Der territoriale Anwendungsbereich der Grund- und Menschenrechte, S. 161 ff.

664 BVerfGE 63, S. 343 (373); Badura, in: Merten/Papier, Handbuch der Grundrechte, Bd. II, Grundrechte in Deutschland: Allgemeine Lehren, § 47 Rdnr. 6.

665 Rudolf, in: Berichte der Deutschen Gesellschaft für Völkerrecht Heft 11 (1971), S. 7 (18).

666 Schröder, in: Festschrift Schlochauer, S. 137 (138).

667 Merten, in: Festschrift für Hartmut Schiedermair, S. 331 (337).

der Verantwortlichkeit und Verantwortung deutscher Staatsorgane bei der Reichweite grundrechtlicher Bindungen zu berücksichtigen (vgl. BVerfGE 66, 39 <57 ff.>; 92, 26 <47>). Zum anderen muß das Verfassungsrecht mit dem Völkerrecht abgestimmt werden. Dieses schließt freilich eine Geltung von Grundrechten bei Sachverhalten mit Auslandsbezügen nicht prinzipiell aus. Ihre Reichweite ist vielmehr unter Berücksichtigung von Art. 25 GG aus dem Grundgesetz selbst zu ermitteln. Dabei können je nach den einschlägigen Verfassungsnormen Modifikationen und Differenzierungen zulässig oder geboten sein (vgl. BVerfGE 31, 58 <72 ff.>; 92, 26 <41 f.>).[668]

Diese Grundsätze gelten auch für Auslandseinsätze deutscher Streitkräfte. Wenn deutsche Staatsgewalt die Grenzen des deutschen Staates überschreitet, wird das Verhältnis zu anderen Staaten und deren Rechtsordnungen berührt. Dies verlangt eine Abgrenzung und Abstimmung deutscher Normen mit dem Völkerrecht.

Das Grundgesetz geht von der Eingliederung des von ihm verfaßten Staates in die Völkerrechtsordnung der Staatengesellschaft aus.[669] Insbesondere Art. 23 – 26, 59 Abs. 2 GG belegen die Offenheit deutscher Staatlichkeit gegenüber der Staatengemeinschaft und die Einbindung in die Völkerrechtsordnung.

Dazu heißt es beim Bundesverfassungsgericht:

„Mit diesem Normenkomplex zielt die deutsche Verfassung, auch ausweislich ihrer Präambel, darauf, die Bundesrepublik Deutschland als friedliches und gleichberechtigtes Glied in eine dem Frieden dienende Völkerrechtsordnung der Staatengemeinschaft einzufügen ..."[670]

Dies zwingt zu einer Abstufung der Steuerungskraft deutscher Grundrechte im Ausland.[671] Die Geltung und Reichweite ist deshalb bei Sachverhalten mit Auslandsbezug jeweils im Einzelfall aus den einzelnen Grundrechten in Verbindung mit Art. 25 GG zu ermitteln.[672]

Zur militärischen Landesverteidigung stellte das Bundesverfassungsgericht fest:

„Mit den nachträglich in das Grundgesetz eingefügten wehrverfassungsrechtlichen Bestimmungen, insbesondere den heute geltenden Vorschriften der Art. 12a, 73 Nr. 1, 87 a und 115 b GG hat der Verfassungsgeber eine verfassungsrechtliche Grundentscheidung für eine wirksame militärische Landesverteidigung getroffen. Einrichtung und Funktionsfähigkeit der Bundeswehr haben verfassungsrechtlichen Rang. In Übereinstimmung mit dem bereits in Art. 26 Abs. 1 GG enthaltenen Verbot des Angriffskrieges kommt in den genannten Vorschriften der eindeutige und unmißverständliche Wille des Verfassungsgebers zum

---

668 BVerfGE 100, S. 313 (362 f.).

669 BVerfGE 63, S. 343 (370).

670 BVerfGE 111, S. 307 (318).

671 BVerfGE 66, S. 39 (57); 92, S. 26 (47); 103, S. 313 (362); Herdegen, in: Maunz/Dürig, Grundgesetz, Art. 1 Abs. 3 Rdnr. 72.

672 Badura, in: Merten/Papier, Handbuch der Grundrechte, Bd. II, Grundrechte in Deutschland: Allgemeine Lehren, § 47 Rdnr. 14; Stern, Das Staatsrecht der Bundesrepublik Deutschland, Bd. III/1, S. 1232.

Ausdruck, daß die Streitkräfte der Verteidigung gegen bewaffnete Angriffe dienen sollen (vgl. BVerfGE 48, 127 [159 f.])."[673]

An anderer Stelle spricht das Bundesverfassungsgericht vom „Verfassungsgrundsatz der militärischen Landesverteidigung"[674].

Das Spannungsverhältnis zwischen den Geboten einer effektiven Landesverteidigung und dem Geltungsanspruch der Grundrechte löste das Bundesverfassungsgericht in seinem Beschluß vom 29. Oktober 1987 (Chemie-Waffen) überzeugend auf:

> „Zwar können staatliche Maßnahmen zur Abwehr eines bewaffneten Angriffs von außen mit Gefahren für die eigene Zivilbevölkerung verbunden sein. Solche Gefahren und daraus gegebenenfalls entstehende Schäden zu vermeiden, überschreitet indes die staatlichen Möglichkeiten, wenn eine wirkungsvolle Landesverteidigung, die gerade dem Schutz der freiheitlichen - auch die Grundrechte verbürgenden - Ordnung dient, gewährleistet bleiben soll. Mit der Entscheidung für die militärische Landesverteidigung (Art. 24 Abs. 2, 87 a, 115 a ff. GG) hat das Grundgesetz zu erkennen gegeben, daß der Schutzbereich des Art. 2 Abs. 2 Satz 1 GG Rückwirkungen auf die Bevölkerung bei einem völkerrechtsgemäßen Einsatz von Waffen gegen den militärischen Gegner im Verteidigungsfall nicht umfaßt …"[675]

Diese bedeutsamen Ausführungen des Bundesverfassungsgerichts, die auch für den Auslandseinsatz der Streitkräfte gelten, werden regelmäßig übersehen und fanden in der Rechtswissenschaft kaum Beachtung.[676] In Anwendung dieser überzeugenden Grundsätze wird der Schutzbereich des Art. 1 Abs. 1 und des Art. 2 Abs. 2 Satz 1 GG nicht berührt, wenn der Kampfeinsatz in Übereinstimmung mit dem (humanitären) Völkerrecht erfolgt.[677] Verteidigung im Sinne des Art. 87 a Abs. 1 Satz 1 GG heißt immer militärische Verteidigung im Rahmen und unter Befolgung des Völkerrechts, insbesondere des humanitären Völkerrechts.[678]

Es sei hinzugefügt, daß das Grundgesetz nicht verbietet, daß sich die Bundesrepublik im Rahmen des humanitären Völkerrechts militärisch verteidigt. Das strikte, ausnahmslose und uneingeschränkte Verbot, in einem internationalen bewaffneten Konflikt oder einem Konflikt, der einem internationalen bewaffneten Konflikt gleichkommt, Zivilpersonen in Mitleidenschaft zu ziehen, wäre angesichts der Realität eines

---

673 BVerfGE 69, S. 1 (21 f.).

674 BVerfGE 105, S. 61 (73).

675 BVerfGE 77, S. 170 (170 Ls. 3 a und b, 221); dazu Sachs, in: Stern, Staatsrecht, Bd. III/2, Allgemeine Lehren der Grundrechte, § 81 V 4 c (S. 585 f.); Jarass, in: Jarass/Pieroth, Grundgesetz, Art. 2 Rdnr. 90.

676 Vgl. aber Sachs, in: Stern, Das Staatsrecht der Bundesrepublik Deutschland, Bd. III/2, Allgemeine Lehren der Grundrechte, § 81 V 4 c (S. 585 f.); ders., in: Stern, Staatsrecht, Bd. IV/1, Die einzelnen Grundrechte. Der Schutz der freien Entfaltung des Individuums, § 98 II 4 b (S. 152); Wiefelspütz, UBWV 2007, S. 321 (327).

677 Wiefelspütz, RuP 2007, S. 73 (80).

678 Wiefelspütz, RuP 2007, S. 73 (80); ders., UBWV 2007, S. 321 (327).

bewaffneten Konflikts gleichbedeutend mit dem Verbot eines Verteidigungskrieges. Dies gebietet aber das Grundgesetz gerade nicht. Allerdings ist das humanitäre Völkerrecht nach Art. 25 GG anzuwenden und einzuhalten. Insoweit ist es auch ohne Bedeutung, daß militärisches Handeln deutscher Soldaten innerhalb oder außerhalb des deutschen Staatsgebietes im Rahmen und nach dem Maßstab von Landesverteidigung stattfindet.[679]

Art. 1 Abs. 1 GG und Art. 2 Abs. 2 Satz 1 GG müssen deshalb bei einem kriegerischen Luftzwischenfall wegen Art. 25 GG in Verbindung mit Art. 87 a Abs. 1 Satz 1 GG im Lichte des humanitären Völkerrechts interpretiert werden.

13. Das Verbot des Angriffskrieges (Art. 26 GG)

Nach Art. 26 Abs. 1 Satz 1 GG sind Handlungen, die geeignet sind und in der Absicht vorgenommen werden, das friedliche Zusammenleben der Völker zu stören, insbesondere die Führung eines Angriffskrieges vorzubereiten, verfassungswidrig. Art. 26 GG stellt eine Konkretisierung des Friedensgebotes des Grundgesetzes dar[680] und ist gleichzeitig unmittelbar verbindliche Rechtsnorm.[681]

Art. 26 Abs. 1 Satz 1 GG erfaßt die Vorbereitung[682] und Führung eines Angriffskrieges. Aus den Beratungen des Parlamentarischen Rats geht hervor, daß der Begriff Angriffskrieg den Gegensatz zum (zulässigen) Verteidigungskrieg markieren soll.[683]

Mit der Vorbereitung und Führung eines Angriffskrieges ist jede gewaltsame Aggression gemeint, die völkerrechtlich nicht gerechtfertigt ist.[684] Dieses Aggressionsverbot verweist auf das völkerrechtliche Gewaltverbot des Art. 2 Nr. 4 SVN und den das Gewaltverbot konkretisierenden Resolutionen 2625 (XXV) vom 24. Oktober 1970 und 3314 vom 14. Dezember 1974 (XXIX) der VN-Generalversammlung.[685] Ein Präventivkrieg ist damit auch nach dem Grundgesetz grundsätzlich

---

679 Wiefelspütz, UBWV 2007, S. 321 (327).

680 Jarass, in: Jarass/Pieroth, Grundgesetz, Art. 26 Rdnr. 1; Geiger, Grundgesetz und Völkerrecht, § 64 III 1 (S. 356 f.).

681 Streinz, in: Sachs (Hg.), Grundgesetz, Art. 26 Rdnr. 5; Fink, in: von Mangoldt/Klein/Starck (Hg.), Grundgesetz, Bd. 2, Art. 26 Rdnr. 6 m. w. N.; Risse, in: Hömig (Hg.), Grundgesetz, Art. 26 Rdnr. 1.

682 Streinz, in: Sachs (Hg.), Grundgesetz, Art. 26 Rdnr. 21; Fink, in: von Mangoldt/Klein/Starck (Hg.), Grundgesetz, Bd. 2, Art. 26 Rdnr. 38; Geiger, Grundgesetz und Völkerrecht, § 64 III 3 (S. 359).

683 Abg. von Brentano, JöR 1 n. F. (1951), S. 237; vgl. auch Fink, in: von Mangoldt/Klein/Starck (Hg.), Grundgesetz, Bd. 2, Art. 26 Rdnr. 33.

684 Jarass, in: Jarass/Pieroth, Grundgesetz, Art. 26 Rdnr. 3.

685 Pernice, in: Dreier (Hg.), Grundgesetz, Bd. II, Art. 26 Rdnr. 16.

verfassungswidrig,[686] während militärische Maßnahmen zur Verteidigung zulässig sind.[687]

Generell nicht erfaßt werden von Art. 26 GG Unterlassungen.[688] Nach Auffassung von Rudolf Streinz[689] kann auch eine präventive Verteidigung zulässig sein, wenn ein Angriff unmittelbar bevorsteht und jede andere Gegenwehr versagen würde.[690]

---

686 Vgl. Pernice, in: Dreier (Hg.), Grundgesetz, Bd. II, Art. 26 Rdnr. 16.

687 Pernice, in: Dreier (Hg.), Grundgesetzt, Bd. II, Art. 26 Rdnr. 16; Streinz, in: Sachs (Hg.), Grundgesetz, Art. 26 Rdnr. 20; BVerfGE 83, S. 60 (65); Fink, in: von Mangoldt/Klein/Starck (Hg.), Grundgesetz, Bd. 2, Art. 26 Rdnr. 22 ff. m. w. N.

688 Jarass, in: Jarass/Pieroth, Grundgesetz, Art. 26 Rdnr. 4; Streinz, in: Sachs (Hg.), Grundgesetz, Art. 26 Rdnr. 24; Hobe, in: Friauf/Höfling, Grundgesetz, Art. 26 Rdnr. 8.

689 Streinz, in: Sachs (Hg.), Grundgesetz, Art. 26 Rdnr. 20.

690 So auch Maunz, in: Maunz/Dürig, Grundgesetz, Art. 26 Rdnr. 26; a. A. von Bülow, Der Einsatz der Streitkräfte, S. 128 f. Zur Zulässigkeit präventiver oder präemptiver militärischer Maßnahmen siehe unten S. 276 ff.

II. Die Einordnung der Bundesrepublik Deutschland in ein System gegenseitiger kollektiver Sicherheit

1. Systeme gegenseitiger kollektiver Sicherheit und das Grundgesetz

a) Art. 24 Abs. 2 GG als Ermächtigungsgrundlage

Die meisten Auslandseinsätze bewaffneter deutscher Streitkräfte stützten sich bislang auf Art. 24 Abs. 2 GG.[691] Die Bundeswehr wurde regelmäßig in einem System gegenseitiger kollektiver Sicherheit und nur in Ausnahmefällen[692] außerhalb eines solchen Systems oder unilateral eingesetzt.[693] Ein Fall der Landesverteidigung fand bislang nicht statt. Die Beteiligung der Bundeswehr an der Operation Enduring Freedom ist der bislang einzige Fall der Bündnisverteidigung.[694] Art. 24 Abs. 2 GG ist freilich keine abschließende Regelung für bewaffnete Auslandseinsätze der Bundeswehr.[695]

Für Auslandseinsätze der Bundeswehr im Rahmen von Systemen gegenseitiger kollektiver Sicherheit ist Art. 24 Abs. 2 GG nach der Rechtsprechung des Bundesverfassungsgerichts die entscheidende verfassungsrechtliche Grundlage.[696] Das Bundesverfassungsgericht führte dazu im Streitkräfteurteil vom 12. Juli 1994 aus:

„Art. 24 Abs. 2 GG ermächtigt den Bund, sich zur Wahrung des Friedens einem System gegenseitiger kollektiver Sicherheit einzuordnen. Diese Ermächtigung berechtigt

---

691 Wiefelspütz, AöR 132 (2007), S. 44 (83); ungenau Pofalla, ZRP 2004, S. 221 (222). Roellecke, Der Staat 34 (1995), S. 415 (416), vertritt die bizarre Auffassung, wie Art. 87 a GG den Einsatz inländischer Streitkräfte im Innern regele, so regele Art. 24 Abs. 2 GG den Einsatz ausländischer (!) Streitkräfte im Innern.

692 In Betracht kommen Rettungsaktionen mit einem eher polizeiähnlichen Charakter wie die Operation LIBELLE. Dabei handelte es sich um die Evakuierung deutscher und anderer Staatsbürger aus Tirana/Albanien durch ein Kommando der Bundeswehr, vgl. BT-Drs. 13/7233. Infrage kommen auch humanitäre Interventionen wegen schwerster Menschenrechtsverletzungen. Siehe auch Wiefelspütz, Das Parlamentsheer, S. 282 ff.

693 Instruktiv zu Einsätzen im Rahmen von Systemen gegenseitiger kollektiver Sicherheit: Günther, in: Wehrhafte Demokratie, S. 329 (351 ff.).

694 Die Beteiligung der Bundeswehr an der Operation Enduring Freedom erfolgt auf der Grundlage von Art. 5 des NATO-Vertrages i. V. m. Art. 51 SVN und Art. 87 a Abs. 1 Satz 1 GG. Enduring Freedom ist freilich keine NATO-Operation. Der Antrag der Bundesregierung auf BT-Drs. 14/7296 (S. 3) nennt in Verkennung der Rechtslage auch Art. 24 Abs. 2 GG als Rechtsgrundlage des Einsatzes. Vgl. auch Paulus, Parlament und Streitkräfteeinsatz, S. 273 ff.

695 Brockmeyer, in: Schmidt-Bleibtreu/Klein, Grundgesetz, Art. 24 Rdnr. 4 d; Wiefelspütz, Das Parlamentsheer, S. 135; ders., ZaöRV 2005, S. 819 (833).

696 Kreß, ICLQ 44 (1995), S. 414 (417): "The Court's interpretation of Article 24 (2) was – one is tempted to say: obviously – correct."

den Bund nicht nur zum Eintritt in ein solches System und zur Einwilligung in damit verbundene Beschränkungen seiner Hoheitsrechte. Sie bietet vielmehr auch die verfassungsrechtliche Grundlage für die Übernahme der mit der Zugehörigkeit zu einem solchen System typischerweise verbundenen Aufgaben und damit auch für eine Verwendung der Bundeswehr zu Einsätzen, die im Rahmen und nach den Regeln dieses Systems stattfinden.

Ein System gegenseitiger kollektiver Sicherheit stützt sich regelmäßig auch auf Streitkräfte, die dazu beitragen, den Auftrag des Systems zu erfüllen, und als ultima ratio gegen einen Friedensstörer eingesetzt werden können. Die Mitgliedstaaten müssen daher grundsätzlich bereit sein, der Sicherheitsorganisation zur Wahrung oder Wiederherstellung des Friedens auch militärische Mittel zur Verfügung zu stellen."[697]

In der Ermächtigung des Bundes, sich zur Wahrung des Friedens einem System gegenseitiger kollektiver Sicherheit einzuordnen, liegt die Entscheidung des Grundgesetzes für eine sicherheitspolitische Kooperation mit anderen Staaten.[698] Art. 24 Abs. 2 Satz 1 GG begründet keine Verpflichtung des Bundes.[699] Der Wortlaut des Grundgesetzes („Der Bund kann ...") ist insoweit eindeutig.

Ein System gegenseitiger kollektiver Sicherheit basiert auf einem friedenssichernden Normengefüge und schließt den Aufbau einer eigenen Organisation ein. Es begründet für jedes seiner Mitglieder einen Status völkerrechtlicher Gebundenheit, der wechselseitig zur Wahrung des Friedens verpflichtet und Sicherheit gewährt.[700] Unverkennbar ist, daß Systeme gegenseitiger kollektiver Sicherheit zumindest als „ultima ratio" den Einsatz bewaffneter Streitkräfte vorsehen. Daher ist der Begriff „kollektive Sicherheit" zwingend mit der Möglichkeit der Anwendung militärischer Zwangsmaßnahmen verbunden.[701]

Zur Funktion des Art 24 Abs. 2 GG führte das Bundesverfassungsgericht im Urteil zum neuen Strategischen Konzept der NATO von 1999 aus:

„Das Grundgesetz ... macht jedoch gerade mit Art. 24 Abs. 2 GG sichtbar, daß die Herstellung kollektiver Sicherheit ein entscheidendes Mittel zur Wahrung des Friedens ist, nämlich für die Herbeiführung und Sicherung einer friedlichen und dauerhaften Ordnung in Europa und der Welt (vgl. BVerfGE 90, 286 [349 ff.]). Das entspricht auch der Intention

---

697 BVerfGE 90, S. 286 (345).

698 Rojahn, in: von Münch/Kunig (Hg.), Grundgesetz, Bd. 2, 4./5. Aufl., 2002, Art. 24 Rdnr. 87; Pernice, in: Dreier (Hg.), Grundgesetz, Bd. II, Art. 24 Rdnr. 50.

699 Tomuschat, in: Bonner Kommentar, Art. 24 Rdnr. 121; Rojahn, in: von Münch/Kunig (Hg.), Grundgesetz, Bd. 2, Art. 24 Rdnr. 87; Deiseroth, in: Umbach/Clemens (Hg.), Grundgesetz, Bd. I, 2002, Art. 24 Rdnr. 236; Streinz, in: Sachs (Hg.), Grundgesetz, Art. 24 Rdnr. 51; Brockmeyer, in: Schmidt-Bleibtreu/Klein, Grundgesetz, Art. 24 Rdnr. 4; a. A. Grewe, in: Isensee/Kirchhof (Hg.), Handbuch des Staatsrechts der Bundesrepublik Deutschland, Bd. III, Das Handeln des Staates, 2. Aufl., 1996, § 77 Rdnr. 77; Bleckmann, Grundgesetz und Völkerrecht, 1975, S. 231.

700 BVerfGE 90, S. 286 (349); Brenner/Hahn, JuS 2001, S. 729 (730).

701 Classen, in: von Mangoldt/Klein/Starck (Hg.), Grundgesetz, Bd. 2, Art. 24 Abs. 2 Rdnr. 89.

des historischen Verfassungsgebers (vgl. Entwurf eines Grundgesetzes, Darstellender Teil, S. 23 f., in: JöR N.F. 1 [1951], S. 222 f.). Die in Art. 24 Abs. 2 GG vorgesehene Mitgliedschaft in einem kollektiven Sicherheitssystem und die danach ermöglichte Teilnahme an Einsätzen im Rahmen eines solchen Systems soll auch durch die Vorschriften des Art. 87 a GG über Aufstellung und Einsatzzweck der Bundeswehr nicht eingeschränkt werden (vgl. BVerfGE 90, 286 [353 ff.]). Im Rahmen kollektiver Sicherheitssysteme erfüllt die Bundesrepublik das völkergewohnheitsrechtliche Gewaltverbot (vgl. IGH, Military and Paramilitary Activities in and Against Nicaragua, ICJ Reports, [para. 187 ff.]), dessen innerstaatliche Geltung Art. 25 GG anordnet."[702]

Art. 24 Abs. 2 GG dispensiert danach nicht von den Anforderungen des geltenden Verfassungs- und Völkerrechts.[703] Ein Verstoß bewaffneter deutscher Streitkräfte gegen das Völkerrecht ist grundsätzlich auch ein Verstoß gegen das Grundgesetz.[704] Es ist deshalb eine notwendige,[705] wenngleich nicht hinreichende Voraussetzung, wenn ein Auslandseinsatz bewaffneter deutscher Streitkräfte im Rahmen und nach den Regeln eines System gegenseitiger kollektiver Sicherheit durchgeführt wird.[706] Auch in einem System gegenseitiger kollektiver Sicherheit ist den Streitkräften der Bundesrepublik Deutschland nur erlaubt, was ihnen kraft Verfassungs- *und* Völkerrecht gestattet ist.[707] Denn Art. 24 Abs. 2 GG verdeutlicht lediglich, daß die Bundesrepublik Deutschland befugt ist, sich in ein System gegenseitiger kollektiver Sicherheit einzuordnen.[708]

Militärische Einsätze auf der Grundlage von Art. 24 Abs. 2 GG setzten nicht ein Mandat des Sicherheitsrats der VN voraus. Freilich muß der Einsatz nach den Regeln des Systems gegenseitiger kollektiver Sicherheit durchgeführt werden und das Völkerrecht einhalten.[709]

---

702 BVerfGE 104, S. 151 (212 f.).

703 Deiseroth, in: Umbach/Clemens (Hg.), Grundgesetz, Bd. I, Art. 24 Rdnr. 231; Fink, JZ 1999, S. 1016 (1019); Putter, Humanitäres Völkerrecht – Informationsschriften – 2003, S. 7 (9); Nolte, in: Ku/Jacobson (Hg.), Democratic Accountability, S. 231 (240); Wiefelspütz, Das Parlamentsheer, S. 138; ders., ZaöRV 2005, S. 819 (833); ders., AöR 132 (2007), S. 44 (84); Paulus, Parlament und Streitkräfteeinsatz, S. 343 f.

704 Gilch, Das Parlamentsbeteiligungsgesetz, S. 10 f.; a. A. Krings/Burkiczak, DÖV 2002, S. 501 (506).

705 Vgl. Zöckler, EJIL 1995, S. 274 (277).

706 Fink, JZ 1999, S. 1016 (1019); Schmidt-Radefeldt, in: The ‚Double Democratic Deficit', S. 147 (153); Günther, in: Wehrhafte Demokratie, S. 329 (359); Kunig, in: Graf Vitzthum (Hg.), Völkerrecht, 2. Abschn. Rdnr. 78; Wiefelspütz, Das Parlamentsheer, S. 138; ders., ZaöRV 2005, S. 819 (833); Sigloch, Auslandseinsätze der deutschen Bundeswehr, S. 222 ff.

707 Wiefelspütz, Das Parlamentsheer, S. 138; ders., AöR 132 (2007), S. 44 (84); Kadelbach/Hilmes, Jura 2005, S. 628 (633); Sigloch, Auslandseinsätze der deutschen Bundeswehr, S. 225 f.

708 Tomuschat, in: Bonner Kommentar, Art. 24 Rdnr. 155; Deiseroth, NJ 1993, S. 145 (150); ders., in: Umbach/Clemens (Hg.), Grundgesetz, Bd. I, Art. 24 Rdnr. 231.

709 Paulus, Parlament und Streitkräfteeinsatz, S. 364; Wiefelspütz, AöR 132 (2007), S. 44 (84).

Im Zusammenhang mit der konstitutiven Beteiligung des Deutschen Bundestages beim Einsatz bewaffneter Streitkräfte vom Parlament als „Hüter des Völkerrechts"[710] zu sprechen, schafft ein schiefes Bild und überzeugt nicht. Die Verfassungsorgane Bundesregierung und Bundestag sind gleichermaßen und uneingeschränkt an Recht und Gesetz und somit auch an das Völkerrecht gebunden. Daß gegenwärtig im Völkerrecht im Hinblick auf die Anwendung militärischer Gewalt insbesondere im Bereich des Art. 51 SVN schwierige Streitfragen[711] zu beantworten sind, trifft den Deutschen Bundestag und die Bundesregierung gleichermaßen. Diese Schwierigkeiten sind freilich nicht auf völkerrechtliche Fragestellungen beschränkt. Im Bereich des bundesdeutschen Wehrverfassungsrechts ist das nicht anders. Gleichwohl müssen die Verfassungsorgane Entscheidungen treffen.

Das Bundesverfassungsgericht betonte in seinem Beschluß vom 14. Oktober 2004 – 2 BvR 1481/04 – die Völkerrechtsfreundlichkeit des Grundgesetzes,

„das die Betätigung staatlicher Souveränität durch Völkervertragsrecht und internationale Zusammenarbeit sowie die Einbeziehung der allgemeinen Regeln des Völkerrechts fördert und deshalb nach Möglichkeit so auszulegen ist, daß ein Konflikt mit völkerrechtlichen Verpflichtungen der Bundesrepublik Deutschland nicht entsteht. Das Grundgesetz hat die deutsche öffentliche Gewalt programmatisch auf die internationale Zusammenarbeit (Art. 24 GG) und auf die europäische Integration (Art. 23 GG) festgelegt. Das Grundgesetz hat den allgemeinen Regeln des Völkerrechts Vorrang vor dem einfachen Gesetzesrecht eingeräumt (Art. 25 Satz 2 GG) und das Völkervertragsrecht durch Art. 59 Abs. 2 GG in das System der Gewaltenteilung eingeordnet. Es hat zudem die Möglichkeit der Einfügung in Systeme gegenseitiger kollektiver Sicherheit eröffnet (Art. 24 Abs. 2 GG), den Auftrag zur friedlichen Beilegung zwischenstaatlicher Streitigkeiten im Wege der Schiedsgerichtsbarkeit erteilt (Art. 24 Abs. 3 GG) und die Friedensstörung, insbesondere den Angriffskrieg, für verfassungswidrig erklärt (Art. 26 GG). Mit diesem Normenkomplex zielt die deutsche Verfassung, auch ausweislich ihrer Präambel, darauf, die Bundesrepublik Deutschland als friedliches und gleichberechtigtes Glied in eine dem Frieden dienende Völkerrechtsordnung der Staatengemeinschaft einzufügen (vgl. auch BVerfGE 63, 343 <370>).

Das Grundgesetz ist jedoch nicht die weitesten Schritte der Öffnung für völkerrechtliche Bindungen gegangen. Das Völkervertragsrecht ist innerstaatlich nicht unmittelbar, das heißt ohne Zustimmungsgesetz nach Art. 59 Abs. 2 GG, als geltendes Recht zu behandeln und - wie auch das Völkergewohnheitsrecht (vgl. Art. 25 GG) – nicht mit dem Rang des Verfassungsrechts ausgestattet. Dem Grundgesetz liegt deutlich die klassische Vorstellung zu Grunde, daß es sich bei dem Verhältnis des Völkerrechts zum nationalen Recht um ein Verhältnis zweier unterschiedlicher Rechtskreise handelt und daß die Natur dieses

---

710 Röben, Deutscher Bundestag, 15. Wahlperiode, Ausschuß für Wahlprüfung, Immunität und Geschäftsordnung, Protokoll G 25 vom 17. Juni 2004, S. 4; vgl. auch Paulus, Parlament und Streitkräfteeinsatz, S. 346 ff.

711 Vgl. nur Paulus, Parlament und Streitkräfteeinsatz, S. 347 ff. m. w. N.; Wiefelspütz, ZfP 2006, S. 143 ff. m. w. N.; ders., Humanitäres Völkerrecht – Informationsschriften – 2006, S. 103 ff. m. w. N.

Verhältnisses aus der Sicht des nationalen Rechts nur durch das nationale Recht selbst bestimmt werden kann; dies zeigen die Existenz und der Wortlaut von Art. 25 und Art. 59 Abs. 2 GG. Die Völkerrechtsfreundlichkeit entfaltet Wirkung nur im Rahmen des demokratischen und rechtsstaatlichen Systems des Grundgesetzes.

Das Grundgesetz erstrebt die Einfügung Deutschlands in die Rechtsgemeinschaft friedlicher und freiheitlicher Staaten, verzichtet aber nicht auf die in dem letzten Wort der deutschen Verfassung liegende Souveränität. Insofern widerspricht es nicht dem Ziel der Völkerrechtsfreundlichkeit, wenn der Gesetzgeber ausnahmsweise Völkervertragsrecht nicht beachtet, sofern nur auf diese Weise ein Verstoß gegen tragende Grundsätze der Verfassung abzuwenden ist.[712]

Für die Ausübung des Vorbehalts „des prinzipiell letzten Wortes der deutschen Verfassung" fehlt es freilich vorliegend an einem hinreichenden Grund. Die Beachtung des Gewaltverbots nach Art. 2 Ziff. 4 SVN und der Ausnahmen vom Gewaltverbot sind nicht geeignet, Verstöße gegen das Grundgesetz nach sich zu ziehen.

b) Auslandseinsätze deutscher Streitkräfte ausschließlich in Systemen gegenseitiger kollektiver Sicherheit?

Vereinzelt wird die Auffassung vertreten, Einsätze mit sicherheits- und verteidigungspolitischer Zwecksetzung seien den deutschen Streitkräften von Verfassungs wegen *ausschließlich* in einem System gegenseitiger kollektiver Sicherheit erlaubt.[713] Diese Betrachtungsweise ist nicht begründet.[714]

Nach Auffassung von Volker Röben will Art. 24 Abs. 2 GG die verfassungsrechtlichen Voraussetzungen dafür regeln, daß der Verband Bundesrepublik Deutschland militärisch tätig wird.[715] Zwar stelle der Bund nach Art. 87 a Abs. 1 GG Streitkräfte zur Verteidigung auf, einsetzen dürfe er sie aber nur nach Art. 24 Abs. 2 GG.[716]

---

712 BVerfGE 111, S. 307 (317 ff.).

713 So Wild, DÖV 2000, S. 1 (9 f.); Röben, ZaöRV 63 (2003), S. 585 (587 f.); ders., Deutscher Bundestag, 15. Wahlperiode, Ausschuß für Wahlprüfung, Immunität und Geschäftsordnung, Ausschußdrucksache 15 – G – 34, S. 3; Gramm, NZWehrr 2005, S. 133 (138); Gilch, Das Parlamentsbeteiligungsgesetz, S. 74.

714 Vgl. Wiefelspütz, Das Parlamentsheer, S. 138 ff.; offen gelassen von Paulus, Parlament und Streitkräfteeinsatz, S. 344 f.

715 Röben, ZaöRV 63 (2003), S. 585 (588).

716 Röben, ZaöRV 63 (2003), S. 585 (587); ähnlich Koch, Das Parlamentsbeteiligungsgesetz: Riskante Gestaltungsaufträge im Gefüge der Staatsfunktionen, Antrittsvorlesung an der Deutsche Hochschule für Verwaltungswissenschaft, 19. Juli 2004, unveröffentlichtes Typoskript, 2004, S. 1 (9 f.): „Grundlage jeglicher Einsätze deutscher Streitkräfte ist Art. 24 Abs. 2 GG, der den Bund ermächtigt, sich einem System gegenseitiger kollektiver Sicherheit einzuordnen."; ders., Das Parlamentsbeteiligungsgesetz: Riskante Gestaltungsaufträge im Gefüge der Staatsfunktionen, Erweiterte Fassung der Antrittsvorlesung im Sommersemester 2004, Speyer, 19. Juli 2004, Speyerer Vorträge Heft 79, 2006, S. 17.

Michael Wild meint, die Art. 26 GG und Art. 24 GG enthielten einen Verzicht auf alle gewaltsamen Unternehmungen der Bundesrepublik Deutschland in eigener nationaler Verantwortung, und sei es auch zum Zweck der Wahrung von Frieden und Menschenrechten in anderen Ländern. Diese Aufgabe sei ausschließlich der übernationalen Staatenorganisation überlassen. Eine Rolle Deutschlands als „Weltpolizist" sei mit dem Grundgesetz nicht zu vereinbaren.[717]

Für diese Auffassungen findet sich indes im Grundgesetz nicht der geringste Anhaltspunkt. Diese Meinungen sind bereits deshalb verfehlt, weil der Bund frei ist, sich einem System gegenseitiger kollektiver Sicherheit anzuschließen. Es kann deshalb kein zwingender Zusammenhang zwischen der Einordnung in ein System gegenseitiger kollektiver Sicherheit und dem Einsatz bewaffneter Streitkräfte hergestellt werden. Deutsche Streitkräfte können auch außerhalb eines Systems gegenseitiger kollektiver Sicherheit eingesetzt werden.[718] Art. 24 Abs. 2 GG steht einer nach Art. 87 a Abs. 1 Satz 1 GG zulässigen Wahrnehmung des Rechts auf individuelle oder kollektive Selbstverteidigung durch deutsche Streitkräfte *außerhalb* eines Systems gegenseitiger kollektiver Sicherheit nicht entgegen.[719]

Es ist eine Verkürzung der Funktion des Art. 24 Abs. 2 GG, wenn Volker Röben meint, das Grundgesetz erfasse auch die Landesverteidigung über Art. 24 Abs. 2 GG.[720] Zwar wird die Bundesrepublik Deutschland politisch gut beraten sein, ihre äußere Sicherheit durch die Einordnung in Systeme gegenseitiger kollektiver Sicherheit zu befestigen.[721] In diesem Falle sind Einsätze zur Verteidigung durch Art. 24 Abs. 2 GG i. V. mit Art. 87 a Abs. 1 Satz 1 GG erlaubt. Soweit Auslandseinsätze in einem System gegenseitiger kollektiver Sicherheit *nicht* der Verteidigung dienen, ist ausschließlich Art. 24 Abs. 2 GG Rechtsgrundlage.

Es ist der Bundesrepublik Deutschland indes von Verfassungs wegen nicht verwehrt, einem Bündnis fern zu bleiben[722] oder sich im Falle eines militärischen Angriffs allein zu verteidigen.[723] Eine sich allein verteidigende Bundesrepublik Deutschland

---

717 Wild, DÖV 2000, S. 622 (623).

718 Randelzhofer, in: Maunz/Dürig, Grundgesetz, Art. 24 Abs. 2 Rdnr. 65; Limpert, Auslandseinsatz, S. 26; ders., in: Der Staat als Teil und als Ganzes, S. 41 (43); Wiefelspütz, AöR 132 (2007), S. 44 (85).

719 Hillgruber, in: Umbach/Clemens (Hg.), Grundgesetz, Bd. II, Art. 87 a Rdnr. 17; Tomuschat, in: Bonner Kommentar, Art. 24 Rdnr. 124; Randelzhofer, in: Maunz/Dürig, Grundgesetz, Art. 24 Abs. 2 Rdnr. 48; Wiefelspütz, AöR 132 (2007), S. 44 (85); zweifelnd Kreß, ICLQ 44 (1995), S. 414 (421); a. A. Nolte, ZaöRV 54 (1994), S. 652 (658); Günther, in: Wehrhafte Demokratie, S. 329 (351).

720 So aber Röben, ZaöRV 63 (2003), S. 585 (591).

721 Vgl. Schmidt-Radefeldt, in: Born/Hänggi (ed.), The ‚Double Democratic Deficit', S. 147 (153).

722 Röben, ZaöRV 63 (2003), S. 585 (591), räumt zu Recht ein, daß der Bundesrepublik Deutschland das Recht zur Selbstverteidigung zustehe, wenn sie in kein kollektives Sicherheitssystem aufgenommen werde.

723 Wiefelspütz, AöR 132 (2007), S. 44 (86); Kreß, ICLQ 44 (1995), S. 414 (419), freilich zweifelnd, ob dafür Art. 87 a Abs. 2 oder Art. 32 Abs. 1 GG Rechtsgrundlage ist.

kann nach Art. 87 a Abs. 1 Satz 1 GG militärisch tätig werden und das Recht auf individuelle Selbstverteidigung „in verfassungsrechtlich zulässiger Weise überall ausüben, wo sie Ziel eines militärischen Angriffs ist"[724]. Neben Art. 25 GG und Art. 26 GG gibt es keinerlei verfassungsrechtliche Grenzen für das Recht der Bundesrepublik Deutschland auf individuelle Selbstverteidigung, sofern bei der Wahrnehmung dieses Rechts das Völkerrecht beachtet wird.[725]

Neben der Sache liegt Michael Wild, soweit er einen Mißbrauch der Streitkräfte bei Einsätzen im Rahmen von Systemen gegenseitiger kollektiver Sicherheit nach den Intentionen der Verfassung für ausgeschlossen hält. Denn die Streitkräfte würden nach den Vorgaben und unter der Aufsicht der auf Friedensicherung ausgerichteten internationalen Organisation tätig.[726] Das ist bereits deshalb naiv, weil auch in einem System gegenseitiger kollektiver Sicherheit Fehlentwicklungen und Rechtsbrüche denkbar sind.[727]

Michael Wild macht überdies geltend, die kollektive Selbstverteidigung eines fremden Staates dürfe nicht nach Art. 24 Abs. 2 GG in den vom Grundgesetz zugelassenen Bereich der Verwendung der Streitkräfte einbezogen werden. Dies sei mit dem Zweck der Verhinderung des Mißbrauchs der Streitkräfte nicht vereinbar.[728] Diese Auffassung ist bereits deshalb abwegig, weil das unstreitig der Bundesrepublik Deutschland zustehende Recht auf individuelle und kollektive Selbstverteidigung außerhalb, aber auch innerhalb eines Systems gegenseitiger kollektiver Sicherheit ausgeübt werden kann. Eine rechtsbeschränkende Funktion hat jedenfalls Art. 24 Abs. 2 GG insoweit nicht.

c) Die Voraussetzungen eines Systems gegenseitiger kollektiver Sicherheit

Was ein System gegenseitiger kollektiver Sicherheit ausmacht, ist umstritten.[729] Nach einer restriktiven Auslegung wird darunter ein System verstanden, das lediglich „die Friedensicherung innerhalb des Systems herstellen"[730] soll. Überwiegend wird indes

---

724 Parl. Staatssekretär Würzbach (CDU/CSU), BT-Drs. 11/1184, S. 28.

725 Kreß, ICLQ 44 (1995), S. 414 (420); a. A. Graf Vitzthum/Hahn, VBlBW 2004, S. 71 (73).

726 Wild, DÖV 2000, S. 622 (626).

727 Außerdem meint Wild, DÖV 2000, S. 622 (628), nur bei offensichtlicher Völkerrechtswidrigkeit des Verhaltens der NATO könne ein Verstoß der deutschen Beteiligung gegen Art. 24 Abs. 2 GG festgestellt werden. Wenn das Verhalten der NATO völkerrechtswidrig ist, kann für die deutsche Beteiligung nichts anderes gelten. Auf Offensichtlichkeit kommt es nicht an.

728 Wild, DÖV 2000, S. 622 (627).

729 Zu den Vorstellungen im Herrenchiemsee-Konvent und im Parlamentarischen Rat instruktiv: Deiseroth, in: Umbach/Clemens (Hg.), Grundgesetz, Bd. I, Art. 24 Rdnr. 182 ff.

730 Ipsen, in: Bonner Kommentar, Art. 115 b Rdnr. 149; Doehring, in: Isensee/Kirchhof (Hg.), Handbuch des Staatsrechts, Bd. VII, Normativität und Schutz der Verfassung - Internationale Beziehungen, § 177 Rdnr. 6; Wolfrum, in: Isensee/Kirchhof (Hg.), Handbuch des Staatsrechts, Bd. VII, Normativität und

die Auffassung vertreten, Systeme gegenseitiger kollektiver Sicherheit seien auch kollektive Verteidigungssysteme, die gegen einen Angriff von außen gerichtet sind, wenn und soweit sie strikt auf Friedenswahrung ausgerichtet sind.[731]

Keine Systeme gegenseitiger kollektiver Sicherheit i. S. des Art. 24 Abs. 2 GG sind indes militärische ad hoc Koalitionen[732] wie Enduring Freedom[733]. Es fehlt solchen Koalitionen bereits an einem Mindestmaß an institutioneller Verfestigung.[734]

Nach dem Urteil des Bundesverfassungsgerichts vom 12. Juli 1994 ist ein System gegenseitiger kollektiver Sicherheit i. S. des Art. 24 Abs. 2 GG dadurch gekennzeichnet, daß es

„durch ein friedensicherndes Regelwerk und den Aufbau einer eigenen Organisation für jedes Mitglied einen Status völkerrechtlicher Gebundenheit begründet, der wechselseitig zur Wahrung des Friedens verpflichtet und Sicherheit gewährt. Ob das System dabei ausschließlich oder vornehmlich unter den Mitgliedstaaten Frieden garantieren oder bei Angriffen von außen zum kollektiven Beistand verpflichten soll, ist unerheblich".[735]

Ferner heißt es in dem Urteil:

„Auch Bündnisse kollektiver Selbstverteidigung können somit Systeme gegenseitiger kollektiver Sicherheit im Sinne des Art. 24 Abs. 2 GG sein, wenn und soweit sie strikt auf die Friedenswahrung verpflichtet sind."[736]

Damit schloß sich das Bundesverfassungsgericht der Mehrheitsauffassung in der rechtswissenschaftlichen Literatur an.

Schutz der Verfassung - Internationale Beziehungen, § 176 Rdnr. 17; Frank, in: AK-GG, Art. 24 II Rdnr. 5; Deiseroth, in: Umbach/Clemens (Hg.), Grundgesetz, Bd. I, Art. 24 Rdnr. 213.

731 Stern, Das Staatsrecht der Bundesrepublik Deutschland, Bd. I, 2. Aufl., 1984, S. 546 f.; Grewe, in: Isensee/Kirchhof (Hg.), Handbuch des Staatsrechts, Bd. III, Das Handeln des Staates, 2. Aufl., 1996, § 77 Rdnr. 78; Randelzhofer, in: Maunz/Dürig, Grundgesetz, Art. 24 Abs. 2 Rdnr. 20 f.; Streinz, in: Sachs (Hg.), Grundgesetz, Art. 24 Rdnr. 63; Rojahn, in: von Münch/Kunig (Hg.), Grundgesetz, Bd. 2, Art. 24 Rdnr. 88; Jarass, in: Jarass/Pieroth, Grundgesetz, Art. 24 Rdnr. 20; F. Kirchhof, in: Isensee/Kirchhof (Hg.), Handbuch des Staatsrechts, Bd. IV, Aufgaben des Staates, § 84 Rdnr. 43; Pernice, in: Dreier (Hg.), Grundgesetz, Bd. II, Art. 24 Rdnr. 55 f.; Tomuschat, in: Bonner Kommentar, Art. 24 Rdnr. 119 ff.; Risse, in: Hömig (Hg.), Grundgesetz, Art. 24 Rdnr. 6.

732 Wiefelspütz, AöR 132 (2007), S. 44 (87).

733 Die Operation Enduring Freedom stützt sich staatsrechtlich auf Art. 87 a Abs. 1 Satz 1 GG und völkerrechtlich auf Art. 5 NATO-Vertrag und auf das Recht zur individuellen und kollektiven Selbstverteidigung nach Art. 51 SVN und nicht, wie Henneke/Ruge, in: Schmidt-Bleibtreu/Klein, Grundgesetz, Art. 87 a Rdnr. 5 b, irrtümlich meinen, auf ein Mandat der VN.

734 Röben, ZaöRV 63 (2003), S. 585 (591).

735 BVerfGE 90, S. 286 (349 und Ls. 5 a).

736 BVerfGE 90, S. 286 (349 und Ls. 5 b); zustimmend Streinz, in: Sachs (Hg.), Grundgesetz, Art. 24 Rdnr. 63; Nolte, ZaöRV 54 (1994), S. 95 (111 ff.); kritisch Lutz, NJ 1994, S. 505; Zöckler, EJIL 1995, S. 274 (278 ff.); Schroeder, JuS 1995, S. 398 (402); Deiseroth, in: Umbach/Clemens (Hg.), Grundgesetz, Bd. I, Art. 24 Rdnr. 181.

Art. 24 Abs. 2 GG ermächtigt den Bund zum Einsatz der bewaffneten Streitkräfte im Rahmen und nach den Regeln eines solchen Systems. Das Bundesverfassungsgericht hob im Streitkräfteurteil hervor:

> „Diese Ermächtigung berechtigt den Bund nicht nur zum Eintritt in ein solches System und zur Einwilligung in damit verbundene Beschränkungen seiner Hoheitsrechte. Sie bietet vielmehr auch die verfassungsrechtliche Grundlage für die Übernahme der mit der Zugehörigkeit zu einem solchen System typischerweise verbundenen Aufgaben und damit auch für eine Verwendung der Bundeswehr zu Einsätzen, die im Rahmen und nach den Regeln dieses Systems stattfinden."[737]

Unverkennbar klingt hier eine Argumentation an, die der dem amerikanischen Verfassungsrecht entstammende Theorie von den „implied powers"[738] entlehnt ist.[739] Die Ermächtigung zur Einordnung in ein System gegenseitiger kollektiver Sicherheit begründet danach auch die staatsrechtliche Befugnis, die Bundeswehr militärisch entsprechend einzusetzen, damit der Auftrag des Sicherheitssystems erfüllt werden kann.

Außerdem heißt es in dem Urteil:

> „Ausdrückliches Regelungsziel des Art. 24 Abs. 2 GG war es, ein staatenübergreifendes System der Friedensicherung zu schaffen, das der Bundesrepublik Deutschland zudem die militärische Sicherheit geben sollte, die sie damals schon mangels eigener Streitkräfte nicht gewährleisten konnte. Die Bundesrepublik baut insoweit zur Friedensicherung auf die Mitgliedschaft in einem System mit anderen Staaten. Der Begriff „gegenseitiger kollektiver Sicherheit" sollte klarstellen, daß die Bundesrepublik Deutschland durch die Einordnung in ein solches System nicht lediglich Pflichten übernimmt, sondern als Gegenleistung auch das Recht auf Beistand durch die anderen Vertragspartner erwirbt; jeder Staat soll gleichzeitig Garant und Garantieempfänger sein...

> Das System gegenseitiger kollektiver Sicherheit begründet durch ein friedensicherndes Regelwerk und den Aufbau einer eigenen Organisation für jedes Mitglied einen Status völkerrechtlicher Gebundenheit, der wechselseitig zur Wahrung des Friedens verpflichtet und Sicherheit gewährt. Ob das System dabei ausschließlich oder vornehmlich unter den Mitgliedstaaten Frieden garantieren oder bei Angriffen von außen zum kollektiven Beistand verpflichten soll, ist unerheblich."[740]

Damit war die lange Zeit umstrittene Frage geklärt, ob es verfassungsrechtlich zulässig ist, bewaffnete deutsche Streitkräfte an Einsätzen in einem System gegenseitiger kollektiver Sicherheit zu beteiligen.[741]

---

737 BVerfGE 90, S. 286 (345).

738 U.S. Supreme Court, McCulloh v. Maryland, 1818, 4 Wheat 316, 406.

739 Vgl. Classen, in: von Mangoldt/Klein/Starck (Hg.), Grundgesetz, Bd. 2, Art. 24 Abs. 2 Rdnr. 89.

740 BVerfGE 90, S. 286 (348 f.).

741 Vgl. Geiger, Grundgesetz und Völkerrecht, § 65 III 1 b (S. 366 f. m. w. N.).

d) Die Vereinten Nationen

Die Vereinten Nationen gingen aus der Siegerkoalition des 2. Weltkrieges hervor.[742] Die VN sind eine universale und generelle internationale Organisation, deren Ziel die Errichtung einer dauerhaften, weltweiten Friedensordnung ist.[743] Am 25. Juni 1945 wurde die Satzung der Vereinten Nationen (SVN) unterzeichnet. Hauptziel der VN ist die in der Präambel und in Art. 1 Nr. 1 SVN genannte Wahrung des Weltfriedens und der internationalen Sicherheit, um „künftige Geschlechter von der Geißel des Krieges zu bewahren"[744]. Zur Erreichung dieses Zieles sind die VN berechtigt, durch friedliche Mittel nach den Grundsätzen der Gerechtigkeit und des Völkerrechts zwischenstaatliche Streitigkeiten beizulegen sowie Kollektivmaßnahmen zur Aufrechterhaltung und Wiederherstellung des Friedens zu ergreifen.

Nach allgemeiner Ansicht[745] sind die Vereinten Nationen ein System gegenseitiger kollektiver Sicherheit. Im Streitkräfteurteil des Bundesverfassungsgerichts vom 12. Juli 1994 heißt es dazu:

> „Die Vereinten Nationen sind ein System gegenseitiger kollektiver Sicherheit im Sinne von Art. 24 Abs. 2 GG. Sie sind darauf angelegt, Streitigkeiten unter ihren Mitgliedern auf friedliche Weise beizulegen und notfalls durch Einsatz von Streitkräften den Friedenszustand wiederherzustellen. Dabei sind die Mitgliedstaaten zu entsprechender Zusammenarbeit verpflichtet. Die Charta der Vereinten Nationen beschränkt die einzelnen Mitglieder in der Wahrnehmung ihrer Hoheitsrechte; insbesondere sind die Beschlüsse des Sicherheitsrates gemäß Art. 25 SVN bindend und müssen nach Maßgabe dieser Bindung von den Mitgliedstaaten ausgeführt werden."[746]

e) NATO

Die NATO, gegründet am 4. April 1949 mit der Unterzeichnung des NATO-Vertrages[747], bildet im Kern ein klassisches Verteidigungsbündnis.[748] Für die

---

742 Vgl. Schachter, in: Simma (Hg.), The Charter of the United Nations, Volume I, Drafting History (S. 1 ff.); Weber, in: Wolfrum (Hg.), Handbuch der Vereinten Nationen, 2. Aufl., 1991, S. 110 ff.; Klein, in: Graf Vitzthum (Hg.), Völkerrecht, 4. Abschn. Rdnr. 8.

743 Vgl. Wolfrum, in: Simma (Hg.), The Charter of the United Nations, Art. 1 Rdnr. 8 f.; Epping, in: Ipsen, Völkerrecht, § 32 Rdnr. 1.

744 Randelzhofer, in: Wolfrum (Hg.), Handbuch der Vereinten Nationen, S. 1151 ff.

745 Vgl. BVerfGE 68, S. 1 (80 f., 93 ff.); Deiseroth, in: Umbach/Clemens (Hg.), Grundgesetz, Bd. I, Art. 24 Rdnr. 205, 256; F. Kirchhof, in: Isensee/Kirchhof (Hg.), Handbuch des Staatsrechts, Bd. IV, Aufgaben des Staates, § 84 Rdnr. 46; Günther, in: Wehrhafte Demokratie, S. 329 (351); Brockmeyer, in: Schmidt-Bleibtreu/Klein, Grundgesetz, Art. 24 Rdnr. 4 a; Sigloch, Auslandseinsätze der deutschen Bundeswehr, S. 217.

746 BVerfGE 90, S. 286 (349 f.).

747 BGBl. 1955 II S. 256, 289.

748 Herdegen, Völkerrecht, § 46 Rdnr. 1; Fischer, in: Ipsen, Völkerrecht, § 60 Rdnr. 41.

Bundesrepublik Deutschland ist der NATO-Vertrag seit dem 6. Mai 1955 in Kraft.[749] Die Kernaufgabe der NATO ergibt sich aus Art. 5 Satz 1 des NATO-Vertrages:

> Die Parteien vereinbaren, daß ein bewaffneter Angriff gegen eine oder mehrere von ihnen in Europa oder Nordamerika als ein Angriff gegen sie alle angesehen wird; sie vereinbaren daher, daß im Falle eines solchen bewaffneten Angriffs jede von ihnen in Ausübung des in Artikel 51 der Satzung der Vereinten Nationen anerkannten Rechts der individuellen oder kollektiven Selbstverteidigung der Partei oder den Parteien, die angegriffen werden, Beistand leistet, indem jede von ihnen unverzüglich für sich und im Zusammenwirken mit den anderen Parteien die Maßnahmen, einschließlich der Anwendung von Waffengewalt, trifft, die sie für erforderlich erachtet, um die Sicherheit des nordatlantischen Gebiets wiederherzustellen und zu erhalten.

Bereits aus dem Wortlaut des Art. 5 Satz 1 des NATO-Vertrages ergibt sich, daß die Bündnispartner auch im Falle eines bewaffneten Angriffs einen Ermessensspielraum bei der Auswahl der für erforderlich erachteten Reaktion haben.[750]

Nach der säkularen Wende der Jahre 1989/90 hat die NATO neue Aufgaben der Friedensicherung, der Krisenprävention und Krisenintervention übernommen. Diese Funktionserweiterung ist insbesondere Gegenstand des neuen „Strategischen Konzepts von 1999"[751], das die Aufgaben der NATO auf die Sicherung von Frieden und Stabilität in Europa auf der Grundlage gemeinsamer Grundwerte (Demokratie, Menschenrechte und Rechtstaatlichkeit) erstreckt.[752]

In der Literatur ist umstritten, ob es sich bei der NATO um ein System gegenseitiger kollektiver Sicherheit[753] i. S. des Art. 24 Abs. 2 GG handelt[754] oder ob die

---

749 BGBl. II S. 630.

750 Fischer, in: Ipsen, Völkerrecht, § 60 Rdnr. 40; Schmidt-Radefeldt, Parlamentarische Kontrolle, S. 182 ff.

751 Vgl. Presse- und Informationsamt der Bundesregierung, Bulletin Nr. 24 vom 3. Mai 1999, S. 222 ff.

752 Vgl. Herdegen, Völkerrecht, § 46 Rdnr. 5; Geiger, NZWehrr 2001, S. 133 ff.

753 Bejahend die inzwischen herrschende Meinung: Blumenwitz, NZWehrr 1998, S. 138; F. Kirchhof, in: Isensee/Kirchhof (Hg.), Handbuch des Staatsrechts, Bd. IV, Aufgaben des Staates, § 84 Rdnr. 43; Grewe, in: Isensee/Kirchhof (Hg.), Handbuch des Staatsrechts, Bd. III, Das Handeln des Staates, 2. Aufl., 1996, § 77 Rdnr. 77 f.; Randelzhofer, in: Maunz/Dürig, Grundgesetz, Art. 24 Abs. 2 Rdnr. 11 f. m. w. N.; Jarass, in: Jarass/Pieroth, Grundgesetz, Art. 24 Rdnr. 20; Pernice, in: Dreier (Hg.), Grundgesetz, Bd. II, Art. 24 Rdnr. 55 f.; Wild, DÖV 2000, S. 622 (627 f.); Streinz, in: Sachs (Hg.), Grundgesetz, Art. 24 Rdnr. 63; Rojahn, in: von Münch/Kunig (Hg.), Grundgesetz, Bd. 2, Art. 24 Rdnr. 88; Tomuschat, in: Bonner Kommentar, Art. 24 Rdnr. 135 f.; Günther, in: Wehrhafte Demokratie, S. 329 (354 f.); Brockmeyer, in: Schmidt-Bleibtreu/Klein, Grundgesetz, Art. 24 Rdnr. 4 a; Warg, Verteidigung, S. 23 f., 34; Schmidt-Jortzig, DÖV 2002, S. 773 (775); Nolte, in: Ku/Jacobson (Hg.), Democratic Accountability, S. 231 (240); Schmidt-Radefeldt, Parlamentarische Kontrolle, S. 66; Graf Vitzthum/Hahn, VBlBW 2004, S. 71 (73); Winkler, DÖV 2006, S. 149 (157); Sigloch, Auslandseinsätze der deutschen Bundeswehr, S. 217; Heintschel von Heinegg, in: Wolfrum (Hg.), Handbuch des Seerechts, 2006, Kapitel 7, Rdnr. 257.

754 Zum Meinungsstreit vgl. Stein/Kröninger, Jura 1995, S. 254 (256 m. w. N.).

Voraussetzungen bei der NATO nicht gegeben sind.[755]

Das Bundesverfassungsgericht ließ zunächst offen, ob die NATO ein System gegenseitiger kollektiver Sicherheit im Sinne von Art. 24 Abs. 2 GG darstellt.[756] Im Streitkräfteurteil vom 12. Juli 1994 heißt es dann aber eindeutig:

„Die NATO bildet ein Sicherheitssystem, in dem die Mitglieder „ihre Bemühungen für die gemeinsame Verteidigung und für die Erhaltung des Friedens und der Sicherheit ... vereinigen" (Präambel des NATO-Vertrages). Sie verfolgt dieses Ziel gemäß Art. 5 des NATO-Vertrages insbesondere dadurch, daß sie einem Angriff gegen eine der Vertragsparteien eine Bündnisverpflichtung entgegenstellt, nach der jede der Vertragsparteien einen solchen Angriff als gegen alle Vertragspartner gerichtet ansehen wird. Dabei beanspruchen die Vertragsparteien für den Bündnisfall, die in Art. 51 SVN anerkannten Rechte individueller oder kollektiver Selbstverteidigung wahrzunehmen. Die NATO dient der Wahrung des Friedens auch dadurch, daß die Vertragsparteien sich nach Art. 1 des NATO-Vertrages verpflichten, Streitfälle, an denen sie beteiligt sind, mit friedlichen Mitteln zu lösen. Sie zeichnet sich überdies durch die Ausbildung hochdifferenzierter integrierter militärischer Kommandostrukturen und die Aufstellung gemeinsamer Verbände vor herkömmlichen Militärallianzen aus und bewirkt damit nicht zuletzt, daß die Streitkräfte der Mitgliedstaaten in einer Weise miteinander verflochten werden, die die Sicherheit unter ihnen selbst erhöht. Außerdem begründet Art. 4 des NATO-Vertrages eine Konsultationspflicht für alle Partnerstaaten in Krisenfällen.

Damit ist die NATO durch ein friedensicherndes Regelwerk und den Aufbau einer Organisation gekennzeichnet, die es zulassen, sie als System gegenseitiger kollektiver Sicherheit im Sinne des Art. 24 Abs. 2 GG zu bewerten."[757]

Die Konsequenzen dieser Auslegung des Begriffs System gegenseitiger kollektiver Sicherheit sind weit reichend. Die Beteiligung deutscher Soldaten an bewaffneten Unternehmungen der NATO, dem für die Bundesrepublik Deutschland wichtigsten Bündnis, hat danach stets in Art. 24 Abs. 2 GG eine ausreichende Rechtsgrundlage, wenn der militärische Einsatz im Rahmen der Statuten und Regeln der NATO sowie der Vorschriften des Völkerrechts erfolgt.[758]

---

755 So Doehring, in: Isensee/Kirchhof (Hg.), Handbuch des Staatsrechts, Bd. VII, Normativität und Schutz der Verfassung - Internationale Beziehungen, § 177 Rdnr. 6, 13; Wolfrum, in: Isensee/Kirchhof (Hg.), Handbuch des Staatsrechts, Bd. VII, Normativität und Schutz der Verfassung - Internationale Beziehungen, § 176 Rdnr. 1 f., 17; Deiseroth, in: Umbach/Clemens (Hg.), Grundgesetz, Bd. I, Art. 24 Rdnr. 282 m. w. N., 285 ff.; Franzke, NJW 1992, S. 3075 ff.; Wieland, DVBl. 1991, S. 1174 (1177 f.); Classen, in: von Mangoldt/Klein/Starck (Hg.), Grundgesetz, Bd. 2, Art. 24 Abs. 2 Rdnr. 77 ff.; Frank, in: AK-GG, Art. 24 Abs. 2 Rdnr. 7; Schiedermair, Der internationale Frieden und das Grundgesetz, 2006, S. 189 ff.

756 BVerfGE 68, S. 1 (95).

757 BVerfGE 90, S. 286 (350 f.).

758 Kreß, ICLQ 44 (1995), S. 414 (419).

f) Westeuropäische Union (WEU)

Die WEU[759] beruht auf dem zwischen Belgien, Frankreich, Luxemburg, den Niederlanden und dem Vereinigten Königreich am 17. März 1948 geschlossenen Brüsseler Vertrag. Mit dem Beitritt der Bundesrepublik Deutschland und Italiens am 23. Oktober 1954[760] wurde der Vertrag durch vier Protokolle ergänzt und inhaltlich umgestaltet.[761] Der WEU-Vertrag enthält in Art. V eine automatische Bündnisverpflichtung, mit der die Vertragsparteien verpflichtet werden, „alle in ihrer Macht stehende militärische und sonstige Hilfe und Unterstützung zu leisten". Die Bedeutung der Bündnisklausel wird aber dadurch gemindert, daß der NATO die militärische Verteidigung Europas zugewiesen ist.[762] Art. V des WEU-Vertrages wird deshalb durch Art. 5 des NATO-Vertrages rechtlich überlagert.[763] Es bleibt deshalb bei dem nationalen Vorbehalt des Art. 5 Satz 1 des NATO-Vertrages.

Ebenso wie die NATO ist die WEU ein System gegenseitiger kollektiver Sicherheit.[764]

Mit der Petersberger Erklärung vom 19. Juni 1992 haben die Außen- und Verteidigungsminister der WEU die operationelle Rolle der WEU neu definiert und dabei humanitäre Missionen und Rettungseinsätze, peace-keeping Aufgaben sowie Aufgaben von Kampftruppen bei Kriseninterventionen einschließlich Maßnahmen der Friedenserzwingung als WEU-Aufgaben vorgesehen.[765]

g) Europäische Union (EU)

Zu den Systemen gegenseitiger kollektiver Sicherheit gehört inzwischen auch die EU.[766] Nach Art. 17 Abs. 1 Satz 1 des Vertrages der Europäischen Union umfaßt

---

759 Wie bei der NATO ist auch bei der WEU in der Literatur umstritten, ob es sich um ein System gegenseitiger kollektiver Sicherheit handelt. Siehe oben S. 149 f. Das Bundesverfassungsgericht hatte noch keine Veranlassung, diese Frage zu entscheiden.

760 BGBl. 1955 II S. 283.

761 Vgl. Fischer, in: Ipsen, Völkerrecht, § 60 Rdnr. 47.

762 Fischer, in: Ipsen, Völkerrecht, § 60 Rdnr. 47; dies übersieht Klein, in Festschrift Schmitt Glaeser, 2003, S. 245 (256); vgl. dazu Schmidt-Radefeldt, Parlamentarische Kontrolle, S. 184 ff.

763 Schmidt-Radefeldt, Parlamentarische Kontrolle, S. 184 f.

764 Brockmeyer, in: Schmidt-Bleibtreu/Klein, Grundgesetz, Art. 24 Rdnr. 4 a m. w. N; Jarass, in: Jarass/ Pieroth, Grundgesetz, Art. 24 Rdnr. 20; Sigloch, Auslandseinsätze der deutschen Bundeswehr, S. 218 f.

765 Vgl. Bulletin der Bundesregierung 1992, S. 649 ff.; Fischer, in: Ipsen, Völkerrecht, § 60 Rdnr. 48.

766 Röben, ZaöRV 63 (2003), S. 585 (590); Krieger, Streitkräfte im demokratischen Verfassungsstaat, S. 501; Wiefelspütz, Das Parlamentsheer, S. 149; ders., ZaöRV 2005, S. 819 (832); ders., AöR 132 (2007), S. 44 (87); Gilch, Das Parlamentsbeteiligungsgesetz, S. 69; Schmidt-Radefeldt, UB 2006, S. 161 (167); wohl auch Paulus, Parlament und Streitkräfteeinsatz, S. 367; a. A. Sigloch, Auslandseinsätze der deutschen Bundeswehr, S. 219 ff.

die gemeinsame Außen- und Sicherheitspolitik sämtliche Fragen, welche die Sicherheit der Union betreffen, wozu auch die schrittweise Festlegung einer gemeinsamen Verteidigungspolitik gehört, die zu einer gemeinsamen Verteidigung führen könnte, falls der Europäische Rat dies beschließt. Er empfiehlt in diesem Fall den Mitgliedstaaten, einen solchen Beschluß gemäß ihren verfassungsrechtlichen Vorschriften anzunehmen (Art. 17 Abs. 1 Satz 2).

Nach Art. 17 Abs. 2 des Vertrages der Europäischen Union schließen die Fragen, auf die in diesem Artikel Bezug genommen wird, humanitäre Aufgaben und Rettungseinsätze, friedenserhaltende Aufgaben sowie Kampfeinsätze bei der Krisenbewältigung einschließlich friedensschaffender Maßnahmen ein.

2. Die Zustimmung des Bundestages nach Art. 59 Abs. 2 Satz 1 GG

Die Einordnung Deutschlands in ein System gegenseitiger kollektiver Sicherheit bedarf nach Art. 24 Abs. 2 GG in Verbindung mit Art. 59 Abs. 2 Satz 1 GG der Zustimmung des Gesetzgebers. Nach Art. 59 Abs. 2 Satz 1 GG bedürfen Verträge, die die politischen Beziehungen des Bundes regeln oder sich auf Gegenstände der Bundesgesetzgebung beziehen, der Zustimmung oder Mitwirkung der gesetzgebenden Körperschaften. Dieser Gesetzesvorbehalt überträgt dem Bundestag als Gesetzgebungsorgan ein Mitentscheidungsrecht im Bereich der auswärtigen Angelegenheiten.[767]

Zu den Konsequenzen der Zustimmung des Bundestages nach Art. 59 Abs. 2 GG heißt es im Streitkräfteurteil vom 12. Juli 1994:

„Hat der Gesetzgeber der Einordnung in ein System gegenseitiger kollektiver Sicherheit zugestimmt, so ergreift diese Zustimmung auch die Eingliederung von Streitkräften in integrierte Verbände des Systems oder eine Beteiligung von Soldaten an militärischen Aktionen des Systems unter dessen militärischem Kommando, soweit Eingliederung oder Beteiligung in Gründungsvertrag oder Satzung, die der Zustimmung unterlegen haben, bereits angelegt sind. Die darin liegende Einwilligung in die Beschränkung von Hoheitsrechten umfaßt auch die Beteiligung deutscher Soldaten an militärischen Unternehmungen auf der Grundlage des Zusammenwirkens von Sicherheitssystemen in deren jeweiligem Rahmen, wenn sich Deutschland mit gesetzlicher Zustimmung diesen Systemen eingeordnet hat."[768]

Zur Funktion des Art. 59 Abs. 2 GG betont das Bundesverfassungsgericht:

„Art. 59 Abs. 2 Satz 1, 1. Alternat. GG behält dem Gesetzgeber das Recht der Zustimmung zu völkerrechtlichen Verträgen vor, welche die politischen Beziehungen des Bundes

---

767 Vgl. BVerfGE 68, S. 1 (84 f.); 90, S. 286 (351).

768 BVerfGE 90, S. 286 (351).

regeln. Damit wird, abweichend vom Grundsatz der Gewaltengliederung, nach dem die Außenpolitik eine Funktion der Regierung ist (vgl. BVerfGE 68, 1 [85 f.]), den Gesetzgebungsorganen ein Mitwirkungsrecht im Bereich der Exekutive eingeräumt (vgl. BVerfGE 1, 351 [369]; 1, 372 [394]). Soweit es reicht, verleiht es dem Parlament eine eigene politische Mitwirkungsbefugnis, deren Ausübung sich - funktionell betrachtet - als ein Regierungsakt in der Form eines Bundesgesetzes darstellt (BVerfGE 1, 372 [395]). Dem Parlament ist insoweit eine Sachkompetenz zuerkannt. Die Regelung soll sicherstellen, daß Bindungen durch Verträge der in Art. 59 Abs. 2 Satz 1 GG genannten Art nicht ohne Zustimmung des Bundestages eintreten (vgl. BVerfGE 68, 1 [88]). Das Erfordernis vorheriger Zustimmung soll das Parlament davor schützen, daß sein Kontrollrecht dadurch unterlaufen wird, daß ein Vertrag eine völkerrechtliche Bindungswirkung erzeugt, die durch eine spätere parlamentarische Mißbilligung nicht mehr beseitigt werden kann (Grewe in: HStR III, 1988, § 77 Rdnr. 59). Geschichtlich gesehen drückt sich darin eine Tendenz zur verstärkten Parlamentarisierung der Willensbildung im Bereich der auswärtigen Angelegenheiten aus (vgl. BVerfGE 68, 1 [85]).

b) Das Mitwirkungsrecht des Parlaments wird jedoch durch Art. 59 Abs. 2 Satz 1 GG zugleich auch begrenzt und zwar in verfahrensmäßiger wie in gegenständlicher Hinsicht.

aa) Die Bundesregierung führt in eigener Kompetenz die Vertragsverhandlungen, hat das Initiativrecht für ein Zustimmungsgesetz im Sinne des Art. 59 Abs. 2 Satz 1 GG und bestimmt gegenüber dem Gesetzgeber den Vertragsinhalt, den dieser - sofern der Vertrag nicht Entscheidungsspielräume offenläßt - nur insgesamt billigen oder ablehnen kann. Das Zustimmungsgesetz enthält auch nur eine Ermächtigung, beläßt also der Bundesregierung die Kompetenz zu entscheiden, ob sie den völkerrechtlichen Vertrag abschließt und nach seinem Abschluß völkerrechtlich beendet oder aufrechterhält (vgl. BVerfGE 68, 1 [85 f.]).“[769]

Vom Zustimmungsrecht nicht erfaßt werden Verträge, die nicht dem Begriff des „politischen Vertrages“ unterfallen – auch wenn sie bedeutsame Auswirkungen auf die inneren Verhältnisse der Bundesrepublik haben[770] –, sowie alle nichtvertraglichen Akte der Bundesregierung gegenüber fremden Völkerrechtssubjekten, auch insoweit sie politische Beziehungen regeln.[771] Von der parlamentarischen Zustimmung des Bundestages sind vorab auch „Vertragsfortentwicklungen“[772] unterhalb der Schwelle förmlicher Änderungen umfaßt.[773] Nach der Rechtsprechung des Bundesverfassungsgerichts sind politische Verträge im Sinne des Art. 59 Abs. 2 GG

„nicht alle internationalen Übereinkünfte, die sich auf öffentliche Angelegenheiten beziehen, sondern nur solche, durch die die „Existenz des Staates, seine territoriale Integrität, seine Unabhängigkeit, seine Stellung und sein maßgebliches Gewicht in der Staatengemeinschaft berührt werden“. Dazu gehören nicht allein, aber namentlich

---

769 BVerfGE 90, S. 286 (357 f.).

770 Vgl. BVerfGE 1, S. 372 (382); 68, S. 1 (85); 90, S. 286 (358).

771 Vgl. BVerfGE 68, S. 1 (88f.); 90, S. 286 (358).

772 Kunig, in: Graf Vitzthum (Hg.), Völkerrecht, 2. Abschn. Rdnr. 77.

773 Vgl. Kunig, in: Graf Vitzthum (Hg.), Völkerrecht, 2. Abschn. Rdnr. 77.

Verträge, die darauf gerichtet sind, „die Machtstellung des Staates anderen Staaten gegenüber zu behaupten, zu befestigen oder zu erweitern" (BVerfGE 1, 372 [381]).“[774]

Die nicht als Vertragsänderung erfolgende Fortentwicklung eines Systems gegenseitiger kollektiver Sicherheit im Sinne des Art. 24 Abs. 2 GG bedarf keiner gesonderten Zustimmung des Bundestags.[775] Apodiktisch heißt es dazu in der vorläufig letzten Entscheidung des Bundesverfassungsgerichts zu Art. 59 Abs. 2 Satz 1 GG:

„Art. 59 Abs. 2 Satz 1 GG ist keiner erweiternden Auslegung zugänglich."[776]

3. Einsätze im Rahmen der Vereinten Nationen

Rechtgrundlage für bewaffnete Einsätze deutscher Streitkräfte im Rahmen der VN ist Art. 24 Abs. 2 GG.[777] In Betracht kommt die Beteiligung deutscher Soldaten an militärischen Zwangsmaßnahmen der VN (a) oder an VN-Friedenstruppen und an anderen friedenserhaltenden Operationen (b).[778]

a) Militärische Zwangsmaßnahmen der VN

Das VII. Kapitel der SVN regelt die dem Sicherheitsrat zu Gebote stehenden Maßnahmen bei Bedrohung oder bei Bruch des Friedens und bei Angriffshandlungen. Als schärfstes Instrument kann der Sicherheitsrat nach Art. 42 SVN auf militärische Maßnahmen zurückgreifen. Sanktionstruppen der VN sollen durch militärische Operationen Resolutionen des VN-Sicherheitsrats oder Beschlüsse der VN-Generalversammlung durchsetzen (peace-enforcement missions nach Kapitel VII SVN).[779]

Art. 42 Satz 1 SVN geht davon aus, daß solche Sanktionstruppen aus eigenen Streitkräften der VN gebildet werden und unter dem Kommando der VN stehen. Freilich haben die VN bis heute keine eigenen Streitkräfte. Sonderabkommen nach Art. 43 SVN, mit denen den VN verbindlich Truppen der Mitgliedstaaten unterstellt werden, sind bislang nicht abgeschlossen worden.[780]

---

774 BVerfGE 90, S. 286 (359).

775 BVerfGE 104, S. 151 (206).

776 BVerfGE 104, S. 151 (206).

777 BVerfGE 90, S. 286 (345); Limpert, Auslandseinsatz, S. 26.

778 Vgl. Kreß, ICLQ 44 (1995), S. 414 (417); Röben, ZaöRV 63 (2003), S. 585 (586 f.).

779 Herdegen, Völkerrecht, § 41 Rdnr. 5; Schroeder, JuS 1995, S. 398 (400); Günther, in: Wehrhafte Demokratie, S. 329 (352); instruktiv zum System der Friedenssicherung durch die VN Verdross/ Simma, Universelles Völkerrecht, 3. Aufl., 1984, § 229 ff.

780 Vgl. Deiseroth, in: Umbach/Clemens (Hg.), Grundgesetz, Bd. I, Art. 24 Rdnr. 265 f.

Für den Einsatz militärischer Mittel nach Art. 42 SVN ist es kein Hindernis, daß noch keine Sonderabkommen nach Art. 43 SVN zustande gekommen sind.[781] Stattdessen hat sich innerhalb der VN eine Praxis (Modell Golfkrieg 1991[782]) entwickelt, wonach Bündnisstrukturen oder Staaten durch Resolutionen des VN-Sicherheitsrats ermächtigt werden, Gewalt anzuwenden.[783] Diese Praxis ist inzwischen völkergewohnheitsrechtlich anerkannt.[784] An der Rechtmäßigkeit solcher Einsätze kann ernstlich nicht gezweifelt werden. Denn auch solche Konstellationen sind in Art. 48 und Art. 53 Abs. 1 SVN angelegt.[785] Danach ist der Sicherheitsrat befugt, auf einzelne Mitglieder der VN oder auf regionale Abmachungen zurückzugreifen. Das Sicherheitssystem der VN läßt demnach militärische Zwangsmaßnahmen zu, die nicht von den VN selbst durchgeführt werden, sondern lediglich von ihr autorisiert werden.[786]

b) VN-Friedenstruppen und andere friedenserhaltende oder friedensschaffende Operationen

Ohne ausdrückliche Grundlage in der SVN[787] haben die VN seit 1956[788] zahlreiche friedenserhaltende Maßnahmen durchgeführt (peace-keeping operations).[789] Diese Operationen der sogenannten „Blauhelme" sind inzwischen völkergewohnheitsrechtlich anerkannt.[790]

---

781 Herdegen, Völkerrecht, § 41 Rdnr. 19.

782 Vgl. Simma, EJIL 1999, S. 1 (4); Frowein/Krisch, in: Simma (Hg.), The Charter of the United Nations, Volume I, Art. 42 Rdnr. 5 f.; Deiseroth, in: Umbach/Clemens (Hg.), Grundgesetz, Bd. I, Art. 24 Rdnr. 268; Dörr, in: Symposium Randelzhofer, S. 33 (49 f.); Dinstein, in: Walter/Vöneky/Röben/Schorkopf (eds.), Terrorism as a Challenge for National and International Law: Security versus Liberty?, 2004, S. 915 (916 f.).

783 Vgl. dazu Troost, Die Autorisierung von VN-Mitgliedstaaten zur Durchführung militärischer Zwangsmaßnahmen des Sicherheitsrats in Recht und Praxis der Vereinten Nationen, 1997; Fischer, in: Ipsen, Völkerrecht, § 60 Rdnr. 19 f.

784 Vgl. Simma, in: Delbrück (ed.), The Future of International Law Enforcement. New Scenarios-New Law?, 1993, S. 125 (138 f.); Brunner, NZWehrr 1992, S. 1 (10, 14); Freudenschuß, EJIL 1994, S. 492 (526); Deiseroth, in: Umbach/Clemens (Hg.), Grundgesetz, Bd. I, Art. 24 Rdnr. 269.

785 Dinstein, in: Walter/Vöneky/Röben/Schorkopf (eds.), Terrorism as a Challenge for Na-tional and International Law: Security versus Liberty?, S. 915 (917).

786 Brenner/Hahn, JuS 2001, S. 729 (732).

787 Vgl. Fischer, in: Ipsen, Völkerrecht § 60 Rdnr. 28; Vöneky/Wolfrum, ZaöRV 63 (2003), S. 569 (572).

788 Vgl. Fischer, in: Ipsen, Völkerrecht § 60 Rdnr. 23.

789 Vgl. Bothe, in: Simma (Hg.), The Charter of the United Nations, Volume I, Art. 38 Peace-keeping Rdnr. 1 ff., 83 ff.; Günther, in: Wehrhafte Demokratie, S. 329 (352 f.); instruktiv zur Entwicklung: Vöneky/Wolfrum, ZaöRV 63 (2003), S. 569 (572 ff.).

790 Deiseroth, in: Umbach/Clemens (Hg.), Grundgesetz, Bd. I, Art. 24 Rdnr. 259; zur Bundeswehr im Rahmen der Friedenssicherung der VN vgl. Fröhlich/Griep, in: Krause/Irlenkaeuser (Hg.): Bundeswehr

Friedenstruppen werden von den VN entsandt, um eine friedliche Streitbeilegung zu fördern. Ihre Aufgaben bestehen in Beobachtermissionen, im Überwachen von Waffenstillständen und der Sicherung von Pufferzonen zwischen Konfliktparteien, wobei Waffengewalt nur zur Selbstverteidigung eingesetzt werden darf.

Während Friedensmissionen der VN zunächst zwischenstaatliche Konflikte betrafen,[791] hatten die VN seit 1989 Veranlassung, auf gravierende innerstaatliche Konflikte zu reagieren.[792] „Peace-keeping" hat sich inzwischen zu einem komplexen Instrument mit differenzierten militärischen und zivilen Komponenten entwickelt, um vor allem in der Folge von Bürgerkriegen Friedensstrukturen zu befestigen.[793] Deshalb kommen inzwischen auch VN-Operationen zur Sicherung der öffentlichen Ordnung sowie zur Herstellung von Zivil- und Verwaltungsstrukturen in Betracht.[794]

Der Staat, auf dessen Gebiet die sog. „Blauhelme" eingesetzt werden sollen, muß deren Entsendung in der Regel zustimmen. Dies ist ein wesentlicher Unterschied zu friedensschaffenden, allein auf der Ausübung militärischen Zwangs ausgerichteten Maßnahmen nach Kapitel VII SVN.[795] Die Truppenkontingente werden von Mitgliedstaaten der VN gestellt und in die VN-Kommandostruktur eingegliedert.

Die Grenze zwischen friedenserhaltenden und friedensschaffenden Maßnahmen ist inzwischen freilich fließend geworden. „Blauhelm"-Operationen haben sich mittlerweile aufgabenorientiert weiterentwickelt. Wird gegen Friedensstörer vorgegangen, die sich nicht an Vereinbarungen mit den VN halten, müssen Friedensmissionen auch friedenserzwingende Elemente beinhalten, da u. U. militärischer Zwang angewendet werden muß.[796] „Robuste" Friedensmissionen sind geprägt von der Ermächtigung zu Zwangsmaßnahmen, um den Zweck der Mission gegebenenfalls mit Zwangsmitteln durchsetzen zu können. Derartige „robuste" Mandate finden ihre Grundlage in Kapitel VII SVN.[797]

– Die nächsten 50 Jahre, S. 127 ff.

791 Vgl. Fischer, in: Ipsen, Völkerrecht, § 60 Rdnr. 23 ff.

792 Vöneky/Wolfrum, ZaöRV 63 (2003), S. 569 (573 f.).

793 Vöneky/Wolfrum, ZaöRV 63 (2003), S. 569 (573); Brenner/Hahn, JuS 2001, S. 729 (732).

794 Herdegen, Völkerrecht, § 41 Rdnr. 25; es ist in diesem Zusammenhang von „Friedensmissionen der zweiten Generation" die Rede. Vgl. dazu Fischer, in: Ipsen, Völkerrecht, § 60 Rdnr. 27; Vöneky/Wolfrum, ZaöRV 63 (2003), S. 569 (575).

795 Diese grundsätzliche Trennung zwischen peace-enforcement missions und peace-keeping missions soll nach den Vorstellungen des Brahimi-Berichts zwar aufrechterhalten, aber modifiziert werden. Vgl. dazu Vöneky/Wolfrum, ZaöRV 63 (2003), S. 569 (572, 581 ff.); Fischer, in: Ipsen, Völkerrecht, § 60 Rdnr. 27. Der Brahimi-Bericht ist abgedruckt in: ZaöRV 63 (2003), S. 607 ff.

796 Vöneky/Wolfrum, ZaöRV 63 (2003), S. 569 (576).

797 Herdegen, Völkerrecht, § 41 Rdnr. 27.

4. Militärische Einsätze im Rahmen der NATO/WEU

Auslandseinsätze der Bundeswehr kommen vor allem im Bündnisfall nach Art. 5 des NATO-Vertrages bzw. Art. V des WEU-Vertrages in Betracht. Militärische Einsätze deutscher Streitkräfte im Rahmen der NATO/WEU sind nach Art. 24 Abs. 2 GG i. V. mit Art. 87 a Abs. 1 Satz 1 GG zulässig, soweit Bündnisverteidigung oder Nothilfe zugunsten eines angegriffenen Drittstaates geleistet wird.

Deutsche Streitkräfte dürfen im Rahmen der NATO/WEU nicht nur zu Verteidigungszwecken – der Kernaufgabe der Bündnisse –, sondern auch zu anderen militärischen Aufgaben (sog. Nicht-Artikel 5 Einsätze der NATO) im Rahmen weiterer Bündniszwecke eingesetzt werden. Nationale Ermächtigungsgrundlage für solche Einsätze ist Art. 24 Abs. 2 GG.

Sofern ein Bündnispartner oder die Bundesrepublik Deutschland Ziel eines terroristischen Anschlags von außen ist, kann der Bündnisfall des Art. 5 des NATO-Vertrages gegeben sein.[798]

Auf ihrem Gipfeltreffen am 23. und 24. April 1999 in Washington billigten die Staats- und Regierungschefs der NATO das neue Strategische Konzept des Bündnisses.[799] Dieses Konzept ist mit einer Ausweitung der Aufgaben des Bündnisses verbunden. Zu den neuen Aufgaben der NATO gehört auch die Bekämpfung des Terrorismus, ohne daß die Voraussetzungen des Art. 5 des NATO-Vertrages gegeben sein müssen. In dem Konzept heißt es:

> „Im Fall eines bewaffneten Angriffs auf das Gebiet der Bündnispartner, aus welcher Richtung auch immer, finden Artikel 5 und 6 des Vertrags von Washington Anwendung. Die Sicherheit des Bündnisses muß jedoch auch den globalen Kontext berücksichtigen. Sicherheitsinteressen des Bündnisses können von anderen Risiken umfassenderer Natur berührt werden, einschließlich Akte des Terrorismus, der Sabotage und des organisierten Verbrechens sowie der Unterbrechung der Zufuhr lebenswichtiger Ressourcen. Die unkontrollierte Bewegung einer großen Zahl von Menschen, insbesondere als Folge bewaffneter Konflikte, kann ebenfalls Probleme für die Sicherheit und Stabilität des Bündnisses aufwerfen. Im Bündnis gibt es Mechanismen für Konsultationen nach Art. 4 des Washingtoner Vertrages sowie gegebenenfalls zur Koordinierung der Maßnahmen der Bündnispartner einschließlich ihrer Reaktionen auf derartige Risiken."[800]

Sofern das Völkerrecht beachtet wird, darf die Bundeswehr im Ausland im Rahmen

---

798 Wiefelspütz, ZaöRV 2005, S. 819 (834).

799 Bulletin der Bundesregierung Nr. 24 vom 3. Mai 1999, S. 222 ff.

800 Bulletin der Bundesregierung Nr. 24 vom 3. Mai 1999, S. 224; vgl. dazu BVerfGE 104, S. 151 (206).

der NATO zur Bekämpfung des Terrorismus eingesetzt werden.[801] Diese neue Aufgabe der Bundeswehr findet sich auch in den „Verteidigungspolitischen Richtlinien"[802] des Bundesministeriums der Verteidigung und im „Weißbuch zur Sicherheitspolitik Deutschlands und zur Zukunft der Bundeswehr"[803] wieder.

Außerdem kommen NATO/WEU-Einsätze in Betracht, die durch Resolutionen des VN-Sicherheitsrats mandatiert sind.[804] Die regionale, euro-atlantische Ausrichtung von NATO/WEU bleibt auch bei diesen Einsätzen erhalten.[805] Auch für die Beteiligung deutscher Soldaten an solchen Einsätzen ist Art. 24 Abs. 2 GG nationale Rechtsgrundlage.

5. Militärische Einsätze im Rahmen der EU

Auslandseinsätze der Bundeswehr kommen inzwischen auch im Rahmen der EU in Betracht. Die EU hat sich als System gegenseitiger kollektiver Sicherheit etabliert. Beispiele für EU-gestützte Operationen mit deutscher Beteiligung sind die Operationen CONCORDIA, EUFOR und ALTHEA.[806]

---

801 Wiefelspütz, ZaöRV 2005, S. 819 (834).

802 Verteidigungspolitische Richtlinien, hgg. vom Bundesministerium der Verteidigung, S. 25.

803 Weißbuch zur Sicherheitspolitik Deutschlands und zur Zukunft der Bundeswehr, hgg. vom Bundesministerium der Verteidigung, S. 72 f.

804 Vgl. Brenner/Hahn, JuS 2001, S. 729 (734); Günther, in: Wehrhafte Demokratie, S. 329 (355 ff.).

805 Röben, ZaöRV 63 (2003), S. 585 (587).

806 Vgl. Wiefelspütz, Das Parlamentsheer, S. 298 ff.; siehe auch unten S. 249, 251.

III. Das Grundgesetz und sonstige Einsätze und Verwendungen der Streitkräfte im Ausland

Alle anderen in Betracht kommenden völkerrechtskonformen Auslandseinsätze bewaffneter deutscher Streitkräfte haben ihre Rechtsgrundlage in Art. 32 Abs. 1 GG.[807]

Nach Art. 32 Abs. 1 GG ist die Pflege der Beziehungen zu anderen Staaten Sache des Bundes. Darunter ist die Gesamtheit grenzüberschreitender Handlungszusammenhänge zu verstehen, die sich auf die Stellung der Bundesrepublik Deutschland als Völkerrechtssubjekt in der Staatengemeinschaft auswirken.[808] Alle Maßnahmen, die im Bereich der auswärtigen Angelegenheiten erforderlich werden, sind Gegenstand der Pflege der Beziehungen zu auswärtigen Staaten.[809]

Die Ansicht, als Kompetenznorm erfasse Art. 32 Abs. 1 GG nur völkerrechtsförmliches Handel,[810] hat sich nicht durchgesetzt.[811] Militärische Einsätze der Bundeswehr im Ausland, aber auch sonst außerhalb des Geltungsbereichs des Grundgesetzes (Hohe See, Weltraum), sind in den Geltungsbereich des Art. 32 Abs. 1 GG einzubeziehen,[812] soweit nicht bereits andere Regelungen des Grundgesetzes als Ermächtigungsgrundlage in Betracht kommen.

Demgegenüber weist Klaus Dau darauf hin, die grundgesetzliche Kompetenzabgrenzung zwischen Bund und Ländern in auswärtigen Angelegenheiten sei für eine selbständige Befugnisnorm nicht ausgebildet, sie könne allenfalls Sekundär-

---

807 Kreß, ICLQ 44 (1995), S. 414 (420), zweifelt, ob Art. 87 a Abs. 2 GG oder Art. 32 Abs. 1 GG solche Einsätze legitimiert. Nach Roellecke, Der Staat 34 (1995), S. 415 (418), haben alle Auslandseinsätze der Bundeswehr ihre Rechtsgrundlage in Art. 32 Abs. 1 GG; a. A. explizit Gramm, NZWehrr 2005, S. 133 (138); Dau, NZWehrr 2005, S. 218 (220); Paulus, Parlament und Streitkräfteeinsatz, S. 378, 381, 382.

808 Rojahn, in: von Münch/Kunig (Hg.), Grundgesetz, Bd. 2, Art. 59 Rdnr. 10.

809 Risse, in: Hömig (Hg.), Grundgesetz, Art. 32 Rdnr. 1.

810 So Fastenrath, Kompetenzverteilung im Bereich der auswärtigen Gewalt, 1986, S. 70, 83 ff.; ders., DÖV 1990, S. 125 (132 ff.); Borchmann, VR 1987, S. 1 (4 f.); Harupa, Das Verhältnis zwischen Bund und Ländern im Bereich der auswärtigen Gewalt, Diss., Universität Marburg 1960, S. 4; Weber, in: Umbach/Clemens (Hg.), Grundgesetz, Bd. II, Art. 32 Rdnr. 17.

811 Grewe, in: Isensee/Kirchhof (Hg.), Handbuch des Staatsrechts, Bd. III, Das Handeln des Staates, 2. Aufl., 1996, § 77 Rdnr. 82; Geck, ZRP 1987, S. 292; Rojahn, in: von Münch/Kunig (Hg.), Grundgesetz, Bd. 2, Art. 32 Rdnr. 3; Pernice, in: Dreier (Hg.), Grundgesetz, Bd. II, Art. 32 Rdnr. 27.

812 Wiefelspütz, AöR 132 (2007), S. 44 (88); so auch bereits Stein, in: Frowein/Stein, Rechtliche Aspekte, S. 17 (26); Roellecke, Der Staat 34 (1995), S. 415 (418); Kadelbach/Hilmes, Jura 2005, S. 628 (630). Nach Sachau, Wehrhoheit und Auswärtige Gewalt, 1967, S. 51, 85 ff., umfaßt Art. 32 Abs. 1 Satz 1 GG nicht nur die Gestaltung der auswärtigen Beziehungen mit friedlich-diplomatischen Mitteln, sondern auch mit gewaltsam-militärischen Mitteln. Kutscha, KJ 2004, S. 228 (232), meint freilich, nur „mit einem gehörigen Maß an Chuzpe" ließen sich Kampfeinsätze unter die Pflege der auswärtigen Beziehungen i. S. des Art. 32 Abs. 1 GG subsumieren.

verwendungen der Bundeswehr im Ausland wie Flottenbesuche abdecken.[813]

Christian Hillgruber wendet ein, die Streitkräfte seien vom verfassungsändernden Gesetzgeber im Jahre 1956 nicht als beliebig verwendbares Instrument der Außenpolitik der Bundesrepublik Deutschland zur verfassungsrechtlich ungebundenen Verfügung der Bundesexekutive als der Trägerin der auswärtigen Gewalt, sondern die Streitkräfte seien in ihrer hoheitlichen Funktion spezifisch der Verteidigung gewidmet worden. Eine anderweitige Verwendung der Streitkräfte als Mittel der vollziehenden Gewalt stelle daher, wenn sie nicht durch eine zusätzliche Zweckbestimmung gedeckt sei, eine verfassungswidrige Zweckentfremdung dar. Dies gelte auch für den Auslandseinsatz.[814]

Diese Auffassungen sind nicht überzeugend. Einerseits unterstellen sie dem verfassungsändernden Gesetzgeber eine nicht nachweisbare Begrenzung der völkerrechtlich zulässigen Einsatzmöglichkeiten der Streitkräfte. Andererseits überdehnt Christian Hillgruber den Begriff Verteidigung, indem er die Beteiligung der Bundeswehr an Friedensmissionen im Rahmen der VN oder der NATO als Verteidigung qualifiziert, obwohl weder die Bundesrepublik Deutschland noch ein Bündnispartner verteidigt wird.[815]

Art. 32 Abs. 1 GG ist danach Ermächtigungsgrundlage insbesondere für völkerrechtlich zulässige militärische Einsätze deutscher Streitkräfte außerhalb von Systemen gegenseitiger kollektiver Sicherheit i. S. des Art. 24 Abs. 2 GG[816] wie die unilaterale humanitäre Intervention,[817] Rettungsaktionen zugunsten deutscher oder fremder Staatsangehörigen,[818] militärische Operationen der Bundeswehr auf Einladung eines Staates[819], völkergewohnheitsrechtlich[820] oder völkervertragsrechtlich zulässige Auslandseinsätze der Bundeswehr auf Hoher See wie die Bekämpfung

---

813 Dau, NZWehrr 2005, S. 218 (220).

814 Hillgruber, in: Umbach/Clemens (Hg.), Grundgesetz, Bd. II, Art. 87 a Rdnr. 52.

815 Wiefelspütz, AöR 132 (2007), S. 44 (89).

816 Wiefelspütz, AöR 132 (2007), S. 44 (89). Bedenken, freilich ohne Begründung, bei Tomuschat, EuGRZ 2001, S. 535 (545): „Was weder den Charakter von Selbstverteidigung besitzt ... noch in den Rahmen eines Systems der kollektiven Sicherheit eingebettet ist, bedeutet für die Bundeswehr verbotenes Terrain."

817 Vgl. Wiefelspütz, Das Parlamentsheer, S. 281 ff.; Winkler, DÖV 2006, S. 149 (157); a. A. Gramm, NZWehrr 2005, S. 133 (146).

818 Vgl. Wiefelspütz, Das Parlamentsheer, S. 285 f.; a. A. Gramm, NZWehrr 2005, S. 133 (146).

819 Vgl. dazu Fischer, in: Ipsen, Völkerrecht, § 59 Rdnr. 16 ff.

820 Nach Röben, ZaöRV 63 (2003), S. 585 (586 Fn. 4), ist in solchen Fällen Art. 25 GG Ermächtigungsgrundlage für die Verwendung der Streitkräfte; nach Auffassung von Krieger, Streitkräfte im demokratischen Verfassungsstaat, S. 415, ergeben sich rechtliche Maßstäbe nur aus Art. 25 und 26 GG.

der Piraterie[821] und der Sklaverei,[822] die Wahrnehmung von Hoheitsbefugnissen auf Hoher See nach Maßgabe des Flaggenstaatsprinzips[823], die Nacheile (hot pursuit)[824] und humanitäre Verwendungen der Bundeswehr wie z. B. Katastrophenhilfe.[825]

821 Vgl. dazu Fischer, in: Ipsen, Völkerrecht, § 54 Rdnr. 16; Münchau, Terrorismus auf See aus völkerrechtlicher Sicht, 1994, S. 89 ff.

822 Fischer, in: Ipsen, Völkerrecht, § 54 Rdnr. 16; Wiefelspütz, Das Parlamentsheer, S. 172 ff.; ders., NZWehrr 2005, S. 157 ff.; a. A. Gramm, NZWehrr 2005, S. 133 (146).

823 Vgl. dazu Fischer, in: Ipsen, Völkerrecht, § 54 Rdnr. 14 f.; Münchau, Terrorismus auf See, S. 75 ff.

824 Fischer, in: Ipsen, Völkerrecht, § 54 Rdnr. 17; Herdegen, Völkerrecht, § 31 Rdnr. 10; Münchau, Terrorismus auf See, S. 85 f.

825 Coridaß, Der Auslandseinsatz, S. 111 f.; Brenner/Hahn, JuS 2001, S. 729 (730); Günther, in: Wehrhafte Demokratie, S. 329 (343 f.); Riedel, Der Einsatz deutscher Streitkräfte im Ausland, S. 240; Odendahl, JuS 1998, S. 145 (147); Hermsdörfer, NZWehrr 1996, S. 226 (231); Henneke/Ruge, in: Schmidt-Bleibtreu/Klein, Grundgesetz, Art. 87 a Rdnr. 5 b; Winkler, DÖV 2006, S. 149 (157); a. A. Gries, Humanitäres Völkerrecht – Informationsschriften – 2000, S. 163 (168).

IV. Exkurs: Bewaffnete Einsätze der Bundeswehr auf See

Es ist eine Vielzahl von Bedrohungsszenarien vorstellbar, die auf See existieren oder von See her drohen und deutsche Sicherheitsinteressen berühren. In zahlreichen Fällen werden die Bundespolizei oder die Polizeikräfte der Länder nicht in der Lage sein, solche Gefahren wirksam zu bekämpfen. Diese Fähigkeiten – insbesondere auf Hoher See – werden häufig nur die Streitkräfte besitzen. Fraglich ist freilich, ob dem tatsächlichen Können der Bundeswehr das völkerrechtliche und verfassungsrechtliche Dürfen entspricht.

Bislang haben bewaffnete Einsätze der Bundeswehr auf See (oder im Luftraum über See) – bis auf die Einsätze im Rahmen von Systemen gegenseitiger kollektiver Sicherheit (Art. 24 Abs. 2 GG) – in der rechtswissenschaftlichen Literatur weitgehend nur unter völkerrechtlichem, kaum hingegen unter staatsrechtlichem Blickwinkel Beachtung gefunden.[826] Gleiches gilt für Einsätze der Bundespolizei und der Wasserpolizeien der Länder.

1. Das seewärtige Staatsgebiet

Das Staatsgebiet der Bundesrepublik Deutschland erstreckt sich nicht nur auf die Landgebiete und die davon umschlossenen Gewässer, sondern auch auf das so genannte Küstenmeer.[827] Der Küstenstaat verfügt über eine umfassende Hoheitsgewalt in seinen Häfen und inneren Gewässern.[828] Das Küstenmeer ist rechtlich Inland.[829] Territorial ist es den jeweiligen Bundesländern zuzurechnen. Das seewärtige Staatsgebiet umfaßt die inneren Gewässer, zu denen auch die Seehäfen gehören, und das Küstenmeer.[830]

Das Völkergewohnheitsrecht erlaubte früher nur die nationale Inanspruchnahme eines

---

826 Vgl. aber Epping, NZWehrr 1993, S. 103 ff.; Stein, in: Festschrift Rauschning, S. 487ff.; Affeld, Humanitäres Völkerrecht – Informationsschriften – Heft 2/2000, S. 95 ff.; Heintschel von Heinegg/Gries, AVR 2002, S. 145 ff.; Wolfrum, HANSA International Maritime Journal, Heft 4, S. 12 ff., Heft 5, S. 24 ff., 2003; ders. in: Frowein/Scharioth/Winkelmann/Wolfrum (Hg.), Liber Amicorum Tono Eitel, 2003, S. 141 ff.; Stehr, Marineforum 2004, S. 18 ff.; ders., Piraterie und Terror auf See, 2004; Schaller, Die Unterbindung des Seetransports von Massenvernichtungswaffen, SWP-Studie, Stiftung Wissenschaft und Politik, Deutsches Institut für Internationale Politik und Sicherheit, 2004; Wiefelspütz, Das Parlamentsheer, S. 160 ff.; ders., NZWehrr 2005, S. 146 ff.

827 Epping/Gloria, in: Ipsen, Völkerrecht, § 23 Rdnr. 2.

828 Schaller, Die Unterbindung, S. 9.

829 BVerfG, NVwZ-RR 1992, S. 521 (522).

830 Herdegen, Völkerrecht, § 24 Rdnr. 3.

Küstenmeers mit einer Breite von drei Seemeilen. Inzwischen sind der Status und die Rechtsnatur nationaler und internationaler Gewässer im Seerechtsübereinkommen der Vereinten Nationen vom 29. April 1982 (SRÜ) geregelt.[831] Dieses Übereinkommen bildet auch die grundlegende „Referenznorm"[832] für die Beurteilung der völkerrechtlichen Zulässigkeit von Eingriffen in den Schiffsverkehr. Gegenwärtig gilt nach Art. 3 SRÜ eine zulässige Breite des Küstenmeerstreifens bis zu 12 Seemeilen.

Die Bundesrepublik Deutschland hat mit Bekanntmachung vom 11. November 1994[833] ihr Küstenmeer in der Nordsee auf 12 Seemeilen ausgedehnt und für die Ostsee detaillierte Koordinaten zur seewärtigen Abgrenzung festgelegt[834], ohne damit auf räumlich weitergehende Rechte zu verzichten[835].

Jeder Staat ist Inhaber der Souveränität in seinem Staatsgebiet. Kein anderer Staat ist berechtigt, Hoheitsakte auf diesem Territorium auszuüben.[836] Im Bereich des eigenen Küstenmeers gilt die territoriale Souveränität der Bundesrepublik Deutschland[837]. Gleiches gilt für den Luftraum über diesem Gebiet.[838] Art. 2 Abs. 2 SRÜ schreibt vor, daß sich die Souveränität des Küstenstaates sowohl auf den Luftraum über dem Küstenmeer als auch auf dessen Meeresboden und Meeresuntergrund erstreckt. Staatsrechtlich gesehen ist das innerstaatliche Recht maßgebend für den Umfang der küstenstaatlichen Souveränität im Einzelnen.[839]

Eingeschränkt wird die Gebietshoheit des Küstenstaates in seinem Küstenmeer vor allem durch das Recht auf friedliche Durchfahrt (Art. 17 ff. SRÜ), das auch für Kriegsschiffe gilt.[840] Das Recht der friedlichen Durchfahrt ist auch im Völkergewohnheitsrecht verankert und steht allen Staaten gleichermaßen zu.[841]

---

831 BGBl. 1994 II S. 1799.

832 Schaller, Die Unterbindung, S. 9.

833 BGBl. I S. 3428.

834 Gloria, in: Ipsen, Völkerrecht, § 52 Rdnr. 5.

835 Gloria, in: Ipsen, Völkerrecht, § 52 Rdnr. 5.

836 Doehring, Völkerrecht, 2. Aufl., 2004, Rdnr. 88.

837 Vgl. Art. 2 Abs. 1 SRÜ; Hailbronner, in: Graf Vitzthum (Hg.), Völkerrecht, 3. Abschnitt Rdnr. 140; Stein, in: Festschrift Rauschning, S. 487 (490); Schaller, Die Unterbindung, S. 10.

838 Herdegen, Völkerrecht, § 24 Rdnr. 5.

839 Gloria, in: Ipsen, Völkerrecht, § 52 Rdnr. 10.

840 Vgl. Gloria, in: Ipsen, Völkerrecht, § 52 Rdnr. 10, 13 ff.

841 Schaller, Die Unterbindung, S. 11.

2. Einsätze der Streitkräfte im seewärtigen Staatsgebiet

Der Einsatz bewaffneter deutscher Streitkräfte im Küstenmeer ist staatsrechtlich unproblematisch. Das hier allein interessierende deutsche Küstenmeer ist staats- und völkerrechtlich Inland. Demnach gelten für den Einsatz bewaffneter deutscher Streitkräfte bis auf die wenigen Ausnahmen, die das Völkerrecht gebietet[842], die nationalen Regeln.

Danach können die deutschen Streitkräfte im deutschen Küstenmeer nach Art. 24 Abs. 2 i. V. mit Art. 87 Abs. 1 Satz 1 GG zur Verteidigung eingesetzt werden, wenn die Verteidigungshandlungen in einem System gegenseitiger kollektiver Sicherheit erfolgen. Art. 87 a Abs. 1 Satz 1 GG kommt als ausschließliche Rechtsgrundlage in Betracht, wenn sich die Bundesrepublik Deutschland im Küstenmeer allein verteidigen würde.

3. Der Angriff von außen

Verteidigung setzt einen fremden, von außen[843] kommenden bewaffneten Angriff voraus[844], dem – soweit er das Bundesgebiet betrifft – mit polizeilichen Mitteln allein nicht begegnet werden kann und der den Einsatz der Bundeswehr unumgänglich macht[845]. Demgegenüber schützt die Polizei die innerstaatliche Rechts- und Friedensordnung gegen Störer und wehrt Gefahren ab[846]. Es ist deshalb von entscheidender Bedeutung, ob ein Angriff von außen oder eine Gefahr im Innern abzuwehren ist.

Operationsbereich kann im Falle der Verteidigung gegen einen Angriff von außen freilich das Inland ebenso wie das Ausland, die offene See oder der Weltraum sein[847]. Für Verteidigungsmaßnahmen kommt deshalb auch das Küstenmeer in Betracht. Der militärische Einsatz der Streitkräfte zur Verteidigung bedarf allerdings der Zustimmung des Deutschen Bundestages.[848]

---

842 Vgl. z. B. Art. 17 ff. SRÜ.

843 Siehe oben S. 35 ff.

844 F. Kirchhof, in: Isensee/Kirchhof (Hg.), Handbuch des Staatsrechts, Bd. IV, Aufgaben des Staates, § 84 Rdnr. 49.

845 Graf Vitzthum, in: Isensee/Kirchhof (Hg.), Handbuch des Staatsrechts, Bd. VII, Normativität und Schutz der Verfassung - Internationale Beziehungen, § 170 Rdnr. 30.

846 F. Kirchhof, in: Isensee/Kirchhof (Hg.), Handbuch des Staatsrechts, Bd. IV, Aufgaben des Staates, § 84 Rdnr. 4.

847 Siehe oben S. 20.

848 BVerfGE 90, S. 286 (381).

Nach Maßgabe dieser Grundsätze kann die Bundeswehr beispielsweise auf dem Küstenmeer Terroristen bekämpfen, wenn diese von See her kommend in das deutsche Küstenmeer eindringen und die Polizei nicht imstande ist, die Gefahr erfolgreich abzuwehren.

Die Frage, ob ein Angriff von außen oder von innen droht, muß anhand der bereits erörterten Kriterien beantwortet werden.[849] Wenn Kriegsschiffe eines Staates die Küste Deutschlands angreifen, darf die Bundeswehr nach Art. 87 a Abs. 1 Satz 1 GG diesen Angriff überall mit militärischen Mitteln abwehren – außerhalb des deutschen Territoriums, aber auch im deutschen Hoheitsgebiet. Wenn vergleichbare Anschläge mit einem von Terroristen im Ausland oder auf Hoher See gekaperten Schiff begangen werden, darf die Bundeswehr im Rahmen ihres Verteidigungsauftrages militärische Abwehrmaßnahmen ergreifen. Es ist nicht entscheidend, daß der Angreifer einem Staat zuzurechnen ist, sondern daß der Angriff von außen herrührt. Gleiches gilt, wenn sich das Tatgeschehen im Innern vollzieht, die im Ausland lokalisierbare Tatherrschaft es aber zuläßt, von einem Angriff von außen zu reden.[850]

Sofern *kein* Angriff von außen vorliegt, den es im Rahmen der Verteidigung abzuwehren gilt, darf die Bundeswehr im seewärtigen Staatsgebiet nur eingesetzt werden, wenn die Voraussetzungen des Art. 35 Abs. 2 oder Abs. 3 GG erfüllt sind.[851]

Im Übrigen ist es Sache der Polizei im seewärtigen Staatsgebiet die Gefahrenabwehr vorzunehmen.[852]

4. Militärische Einsätze auf Hoher See und das Völkerrecht

Alle Seegebiete, die nicht zum Küstenmeer gehören, unterstehen dem Regime der Hohen See.[853]

Die Anschlußzone (Schutzzone)[854] schließt sich seewärts an das Küstenmeer an. In dieser Zone dürfen die Küstenstaaten Hoheitsgewalt zur Sicherung bestimmter ordnungsrechtlicher Vorschriften (Zoll- und sonstige Finanzgesetze, Einreise- und Gesundheitsgesetze) ausüben (Art. 53 Abs. 1 SRÜ).

---

849 Siehe oben S. 35 ff.

850 Siehe oben S. 54 f.

851 Siehe oben S. 57 ff.

852 Wiefelspütz, Das Parlamentsheer, S. 165; ders., NZWehrr 2005, S. 146 (152).

853 Doehring, Völkerrecht, Rdnr. 520.

854 Vgl. Gloria, in: Ipsen, Völkerrecht, § 52 Rdnr. 34 ff.

Bestimmte Gebiete des Meeres unterliegen zwar nicht der territorialen Souveränität eines Staates, wohl aber besonderen Nutzungsrechten des Küstenstaates. Dabei handelt es sich um Fischereizonen und ausschließliche Wirtschaftszonen[855] sowie um den Festlandsockel[856]. Der Küstenstaat hat in der ausschließlichen Wirtschaftszone wegen der dort vorhandenen Ressourcen besondere Nutzungs- und Überwachungsrechte. Nach Art. 77 Abs. 1 SRÜ übt der Küstenstaat über den Festlandsockel[857] souveräne Rechte zum Zweck seiner Erforschung und der Ausbeutung seiner natürlichen Ressourcen aus.

Bei der Anschlußzone, dem Festlandsockel und der Außenwirtschaftszone handelt es sich um Nichtstaatsgebietszonen, in denen der Küstenstaat funktional begrenzte Hoheitsbefugnisse innehat.[858]

Die Bestimmungen des SRÜ über die Hohe See im engeren Sinne gelten nach Art. 86 Abs. 1 Satz 1 SRÜ für alle Teile des Meeres, die nicht zur ausschließlichen Wirtschaftszone, zum Küstenmeer oder zu den inneren Gewässern eines Staates oder zu den Archipelgewässern eines Archipelstaates gehören. Kennzeichnend für die Hohe See sind das Fehlen territorialer Souveränität und das Verbot staatlicher Okkupation; beide sind Grundlagen für die Freiheit der Hohen See[859], die im Völkergewohnheitsrecht anerkannt[860] und in Art. 87 SRÜ vertraglich verankert ist.

Die Hohe See steht allen Staaten gleichermaßen offen. Das SRÜ spricht in Art. 87 von der „Freiheit der Hohen See". Sie wird definiert als Freiheit der Schifffahrt, des Überfliegens, des Legens von Kabeln und Rohrleitungen, der Errichtung von künstlichen Inseln, der Fischerei und der wissenschaftlichen Forschung.[861] Ausfluß dieser Freiheit ist u. a. das in Art. 90 SRÜ verbriefte Recht eines jeden Staates, Schiffe unter eigener Flagge auf Hoher See fahren zu lassen, die dort seiner ausschließlichen Hoheitsgewalt unterstehen.

Den Art. 88 und 301 SRÜ kann die Grundentscheidung für eine prinzipiell friedliche Nutzung der Hohen See entnommen werden. In analoger Formulierung zu Art. 2 Ziff. 4 SVN wird die Hohe See ausdrücklich der Geltung des völkerrechtlichen Gewaltverbots unterstellt (Art. 301 SRÜ).[862] Die Befugnisse zur Anwendung von

855 Vgl. dazu Gloria, in: Ipsen, Völkerrecht, § 52 Rdnr. 2 ff.; Herdegen, Völkerrecht, § 31 Rdnr. 7; Stein/von Buttlar, Völkerrecht, 11. Aufl., 2005, Rdnr. 280.

856 Vgl. dazu Gloria, in: Ipsen, Völkerrecht, § 52 Rdnr. 29 ff.; Herdegen, Völkerrecht, § 31 Rdnr. 8.

857 Stein/von Buttlar, Völkerrecht, Rdnr. 279.

858 Graf Vitzthum, in: Graf Vitzthum (Hg.), Völkerrecht, 5. Abschnitt Rdnr. 38.

859 Dahm/Delbrück/Wolfrum, Völkerrecht, Bd. I/2, § 116 III 3 (S. 343).

860 Brownlie, Principles of Public International Law, 5. Aufl., 1998, S. 230 ff.; Schaller, Die Unterbindung, S. 15.

861 Vgl. Doehring, Völkerrecht, Rdnr. 520.

862 Bruha, AVR 40 (2002), S. 383 (399).

Gewalt nach Art. 100 ff. SRÜ werden als mit dem Gewaltverbot vereinbar angesehen, weil sie weder gegen die „territoriale Integrität" oder gegen die „politische Unabhängigkeit" der Staaten verstoßen noch „sonst mit den Zielen der Vereinten Nationen unvereinbar" sind (Art. 2 Ziff. 4 SVN).[863] Die SVN sei nicht geschaffen worden, um die völkergewohnheitsrechtlich fest etablierten Regeln des Seerechts auszuhebeln.[864]

Die Souveränität der Staaten manifestiert sich auf Hoher See in Gestalt der Flaggenhoheit.[865] Ein Schiff auf Hoher See untersteht der ausschließlichen Hoheitsgewalt seines Flaggenstaates (Art. 92 SRÜ).[866] Ein allgemeines Recht von Kriegsschiffen, fremde Handelsschiffe anzuhalten oder zu durchsuchen, besteht nicht (Art. 110 SRÜ).[867] Ein Kriegsschiff kann jedoch ein Handelsschiff, das eine fremde Flagge führt oder sich weigert, seine Flagge zu zeigen, dann auf Hoher See anhalten und durchsuchen, wenn begründeter Verdacht besteht, daß das Schiff in Wirklichkeit die Nationalität des anhaltenden Kriegsschiffs besitzt (Art. 110 Abs. 1 lit. e SRÜ).

Auf Hoher See ist der Flaggenstaat uneingeschränkt zum Schutz der Schiffe befugt, die seine Flagge führen.[868] Freilich ist es nicht zulässig, die Hoheitsgewalt über ein Schiff der Gebietshoheit zuzurechnen.[869]

Das Völkerrecht erlaubt es der Marine des Flaggenstaates in einem Meeresgebiet, in dem die Handelsmarine bedroht ist, demonstrativ „Flagge" zu zeigen.[870] Horst Stein hebt mit Recht hervor, daß das Völkerrecht den Seestreitkräften sehr weitgehend den Schutz der Handelsschifffahrt erlaubt.[871]

---

863 Randelzhofer, in: Simma (Hg.), The Charter of the United Nations, Volume I, Art. 2 Ziff. 4 Rdnr. 37 m. w. N.

864 Randelzhofer, in: Simma (Hg.), The Charter of the United Nations, Volume I, Art. 2 Ziff. 4 Rdnr. 37; Wollenberg, AVR 42 (2004), S. 217 (224 ff.), begründet die rechtmäßige Nacheile mit dem Hoheitsrecht des Verfolgerstaates. Dadurch wird eine Verletzung des Gewaltverbots ausgeschlossen.

865 Graf Vitzthum, in: Graf Vitzthum (Hg.), Völkerrecht, 5. Abschnitt Rdnr. 64; Schaller, Die Unterbindung, S. 9.

866 Vgl. dazu Dahm/Delbrück/Wolfrum, Völkerrecht, Bd. I/2, § 118 I 3 (S. 351 f.); Schaller, Die Unterbindung, S. 9.

867 Vgl. Talmon, in: An den Grenzen des Rechts: Kolloquium zum 60. Geburtstag von Wolfgang Graf Vitzthum, hrsg. von Wolfgang März, 2003, S. 101 (108). Zu den Reform des Rechts der Hohen See vgl. Mensah, in: Frowein/Scharioth/Winkelmann/Wolfrum (Hg.), Verhandeln für den Frieden – Negotiating for Peace, Liber Amicorum Tono Eitel, 2003, S. 627 (640 ff.).

868 Stein, in: Festschrift Rauschning, S. 487 (489).

869 Dahm/Delbrück/Wolfrum, Völkerrecht, Bd. I/2, § 118 III 3 (S. 353); Epping, NZWehrr 1993, S. 103 (107).

870 Stein, in: Festschrift Rauschning, S. 487 (490).

871 Stein, in: Festschrift Rauschning, S. 487 (491).

Das Verbot der Ausübung von Hoheitsrechten gegenüber fremden Schiffen auf Hoher See erlaubt Ausnahmen: Erwähnung verdienen insbesondere das Recht der Nacheile nach Art. 111 SRÜ,[872] das Recht zum Aufbringen eines Piratenschiffes nach Art. 105 SRÜ und das Betretungsrecht nach Art. 110 SRÜ.

Dritte Staaten dürfen nur dann Maßnahmen gegen Schiffe unter fremder Flagge ergreifen, wenn das Völkerrecht entsprechende Eingriffsbefugnisse begründet.[873]

Auf die Hohe See erstreckt sich das Recht der Nacheile (hot pursuit).[874] Damit ist die von den Binnengewässern, dem Küstenmeer oder der Anschlußzone aus betriebene Verfolgung eines fremden Schiffes gemeint, welches gegen nationales Recht des Küstenstaates verstoßen hat.[875]

Die Kriegsschiffe eines jeden Staates haben das auf universellem Völkerrecht beruhende Recht, Schiffe, die des Sklavenhandels verdächtig sind, ohne Rücksicht auf die von ihnen geführte Flagge anzuhalten und zu durchsuchen (Art. 110 Abs. 1 lit. b SRÜ).[876]

Im Falle von Seeräuberei auf Hoher See[877] darf jeder Staat Seeräuberschiffe durchuchen oder beschlagnahmen.[878] Das Völkerrecht definiert den Begriff Piraterie freilich sehr eng. Nach Art. 101 SRÜ werden als Piraterie nur solche Handlungen angesehen, die von der Besatzung oder den Passagieren eines Privatschiffes oder Privatflugzeuges illegal zu privaten Zwecken gegen ein anderes Schiff oder Flugzeug oder gegen Personen oder Eigentum an Bord eines solchen Schiffes oder Flugzeugs begangen werden. Die Begrenzung der begrifflichen Bestimmung der Piraterie auf Gewalttaten, die zu *privaten* Zwecken begangen werden, schränkt die Bedeutung der zentralen Bestimmung zur Bekämpfung der Piraterie ein. Denn Gewalttaten auf Hoher See mit – wie bei terroristischen Anschlägen häufig – politischen, religiösen oder ethnischen Implikationen können nicht als Piraterie i. S. des Art. 101 SRÜ behandelt werden.[879]

Das Recht des Aufbringens von Seeräuberschiffen ist nur Kriegsschiffen oder

---

872 Vgl. dazu Wollenberg, AVR 42 (2004), S. 217 ff.

873 Dahm/Delbrück/Wolfrum, Völkerrecht, Bd. I/2, § 119 I 2 (S. 363).

874 Vgl. Gloria, in: Ipsen, Völkerrecht, § 52 Rdnr. 17.

875 Vgl. Art. 111 SRÜ.

876 Dahm/Delbrück/Wolfrum, Völkerrecht, Bd. I/2, § 119 IV 1 (S. 369 ff.).

877 Zu den völkerrechtlichen Befugnissen zur Bekämpfung der Piraterie vgl. Stehr, Piraterie und Terror auf See, 2004, S. 22 f.

878 Dahm/Delbrück/Wolfrum Völkerrecht, Bd. I/2, § 119 II 1 (S. 364 ff.). Zur Piraterie ausführlich Affeld, Humanitäres Völkerrecht – Informationsschriften, Heft 2/2000, S. 95 ff.; Lagoni, in: Recht – Staat – Gemeinwohl, Festschrift für Dietrich Rauschning, hgg. von Jörn Ipsen und Edzard Schmidt-Jortzig, 2001, S. 501 ff.; Stehr, Piraterie und Terror auf See, 2004.

879 Wolfrum, Hansa Heft 4/2003, S. 12 (13).

in staatlichem Auftrag fahrenden Schiffen erlaubt. Nach den Regelungen zur Bekämpfung der Piraterie darf Piraterie in den Küstengewässern nur vom Küstenstaat oder in dessen Namen geahndet oder bekämpft werden.[880] Wenn ein Kriegsschiff allerdings Zeuge eines Angriffs eines privaten Schiffs gegen ein Handelsschiff in den Küstengewässern eines anderen Staates wird, kann es nach Art. 98 SRÜ eingreifen.[881]

Über die Befugnisse zur Bekämpfung der Piraterie hinaus haben Kriegsschiffe eine allgemeine Zuständigkeit, Schiffe zu inspizieren, deren Staatszugehörigkeit nicht erkennbar ist.[882] Ebenfall kann jeder Staat ein im Luftraum über der Hohen See gekapertes Flugzeug aufbringen.[883]

Völlig überzogen ist es freilich, wenn Wolff Heintschel von Heinegg[884] zur Bekämpfung des internationalen Terrorismus die Resolution 1373 (2001) vom 28. September 2001 des VN-Sicherheitsrats als hinreichende Rechtsgrundlage für (gewaltsame) Maritime interdiction / interception operations (MIO) ohne Zustimmung des Flaggenstaates heranzieht. Die Resolution 1373 (2001) ist zwar eine unmittelbare Reaktion des VN-Sicherheitsrats auf die Anschläge vom 11. September 2001 in den USA. Die Passage des an alle Staaten gerichteten Resolutionswortlauts (2 b: Decides also that all States shall: „…Take the necessary steps to prevent the commission of terrorist acts …"), auf die Wolff Heintschel von Heinegg seine Auffassung stützt, wird massiv überinterpretiert. Sinn und Zweck der Resolution ist es, die völkerrechtliche Verpflichtung der Staaten zur Bekämpfung des internationalen Terrorismus anzumahnen, nicht aber die Staaten zur Anwendung militärischer Gewalt im Namen der VN zu ermächtigen. Die Staaten werden aufgefordert, ihre nationalen Verpflichtungen zu erfüllen. Vor allem vor dem Hintergrund der detaillierten Bestimmungen des SRÜ hätte eine Abweichung von diesem Normengefüge besonders gewürdigt werden müssen. An anderer Stelle bewegt sich Wolff Heintschel von Heinegg im Übrigen in herkömmlicher Argumentation: „Hence, except for extraordinary circumstances, an interdiction of foreign vessels and aircraft in high seas areas and in international airspace cannot be based upon the right of self defence."[885] Von der Resolution 1373 (2001) ist an dieser Stelle nicht die Rede.

Das Völkerrecht kennt bislang keine ausdrücklichen Regelungen als Reaktion auf

---

880 Wolfrum, Hansa Heft 4/2003, S. 12 (13).

881 Wolfrum, Hansa Heft 4/2003, S. 12 (13).

882 Dahm/Delbrück/Wolfrum, Völkerrecht, Bd. I/2, § 119 VI (S. 371).

883 Vgl. Gloria, in: Ipsen, Völkerrecht, § 52 Rdnr. 16.

884 Heintschel von Heinegg, in: Wolfrum (Hg.), Seerecht, Kapitel 7, Rdnr. 291 ff.

885 Heintschel von Heinegg, in: Völkerrecht als Wertordnung: Festschrift für Christian Tomuschat, hgg. von Pierre-Marie Dupuy, 2006, S. 797 (810 f.).

Schiffe, die als Waffen benutzt werden. Ebenso wenig existiert ein System, das die Schifffahrt auf Waffentransporte überwacht.[886] Immerhin wurde im Jahre 2003 mit der Umsetzung der sogenannten „Proliferation Security Initiative" (PSI) begonnen, die von den USA ins Leben gerufen wurde.[887] Der PSI liegt eine politische Absprache, nicht aber ein völkerrechtlich verbindliches Übereinkommen zugrunde. Die Initiative soll den Transport von Massenvernichtungswaffen, Trägersystemen und verwendungsfähigem Material auf dem See-, Luft- und Landweg unterbinden, den Proliferationshandel erschweren und abschreckend auf staatliche und nichtstaatliche Akteure wirken.[888]

5. Militärische Einsätze deutscher Streitkräfte auf Hoher See und das Grundgesetz

a) Militärische Einsätze der Bundeswehr auf Hoher See nach Art. 87 a Abs. 1 Satz 1 GG

Art. 87 a Abs. 1 Satz 1 GG kommt als Rechtsgrundlage in Betracht, wenn sich die Bundesrepublik Deutschland mit ihren Streitkräften auf Hoher See individuell oder kollektiv verteidigt.

Art. 87 a Abs. 1 Satz 1 GG ist nicht nur Aufgaben- und Kompetenznorm, sondern auch Befugnisnorm.[889]

b) Militärische Einsätze der Bundeswehr auf Hoher See auf der Grundlage von Art. 24 Abs. 2 GG

Wenn militärische Einsätze der Bundeswehr auf Hoher See im Rahmen von Systemen gegenseitiger kollektiver Sicherheit wie VN, NATO oder WEU – sei es zur Verteidigung, sei es zu anderen Zwecken – stattfinden, ist Rechtsgrundlage Art. 24 Abs. 2 GG, gegebenenfalls in Verbindung mit Art. 87 a Abs. 1 Satz 1 GG.

---

886 Wolfrum, Hansa Heft 4/2003, S. 12.

887 Instruktiv dazu: Schaller, Die Unterbindung des Seetransports von Massenvernichtungswaffen, 2004; Krisch, Der Staat 43 (2004), S. 267 (272); Heintschel von Heinegg, in: Wolfrum (Hg.), Seerecht, Kapitel 7, Rdnr. 304 ff.; ders., in: Völkerrecht als Wertordnung: Festschrift für Christian Tomuschat, hgg. von Pierre-Marie Dupuy, S. 797 (801 ff.).

888 Schaller, Die Unterbindung, S. 5.

889 Siehe oben S. 12.

c) Militärische Einsätze der Bundeswehr auf Hoher See außerhalb von Systemen gegenseitiger kollektiver Sicherheit

Alle anderen Einsätze deutscher Streitkräfte auf Hoher See sind verfassungsrechtlich umstritten. Aktuelle Beiträge der rechtswissenschaftlichen Literatur zu den staatsrechtlichen Fragen des Einsatzes der Bundeswehr auf Hoher See außerhalb von Systemen gegenseitiger kollektiver Sicherheit sind rar. Das Bundesverfassungsgericht hatte bislang lediglich über bewaffnete Einsätze deutscher Streitkräfte im Rahmen von Systemen gegenseitiger kollektiver Sicherheit zu entscheiden.

aa) Das Meinungsbild zum Einsatz deutscher Streitkräfte auf Hoher See

Jens Affeld vertritt die Auffassung, das Seerechtsübereinkommen aus dem Jahre 1982 sei ein „maritim-funktionales, kollektives Sicherheitssystem globaler Reichweite"[890], gleichsam eine „maritime UN-Charta"[891]. Das SRÜ begründe zwar keine Institution, welche über konkrete militärische Einsätze entscheide, wie es bisher für kollektive Sicherheitssysteme nach Art. 24 Abs. 2 GG als erforderlich angesehen werde. Indes müsse Art. 24 Abs. 2 GG bezüglich Organisationsform und Schutzintensität offen für weitere Entwicklungen friedenssichernden Völkerrechts sein. Auch dezentral wirkende Sicherheitssysteme wie Art. 100 ff. SRÜ müßten Eingang finden können.[892]

Dieter Blumenwitz vertrat 1988 die Auffassung, der Einsatz der Streitkräfte sei nach allgemeinen Grundsätzen geboten, wenn nur sie über die zum Schutz oder zur Rettung erforderlichen Mittel verfügen. Als Beispiel führte er das Aufbringen eines von Piraten oder Terroristen gekaperten Schiffes an.[893]

Nach Meinung von Volker Epping sind Zwangsmaßnahmen der deutschen Bundesmarine gegenüber unter deutscher Flagge fahrenden Seeschiffen auf Hoher See in Ermangelung einer ausdrücklichen grundgesetzlichen Zulassung i. S. von Art. 87 a Abs. 2 GG verfassungsrechtlich nicht zulässig.[894]

Für Christian Schaller kommt eine Beteiligung Deutschlands an maritimen Operationen im Wesentlichen nur auf der Grundlage eines VN-Mandats in Betracht.[895] Sofern in Zukunft überhaupt eine militärische Beteiligung der Bundesrepublik an maritimen Unterbindungsoperationen in Betracht komme, sei diese nach Art. 87 a Abs. 2 GG und Art. 24 Abs. 2 GG ohnehin nur mit entsprechender Autorisierung im

---

890 Affeld, Humanitäres Völkerrecht – Informationsschriften – Heft 2/2000, S. 95 (104).

891 Affeld, Humanitäres Völkerrecht – Informationsschriften – Heft 2/2000, S. 95 (104).

892 Affeld, Humanitäres Völkerrecht – Informationsschriften – Heft 2/2000, S. 95 (104 f.).

893 Blumenwitz, NZWehrr 1988, S. 133 (144).

894 Epping, NZWehrr 1993, S. 103 (114).

895 Schaller, Die Unterbindung, S. 15.

Rahmen eines Systems gegenseitiger kollektiver Sicherheit zulässig. Daher seien aus deutscher Sicht vor allem die Perspektiven einer möglichen Mandatierung durch den UN-Sicherheitsrat von Interesse.[896]

Michael Stehr meint, die Befugnis zur Abwehr von Angriffen auf deutsche Schiffe folge aus Art. 87 a GG, der weit gefaßt verstanden werden könne. Für die Nothilfe bei Angriffen auf Schiffe unter fremder Flagge könne Art. 24 GG als Basis herangezogen werden. Das Seerechtsübereinkommen sei ein Vertrag, der innerhalb des Systems kollektiver Sicherheit VN gegenseitige Befugnisse und Pflichten zum Schutz von Schiffen vor seeräuberischen Attacken festschreibe. Weitere Maßnahmen wie die Festnahme der Täter lägen im Küstenmeer der Bundesrepublik nicht in der Zuständigkeit der Marine, sondern des Bundesgrenzschutzes-See.[897] Auch der Einsatz der deutschen Streitkräfte in fremdem Hoheitsgebiet zur aktiven Bekämpfung der Piraterie – Verdachtskontrollen von Fahrzeugen, Suche nach Tätern in ihren Basen – sei auf der Basis eines VN-Mandats oder aufgrund einer bilateralen Vereinbarung denkbar. Das Grundgesetz stehe solchen Aktivitäten nicht entgegen, weil sie nicht friedenstörend seien.[898]

Horst Stein vertritt in der Festschrift Rauschning in Bekräftigung seiner bereits früher publizierten Überlegungen[899] die Auffassung, der Auslandseinsatz der Streitkräfte werde vom Grundgesetz gar nicht geregelt[900], sondern werde von der Zuweisung der auswärtigen Gewalt an den Bund durch Art. 32 Abs. 1 GG mit umfaßt[901] bzw. vorausgesetzt[902]. Die Bundesmarine dürfe auch nach Verfassungsrecht all das, was ihr das Völkerrecht zum Schutz der deutschen Handelsflotte erlaube.[903]

Rüdiger Wolfrum betont, aufgrund der im Grundgesetz festgeschriebenen Einschränkungen für den Einsatz der deutschen Streitkräfte könne die deutsche Marine nicht unbedingt alle Möglichkeiten wahrnehmen, die Deutschland völkerrechtlich offen stünden. Die Vorschriften des Grundgesetzes zur Einschränkung des Einsatzes der deutschen Streitkräfte müßten vor dem historischen Hintergrund gesehen werden, daß zum Zeitpunkt der Entstehung des Grundgesetzes in der Nachkriegsära eine Wiederholung der Geschichte vermieden werden sollte. Eines der wichtigsten Prinzipien des Grundgesetzes sei es sicherzustellen, daß von Deutschland keine Handlungen mehr ausgehen, die die friedlichen internationalen Beziehungen stören

---

896 Schaller, Die Unterbindung, S. 15.

897 Stehr, Piraterie und Terror auf See, S. 24; ders., Marineforum 3/2004, S. 18 f.

898 Stehr, Piraterie und Terror auf See, S. 24.

899 Stein, in: Frowein/Stein, Rechtliche Aspekte, S. 17 ff.

900 Stein, in: Festschrift Rauschning, S. 487 (499).

901 Stein, in: Frowein/Stein, Rechtliche Aspekte, S. 17 (26).

902 Kokott in: Sachs (Hg.), Grundgesetz, Art. 87 a Rdnr. 11.

903 Stein, in: Festschrift Rauschning, S. 487 (499).

sollen oder können. Davon sei nicht auszugehen, wenn ein deutsches Kriegsschiff einem privaten Schiff, das von Piraten angegriffen werde, zur Hilfe eile, oder wenn es Piraten auf Hoher See verfolge oder ein Schiff, das bereits in Händen von Piraten sei, zurückerobere. Auch benötige solch ein Vorgehen nicht die vorherige Zustimmung des Deutschen Bundestages. Zusammenfassend sei zu sagen, daß die deutsche Marine die Piraterie genauso bekämpfen könne wie dies Kriegsschiffe anderer Staaten dürfen.[904]

Wolff Heintschel von Heinegg und Hans-Joachim Unbehau heben hervor, nicht alles, was das Völkerrecht erlaube, sei auch nach der deutschen (Verfassungs-) Rechtsordnung zulässig. Diese sehe für die Seestreitkräfte in nur eingeschränktem Maße Befugnisse zur Rechtsdurchsetzung vor. Daher gelte der Grundsatz, daß sich die deutsche Marine – abgesehen von den wenigen Ausnahmen in Spannungs- und Krisenzeiten – grundsätzlich auf ihre Verteidigungsaufgabe zu beschränken habe. Die Wahrnehmung anderer öffentlicher Aufgaben, vor allem solche polizeilicher Natur, sei der deutschen Marine verwehrt. Folglich dürfe ein deutsches Kriegsschiff weder in den deutschen Eigengewässern noch auf Hoher See ein deutsches Handelsschiff anhalten und auffordern, den Kurs zu ändern oder in einen bestimmten Hafen einzulaufen, sowie, sollte es der Aufforderung nicht nachkommen, unmittelbaren Zwang anwenden. Gleiches gelte in Bezug auf Maßnahmen gegen fremde Handelsschiffe und Zivilluftfahrzeuge. Solche Aufgaben seien dem Bundesgrenzschutz und den anderen Exekutivorganen vorbehalten. Daran ändere auch nichts die Tatsache, daß der Bundesgrenzschutz (die Bundespolizei) nicht über die tatsächlichen Möglichkeiten verfüge.[905]

Andreas Gilch meint, die Bundesmarine verfüge grundsätzlich über die Ausstattung zur Bekämpfung von Kriminalität auf Hoher See, sei aber mangels verfassungsrechtlicher Grundlage hierzu nicht befugt. Denn die Einsätze fänden nicht innerhalb eines Systems gegenseitiger kollektiver Sicherheit statt und hätten demnach keine Rechtsgrundlage in Art. 24 Abs. 2 GG.[906]

bb) Bewertung

Das Meinungsbild in der rechtswissenschaftlichen Literatur verdeutlicht erhebliche Unsicherheiten bei der staatsrechtlichen Beurteilung des bewaffneten Einsatzes deutscher Streitkräfte auf Hoher See.

Die Auffassung von Jens Affeld, das SRÜ sei ein System gegenseitiger kollektiver

904 Wolfrum, Hansa 2003, S. 12 (14 f.).

905 Heintschel von Heinegg/Unbehau, Kommandanten-Handbuch, 2002, Rdnr. 175, 176; Heintschel von Heinegg, in: Wolfrum (Hg.), Seerecht, 7. Kapitel Rdnr. 58 ff.

906 Gilch, Das Parlamentsbeteiligungsgesetz, S. 73.

Sicherheit, überzeugt nicht. Eine Konvention wie das Seerechtsübereinkommen ist mangels einer eigenen Organisation noch kein System gegenseitiger kollektiver Sicherheit. Im Streitkräfteurteil des Bundesverfassungsgerichts vom 12. Juli 1994 heißt es zu den Voraussetzungen eines Systems gegenseitiger kollektiver Sicherheit:

> „Das System gegenseitiger kollektiver Sicherheit begründet durch ein friedensicherndes Regelwerk und den Aufbau einer eigenen Organisation für jedes Mitglied einen Status völkerrechtlicher Gebundenheit, der wechselseitig zur Wahrung des Friedens verpflichtet und Sicherheit gewährt. Ob das System dabei ausschließlich oder vornehmlich unter den Mitgliedstaaten Frieden garantieren oder bei Angriffen von außen zum kollektiven Beistand verpflichten soll, ist unerheblich."[907]

Wenngleich die Diskussion um die Voraussetzungen eines Systems gegenseitiger kollektiver Sicherheit immer noch kontrovers geführt wird[908], ist unstreitig, daß von solch einem System nur dann die Rede sein kann, wenn es über eine fest gefügte Struktur[909] mit eigenen Organen zwecks eigenständiger Willensbildung verfügt.[910]

Die hier in Rede stehenden Befugnisse nach dem SRÜ, aber auch Einsätze der Bundeswehr zur Gefahrenabwehr auf Hoher See stützen sich staatsrechtlich in der Regel auf Art. 32 Abs. 1 GG.[911]

6. Militärische Einsätze deutscher Streitkräfte auf Hoher See und die konstitutive Beteiligung des Deutschen Bundestages

Militärische Einsätze deutscher Streitkräfte auf Hoher See bedürfen der grundsätzlich vorherigen konstitutiven Zustimmung des Deutschen Bundestages nach Maßgabe des PBG.

Einsätze der Bundeswehr auf Hoher See mit lediglich polizeilichem Charakter wie die Wahrnehmung der Flaggenhoheit, der Schutz der deutschen Handelsmarine gegenüber kriminellen Angriffen auf Hoher See, die Nacheile, die Bekämpfung der Piraterie und des Sklavenhandels und vergleichbare Operationen bedürfen keiner Zustimmung des Deutschen Bundestages.[912]

---

907 BVerfGE 90, S. 286 (349).

908 Zum Stand der Diskussion vgl. oben Seite 146ff. m. w. N.

909 Pernice, in: Dreier (Hg.), Grundgesetz, Bd. II, Art. 24 Rdnr. 57.

910 Classen, in: von Mangoldt/Klein/Starck (Hg.), Grundgesetz, Bd. 2, Art. 24 Abs. 2 Rdnr. 83.

911 Wiefelspütz, NZWehr 2005, S. 146 (160 f.); siehe auch oben S. 160 ff.

912 Wiefelspütz, NZWehrr 2005, S. 146 (162 f.); a. A. aber die herrschende Meinung; vgl. unten S. 213 f.

C. Einsatz der Streitkräfte und Organkompetenz
der Bundesregierung

Art. 65 a GG weist dem Bundesminister der Verteidigung die Befehls- und Kommandogewalt über die Streitkräfte zu. Im Streitkräfteurteil des Bundesverfassungsgerichts vom 12. Juli 1994 heißt es gleichwohl:

> Der Bundesminister der Verteidigung hat kraft seiner Befehls- und Kommandogewalt (Art. 65 a GG) die zur Umsetzung der Einsatzentscheidungen der Bundesregierung erforderlichen Befehle gegeben; er hat damit nicht über das „Ob", sondern lediglich über die Modalitäten des Streitkräfteeinsatzes entschieden.[913]

Das Bundesverfassungsgericht verlangt danach für den Einsatz der Streitkräfte einen Beschluß der Bundesregierung. Diese vom Gericht nicht näher begründete Auffassung wird in der rechtwissenschaftlichen Literatur wegen des ressortübergreifenden Charakters sowie der herausragenden Bedeutung einer solchen Entscheidung mehrheitlich geteilt.[914] Die Praxis der Bundesregierung entspricht diesen Vorgaben des Gerichts.

---

913 BVerfGE 90, S. 286 (338).

914 Blumenwitz, NZWehrr 1988, S. 133 (145); Gornig, JZ 1993, S. 123 (127); Pechstein, Jura 1991, S. 461 (467); Isensee/Randelzhofer, in: Dau/Wöhrmann, Der Auslandseinsatz; S. 94 f.; Riedel, Der Einsatz deutscher Streitkräfte im Ausland, S. 257 f.; Stein, in: Frowein/Stein (Hg.), Rechtliche Aspekte, S. 17 (26); ders., in: Festschrift Doehring, S. 935 (943); Thomsen, Der Parlamentsvorbehalt, S. 1; Mössner, in: Festschrift Schlochauer, S. 97 (113 f.); Ipsen, in: Schwarz (Hg.), Sicherheitspolitik, S. 615 (626); Wallrabenstein, JA 1998, S. 863 (866); Schmidt-Radefeldt, Jura 2003, S. 201 (202); Odendahl, JuS 1998, S. 145 (147); Dau, NZWehrr 1998, S. 89 (96); Schaefer, Verfassungsrechtliche Grenzen, S. 34 ff.; Pieroth, in: Jarass/Pieroth, Grundgesetz, Art. 65 a Rdnr. 1; a. A. Oldiges, in: Sachs (Hg.), Grundgesetz, Art. 65 a Rdnr. 19 a; ders., in: Achterberg/Püttner/ Würtenberger (Hg.), Besonderes Verwaltungsrecht, Bd. II, § 23 Rdnr. 45; Epping, AöR 124 (1999), S. 423 (452 ff.); Roellecke, Der Staat 1995, S. 415 (424).

D. Auswärtige Gewalt, der Einsatz der Streitkräfte und der Deutsche Bundestag

I. Auswärtige Gewalt und Deutscher Bundestag im Spiegel der Meinungen

Im demokratischen, gewaltenteilenden Rechtsstaat ist von erheblicher Bedeutung, wer über den Auslandseinsatz bewaffneter Streitkräfte entscheidet.

In den Jahren unmittelbar nach der Inanspruchnahme der Wehrhoheit und der Implementierung der Wehrverfassung in das Grundgesetz war klar, daß der Einsatz der Bundeswehr im Ausland der Zustimmung des Bundestages bedurfte.[915] Nur vereinzelt wurde die Auffassung vertreten, die Entscheidung über den Einsatz der Streitkräfte sei Sache der Bundesregierung.[916]

Diese eindeutige Beurteilung geriet jedoch in den achtziger und frühen neunziger Jahren in Vergessenheit. Für diesen Meinungswandel war maßgeblich, daß der Einsatz der Streitkräfte im Ausland als Bestandteil der Wahrnehmung der auswärtigen Gewalt betrachtet wurde, für die eine Prärogative der Bundesregierung angenommen wurde.[917]

Die zum Zeitpunkt der Verkündung des Streitkräfteurteils am 12. Juli 1994 herrschende Meinung ordnete die Entscheidung über den Einsatz der Streitkräfte – mit Ausnahme der Entscheidung über den Verteidigungsfall nach Art. 115 a GG – ausschließlich der Bundesregierung zu.[918] Nur noch wenige Autoren waren der Meinung, der Bundestag müsse einem verfassungsrechtlich zulässigen Auslandseinsatz der Bundeswehr zustimmen.[919]

---

915 Vgl. Wiefelspütz, Das Parlamentsheer, S. 55 ff.; Roemer, JZ 1956, S. 193 (196); Hahnenfeld, Wehrverfassungsrecht, 1965, S. 121; ders., NJW 1963, S. 2145; von Mangoldt/Klein (Hg.), Das Bonner Grundgesetz, Bd. II, 2. Aufl., 1964, Art. 59 a Anm. III 5 e (S. 1165); Friesenhahn, VVDStRL 16 (1958), S. 70; Willms, Parlamentarische Kontrolle und Wehrverfassung, Diss., Universität Göttingen, 1959, S. 152 ff.; Falge, Die Entscheidung über den Einsatz deutscher NATO-Streitkräfte, Diss., Universität Würzburg, 1967, S. 7, 9, 11 f.; Boß, Die „Befehls- und Kommandogewalt" des Grundgesetzes für die Bundesrepublik Deutschland im Vergleich zum „Oberbefehl" der Reichsverfassungen von 1871 und 1919, Diss., Universität Köln, 1960, S. 23; Ipsen, Rechtsgrundlagen, S. 191 f.; Fuchs, Die Entscheidung über Krieg und Frieden, S. 244; a. A. Seifert-Geeb, in: Das Deutsche Bundesrecht, Systematische Sammlung der Gesetze und Verordnungen mit Erläuterungen, Stand: 1966, I A 10, Erl. zu Art. 59 a GG, S. 140 o. Vgl. auch Rieder, Die Entscheidung über Krieg und Frieden, S. 334; Nolte, in: Ku/Jacobson (Hg.), Democratic Accountability, S. 231 (234).

916 Seifert-Geeb, in: Das Deutsche Bundesrecht, I A 10, Erl. zu Art. 59 a GG, S. 140 o.

917 Wiefelspütz, Das Parlamentsheer, S. 179.

918 Vgl. Roellecke, Der Staat 34 (1995), S. 415 (416, 418), der die Befugnis, die Bundeswehr im Ausland einzusetzen, auf die „Volkssouveränität" bzw. Art. 32 Abs. 1 GG stützt.

919 Vgl. die Nachw. bei Bothe, in: Dau/Wöhrmann (Hg.), Der Auslandseinsatz, S. 392 ff.; Arndt, DÖV 1992, S. 618 (620).

1. Die auswärtige Gewalt als Prärogative der Regierung

Als auswärtige Gewalt wird gemeinhin das Recht verstanden, über die auswärtigen Angelegenheiten zu entscheiden. Damit ist die Gesamtheit derjenigen Kompetenzen gemeint, die sich auf die unmittelbare Gestaltung der Verhältnisse zu fremden Staaten und sonstigen Völkerrechtssubjekten bezieht.[920] Nach einer aktuellen Definition ist die auswärtige Gewalt die völkerrechtlich wirksam gewordene Außenpolitik.[921] Zur auswärtigen Gewalt gehört auch der Einsatz bewaffneter Streitkräfte im Ausland.[922]

Umstritten ist bis heute die kompetentielle Zuordnung der auswärtigen Gewalt.[923] Exemplarisch trafen die unterschiedlichen Auffassungen bereits auf der Staatsrechtslehrertagung im Jahre 1953 in Gestalt der Protagonisten Wilhelm G. Grewe[924] und Eberhard Menzel[925] aufeinander.[926]

Bis zum Streitkräfteurteil des Bundesverfassungsgerichts vom 12. Juli 1994 dominierte eindeutig die Auffassung, daß die Wahrnehmung der auswärtigen Gewalt grundsätzlich zum Bereich der Regierung und Verwaltung gehört.[927] Aus der Natur der Sache ergebe sich ein Monopol der Regierung in auswärtigen Angelegenheiten.[928]

---

920 Grewe, in: Isensee/Kirchhof (Hg.), Handbuch des Staatsrechts der Bundesrepublik Deutschland, Bd. III, Das Handeln des Staates, 2. Aufl., 1996, § 77 Rdnr. 7.

921 Calliess, in: Isensee/Kirchhof (Hg.), Handbuch des Staatsrechts, Bd. IV, Aufgaben des Staates, § 83 Rdnr. 2.

922 BVerfGE 90, S. 286 (357); 108, S. 34 (42); Kretschmer, in: Schmidt-Bleibtreu/Klein, Grundgesetz, Art. 45 a Rdnr. 13; Wolfrum, VVDStRL 56 (1996), S. 38 (53); Wiefelspütz, Das Parlamentsheer, S. 180; Schaefer, Verfassungsrechtliche Grenzen, S. 51 m. w. N., 139 ff. m. w. N.

923 Instruktiv: Kempen, in: von Mangoldt/Klein/Starck (Hg.), Grundgesetz, Bd. 2, Art. 59 Rdnr. 31 ff.; Rojahn, in: von Münch/Kunig (Hg.), Grundgesetz, Bd. 2, Art. 59 Rdnr. 19 ff.; Kretschmer, in: Schmidt-Bleibtreu/Klein, Grundgesetz, Art. 45 a Rdnr. 11 f.; vgl. auch Weber, in: Umbach/Clemens (Hg.), Grundgesetz, Bd. II, Art. 59 Rdnr. 34; Warg, Verteidigung, S. 259 ff.; Schmidt-Radefeldt, Parlamentarische Kontrolle, S. 105 ff.; Kadelbach/Hilmes, Jura 2005, S. 628 (630); Wiefelspütz, Das Parlamentsheer, S. 180 ff.; Schaefer, Verfassungsrechtliche Grenzen, S. 146 ff. m. w. N., 169 ff. Ein politikwissenschaftlichen Überblick findet sich bei Biermann, ZParl 2004, S. 607 (610 ff.).

924 Grewe, in: VVDStRL 12 (1954), S. 129 ff.

925 Menzel, in: VVDStRL 12 (1954), S. 179 ff.; dazu Schaefer, Verfassungsrechtliche Grenzen, S. 149 ff.

926 Zum Meinungsstreit im Schrifttum Calliess, in: Isensee/Kirchhof (Hg.), Handbuch des Staatsrechts, Bd. IV, Aufgaben des Staates, § 83 Rdnr. 43 f.

927 So vor allem Grewe, in: Isensee/Kirchhof (Hg.), Handbuch des Staatsrechts, Bd. III, Das Handeln des Staates, 2. Aufl., 1996, § 77 Rdnr. 41 ff.; Weiß, Auswärtige Gewalt und Gewaltenteilung, 1971, S. 118 ff.; Eitel, in: Liber amicorum Günther Jaenicke - Zum 85. Geburtstag, hgg. von Volkmar Götz, Peter Selmer, Rüdiger Wolfrum, 1998, S. 947 (962); vgl. auch Kokott, DVBl. 1996, S. 937 ff.; Cremer, in: Geiger (Hg.), Neuere Probleme der parlamentarischen Legitimation im Bereich der auswärtigen Gewalt, 2003, S. 11 (12 ff. m. w. N.).

928 Grewe, in: VVDStRL 12 (1954), S. 129 ff.

Die Entscheidungsbefugnis in den auswärtigen Beziehungen liege in ihrem Kern bei der Exekutive.[929]

Auch unter Berücksichtigung der dem Parlament nach Art. 59 Abs. 2 Satz 1 GG eingeräumten Befugnis beim Abschluß völkerrechtlicher Verträge kommt Peter Badura zu dem Schluß, die Staatsleitung in den auswärtigen Angelegenheiten sei im demokratischen Verfassungsstaat ein Element der von der Exekutive ausgeübten Regierung, soweit die Initiative, die laufenden Angelegenheiten und die außenpolitischen Entscheidungen in Rede stünden.[930]

Konrad Hesse verortet die Gestaltung der auswärtigen Angelegenheiten in den Bereich der Regierung, wobei er freilich die enge Verknüpfung von Regierungs- und Legislativfunktionen in diesen Angelegenheiten betont.[931]

Christian Calliess betont, aus Wortlaut und Systematik der Verfassung lasse sich kein bestimmtes Zuständigkeitssystem zwingend ableiten. Mithin werde vom Grundgesetz eine differenzierte Aufgabenverteilung (zwischen Regierung und Parlament) vorgenommen, so daß für jede Zuständigkeitsfrage gesondert zu untersuchen sei, ob und inwieweit das Verfassungsrecht eine Lösung vorgebe. Die Zuständigkeiten des Bundestages im Bereich der auswärtigen Gewalt lägen aber zuvorderst in der Kontrolle der Exekutive.[932]

2. Die auswärtige Gewalt als kombinierte oder gemischte Gewalt

Diese Argumentation blieb aber nicht unwidersprochen. Die „ausgesprochen exekutivfreundliche Einstellung"[933] führe zu einer einengenden Auslegung des Art. 59 Abs. 2 GG.[934] Nach der „parlamentsfreundlichen" Gegenauffassung[935] ist die auswärtige Gewalt im demokratisch verfaßten Rechtsstaat dadurch gekennzeichnet, daß sie zwei Funktionsträgern – der Exekutive und der Legislative – zugeordnet ist

---

929 Geiger, Grundgesetz und Völkerrecht, § 26 II 1 (S. 129).

930 Badura, Staatsrecht, 3. Aufl., 2004, D 116 (S. 380).

931 Hesse, Grundzüge des Verfassungsrechts der Bundesrepublik Deutschland, Neudruck der 20. Aufl., 1999, Rdnr. 534.

932 Calliess, in: Isensee/Kirchhof (Hg.), Handbuch des Staatsrechts, Bd. IV, Aufgaben des Staates, § 83 Rdnr. 45, 51.

933 Menzel, AöR 79 (1953/54), S. 326 (346 f.).

934 Menzel, AöR 79 (1953/54), S. 326 (345 f.).

935 Menzel, in: VVDStRL 12 (1954), S. 179 ff.; Friesenhahn, VVDStRL 16 (1958), S. 9 (37 f., 70); Baade, Das Verhältnis von Parlament und Regierung im Bereich der auswärtigen Gewalt der Bundesrepublik, 1962, S. 115 ff.; Stern, Staatsrecht, Bd. I, S. 499; Wolfrum, VVDStRL 56 (1977), S. 38 (44); Wiegandt, NJ 1996, S. 113 (116 ff.); Kadelbach/Guntermann, AöR 126 (2001), S. 563 (568 ff.).

und deshalb als eine kombinierte[936] oder gemischte[937] Gewalt zu verstehen ist, die Regierung und Parlament gesamthänderisch übertragen ist.[938]

Dieser Betrachtungsweise entspricht die Auffassung, die völkerrechtliche Gestaltung auswärtiger Angelegenheiten falle in den Bereich der Staatsleitung, die im parlamentarischen Regierungssystem Regierung und Parlament gemeinsam obliege.[939]

---

936 Menzel, in: VVDStRL 12 (1954), S. 179 (197); ders., AöR 79 (1953/54), S. 326 (347 f.); Stern, NWVBl. 1994, S. 241 (247); Schmidt-Radefeldt, in: The 'Double Democratic Deficit', S. 147 (148); Link, Die politische Meinung 2001, S. 51 (52).

937 Baade, Das Verhältnis von Parlament und Regierung, S. 115 ff.; Paulus, Parlament und Streitkräfteeinsatz, S. 336.

938 Friesenhahn, VVDStRL 16 (1958), S. 9 (37 f., 70); Wolfrum, VVDStRL 56 (1996), S. 38 (40). Zum Meinungsstand vgl. Wolfrum, in: Dreier/Badura (Hg.), Festschrift 50 Jahre Bundesverfassungsgericht, Zweiter Band, 2001, S. 693 (696 ff.); Cremer, in: Geiger (Hg.), Neuere Probleme, S. 11 (12 f. Fn. 4).

939 Scheuner, DÖV 1957, S. 633 (635); Magiera, Parlament und Staatsleitung in der Verfassungsordnung des Grundgesetzes, 1979, S. 246 ff.; Reichel, Die auswärtige Gewalt nach dem Grundgesetz für die Bundesrepublik Deutschland, 1967, S. 68; Weiß, Auswärtige Gewalt und Gewaltenteilung, S. 67; Kewenig, ZRP 1971, S. 238 (241); ders., in: Schwarz (Hg.), Handbuch der Deutschen Außenpolitik, 1975, S. 37 (39); Bernhardt, in: Isensee/Kirchhof (Hg.), Handbuch des Staatsrechts, Bd. VII, Normativität und Schutz der Verfassung - Internationale Beziehungen, § 174 Rdnr. 5; Wolfrum, VVDStRL 56 (1997), S. 38 (40).

II. Die Rechtsprechung des Bundesverfassungsgerichts bis zum Streitkräfteurteil

1. Die frühe Rechtsprechung des Bundesverfassungsgerichts

Das Bundesverfassungsgericht[940] ordnete die auswärtige Gewalt – abgesehen von ausdrücklich geregelten Ausnahmen – zunächst unmißverständlich der Regierung zu.[941] Schon in einer frühen Entscheidung des Bundesverfassungsgerichts wird die Führung der Außenpolitik ganz eindeutig der Bundesregierung zugewiesen:

> „In der parlamentarischen Demokratie ist grundsätzlich dem Parlament die Rechtsetzung vorbehalten und der Exekutive die Regierung und Verwaltung übertragen. Hierzu gehört auch die Führung der Außen- und Handelspolitik. Nach Art. 65 GG bestimmt der Bundeskanzler die Richtlinien der Politik und trägt dafür die Verantwortung... Der Bundestag kann diese Funktion der Regierung nicht übernehmen, soweit ihm nicht ausdrücklich Regierungsaufgaben zugewiesen sind.

> Eine solche Ausnahmebefugnis der Legislative im Bereich der Exekutive hat Art. 59 Abs. 2 GG in ganz bestimmten Grenzen begründet. Nur weil im Art. 59 Abs. 2 GG für die beiden Sonderfälle (Verträge, welche die politischen Beziehungen des Bundes regeln oder sich auf Gegenstände der Bundesgesetzgebung beziehen) die Form des Gesetzes vorbehalten ist, kann die Legislative durch Mitwirkung in dieser Form in die Tätigkeit der Exekutive eingreifen. Darüber hinaus hat Art. 59 Abs. 2 GG dem Bundestag kein Recht gegeben, in den Zuständigkeitsbereich der Regierung einzugreifen. Der Bundestag bleibt auf die allgemeinen verfassungsmäßigen Kontrollmöglichkeiten beschränkt."[942]

2. Das Nachrüstungsurteil (Pershing) des Bundesverfassungsgerichts vom 18. Dezember 1984

Auch die nachfolgende Rechtsprechung des Bundesverfassungsgerichts ordnet grundsätzlich die Gestaltung der auswärtigen Beziehungen der Bundesregierung zu.

---

940 Instruktiv zur Rechtsprechung des Bundesverfassungsgerichts zur auswärtigen Gewalt zwischen Exekutive und Legislative: Calliess, in: Isensee/Kirchhof (Hg.), Handbuch des Staatsrechts, Bd. IV, Aufgaben des Staates, § 83 Rdnr. 36 – 49; zur Rechtsprechung des Bundesverfassungsgerichts zu den militärischen Einsätzen der Bundeswehr vgl. Kutscha, in: Recht ist, was den Waffen nützt, hgg. von Helmut Kramer und Wolfram Wette, 2004, S. 321 ff.

941 Zur Rechtsprechung des Bundesverfassungsgerichts instruktiv: Cremer, in: Geiger (Hg.), Neuere Probleme, S. 11 ff.; Wolfrum, VVDStRL 56 (1997), S. 38 ff.; Paulus, Parlament und Streitkräfteeinsatz, S. 208 ff.

942 BVerfGE 1, S. 372 (394); dazu Wiefelspütz, Das Parlamentsheer, S. 182 f.; Schaefer, Verfassungsrechtliche Grenzen, S. 157 f.

Im Fall der NATO-Nachrüstung[943] war die Frage zu entscheiden, ob eine einseitige völkerrechtserhebliche Erklärung, wie sie die Zustimmungserklärung zur Aufstellung der Mittelstreckenraketen darstellte, nach Art. 59 Abs. 2 Satz 1 GG der Zustimmung in Form eines Gesetzes bedurft hätte. Im Urteil des Bundesverfassungsgerichts heißt es dazu:

„Gewiß räumt Art. 59 Abs. 2 Satz 1 GG - wie auch eine Reihe weiterer Vorschriften des Grundgesetzes - dem Bundestag in bestimmtem Umfang Mitwirkungsbefugnisse an der Willensbildung für die Vornahme von Akten im Bereich der auswärtigen Beziehungen ein. Die betroffenen Sachbereiche, in denen diese Mitwirkung verfassungsrechtlich gewährleistet ist, und die Handlungsform, in der das von Verfassungs wegen geschieht, sind auch politisch wie rechtlich von solchem Gewicht, daß sie nicht als Ausnahmen angesprochen werden können. Geschichtlich gesehen drückt sich in diesen Regelungen die Tendenz zur verstärkten Parlamentarisierung der Willensbildung im auswärtigen Bereich aus. Gleichwohl beschränkt Art. 59 Abs. 2 Satz 1 GG diese Mitwirkung sowohl gegenständlich auf Verträge der dort genannten Art als auch inhaltlich auf eine bloße Zustimmung in der Form eines Bundesgesetzes. ... Über die Befugnis hinaus, die Exekutive in Gesetzesform verfassungsrechtlich zum Abschluß von Verträgen der genannten Art zu ermächtigen oder nicht zu ermächtigen, verleiht Art. 59 Abs. 2 Satz 1 GG den gesetzgebenden Körperschaften keine Initiativ-, Gestaltungs- oder Kontrollbefugnis im Bereich der auswärtigen Beziehungen."[944]

Weiter betonte das Gericht im Nachrüstungsurteil:

„Diese strikte Begrenzung der den gesetzgebenden Körperschaften im Rahmen des Art. 59 Abs. 2 Satz 1 GG eingeräumten Befugnisse ist ein Element der Gewaltenteilung, wie sie das Grundgesetz ausgestaltet hat. Art. 59 Abs. 2 Satz 1 GG ist im Lichte des Art. 20 Abs. 2 GG auszulegen. Die dort als Grundsatz normierte organisatorische und funktionelle Unterscheidung und Trennung der Gewalten dient zumal der Verteilung von politischer Macht und Verantwortung sowie der Kontrolle der Machtträger; sie zielt auch darauf ab, daß staatliche Entscheidungen möglichst richtig, das heißt von den Organen getroffen werden, die dafür nach ihrer Organisation, Zusammensetzung, Funktion und Verfahrensweise über die besten Voraussetzungen verfügen, und sie will auf eine Mäßigung der Staatsgewalt insgesamt hinwirken. Die Konzentration politischer Macht, die darin läge, dem Bundestag in auswärtigen Angelegenheiten - über die ihm im Grundgesetz zugeordneten Befugnisse hinaus - zentrale Entscheidungsbefugnisse exekutivischer Natur *zuzuordnen,* liefe dem derzeit vom Grundgesetz normierten Gefüge der Verteilung von Macht, Verantwortung und Kontrolle zuwider. Daran ändert es nichts, daß - auf der Ebene des Bundes - allein die Mitglieder des Bundestages

---

943 Vgl. BVerfGE 68, S. 1 ff. Es ging um die Frage, ob die Bundesregierung dadurch, daß sie der Aufstellung von nuklear bestückten amerikanischen Mittelstreckenraketen der Bauart Pershing 2 und Marschflugkörpern in der Bundesrepublik Deutschland ohne spezielle gesetzliche Ermächtigung zugestimmt hatte, Rechte des Bundestages unmittelbar gefährdet oder verletzt hatte. Dazu Wiefelspütz, Das Parlamentsheer, S. 183 ff.; Schaefer, Verfassungsrechtliche Grenzen, S. 160 ff.; Calliess, in: Isensee/Kirchhof (Hg.), Handbuch des Staatsrechts, Bd. IV, Aufgaben des Staates, § 83 Rdnr. 36.

944 BVerfGE 68, S. 1 (85 f.); dazu Cremer, in: Geiger (Hg.), Neuere Probleme, S. 11 (13 ff.).

unmittelbar vom Volk gewählt sind. Die konkrete Ordnung der Verteilung und des Ausgleichs staatlicher Macht, die das Grundgesetz gewahrt wissen will, darf nicht durch einen aus dem Demokratieprinzip fälschlich abgeleiteten Gewaltenmonismus in Form eines allumfassenden Parlamentsvorbehalts unterlaufen werden (BVerfGE 49, 89 [124 ff.]). Auch der Grundsatz der parlamentarischen Verantwortung der Regierung setzt notwendigerweise einen Kernbereich exekutivischer Eigenverantwortung voraus (BVerfGE 67, 100 [139]). Die Demokratie, die das Grundgesetz verfaßt hat, ist eine *rechtsstaatliche* Demokratie, und das bedeutet im Verhältnis der Staatsorgane zueinander vor allem eine *gewaltenteilende* Demokratie."[945]

Seine Überlegungen zusammenfassend kam das Gericht zu dem Schluß:

„Die grundsätzliche Zuordnung der Akte des auswärtigen Verkehrs zum Kompetenzbereich der Exekutive beruht auf der Annahme, daß institutionell und auf Dauer typischerweise allein die Regierung in hinreichendem Maße über die personellen, sachlichen und organisatorischen Möglichkeiten verfügt, auf wechselnde äußere Lagen zügig und sachgerecht zu reagieren und so die staatliche Aufgabe, die auswärtigen Angelegenheiten verantwortlich wahrzunehmen, bestmöglich zu erfüllen."[946]

Schließlich hob das Gericht hervor, daß es dem Demokratieprinzip nicht widerspreche,

„wenn die Exekutive im Bereich der auswärtigen Angelegenheiten auch ausschließliche Befugnisse zu weittragenden, möglicherweise existentiellen Entscheidungen besitzt. Deshalb sind mit dieser Kompetenzverteilung allfällig verbundene politische Risiken von Verfassungs wegen hinzunehmen."[947]

---

945 BVerfGE 68, S. 1 (86 f.).

946 BVerfGE 68, S. 1 (87).

947 BVerfGE 68, S. 1 (89).

III. Das Streitkräfteurteil des Bundesverfassungsgerichts vom 12. Juli 1994

1. Die Verfahren

Gegenstand des Streitkräfteurteils waren vier Organstreitverfahren, die zur gemeinsamen Verhandlung und Entscheidung vom Gericht verbunden worden waren.[948] Es handelte sich um folgende Verfahren:

Das Adria-Verfahren: Das Verfahren betraf die Beteiligung der Bundeswehr an militärischen Maßnahmen der WEU und der NATO in der Adria zur Überwachung des vom Sicherheitsrat der VN gegen die Föderative Republik Jugoslawien verhängten Handels- und Waffenembargos. Antragsteller: SPD-Bundestagsfraktion und 228 ihrer Mitglieder.

Zwei AWACS[949]-Verfahren: Die Verfahren bezogen sich auf den Beschluß der Bundesregierung über die Beteiligung deutscher Soldaten an der Durchsetzung des von den Vereinten Nationen verhängten Flugverbotes im Luftraum von Bosnien-Herzegowina. Die Mitglieder der NATO übernahmen diese Aufgabe und setzten dazu AWACS-Fernaufklärer ein, in denen Soldaten verschiedener NATO-Mitgliedstaaten – auch deutsche Soldaten – als integrierte Einheit tätig waren. Antragsteller: F.D.P.-Bundestagsfraktion und 55 ihrer Mitglieder sowie die SPD-Bundestagsfraktion und 226 ihrer Mitglieder

Das Somalia-Verfahren: Dieses Verfahren betraf die Beteiligung deutscher Soldaten an UNOSOM II, einer vom Sicherheitsrat der Vereinten Nationen aufgestellten Streitmacht zur Herstellung friedlicher Verhältnisse in Somalia. Antragsteller: SPD-Bundestagsfraktion und 221 ihrer Mitglieder.

---

948 Instruktiv zu den prozessualen Aspekten der Verfahren: Limpert, Auslandseinsatz, S. 111 ff. Zur Motivation der klagenden Fraktionen: Meyer, Entscheidungsmündigkeit, S. 8. Zu den vorgeschalteten einstweiligen Anordnungsverfahren BVerfGE 88, S. 173 ff. und BVerfGE 89, S. 31 ff. anschaulich: Paulus, Parlament und Streitkräfteeinsatz, S. 219 ff.; Schaefer, Verfassungsrechtliche Grenzen, S. 73 – 95 m. w. N.

949 AWACS=Airborne Warning and Control System. Zur Entstehungsgeschichte und zum Leistungspotential des AWACS-Systems instruktiv: Dreist, ZaöRV 64 (2004), S. 1001 (1005 f.).

2. Das Streitkräfteurteil, die Auswärtige Gewalt und der Deutsche Bundestag

Im Streitkräfteurteil zog das Bundesverfassungsgericht zunächst seine Argumentationslinie aus dem Nachrüstungsurteil weiter und ordnete die Gestaltung der Außenpolitik als Funktion grundsätzlich der Bundesregierung zu:

> „Art. 59 Abs. 2 Satz 1, 1. Alternat. GG behält dem Gesetzgeber das Recht der Zustimmung zu völkerrechtlichen Verträgen vor, welche die politischen Beziehungen des Bundes regeln. Damit wird, abweichend vom Grundsatz der Gewaltengliederung, nach dem die Außenpolitik eine Funktion der Regierung ist (vgl. BVerfGE 68, 1 [85 f.]), den Gesetzgebungsorganen ein Mitwirkungsrecht im Bereich der Exekutive eingeräumt (vgl. BVerfGE 1, 351 [369]; 1, 372 [394]).“[950]

Überdies lehnte es das Gericht wie bereits im Nachrüstungsurteil[951] ab, Art. 59 Abs. 2 Satz 1 GG analog oder erweiternd auszulegen:

> „Art. 59 Abs. 2 Satz 1 GG kann auch nicht entnommen werden, daß immer dann, wenn ein Handeln der Bundesregierung im völkerrechtlichen Verkehr die politischen Beziehungen der Bundesrepublik Deutschland regelt oder Gegenstände der Bundesgesetzgebung betrifft, die Form eines der gesetzgeberischen Zustimmung bedürftigen Vertrages gewählt werden muß (vgl. BVerfGE 68, 1 [86]). Auch insoweit kommt eine analoge oder erweiternde Anwendung dieser Vorschrift nicht in Betracht (vgl. BVerfGE 68, 1 [84]).“[952]

Gleichzeitig forderte indes das Gericht für die Gestaltung der auswärtigen Beziehungen – dazu gehören auch die Entscheidungen über den Einsatz bewaffneter Streitkräfte[953] – eine verstärkte parlamentarische Mitwirkung.[954]

Zwar bekräftigte das Bundesverfassungsgericht im Streitkräfteurteil, daß Akte der auswärtigen Gewalt, soweit sie nicht unter Art. 59 Abs. 2 Satz 1 GG fallen, „grundsätzlich" dem Kompetenzbereich der Bundesregierung zugeordnet seien. Jedoch bestehe für den militärischen Einsatz von Streitkräften ein konstitutiver Parlamentsvorbehalt.[955] Das Gericht führte im Einzelnen aus:

> „Während die auswärtige Gewalt von der Verfassung weitgehend dem Kompetenzbereich der Exekutive zugeordnet wird ..., sehen die grundgesetzlichen Regelungen über die

---

950 BVerfGE 90, S. 286 (357).

951 Vgl. BVerfGE 68, S. 1 (84 ff.).

952 BVerfGE 90, S. 286 (358).

953 Vgl. Röben, ZaöRV 63 (2003), S. 585 (586); Roellecke, Der Staat 34 (1995), S. 415 (418). Eine bemerkenswerte neue terminologische Kategorisierung findet Klein, AöR 130 (2005), S. 632 (634), indem er die „Wehrgewalt" teils als Vertrags- und teils als Einsatzgewalt definiert.

954 Vgl. Wolfrum, in: Dreier/Badura (Hg.), Festschrift 50 Jahre Bundesverfassungsgericht, Zweiter Band, S. 693 (696 ff.).

955 BVerfGE 90, S. 286 (357 f.).

Wehrverfassung für den Einsatz bewaffneter Streitkräfte grundsätzlich eine Beteiligung des Parlaments vor. Die auf die Streitkräfte bezogenen Regelungen des Grundgesetzes sind - in den verschiedenen Stufen ihrer Ausformung - stets darauf angelegt, die Bundeswehr nicht als Machtpotential allein der Exekutive zu überlassen, sondern als „Parlamentsheer" in die demokratisch rechtsstaatliche Verfassungsordnung einzufügen, d. h. dem Parlament einen rechtserheblichen Einfluß auf Aufbau und Verwendung der Streitkräfte zu sichern."[956]

3. Das Streitkräfteurteil und der konstitutive Parlamentsvorbehalt

Maßgeblicher Ausgangspunkt aller Überlegungen zur Beteiligung des Bundestages beim Einsatz bewaffneter Streitkräfte ist das Streitkräfteurteil des Bundesverfassungsgerichts vom 12. Juli 1994.[957] Das Gericht bejaht in dieser überaus bedeutsamen und wirkungsmächtigen, das Grundgesetz kühn interpretierenden Entscheidung die grundgesetzliche Verpflichtung der Bundesregierung, für einen Einsatz bewaffneter Streitkräfte die grundsätzlich vorherige konstitutive Zustimmung des Deutschen Bundestages einzuholen.[958] Die Zustimmung des Bundestages

---

956 BVerfGE 90, S. 286 (381 f.).

957 BVerfGE 90, S. 286 ff.; dazu Arndt, NJW 1994, S. 2197 ff.; Tomuschat, AFDI 1994, S. 371 ff.; Bähr, MDR 1994, S. 882 ff.; Heintschel von Heinegg/Haltern, NILR 1994/3, S. 285 (299 ff.); König GYIL, 38 (1995), S. 103 ff.; Sachs, JuS 1995, S. 163 ff.; Blumenwitz, BayVBl. 1994, S. 641 ff., 678 ff.; ders., in: Piazolo (Hg.), Bundesverfassungsgericht: Gericht im Schnittpunkt von Recht und Politik, 1995, S. 87 (90 ff.); Dau, NZWehrr 1994, S. 177 ff.; Heun, JZ 1994, S. 1073 ff.; Stein/Kröninger, Jura 1995, S. 254 ff.; Riedel, DÖV 1995, S. 135 ff.; Nolte, ZaöRV 54 (1994), S. 652 ff.; ders., in: Ku/Jacobson (Hg.), Democratic Accountability, S. 231 (236 f.; 242 ff.); Zöckler, EJIL 1995, S. 274 ff.; Kreß, ICLQ 44 (1995), S. 414 ff.; Heselhaus, JA 1995, S. 454 ff.; Wiegand, The American University Journal of International Law and Policy, 10 (1995), S. 889 ff.; Roellecke, Der Staat 1995, S. 415 ff.; Schroeder, JuS 1995, S. 398 ff.; Schulze, JR 1995, S. 98 ff.; Heintschel von Heinegg, in: Tomuschat (Hg.), Rechtsprobleme einer europäischen Sicherheits- und Verteidigungspolitik, Berichte der Deutschen Gesellschaft für Völkerrecht, 1997, S. 87 ff.; Epping, AöR 124 (1999), S. 423 (426 ff.); Wild, in: Menzel (Hg.), Verfassungsrechtsprechung, S. 547 ff.; Lorz, Interorganrespekt im Verfassungsrecht, 2001, S. 366 ff.; Spies, in: Festschrift für Dieter Fleck, S. 531 (535 ff.); Stein, GYIL 46 (2003), S. 64 (78 ff.); Wiefelspütz, Das Parlamentsheer, S. 186 ff. m. w. N.; Krieger, Streitkräfte im demokratischen Verfassungsstaat, S. 311 ff. Paulus, Wirkung parlamentarischer Beschlüsse im Bereich der auswärtigen Politik, Vortrag auf der Tagung der Deutschen Gesellschaft für Wehrrecht und Humanitäres Völkerrecht am 17. November 2005 in Bonn, Typoskript, (nicht veröffentlicht) 2005, S. 15 ff.; ders., in: Weingärtner (Hg.), Einsatz der Bundeswehr im Ausland, 2006, S. 81 (84 ff.); ders., Parlament und Streitkräfteeinsatz, S. 225 ff.; Schaefer, Verfassungsrechtliche Grenzen, S. 95 ff.; Calliess, in: Isensee/Kirchhof (Hg.), Handbuch des Staatsrechts, Bd. IV, Aufgaben des Staates, § 83 Rdnr. 37, 39 f. Von besonderer Bedeutung sind die Beiträge von Paul Kirchhof, Der Verteidigungsauftrag der deutschen Streitkräfte, in: Festschrift Bernhardt, S. 797 ff., und von Hans H. Klein, Rechtsfragen des Parlamentsvorbehalts für Einsätze der Bundeswehr, in: Festschrift Schmitt Glaeser, S. 245 ff. Paul Kirchhof und Hans H. Klein wirkten als Richter am Bundesverfassungsgericht am Streitkräfteurteil vom 12. Juli 1994 mit.

958 BVerfGE 90, S. 286 (Leitsatz 3 a). Instruktiv zur Rechtlage in anderen Staaten: Born/Hänggi (ed.), The 'Double Democratic Deficit'. Parliamentary Accountability and the Use of Force Under International

wird damit zur zwingenden Rechtmäßigkeitsvoraussetzung für den Einsatz der Streitkräfte.[959] Während die auswärtige Gewalt von der Verfassung weitgehend dem Kompetenzbereich der Exekutive zugeordnet werde, sähen die grundgesetzlichen Regelungen über die Wehrverfassung für den Einsatz bewaffneter Streitkräfte grundsätzlich eine Beteiligung des Parlaments vor.[960] Die auf die Streitkräfte bezogenen Regelungen des Grundgesetzes seien – in den verschiedenen Stufen ihrer Ausformung – stets darauf angelegt, die Bundeswehr nicht als Machtpotential allein der Exekutive zu überlassen, sondern als „Parlamentsheer" in die demokratisch rechtsstaatliche Verfassungsordnung einzufügen, d. h. dem Parlament einen rechtserheblichen Einfluß auf Aufbau und Verwendung der Streitkräfte zu sichern.[961]

Ferner heißt es im Streitkräfteurteil:

„Art. 59 a Abs. 1 GG in der Fassung des Gesetzes zur Ergänzung des Grundgesetzes vom 19. März 1956 (BGBl. I S. 111) behielt die Feststellung des Verteidigungsfalles einem Beschluß des Bundestages vor. Das bedeutete nach damaliger Auffassung, daß die Streitkräfte nur auf der Grundlage eines Parlamentsbeschlusses eingesetzt werden durften (vgl. Martens, Grundgesetz und Wehrverfassung, 1961, S. 174; von Mangoldt/Klein, Das Bonner Grundgesetz, Bd. II, 2. Aufl. 1964, Art. 59 a Anm. 3; Willms, Parlamentarische Kontrolle und Wehrverfassung, Diss. 1959, S. 160), wobei ein Einsatz im Rahmen der Vereinten Nationen mangels Mitgliedschaft 1956 noch nicht aktuell war.

Art. 59 a GG wurde durch das 17. Gesetz zur Ergänzung des Grundgesetzes vom 24. Juni 1968 (BGBl. I S. 709) - die sogenannte Notstandsverfassung - aufgehoben. Dem liegt jedoch ein Wille des verfassungsändernden Gesetzgebers zu einer teilweisen Entparlamentarisierung des Streitkräfteeinsatzes nicht zugrunde. Vielmehr schien - wie 1956 - auch 1968 ein militärischer Einsatz der Streitkräfte außerhalb der im übrigen geregelten Einsatzfälle, insbesondere des Art. 115 a Abs. 1 GG, zwar rechtlich möglich, angesichts der damaligen Weltlage jedoch nur von theoretischer Bedeutung und deshalb hinsichtlich der parlamentarischen Mitwirkung nicht regelungsbedürftig … Der verfassungsändernde Gesetzgeber hat mithin trotz der Aufhebung des Art. 59 a GG den Parlamentsvorbehalt für alle damals als möglich angesehenen Einsatzfälle aufrechterhalten. Wenn nunmehr nach dem Beitritt der Bundesrepublik Deutschland zu den Vereinten Nationen und in einer veränderten weltpolitischen Lage auch weitere Fälle des Einsatzes deutscher Streitkräfte in Betracht kommen, so ist ein Parlamentsvorbehalt für diese Fälle im Grundgesetz lediglich nicht mehr ausdrücklich bestimmt; der Sache nach sollte er nicht entfallen."[962]

Auspices, 2004; Krieger, Streitkräfte im demokratischen Verfassungsstaat, 2004.

959 Vgl. Baldus, in: von Mangoldt/Klein/Starck (Hg.), Grundgesetz, Bd. 3, Art. 87 a Rdnr. 63; Wiefelspütz, Der Einsatz bewaffneter deutscher Streitkräfte, S. 49; Schaefer, Verfassungsrechtliche Grenzen, S. 39.

960 BVerfGE 90, S. 286 (381).

961 BVerfGE 90, S. 286 (381 f.).

962 BVerfGE 90, S. 286 (382 f.).

Soweit allerdings Bundestag und Bundesrat bereits gemäß Art. 115 a GG den Verteidigungsfall festgestellt haben, schließt diese Entscheidung die Zustimmung des Parlaments zu einem Einsatz bewaffneter Streitkräfte ein.[963]

Das Bundesverfassungsgericht unterscheidet danach beim konstitutiven wehrverfassungsrechtlichen Parlamentsvorbehalt zwischen den „geregelten Einzelfälle(n) insbesondere des Art. 115 a Abs. 1 GG"[964] und solchen, die im Grundgesetz „nicht mehr ausdrücklich bestimmt"[965] sind.[966]

Die in Art. 35 Abs. 3 Satz 2, 45 a, 45 b, 87 a Abs. 1 Satz 2, Abs. 4 und 115 a Abs. 1 GG vor dem Hintergrund der deutschen Verfassungstradition seit 1918 zum Ausdruck kommende Entscheidung für eine umfassende parlamentarische Kontrolle der Streitkräfte lasse ein der Wehrverfassung zugrunde liegendes Prinzip erkennen, nach dem der Einsatz bewaffneter Streitkräfte der konstitutiven, grundsätzlich vorherigen Zustimmung des Bundestages unterliege.[967]

Freilich wird das „Parlamentsheer" nicht vom Parlament geführt. Das Bundesverfassungsgericht betonte:

> „Der Zustimmungsvorbehalt für den Einsatz bewaffneter Streitkräfte verleiht dem Bundestag keine Initiativbefugnis (vgl. BVerfGE 68, 1 [86]); der Bundestag kann lediglich einem von der Bundesregierung beabsichtigten Einsatz seine Zustimmung versagen oder ihn, wenn er ausnahmsweise ohne seine Zustimmung schon begonnen hat ..., unterbinden, nicht aber die Regierung zu solch einem Einsatz der Streitkräfte verpflichten."[968]

Das Gericht legte dem Bundestag außerdem nahe, die Einzelheiten der parlamentarischen Beteiligung gesetzlich zu regeln. In der Entscheidung heißt es dazu:

> „Jenseits dieser Mindestanforderungen und Grenzen des Parlamentsvorbehalts sind das Verfahren und die Intensität der Beteiligung des Bundestages in der Verfassung nicht im einzelnen vorgegeben. Es ist Sache des Gesetzgebers, die Form und das Ausmaß der parlamentarischen Mitwirkung näher auszugestalten. Je nach dem Anlaß und den Rahmenbedingungen des Einsatzes bewaffneter Streitkräfte sind unterschiedliche Formen der Mitwirkung denkbar. Insbesondere im Hinblick auf unterschiedliche Arten der Einsätze,

---

963 BVerfGE 90, S. 286 (387); kritisch dazu jetzt Schaefer, Verfassungsrechtliche Grenzen, S. 124 ff.: „Blankoscheck zum Einsatz der Streitkräfte". Vgl. auch bereits früher Thomsen, Der Parlamentsvorbehalt für den Einsatz der Streitkräfte, S. 73.

964 BVerfGE 90, S. 286 (382).

965 BVerfGE 90, S. 286 (383).

966 Kritisch Schaefer, Verfassungsrechtliche Grenzen, S. 119 ff., nach dessen Auffassung (S. 127 f.) die Funktion des Art. 115 a Abs. 1 GG nur nach innen gerichtet sei und deshalb keine Regelungswirkung hinsichtlich des auswärtigen Streitkräfteeinsatzes habe.

967 BVerfGE 90, S. 286 (387); kritisch zu dieser Argumentation Kreß, ICLQ 44 (1995), S. 414 (424); ablehnend Niedzwicki, ThürVBl. 2006, S. 145 ff.

968 BVerfGE 90, S. 286 (389); kritisch Kretschmer, in: Schmidt-Bleibtreu/Klein, Grundgesetz, Art. 45 a Rdnr. 16.

vor allem bei solchen, die keinen Aufschub dulden oder erkennbar von geringer Bedeutung sind, empfiehlt es sich, den Zeitpunkt und die Intensität der Kontrolle des Parlaments näher zu umgrenzen. Dabei kann es angezeigt sein, im Rahmen völkerrechtlicher Verpflichtungen die parlamentarische Beteiligung nach der Regelungsdichte abzustufen, in der die Art des möglichen Einsatzes der Streitkräfte bereits durch ein vertraglich geregeltes Programm militärischer Integration vorgezeichnet ist.

Ungeachtet der Gestaltungsfreiheit im einzelnen muß die gesetzliche Regelung das Prinzip förmlicher parlamentarischer Beteiligung hinreichend zur Geltung bringen. Andererseits hat sie auch den von der Verfassung für außenpolitisches Handeln gewollten Eigenbereich exekutiver Handlungsbefugnis und Verantwortlichkeit zu beachten ..."[969]

4. Bewertung

a) Das operative Übergewicht der Bundesregierung beim Auslandseinsatz der Streitkräfte

Es darf nicht übersehen werden, daß das Bundesverfassungsgericht durch das Streitkräfteurteil lediglich über den Auslandseinsatz der Streitkräfte im Rahmen und nach den Regeln der VN (sowie der NATO und der WEU) zu entscheiden hatte.[970] Die Zulässigkeit unilateraler Auslandseinsätze und multilateraler Einsätze außerhalb eines Systems gegenseitiger kollektiver Sicherheit hatte das Gericht nicht zu beurteilen.[971] Die drängendsten Fragen zum Auslandseinsatz der Streitkräfte beantwortete das Gericht jedoch.[972]

Vor dem Hintergrund dieser Rechtsprechung überzeugt es nicht, wenn Christian Koch meint, der Einsatz bewaffneter Streitkräfte stehe „im Spannungsfeld von Parlamentsvorbehalt und exekutivischer „Verwaltungsverantwortung"".[973] Mit Verwaltungsverantwortung hat der Einsatz bewaffneter Streitkräfte nichts zu tun. Vielmehr handelt es sich dabei in aller Regel um eine zentrale staatsleitende

---

969 BVerfGE 90, S. 286 (389).

970 Ungenau Weiß, NZWehrr 2005, S. 100 (101), der meint, das Bundesverfassungsgericht habe die Zulässigkeit der Auslandseinsätze abschließend geklärt.

971 Vgl. König, GYIL 38 (1995), S. 103 (126 f.); Nolte, ZaöRV 54 (1994), S. 652 (684); Heintschel von Heinegg, in: Tomuschat (Hg.), Rechtsprobleme einer europäischen Sicherheits- und Verteidigungspolitik, S. 87 (111 ff.); Paulus, Parlament und Streitkräfteeinsatz, S. 372.

972 So auch Schröder, Das parlamentarische Zustimmungsverfahren, S. 37. Paulus, Vortrag, S. 17, meint, Streitkräfteeinsätze der Bundeswehr im Ausland fänden nicht zur klassischen Kriegführung statt. Ein Verbot der „klassischen Kriegführung" ist der Rechtsprechung des Bundesverfassungsgerichts zum Einsatz deutscher Streitkräfte freilich nicht zu entnehmen. Vgl. auch Paulus, in: Weingärtner (Hg.), Einsatz der Bundeswehr im Ausland, S. 81 (85).

973 Koch, Das Parlamentsbeteiligungsgesetz, S. 1 (9); ders., Das Parlamentsbeteiligungsgesetz, Erweiterte Fassung, S. 17.

Entscheidung, die dem Bereich der Außen- und Sicherheitspolitik zuzuordnen ist.

Martin Limpert zieht aus dem Streitkräfteurteil den Schluß, das Gericht habe mit der Konstruktion des konstitutiven Parlamentsbeschlusses seine bisherige Rechtsprechung geändert. Noch in seinem Nachrüstungs-Urteil habe das Bundesverfassungsgericht die parlamentsfreie, außenpolitische Prärogative der Exekutive betont.[974]

Diese Analyse trifft nicht zu. Aus dem Streitkräfteurteil folgt vielmehr, daß es aus der Sicht des Gerichts grundsätzlich bei der Zuweisung der auswärtigen Gewalt an die Exekutive bleibt. Die auswärtige Gewalt ist nach Maßgabe des Bundesverfassungsgerichts eine Domäne der Exekutive.[975] Die Kompetenz der Bundesregierung in auswärtigen Angelegenheiten ist der Regelfall, die Mitwirkungs- und Gestaltungsrechte des Bundestages sind eher die stets zu begründende Ausnahme.[976]

Die parlamentarische Mitwirkung an der Gestaltung und Führung der auswärtigen Angelegenheiten beschränkt sich auf wenige, allerdings zentrale Entscheidungsvollmachten – insbesondere, wenn die Voraussetzungen des Art. 59 Abs. 2 Satz 1 GG vorliegen oder Entscheidungen über Krieg und Frieden zu treffen sind (Art. 115 a, 115 l GG).[977]

Ein wichtiges *weiteres* Beteiligungsrecht des Parlaments besteht jedoch immer dann, wenn zu den von der Regierung für erforderlich gehaltenen Maßnahmen im Rahmen der Außenpolitik der Auslandseinsatz von Streitkräften gehört.[978] Roman Schmidt-Radefeldt bewertet diesen Sachverhalt als Konstitutionalisierung der militärischen Sphäre.[979] Florian Schröder hält die Zuständigkeit für Auslandseinsätze der Bundeswehr für eine „originäre Mischzuständigkeit von Regierung und Parlament"[980]. Für Thomas Puhl sind die auswärtigen Angelegenheiten insoweit der Bundesregierung vorbehalten, als nicht das Grundgesetz durch ausdrückliche und im Übrigen abschließend zu verstehende Vorschriften etwas anderes vorsehe.

---

974 Limpert, Auslandseinsatz der Bundeswehr, S. 54 ff.

975 Kadelbach, in: Geiger (Hg.), Neuere Probleme, S. 41 (44), Wiefelspütz, Das Parlamentsheer, S. 195.

976 Kadelbach, in: Geiger (Hg.), Neuere Probleme, S. 41 (44). Dies entspricht der bis heute herrschenden Auffassung, wonach die auswärtige Gewalt funktionell grundsätzlich in den Bereich der Bundesregierung fällt. Vgl. Puhl, in: Isensee/Kirchhof (Hg), Handbuch des Staatsrechts der Bundesrepublik Deutschland, Bd. III, Demokratie – Bundesorgane, 3. Aufl., 2005, § 48 Rdnr. 5 m. w. N.

977 Vgl. Badura, Staatsrecht, D 116 (S. 380); Biermann, ZParl 2004, S. 607 (611 ff.); Calliess, in: Isensee/Kirchhof (Hg.), Handbuch des Staatsrechts, Bd. IV, Aufgaben des Staates, § 83 Rdnr. 45 ff.

978 Benda, Internationale Politik 12/1995, S. 39 (43); Kadelbach, in: Geiger (Hg.), Neuere Probleme, S. 41 (44).

979 Schmidt-Radefeldt, in: The ‚Double Democratic Deficit', S. 147 (148).

980 Schröder, NJW 2005, S. 1402 (1403).

Das Bundesverfassungsgericht mache darüber hinaus lediglich den Einsatz der Bundeswehr eher verfassungsschöpferisch als –auslegend von einem vorherigen Zustimmungsbeschluß des Bundestages abhängig.[981]

Andreas L. Paulus meint, die Einführung des Parlamentsvorbehalts habe das Verhältnis zwischen Exekutive und Legislative im Bereich der Kommandogewalt, darüber hinaus wohl auch in Bezug auf die auswärtige Gewalt insgesamt verändert.[982] Die auswärtige Gewalt verliere ihren unitarisch-exekutivischen Charakter.[983]

Diese Betrachtungsweise überzeugt nicht. Der konstitutive wehrverfassungsrechtliche Parlamentsvorbehalt ist nicht „eingeführt" worden. Er konnte auch nicht das Verhältnis zwischen Exekutive und Parlament verändern werden, weil praktisch erst nach der Streitkräfteentscheidung des Bundesverfassungsgerichts vom 12. Juli 1994 Auslandseinsätze bewaffneter Streitkräfte ein wichtiger Bestandteil der deutschen Außenpolitik wurden.

Stefan Kadelbach und Christian Hilmes betonen, im Hinblick auf die Entscheidung über den Auslandseinsatz bewaffneter deutscher Streitkräfte werde es der Tragweite der zu treffenden Entscheidung nicht gerecht, der Volksvertretung nur ein Kontrollrecht zuzusprechen. Jedenfalls solange es eine allgemeine Wehrpflicht gebe, sei die Bundeswehr keine beliebig verfügbare Einsatztruppe, sondern ein „Parlamentsheer".[984]

Diese Argumentation ist freilich offensichtlich unbegründet. Denn der konstitutive wehrverfassungsrechtliche Parlamentsvorbehalt gilt uneingeschränkt auch dann, wenn die Bundeswehr zu einer reinen Berufsarmee umstrukturiert würde.

Verfehlt ist ebenfalls die Annahme, das Bundesverfassungsgericht habe das Beteiligungsrecht des Parlaments beim Auslandseinsatz der Streitkräfte nicht zum Bereich der auswärtigen Gewalt gezählt.[985] Ähnlich mißverständlich ist es, wenn Rüdiger Wolfrum meint, das Bundesverfassungsgericht charakterisiere den Einsatz der Streitkräfte im Streitkräfteurteil „als einen nicht unter den Gesichtspunkt der auswärtigen Gewalt zu subsumierenden Fall"[986].

Es trifft zwar zu, daß das Gericht den wehrverfassungsrechtlichen Parlamentsvorbehalt getrennt von der auswärtigen Gewalt entwickelt und begründet. Ebenso richtig

---

981 Puhl, in: Isensee/Kirchhof (Hg), Handbuch des Staatsrechts, Bd. III, Demokratie – Bundesorgane, § 48 Rdnr. 5.

982 Paulus, Vortrag, S. 24; ders., in: Weingärtner (Hg.), Einsatz der Bundeswehr im Ausland, S. 81 (90).

983 Paulus, Vortrag, S. 41.

984 Kadelbach/Hilmes, Jura 2005, S. 628 (630).

985 Diskussionsbeitrag Cremer, in: Geiger (Hg.), Neuere Probleme, S. 37.

986 Wolfrum, in: Dreier/Badura (Hg.), Festschrift 50 Jahre Bundesverfassungsgericht, Zweiter Band, S. 693 (706).

ist es, daß das Wehrverfassungsrecht zahlreiche Bestimmungen enthält, die mit der auswärtigen Gewalt nichts zu tun haben.[987] Der *Auslandseinsatz* deutscher Streitkräfte ist aber zweifelsfrei ein zentraler Teil der Außenpolitik und damit funktional der auswärtigen Gewalt zuzuordnen.[988] Das konstitutive Beteiligungsrecht des Deutschen Bundestages beim Auslandseinsatz der Streitkräfte ist damit unmittelbar kraft Verfassungsrecht eine besondere Befugnis des Parlaments zur Mitgestaltung der auswärtigen Gewalt.

Diese Gestaltungsfunktion verkennt Roman Schmidt-Radefeldt, wenn er den konstitutiven Parlamentsvorbehalt auf ein allgemeines Kontrollinstrument im Bereich der auswärtigen Gewalt reduziert.[989] Ebenso wenig überzeugend ist die Auffassung von Florian Schröder, der meint, Hauptzweck des Zustimmungserfordernisses (des Parlaments) sei die Kontrolle der Regierung bei der Nutzung der Streitkräfte.[990]

Zuzustimmen ist Roman Schmidt-Radefeldt indes, wenn er hervorhebt, der Parlamentsvorbehalt für Auslandseinsätze der Bundeswehr wolle die Mitwirkung der Volksvertretung an militärisch bedeutsamen Entscheidungen sicherstellen, nicht jedoch die Prärogative der Regierung im Bereich der auswärtigen Gewalt grundsätzlich in Frage stellen. Der Bundestag solle keineswegs zum Feldherrn werden.[991]

Es bleibt demnach beim „operativen" Vorrang der Bundesregierung für die auswärtige Gewalt.[992] Dieser Vorrang ist freilich mit den „verfassungsrechtlichen Erfordernisse(n) einer organadäquaten und funktionsgerechten Wahrnehmung der parlamentarischen Regierungskontrolle und der gesetzgebenden Gewalt" in Beziehung zu setzen und zum Ausgleich zu bringen.[993] Dieser komplexen Entscheidungs- und Gestaltungsstruktur wird man nicht gerecht, wenn man den Bereich des konstitutiven Parlamentsbeschlusses als „originäre Mischzuständigkeit"[994] bezeichnet.

Entscheidend ist vielmehr: Ob bewaffnete deutsche Streitkräfte eingesetzt werden

---

987 Zum Beispiel die Regelungen über den Einsatz der Streitkräfte im Innern oder die Bestimmungen über die Wehrverwaltung.

988 Krieger, Streitkräfte im demokratischen Verfassungsstaat, S. 315, 317 f.; Calliess, in: Isensee/ Kirchhof (Hg.), Handbuch des Staatsrechts, Bd. IV, Aufgaben des Staates, § 83 Rdnr. 39; siehe auch oben S. 185.

989 Vgl. Schmidt-Radefeldt, Parlamentarische Kontrolle, S. 154.

990 Schröder, Das parlamentarische Zustimmungsverfahren, S. 291.

991 Schmidt-Radefeldt, Parlamentarische Kontrolle, S. 156.

992 Rojahn, in: von Münch/Kunig (Hg.), Grundgesetz, Bd. 2, Art. 24 Rdnr. 21; Krajewski, AVR 41 (2003), S. 419 (423): „Kompetenzübergewicht der Exekutive"; Kunig, in: Graf Vitzthum (Hg.), Völkerrecht, 2. Abschn. Rdnr. 75: „... das „Schwergewicht" der Auswärtigen Gewalt (liegt) bei der Bundesregierung"; Biermann, ZParl 2004, S. 607 (611, 620).

993 Rojahn, in: von Münch/Kunig (Hg.), Grundgesetz, Bd. 2, Art. 24 Rdnr. 21.

994 Schröder, Das parlamentarische Zustimmungsverfahren, S. 144.

sollen, ist zunächst eine Entscheidung der Bundesregierung. Der Bundesregierung allein steht die Befugnis zu, die tatsächlich und rechtlich erhebliche Initiative zu solch einer Entscheidung zu ergreifen. Rechtmäßig ist der Einsatz freilich erst, wenn – regelmäßig vor dem konkreten Einsatz – auch der Deutsche Bundestag zustimmt. Der Bundesregierung obliegt sodann die operative Führung des Einsatzes, wobei es ihrem Eigenbereich exekutiver Handlungsbefugnis und Verantwortlichkeit zuzurechnen ist, ob und wie sie die „Genehmigung" des Deutschen Bundestages ausschöpft.[995]

Thomas Schaefer hingegen betont in seiner Dissertation, der Kernbereich der Exekutive beschreibe jenen Bereich, in dem sich die Legislative als ungeeignet zur Aufgabenerfüllung erweise. Das Grundgesetz habe der Bundesregierung im Bereich der auswärtigen Politik einen weit bemessenen Spielraum zu eigenverantwortlicher Aufgabenwahrnehmung überlassen, der die Rolle des Parlaments in diesem Bereich schon aus Gründen der Funktionsgerechtigkeit beschränke.[996] Wegen der grundsätzlichen Zuständigkeit der Bundesregierung in Fragen der Sicherheits- und Außenpolitik bestehe eine Vermutung zugunsten exekutivischen Handelns.[997] Die funktionelle Differenzierung des außenpolitischen Entscheidungsprozesses bedeute, daß die auswärtige Gewalt, soweit sie in den Initiativbereich der Bundesregierung falle, sachlogisch exekutivisch sei. Der Ausübung der auswärtigen Gewalt liege ein sich aus der Natur der Sache ergebendes Monopol der Regierung zur Initiative einerseits und das Recht des Parlaments zur Genehmigung durch die Volksvertretung andererseits zugrunde. Die Entscheidungskompetenz des Parlaments sei auf die „Ratifikationslage", eine alternative Verwerfungskompetenz, beschränkt.[998] Zur operativen Außenpolitik gehöre auch der Einsatz von Streitkräften. Die operative Führung der Streitkräfte könne nicht funktionsadäquat durch das Parlament vorgenommen werden. Dies bedeute, daß der Bundestag zwar ein Mitspracherecht hinsichtlich des „Ob", nicht aber hinsichtlich des detaillierten „Wie" eines bewaffneten Einsatzes habe.[999] Beim konstitutiven Parlamentsvorbehalt im Wehrverfassungsrecht handele es sich um eine Legitimation von Regierungshandeln, gewissermaßen eine präventive parlamentarische Kontrolle statt der sonst üblichen nachträglichen Kontrolle, nicht aber um ein aktives Gestalten der Politik durch das Parlament.[1000] Der dem Deutschen Bundestag eingeräumte Zustimmungsvorbehalt gebe ihm ein Vetorecht, das über die normalen parlamentarischen Kontrollrechte hinausgehe. Die Entscheidung über den Einsatz der Bundeswehr bleibe aber weiterhin eine grundsätzlich

995 Wiefelspütz, ZParl 38 (2007), S. 3 (7).

996 Schaefer, Verfassungsrechtliche Grenzen, S. 173.

997 Schaefer, Verfassungsrechtliche Grenzen, S. 174.

998 Schaefer, Verfassungsrechtliche Grenzen, S. 175 f.

999 Schaefer, Verfassungsrechtliche Grenzen, S. 179 f.

1000 Schaefer, Verfassungsrechtliche Grenzen, S. 180 f.

exekutivische Angelegenheit. Das Prinzip des konstitutiven Parlamentsvorbehalts räume dem Parlament mit dem bloßen Zustimmungsrecht lediglich ein punktuelles Zugriffsrecht ein, das seine Grenze dort finde, wo die Verantwortungsbereiche von Regierung und Parlament fundamental verschoben würden und der Exekutive kein eigener Handlungsspielraum mehr verbliebe. Der wehrverfassungsrechtliche Parlamentsvorbehalt ähnele der Ratifizierung völkerrechtlicher Verträge.[1001] Da der Parlamentsvorbehalt des Art. 59 Abs. 2 Satz 1 GG das grundgesetzliche Muster für die Koppelung exekutiver Flexibilität und demokratischer Legitimation im Bereich der auswärtigen Gewalt sei, biete sich das Modell des Art. 59 Abs. 2 Satz 1 GG auch im Hinblick auf den vom Bundesverfassungsgericht gewollten Gleichklang der Parlamentsvorbehalte im Bereich der auswärtigen Gewalt als Paradigma an für die Herstellung von Konkordanz zwischen dem von der Verfassung für außenpolitisches Handeln gewollten Eigenbereich exekutiver Handlungsbefugnis und Verantwortlichkeit und der verfassungsrechtlich gebotenen förmlichen Mitwirkung des Bundestages an der Willensbildung bei konkreten Entscheidungen über den Einsatz bewaffneter Streitkräfte.[1002]

Thomas Schaefer verdient Zustimmung, soweit er einen Vorrang der Bundesregierung für die auswärtige Gewalt annimmt, der sich auch bei der Entscheidung über den Einsatz der Streitkräfte spiegelt. Er verkürzt allerdings die Bedeutung des konstitutiven wehrverfassungsrechtlichen Parlamentsvorbehalts, wenn er in der Wahrnehmung des Parlamentsvorbehalts nicht Politikgestaltung, sondern lediglich eine präventive parlamentarische Kontrolle sieht. Durch die Zustimmung (oder die Ablehnung) zu einem Auslandseinsatz der Streitkräfte nimmt das Parlament teil an einer staatsleitenden Entscheidung. Bereits die (Mit)Entscheidung über das „Ob" des Einsatzes ist Politikgestaltung. Der Deutsche Bundestag trägt mit seiner Zustimmung die Entscheidung der Bundesregierung mit, er kontrolliert nicht lediglich die Einsatzentscheidung der Bundesregierung.

Es überzeugt ferner nicht, den Parlamentsvorbehalt des Art. 59 Abs. 2 Satz 1 GG als Paradigma für die Reichweite des konstitutiven wehrverfassungsrechtlichen Parlamentsvorbehalts in Abgrenzung zum von der Verfassung für außenpolitisches Handeln gewollten Eigenbereich exekutiver Handlungsbefugnis und Verantwortlichkeit anzusehen. Nach Maßgabe des Streitkräfteurteils sind jenseits der Mindestanforderungen und Grenzen des konstitutiven wehrverfassungsrechtlichen Parlamentsvorbehalts das Verfahren und die Intensität der Beteiligung des Bundestages in der Verfassung im Einzelnen nicht vorgegeben.[1003] Entsprechendes ist beim Gesetzesvorbehalt des Art. 59 Abs. 2 Satz 1 GG nicht vorgesehen.

1001 Schaefer, Verfassungsrechtliche Grenzen, S. 182 f.

1002 Schaefer, Verfassungsrechtliche Grenzen, S. 186.

1003 BVerfGE 90, S. 286 (389).

Thomas Schaefer verkennt freilich die Verfahrensabläufe in der Bundesregierung und im Deutschen Bundestag, wenn er davon ausgeht, daß die Zustimmung des Parlaments vor dem Einsatzbeschluß der Bundesregierung einzuholen sei. Ein Einsatzbeschluß der Bundesregierung ohne vorherige Zustimmung des Deutschen Bundestags wäre nach Ansicht von Thomas Schaefer formell verfassungswidrig.[1004] Diese Auffassung trifft nicht zu. Die Bundesregierung beantragt nämlich die Zustimmung des Parlaments zu einer bereits getroffenen Entscheidung des Kabinetts.

Manfred Baldus überschätzt das Gewicht des Bundestages, wenn er betont, der Einsatz bewaffneter Streitkräfte falle nicht mehr in den Aufgaben- und Zuständigkeitsbereich der Exekutive. Vielmehr obliege er Exekutive und Parlament zur gemeinsamen Entscheidung.[1005]

Gleiches gilt für die Betrachtungsweise von Andreas L. Paulus, der – von der „gemischten Theorie" ausgehend – es nicht für zulässig hält, die Zustimmung des Deutschen Bundestages zur Streitkräfteentsendung als eine Mitwirkung der Legislative an der Exekutive zu bezeichnen. Die Parlamentszustimmung zum Streitkräfteeinsatz habe einen legislativen, quasi-maßnahmegesetzlichen Charakter.[1006] Man könne den Gesamtakt aus Regierungsantrag und Parlamentszustimmung als einen quasi-gesetzlichen Akt bezeichnen, der die jeweilige Rechtsgrundlage für den Befehl gemäß Artikel 65a GG für einen Auslandseinsatz darstelle und der durch das PBG und die Entscheidung des Bundesverfassungsgerichts ausreichend typisiert sei, um nicht dem Willkürverbot oder auch dem Verbot der Grundrechtseinschränkung durch Einzelfallgesetze gemäß Artikel 19 Abs. 1 GG ausgesetzt zu sein.[1007]

Die Argumentation von Andreas L. Paulus überzeugt nicht. Die Entscheidung der Bundesregierung, bewaffnete deutsche Streitkräfte einzusetzen, ist eine Entscheidung der Exekutive. Daran ändert sich auch nichts durch die Parlamentszustimmung zu diesem Akt der Bundesregierung. Mit Gesetzgebung hat der Einsatz von Streitkräften nichts zu tun. Der Schwerpunkt des Entscheidungsprozesses „Einsatz der Streitkräfte" liegt zweifelsfrei im Bereich der Exekutive.[1008]

Ferdinand Kirchhof betont, die Leitung der Bundeswehr sei grundsätzlich der

---

1004 Schaefer, Verfassungsrechtliche Grenzen, S. 39.

1005 Baldus, in: von Mangoldt/Klein/Starck (Hg.), Grundgesetz, Bd. 3, Art. 87 a Rdnr. 64.

1006 Paulus, Parlament und Streitkräfteeinsatz, S. 336; ders., in: Weingärtner (Hg.), Einsatz der Bundeswehr im Ausland, S. 81 (101).

1007 Paulus, Parlament und Streitkräfteeinsatz, S. 337; ders., in: Weingärtner (Hg.), Einsatz der Bundeswehr im Ausland, S. 81 (101).

1008 Dies räumt schließlich auch Paulus, Parlament und Streitkräfteeinsatz, S. 339, ein: „Andererseits bleiben die strukturellen Vorteile der Exekutive erhalten, die sich aus ihrem alleinigen Initiativrecht, ihrer Antragsbefugnis, der Ausführung des Beschlusses in Ausübung der Befehls- und Kommandogewalt (Art. 65a GG) und der Möglichkeit der Verbindung mit der Vertrauensfrage gem. Artikel 68 GG ergeben."

Gubernative anvertraut. Weil die Bundeswehr zur zweiten Gewalt gehöre und deren militärisches Exekutivorgan sei, komme dieser Gewalt zu Recht die Entscheidung über ihre Verwendung und ihre Führung zu. Die Legislative müsse aber ihrem bewaffneten Einsatz zustimmen. Bei Verteidigung und bewaffnetem Einsatz bestehe – hier überbewertet Ferdinand Kirchhof den Beitrag des Parlaments – eine Staatsleitung zur gesamten Hand von Legislative und Exekutive; in anderen Fällen leite die zweite Gewalt unter punktueller Beteiligung der ersten.[1009]

Der Staatspraxis der Bundesregierung und des Deutschen Bundestages kommt die Analyse von Rafael Biermann nahe:

„Das Verfassungsgericht setzte 1994 ein deutliches Zeichen im Sinne des Parlaments. Die Prärogative der Bundesregierung ist beschnitten, die Gewichte wurden in Richtung Bundestag, vor allem Parlamentsmehrheit, verlagert …

Deshalb von einem „Parlamentsheer" zu sprechen, mag politisch angezeigt sein; am Übergewicht der Exekutive auch in diesem Politikfeld ändert es nichts."[1010]

Im Ergebnis wird es wohl eher eine Übertreibung sein, die Bundeswehr als Parlamentsheer zu qualifizieren.[1011] Der plakative Begriff legt einen dominierenden Einfluß des Deutschen Bundestages auf Auslandseinsätze der Streitkräfte nahe. Dies entspricht jedoch nicht der realen Verfassungslage und auch nicht der parlamentarischen Realität. Die Bundeswehr kann allerdings seit dem Streitkräfteurteil auch nicht mehr als „Regierungsheer" verstanden werden. Der Einsatz bewaffneter deutscher Streitkräfte im Ausland ist von den Verfassungsorganen Bundesregierung und Bundestag gemeinsam zu verantworten. Das deutliche Übergewicht der operativen Verantwortung liegt freilich bei der Bundesregierung.[1012]

Die „Erfindung"[1013] des konstitutiven Parlamentsvorbehalts war ein verfassungs-politischer Geniestreich des Bundesverfassungsgerichts.[1014] Daß der Einsatz kämpfender oder doch kampfbereiter Soldaten der doppelten Legitimation durch

---

1009 F. Kirchhof, in: Isensee/Kirchhof (Hg.), Handbuch des Staatsrechts, Bd. IV, Aufgaben des Staates, § 84 Rdnr. 15.

1010 Biermann, ZParl 2004, S. 607 (619 f.); ähnlich Dreist, ZRP 2005, S. 35 (36), der hervorhebt, das Recht des Parlaments sei von Vorneherein auf einen Zustimmungsvorbehalt zu einem bestimmten exekutivischen Handeln beschränkt, stelle also kein volles Beteiligungsrecht dar.

1011 Wiefelspütz, ZParl 38 (2007), S. 3 (8).

1012 Wiefelspütz, Das Parlamentsheer, S. 197 f.; ders., ZParl 38 (2007), S. 3 (8); vgl. auch Gilch, Das Parlamentsbeteiligungsgesetz, S. 108; Schaefer, Verfassungsrechtliche Grenzen, S. 172 ff.

1013 Vgl. auch Stein, GYIL 46 (2003), S. 64 (81).

1014 Wiefelspütz, Das Parlamentsheer, S. 198; ders., AöR 132 (2007), S. 44 (90); Dreist, in: Entschieden für Frieden, S. 507 (511); ders., BWV 2005, S. 29 (34), spricht von einer „verfassungsrichterlichen Neuschöpfung", Gramm, NZWehrr 2005, S. 133 (137), von einer „kreativen Verfassungsauslegung", Baldus, in: von Mangoldt/Klein/Starck (Hg.), Grundgesetz, Bd. 3, Art. 87 a Rdnr. 59, von einer „verfassungsgerichtlichen Rechtschöpfung", und Hillgruber, JZ 2007, S. 209 (210), von einer „bahnbrechenden Entscheidung".

Entscheidungen von Bundesregierung *und* Bundestag bedarf, hat den Zugang der Bundesrepublik Deutschland zu solch schwierigen Entscheidungen nicht nur erleichtert, sondern wohl erst ermöglicht.[1015] Das Prinzip des doppelten Schlüssels,[1016] das Erfordernis der grundsätzlich vorherigen Zustimmung des Bundestages[1017] und die von Regierung und Parlament gemeinsam zu tragende Verantwortung für den Einsatz bewaffneter Streitkräfte haben die deutsche Politik in die Lage versetzt, die nachhaltige Unsicherheit, ja Verstörung im Umgang mit der bewaffneten Macht der Streitkräfte Schritt für Schritt zu überwinden, ohne dabei die Anwendung von militärischer Gewalt zu verharmlosen oder gar zur Routine werden zu lassen.[1018] Erst das Gericht gab der Bundesregierung und dem Bundestag den „außenpolitischen Handlungsspielraum zurück, den sie sich durch eine verengte verfassungsrechtliche Argumentation verstellt"[1019] hatten, allerdings – bezogen auf die Bundesregierung – um den kompensatorischen „Preis" der konstitutiven Mitwirkung des Parlaments.[1020] Die Auseinandersetzung über die Abgrenzung von „Einsatz" und „Verwendung" der Streitkräfte, die jahrelang die Diskussion über die Auslegung des Art. 87 a Abs. 2 GG bestimmt hatte, wurde beiläufig durch das Urteil – jedenfalls für Auslandseinsätze der Bundeswehr – gegenstandslos.[1021]

Vor allem aber schuf das Bundesverfassungsgericht mit dem Streitkräfteurteil Rechtssicherheit und Rechtsfrieden in einer überaus erregt geführten verfassungspolitischen und verfassungsrechtlichen Debatte – ein nicht gering zu schätzendes Verdienst des Urteils.[1022] Das Urteil stieß im Ergebnis auf breite Akzeptanz. Die dogmatischen Untiefen in der Begründung des Richterspruchs hinderten Bundesregierung und Parlament nicht daran, wie selbstverständlich die Staatspraxis beim Auslandseinsatz der Streitkräfte an dem Urteil auszurichten. Die Verfassungsorgane und die im Bundestag vertretenen Parteien respektieren den Richterspruch uneingeschränkt.

Eher in den Bereich der Spekulation gehört die Auffassung von Gerd Roellecke,

---

1015 Wiefelspütz, das Parlamentsheer, S. 198; ähnlich Walter, AöR 125 (2000), S. 517 (547).

1016 Vgl. auch Böckenförde, Die War Powers Resolution als ein mögliches Modell für ein Entsendegesetz/ Parlamentsbeteiligungsgesetz, 2004, S. 29; Biermann, ZParl 2004, S. 607 (613); Voss, ZRP 2007, S. 78 (81).

1017 Vgl. auch Schmidt-Radefeldt, in: The ‚Double Democratic Deficit', S. 147 (153).

1018 Dies wird insbesondere von Roellecke, Der Staat 34 (1995), S. 415 (425 f.), verkannt.

1019 Dau, in: Goebel (Hrsg.), Kambodscha, S. 21.

1020 Wiefelspütz, AöR 132 (2007), S. 44 (91); vgl. auch Kreß, ICLQ 44 (1995), S. 414 (425); Biermann, ZParl 2004, S. 607 (614); Paulus, Parlament und Streitkräfteeinsatz, S. 231 f.; ders., in: Weingärtner (Hg.), Einsatz der Bundeswehr im Ausland, S. 81 (84 f.).

1021 Vgl. Dau, in: Goebel (Hrsg.), Kambodscha, S. 21 (25); Wieland, NZWehrr 2006, S. 133 (137).

1022 Scholz, Deutscher Bundestag, 15. Wahlperiode, Ausschuß für Wahlprüfung, Immunität und Geschäftsordnung, Ausschußdrucksache 15 – G – 17, S. 3; Biermann, ZParl 2004, S. 607 (614); Paulus, Parlament und Streitkräfteeinsatz, S. 372.

der meint, der außenpolitische Vorteil relativ autonomer Entscheidungen der Verfassungsorgane bestehe darin, offen zu lassen, ob die Bundesregierung genug Rückhalt im Parlament habe.[1023] Eine Bundesregierung, die sich der parlamentarischen Unterstützung in einer zentralen Frage der Außen- und Sicherheitspolitik nicht sicher sein kann und deshalb jederzeit mit ihrer Ablösung rechnen muß, soll daraus einen außenpolitischen Vorteil ziehen? Eine solche Annahme hat mit der politischen Wirklichkeit nichts zu tun.

Verfehlt ist ebenfalls die mehrfach geäußerte Auffassung, der Parlamentsvorbehalt für den Einsatz bewaffneter Streitkräfte solle den Mißbrauch der Streitkräfte verhindern.[1024] Um die Gefahr auszuschließen, daß die Bundesrepublik Deutschland durch Alleingänge der Regierung in kriegerische Abenteuer hineingezogen werden könnte, sei in der Verfassung festgelegt, daß über jeden militärischen Einsatz deutscher Streitkräfte der Deutsche Bundestag entscheiden müsse.[1025]

Dem Parlament kommt jedoch bei der Entscheidungsfindung über den Einsatz bewaffneter Streitkräfte gegenüber der Bundesregierung keine höhere oder bessere Vernunft zu. Auch das Parlament kann Fehlentscheidungen treffen oder gar verfassungswidrig handeln. Auslandseinsätze bewaffneter Streitkräfte müssen kraft Verfassung von Bundesregierung *und* Parlament wegen der besonderen Bedeutung und Tragweite der Entscheidung gemeinsam legitimiert werden.

Ebenso wenig überzeugend ist die Auffassung von Thomas Günther und Michael Wild, wonach der Parlamentsvorbehalt den Mißbrauch der Streitkräfte verhindern helfen soll, indem er als verfassungsrechtliche Hürde den Einsatz an die Zustimmung einer politischen Mehrheit knüpfe und die Entscheidung der parlamentarischen und öffentlichen Diskussion aussetze.[1026] Das Bundesverfassungsgericht hebt nämlich mit Recht nicht auf Mißbrauchsgefahren ab, sondern auf eine deutsche wehrverfassungsrechtliche Tradition.[1027] Entscheidend ist für das Bundesverfassungsgericht, daß die Bundeswehr nicht als Machtpotential allein der Exekutive überlassen wird, sondern die Streitkräfte als Parlamentsheer in die demokratisch rechts-staatliche Verfassungsordnung eingefügt werden, d. h. dem Parlament ein rechtserheblicher Einfluß auf Aufbau und Verwendung der Streitkräfte gesichert wird.[1028]

1023 Roellecke, Der Staat 34 (1995), S. 415 (425).

1024 Wild, DÖV 2000, S. 622 (624); Fischer-Lescano, KritV 2000, S. 113 (118); von Bülow, Der Einsatz der Streitkräfte zur Verteidigung, S. 328; Martens, Grundgesetz und Wehrverfassung, S. 172; Schaefer, Verfassungsrechtliche Grenzen, S. 193, 206, 231.

1025 Schaefer, Verfassungsrechtliche Grenzen, S. 194, 231.

1026 Günther, in: Wehrhafte Demokratie, S. 329 (340); Wild, DÖV 2000, S. 622 (624).

1027 BVerfGE 90, S. 286 (383 ff.); vgl. auch Kadelbach/Hilmes, Jura 2005, S. 628 (630).

1028 BVerfGE 90, S. 286 (382).

b) Dogmatische Defizite des Streitkräfteurteils

So politisch klug das Streitkräfteurteil des Bundesverfassungsgerichts sein mag, so fragwürdig ist die Begründung des Urteils.[1029] Bis zu diesem Urteil wurde in der staatsrechtlichen Literatur ganz überwiegend die Auffassung vertreten, der Einsatz bewaffneter Streitkräfte sei ausschließlich von der Bundesregierung zu verantworten.[1030] Von einem „Parlamentsheer" war nie die Rede.[1031] Die verbindliche Mitwirkung des Bundestages beim Einsatz bewaffneter Streitkräfte wurde lediglich vereinzelt – mit unterschiedlichen Begründungen – als verfassungsrechtlich geboten angesehen.[1032] Es gab zwar auch Stimmen, die unter Berufung auf die Wesentlichkeitstheorie die zwingende Beteiligung des Bundestages als verfassungspolitisch wünschenswert ausgaben.[1033] Den *konstitutiven* wehrverfassungsrechtlichen Parlamentsvorbehalt hatte indes zuvor niemand im Grundgesetz entdeckt.[1034]

Dogmatisch besonders problematisch ist die tragende Argumentation des Bundesverfassungsgerichts, die sich auf Art. 59 a Abs. 1 GG a. F. stützt.[1035] Der verfassungsändernde Gesetzgeber habe trotz der Aufhebung des Art. 59 a GG a. F. durch das 17. Gesetz zur Ergänzung des Grundgesetzes vom 24. Juni 1968

1029 Vgl. Calliess, in: Isensee/Kirchhof (Hg.), Handbuch des Staatsrechts, Bd. IV, Aufgaben des Staates, § 83 Rdnr. 39; Paulus, Parlament und Streitkräfteeinsatz, S. 235, nennt die Begründung des Gerichts „mutig".

1030 Blumenwitz, NZWehrr 1988, S. 133 (145); Gornig, JZ 1993, S. 123 (127); Mössner, in: Festschrift Schlochauer, S. 97 (112, 114); Riedel, Der Einsatz deutscher Streitkräfte im Ausland, S. 257 ff.; Stein, in: Festschrift Doehring, S. 935 (943 f.); Zimmer, Einsätze der Bundeswehr, S. 142 ff.; Ipsen, JöR N. F. Bd. 21 (1972), S. 1 (25); Riedel, DÖV 1991, S. 305 (309); ders., DÖV 1993, S. 994 (997); ders., NZWehrr 1989, S. 45 (48); Kersting, NZWehrr 1982, S. 84 (88); von Bülow, Der Einsatz der Streitkräfte, S. 207; Pechstein, Jura 1991, S. 461 (467); Burmester, NZWehrr 1993, S. 133 (145); Blumenwitz, in: Dau/Wöhrmann (Hg.), Der Auslandseinsatz deutscher Streitkräfte, S. 72; Isensee/Randelzhofer, in: Dau/Wöhrmann (Hg.), Der Auslandseinsatz deutscher Streitkräfte, S. 83, 235; Frowein/Ipsen, in: Dau/Wöhrmann (Hg.), Der Auslandseinsatz deutscher Streitkräfte, S. 222; vgl. auch die Darstellung bei Schaefer, Verfassungsrechtliche Grenzen, S. 57 ff. m. w. N., und die Nachweise bei Schultz, Die Auslandsentsendung, S. 431 f. Fn. 10 und 11; Günther, in: Wehrhafte Demokratie, S. 329 (342 f.).

1031 Kritik am Begriff „Parlamentsheer" bei Roellecke, Der Staat 34 (1995), S. 415 (425); zu den verfassungsgeschichtlichen Hintergründen des Gebots der parlamentarischen Verantwortung für die Streitkräfte instruktiv Wieland, in: Offene Staatlichkeit: Festschrift für Ernst-Wolfgang Böckenförde zum 65. Geburtstag, hgg. von Rolf Grawert, Bernhard Schlink, Rainer Wahl, Joachim Wieland, 1995, S. 219 (225 ff.).

1032 Bartke, Verteidigungsauftrag, S. 234; Arndt, DÖV 1992, S. 618 f.; Fuchs, Die Entscheidung über Krieg und Frieden, S. 297; Kriele, ZRP 1994, S. 103 (106); vgl. auch die Darstellung bei Schaefer, Verfassungsrechtliche Grenzen, S. 52 ff. m. w. N.

1033 Vgl. Ipsen, DÖV 1971, S. 583 (588); ders., JöR N. F. Bd. 21 (1972), S. 1 (26); Kersting, NZWehrr 1982, S. 84 (91); Pechstein, Jura 1991, S. 461 (467); Riedel, DÖV 1991, S. 305 (310 f.); Thomsen, Der Parlamentsvorbehalt, S. 80.

1034 Vgl. Stein/Kröninger, Jura 1995, S. 254 (261).

1035 Zur zeitgenössischen Interpretation des Art. 59 a GG a. F. vgl. Wiefelspütz, Das Parlamentsheer, S. 56 f. m. w. N.; Schaefer, Verfassungsrechtliche Grenzen, S. 47.

(BGBl. I S. 111) den Parlamentsvorbehalt für alle damals als möglich angesehenen Einsatzfälle aufrechterhalten.[1036] Diese Begründung überzeugt bereits deshalb nicht, weil Bundestag und Bundesrat die Feststellung des Verteidigungsfalls nach Art. 115 a Abs. 1 GG mit einer Mehrheit von zwei Dritteln treffen muß, während die Entscheidung nach dem aufgehobenen Art. 59 a Abs. 1 Satz 1 GG a. F. mit einfacher Mehrheit und ohne Beteiligung des Bundesrats erfolgte.[1037]

Besonders prägnant ist die Kritik von Georg Nolte:

„It is one thing to accord parliament the classical right to declare war; yet it is quite another to decide that every armed troop deployment outside of NATO must be authorized by the legislature. The fact that the armed forces are subject to stringent parliamentary control (defense committee, Ombudsman, budget law requirements) does not translate into a sufficiently strong legal basis to derive *per analogiam* an approval requirement for every "armed operation"".[1038]

Eine organschaftliche Zuordnung der Befugnis, über den Einsatz der Streitkräfte zu entscheiden, enthält lediglich Art. 87 a Abs. 4 GG. Wenn aber selbst in einer Bürgerkriegssituation allein die Bundesregierung über den Einsatz der Streitkräfte entscheiden kann, dann folgt daraus, daß sie als Spitze der Exekutive gemäß Art. 20 Abs. 3 GG und Art. 65 GG auch in anderen Fällen des Streitkräfteeinsatzes das entscheidungsbefugte Organ ist.[1039]

Ebenso wenig war bis zum damaligen Zeitpunkt eine entsprechende „deutsche Verfassungstradition"[1040] bekannt.[1041] Es ist deshalb dem Gericht vorgeworfen worden, es habe das Grundgesetz in Wahrheit nicht ausgelegt, sondern geändert.[1042] Rupert Scholz merkte kritisch an, beim wehrverfassungsrechtlichen Parlamentsvorbehalt handele es sich „mehr um Verfassungsschöpfung qua Richterrecht als um Verfassungsauslegung"[1043]. Andreas L. Paulus urteilt bildhaft: „Das hat eher etwas

---

1036 BVerfGE 90, S. 286 (382).

1037 Vgl. Nolte, ZaöRV 54 (1994), S. 652 (674); ders., in: Ku/Jacobson (Hg.), Democratic Accountability, S. 231 (243); Krieger, Streitkräfte im demokratischen Verfassungsstaat, S. 314; vgl. aber Paulus, Parlament und Streitkräfteeinsatz, S. 232 f., 238; Niedzwicki, ThürVBl. 2006, S. 145 (146). Schaefer, Die verfassungsrechtlichen Grenzen, S. 116 ff., 128, 131, unterstützt die Argumentation des Bundesverfassungsgerichts.

1038 Nolte, in: Ku/Jacobson (Hg.), Democratic Accountability, S. 231 (243).

1039 Frowein/Ipsen, in: Dau/Wöhrmann (Hg.), Der Auslandseinsatz deutscher Streitkräfte, S. 222, 480, 500.

1040 BVerfGE 90, S. 286 (383).

1041 Stein/Kröninger, Jura 1995, S. 254 (262); Niedzwicki, ThürVBl. 2006, S. 145 (146); kritisch auch Paulus, Vortrag, S. 16; ders., in: Weingärtner (Hg.), Einsatz der Bundeswehr im Ausland, S. 81 (83 f.); ders., Parlament und Streitkräfteeinsatz, S. 232 ff.

1042 Stein/Kröninger, Jura 1995, S. 254 (262); Roellecke, Der Staat 34 (1995), S. 415 (427); vgl. auch Nolte, ZaöRV 54 (1994), S. 652 (675).

1043 Scholz, Deutscher Bundestag, 15. Wahlperiode, Ausschuß für Wahlprüfung, Immunität und

vom Durchhauen eines gordischen Knotens als einer Zusammenfassung der verfassungshistorischen und –systematischen Auslegung."[1044] Christian Starck spricht milder von einem „klaren Fall der Rechtsfortbildung"[1045]. Otto Depenheuer hingegen meint, nur mittels dieser kühnen verfassungsgerichtlichen Dezision habe das wieder souveräne Deutschland seine verfassungsrechtliche Selbstblockade überwinden können und vom Kostgänger zum Partner militärischer Friedenssicherung werden können.[1046]

Matthias Niedzwicki betont, das Streitkräfteurteil des Bundesverfassungsgerichts begründe lediglich formalrechtlich für den Bundestag und die Bundesregierung wegen der Bindungswirkung des § 31 Abs. 1 BVerfGG einen Parlamentsvorbehalt. Aus dem Grundgesetz ergebe sich kein Parlamentsvorbehalt für den Auslandseinsatz der Streitkräfte. Erst mit dem Parlamentsbeteiligungsgesetz werde nicht nur Verfahren und Form einer parlamentarischen Beteiligung geregelt, sondern es werde erst ein materieller Parlamentsvorbehalt begründet; zwar nicht verfassungsrechtlich, sondern einfachgesetzlich.[1047]

c) Neue Begründungszusammenhänge

Es ist in jüngerer Vergangenheit wiederholt versucht worden, einen neuen Begründungszusammenhang für den konstitutiven Parlamentsvorbehalt herzuleiten.

Andreas L. Paulus hält den konstitutiven Parlamentsvorbehalt für Verfassungsgewohnheitsrecht bzw. für eine Selbstbindung der beteiligten Verfassungsorgane.[1048] Geltungsgrund für den konstitutiven Parlamentsvorbehalt ist indes nicht die ständige Praxis der Verfassungsorgane oder deren Rechtsüberzeugung, sondern das Grundgesetz in der Interpretation durch den Richterspruch des Bundesverfassungsgerichts.

In seiner Habilitationsschrift verfolgt Andreas L. Paulus eine andere Argumentation. Wenn auch die Begründung des Bundesverfassungsgerichts sowohl historisch

---

Geschäftsordnung, Ausschußdrucksache 15 – G – 17, S. 2 f.; ähnlich Nolte, in: Ku/Jacobson (Hg.), Democratic Accountability, S. 231 (237: „ ... the Constitutional Court ... ventured into the field of judical lawmaking".); weniger zuspitzend Zöckler, EJIL 1995, S. 274 (284): „Of course, the Court's reasoning is delicately balanced on the border line between constitutional interpretation and lawmaking." Vorsichtiger die Kritik von Paulus, Vortrag, S. 17; ders., in: Weingärtner (Hg.), Einsatz der Bundeswehr im Ausland, S. 81 (85 f.).

1044 Paulus, Parlament und Streitkräfteeinsatz, S. 236.

1045 Starck, in: Staat im Wort, Festschrift für Josef Isensee, hgg. von Otto Depenheuer, Markus Heintzen, Matthias Jestaedt, Peter Axer, 2007, S. 215 (218).

1046 Depenheuer, in: Staat im Wort, Festschrift für Josef Isensee, hgg. von Otto Depenheuer, Markus Heintzen, Matthias Jestaedt, Peter Axer, S. 43 Fn. 2.

1047 Niedzwicki, ThürVBl. 2006, S. 145 (149).

1048 Paulus, Vortrag, S. 19.

als auch dogmatisch angreifbar sei, könne die teleologische Ausweitung der Parlamentszustimmung gemäß Art. 115 a GG sowie der Beendigungsbefugnis gemäß Art. 87 a Abs. 4 GG gerechtfertigt werden. Wenn sich die Formen des internationalen Streitkräfteeinsatzes ändern, und zwar in einer Weise, die im Grundgesetz durch Art. 24 Abs. 2 GG ausdrücklich vorausgesehen und befürwortet werde, dann erscheine eine nachvollziehende Auslegung der Verfassungslage bezüglich der – bei Schaffung des Art. 24 Abs. 2 GG noch völlig unbestimmten – Modalitäten jedenfalls nicht als unzulässig, wenn auch nicht als zwingend. Da die Bundeswehr im Ausland in der Regel nicht zur klassischen Kriegführung, sondern bei friedensschaffenden und –be-wahrenden Einsätzen im Rahmen der Vereinten Nationen, der NATO und der EU verwendet werde, erscheine die analoge Anwendung des Parlamentsvorbehalts des Art. 115 a GG auf diese neue Einsatzform nicht als unangemessen; ein Verstoß gegen die Wertungen von Art. 24 und 26 GG liege in keinem Fall vor.[1049]

Nach Dominic Kohnen liegt die Begründung des konstitutiven Parlamentsvorbehalts durch das Bundesverfassungsgericht für den „out of area"-Einsatz der Streitkräfte letztlich im demokratischen Prinzip des Grundgesetzes.[1050]

Verbreitet ist die Meinung, das Bundesverfassungsgericht habe beim konstitutiven Parlamentsvorbehalt indirekt auf die Wesentlichkeitstheorie zurückgegriffen.[1051]

Die Inanspruchnahme des Bundesverfassungsgerichts für diese Auffassung ist indes nicht berechtigt. Im Streitkräfteurteil selbst findet sich für diese Interpretation nicht der geringste Beleg.[1052]

Auch Martin Nettesheim und Rainer Vetter verweisen auf die Wesentlichkeitstheorie. Der Auslandseinsatz bewaffneter Streitkräfte sei wegen der großen außenpolitischen Relevanz als so wesentlich anzusehen, daß dafür der Parlamentsvorbehalt greife.[1053]

Ähnlich argumentiert Andreas L. Paulus. Wenn das Bundesverfassungsgericht die konstitutive Parlamentszustimmung von Verfassungs wegen auf den Streitkräfteeinsatz

1049 Paulus, Parlament und Streitkräfteeinsatz, 237.

1050 Kohnen, Die Zukunft des Gesetzesvorbehalts in der Europäischen Union, 1998, S. 42.

1051 Vgl. Calliess, in: Isensee/Kirchhof (Hg.), Handbuch des Staatsrechts, Bd. IV, Aufgaben des Staates, § 83 Rdnr. 40; Stern, Diskussionsbeitrag in: VVDStRL 56 (1997), S. 97 (99): „wehrverfassungsrechtliche Wesentlichkeitstheorie"; Streinz, in: Sachs (Hg.), Grundgesetz, Art. 59 Rdnr. 27; Kokott, DVBl. 1997, S. 937 (939); dies., in: Sachs (Hg.), Grundgesetz, Art. 87 a Rdnr. 38; Heun, JZ 1994, S. 1073 (1074); Epping, AöR 124 (1999), S. 423 (448); Nolte, in: Ku/Jacobson (Hg.), Democratic Accountability, S. 231 (243 f.); Krieger, Streitkräfte im demokratischen Verfassungsstaat, S. 316 ff; Paulus, Parlament und Streitkräfteeinsatz, S. 239 ff.; ders., in: Weingärtner (Hg.), Einsatz der Bundeswehr im Ausland, S. 81 (96); ähnlich Wild, in: Menzel (Hg.), Verfassungsrechtsprechung, S. 547 (549).

1052 Im Ergebnis ebenso Warg, Verteidigung, S. 263; Schmidt-Radefeldt, Parlamentarische Kontrolle, S. 153; Kadelbach/Hilmes, Jura 2005, S. 628 (630).

1053 Nettesheim/Vetter, JuS 2004, S. 219 (224); ähnlich Arndt, NJW 1994, S. 2197; ablehnend Wallrabenstein, JA 1998, S. 863 (870).

übertragen habe, so sei hierbei ein weiterer, vom Bundesverfassungsgericht nicht genannter Grundsatz heranzuziehen: die Wesentlichkeitstheorie, nach der der Gesetzgeber verpflichtet sei, alle wesentlichen Entscheidungen selbst zu treffen, wobei für die Wesentlichkeit nach der Rechtsprechung des Bundesverfassungsgerichts die tragenden Prinzipien des Grundgesetzes, insbesondere die darin verbürgten Grundrechte maßgeblich seien. Mit dem (zu begrüßenden) Wegfall des besonderen Gewaltverhältnisses als Rechtfertigung für Grundrechtseinschränkungen über die ausdrückliche Bestimmung des Art. 17a GG hinaus bedürfe das besondere Risiko von Auslandseinsätzen im Sinne der Wesentlichkeitstheorie einer stärkeren, unmittelbaren parlamentarischen Legitimation, weil hierbei die beteiligten Soldaten einer unmittelbaren Gefahr für Leib und Leben ausgesetzt und damit in ihrem Recht auf Leben und körperliche Unversehrtheit berührt seien. Doch sei die Wesentlichkeitstheorie nicht auf den Grundrechtseingriff beschränkt; vielmehr liefere die „Wesentlichkeit" der generellen Regelung einer Materie einen zusätzlichen Topos für den Parlamentsvorbehalt. Damit komme eine zweite Möglichkeiten der Anwendung der Wesentlichkeitstheorie auf die Streitkräfteentsendung in Betracht: die „Wesentlichkeit" des Einsatzes militärischer Macht für die außen- und wehrpolitische Grundrichtung der Bundesrepublik. Demnach stelle der Streitkräfteeinsatz eine so einschneidende Maßnahme dar, daß er von den unmittelbar demokratisch legitimierten und verantwortlichen Parlamentariern getroffen werden sollte und nicht von einzelnen Befehlshabern und auch nicht vom Bundesverteidigungsminister oder der Bundesregierung.[1054]

Dies überzeugt freilich bereits deshalb nicht, weil die vermeintlich große außenpolitische Bedeutung der Einsatzentscheidung nicht grundrechtsrelevant im Sinne der Wesentlichkeitstheorie ist.[1055] Einem generellen Parlamentsvorrang ist das Bundesverfassungsgericht mehrfach entschieden entgegengetreten.[1056]

Roman Schmidt-Radefeldt meint, vor dem Hintergrund der Gewaltentrennung stehe eine Abgrenzung der Verantwortung zwischen dem „Ob" und „Wie" eines Einsatzes in vollem Einklang mit der Wesentlichkeitstheorie.[1057] Das Parlament habe ein Vorrecht hinsichtlich des Einsatzes selbst, während die Exekutive sich eines ausreichenden Ermessensspielraums erfreuen könne, um ihre Fähigkeiten zu gewährleisten, in der internationalen Sphäre zu handeln.[1058]

1054 Paulus, Parlament und Streitkräfteeinsatz, S. 239 ff., 329.

1055 Das Bundesverfassungsgericht leitet aus dem Gesetzesvorbehalt eine Pflicht des Gesetzgebers ab, das Wesentliche selbst zu regeln. Vgl. BVerfGE 33, S. 303 (346); 83, S. 130 (142, 152). Zur Grundrechtsrelevanz der Wesentlichkeitstheorie vgl. Ossenbühl, in: Isensee/Kirchhof (Hg.), Handbuch des Staatsrechts, Bd. III, Das Handeln des Staates, 2. Aufl., 1996, § 62 Rdnr. 41 ff.

1056 BVerfGE 49, S. 89 (125); 98, S. 218 (252). Vgl. auch Huber, in: Isensee/Kirchhof (Hg.), Handbuch des Staatsrechts, Demokratie – Bundesorgane, Bd. III, § 47 Rdnr. 12.

1057 A. A. Rupp, in: Verfassung im Diskurs der Welt, Liber Amicorum für Peter Häberle, hgg. von Alexander Blankennagel, Ingolf Pernice, Helmuth Schulze-Fielitz, 2004, S. 731 (738).

1058 Schmidt-Radefeldt, in: The ‚Double Democratic Deficit', S. 147 (154); ähnlich Hermsdörfer, DVP

Roman Schmidt-Radefeldt verkennt jedoch die Funktion des konstitutiven Parlamentsvorbehalts. Richtig ist zwar, daß die operative Führung der Streitkräfte funktionsgerecht und organadäquat nicht durch das Parlament erfolgen kann.[1059] Über das „Ob" des Einsatzes entscheiden jedoch Bundesregierung und Deutscher Bundestag, nicht etwa nur das Parlament allein.[1060] Die Entscheidung der Bundesregierung über das „Ob" des Einsatzes bedarf gleichsam der Genehmigung durch das Parlament.

Es ist auch nicht ganz richtig, der Bundesregierung exklusive Rechte beim „Wie" des Einsatzes zuzuschreiben.[1061] Sicherlich bestimmt die Bundesregierung zunächst das „Ob", aber auch die Modalitäten des Einsatzes. Die konstitutive Zustimmung zum Einsatz bezieht sich jedoch auf alle wesentlichen Elemente des den Einsatz der Streitkräfte beschreibenden und umgrenzenden Antrages der Bundesregierung. Dem steht das Streitkräfteurteil des Bundesverfassungsgerichts nicht entgegen. Zwar heiß es dort:

> „Der der Regierung von der Verfassung für außenpolitisches Handeln gewährte Eigenbereich exekutiver Handlungsbefugnis und Verantwortlichkeit wird durch den Parlamentsvorbehalt nicht berührt. Das gilt insbesondere hinsichtlich der Entscheidung über die Modalitäten, den Umfang und die Dauer der Einsätze, die notwendige Koordination in und mit Organen internationaler Organisationen."[1062]

Ob freilich das Parlament einem im Antrag der Bundesregierung nach Art, Umfang und Dauer unter Einschluß der voraussichtlichen Kosten konkretisierten Einsatz zustimmt, ist allein Sache des Deutschen Bundestages.

Es ist nicht zu übersehen, daß sich das Bundesverfassungsgericht bei der Herleitung des Parlamentsvorbehalts *nicht* auf das „Wesentlichkeits-Kriterium" beruft,[1063] sondern durch seinen Rückgriff auf eine vermeintliche deutsche wehrverfassungsrechtliche Tradition das klassische Kriegsvölkerrecht mit dem Kriegs-

---

2004, S. 183 (184).

1059 Lorz, Interorganrespekt, S. 375.

1060 Dies ist mißverständlich bei Schultz, Die Auslandsentsendung, S. 440 f., bei Wild, in: Menzel (Hg.), Verfassungsrechtsprechung, S. 547 (549), bei Nolte, in: Ku/Jacobson (Hg.), Democratic Accountability, S. 231 (245), und bei Klein, in: Festschrift Schmitt Glaeser, S. 245 (254): „Vergröbernd läßt sich mithin sagen, daß es dem Bundestag zukommt, über das Ob und Wo eines bewaffneten Einsatzes der Bundeswehr zu entscheiden, während es Sache der Bundesregierung ist, das Wie des Näheren zu bestimmen." Unklar auch Pofalla, ZRP 2004, S. 221 (225).

1061 So aber Heintschel von Heinegg, in: Tomuschat (Hg.), Rechtsprobleme einer europäischen Sicherheits- und Verteidigungspolitik, S. 87 (93); Schmidt-Radefeldt, in: The ‚Double Democratic Deficit', S. 147 (154); Lorz, Interorganrespekt, S. 374; Pofalla, ZRP 2004, S. 221 (225); Burkiczak, Verwaltungsrundschau 2005, S. 289 (291); Graf Vitzthum/Hahn, VBlBW 2004, S. 71 (75).

1062 BVerfGE 90, S. 286 (389).

1063 Rupp, in: Liber Amicorum für Peter Häberle, S. 731 (738); Paulus, Vortrag, S. 18 Fn. 83, „vermißt" die Wesentlichkeitstheorie.

eintritt, der hergebrachten Form der Kriegserklärung und der Zustimmung des Parlaments zur Kriegserklärung anklingen läßt.[1064] Im AWACS II-Beschluß sollte das Gericht diese Argumentationslinie wiederholen.[1065] Letztlich wird dadurch auf die besondere Bedeutung der Entscheidung über Krieg und Frieden abgehoben, die wegen ihrer existentiellen Bedeutung für Staat und Volk nicht allein von der Regierung, sondern auch vom Parlament (mit)getragen werden soll.[1066]

Es überzeugt indes nicht, wenn neuerdings als tragender Grund für den konstitutiven Parlamentsvorbehalt häufig die erhöhte Gefährdung soldatischer Rechtsgüter bei Auslandseinsätzen angeführt wird.[1067] Das Bundesverfassungsgericht argumentiert in seinem Streitkräfteurteil *ausschließlich* teleologisch und mit Gründen der Verfassungstradition:[1068]

„Die auf die Streitkräfte bezogenen Regelungen des Grundgesetzes sind – in den verschiedenen Stufen ihrer Ausformung - stets darauf angelegt, die Bundeswehr nicht als Machtpotential allein der Exekutive zu überlassen, sondern als „Parlamentsheer" in die demokratisch rechtsstaatliche Verfassungsordnung einzufügen, d. h. dem Parlament einen rechtserheblichen Einfluß auf Aufbau und Verwendung der Streitkräfte zu sichern…

Für den militärischen Einsatz von Streitkräften ist dem Grundgesetz das Prinzip eines konstitutiven Parlamentsvorbehalts zu entnehmen.

… Ein solcher Parlamentsvorbehalt entspricht seit 1918 deutscher Verfassungstradition."[1069]

1064 Vgl. BVerfGE 90, S. 286 (383 f.).

1065 BVerfGE 108, S. 34 (42 f.).

1066 Vgl. Wiefelspütz, Deutscher Bundestag, Ausschuß für Wahlprüfung, Immunität und Geschäftsordnung, Ausschußdrucksache 15 – G – 17, S. 38; Klein, Deutscher Bundestag, 15. Wahlperiode, Ausschuß für Wahlprüfung, Immunität und Geschäftsordnung, Protokoll G 25 vom 17. Juni 2004, S. 3; Heun, JZ 1994, S. 1073 (1074); Epping, AöR 124 (1999), S. 423 (448); Kokott, in: Sachs (Hg.), Grundgesetz, Art. 87 a Rdnr. 38; kritisch Baldus, Deutscher Bundestag, 15. Wahlperiode, Ausschuß für Wahlprüfung, Immunität und Geschäftsordnung, Ausschußdrucksache 15 – G – 32, S. 13.

1067 So aber Baldus, Deutscher Bundestag, 15. Wahlperiode, Ausschuß für Wahlprüfung, Immunität und Geschäftsordnung, Ausschußdrucksache 15 – G – 32, S. 13; Schmidt-Radefeldt, Parlamentarische Kontrolle, S. 157 f.; Baldus, in: von Mangoldt/Klein/Starck (Hg.), Grundgesetz, Bd. 3, Art. 87 a Rdnr. 66; ähnlich Bundesminister Dr. Peter Struck (SPD), Deutscher Bundestag, 15. Wahlperiode, Ausschuß für Wahlprüfung, Immunität und Geschäftsordnung, Protokoll G 9 vom 5. Juni 2003, S. 8; a. A. Wiefelspütz, Deutscher Bundestag, 15. Wahlperiode, Ausschuß für Wahlprüfung, Immunität und Geschäftsordnung, Protokoll G 25 vom 17. Juni 2004, S. 10; Vöneky/Wolfrum, ZaöRV 63 (2003), S. 569 (599); Günther, in: Wehrhafte Demokratie, S. 329 (344); Paulus, Vortrag, S. 17 ff.; ders., in: Weingärtner (Hg.), Einsatz der Bundeswehr im Ausland, S. 81 (86); Wild, in: Menzel (Hg.), Verfassungsrechtsprechung, S. 547 (548); kritisch auch Klein, Deutscher Bundestag, 15. Wahlperiode, Ausschuß für Wahlprüfung, Immunität und Geschäftsordnung, Protokoll G 25 vom 17. Juni 2004, S. 3.

1068 Wild, DÖV 2000, S. 622 (624); Wiefelspütz, ZParl 38 (2007), S. 3 (9).

1069 BVerfGE 90, S. 286 (381 ff.). Ausschließlich im Somalia-Beschluß des Bundesverfassungsgerichts, BVerfGE 89, S. 38 (45), wird ergänzend („Hinzu kommt…") auf nicht unerhebliche Gefahren hingewiesen, die den Soldaten bei der Erfüllung des VN-Mandats in Somalia an Leib und Leben drohen.

Auslandseinsätze deutscher Soldaten mögen gefährlich sein. Aber auch Auslandseinsätze von deutschen Polizeibeamten, Diplomaten, Rettungskräften etc. können im Einzelfall besonders gefährlich sein. Gleiches gilt für Inlandseinsätze von Soldaten, Polizeibeamten und anderen Kräften. Gleichwohl gilt der konstitutive Parlamentsvorbehalt ausschließlich für den Einsatz bewaffneter deutscher Streitkräfte.[1070]

Die Auseinandersetzung um die Herleitung des konstitutiven wehrverfassungsrechtlichen Parlamentsvorbehalts ist keineswegs müßig, wenngleich man einwenden könnte, die Verfassungsorgane Bundesregierung und Bundestag seien ohnehin durch § 31 Abs. 1 Bundesverfassungsgerichtsgesetz an das Urteil gebunden[1071], die Staatspraxis werde – jedenfalls bislang – durch das Urteil nicht vor unüberwindbare Probleme gestellt und überzeugende Alternativen in Gestalt von Vorschlägen zur Änderung des Grundgesetzes seien nicht „auf dem Markt". Eine grundrechtliche Fundierung des konstitutiven wehrverfassungsrechtlichen Parlamentsvorbehalts hätte indes, insoweit ist die Argumentation von Manfred Baldus konsequent, nachhaltige Auswirkungen auf die Beantwortung der Frage, wann Soldaten in eine zustimmungsbedürftige bewaffnete Unternehmung einbezogen sind.[1072]

Besonders weit hergeholt ist die Argumentation von Andreas L. Paulus: Die Soldaten stünden im Zeitalter des Völkerstrafrechts unter der Belastung, ihr Handeln rechtfertigen zu müssen, insbesondere in Bezug auf den Vorwurf, an einem Angriffskrieg mitzuwirken. Es stünde den gewählten Vertretern (den Parlamentariern) gut an, diese Verantwortung im Grenzbereich von Recht und Politik nicht den Soldaten zu überlassen.[1073]

Diese Argumentation mag Bestandteil eines Leitartikels sein, rechtswissenschaftlich ist sie nicht.[1074]

Es ist schließlich hervorzuheben, daß es sich bei dem konstitutiven Parlamentsvorbehalt um materielles Verfassungsrecht handelt.[1075] Das Bundesverfassungsgericht erkannte im Streitkräfteurteil unmißverständlich:

> „Der verfassungsrechtlich geforderte Parlamentsvorbehalt gilt ungeachtet näherer gesetzlicher Ausgestaltung unmittelbar kraft Verfassung."[1076]

1070 Einsätze zur Verteidigung im Inland sind auch zustimmungsbedürftig.

1071 Vgl. Baldus, in: von Mangoldt/Klein/Starck (Hg.), Grundgesetz, Bd. 3, Art. 87 a Rdnr. 60; Paulus, Parlament und Streitkräfteeinsatz, S. 236 f.

1072 Siehe unten S. 323 ff. und Wiefelspütz, Das Parlamentsheer, S. 428 ff.

1073 Paulus, Vortrag, S. 18; ders., in: Weingärtner (Hg.), Einsatz der Bundeswehr im Ausland, S. 81 (86 f.).

1074 Wiefelspütz, ZParl 38 (2007), S. 3 (10).

1075 Schmidt-Radefeldt, in: The ‚Double Democratic Deficit', S. 147 (148); Baldus, in: von Mangoldt/ Klein/Starck (Hg.), Grundgesetz, Bd. 3, Art. 87 a Rdnr. 61 f.

1076 BVerfGE 90, S. 286 (390).

Ein Parlamentsbeteiligungsgesetz, das dem Gesetzgeber vom Bundesverfassungsgericht nahe gelegt wurde,[1077] wird somit stets am verfassungsrechtlichen Grundsatz des konstitutiven wehrverfassungsrechtlichen Parlamentsvorbehalts zu messen sein. Freilich handelt es sich beim konstitutiven wehrverfassungsrechtlichen Parlamentsvorbehalt um eine offene Verfassungsnorm,[1078] deren Konkretisierung nicht nur dem Bundesverfassungsgericht, sondern auch den anderen Verfassungsorganen,[1079] namentlich auch dem Bundestag obliegt. Dies ist von besonderer Bedeutung für die im Wege der Abwägung zu bestimmende Grenzlinie zwischen konstitutivem Parlamentsvorbehalt für bewaffnete Einsätze der Bundeswehr und dem Kernbereich exekutiver Eigenverantwortung.[1080]

Letztlich sind die dogmatischen Mängel des Streitkräfteurteils nicht zu beheben. Eine juristische „Erfindung", mag sie politisch noch so klug und befriedend sein, läßt sich nicht aus einer auf das Grundgesetz oder die Verfassungsgeschichte bezogenen Dogmatik begründen. Es macht keinen Sinn, eine verfassungsrichterliche „Änderung" des Grundgesetzes dogmatisch zu überhöhen. Alle „Begründungen" sind letztlich Konstrukte, um das Nichterklärbare zu erklären und das Nichtbelegbare zu belegen. Helfen kann nur, daß eines Tages im Text des Grundgesetzes steht:

(Auslands)Einsätze der Streitkräfte bedürfen der Zustimmung des Deutschen Bundestages; das Nähere regelt ein Bundesgesetz.

Das wäre dann freilich das Ergebnis einer ordnungsmäßig zustande gekommenen Änderung des Grundgesetzes.[1081]

1077 BVerfGE 90, S. 286 (389).

1078 Klein, Deutscher Bundestag, 15. Wahlperiode, Ausschuß für Wahlprüfung, Immunität und Geschäftsordnung, Ausschußdrucksache 15 – G – 31, S. 5.

1079 Vgl. BVerfGE 62, S. 1 (39).

1080 Klein, Deutscher Bundestag, 15. Wahlperiode, Ausschuß für Wahlprüfung, Immunität und Geschäftsordnung, Ausschußdrucksache 15 – G – 31, S. 5.

1081 Vgl. Wiefelspütz, ZG 2007, S. 97 (131 ff.).

IV. Das Urteil des Bundesverfassungsgerichts zum neuen Strategischen Konzept der NATO vom 22. November 2001

1. Das Urteil vom 22. November 2001

Im Urteil vom 22. November 2001[1082] zum neuen Strategischen Konzept der NATO von 1999 resümierte das Bundesverfassungsgericht seine Betrachtungsweise der Wahrnehmung der auswärtigen Gewalt durch die Bundesregierung und den Deutschen Bundestag. Immer noch ist für das Gericht das Argument von Bedeutung, daß die Rolle des Parlaments um der Funktionsgerechtigkeit im Bereich der auswärtigen Gewalt willen beschränkt ist:[1083]

„Das Grundgesetz hat in Anknüpfung an die traditionelle Staatsauffassung der Regierung im Bereich auswärtiger Politik einen weit bemessenen Spielraum zu eigenverantwortlicher Aufgabenwahrnehmung überlassen. Sowohl die Rolle des Parlaments als Gesetzgebungsorgan als auch diejenige der rechtsprechenden Gewalt sind schon aus Gründen der Funktionsgerechtigkeit in diesem Bereich beschränkt. Die der Bundesregierung insoweit anvertraute auswärtige Gewalt steht zwar nicht außerhalb parlamentarischer Kontrolle und unterliegt wie jede Ausübung öffentlicher Gewalt den Bindungen des Grundgesetzes. Jedoch würde eine erweiternde Auslegung von Art. 59 Abs. 2 Satz 1 GG auf die Beteiligung der Bundesregierung an nichtförmlichen Fortentwicklungen der Vertragsgrundlage eines Systems gegenseitiger kollektiver Sicherheit nicht nur Rechtsunsicherheit hervorrufen und die Steuerungswirkung des Zustimmungsgesetzes in Frage stellen, sondern die außen- und sicherheitspolitische Handlungsfähigkeit der Bundesregierung ungerechtfertigt beschneiden und auf eine nicht funktionsgerechte Teilung der Staatsgewalt hinauslaufen (vgl. BVerfGE 90, 286 [363]; 68, 1 [87])."[1084]

1082 BVerfGE 104, S. 151 ff.; dazu Rau, in: GYIL 44 (2001), S. 544 ff.; Wiefelspütz, Das Parlamentsheer, S. 206 ff.; Paulus, Parlament und Streitkräfteeinsatz, S. 248 ff.; dazu Schaefer, Verfassungsrechtliche Grenzen, S. 173 ff.; Calliess, in: Isensee/Kirchhof (Hg.), Handbuch des Staatsrechts, Bd. IV, Aufgaben des Staates, § 83 Rdnr. 41; Rux, JA 2002, S. 461 ff.; Lubig, JA 2005, S. 143 ff. Für eine (nach Art. 59 Abs. 2 Satz 1 GG zustimmungsbedürftige) Änderung des NATO-Vertrages durch das neue Strategische Konzept von 1999: Hillgruber, in: Freiheit und Eigentum. Festschrift für Walter Leisner zum 70. Geburtstag, hgg. von Josef Isensee, Helmut Lecheler, 1999, S. 53 (57 ff.).

1083 Vgl. auch Cremer, in: Geiger (Hg.), Neuere Probleme, S. 11 (23).

1084 BVerfGE 104, S. 151 (207).

2. Bewertung

Das Urteil vom 22. November 2001 zum neuen Strategischen Konzept der NATO von 1999 fügt sich in die Kontinuität der Entscheidungen des Bundesverfassungsgerichts zum Verhältnis von Parlament und Regierung im Bereich der auswärtigen Gewalt.[1085] Das Gericht sieht in der auswärtigen Gewalt nach wie vor eine Domäne der Regierung[1086] und räumt der Exekutive für wesentliche Bereiche der auswärtigen Gewalt einen hinreichend demokratisch legitimierten „exklusiven Bereich der Eigenverantwortung"[1087] ein.

Zu Unrecht bemängelt Andreas L. Paulus, das Bundesverfassungsgericht drücke sich erneut um die alles entscheidende Frage herum, inwieweit die Teilnahme an nicht vom Sicherheitsrat gedeckten Einsätzen eine Verletzung des Völkerrechts darstelle und damit der Bundesrepublik versperrt wäre. Letztlich werde dies der Entscheidung der Bundesregierung und, soweit es um einen konkreten Einsatz der Streitkräfte gehe, dem Bundestag überlassen.[1088] Andreas L. Paulus übersieht, daß nicht die Autorisierung eines militärischen Einsatzes durch den Sicherheitsrat der VN, sondern die strikte Beachtung des Völkerrechts für den Auslandseinsatz der Bundeswehr entscheidend ist. NATO-mandatierte militärische Einsätze sind auch ohne Mandat des Sicherheitsrats der VN an das Völkerrecht gebunden. Unter keinem denkbaren Gesichtspunkt und in keiner denkbaren Bündniskonstellation dürfen Einsätze der Bundeswehr das Völkerrecht verletzen.

1085 Wiefelspütz, Das Parlamentsheer, S. 207; Paulus, Parlament und Streitkräfteeinsatz, S. 250.

1086 Calliess, in: Isensee/Kirchhof (Hg.), Handbuch des Staatsrechts, Bd. IV, Aufgaben des Staates, § 83 Rdnr. 42.

1087 Cremer, in: Geiger (Hg.), Neuere Probleme, S. 11 (23).

1088 Paulus, Parlament und Streitkräfteeinsatz, S. 250 f.

V. Der AWACS II-Beschluß des Bundesverfassungsgerichts vom 25. März 2003[1089]

1. Der Beschluß vom 25. März 2003

Die Türkei bat im Februar 2003 um die Entsendung von AWACS-Flugzeugen gemäß Art. 4 des NATO-Vertrages, da sich die Möglichkeit abzeichnete, daß es im Zusammenhang mit dem Ausbruch des Irak-Krieges auch zu bewaffneten Auseinandersetzungen zwischen dem Irak und der Türkei kommen könnte. Daraufhin wurden vier AWACS-Flugzeuge in die Türkei verlegt. Die Besatzung bestand zu etwa einem Drittel aus Bundeswehrsoldaten.[1090]

Die Entsendung der AWACS-Flugzeuge in die Türkei wurde von einer breiten Zustimmung in der deutschen Politik getragen. Umstritten hingegen war und ist, ob die Verwendung der deutschen Soldaten in den Flugzeugen der konstitutiven Zustimmung des Bundestages bedurft hätte. Im Gegensatz zur Bundesregierung[1091] und zur damaligen Rot-Grünen Koalition[1092] bejahten dies die Fraktionen der CDU/CSU[1093] und der F.D.P.[1094]

1089 BVerfGE 108, S. 34 ff. = NJW 2003, S. 2373 ff. = JZ 2003, S. 897 ff.; dazu Wiefelspütz, NZWehrr 2003, S. 133 ff.; ders., Der Einsatz bewaffneter deutscher Streitkräfte, S. 29 ff.; ders., Das Parlamentsheer, S. 208 ff.; Rupp, JZ 2003, S. 899 f.; ders., Liber Amicorum für Peter Häberle, S. 731 (741 ff.); Nolte, NJW 2003, S. 2359 ff.; Krajewski, AVR 2003, S. 419 ff.; Fischer-Lescano, NVwZ 2003, S. 1474 ff.; Lutze, DÖV 2003, S. 972 ff.; Gramm, UBWV 2003, S. 161 ff.; Spies, in: Festschrift für Dieter Fleck, S. 531 (539 f.); Sauer, JA 2004, S. 19 ff.; Koch, Das Parlamentsbeteiligungsgesetz, S. 1 (20 ff.); ders., Das Parlamentsbeteiligungsgesetz, Erweiterte Fassung, S. 30 ff.; Dreist, ZaöRV 64 (2004), S. 1001 (1033 ff.); Gilch, Das Parlamentsbeteiligungsgesetz, S. 83 ff.; Paulus, Vortrag, S. 26 f.; ders., in: Weingärtner (Hg.), Einsatz der Bundeswehr im Ausland, S. 81 (82, 92 f.); ders., Parlament und Streitkräfteeinsatz, S. 251 ff.

1090 Zum Sachverhalt vgl. auch Schröder, Das parlamentarische Zustimmungsverfahren, S. 127 ff.; Gilch, Das Parlamentsbeteiligungsgesetz, S. 79 ff.

1091 Bundeskanzler Gerhard Schröder (SPD), Deutscher Bundestag, 15. Wahlperiode, 34. Sitzung, 19. März 2003, Sten. Prot. S. 2727 D. Abwegig freilich ist die Behauptung von Blumenwitz, ZfP 50 (2003), S. 301 (330 Fn. 119), „aus politisch nahe liegenden Gründen" habe die Bundesregierung verzichtet, den Einsatz deutscher Streitkräfte „am Rande des Kriegsgebiets" dem Parlament zur Zustimmung vorzulegen. Ein Antrag auf konstitutive Zustimmung wird nur dann gestellt, wenn er verfassungsrechtlich geboten, nicht bereits, wenn er politisch opportun ist.

1092 Wiefelspütz, FAZ vom 1. März 2003, S. 2; ders., dpa-Gespräch vom 18. März 2003. Vgl. auch die Debatte über den Antrag der F.D.P.-Bundestagsfraktion auf BT-Drs. 15/711: Deutscher Bundestag 15. Wahlperiode, 35. Sitzung, 20. März 2003, Sten. Prot. S. 2926 D ff.

1093 Abg. Dr. Schäuble (CDU/CSU), Deutscher Bundestag, 15. Wahlperiode, 35. Sitzung, 20. März 2003, Sten. Prot. S. 2886 A, B; Abg. Ronald Pofalla (CDU/CSU), FAZ vom 18. Januar 2003.

1094 Abg. Dr. Hoyer (F.D.P.), Deutscher Bundestag, 15. Wahlperiode, 35. Sitzung, 20. März 2003, Sten. Prot. S. 2892 C; vgl. auch Meyer, Entscheidungsmündigkeit, S. 23. Meyer betont, es handele sich um den einzigen Einsatz, für den die Bundesregierung keine Zustimmung des Bundestages erbeten habe, obwohl die Situation nicht als Gefahr im Verzug anzusehen gewesen sei. Meyer übersieht, daß

Die F.D.P.-Bundestagsfraktion wandte sich daraufhin mit einem einstweiligen Anordnungsverfahren an das Bundesverfassungsgericht. Sie wollte damit erreichen, daß der Deutsche Bundestag von der Bundesregierung unverzüglich mit der Beteiligung deutscher Soldaten am NATO AWACS-Einsatz in der Türkei befaßt wird. Die F.D.P. machte geltend, daß die Teilnahme deutscher Soldaten an dem AWACS-Einsatz der NATO über der Türkei keine „Routinemaßnahme" sei. Es handele sich vielmehr um einen militärischen Einsatz, der der Zustimmung des Deutschen Bundestages bedürfe. Es sei unrealistisch anzunehmen, daß der Einsatz der AWACS-Flugzeuge zum Schutz der Türkei strikt von dem Einsatz anderer Flugzeuge über dem Irak zu trennen sei.[1095]

Die Bundesregierung hielt dem entgegen, die Aufgabe der AWACS-Flugzeuge bestehe in dem rein defensiven Schutz der Türkei als NATO-Bündnispartner. Nach den Einsatzregeln (Rules of Engagement) bestehe der Auftrag des AWACS-Verbandes darin, durch Überwachung des türkischen Luftraums potentielle Angriffsabsichten frühzeitig zu identifizieren und die politische Entschlossenheit des Bündnisses zur Erhaltung der territorialen Integrität der Türkei zu demonstrieren.[1096]

Die F.D.P.-Bundestagsfraktion scheiterte mit ihrem Antrag.[1097] Das Gericht lehnte den Antrag auf Erlaß einer einstweiligen Anordnung ab, ohne materiell-rechtlich zu entscheiden, ob der Einsatz der AWACS-Flugzeuge der Zustimmung bedurft hätte. Das Gericht bestätigte[1098] zunächst seine Rechtsprechung zum konstitutiven Parlamentsvorbehalt:

> „Der konstitutive Parlamentsvorbehalt hat ein hohes Gewicht, weil die Bundeswehr ein Parlamentsheer ist. Die Bundeswehr ist dadurch in die demokratisch rechtsstaatliche Verfassungsordnung eingefügt (vgl. BVerfGE 90, 286 [382]). Die Einbeziehung deutscher Soldaten in bewaffnete Unternehmungen ohne Zustimmung des Bundestages greift deshalb prinzipiell tief in die Rechte des Parlaments ein."[1099]

Sodann hob hervor, eine Folgenabwägung falle gegen den Erlaß einer einstweiligen

---

ausschließlich streitig ist, ob es sich bei dem AWACS-Einsatz um eine bewaffnete Unternehmung handelt.

1095 BVerfGE 108, S. 34 (37).

1096 BVerfGE 108, S. 34 (39).

1097 Die F.D.P.-Bundestagsfraktion machte im August 2003 ein Hauptsacheverfahren beim Bundesverfassungsgericht anhängig, das noch nicht entschieden ist.

1098 Vgl. BVerfGE 100, S. 266 (269); 104, S. 151 (208).

1099 BVerfGE 108, S. 34 (44). Es gibt nicht den geringsten Anhaltspunkt für die Auffassung von Rupp, JZ 2003, S. 899, das Bundesverfassungsgericht scheine von der Notwendigkeit einer konstitutiven parlamentarischen Zustimmung wieder abzugehen. Ebenfalls ohne nachvollziehbare Begründung meint Rupp an anderer Stelle, in: Festschrift Häberle, S. 731 (743): „Fast scheint es – so muß man annehmen – daß der Senat es für besser hält, den Bundestag, falls die Regierung auf ihrem Alleinhandeln beharrt, überhaupt nicht maßgeblich zu Wort kommen zu lassen bzw. erst dann, wenn es zu spät und die Normativität des Faktischen eingetreten ist."

Anordnung aus. In den Entscheidungsgründen heißt es:

„In der gegenwärtigen geopolitischen Lage ist nicht auszuschließen, daß die Verlegung von Teilen des NATO-AWACS-Verbandes, an dem deutsche Soldaten in größerer Zahl beteiligt sind, in die Türkei einen Einsatz darstellt, der die konstitutive Zustimmung des Bundestages erfordert ...

Für den konkreten Fall ist etwa zu klären, ab wann und inwieweit der Einsatz in integrierten NATO-Verbänden zu einem den Parlamentsvorbehalt auslösenden bewaffneten Einsatz wird, wenn diese Verbände den Luftraum eines Bündnismitglieds überwachen, dessen Staatsgebiet unmittelbar an ein kriegsbefangenes Territorium angrenzt, oder wenn sich die Überwachung darüber hinaus auf das Territorium eines an dem bewaffneten Konflikt beteiligten Staates erstreckt.

Ferner könnte klärungsbedürftig sein, inwieweit auch eine mittelbare Einbeziehung in bewaffnete Unternehmungen den Parlamentsvorbehalt auslöst. Dies gilt insbesondere im vorliegenden Fall, wenn Entwicklungen möglich sind, daß der Bündnispartner, dessen Gebiet zu sichern ist, selbst zu einer kriegführenden Partei wird. Da die tatsächliche Entwicklung – nach dem derzeitigen Erkenntnisstand des Senats, auch nach dem Vortrag der Bundesregierung – nicht bereits eine unmittelbare Einbeziehung in Kampfhandlungen erkennen läßt, ist der Antrag auch nicht offensichtlich begründet. ...

Auf der anderen Seite steht die außenpolitische Verantwortung der Exekutive mit ihrem Kernbereich eigener Entscheidungsfreiheit...

Es läßt sich nicht feststellen, daß bei dem anzulegenden strengen Prüfungsmaßstab die Rechte des Bundestages deutlich überwiegen. Die Abwägung dieser Positionen ist im Ergebnis offen. Die ungeschmälerte außenpolitische Handlungsfähigkeit der Bundesregierung in dem ihr durch die Verfassung zugewiesenen Kompetenzbereich hat auch im gesamtstaatlichen Interesse an der außen- und sicherheitspolitischen Verläßlichkeit Deutschlands bei der Abwägung ein besonderes Gewicht (vgl. BVerfGE 33, 195 <197>; 83, 162 <173 f.>)."[1100]

2. Bewertung

Der knappe AWACS II-Beschluß des Bundesverfassungsgerichts ist, obwohl in einem einstweiligen Anordnungsverfahren ergangen, von erheblicher materieller Bedeutung. Das Gericht bestätigt nicht nur mit dem Beschluß seine Rechtsprechung zum konstitutiven wehrverfassungsrechtlichen Parlamentsvorbehalt,[1101] sondern gibt im Gewand von Fragen, die im Hauptsacheverfahren zu klären seien, wichtige Hinweise zur Bestimmung der gegenständlichen Reichweite des konstitutiven

---

1100 BVerfGE 108, S. 34 (42 ff.).

1101 Abwegig Kutscha, in: Völkerrecht statt Machtpolitik, S. 268 (279), und Bommarius, Berliner Zeitung vom 26. März 2003, die geltend machen, der AWACS II-Beschluß stelle den Parlamentsvorbehalt auf den Kopf.

wehrverfassungsrechtlichen Parlamentsvorbehalts.

Mit Recht weist das Gericht darauf hin, daß die Reichweite des konstitutiven wehrverfassungsrechtlichen Parlamentsvorbehalts zu klären sei. Die rechtswissenschaftliche Literatur ist dieser Frage häufig ausgewichen oder trug in der Regel wenig Erhellendes zu dieser Schlüsselfrage bei.

Bedeutsam ist, daß das Gericht in Vertiefung der dem Streitkräfteurteil vom 12. Juli 1994 zugrunde liegenden Herleitung des konstitutiven wehrverfassungsrechtlichen Parlamentsvorbehalts[1102] die Verknüpfung der Beteiligungsrechte des Parlaments mit dem historischen Bild eines Kriegseintritts hervorhebt.[1103] Daraus läßt sich aber auch – im Gegensatz zur herrschenden Meinung[1104] – der Schluß ziehen, daß *nicht jeder* bewaffnete Einsatz, sondern nur militärische Einsätze von einigem Gewicht vom konstitutiven wehrverfassungsrechtlichen Parlamentsvorbehalt erfaßt werden.[1105] Denn nicht jeder Einsatz bewaffneter Streitkräfte ist mit einem so außerordentlich gravierenden Ereignis wie einem Kriegseintritt gleichzusetzen.

Auch bewaffnete Einsätze, die der Sache nach *polizeilichen* Charakter haben wie bewaffnete Rettungsaktionen der Streitkräfte oder das Eingreifen der Streitkräfte auf Hoher See nach Maßgabe des SRÜ z. B. in Fällen von Piraterie unterfallen nicht dem Parlamentsvorbehalt.[1106] Die bislang herrschende Meinung nimmt die-

---

1102 Vgl. BVerfGE 90, S. 286 (383).

1103 BVerfGE 108, S. 34 (42 f.). Im Urteil des Bundesverfassungsgerichts zur neuen Strategischen Konzeption der NATO aus dem Jahre 1999, BVerfGE 104, S. 151 (208), heißt es, daß „wegen des wehrverfassungsrechtlichen Parlamentsvorbehalts jeder Einsatz der Bundeswehr im Rahmen der NATO sowohl zur kollektiven Verteidigung als auch zur Krisenreaktion von der Zustimmung des Bundestages abhängig" sei.

1104 Vgl. Klein, Deutscher Bundestag, 15. Wahlperiode, Ausschuß für Wahlprüfung, Immunität und Geschäftsordnung, Protokoll G 25 vom 17. Juni 2004, S. 13; Röben, Deutscher Bundestag, 15. Wahlperiode, Ausschuß für Wahlprüfung, Immunität und Geschäftsordnung, Protokoll G 25, S. 14; Baldus, Deutscher Bundestag, 15. Wahlperiode, Ausschuß für Wahlprüfung, Immunität und Geschäftsordnung, Ausschußdrucksache 15 – G – 32, S. 22; Dreist, NZWehr 2001, S. 1 (7); Wild, DÖV 2000, S. 622 (630); Schaefer, Verfassungsrechtliche Grenzen, S. 202 f. Schmidt-Radefeldt, Parlamentarische Kontrolle, S. 160, der sich bei Einsätzen von geringer Bedeutung für erleichterte Zustimmungsbedingungen ausspricht. § 2 PBG und der Gesetzentwurf der F.D.P.-Bundestagsfraktion (BT-Drs. 15/1985) gehen ebenfalls davon aus, daß sämtliche bewaffnete Einsätze der Streitkräfte der konstitutiven Zustimmung des Bundestages bedürfen. Vgl. dazu Wiefelspütz, NZWehr 2004, S. 133 (134). Siehe dazu unten S. 319 ff.

1105 Wiefelspütz, NZWehr 2003, S. 133 (140); ders., BWV 2003, S. 193 (195); ders., Der Einsatz bewaffneter deutscher Streitkräfte, S. 37; ders., Das Parlamentsheer, S. 212. Wieland, Deutscher Bundestag, 15. Wahlperiode, Ausschuß für Wahlprüfung, Immunität und Geschäftsordnung, Protokoll G 25 vom 17. Juni 2004, S. 18. Ähnlich Oeter, NZWehr 2000, S. 89 (97); Paulus, Vortrag, S. 28; ders., in: Weingärtner (Hg.), Einsatz der Bundeswehr im Ausland, S. 81 (93); ders., Parlament und Streitkräfteeinsatz, S. 301 f.; Calliess, in: Isensee/Kirchhof (Hg.), Handbuch des Staatsrechts, Bd. IV, Aufgaben des Staates, § 83 Rdnr. 39; Nowrot, NZWehr 2003, S. 65 (73), befürwortet bei bewaffneten Einsätzen von geringer Bedeutung lediglich eine Abstufung der Kontrollbefugnisse des Bundestages.

1106 A. A. Paulus, Parlament und Streitkräfteeinsatz, S. 377; Rau, AVR 44 (2006), S. 93 (99).

se Differenzierung zwischen militärischen Einsätzen konventioneller Art und militärischen Einsätzen der Bundeswehr mit polizeilichem Gepräge nicht vor und dürfte deshalb bei den vorstehend genannten Einsätzen stets von der Zustimmungsbedürftigkeit der bewaffneten Unternehmungen ausgehen.[1107]

Das Bundesverfassungsgericht verdient ebenfalls Zustimmung, wenn es für klärungsbedürftig hält, „wann ein „Einsatz bewaffneter Streitkräfte" anzunehmen ist, insbesondere wann deutsche Soldaten „in bewaffnete Unternehmungen einbezogen" sind.[1108] Das Gericht bietet in diesem Zusammenhang als Abgrenzungskriterium den Begriff „kriegsbefangenes Territorium"[1109] an.

Ein Einsatz deutscher Streitkräfte bedarf danach jedenfalls dann der Zustimmung des Deutschen Bundestages, wenn deutsche Soldaten auf einem Territorium verwendet werden, das mit Krieg überzogen ist.[1110]

Von Bedeutung ist schließlich, daß das Bundesverfassungsgericht die Frage anspricht, „inwieweit auch eine mittelbare Einbeziehung in bewaffnete Unternehmungen den Parlamentsvorbehalt auslöst"[1111]. Diese Problemstellung ist nicht nur für das AWACS II-Verfahren von besonderer Bedeutung. Militärische Unternehmungen sind regelmäßig komplex-arbeitsteiliger Natur, insbesondere bei militärischen Operationen eines Bündnisses. Für den Erfolg einer militärischen Operation kann auch der lediglich logistische Beitrag der Bundeswehr für diese Unternehmung von erheblicher Bedeutung sein. Gleiches gilt für die gewollte und geplante Weitergabe von Aufklärungsinformationen, die von Soldaten der Bundeswehr systematisch gewonnen wurden, an kriegführende Streitkräfte. Es lassen sich eine Vielzahl von Aktivitäten der Bundeswehr vorstellen – hervorzuheben ist vor allem der logistische Bereich –, die einen wesentlichen Beitrag zu einer militärischen Operation eines anderen Staates darstellen, ohne daß bewaffnete deutsche Soldaten selbst Verwendung fänden. Wenn sich indes dieser Beitrag als integrierter Bestandteil der bewaffneten Unternehmung eines anderen Staates oder eines Bündnisses herausstellt, dann genügt diese mittelbare Einbeziehung, um für den deutschen Beitrag den Parlamentsvorbehalt auszulösen.[1112]

1107 Wiefelspütz, Das Parlamentsheer, S. 212. Siehe unten S. 319 ff. und vor allem § 5 Abs. 1 Satz 2 PBG.

1108 BVerfGE 108, S. 34 (43).

1109 Vgl. BVerfGE 108, S. 34 (43).

1110 Wiefelspütz, NZWehr 2003, S. 133 (138); ders., Der Einsatz bewaffneter deutscher Streitkräfte, S. 40; ders., Das Parlamentsheer, S. 213.

1111 BVerfGE 108, S. 34 (43).

1112 Ähnlich Klein, Deutscher Bundestag, Ausschuß für Wahlprüfung, Immunität und Geschäftsordnung, Protokoll G 25 vom 17. Juni 2004, S. 14; Schmidt-Jortzig, Ausschuß für Wahlprüfung, Immunität und Geschäftsordnung, Ausschußdrucksache 15 – G – 29 vom 8. Juni 2004, S. 3.

Es überzeugt nicht, wenn Andreas L. Paulus dem Bundesverfassungsgericht in diesem Zusammenhang „eine gewisse Angst vor der eigenen Courage"[1113] attestiert. Der AWACS II-Beschluß verändert nicht, sondern vertieft die Rechtsprechung des Bundesverfassungsgerichts zum konstitutiven Parlamentsvorbehalt.

Wenig zielführend ist freilich der Hinweis von Markus Krajewski, das Bundesverfassungsgericht sei offen gegenüber einer Anwendung des konstitutiven Parlamentsvorbehalts auch auf solche Einsätze von Streitkräften, die zunächst defensiv beginnen und nur potentiell zu bewaffneten Einsätzen werden.[1114] So sehr die Abgrenzung im Einzelfall Schwierigkeiten bereiten mag: Entweder handelt es sich um einen zustimmungsbedürftigen Einsatz oder der Einsatz gebietet keine konstitutive Beteiligung des Parlaments. Eine Verwendung von Soldaten der Bundeswehr kann nicht beides gleichzeitig sein.

Denkbar ist freilich ein Einsatz, der zunächst als zustimmungsfreie Unternehmung beginnt, bei dem Einsatz im weiteren Verlauf der Operation aber Umstände hinzutreten, die den konstitutiven Parlamentsvorbehalt auslösen werden. In einem solchen Fall hat die Bundesregierung die Alternative, dem Bundestag einen Antrag auf Zustimmung zum Einsatz zuzuleiten oder die Operation unverzüglich zu beenden.[1115]

Andreas L. Paulus sieht das Bundesverfassungsgericht in seinem AWACS II-Beschluß „auf dem Weg zurück"[1116]. Das Gericht habe die implizite Vermutung zugunsten einer Zustimmungsbedürftigkeit aus der Somalia-Entscheidung eingeschränkt; aus dem Einsatz bewaffneter Streitkräfte sei die „Verstrickung in bewaffnete Einsätze" geworden.[1117] Auf den ersten Blick erscheine dies als Erweiterung der „bewaffneten Einsätze" zu einer „Gefahr der Verstrickung". In Wirklichkeit jedoch erfordere die „Gefahr der Verstrickung" in bewaffnete Einsätze eine reale Gefahr, daß Waffen auch wirklich verwendet werden, während der „bewaffnete Einsatz" aus der Somalia-Entscheidung auch Situationen einbeziehe, in denen Waffen nur sicherheitshalber und zur Selbstverteidigung mitgeführt, nicht aber wirkliche Kämpfe erwartet werden.[1118] Während die Nichteinbeziehung in bewaffnete Unternehmungen 1994 das Kriterium dafür gewesen sei, wann Hilfsdienste und -leistungen im Ausland keiner Zustimmung bedurften, verwende sie das Bundesverfassungsgericht jetzt als positive Kriterien für die Zustimmungsbedürftigkeit aller Einsätze. Während in der AWACS/Somalia-Entscheidung die Deformalisierung des Krieges als Argument

---

1113 Paulus, Vortrag, S. 3; ders., in: Weingärtner (Hg.), Einsatz der Bundeswehr im Ausland, S. 81 (92).

1114 Krajewski, AVR 41 (2003), S. 419 (421).

1115 Wiefelspütz, Das Parlamentsheer, S. 214.

1116 Paulus, Parlament und Streitkräfteeinsatz, S. 251.

1117 Paulus, Parlament und Streitkräfteeinsatz, S. 256.

1118 Paulus, Parlament und Streitkräfteeinsatz, S. 256.

dafür verwendet worden sei, die Zustimmungsbedürftigkeit von Einsätzen über die „klassischen" zwischenstaatlichen Kriege hinaus zu begründen, werde in der Türkei-Entscheidung umgekehrt das „historische Bild eines Kriegseintritts" zum Kriterium für die Zustimmungsbedürftigkeit.[1119] Früher sei von der über den bloßen Selbstschutz hinausgehende Bewaffnung auf die Zustimmungsbedürftigkeit geschlossen worden, jetzt werde die zukünftig zu erwartende „bewaffnete Auseinandersetzung" zum Kriterium für die Zustimmungsbedürftigkeit. Die Orientierung am nicht mehr gebräuchlichen Begriff des „Kriegseintritts" lege eine Parallele zur Eintrittsschwelle des humanitären Völkerrechts nahe.[1120] Schließlich entziehe die AWACS II-Entscheidung die Zustimmungsbedürftigkeit weitgehend der Rechtskontrolle durch das Bundesverfassungsgericht, weil es bei der Abwägung zwischen Parlamentsbefassung und schneller Regierungsentscheidung für letztere optiere.[1121]

Diese Kritik ist nicht begründet. Bei der Beurteilung der Beteiligung deutscher Soldaten an der Türkei-Mission von NATO-AWACS Flugzeugen ging es um die Bewertung einer zweifelsfrei militärischen Operation der NATO am „Rande" des Irak-Krieges. Ein Mandat des Sicherheitsrats der VN lag nicht vor. Entscheidend war, ob die „rote Line" hin zu einer Beteiligung deutscher Soldaten an einem bewaffneten Konflikt nicht nur erreicht, sondern überschritten wurde. Es war zu beurteilen, ob mit der AWACS-Mission die Grenze zur Einbeziehung in eine bewaffnete Unternehmung überschritten wurde. Nach Auffassung des Bundesverfassungsgerichts war für den konkreten Fall zu klären, ob der Parlamentsvorbehalt ausgelöst wird, weil der Luftraum eines Bündnismitglieds überwacht wird, dessen Staatsgebiet unmittelbar an ein kriegsbefangenes Territorium angrenzt, oder sich die Überwachung darüber hinaus auf das Territorium eines an dem bewaffneten Konflikt beteiligten Staates erstreckt. Außerdem könne klärungsbedürftig sein, inwieweit auch eine mittelbare Einbeziehung in bewaffnete Unternehmungen den Parlamentsvorbehalt auslöse.[1122] Demgegenüber hatte das Bundesverfassungsgericht in seiner Streitkräfteentscheidung vom 12 Juli 1994 ausschließlich über Friedensmissionen der VN zu entscheiden, nämlich über die Beteiligung deutscher Soldaten an einem herkömmlichen „Blauhelm"-Einsatz (UNOSOM II), an den VN-mandatierten Einsätzen zur Überwachung des Waffen- und Handelsembargos in der Adria gegen Restjugoslawien und an der Überwachung und Durchsetzung des vom Sicherheitsrat der VN verhängten Flugverbots im Luftraum über Bosnien-Herzegowina.[1123] Lediglich in einem obiter dictum hob das Gericht hervor, daß auch bei Eintritt des Bündnisfalles es noch der

---

1119 Paulus, Parlament und Streitkräfteeinsatz, S. 256.

1120 Paulus, Parlament und Streitkräfteeinsatz, S. 256 f.

1121 Paulus, Parlament und Streitkräfteeinsatz, S. 260.

1122 BVerfGE 108, S. 34 (43).

1123 Vgl. Wiefelspütz, Das Parlamentsheer, S. 186 ff.

– regelmäßig vorherigen – parlamentarischen Entscheidung über den *konkreten* Einsatz nach Maßgabe der konkreten Bündnisverpflichtung bedürfe.[1124]

Die Rechtskontrolle wird durch den AWACS II-Beschluß keineswegs geschmälert. Im Gegenteil. Das Gericht führt neue, abgrenzende Begriffe ein[1125], um die den Parlamentsvorbehalt auslösende Beteiligung deutscher Streitkräfte an herkömmlichen militärischen Konflikten von noch nicht zustimmungspflichtigen Operationen abzuschichten.

1124 BVerfGE 90, S. 286 (377).

1125 Vgl. BVerfGE 108, S. 34 (43): „Sukzessive Verstrickung in bewaffnete Auseinandersetzungen", „mittelbare Einbeziehung in bewaffnete Unternehmungen".

VI. Der Einsatz der Tornado RECCE der Bundeswehr in Afghanistan

1. Die Mission ISAF in Afghanistan

Nach dem Sturz des Taliban-Regimes einigten sich die größten ethnischen Gruppen Afghanistans im November und Dezember 2001 in Bonn auf der „Petersberger Konferenz" auf das „Übereinkommen über vorläufige Regelungen in Afghanistan bis zur Wiederherstellung dauerhafter staatlicher Institutionen" vom 5. Dezember 2001, die so genannte „Bonner Vereinbarung". Darin ersuchten die Teilnehmer der Konferenz den Sicherheitsrat der Vereinten Nationen, die baldige Entsendung einer Truppe im Rahmen eines Mandats der Vereinten Nationen in Erwägung zu ziehen; diese Truppe werde dazu beitragen, die Sicherheit in Kabul und den umgebenden Gebieten zu gewährleisten, und könne gegebenenfalls nach und nach auch in anderen Städten und weiteren Gebieten eingesetzt werden.

Am 20. Dezember 2001 genehmigte der Sicherheitsrat in seiner 4443. Sitzung die Einrichtung einer Internationalen Sicherheitsbeistandstruppe (International Security Assistance Force – ISAF), um die Afghanische Interimsverwaltung bei der Aufrechterhaltung der Sicherheit in Kabul und Umgebung zu unterstützen. Der Sicherheitsrat verlängerte im Folgenden diese Genehmigung, zuletzt in seiner 5744. Sitzung am 19. September 20067um ein weiteres Jahr bis zum 13. Oktober 2008.

Die Bundesregierung beantragte am 21. Dezember 2001 die Zustimmung des Deutschen Bundestags zur Beteiligung deutscher Streitkräfte an dem Einsatz einer Internationalen Sicherheitsunterstützungstruppe in Afghanistan, die der Deutsche Bundestag am 22. Dezember 2001 erteilte.[1126] Zur Begründung ihres Antrags führte die Bundesregierung unter anderem aus, daß die Beteiligung bewaffneter deutscher Streitkräfte an der Internationalen Sicherheitsunterstützungstruppe ein wesentlicher Beitrag Deutschlands zur Implementierung des auf dem Petersberg in Gang gesetzten nationalen Versöhnungsprozesses in Afghanistan sei. Die völkerrechtliche Grundlage hierfür finde sich in der Bonner Vereinbarung und den Resolutionen des Sicherheitsrats zu Afghanistan. In verfassungsrechtlicher Hinsicht handelten die deutschen Streitkräfte bei ihrer Beteiligung an der Sicherheitsunterstützungstruppe in Umsetzung der Resolution 1386 (2001) des Sicherheitsrats der VN vom 20. Dezember 2001 im Rahmen und nach den Regeln eines Systems gegenseitiger kollektiver Sicherheit im Sinne des Art. 24 Abs. 2 GG. Der zunächst auf ein halbes Jahr befristete Einsatz wurde im Folgenden aufgrund entsprechender Anträge der

---

1126 Kabinettentscheidung am 21. Dezember 2001; BT-Drs. 14/7930; Zustimmung des Deutschen Bundestages am 22. Dezember 2001; Deutscher Bundestag, 14. Wahlperiode, Sten. Prot. S. 20849 D (Beschluß); Personalobergrenze: 1200 Soldaten; Beginn: 22. Dezember 2001; befristet bis 20. Juni 2002.

Bundesregierung verlängert, zuletzt bis zum 13. Oktober 2008.[1127] Status und Rechte der Internationalen Sicherheitsunterstützungstruppe richten sich nach den zwischen der NATO und der Regierung von Afghanistan getroffenen Vereinbarungen.

Im August 2003 übernahm die NATO die Führung der ISAF-Mission. Das zunächst auf das Gebiet Kabuls und seiner Umgebung beschränkte ISAF-Mandat wurde mit der Resolution des VN-Sicherheitsrats 1510 (2003) vom 13. Oktober 2003 auf das gesamte Gebiet Afghanistans ausgeweitet. Im Juni 2004 beschloß die NATO auf ihrem Gipfeltreffen in Istanbul, das erweiterte Mandat wahrzunehmen. Dies betraf bis Mitte 2006 zunächst den Norden und Westen des Landes. Sodann übernahm ISAF am 31. Juli 2006 auch die Verantwortung für die Südregion sowie am 5. Oktober 2006 für die Ostregion Afghanistans.

2. Die Operation ENDURING FREEDOM in Afghanistan

In diesen Landesteilen mit schwieriger Sicherheitslage waren zuvor allein die USA und sie unterstützende weitere Staaten – darunter auch die Bundesrepublik Deutschland – im Rahmen der Operation Enduring Freedom tätig. Diese Operation zur – auch militärischen – Bekämpfung des Terrorismus, mit der die USA auf die Terroranschläge vom 11. September 2001 antworten, hatte im Oktober 2001 mit einer militärischen Offensive gegen das afghanische Taliban-Regime begonnen.

3. Das Zusammenwirken der Mission ISAF und der Operation ENDURING FREEDOM

Aufgrund der Ausweitung von ISAF überschneidet sich nunmehr dessen Einsatzgebiet mit dem der Operation Enduring Freedom. Der ISAF-Operationsplan sieht „eine restriktive Übermittlung von Aufklärungsergebnissen" an die Operation Enduring Freedom vor, „wenn dies zur erfolgreichen Durchführung der ISAF-Operation oder für die Sicherheit von ISAF-Kräften erforderlich ist"[1128]. In seiner Mandatierung der ISAF-Mission auf der Grundlage von Kapitel VII SVN hat der UN-Sicherheitsrat ISAF immer wieder explizit zur Kooperation mit der Operation Enduring Freedom

---

1127 Kabinettentscheidung vom 19. September 2007; BT-Drs. 16/6460; Zustimmung des Deutschen Bundestages am 12. Oktober 2007; Deutscher Bundestag, 16. Wahlperiode, Sten. Prot. S. 12 373 A (Ergebnis der namentlichen Abstimmung); Personalobergrenze: 3500 Soldaten. Der Einsatz ist bis zum 13. Oktober 2008 befristet.

1128 BT-Drs. 16/4298, S. 3.

aufgefordert[1129] und die im Zuge der Ausweitung der ISAF-Mission erfolgende engere Zusammenarbeit der Operationen ausdrücklich begrüßt[1130].

4. Der Einsatz der Tornado RECCE der Bundeswehr in Afghanistan

Auf dem NATO-Gipfel in Riga am 28./29. November 2006 gaben die Staats- und Regierungschefs der NATO-Mitgliedstaaten eine Gipfelerklärung über die zukünftigen Herausforderungen der NATO ab und verabschiedeten eine „Comprehensive Political Guidance", die einen Rahmen für die zukünftige Ausrichtung des Verteidigungsbündnisses vor dem Hintergrund sich wandelnder Bedrohungslagen setzen soll.

Am 8. Februar 2007 beantragte die Bundesregierung die Zustimmung des Deutschen Bundestags zu der erweiterten deutschen Beteiligung an der NATO-geführten Internationalen Sicherheitsunterstützungstruppe in Afghanistan mit Fähigkeiten zur Aufklärung und Überwachung in der Luft. Zur Begründung heißt es unter anderem, bereits die am 28. September 2006 beschlossene Verlängerung des Mandats für die Fortsetzung der deutschen Beteiligung an ISAF habe unter der Erwartung der Ausweitung von ISAF auf ganz Afghanistan gestanden, die am 5. Oktober 2006 mit der Übernahme der Verantwortung für die ISAF-Ostregion vollzogen worden sei. Damit stelle sich die NATO neuen Herausforderungen, insbesondere einer angespannteren Sicherheitslage. Notwendig sei daher aus Sicht der NATO auch die Fähigkeit zur Aufklärung aus der Luft. Der Aufklärung im gesamten Verantwortungsbereich von ISAF komme eine hohe Bedeutung zu. Der Antrag der Bundesregierung solle es ermöglichen, diese Fähigkeiten in Ergänzung des bereits bestehenden deutschen Beitrags zu ISAF zu stellen. Für die Aufgabe der Aufklärung und Überwachung aus der Luft seien Aufklärungsflugzeuge vom Typ Tornado RECCE vorgesehen, die über die Fähigkeit zur abbildenden Aufklärung am Tag und in der Nacht verfügten. Diese Aufklärungsflugzeuge verfügen über Eigen- und Selbstschutzeinrichtungen; sie sollen nicht zur Luftnahunterstützung bei Kampfaktionen („Close Air Support") eingesetzt werden.[1131]

Am 9. März 2007 stimmte der Deutsche Bundestag dem Antrag der Bundesregierung zur Entsendung von Aufklärungsflugzeugen des Typs Tornado Recce nach Afghanistan zu.[1132]

1129 Siehe etwa die Resolution 1510 (2003) des Sicherheitsrats der VN vom 13. Oktober 2003.

1130 Siehe Resolution 1659 (2006) des Sicherheitsrats der VN vom 15. Februar 2006.

1131 Siehe BT-Drs. 16/4298, S. 3.

1132 Kabinettentscheidung vom 7. Februar 2007; BT-Drs. 16/4298; Zustimmung des Deutschen Bundestages am 9. März 2007; Deutscher Bundestag, 16. Wahlperiode, Sten. Prot. S. 8712 A (Ergebnis der namentlichen

5. Die Tornado-Beschlüsse des Bundesverfassungsgerichts

a) Der Beschluß des Bundesverfassungsgerichts vom 9. März 2007

Gegen den zustimmenden Beschluß des Deutschen Bundestages vom 9. März 2007 richtet sich die Organklage der Bundestagsabgeordneten Dr. Peter Gauweiler (CDU/CSU-Bundestagsfraktion) und Willy Wimmer(CDU/CSU-Bundestagsfraktion) verbunden mit dem Antrag auf Erlaß einer einstweiligen Anordnung.

Der Zweite Senat des Bundesverfassungsgerichts lehnte den Eilantrag mit Beschluß vom 12. März 2007[1133] ab. Für eine einstweilige Anordnung sei kein Raum, da die in der Hauptsache gestellten Anträge unzulässig seien. Soweit die Antragsteller mit ihrer Klage Rechte des Bundestages geltend machen, seien sie hierzu nicht befugt. Soweit sie die Verletzung eigener Rechte rügten, hätten sie eine Verletzung oder Gefährdung ihrer Statusrechte als Abgeordnete nicht dargetan.

Soweit die Antragsteller geltend machten, die Bundesregierung habe Rechte des Bundestages aus Art. 59 Abs. 2 und Art. 20 Abs. 2 GG verletzt, indem sie es unterlassen habe, einem „das Zustimmungsgesetz zum NATO-Vertrag überschreitenden stillen Bedeutungswandel von Art. 1 NATO-Vertrag entgegenzuwirken", und sich „aktiv an diesem Bedeutungswandel beteiligt" habe, setze die Zulässigkeit des Antrags voraus, daß die Antragsteller befugt seien, Rechte des Bundestages im Wege der Prozeßstandschaft geltend zu machen. Nach der Rechtsprechung des Bundesverfassungsgerichts sei der einzelne Abgeordnete aber nicht befugt, solche Rechte im Organstreit als Prozeßstandschafter geltend zu machen.

Soweit die Antragsteller eine Verletzung eigener Rechte durch Maßnahmen oder Unterlassungen der Bundesregierung geltend machten, fehle es bereits an der schlüssigen Darlegung eines die Antragsteller und die Bundesregierung umschließenden Verfassungsrechtsverhältnisses. Der Vortrag der Antragsteller, die Bundesregierung verletze sie in ihren Rechten, indem sie an einer Änderung des NATO-Vertrages ohne formelle, gemäß Art. 59 Abs. 2 GG einen Gesetzesbeschluß des Bundestages erfordernde Vertragsänderung mitwirke, sei nicht geeignet, ein derartiges Rechtsverhältnis darzulegen. Die Frage nach dem verfassungsrechtlichen Erfordernis eines Zustimmungsgesetzes nach Art. 59 Abs. 2 GG betreffe die Abgrenzung der Kompetenzen von Bundestag und Bundesregierung und berühre nicht den Status des einzelnen Abgeordneten.

Abstimmung); Personaleinsatz: Zusätzlich zum bisherigen Personal für ISAF bis zu 500 Soldatinnen und Soldaten für den Einsatz des Einsatzmoduls Tornado Recce im Rahmen von Luftaufklärung und Luftüberwachung. Der Einsatz ist bis zum 13. Oktober 2007 befristet. Ob die Zustimmung des Deutschen Bundestags zum Einsatz der Aufklärer vom Typ Tornado Recce verfassungsrechtlich geboten war, ist streitig. Vgl. dazu MdB Hans-Ulrich Klose (SPD), IP Mai 2007, S. 22 ff.

1133 BVerfG, Beschluß vom 12. März 2007 – 2 BvE 1/07 –, NVwZ 2007, S. 685 ff.

Mit ihrer Rüge, der Bundestag habe durch seinen Beschluß vom 9. März 2007 über den Antrag der Bundesregierung einen Militäreinsatz ermöglicht, der nur nach Änderung des NATO-Vertrages unter parlamentarischer Beteiligung in Form eines Zustimmungsgesetzes hätte ermöglicht werden dürfen, hätten die Antragsteller eine mögliche Verletzung oder Gefährdung eigener Statusrechte ebenfalls nicht dargetan. Der Status der Antragsteller werde nicht von der Frage berührt, ob ein Beschluß des Bundestages rechtswirksam sei oder nicht. Das Organstreitverfahren diene dem Schutz der Rechte der Staatsorgane im Verhältnis zueinander, nicht einer allgemeinen Verfassungsaufsicht.

b) Der Beschluß des Bundesverfassungsgerichts vom 29. März 2007

Auch die Fraktion der PDS/Die Linke im Deutschen Bundestag wandte sich gegen den zustimmenden Beschluß des Deutschen Bundestages vom 9. März 2007. Sie machte am 20. März 2007 beim Bundesverfassungsgericht ein Organstreitverfahren anhängig und beantragte den Erlaß einer einstweiligen Anordnung zur Aussetzung des Vollzugs der Truppenentsendung nach Afghanistan.

Das Bundesverfassungsgericht lehnte den Antrag mit Beschluß vom 29. März 2007 ab.[1134] Die beantragte einstweilige Anordnung sei schon zur Abwehr schwerer Nachteile nicht dringend geboten.

Zur Begründung führte das Gericht aus: Für eine einstweilige Anordnung sei kein Raum, wenn das Bundesverfassungsgericht die Hauptsache so rechtzeitig zu entscheiden vermag, daß durch diese Entscheidung die schweren Nachteile, denen die einstweilige Anordnung entgegenwirken soll, vermieden werden können. Dringlich in diesem Sinne sei der Erlaß einer einstweiligen Anordnung nur dann, wenn im Hinblick auf das im Hauptsacheverfahren als verletzt gerügte Recht ein schwerer Nachteil drohe, der durch ein Obsiegen des Antragstellers im Hauptsacheverfahren nicht mehr verhindert oder rückgängig gemacht werden könne. Daran fehle es hier. Es sei nicht ersichtlich, daß im Hinblick auf das in den Hauptsacheanträgen als verletzt gerügte parlamentarische Beteiligungsrecht aus Art. 59 Abs. 2 GG ein irreversibler Nachteil drohe, wenn der Vollzug des Beschlusses des Deutschen Bundestags vom 9. März 2007 nicht im Wege einer einstweiligen Anordnung durch das Bundesverfassungsgericht ausgesetzt werde.

Soweit die Antragstellerin eine Verletzung von Art. 59 Abs. 2 GG durch eine Fortentwicklung des NATO-Vertrags über sein Integrationsprogramm hinaus unter Beteiligung der Antragsgegnerin rüge, könne ein irreversibler Nachteil für dieses Recht nicht dadurch eintreten, daß die Entsendung von Aufklärungs-Tornados der Bundeswehr zur Unterstützung des ISAF-Einsatzes in Afghanistan nicht im Wege der

---

1134 BVerfG, Beschluß vom 29. März 2007 – 2 BvE 2/07 –, NVwZ 2007, S. 687 ff.

einstweiligen Anordnung vorläufig unterbunden werde. Die Antragstellerin beziehe sich auf eine seit längerer Zeit im Gang befindliche Fortentwicklung des NATO-Vertrags, die unter anderem durch die Ausweitung der ISAF-Mission auf das gesamte Gebiet Afghanistans einen entscheidenden Schritt vollziehe. Sofern die beschlossene Entsendung der Tornados zu der geltend gemachten und als verfassungswidrig gerügten Fortentwicklung des Vertrags beitrüge, wäre diese Vertragsfortbildung jedenfalls nicht irreversibel. Sollte im Hauptsacheverfahren eine Verletzung des Deutschen Bundestags in seinem Recht aus Art. 59 Abs. 2 GG festgestellt werden, wäre damit eine verfassungsrechtliche Pflicht der Bundesregierung verbunden, einer solchen unzulässigen Fortentwicklung des NATO-Vertrags entgegenzuwirken. Die Antragstellerin hat nicht dargetan, aus welchen Gründen der bis zur Entscheidung des Gerichts in der Hauptsache verstreichende Zeitraum den von ihr für verfassungswidrig gehaltenen Zustand entscheidend verfestigen würde.

c) Bewertung

Die Tornado-Beschlüsse des Bundesverfassungsgerichts überraschen nicht.

Die Anträge der Abgeordneten Dr. Peter Gauweiler (CDU/CSU) und Willy Wimmer (CDU/CSU) waren erkennbar ohne Aussicht auf Erfolg, weil die in der Hauptsache gestellten Anträge unzulässig waren.

Soweit die Antragsteller geltend machen, die Bundesregierung habe Rechte des Bundestages verletzt, setzt die Zulässigkeit des Antrags voraus, daß die Abgeordneten befugt sind, Rechte des Deutschen Bundestags im Wege der Prozeßstandschaft geltend zu machen. Das ist aber nach ständiger und überzeugender Rechtsprechung des Bundesverfassungsgerichts nicht der Fall. Der einzelne Abgeordnete ist nach ständiger Rechtsprechung des Bundesverfassungsgerichts nicht befugt, im Organstreit Rechte des Deutschen Bundestags als Prozeßstandschafter geltend zu machen.[1135] Diese Rechtsprechung findet überwiegend Zustimmung in der Literatur.[1136]

1135 BVerfGE 67, S. 100 (126); 90, S. 286 (343 f.).

1136 Bethge, in: Maunz/Schmidt-Bleibtreu/Klein/Ulsamer/Bethge/Grasshof/Mellinghoft, Bundesverfassungsgerichtsgesetz, Stand: Februar 2007, § 64 Rdnr. 89; Löwer, in: Isensee/Kirchhof (Hg.), Handbuch des Staatsrechts, Bd. III, Demokratie – Bundesorgane, § 70 Rdnr. 21 m. w. N.; Goos, in: Hillgruber/Goos, Verfassungsprozeßrecht, 2. Aufl., 2006, Rdnr. 381; Umbach, in: Umbach/Clemens/Dollinger (Hg.), Heidelberger Kommentar zum Bundesverfassungsgerichtsgesetz, 2. Aufl., 2005, §§ 63, 64 Rdnr. 8; Clemens, in Umbach/Clemens (Hg.), Grundgesetz, Bd. II, Art. 93 Rdnr. 36; Schmidt-Bleibtreu/Hopfauf, in: Schmidt-Bleibtreu/Klein (Hg.), Grundgesetz, Art. 93 Rdnr. 55; Pieroth, in: Jarass/Pieroth, Grundgesetz, Art. 93 Rdnr. 11; wohl auch Klein, in: Benda/Klein, Verfassungsprozeßrecht, 2. Aufl., 2001, Rdnr. 1022. A. A. Schlaich/Korioth, Das Bundesverfassungsgericht, 7. Aufl., 2007, Rdnr. 94; Wieland, in: Dreier (Hg.), Grundgesetz, Bd. III, Art. 93 Rdnr. 52; Magiera, in: Schneider/Zeh, Parlamentsrecht und Parlamentspraxis in der Bundesrepublik Deutschland, 1989, § 52 Rdnr. 84; Pestalozza, Verfassungsprozeßrecht: Die Verfassungsgerichtsbarkeit des Bundes und der Länder, 3. Aufl., 1991, § 7 II Rdnr. 33; Pietzcker, in: Badura/Dreier (Hg.), Festschrift 50 Jahre Bundesverfassungsgericht, Erster

Der Antrag der Fraktion PDS/Die Linke im Deutschen Bundestag scheiterte, weil das Bundesverfassungsgericht für die Fraktion PDS/Die Linke keinen irreversiblen Nachteil erkennen konnte, wenn der Vollzug des Beschlusses des Deutschen Bundestags vom 9. März 2006 nicht im Wege einer einstweiligen Anordnung durch das Bundesverfassungsgericht ausgesetzt würde.

6. Das Tornado-Urteil des Bundesverfassungsgerichts

a) Das Tornado-Urteil des Bundesverfassungsgerichts vom 3. Juli 2007

Das Bundesverfassungsgericht wies die Anträge der Fraktion der PDS/Die Linke im Deutschen Bundestag mit Urteil vom 3. Juli 2007 – 2 BvE 2/07 –[1137] zurück. Die Anträge seien unbegründet. Die Bundesregierung habe mit ihrer Mitwirkung an den Erklärungen der Staats- und Regierungschefs auf dem NATO-Gipfel in Riga vom 28./29. November 2006 und mit dem Beschluss zur Entsendung von Tornado-Aufklärungsflugzeugen nach Afghanistan keine Rechte des Deutschen Bundestages aus Art. 59 Abs. 2 Satz 1 GG in Verbindung mit Art. 24 Abs. 2 GG verletzt. Das zum Gegenstand des Organstreitverfahrens gemachte Handeln der Bundesregierung überschreite nicht wesentliche Strukturentscheidungen des NATO-Vertrags: Weder sei der Bezug konkreter militärischer Einsätze der NATO zur Sicherheit des euro-atlantischen Raums gelöst worden noch habe die NATO sich von ihrer friedenswahrenden Zwecksetzung abgekoppelt.[1138] Der Deutsche Bundestag sei nicht in seinem Recht aus Art. 59 Abs. 2 Satz 1 GG verletzt, da der NATO-geführte ISAF-Einsatz in Afghanistan der Sicherheit des euro-atlantischen Raums diene und sich damit innerhalb des Integrationsprogramms des NATO-Vertrags bewege, wie es der Deutsche Bundestag im Wege des Zustimmungsgesetzes zu diesem Vertrag mitverantworte.[1139]

Das Bundesverfassungsgericht beschreibt die NATO als klassisches Verteidigungsbündnis, dessen grundlegender Zweck der regionalen Friedenswahrung aber auch Krisenreaktionseinsätze erlaube, ohne daß dadurch der Charakter als Verteidigungsbündnis in Frage gestellt würde.[1140] Ein wesentlicher Schritt der Fortbil-

---

Band, 2001, S. 587 (605); wohl auch Voßkuhle, in, von Mangoldt/Klein/Starck (Hg.), Grundgesetz, Bd. 3, Art. 93 Rdnr. 110.

1137 BVerfG, 2 BvE 2/07 vom 3. Juli 2007, Absatz Nr. (1 – 90); zitiert nach www.bverfg.de = NVwZ 2007, S. 1039 ff.

1138 BVerfG, 2 BvE 2/07 vom 3. Juli 2007, Absatz Nr. 50 = NVwZ 2007, S. 1039 (1041).

1139 BVerfG, 2 BvE 2/07 vom 3. Juli 2007, Absatz Nr. 51 = NVwZ 2007, S. 1039 (1041).

1140 BVerfG, 2 BvE 2/07 vom 3. Juli 2007, Absatz Nr. 52 = NVwZ 2007, S. 1039 (1041).

dung des vertraglichen Aufgabenkonzepts der NATO über ein Verteidigungsbündnis in einem engeren Sinn hinaus sei dem neuen Strategischen Konzept der NATO vom 24. April 1999 zu entnehmen. Entscheidende Neuerung dieses Konzepts sei die Option der NATO, in Reaktion auf neue Bedrohungsszenarien für die Sicherheit des euro-atlantischen Raums zukünftig auch nicht unter Art. 5 des NATO-Vertrags fallende Krisenreaktionseinsätze durchzuführen.[1141]

In seinem Urteil vom 22. November 2001[1142] habe das Bundesverfassungsgericht festgestellt, daß der NATO-Vertrag durch die Verabschiedung des neuen Strategischen Konzepts von 1999 durch die Staats- und Regierungschefs der NATO-Staaten nicht über das vertragliche Integrationsprogramm hinaus fortgebildet worden sei.[1143] Der ISAF-Einsatz in Afghanistan sei ein Krisenreaktionseinsatz der NATO im Sinne des neuen Strategischen Konzepts von 1999. Zwar habe der NATO-Rat am 12. September 2001 in Reaktion auf die Terroranschläge gegen die Vereinigten Staaten von Amerika vom Vortag erstmals in der Geschichte der NATO den Bündnisfall nach Art. 5 des NATO-Vertrags festgestellt. Rechtlich müsse aber der ISAF-Einsatz strikt getrennt betrachtet werden von der ebenfalls in Afghanistan präsenten Operation Enduring Freedom, die sich völkerrechtlich auf die Feststellung des Bündnisfalls und vor allem auf das Recht zur kollektiven Selbstverteidigung im Sinne von Art. 51 der Satzung der Vereinten Nationen berufe.[1144] Eine Lösung der NATO von ihrem regionalen Bezugsrahmen könne in dem ISAF-Einsatz in Afghanistan nicht gesehen werden. Denn dieser Einsatz sei ersichtlich darauf ausgerichtet, nicht allein der Sicherheit Afghanistans, sondern auch und gerade der Sicherheit des euro-atlantischen Raums auch vor künftigen Angriffen zu dienen.[1145]

An zentraler Stelle des Tornado-Urteils heißt es:

„Die Verantwortlichen im NATO-Rahmen durften und dürfen davon ausgehen, dass die Sicherung des zivilen Aufbaus Afghanistans auch einen unmittelbaren Beitrag zur eigenen Sicherheit im euro-atlantischen Raum leistet; angesichts der heutigen Bedrohungslagen durch global agierende terroristische Netzwerke können, wie der 11. September 2001 gezeigt hat, Bedrohungen für die Sicherheit des Bündnisgebiets nicht mehr territorial eingegrenzt werden."[1146]

Es fehle auch an einer Verletzung des Deutschen Bundestages in seinem Recht aus Art. 59 Abs. 2 Satz 1 GG durch Verstoß gegen den in Art. 24 Abs. 2 GG vorgegebenen Zweck der Friedenswahrung. Der ISAF-Einsatz in Afghanistan liefere

---

1141 BVerfG, 2 BvE 2/07 vom 3. Juli 2007, Absatz Nr. 55 = NVwZ 2007, S. 1039 (1041).

1142 BVerfGE 104, S. 151 ff.

1143 BVerfG, 2 BvE 2/07 vom 3. Juli 2007, Absatz Nr. 56 = NVwZ 2007, S. 1039 (1041).

1144 BVerfG, 2 BvE 2/07 vom 3. Juli 2007, Absatz Nr. 57 = NVwZ 2007, S. 1039 (1041).

1145 BVerfG, 2 BvE 2/07 vom 3. Juli 2007, Absatz Nr. 59 = NVwZ 2007, S. 1039 (1041 f.).

1146 BVerfG, 2 BvE 2/07 vom 3. Juli 2007, Absatz Nr. 67 = NVwZ 2007, S. 1039 (1042).

danach, wie er sich tatsächlich vollziehe und in den diesbezüglichen Passagen der Gipfelerklärungen von Riga politisch fixiert werde, keine Anhaltspunkte für die von der Antragstellerin geltend gemachte strukturelle Abkopplung der NATO von ihrer in Art. 24 Abs. 2 GG festgelegten Zweckbestimmung.[1147]

In dem Tornado-Urteil des Bundesverfassungsgerichts heißt es schließlich:

„Das Grundgesetz enthält sich einer Definition dessen, was unter Friedenswahrung zu verstehen ist, qualifiziert jedoch mit Art. 24 Abs. 2 GG die Einordnung in ein System kollektiver Sicherheit als ein entscheidendes Mittel zur Wahrung des Friedens, nämlich für die Herbeiführung und Sicherung einer friedlichen und dauerhaften Ordnung in Europa und der Welt... Das entspricht der Intention des historischen Verfassungsgebers ..., wonach die Bundesrepublik Deutschland im Rahmen kollektiver Sicherheitssysteme das völkergewohnheitsrechtliche Gewaltverbot...erfüllt, dessen innerstaatliche Geltung Art. 25 GG anordnet...

Deshalb kann die Verletzung des Völkerrechts durch einzelne militärische Einsätze der NATO, wie sie von der Antragstellerin geltend gemacht wird, insbesondere die Verletzung des Gewaltverbots, ein Indikator dafür sein, daß sich die NATO von ihrer verfassungsrechtlich zwingenden friedenswahrenden Ausrichtung strukturell entfernt...

An solchen Anhaltspunkten für eine strukturelle Entfernung der NATO von ihrer friedenswahrenden Ausrichtung fehlt es. Die angegriffenen Maßnahmen lassen keinen Wandel der NATO hin zu einem Bündnis erkennen, das dem Frieden nicht mehr dient und an dem sich die Bundesrepublik Deutschland von Verfassungs wegen daher nicht mehr beteiligen dürfte...

In verfassungsrechtlicher Hinsicht geht es deshalb allein um die Frage, ob die NATO in Afghanistan durch ihr Zusammenwirken mit der Operation Enduring Freedom gegen das Völkerrecht verstößt und ob sich darin eine Abkehr vom friedenswahrenden Zweck des Bündnisses manifestiert. Diese Frage ist zu verneinen. Der Charakter des NATO-Vertrags ist durch den ISAF-Einsatz in Afghanistan und das dortige Zusammenwirken mit der Operation Enduring Freedom ersichtlich nicht verändert worden...

ISAF und die Operation Enduring Freedom richten sich nach getrennten Zwecksetzungen, unterschiedlichen Rechtsgrundlagen und klar abgegrenzten Verantwortungssphären...

Daß von integrierten Kampfeinsätzen[1148] nicht gesprochen werden kann, ergibt sich bereits aus dem letztgenannten Beschluß[1149], nach dem die Tornado-Flugzeuge Aufklärungsarbeit leisten sollen, die Fähigkeit zur Luftnahunterstützung nicht vorgesehen ist und die Flugzeuge nur zu Eigen- und Selbstschutzzwecken bewaffnet sind (vgl. BTDrucks 16/4298, S. 3 f.).“[1150]

1147 BVerfG, 2 BvE 2/07 vom 3. Juli 2007, Absatz Nr. 72 = NVwZ 2007, S. 1039 (1043).

1148 Gemeint sind die Einsätze der Tornado-Flugzeuge.

1149 Gemeint ist der zustimmende Beschluß des Deutschen Bundestags zum Antrag der Bundesregierung, BT-Drs. 16/4298, S. 3 f.

1150 BVerfG, 2 BvE 2/07 vom 3. Juli 2007, Absatz Nr. 73 ff. = NVwZ 2007, S. 1039 (1043).

b) Bewertung

Das Tornado-Urteil des Bundesverfassungsgerichts bietet staatsrechtlich und völkerrechtlich wenig Neues. Einem von der antragstellenden Fraktion der PDS/Die Linke im Deutschen Bundestag juristisch dürftig begründeten Organstreitverfahren erteilt das Bundesverfassungsgericht eine deutliche Abfuhr. Die Fraktion der PDS/Die Linke im Deutschen Bundestag verband mit dem Verfahren wohl eher propagandistisch-diffamierende als staatsrechtliche Absichten.

Vorauszuschicken ist, daß das Organstreitverfahren „nicht zur allgemeinen Verfassungsaufsicht"[1151] dient. Die Opposition kann im Wege des Organstreits lediglich die Einhaltung der Kompetenzordnung der staatsorganschaftlichen Willensbildung einfordern.[1152]

Das Gericht stützt seine Entscheidung überzeugend auf zwei Argumentationsstränge:

Die ISAF-Operation ist ein Krisenreaktionseinsatz und findet im Rahmen und nach den Regeln der NATO statt, wobei Rahmen und Regeln vom Zustimmungsgesetz zum NATO-Vertrag gedeckt sind.

Die NATO ist auch in Würdigung des ISAF-Einsatzes ein System kollekti-ver Sicherheit, das der Friedenswahrung dient.

Die Bundesregierung hatte im gerichtlichen Verfahren geltend gemacht, das Organstreitverfahren werfe im Wesentlichen die gleichen Fragen auf wie das von der Antragstellerin erfolglos betriebene Verfahren gegen das neue Strategische Konzept der NATO von 1999. Das lag nahe. Das Gericht hatte deshalb wenig Mühe, die Urteilgründe aus dem Urteil vom 22. November 2001 – 2 BvE 6/99 –[1153] weiterzuführen und ausdrücklich zu bekräftigen. Was die Richterbank des 2. Senats des Bundesverfassungsgerichts noch in dem denkwürdigen Streitkräfteurteil vom 12. Juli 1994 spaltete,[1154] wurde nunmehr einmütig bestätigt: Die Fortentwicklung eines Systems gegenseitiger kollektiver Sicherheit ohne Vertragsänderung bedarf keiner gesonderten Zustimmung des Bundestags, kann deshalb auch nicht Rechte des Bundestags verletzen, wenn und soweit die Fortentwicklung sich innerhalb des Integrationsprogramms des Systems bewegt. Das Bundesverfassungsgericht kann eine Überschreitung des gesetzlichen Ermächtigungsrahmens nur dann feststellen, wenn die konsensuale Fortentwicklung des NATO-Vertrages gegen wesentliche Strukturentscheidungen des Vertragswerkes verstößt.[1155] Das muß seit 2001 als

---

1151 BVerfGE 100, S. 266 (268).

1152 Löwer, in: Isensee/Kirchhof (Hg.), Handbuch des Staatsrechts, Bd. III, Demokratie – Bundesorgane, § 70 Rdnr. 21.

1153 Urteil vom 22. November 2001 – 2 BvE 6/99 –, BVerfGE 104, S. 151 ff.

1154 BVerfGE 90, S. 286 (359 ff., 365 ff.; 372 ff.).

1155 BVerfGE 104, S. 151 (210).

gesicherte Rechtsprechung des Bundesverfassungsgerichts gewertet werden.[1156] Die lediglich formale und daher unbefriedigende Argumentation des Bundesverfassungsgerichts relativiert sich in ihrer Bedeutung freilich durch den konstitutiven Parlamentsvorbehalt, der zumindest beim Einsatz der Streitkräfte die konstitutive Beteiligung des Parlaments gebietet.[1157]

Im Urteil vom 22. November 2001 hieß es:

„Eine bedeutsame, im Vertrag nicht implizierte Erweiterung der Aufgabenstellung findet sich allerdings in der Möglichkeit so genannter Krisenreaktionseinsätze. Die der NATO nach dem neuen Strategischen Konzept 1999 zukommenden Krisenreaktionsfähigkeiten stellen eine Funktion regionaler Sicherheit im Sinne von Kapitel VIII UN-Charta dar, da sie Einsätze außerhalb des Bündnisgebiets vorsehen … Zentraler Begriff ist insoweit die Umschreibung eines „nicht unter Artikel 5 fallenden Krisenreaktionseinsatzes", also eines Einsatzes, der keinen Angriff auf das Territorium eines Vertragsstaats voraussetzt …

Aus alldem kann jedoch nicht geschlossen werden, dass eine objektive Abänderung des NATO-Vertrags vorliegt. Die getroffenen Inhaltsbestimmungen lassen sich noch als Fortentwicklung und Konkretisierung der offen formulierten Bestimmungen des NATO-Vertrags verstehen…

Der Abstand der Funktionen kollektiver Verteidigung und regionaler Sicherheit der NATO bleibt auch insoweit erhalten, als das Konzept den Sicherheitsbegriff auf Bedrohungen für die Stabilität des euroatlantischen Raums ausdehnt, die sich aus internen Krisen einzelner Staaten im und um den euroatlantischen Raum, der Verbreitung von Massenvernichtungswaffen und der Technologie zu ihrer Herstellung sowie der Abhängigkeit von Informationssystemen ergeben (Teil II. Nr.20), die Vertragsgrundlagen auf globale Risiken aus Sabotage, Rohstoffverkürzung, organisiertem Verbrechen, Terrorismus und Flüchtlingsbewegungen infolge bewaffneter Konflikte bezieht (Nr.24) sowie den Handlungsansatz der Organisation (Teil III.) und ihre militärische Integration (Teil IV.) hierauf ausrichtet."[1158]

Die NATO hat das neue Strategische Konzept von 1999 nur unwesentlich weiterentwickelt. Die Gipfelerklärung von Riga und die dort beschlossene „Comprehensive Political Guidance" vom 29. November 2006 belegen dies. Die NATO hat sich nicht von ihrem regionalen Bezugsrahmen gelöst. Die relevanten NATO-Dokumente betonen immer wieder den Bezug zur Sicherheit in der euro-atlantischen Region. Im

---

1156 Dazu Calliess, in: Isensee/Kirchhof (Hg.), Handbuch des Staatsrechts, Bd. IV, Aufgaben des Staates, § 83 Rdnr. 41, differenzierend § 83 Rdnr. 48; Dellmann, in: Hömig (Hg.), Grundgesetz, Art. 59 Rdnr. 5; kritisch zur Rechtsprechung des Bundesverfassungsgerichts Pernice, in: Dreier (Hg.), Grundgesetz, Bd. II, Art. 59 Rdnr. 43 f.; Rojahn, in: von Münch/Kunig, Grundgesetz, Bd. 2, Art. 59 Rdnr. 44 a; Kempen, in: von Mangoldt/Klein/Starck (Hg.), Grundgesetz, Bd. 2, Art. 59 Rdnr. 51; Weber, in: Umbach/Clemens (Hg.), Grundgesetz, Bd. II, Art. 59 Rdnr. 68 f.; Rux, JA 2002, S. 461 (463 f.).

1157 Wild, in: Menzel (Hg.), Verfassungsrechtsprechung, S. 547 (549); kritisch Rux, JA 2002, S. 461 (464).

1158 BVerfGE 104, S. 151 (203 ff.).

Tornado-Urteil konnte das Bundesverfassungsgericht deshalb immer wieder auf sein Urteil vom 22. November 2001 zurückgreifen.

Der ISAF-Einsatz ist ersichtlich ein Krisenreaktionseinsatz im Sinne des neuen Strategischen Konzepts von 1999.

Der Bezug zum euro-atlantischen Raum wird durch den engen historisch-politischen Zusammenhang zwischen dem ISAF-Einsatz und der Operation Enduring Freedom belegt. Der ISAF-Einsatz steht in unmittelbarer Verbindung mit dem einzigen Angriff auf einen NATO-Staat, der jemals zur Feststellung des Bündnisfalls führte: den Terroranschlägen auf die Vereinigten Staaten von Amerika vom 11. September 2001. Die militärische Intervention der Operation Enduring Freedom gegen das afghanische Taliban-Regime seit Oktober 2001 war eine Reaktion der Vereinigten Staaten von Amerika und verbündeter Staaten einschließlich der Bundesrepublik Deutschland auf diese Anschläge, in der Annahme, daß das Terrornetzwerk Al-Qaida als Urheber der Anschläge in Afghanistan einen wesentlichen Rückzugsraum gehabt hatte, teilweise von afghanischem Boden aus operiert hatte und vom Taliban-Regime unterstützt worden war.

Der ISAF-Einsatz hingegen, der sich nicht auf das Selbstverteidigungsrecht, sondern auf die genannten Resolutionen des Sicherheitsrats nach Kapitel VII SVN stützt, ist völkerrechtlich von dem Selbstverteidigungsrecht unabhängig, aber doch auch vor diesem Hintergrund zu sehen. Er hat von Beginn an das Ziel gehabt, den zivilen Wiederaufbau Afghanistans zu ermöglichen und zu sichern, um dadurch ein Wiedererstarken von Taliban, Al-Qaida und anderen friedensgefährdenden Gruppierungen zu verhindern. Die Sicherheitsinteressen des euro-atlantischen Bündnisses sollten dadurch gewahrt werden, daß von einem stabilen afghanischen Staatswesen in Zukunft keine aggressive und friedensstörende Politik zu erwarten ist, sei es durch eigenes aktives Handeln dieses Staates, sei es durch duldendes Unterlassen im Hinblick auf terroristische Bestrebungen auf dem Staatsgebiet.

Das Bundesverfassungsgericht begründet schließlich überzeugend, daß der ISAF-Einsatz die von der Antragstellerin behauptete strukturelle Entfernung von ihrer friedenswahrenden Ausrichtung nicht belegt. Die Rechte des Deutschen Bundestages wären verletzt, wenn die Bundesregierung eine Fortentwicklung der NATO mitbetrieben oder mitgetragen hätte, die nicht mehr als Konkretisierung und Fortbildung des NATO-Vertrages gewertet werden kann. Denn der Deutsche Bundestag würde in einem solchen Fall den Vertrag nicht mehr mitverantworten. Diente die NATO als ein System gegenseitiger kollektiver Sicherheit in seiner generellen Ausrichtung nicht mehr der Wahrung des Friedens im Sinne von Art. 24 Abs. 2 GG, wäre dadurch auch die verfassungsrechtliche Ermächtigung zur Einordnung in ein entsprechendes militärisches Bündnissystem überschritten.

Der ISAF-Einsatz vollzieht sich in Übereinstimmung mit dem Völkerrecht. Das wird auch nicht von Antragstellerin bestritten. Die NATO verstößt in Afghanistan auch durch ihr Zusammenwirken mit der Operation Enduring Freedom nicht gegen das Völkerrecht; in diesem Zusammenwirken manifestiert sich keine Abkehr vom friedenswahrenden Zweck des Bündnisses. Der Charakter des NATO-Vertrags ist durch den ISAF-Einsatz in Afghanistan und das dortige Zusammenwirken mit der Operation Enduring Freedom ersichtlich nicht verändert worden. Vor allem kann nicht die Rede von integrierten Kampfeinsätzen sein. Das ergibt sich bereits aus dem Beschluß des Deutschen Bundestages, nach dem die Tornado-Flugzeuge Aufklärungsarbeit leisten sollen, die Fähigkeit zur Luftnahunterstützung nicht vorgesehen ist und die Flugzeuge nur zu Eigen- und Selbstschutzzwecken bewaffnet sind.[1159]

1159 Vgl. BT-Drs. 16/4298, S. 3 f.

E. Einsätze der Bundeswehr in der Staatspraxis

I. Nicht zustimmungsbedürftige Einsätze der Bundeswehr

1. Mittelbare Beteiligung der Bundeswehr an Friedensmissionen der VN

Die Bundesrepublik Deutschland beteiligte sich frühzeitig an Friedensmissionen der VN. Vor allem wurden VN-Friedensmissionen logistisch durch die Bundeswehr unterstützt: 1974 Flugtransporte von ghanesischen und senegalesischen Soldaten der VN-Friedenstruppe nach Kairo, 1976 sanitätsdienstliche Unterstützung anläßlich der Erdbeben in Anatolien, 1978 Flugtransporte eines norwegischen Truppenkontingents sowie von Ausrüstungsmaterial der Bundeswehr nach Israel.[1160]

Ein Einsatz bewaffneter Streitkräfte wurde seinerzeit in diesen Operationen nicht gesehen.

2. Die Dislozierung von AWACS-Flugzeugen im Oktober 2001 in die USA

Der NATO-Rat beschloß am 8. Oktober 2001 aufgrund einer besonderen Anfrage der USA, daß fünf in Deutschland stationierte NATO-AWACS-Flugzeuge zur Verfügung gestellt werden, um nach den Anschlägen vom 11. September 2001 die Antiterrorkampagne zu unterstützen. Die Operation erhielt die Bezeichnung EAGLE ASSIST.[1161] Die angeforderten Flugzeuge, zu deren Besatzung auch deutsche Soldaten gehörten, sollten ausschließlich in den USA zur Überwachung des dortigen Luftraums eingesetzt werden. Diese Maßnahme sollte es der Luftstreitmacht der USA ermöglichen, für andere Missionen über freie Kapazitäten zur Bekämpfung des Terrorismus zu verfügen.

Die Bundesregierung war der Auffassung, daß ihre Zustimmung zum Beschluß der NATO nicht der Genehmigung des Bundestages bedurfte. Für den Einsatz der Flugzeuge innerhalb des NATO-Gebietes sei nach der Verfassungslage ein Bundestagsmandat für deutsche Soldaten nicht nötig. Die präventive Luftüberwa-

---

1160 Vgl. dazu Schmidt/Wasum-Rainer, VN 1992, S. 88 ff.; Dau, in: Goebel (Hrsg.), Kambodscha, S. 21 (23); kritisch dazu Isensee, Deutscher Bundestag, 15. Wahlperiode, Rechtsausschuß, Protokoll Nr. 67, S. 17 f.

1161 Vgl. Dreist, ZaöRV 64 (2004), S. 1001 (1007 ff.).

chung des Bündnisgebietes gehöre zu den regulären Aufgaben des Bündnisses.[1162]

Der Bundestag widersprach dieser Rechtsauffassung nicht. Der Verteidigungsausschuß des Bundestags wurde über die Entscheidung von NATO-Rat und Bundesregierung lediglich unterrichtet.[1163]

Die Rechtsauffassung der Bundesregierung stieß auf Zustimmung,[1164] aber auch auf Kritik. Christian Fischer und Andreas Fischer-Lescano[1165] wandten ein, die Einsätze der AWACS-Flugzeuge zur Unterstützung der Antiterrorkampagne unter Einbeziehung von Soldaten der Bundeswehr ermöglichten den USA die Schaffung freier Kapazitäten und die Vornahme militärischer Maßnahmen auf dem Gebiet Afghanistans. Hierdurch bereits werde die Entsendung der AWACS-Flugzeuge der NATO zustimmungspflichtig. Auch gewaltneutrales Tätigwerden – wie die AWACS-Aufklärungsflüge – stellten einen zustimmungspflichtigen Einsatz dar, wenn dadurch eine andere Institution bei der hoheitlichen Machtentfaltung unterstützt werde oder deren hoheitliches Handeln durch das schlichthoheitliche Handeln der Bundeswehr erst ermöglicht werde.[1166]

Peter Dreist hob hervor, die Operation EAGLE ASSIST stehe in Zusammenhang mit der Operation ENDURING FREEDOM. Finde ein Feldzug gegen eine fortdauernde Bedrohung statt, bei der die angegriffene Partei und ihre Verbündeten mit kriegerischen Mitteln ihr Selbstverteidigungsrecht ausübten, seien die handelnden Streitkräfteangehörigen im Konfliktgebiet, aber auch in anderen Gegenden der Welt zur Einhaltung des humanitären Völkerrechts in bewaffneten Konflikten verpflichtet. Auch die in den USA zum Zwecke der gemeinsamen Luftverteidigung eingesetzten Luftbesatzungen hätten Kombattantenstatus. Dies gestatte es schwerlich, ihren Einsatz als Routinedienst einzustufen.[1167]

Die Auffassungen von Christian Fischer und Andreas Fischer-Lescano sowie von Peter Dreist überzeugen nicht. Die in die USA entsandten AWACS-Flugzeuge der NATO nahmen dort ausschließlich Aufgaben im Rahmen des Schutzes des Luftraums von Teilen des Bündnisgebietes der NATO wahr. Auch wenn die Flugzeuge nationale AWACS-Einheiten der USA ersetzten, die bei der militärischen Operation ENDURING FREEDOM eingesetzt wurden, wurden die deutschen Soldaten dadurch nicht Teil dieser militärischen Operation.[1168] Präventive Bündnisverteidigung hat eine völlig andere Qualität als die unmittelbare oder auch nur mittelbare Beteiligung an

---

1162 www.bundesregierung.de/servlet/init.cms.

1163 Auskunft des Sekretariats des Verteidigungsausschusses des Deutschen Bundestages.

1164 Wiefelspütz, FAZ vom 21. Januar 2003; Klein, taz vom 23. Januar 2003.

1165 Fischer-Lescano, KritV 2002, S. 113 (119).

1166 Fischer-Lescano, KritV 2002, S. 113 (118).

1167 Dreist, ZaöRV 64 (2004), S. 1001 (1019 f.); ders., BWV 2005, S. 49 (57).

1168 Wiefelspütz, Das Parlamentsheer, S. 303; Schaefer, Verfassungsrechtliche Grenzen, S. 233.

einer militärischen Operation in einem bewaffneten Konflikt. Daß die Dislozierung von NATO-Einheiten mit deutschen Soldaten von Europa in die USA es den USA erleichterten, nationale AWACS-Flugzeuge für eine militärische Operation in Afghanistan zu verwenden, machte deutsche Soldaten noch nicht zu einem Teil einer bewaffneten Unternehmung der USA. Die Umgruppierung von militärischen Einheiten in Deutschland oder im Bündnisgebiet ist für sich genommen kein zustimmungspflichtiger Vorgang.[1169]

Die US-Einheiten hatten unter Einschluß der US-AWACS-Flugzeuge in der militärischen Reaktion auf die Anschläge vom 11. September 2001 einen Kampfauftrag, während die NATO-AWACS-Flugzeuge, die in die USA verlegt wurden, nicht integraler Teil einer Unternehmung mit Kampfauftrag waren.[1170] Die Tatsache, daß deutsche Streitkräfte (mit der erforderlichen Zustimmung des Deutschen Bundestages) an der Operation ENDURING FREEDOM beteiligt waren und sind, heißt nicht, daß die Verwendung *aller* NATO-Einheiten mit deutscher Beteiligung während des Zeitraums des Irak-Krieges der Zustimmung des Deutschen Bundestages bedurft hätte.[1171]

3. Der AWACS-Einsatz im Luftraum der Türkei im Jahre 2003

Das Bundesverfassungsgericht entschied in seinem AWACS II-Beschluß vom 25. März 2003[1172] nicht, ob die Beteiligung deutscher Soldaten am AWACS-Einsatz in der Türkei am Vorabend und während des Irak-Krieges der konstitutiven Zustimmung des Bundestages bedurft hätte. Die vom Gericht in den Entscheidungsgründen formulierten Fragen lassen jedoch vermuten, daß der Einsatz im Hinblick auf den Parlamentsvorbehalt als grenzwertig angesehen wurde.

Es war seinerzeit nicht völlig auszuschließen, daß die Türkei in den Irak-Krieg eingreifen würde und selbst Kriegspartei werden könnte. Die AWACS-Flugzeuge durften zwar nur über türkischem Hoheitsgebiet (Einsatz nur im NATO-Gebiet) fliegen. Aufgrund der Reichweite der technischen Systeme der AWACS-Flugzeuge wurde indes nicht nur der Luftraum über der Türkei überwacht, sondern bis zu einer Tiefe von 400 km auch der Luftraum des Irak.[1173] Das Gericht hielt deshalb für klärungsbedürftig,

„ab wann und inwieweit der Einsatz in integrierten NATO-Verbänden zu einem den

---

1169 Wiefelspütz, Der Einsatz bewaffneter deutscher Streitkräfte, S. 39; Schaefer, Verfassungsrechtliche Grenzen, S. 233.

1170 Vgl. Wiefelspütz, Der Einsatz bewaffneter deutscher Streitkräfte, S. 54.

1171 Wiefelspütz, Das Parlamentsheer, S. 303; ähnlich Paulus, Parlament und Streitkräfteeinsatz, S. 377 f.

1172 BVerfGE 108, S. 34 ff.

1173 Koch/Buck/Goldbach, Wissenschaftliche Dienste des Deutschen Bundestages WF II – 047/03, 050/03, 052/03, 054/03, 055/03, 056/03 – Gesamtausarbeitung, S. 31.

Parlamentsvorbehalt auslösenden bewaffneten Einsatz wird, wenn diese Verbände den Luftraum eines Bündnismitglieds überwachen, dessen Staatsgebiet unmittelbar an ein kriegsbefangenes Territorium angrenzt, oder wenn sich die Überwachung darüber hinaus auf das Territorium eines an dem bewaffneten Konflikt beteiligten Staates erstreckt.

Ferner könnte klärungsbedürftig sein, inwieweit auch eine mittelbare Einbeziehung in bewaffnete Unternehmungen den Parlamentsvorbehalt auslöst. Dies gilt insbesondere im vorliegenden Fall, wenn Entwicklungen möglich sind, daß der Bündnispartner, dessen Gebiet zu sichern ist, selbst zu einer kriegführenden Partei wird."[1174]

Fraglos wäre der AWACS-Einsatz in der Türkei zustimmungspflichtig gewesen, wenn er eine unterstützende Funktion für militärische Einsätze in oder gegen den Irak gehabt hätte. Überzeugend hebt Hans H. Klein hervor, „daß der Einsatz der AWACS-Verbände ... dann einen bewaffneten Einsatz darstellt, wenn die von AWACS gelieferten Informationen nicht nur potentiell, sondern aktuell bei der Durchführung von Kampfhandlungen Verwendung finden"[1175]. Wenn die bei den AWACS-Flügen gewonnenen militärisch bedeutsamen Informationen an ein kriegführendes Land weitergegeben worden wären, wären deutsche Soldaten als Teil einer militärischen Informationskette in bewaffnete Operationen verstrickt gewesen, wobei es nicht darauf angekommen wäre, daß die AWACS-Flugzeuge selbst unbewaffnet sind.[1176]

So lag der Fall hier jedoch nicht. Die AWACS-Flugzeuge hatten ausschließlich die Aufgabe der Informationsgewinnung zum Schutz des NATO-Bündnispartners Türkei. Die Soldaten hatten nicht den Befehl, militärisch relevante Informationen an direkt Kriegsbeteiligte weiterzugeben, um diese bei militärischen Operationen zu unterstützen. Ausweislich des Beschlusses des Verteidigungsplanungsausschusses der NATO handelte es sich bei der Entscheidung zur Entsendung von bündniseigenen AWACS-Flugzeugen nur um eine Maßnahme im Rahmen der Beistandspflicht für einen sich als bedroht sehenden Bündnispartner. Der Text des Beschlusses verweist ausschließlich auf die von der Türkei nach Art. 4 des NATO-Vertrages verlangten Konsultationen und spricht von einer „vorbeugenden Stationierung" der AWACS-Flugzeuge unter dem Kommando des NATO-Oberbefehlshabers in Europa zur Verteidigung des türkischen Luftraums.[1177]

Der damalige Bundeskanzler Gerhard Schröder erklärte dazu am 19. März 2003 vor dem Deutschen Bundestag:

„Die NATO-AWACS-Flugzeuge führen über dem Territorium der Türkei Routineflüge durch. ... Ihre ausschließliche Aufgabe ist die strikt defensive Luftraumüberwachung

---

1174 BVerfGE 108, S. 34 (43).

1175 Klein, Deutscher Bundestag, 15. Wahlperiode, Ausschuß für Wahlprüfung, Immunität und Geschäftsordnung, Protokoll G 25 vom 17. Juni 2004, S. 14.

1176 Diesen Sachverhalt unterstellt offenbar Hans H. Klein, taz vom 23. Januar 2003; Pofalla, ZRP 2004, S. 221 (223).

1177 FAZ vom 25. März 2003, S. 6.

über der Türkei. Sie leisten – das geht aus den Rules of Engagement hervor – keinerlei Unterstützung für Einsätze im oder gegen den Irak. ... Räumlich getrennt von diesen[1178] und mit gänzlich unterschiedlichem Auftrag überwachen also die NATO-Flugzeuge unter dem Kommando des NATO-Oberbefehlshabers Europa den Luftraum über der Türkei und sichern ihn."[1179]

Der zuständige NATO-Oberbefehlshaber erließ am 18. März 2003 Handlungsanweisungen, die eine klare Trennung zwischen NATO-Kräften zum Schutz der Türkei und Streitkräften, die an militärischen Operationen beteiligt sind, sicherstellen sollten. Daß deren Einhaltung möglich war und auch befolgt wurde, bestätigte der Befehlshaber der „NATO Airborne Early Warning and Control Force".[1180]

Hiernach darf der AWACS-Einsatz zwar nicht als NATO-Routine bagatellisiert werden. Immerhin erfolgte die Entsendung der AWACS-Flugzeuge am Vorabend des sich abzeichnenden Irak-Krieges. Die Grenzlinie zum zustimmungsbedürftigen Einsatz wurde indes (noch) nicht überschritten.[1181] Die Flüge dienten weder nach ihrer Zweckbestimmung noch angesichts des tatsächlichen Umgangs mit den operativ gewonnenen Informationen einer kriegführenden Partei. Die Flüge fanden auch nicht über einem kriegsbefangenen Territorium statt.[1182] Im Gegenteil, die Bundesregierung warnte die türkische Regierung vor dem Einmarsch in den Nord-Irak und drohte mit dem Abzug der deutschen AWACS-Besatzung für den Fall, daß die Türkei Kriegspartei würde.[1183]

Es liegt deshalb neben der Sache, wenn Andreas Gilch hervorhebt, das Gefahrenpotential sei für die deutsche Besatzung der AWACS-Flugzeuge gegeben gewesen, und „das Parlament hätte im Zweifel nur noch postum befragt werden können"[1184]. Es besteht nämlich im Falle der nicht geplanten und gewollten Verstrickung in eine bewaffnete Unternehmung stets für die Bundesregierung die Option, die Soldaten zurückzurufen.

Die Grenzlinie zum zustimmungsbedürftigen Einsatz liegt dort, wo sich militärische Einheiten an Kampfhandlungen, Kriegshandlungen oder kriegsähnlichen Operationen beteiligen. Daß diese Grenze beim AWACS-Einsatz nicht überschritten werden durfte, war Kern der Rules of Engagement.

1178 Gemeint sind die US-AWACS Flugzeuge, die im Irak-Krieg eingesetzt wurden.

1179 Bundeskanzler Schröder, Deutscher Bundestag 15. Wahlperiode, 34. Sitzung, 19. März 2003, Sten. Prot. S. 2727 D.

1180 FAZ vom 24. März 2003, S. 16.

1181 Wiefelspütz, NZWehrr 2003, S. 133 (143 ff.).

1182 Gilch, Das Parlamentsbeteiligungsgesetz, S. 94, stützt die Annahme, daß das Staatsgebiet der Türkei ein kriegsbefangenes Territorium sei, einzig auf einen einzelnen Zeitungsartikel (!).

1183 Vgl. FAZ vom 24. März 2003; spiegel-online vom 22. März 2003.

1184 Gilch, Das Parlamentsbeteiligungsgesetz, S. 121.

Es kommt bei der Abgrenzung von nicht zustimmungspflichtigen zu zustimmungspflichtigen Einsätzen nicht auf die technischen Fähigkeiten eines militärischen Waffen- oder Informationssystems an, sondern entscheidend sind die Befehle der Soldaten in Verbindung mit ihrem tatsächlichen Verhalten.[1185] Es ist deshalb auch nicht entscheidend, daß die AWACS-Flugzeuge potentiell die Funktion einer Feuerleitzentrale haben.[1186] Über diese technischen Fähigkeiten verfügen AWACS-Flugzeuge stets.

Eher unpräzise und mißverständlich ist indes der Hinweis auf die „strikt defensive Luftraumüberwachung über der Türkei"[1187]. Auch defensiv *kämpfende* deutsche Soldaten – sieht man von bloßer Selbstverteidigung ab – lösen den wehrverfassungsrechtlichen Parlamentsvorbehalt aus.

Es war im vorliegenden Kontext nicht entscheidend, ob eine militärische Operation einen defensiven oder offensiven Charakter hatte.[1188] Maßgeblich war, ob der Einsatz integraler Teil eines bewaffneten Konflikts war oder (nur) als Ausdruck einer nicht zustimmungspflichtigen erhöhten Verteidigungsbereitschaft im Bündnis beurteilt werden mußte.

Es überzeugt nicht, wenn Hans H. Klein die Zustimmungspflichtigkeit des AWACS-Einsatzes damit begründet, die Flugzeuge hätten den Auftrag, Gefahren zu melden und der Türkei – oder wem auch immer – militärische Gegenwehr zu ermöglichen.[1189] Wenn militärisch bedeutsame Informationen bewußt und gewollt an eine kriegführende Partei weitergegeben worden wären, wäre Hans H. Klein zuzustimmen.[1190] Dies entsprach aber nicht den Rules of Engagement, nicht den Befehlen und ist vor allem auch tatsächlich nicht belegt.

Thomas Schaefer meint, wenn bei AWACS-Flügen gewonnene militärisch bedeutsame Informationen an ein kriegführendes Land oder ein Land, dem die Verstrickung in Kampfhandlungen, Kriegshandlungen oder kriegsähnlichen Operationen unmittelbar drohe, weitergegeben würden, damit militärische Gegenwehr ermöglicht werde, seien die deutschen Soldaten als Teil einer militärischen Informationskette in bewaffnete Operationen einbezogen. Da der Einsatz der AWACS-Flugzeuge im Luftraum der Türkei den Sinn hatte, Gefahren, insbesondere potentielle Angriffsabsichten, für das Gebiet der Türkei frühzeitig zu erkennen, vor allem den Abschuß angreifender

---

1185 Wiefelspütz, dpa-Gespräch vom 18. März 2003, ders., Das Parlamentsheer, S. 306 f.; Schaefer, Verfassungsrechtliche Grenzen, S. 232.

1186 So aber Paulus, Parlament und Streitkräfteeinsatz, S. 377 f.

1187 Bundeskanzler Schröder, Deutscher Bundestag, 15. Wahlperiode, 34. Sitzung, 19. März 2003, Sten. Prot. S. 2727 D.

1188 Auch ein defensiv ausgerichteter bewaffneter Einsatz ist zustimmungspflichtig.

1189 Klein, taz vom 23. Januar 2003.

1190 Wiefelspütz, Das Parlamentsheer, S. 307; vgl. auch Weiß, NZWehr 2005, S. 100 (104 Fn. 23).

Flugzeuge zu ermöglichen, sei der Einsatz zustimmungspflichtig gewesen.[1191]

Dem kann so nicht zugestimmt werden. Die Tatsache, daß die AWACS-Flugzeuge dem NATO-Partner Türkei Informationen melden sollten, um gegebenenfalls Verteidigungshandlungen einzuleiten, verstrickt deutsche Soldaten noch nicht in einen zustimmungspflichtigen Einsatz. Wo immer NATO-AWACS-Flugzeuge über NATO-Gebiet eingesetzt werden, haben sie den Auftrag, den Bündnismitgliedern militärische Gefahren zu melden, um rechtzeitig Abwehrmaßnahmen einleiten zu können. Das gilt im Übrigen auch für jede militärische Radaranlage und vergleichbare Informationssysteme des Bündnisses. Allein die Tatsache, daß Soldaten Gefahren melden sollen, damit militärische Gegenwehr ermöglicht wird, macht die Soldaten noch nicht zum Teil einer zustimmungspflichtigen bewaffneten Unternehmung.[1192]

Auch der Auffassung von Michael Bothe, bei dem AWACS-Einsatz handele es sich um einen Einsatz, „der viel weit tragender sei als die Beobachtung der Flugverbotszonen im Jugoslawienkrieg"[1193] ist zu widersprechen. Die AWACS-Flugzeuge der NATO mit zum Teil deutscher Besatzung hatten seinerzeit die Aufgabe, an der Überwachung des von den VN verhängten Flugverbots über Bosnien-Herzegowina durch Beobachtung dieses Luftraums beizutragen.[1194] Im Falle der Mißachtung des Verbots ermächtigte die Resolution 816 des Sicherheitsrats der VN die NATO, alle notwendigen Maßnahmen zu ergreifen, um die Einhaltung des Verbots sicherzustellen.[1195] Hiernach hätten die Beobachtungsflüge, die selber bereits Teil von Zwangsmaßnahmen nach Kapitel VII SVN waren, bestimmungsgemäß jederzeit zu militärischen Reaktionen, auch zu Kampfhandlungen, beitragen können, wenn das Flugverbot verletzt worden wäre.

Schließlich wurde der AWACS-Einsatz in der Türkei auch nicht dadurch zustimmungspflichtig, daß die Flugzeuge den Luftraum der Türkei überwachten, deren Staatsgebiet unmittelbar an einem kriegsbefangenen Territorium angrenzt und sich die Überwachung auch auf Teile des Territoriums des am Krieg beteiligten Irak erstreckte. Diese Überwachungsaufgaben mögen angesichts der durch den Irak-Krieg bedrohten Sicherheit der Türkei intensiviert worden sein. Durch die Überwachungsflüge wurde die Türkei jedoch nicht zur Kriegspartei. Im Gegenteil: die Intensivierung der Abwehrbereitschaft – auch durch Inanspruchnahme der AWACS-Flugzeuge – mag präventiv dazu beigetragen haben, daß die Türkei nicht angegriffen wurde, sich nicht verteidigen mußte und deshalb nicht in Kampfhandlungen verstrickt wurde.

Unter Zugrundelegung eines freilich anderen, nicht überzeugend belegten Sachver-

---

1191 Schaefer, Verfassungsrechtliche Grenzen, S. 246 f.

1192 Wiefelspütz, Das Parlamentsheer, S. 307 f.

1193 Bothe, Berliner Zeitung vom 19. März 2003.

1194 BVerfGE 90, S. 286 (302, 309 f.).

1195 BVerfGE 90, S. 286 (310).

halts kommt Peter Dreist zu dem Ergebnis, die Beteiligung deutscher Soldaten am NATO Einsatz der AWACS-Flugzeuge in der Türkei hätte der Zustimmung des Deutschen Bundestages bedurft. Das Territorium der Türkei sei kriegsbefangen gewesen. Die Türkei sei Konfliktpartei des Irak-Krieges gewesen. Das gelte auch für die Bundesrepublik Deutschland aufgrund ihres Unterstützungsbeitrages für die Operation IRAQI FREEDOM in Gestalt der aktiven Unterstützung von Aufmarschbemühungen der Verbündeten und der Erlaubnis für diese, die Militärflugplätze in Deutschland für den Aufmarsch und die Versorgung als Landebasen zu nutzen.[1196]

Die Auffassung von Peter Dreist überzeugt nicht, weil er von einem nicht zutreffenden Sachverhalt ausgeht. Die NATO, die Bundesregierung, der Deutscher Bundestag und das Bundesverfassungsgericht gingen mit Recht davon aus, daß die Türkei zu keinem Zeitpunkt kriegführende Partei war.[1197]

Der AWACS-Einsatz im Luftraum der Türkei verdeutlicht, daß strikt präventiv-defensive militärische Einsätze jedenfalls dann nicht der Zustimmung des Deutschen Bundestages bedürfen, wenn sie durch die sichtbare, geradezu demonstrative Steigerung der Verteidigungsbereitschaft des Bündnisses die Einbeziehung des Bündnisses in einen bewaffneten Konflikt möglichst verhindern helfen sollen und die gesamten Umstände (noch) nicht erwarten lassen, daß eine Verstrickung in Kampfhandlungen unvermeidlich oder doch zumindest wahrscheinlich sein wird.[1198]

4. Die Verteidigungspolitischen Richtlinien vom 21. Mai 2003

Der damalige Bundesminister der Verteidigung Dr. Peter Struck (SPD) erließ am 21. Mai 2003 neue Verteidigungspolitische Richtlinien für den Geschäftsbereich des Bundesministers der Verteidigung.[1199] Die überwiegend wohlwollend[1200] kommentierten Richtlinien spiegeln das innerhalb eines Jahrzehnts elementar gewandelte Verständnis vom Auftrag der deutschen Streitkräfte.

1196 Dreist, ZaöRV 64 (2004), S. 1001 (1020 f., 1037 f.).

1197 Vgl. BVerfGE 108, S. 34 (43).

1198 Wiefelspütz, Das Parlamentsheer, S. 309.

1199 Verteidigungspolitische Richtlinien, hgg. vom Bundesministerium der Verteidigung, 2003; vgl. dazu Böckenförde, Die War Powers Resolution, S 8.

1200 Kritisch: Pestalozza, dpa vom 22. Juli 2003 („Wer die Einsätze über das bisherige Maß ausdehnen will, muß das Grundgesetz ändern.").

Im Kapitel „Verteidigungspolitische Richtlinien für ein verändertes sicherheitspolitisches Umfeld" heißt es:

> „Nach Art. 87 a des Grundgesetzes stellt der Bund Streitkräfte zur Verteidigung auf. Verteidigung heute umfaßt allerdings mehr als die herkömmliche Verteidigung an den Landesgrenzen gegen einen konventionellen Angriff. Sie schließt die Verhütung von Konflikten und Krisen, die gemeinsame Bewältigung von Krisen und die Krisennachsorge ein. Dementsprechend läßt sich Verteidigung geografisch nicht mehr eingrenzen, sondern trägt zur Wahrung unserer Sicherheit bei, wo immer diese gefährdet ist."[1201]

Im Kapitel „Bundeswehr im Einsatz" der Richtlinien heißt es:

> „Im zurückliegenden Jahrzehnt hat sich das Einsatzspektrum der Bundeswehr grundlegend verändert. ...
>
> Die Bundeswehr ist gefordert bei der Evakuierung deutscher Staatsbürger aus Notlagen und bei humanitären Einsätzen. Gemeinsam mit Streitkräften befreundeter Nationen und Partnern beteiligt sie sich an friedenerhaltenden, stabilisierenden und friedenerzwingenden Operationen. Durch diese Einsätze trägt die Bundeswehr dazu bei, gewaltsame Konflikte zu verhindern oder zu beenden. ... Hinzu kommen Einsätze im Kampf gegen den internationalen Terrorismus, auch als Beiträge zur Unterstützung von Bündnispartnern".[1202]

In der Begründung der Richtlinien heißt es:

> „Das Ergebnis sieht so aus, daß die internationale Konfliktverhütung und Krisenbewältigung, einschließlich des Kampfs gegen den internationalen Terrorismus, an die erste Stelle des Aufgabenspektrums gerückt ist. ... Demgegenüber hat die herkömmliche Landesverteidigung gegen einen Angriff mit konventionellen Streitkräften deutlich an Bedeutung verloren.
>
> Die Unterstützung von Bündnispartnern bleibt, wie der Kampf gegen den Terror erneut gezeigt hat, eine wichtige Aufgabe, auch wenn die Verteidigung gegen einen Angriff auf das Bündnis als Ganzes unwahrscheinlich geworden ist.
>
> Ein weiteres wichtiges Ergebnis ist: Die Aufgabe der herkömmlichen Landesverteidigung wird durch den umfassenderen Begriff des Schutzes Deutschlands und seiner Bürger ersetzt".[1203]

Damit werden die wichtigsten staatsrechtlich und völkerrechtlich zulässigen Einsatzarten der deutschen Streitkräfte in die Verteidigungspolitische Richtlinien aufgenommen.

1201 Verteidigungspolitische Richtlinien, S. 18.

1202 Verteidigungspolitische Richtlinien, S. 25.

1203 Verteidigungspolitische Richtlinien, S. 11.

5. Das Weißbuch zur Sicherheitspolitik Deutschlands und zur Zukunft der Bundeswehr

In Weiterentwicklung der „Verteidigungspolitischen Richtlinien" aus dem Jahre 2003 legte die Bundesregierung im Jahre 2006 das „Weißbuch zur Sicherheitspolitik Deutschlands und zur Zukunft der Bundeswehr".[1204] In dem Weißbuch heißt es:

Internationaler Terrorismus ist eine zentrale Herausforderung und bedroht Freiheit und Sicherheit. Die Weiterverbreitung von Massenvernichtungswaffen und ihrer Trägermittel entwickelt sich zunehmend zu einer potenziellen Bedrohung auch für Deutschland. Zudem wird Deutschland mit den Folgen innerstaatlicher und regionaler Konflikte, der Destabilisierung und des inneren Zerfalls von Staaten sowie der damit häufig einhergehenden Entstaatlichung von Gewalt konfrontiert. Die in der Vergangenheit bewährten Strategien zur Abwehr äußerer Gefahren reichen gegen die neuen asymmetrischen Bedrohungen nicht aus.

Die Sicherheitspolitik steht heute vor neuen und zunehmend komplexen Herausforderungen. Deshalb bedarf es für eine wirksame Sicherheitsvorsorge eines präventiven, effektiven und kohärenten Zusammenwirkens im nationalen wie internationalen Rahmen, einschließlich einer wirksamen Ursachenbekämpfung...

Die Aufgaben der Bundeswehr leiten sich aus ihrem verfassungsrechtlichen Auftrag sowie den Werten, Zielen und Interessen der deutschen Sicherheits- und Verteidigungspolitik ab:

- Internationale Konfliktverhütung und Krisenbewältigung einschließlich des Kampfes gegen den internationalen Terrorismus,

- Unterstützung von Bündnispartnern,

- Schutz Deutschlands und seiner Bürgerinnen und Bürger,

- Rettung und Evakuierung,

- Partnerschaft und Kooperation,

- Subsidiäre Hilfeleistungen (Amtshilfe, Naturkatastrophen, besonders schwere Unglücksfälle).

Internationale Konfliktverhütung und Krisenbewältigung einschließlich des Kampfes gegen den internationalen Terrorismus sind auf absehbare Zeit die wahrscheinlicheren Aufgaben. Sie sind strukturbestimmend und prägen maßgeblich Fähigkeiten, Führungssysteme, Verfügbarkeit und Ausrüstung der Bundeswehr. Die Verflechtungen zwischen innerer und äußerer Sicherheit nehmen immer mehr zu. Die Abwehr terroristischer und anderer asymmetrischer Bedrohungen innerhalb Deutschlands ist vorrangig eine Aufgabe der für die innere Sicherheit zuständigen Behörden von Bund und Ländern. Jedoch kann

---

1204 Weißbuch zur Sicherheitspolitik Deutschlands und zur Zukunft der Bundeswehr, hgg. vom Bundesministerium der Verteidigung, 2006.

die Bundeswehr zu ihrer Unterstützung mit den von ihr bereitgehaltenen Kräften und Mitteln immer dann im Rahmen geltenden Rechts zum Einsatz kommen, wenn nur mit ihrer Hilfe eine derartige Lage bewältigt werden kann. Militärische Kampfmittel dürfen dabei bislang nicht eingesetzt werden. Hier sieht die Bundesregierung die Notwendigkeit einer Erweiterung des verfassungsrechtlichen Rahmens.[1205]

1205 Weißbuch zur Sicherheitspolitik Deutschlands und zur Zukunft der Bundeswehr, hgg. vom Bundesministerium der Verteidigung, S. 9, 13 f.

II. Zustimmungsbedürftige Einsätze der Bundeswehr

Der Einsatz bewaffneter deutscher Streitkräfte im Ausland erhellt und belegt wie kaum ein anderer Sachverhalt die veränderte internationale Stellung der Bundesrepublik Deutschland seit der Wiedervereinigung im Jahre 1990.[1206]

In den wenigen Jahren seit Verkündung des Streitkräfteurteils des Bundesverfassungsgerichts vom 12. Juli 1994[1207] hat sich eine differenzierte Staatspraxis bei bewaffneten Einsätzen der Bundeswehr entwickelt.[1208]

1. Bewaffnete Einsätze der Bundeswehr in der 12. Wahlperiode

Die Bundesregierung beantragte im Verlauf der 12. Wahlperiode (1990–1994) in zwei Fällen nachträglich die Zustimmung des Bundestages für den Einsatz bewaffneter Streitkräfte, nachdem das Bundesverfassungsgericht in seinem Streitkräfteurteil vom 12. Juli 1994[1209] die Operationen als zustimmungsbedürftig gewertet hatte. Im Fall UNOSOM II – Einsatz der Bundeswehr in Somalia – kam die Zustimmung des Bundestages aufgrund einer Fraktionsinitiative zustande.

- SHARP GUARD[1210]; Überwachung Embargo Adria; Kabinettentscheidung am 15. Juli 1992, BT-Drs. 12/8303; Zustimmung des Deutschen Bundestages am 22. Juli 1994 (Nachholbeschluß); Deutscher Bundestag, 12. Wahlperiode, Sten. Prot. S. 21208 B (Beschluß); keine Personalobergrenze für eingesetzte deutsche Soldaten; Beginn: 27. Juli 1992; Ende: 1. Oktober 1996.

1206 Zur Veränderung der Staatspraxis vgl. Meyer, Entscheidungsmündigkeit, S. 7.

1207 BVerfGE 90, S. 286 ff.

1208 Zur Staatspraxis vgl. Rauch, Auslandseinsätze der Bundeswehr, 2006. Holländer, in: Krause/ Irlenkaeuser (Hg.): Bundeswehr – Die nächsten 50 Jahre, S. 225 ff.; Limpert, Auslandseinsatz, S. 62 ff.; Klein, in: Festschrift Schmitt Glaeser, S. 245 (248 ff.); Wagener, in: Harnisch/Katsioulis/Overhaus (Hrsg.), Deutsche Sicherheitspolitik, 2004, S. 89 ff.; Rauch, Gesellschaft – Wirtschaft – Politik (GWP) 1/2004, S. 57 ff.; Meyer, Entscheidungsmündigkeit, S. 18 ff.; Hermsdörfer, Humanitäres Völkerrecht – Informationsschriften – 2004, S. 17 ff. m. w. N.; Biermann, ZParl 2004, S. 607 (614 ff.); Paulus, Parlament und Streitkräfteeinsatz, S. 262 ff.; instruktiv jetzt: Schröder, Das parlamentarische Zustimmungsverfahren, S. 40 ff.; Kritisch zur Staatspraxis Abg. Ronald Pofalla (CDU/ CSU), in: www. pofalla.de („Parlamentsheer in exekutiver Verantwortung"). Ronald Pofalla kritisiert, die Staatspraxis verschiebe die von der Verfassung vorgesehene Aufgabenteilung und –abgrenzung zwischen Parlament und Exekutive zugunsten des Bundestages. Vgl. auch spiegel-online vom 27. März 2003. Kritik der Staatspraxis auch bei Dreist, ZRP 2005, S. 35 f.

1209 BVerfGE 90, S. 286 ff.

1210 Schröder, Das parlamentarische Zustimmungsverfahren, S. 40 ff.; Paulus, Parlament und Streitkräfteeinsatz, S. 263 ff.

- DENY FLIGHT[1211]; Überwachung Flugverbot BIH AWACS; Kabinettentscheidung am 21. Oktober 1992; BT-Drs. 12/8303; Zustimmung des Deutschen Bundestages am 22. Juli 1992 (Nachholbeschluß); Deutscher Bundestag, 12. Wahlperiode, Sten. Prot. S. 21208 B (Beschluß); keine Personalobergrenze; Beginn: 13. April 1993; Ende: 20. Dezember 1995.

- UNOSOM II[1212]; Fraktions-initiative der CDU/CSU und F.D.P. vom 24. Juni 1993; BT-Drs. 12/5248; Zustimmung des Deutschen Bundestages am 2. Juli 1993; Deutscher Bundestag, 12. Wahlperiode, Sten. Prot. S. 14608 C (Beschluß); Personalobergrenze: ca. 1700 Soldaten; Beginn: August 1992; Ende: März 1994.

2. Bewaffnete Einsätze der Bundeswehr in der 13. Wahlperiode

In der 13. Wahlperiode (1994 – 1998) wurde der Deutsche Bundestag in sieben Fällen um Zustimmung zu einem bewaffneten Einsatz der Streitkräfte im Ausland ersucht.

Von besonderer Bedeutung war der bis heute politisch, staatsrechtlich und völkerrechtlich umstrittenen Einsatz von Luftstreitkräften der NATO im Frühjahr 1999 im ehemaligen Jugoslawien. An diesem militärischen Einsatz von Streitkräften ohne Mandat des Sicherheitsrats der VN waren auch Einheiten der Luftwaffe der Bundeswehr beteiligt.

- DETERMINED EFFORT[1213]; deutsche Beteiligung an den Maßnahmen zum Schutz und zur Unterstützung des schnellen Einsatzverbandes inkl. des evtl. Abzugs von UN-Friedenstruppen (UNPF) BIH, KRO, SLO; Kabinettentscheidung am 26. Juni 1995; BT-Drs. 13/1802; Zustimmung des Deutschen Bundestages am 30. Juni 1995; Deutscher Bundestag, 13. Wahlperiode, Sten. Prot. 4019 C (Beschluß); keine Personalobergrenze; Beginn: August 1995; Ende: 20. Dezember 1995.

- JOINT ENDEAVOUR[1214]; Umsetzung des Dayton Abkommens in BIH u.

1211 Schröder, Das parlamentarische Zustimmungsverfahren, S. 41 ff.

1212 Die Zustimmung wurde nachgeholt, nachdem das Bundesverfassungsgericht im Somalia-Eilverfahren mit Urteil vom 23. Juni 1993, BVerfGE 89, S. 38 (46), befunden hatte, daß das „Zusammenwirken von Bundesregierung und Bundestag ... bis zur Entscheidung in der Hauptsache dahin zu bestimmen (ist), daß die Initiative der Bundesregierung und die Zustimmung des Bundestages als konstitutiver Akt die der Hauptsache die Initiative der UNO-Mission des deutschen Kontingents nur gemeinsam tragen". Vgl. dazu auch Limpert, Auslandseinsatz, S. 113; Schröder, Das parlamentarische Zustimmungsverfahren, S. 45 ff.

1213 Schröder, Das parlamentarische Zustimmungsverfahren, S. 48 ff.

1214 Dazu Donner, Humanitäres Völkerrecht – Informationsschriften – 1997, S. 63 ff.; Schröder, Das parlamentarische Zustimmungsverfahren, S. 56 ff.; Rauch, Auslandseinsätze, S. 163 ff.

KRO IFOR; Kabinettentscheidung am 28. November 1995; BT-Drs. 13/ 3122; Zustimmung des Deutschen Bundestages am 6. Dezember 1995; Deutscher Bundestag, 13. Wahlperiode, Sten. Prot. 6673 B (Beschluß); Personalobergrenze: 4000 Soldaten; Beginn: 20. Dezember 1995; Ende: 19. Dezember 1996.

- UNTAES[1215]; VN-Übergangsadministration für Ostslawonien; Kabinettentscheidung am 7. Februar 1996; BT-Drs. 13/3708; Zustimmung des Deutschen Bundestages am 9. Februar 1996; Deutscher Bundestag, 13. Wahlperiode, Sten. Prot. 7693 B (Beschluß); ECR- und Aufklärungstornados von IFOR, MEDEVAC-Kräfte von IFOR; Beginn: Februar 1996; Ende: Januar 1998.

- JOINT GUARD[1216]; weitere Absicherung des Friedensprozesses im ehemaligen Jugoslawien SFOR I; Kabinettentscheidung am 11. Dezember 1996; BT-Drs. 13/6500; Zustimmung des Deutschen Bundestages am 13. Dezember 1996; Deutscher Bundestag, 13. Wahlperiode, Sten. Prot. S. 13519 A (Beschluß); Personalobergrenze: 3000 Soldaten; Beginn: 20. Dezember 1996; Ende: 19. Juni 1998.

- LIBELLE[1217]; Evakuierung deutscher Staatsbürger aus Albanien; Kabinettentscheidung am 14. März 1997; BT-Drs. 13/7233; Zustimmung des Deutschen Bundestages am 20. März 1997; Deutscher Bundestag, 13. Wahlperiode, Sten. Prot. S. 14989 D (Beschluß); es wurden 323 deutsche Soldaten am 14. März 1997 eingesetzt.

- JOINT FORGE[1218]; weitere Umsetzung des Dayton-Abkommens BIH und KRO SFOR II[1219]; Kabinettentscheidung am 17. Juni 1998; BT-Drs. 13/10977; Zustimmung des Deutschen Bundestages am 19. Juni 1998; Deutscher Bundestag, 13. Wahlperiode, Sten. Prot. S. 22451 A (Beschluß); Personalobergrenze: 3000 Soldaten, lageabhängig zusätzlich 300 Soldaten; Beginn: 20. Juni 1998 bis heute.

- ALLIED FORCE[1220]; Luftschläge früheres Jugoslawien; Kabinettentscheidung am

1215 Schröder, Das parlamentarische Zustimmungsverfahren, S. 60 ff.

1216 Schröder, Das parlamentarische Zustimmungsverfahren, S. 63 ff.; Rauch, Auslandseinsätze, S. 140 ff.

1217 Dazu Epping, AöR 124 (1999), S. 423 ff.; Kreß, ZaöRV 57 (1997), S. 329 ff.; Dau, NZWehrr 1998, S. 89 ff.; Hermsdörfer, BayVBl. 1998, S. 652 ff.; von Lersner, Humanitäres Völkerrecht – Informationsschriften – 1999, S. 156 ff.; Schröder, Das parlamentarische Zustimmungsverfahren, S. 69 ff.; Paulus, Parlament und Streitkräfteeinsatz, S. 265 ff.

1218 Schröder, Das parlamentarische Zustimmungsverfahren, S. 67 ff.

1219 Vgl. Hermsdörfer, Humanitäres Völkerrecht – Informationsschriften – 2004, S. 17 (20).

1220 Vgl. Neuhold, ZaöRV 64 (2004), S. 263 (268 ff.); Meyer, Entscheidungsmündigkeit, S. 21; Schröder, Das parlamentarische Zustimmungsverfahren, S. 73 ff. und die Nachw. bei Wiefelspütz, Das Parlamentsheer, S. 451 Fn. 1765 und 1766; Paulus, Parlament und Streitkräfteeinsatz, S. 243 ff.; Masuch, Die rechtswissenschaftliche Diskussion der Kosovo-Intervention als Beispiel eines unterschiedlichen Völkerrechtsverständnisses der USA und Kontinentaleuropas, 2006 (zugleich Diss., Universität Konstanz, 2006).

12. Oktober 1998; BT-Drs. 13/11469; Zustimmung des Deutschen Bundestages am 16. Oktober 1998; Deutscher Bundestag, 13. Wahlperiode, Sten. Prot. S. 23161 B (Beschluß); Personalobergrenze: 500 Soldaten, kann bei Rotation teilweise überschritten werden; Beginn: 24. März 1999; Ende: 10. Juni 1999.

3. Bewaffnete Einsätze der Bundeswehr in der 14. Wahlperiode

In der 14. Wahlperiode (1998 – 2002) stimmte der Bundestag in nicht weniger als 17 Fällen dem Einsatz bewaffneter Streitkräfte zu. Besondere Beachtung verdienen die Operationen Essential Harvest, bei der es sich um die Entwaffnung von Freischärlern in Makedonien handelte, und Enduring Freedom, die als „Gemeinsame Reaktion der NATO auf terroristische Angriffe gegen die USA am 11. September 2001" beschlossen wurde. Die Entscheidung des Bundestages über Enduring Freedom verband Bundeskanzler Gerhard Schröder mit der Vertrauensfrage gemäß Art. 68 GG.[1221]

- EAGLE EYE[1222]; NATO Kosovo Air Verification Mission (Drohneneinsatz) NKAVM Kosovo; Kabinettentscheidung am 4. November 1998; BT-Drs. 14/16; Zustimmung des Deutschen Bundestages am 13. November 1998; Deutscher Bundestag, 14. Wahlperiode, Sten. Prot. S. 372 D (Beschluß); Personalobergrenze: 350 Soldaten, kann bei Rotation teilweise überschritten werden; Beginn: 31. Dezember 1998; Ende: 2. Juli 1999.

- JOINT GUARANTOR[1223]; Extraction Force, EXFOR I, Kosovo; Kabinettentscheidung am 18. November 1998; BT-Drs. 14/47; Zustimmung des Deutschen Bundestages am 19. November 1998; Deutscher Bundestag, 14. Wahlperiode, Sten. Prot. S. 433 A (Beschluß); Personalobergrenze: 250 Soldaten, kann bei Rotation teilweise überschritten werden; Beginn: 12/1998; Ende: 06/1998.

- JOINT GUARDIAN[1224]; Kosovo-Force, KFOR/EXFOR II, Kosovo; Kabinettentscheidung am 22. Februar 1999; BT-Drs. 14/397; Zustimmung des Deutschen Bundestages am 25. Februar 1999; Deutscher Bundestag, 14. Wahlperiode, Sten. Prot. S. 1715 B (Beschluß); Personalobergrenze: 4500 Soldaten, kann bei Rotation teilweise überschritten werden, Rückgriff auf bisher gebilligte Kräfte für ALLIED FORCE, EAGLE EYE und EXFOR I zusätzlich möglich; Beginn: Februar 1999; Ende: Juni 1999.

1221 Deutscher Bundestag, 14. Wahlperiode, 202. Sitzung, 16. November 2001, Sten. Prot. S. 19856 B ff., 19858 B, 19890 B ff. Dazu Schaefer, Verfassungsrechtliche Grenzen, S. 277 f. m. w. N.

1222 Schröder, Das parlamentarische Zustimmungsverfahren, S. 82 f.

1223 Schröder, Das parlamentarische Zustimmungsverfahren, S. 83 ff.

1224 Schröder, Das parlamentarische Zustimmungsverfahren, S. 86 ff.

- ALLIED HARBOUR[1225]; Albania-Force, humanitäre Hilfe in Albanien und Makedonien, AFOR; Kabinettentscheidung am 4. Mai 1999; BT-Drs. 14/912; Zustimmung des Deutschen Bundestages am 7. Mai 1999; Deutscher Bundestag, 14. Wahlperiode, Sten. Prot. S. 3409 D (Beschluß); Personalobergrenze: 1000 Soldaten, zusätzlich zu bereits gebilligten Kräften für ALLIED FORCE, EAGLE EYE, EXFOR I sowie EXFOR II, außerdem SFOR II; Beginn: 13. April 1999; Ende: 8. August 1999.

- JOINT GUARDIAN II[1226]; Kosovo-Force, Internationale Sicherheitspräsenz im Kosovo, KFOR[1227]; Kabinettentscheidung am 11. Juni 1999; BT-Drs. 14/ 1133; Zustimmung des Deutschen Bundestages am 11. Juni 1999; Deutscher Bundestag, 14. Wahlperiode, Sten. Prot. S. 3584 D (Beschluß); Personalobergrenze: 8500 Soldaten, zusätzlich zu den bereits für JOINT FORGE und ALLIED HARBOUR; Beginn: 12. Juni 1999 bis heute.

- INTERFET[1228]; Deutsche Beteiligung an dem internationalen Streitkräfteverband in Ost-Timor; Kabinettentscheidung am 6. Oktober 1999; BT-Drs. 14/ 1719; Zustimmung des Deutschen Bundestages am 7. Oktober 1999; Deutscher Bundestag, 14. Wahlperiode, Sten. Prot. S. 5437 D (Beschluß); Personalobergrenze: 100 Soldaten; Beginn: 17. Oktober 1999; Ende: 23. Februar 2000.

- JOINT GUARDIAN II, Fortsetzung 2000[1229]; Kosovo-Force, Internationale Sicherheitspräsenz im Kosovo, KFOR; Kabinettentscheidung am 24. Mai 2000; BT-Drs. 14/3454; Zustimmung des Deutschen Bundestages am 8. Juni 2000; Deutscher Bundestag, 14. Wahlperiode, Sten. Prot. S. 10169 A (Beschluß); Personalobergrenze: 8500 Soldaten; Beginn: 12. Juni 1999 bis heute.

- JOINT GUARDIAN II, Fortsetzung 2001[1230]; Kosovo-Force, Internationale Sicherheitspräsenz im Kosovo, KFOR; Kabinettentscheidung am 9. Mai 2001; BT-Drs. 14/5972; Zustimmung des Deutschen Bundestages am 1. Juni 2001; Deutscher Bundestag, 14. Wahlperiode, Sten. Prot. S. 17085 A (Beschluß); Personalobergrenze: 8500 Soldaten; Beginn: 12. Juni 1999.

- ESSENTIAL HARVEST[1231]; Entwaffnung von Freischärlern in Makedonien; Kabinettentscheidung am 23. August 2001; BT-Drs. 14/6830; Zustimmung des

1225 Schröder, Das parlamentarische Zustimmungsverfahren, S. 97 ff.

1226 Schröder, Das parlamentarische Zustimmungsverfahren, S. 90 ff.

1227 Vgl. Hermsdörfer, Humanitäres Völkerrecht – Informationsschriften – 2004, S. 17 (21 ff.).

1228 Vgl. dazu Meyer, Entscheidungsmündigkeit, S. 21 f.; Schröder, Das parlamentarische Zustimmungsverfahren, S. 99 ff.

1229 Schröder, Das parlamentarische Zustimmungsverfahren, S. 92 ff.

1230 Schröder, Das parlamentarische Zustimmungsverfahren, S. 94 ff.

1231 Vgl. dazu Hermsdörfer, NZWehrr 2004, S. 23 ff.; Schröder, Das parlamentarische Zustimmungsverfahren, S. 101 ff.

Deutschen Bundestages am 29. August 2001; Deutscher Bundestag, 14. Wahlperiode, Sten. Prot. S. 18210 A (Beschluß); Personalobergrenze: 500 Soldaten; Beginn: 27. August 2001; Ende: 26. September 2001.

- AMBER FOX[1232]; Unterstützung und Nothilfe für internationale Beobachter der EU und der OSZE in Makedonien; Kabinettentscheidung am 27. September 2001; BT-Drs. 14/6970; Zustimmung des Deutschen Bundestages am 27. September 2001; Deutscher Bundestag, 14. Wahlperiode, Sten. Prot. S. 18569 D (Beschluß); Personalobergrenze: 600 Soldaten; Beginn: 27. September 2001; Ende: 26. Dezember 2001.

- ENDURING FREEDOM[1233]; Gemeinsame Reaktion auf terroristische Angriffe gegen die USA am 11. September 2001; Kabinettentscheidung am 7. November 2001; BT-Drs. 14/7296; Zustimmung des Deutschen Bundestages am 16. November 2001; Deutscher Bundestag, 14. Wahlperiode, Sten. Prot. S. 19895 B (Beschluß); Personalobergrenze: 3900 Soldaten; Beginn: 16. November 2001, zunächst für 12 Monate.

- AMBER FOX, Verlängerung 12/2001[1234]; Unterstützung und Nothilfe für internationale Beobachter der EU und der OSZE in Makedonien; Kabinettentscheidung am 10. Dezember 2001; BT-Drs. 14/7770; Zustimmung des Deutschen Bundestages am 13. Dezember 2001; Deutscher Bundestag, 14. Wahlperiode, Sten. Prot. S. 20575 B (Beschluß); Personalobergrenze: 600 Soldaten; Beginn: 27. Dezember 2001; Ende: 26. März 2002.

- ISAF[1235] – International Security Assistance Force; Unterstützung der vorläufigen Staatsorgane Afghanistans bei der Aufrechterhaltung der Sicherheit; Kabinettentscheidung am 21. Dezember 2001; BT-Drs. 14/7930; Zustimmung des Deutschen Bundestages am 22. Dezember 2001; Deutscher Bundestag, 14. Wahlperiode, Sten. Prot. S. 20849 D (Beschluß); Personalobergrenze: 1200 Soldaten; Beginn: 22. Dezember 2001; befristet bis 20. Juni 2002.

- AMBER FOX, Verlängerung 2002[1236]; Unterstützung und Nothilfe für internatio-

---

1232 Schröder, Das parlamentarische Zustimmungsverfahren, S. 105 f.

1233 Vgl. dazu Heintschel von Heinegg/Gries, AVR 2002, S. 145 ff.; Blumenwitz, ZRP 2002, S. 102 (106); Tomuschat, EuGRZ 2001, S. 535 (544 f.); Talmon, in: Festschrift Graf Vitzthum, S. 101 ff.; Nowrot, NZWehrr 2003, S. 65 ff.; Kugelmann, Jura 2003, S. 376 f.; Hermsdörfer, Humanitäres Völkerrecht – Informationsschriften – 2004, S. 17 (24 ff.); Meyer, Entscheidungsmündigkeit, S. 22 f.; Neuhold, ZaöRV 64 (2004), S. 263 (271 ff.); Schröder, Das parlamentarische Zustimmungsverfahren, S. 110 ff.; kritisch zur Rechtsgrundlage von Enduring Freedom Blumenwitz, ZfP 50 (2003), S. 301 (326 ff.); Rauch, Auslandseinsätze, S. 206 ff; Paulus, Parlament und Streitkräfteeinsatz, S. 273 ff.

1234 Schröder, Das parlamentarische Zustimmungsverfahren, S. 106 f.

1235 Vgl. Hermsdörfer, Humanitäres Völkerrecht – Informationsschriften – 2004, S. 17 (23 ff.); Schröder, Das parlamentarische Zustimmungsverfahren, S. 121 ff.; Rauch, Auslandseinsätze, S. 220 ff.

1236 Schröder, Das parlamentarische Zustimmungsverfahren, S. 107.

nale Beobachter der EU und der OSZE in Makedonien; Kabinettentscheidung am 13. März 2002; BT-Drs. 14/8500; Zustimmung des Deutschen Bundestages am 22. März 2002; Deutscher Bundestag, 14. Wahlperiode, Sten. Prot. S. 22657 D (Beschluß); Personalobergrenze: 600 Soldaten; Beginn: 27. März 2002; Ende 26. Juni 2002.

- JOINT GUARDIAN II, Fortsetzung 2002[1237]; Kosovo-Force, Internationale Sicherheitspräsenz im Kosovo, KFOR; Kabinettentscheidung am 8. Mai 2002; BT-Drs. 14/8991; Zustimmung des Deutschen Bundestages am 7. Juni 2002; Deutscher Bundestag, 14. Wahlperiode, Sten. Prot. S. 24063 C (Beschluß); Personalobergrenze: 8500 Soldaten; Beginn: 12. Juni 1999 bis heute.

- AMBER FOX, Verlängerung 2002 II[1238]; Unterstützung und Nothilfe für internationale Beobachter der EU und der OSZE in Makedonien; Kabinettentscheidung am 29. Mai 2002; BT-Drs. 14/9179; Zustimmung des Deutschen Bundestages am 14. Juni 2002; Deutscher Bundestag, 14. Wahlperiode, Sten. Prot. S. 24466 C (Beschluß); Personalobergrenze: 600 Soldaten; Beginn: 27. Juni 2002; Ende 26. Oktober 2002.

- Fortsetzung ISAF – International Security Assistance Force[1239]; Unterstützung der vorläufigen Staatsorgane Afghanistans bei der Aufrechterhaltung der Sicherheit; Kabinettentscheidung am 5. Juni 2002; BT-Drs. 14/9246; Zustimmung des Deutschen Bundestages am 14. Juni 2002; Deutscher Bundestag, 14. Wahlperiode, Sten. Prot. S. 24479 B (Beschluß); Personalobergrenze: 1200 Soldaten; Beginn: 21. Juni 2002; befristet bis 20. Dezember 2002.

4. Bewaffnete Einsätze der Bundeswehr in der 15. Wahlperiode

In der verkürzten 15. Wahlperiode (2002-2005) traf die Bundesregierung 18 Entsendeentscheidungen, die der Zustimmung des Bundestages bedurften:

- AMBER FOX, Verlängerung 2002 III[1240]; Unterstützung und Nothilfe für internationale Beobachter der EU und der OSZE in Makedonien; Kabinettentscheidung vom 22. Oktober 2002; BT-Drs. 15/10; Zustimmung des Bundestages am 23. Oktober 2002; Deutscher Bundestag, 15. Wahlperiode, Sten. Prot. S. 46 A (Beschluß); Personalobergrenze: 600 Soldaten; Beginn: 27. Oktober 2002; Ende: 15. Dezember 2002.

1237 Schröder, Das parlamentarische Zustimmungsverfahren, S. 96 f.

1238 Schröder, Das parlamentarische Zustimmungsverfahren, S. 107 f.

1239 Schröder, Das parlamentarische Zustimmungsverfahren, S. 123; Rauch, Auslandseinsätze, S. 220 ff.

1240 Schröder, Das parlamentarische Zustimmungsverfahren, S. 108.

- Fortsetzung ENDURING FREEDOM[1241]; Gemeinsame Reaktion auf terroristische Angriffe gegen die USA am 11. September 2001; Kabinettentscheidung vom 6. November 2002; BT-Drs. 15/37; Zustimmung des Bundestages am 15. November 2002; Deutscher Bundestag, 15. Wahlperiode, Sten. Prot. S. 667 B (Beschluß); Personalobergrenze: 3900 Soldaten; Beginn: Über den 15. November 2002 hinaus für weitere 12 Monate.

- ALLIED HARMONY[1242]; Beteiligung bewaffneter Streitkräfte an dem NATO-geführten Einsatz auf makedonischem Territorium zur weiteren Stabilisierung des Friedensprozesses und zum Schutz von Beobachtern internationaler Organisationen; Kabinettentscheidung vom 3. Dezember 2002; BT-Drs. 15/127; Zustimmung des Bundestages am 5. Dezember 2002; Deutscher Bundestag, 15. Wahlperiode, Sten. Prot. S. 1025 C (Beschluß); Personalobergrenze: 70 Soldaten, Kräfte der Operationen JOINT FORGE (SFOR) und JOINT GUARDIAN (KFOR) können zur Unterstützung herangezogen werden. Beginn: 16. Dezember 2002; Ende: 15. Juni 2003.

- Fortsetzung ISAF[1243]; Unterstützung der vorläufigen Staatsorgane Afghanistans bei der Aufrechterhaltung der Sicherheit; Kabinettentscheidung vom 3. Dezember 2002; BT-Drs. 15/128; Zustimmung des Bundestages am 20. Dezember 2002; Deutscher Bundestag, 15. Wahlperiode, Sten. Prot. S. 1332 A (Beschluß); Personalobergrenze: 2500 Soldaten; Beginn: Über den 20. Dezember 2002 hinaus für weitere 12 Monate.

- CONCORDIA[1244]; Beteiligung bewaffneter deutscher Streitkräfte an dem EU-geführten Einsatz auf mazedonischem Territorium; Kabinettentscheidung vom 19. März 2003; BT-Drs. 15/696; Zustimmung des Bundestages am 20 . März 2003; Deutscher Bundestag, 15. Wahlperiode, Sten. Prot. S. 2932 B (Beschluß); Personalobergrenze: 70 Soldaten, Kräfte der Operationen JOINT FORGE (SFOR) und JOINT GUARDIAN (KFOR) können zur Unterstützung herangezogen werden; Beginn: 31. März 2003. Die Kräfte können eingesetzt werden, solange ein Ersuchen der mazedonischen Regierung und ein entsprechender Beschluß der EU sowie die konstitutive Zustimmung des Deutschen Bundestages vorliegen.

- EUFOR[1245]; Beteiligung bewaffneter deutscher Streitkräfte an dem EU-geführten Einsatz zur Stabilisierung der Sicherheitslage und Verbesserung der humanitären Situation in Bunia/Demokratischen Republik Kongo; Kabinettentscheidung vom 13.

1241 Schröder, Das parlamentarische Zustimmungsverfahren, S. 117 f.

1242 Schröder, Das parlamentarische Zustimmungsverfahren, S. 108.

1243 Schröder, Das parlamentarische Zustimmungsverfahren, S. 123 f.

1244 Hermsdörfer, Humanitäres Völkerrecht – Informationsschriften – 2004, S. 17 (27 f.); Schröder, Das parlamentarische Zustimmungsverfahren, S. 109 f.

1245 Schröder, Das parlamentarische Zustimmungsverfahren, S. 130 ff.

Juni 2003; BT-Drs. 15/1168; Zustimmung des Bundestages am 17. Juni 2003; Deutscher Bundestag, 15. Wahlperiode, Sten. Prot. S. 4241 A (Beschluß); Personalobergrenze: 350 Soldaten; Beginn: 17. Juni 2003; Ende: 1. September 2003.

- Fortsetzung und Erweiterung ISAF[1246]; Unterstützung der vorläufigen Staatsorgane Afghanistans bei der Aufrechterhaltung der Sicherheit, Erweiterung des Einsatzgebietes um die Region Kunduz; Kabinettentscheidung vom 15. Oktober 2003; BT-Drs. 15/1700, Zustimmung des Deutschen Bundestages am 24. Oktober 2003; Deutscher Bundestag, 15. Wahlperiode, Sten. Prot. S. 6009 D (Beschluß); Personalobergrenze: 2250 Soldaten; Beginn. 21. Dezember 2006; Ende: 13. Oktober 2004.

- Fortsetzung ENDURING FREEDOM[1247]; Gemeinsame Reaktion auf terroristische Angriffe gegen die USA am 11. September 2001; Kabinettentscheidung vom 5. November 2003; BT-Drs. 15/1880; Zustimmung des Deutschen Bundestages am 14. November 2003; Deutscher Bundestag, 15. Wahlperiode, Sten. Prot. S. 6577 C (Beschluß); Beendigung der Bereitstellung von ABC-Abwehrkräften und Absenkung der bisherigen Personalobergrenze von bis zu 3900 Soldaten auf bis zu 3100 Soldaten; Beginn: über den 15. November 2003 hinaus für weitere 12 Monate.

- KFOR; Fortsetzung der deutschen Beteiligung an der Internationalen Sicherheitspräsenz im Kosovo; Kabinettentscheidung vom 19. Mai 2004; BT-Drs. 15/3175; Zustimmung des Deutschen Bundestages am 27. Mai 2004; Deutscher Bundestag, 15. Wahlperiode, Sten. Prot. S. 10090 B (Beschluß); Personalobergrenze: 8500 Soldaten; die Kräfte können über den 11. Juni 2004 hinaus eingesetzt werden, solange ein Mandat des Sicherheitsrats der Vereinten Nationen und ein entsprechender Beschluß des NATO-Rats sowie die konstitutive Zustimmung des Deutschen Bundestages vorliegen.

- Fortsetzung ISAF[1248]; Unterstützung der vorläufigen Staatsorgane Afghanistans bei der Aufrechterhaltung der Sicherheit; Kabinettentscheidung vom 22. September 2004; BT-Drs. 15/3710; Zustimmung des Bundestages am 30. September 2004; Deutscher Bundestag, 15. Wahlperiode, Sten. Prot. S. 11759 D (Ergebnis der namentlichen Abstimmung); Personalobergrenze: 2250 Soldaten, davon 450 in der Region Kunduz; Beginn: Über den 13. Oktober 2004 hinaus für weitere 12 Monate.

- Fortsetzung ENDURING FREEDOM; Gemeinsame Reaktion auf terroristische Angriffe gegen die USA am 11. September 2001; Kabinettentscheidung vom 27. Oktober 2004; BT-Drs. 15/4032; Zustimmung des Deutschen Bundestages am

---

1246 Schröder, Das parlamentarische Zustimmungsverfahren, S. 124 ff.

1247 Schröder, Das parlamentarische Zustimmungsverfahren, S. 118 f.

1248 Schröder, Das parlamentarische Zustimmungsverfahren, S. 126 f.

14. November 2004; Deutscher Bundestag, 15. Wahlperiode, Sten. Prot. S. 12798 D ff. (Ergebnis der namentlichen Abstimmung); Fortsetzung des Einsatzes im derzeitigen Umfang von rund 500 Soldaten; Personalobergrenze: 3100 Soldaten; Einsatzzeitraum über den 15. November 2004 hinaus für weitere 12 Monate.

- ALTHEA; Beteiligung bewaffneter deutscher Streitkräfte an der EU-geführten Operation in Bosnien und Herzegowina; Kabinettentscheidung vom 22. November 2004; BT-Drs. 15/4245; Zustimmung des Bundestages am 26. November 2004; Deutscher Bundestag, 15. Wahlperiode, Sten. Prot. S. 13 327 A (Beschluß); Personaleinsatz: bis zu 3000 deutsche Soldaten; Beginn: 2. Dezember 2004; Dauer: solange ein Mandat der VN und ein entsprechender Beschluß der EU bzw. des NATO-Rates sowie die konstitutive Zustimmung des Deutschen Bundestages vorliegen.

- AMIS; Einsatz bewaffneter deutscher Streitkräfte zur Unterstützung der Überwachungsmission AMIS der Afrikanischen Union in Dafur/Sudan; Kabinettentscheidung vom 17. November 2004; BT-Drs. 15/4227; Zustimmung des Bundestages am 3. Dezember 2004; Deutscher Bundestag, 15. Wahlperiode, Sten. Prot. S. 13 620 D (Ergebnis der namentlichen Abstimmung); Personaleinsatz: bis zu 200 deutsche Soldaten; Beginn: 3. Dezember 2004; Dauer: zunächst 6 Monate.

- UNMIS; Beteiligung deutscher Streitkräfte an der Friedensmission der Vereinten Nationen in Sudan UNMIS (United Nations Mission in Sudan); BT-Drs. 15/5265; Kabinettentscheidung vom 13. April 2005; Zustimmung des Bundestages am 22. April 2005; Deutscher Bundestag, 15. Wahlperiode, Sten. Prot. S. 16 233 B (Ergebnis der namentlichen Abstimmung); Personaleinsatz: bis zu 75 deutsche Soldaten; Beginn: 22. April 2005; Dauer: zunächst bis zum 24. September 2005.

- KFOR; Fortsetzung der deutschen Beteiligung an der Internationalen Sicherheitspräsenz im Kosovo; Kabinettentscheidung vom 4. Mai 2005; BT-Drs. 15/5428; Zustimmung des Bundestages am 2. Juni 2005; Deutscher Bundestag, 15. Wahlperiode, Sten. Prot. S. 16 762 C (Ergebnis der namentlichen Abstimmung). Personalobergrenze: 8500 Soldaten. Verlängerung des Einsatzes für weitere zwölf Monate; die Kräfte können eingesetzt werden, solange ein Mandat des Sicherheitsrats der Vereinten Nationen und ein entsprechender Beschluß des NATO-Rates sowie die konstitutive Zustimmung des Deutschen Bundestags vorliegen.

- Fortsetzung AMIS; Einsatz bewaffneter deutscher Streitkräfte zur Unterstützung der Überwachungsmission AMIS der Afrikanischen Union in Dafur/Sudan; Kabinettentscheidung vom 4. Mai 2005; BT-Drs. 15/5423; Zustimmung des Bundestages im Vereinfachten Zustimmungsverfahren mit Wirkung vom 12. Mai 2005; Deutscher Bundestag, 15. Wahlperiode, Sten. Prot. S. 16 664 C;

Personaleinsatz: bis zu 200 deutsche Soldaten; Fortsetzung des Einsatzes für weitere sechs Monate bis zum 2. Dezember 2005.

- Fortsetzung UNMIS; Beteiligung deutscher Streitkräfte an der Friedensmission der Vereinten Nationen in Sudan; Kabinettentscheidung vom 21. September 2005; BT-Drs. 15/5997; Zustimmung des Deutschen Bundestages im vereinfachten Verfahren gem. § 7 Abs. 1 i. V. mit § 4 Abs. 1 Satz 4 des PBG mit Wirkung vom 2. Oktober 2005; BT-Drs. 15/6004; Fortsetzung des Einsatzes bis zum 24. März 2006.

- Fortsetzung ISAF; Fortsetzung der Beteiligung bewaffneter deutscher Streitkräfte an dem Einsatz einer Internationalen Sicherheitsunterstützungstruppe in Afghanistan unter Führung der NATO (ISAF); Kabinettentscheidung vom 21. September 2005; BT-Drs. 15/5996; Zustimmung des Bundestages am 28. September 2005; Deutscher Bundestag, 15. Wahlperiode, Sten. Prot. S. 17 585 D (Ergebnis der namentlichen Abstimmung); Personalobergrenze: 3 000 Soldaten. Der Einsatz ist bis zum 13. Oktober 2006 befristet.

5. Bewaffnete Einsätze der Bundeswehr in der 16. Wahlperiode

- Fortsetzung ENDURING FREEDOM; Gemeinsame Reaktion auf terroristische Angriffe gegen die USA am 11. September 2001; Kabinettentscheidung vom 2. November 2005; BT-Drs. 16/26; Zustimmung des Deutschen Bundestages am 8. November 2005; Deutscher Bundestag, 16. Wahlperiode, Sten. Prot. S. 57 C (Ergebnis der namentlichen Abstimmung); Personalobergrenze: 2800 Soldaten; Einsatzzeitraum über den 15. November 2005 hinaus für weitere 12 Monate.

- Fortsetzung AMIS; Einsatz bewaffneter deutscher Streitkräfte zur Unterstützung der Überwachungsmission AMIS der Afrikanischen Union in Dafur/Sudan; Kabinettentscheidung vom 29. November 2005; BT-Drs. 16/100; Zustimmung des Bundestages am 16. Dezember 2005; Deutscher Bundestag, 16. Wahlperiode, Sten. Prot. S. 603 C, D (Ergebnis der namentlichen Abstimmung); Personaleinsatz: bis zu 200 deutsche Soldaten; Fortsetzung des Einsatzes für weitere sechs Monate bis zum 2. Juni 2006.

- Fortsetzung UNMIS; Beteiligung deutscher Streitkräfte an der Friedensmission der Vereinten Nationen in Sudan UNMIS (United Nations Mission in Sudan); BT-Drs. 16/1052; Kabinettentscheidung vom 22. März 2006; Zustimmung des Bundestages am 7. April 2006; Deutscher Bundestag, 16. Wahlperiode, Sten. Prot. S. 2778 D (Ergebnis der namentlichen Abstimmung); Personaleinsatz: bis zu 75 deutsche Soldaten; Dauer: für weitere sechs Monate über den 24. März 2006 hinaus.

- Fortsetzung AMIS; Einsatz bewaffneter deutscher Streitkräfte zur Unterstützung der Überwachungsmission AMIS der Afrikanischen Union in Dafur/Sudan; Kabinettentscheidung vom 17. Mai 2006; BT-Drs. 16/1508; Zustimmung des Bundestages im Vereinfachten Zustimmungsverfahren mit Wirkung vom 25. Mai 2006; Deutscher Bundestag, 15. Wahlperiode, Sten. Prot. S. 3470 D; Personaleinsatz: bis zu 200 deutsche Soldaten; Fortsetzung des Einsatzes für weitere sechs Monate bis zum 2. Dezember 2006.

- KFOR; Fortsetzung der deutschen Beteiligung an der Internationalen Sicherheitspräsenz im Kosovo; Kabinettentscheidung vom 17. Mai 2006; BT-Drs. 16/1509; Zustimmung des Bundestages am 1. Juni 2006; Deutscher Bundestag, 16. Wahlperiode, Sten. Prot. S. 3323 (Ergebnis der namentlichen Abstimmung). Personalobergrenze: 8500 Soldaten. Verlängerung des Einsatzes für weitere zwölf Monate; die Kräfte können eingesetzt werden, solange ein Mandat des Sicherheitsrats der Vereinten Nationen und ein entsprechender Beschluß des NATO-Rates sowie die konstitutive Zustimmung des Deutschen Bundestags vorliegen.

- EUFOR RD CONGO; Beteiligung bewaffneter deutscher Streitkräfte an der EU-geführten Operation EUFOR RD CONGO zur zeitlich befristeten Unterstützung der Friedensmission MONUC der Vereinten Nationen während des Wahlprozesses in der Demokratischen Republik Kongo; Kabinettentscheidung vom 17. Mai 2006; BT-Drs. 16/1507; Zustimmung des Bundestages am 1. Juni 2006; Deutscher Bundestag, 16. Wahlperiode, Sten. Prot. S. S. 3323 A (Ergebnis der namentlichen Abstimmung); Personalobergrenze: 500 Einsatzkräfte und bis zu 280 Unterstützungskräfte; die Kräfte können in dem Zeitraum beginnend mit den Parlamentswahlen und der ersten Runde der Präsidentschaftswahlen bis vier Monate eingesetzt werden.

- UNIFIL; Beteiligung bewaffneter deutscher Streitkräfte an der „United Nations Interim Force in Lebanon" (UNIFIL); Kabinettentscheidung vom 13. September 2006; BT-Drs. 16/2572; Zustimmung des Bundestages am 20. September 2006; Deutscher Bundestag, 16. Wahlperiode, Sten. Prot. S. 4845 D (Ergebnis der namentlichen Abstimmung); Personalobergrenze: 2400 Soldatinnen und Soldaten; der Einsatz ist bis zum 31. August 2007 befristet.

- Fortsetzung ISAF; Fortsetzung der Beteiligung bewaffneter deutscher Streitkräfte an dem Einsatz einer Internationalen Sicherheitsunterstützungstruppe in Afghanistan unter Führung der NATO (ISAF); Kabinettentscheidung vom 13. September 2006; BT-Drs. 16/2573; Zustimmung des Deutschen Bundestages am 28. September 2006; Deutscher Bundestag, 16. Wahlperiode, Sten. Prot. S. 5226 D (Ergebnis der namentlichen Abstimmung); Personalobergrenze: 3000 Soldaten. Der Einsatz ist bis zum 13. Oktober 2007 befristet.

- Fortsetzung UNMIS; Beteiligung deutscher Streitkräfte an der Friedensmission der Vereinten Nationen in Sudan; Kabinettentscheidung vom 20. September 2006; BT-Drs. 16/2700; Zustimmung des Deutschen Bundestages am 28. September 2006; Deutscher Bundestag, 16. Wahlperiode, Sten. Prot. S. 5237 D (Ergebnis der namentlichen Abstimmung); Personaleinsatz: bis zu 75 deutsche Soldaten; Fortsetzung des Einsatzes für weitere 14 Tage über den 24. September 2006 hinaus.

- Fortsetzung ENDURING FREEDOM; Gemeinsame Reaktion auf terroristische Angriffe gegen die USA am 11. September 2001; Kabinettentscheidung vom 25. Oktober 2006; BT-Drs. 16/3150; Zustimmung des Deutschen Bundestages am 10. November 2006; Deutscher Bundestag, 16. Wahlperiode, Sten. Prot. S. 6331 D (Ergebnis der namentlichen Abstimmung); Personalobergrenze: 1800 Soldaten; Einsatzzeitraum über den 15. November 2006 hinaus für weitere 12 Monate.

- Fortsetzung UNMIS; Beteiligung deutscher Streitkräfte an der Friedensmission der Vereinten Nationen in Sudan; Kabinettentscheidung vom 4. Oktober 2006; BT-Drs. 16/2900; Zustimmung des Deutschen Bundestages im Vereinfachten Zustimmungsverfahren mit Wirkung vom 17. Oktober 2006; Deutscher Bundestag, 16. Wahlperiode, Mitteilung Plenarprotokoll 16/58 vom 20. Oktober 2006, Sten. Prot. S. 5755 A-B/Anlage; Personaleinsatz: bis zu 75 deutsche Soldaten; Fortsetzung des Einsatzes für längstens für sechs Monate über den 8. Oktober 2006 hinaus.

- Fortsetzung AMIS; Einsatz bewaffneter deutscher Streitkräfte zur Unterstützung der Überwachungsmission AMIS der Afrikanischen Union in Dafur/Sudan; Kabinettentscheidung vom 29. November 2006; BT-Drs. 16/3652; Zustimmung des Bundestages am 15. Dezember 2006; Deutscher Bundestag, 16. Wahlperiode, Sten. Prot. S. 7450 C (Ergebnis der namentlichen Abstimmung); Personaleinsatz: bis zu 200 deutsche Soldaten. Einsatzzeitraum: Fortsetzung des Einsatzes über den 2. Dezember 2006 hinaus für weitere sechs Monate bis zum 2. Juni 2007.

- Ausweitung ISAF; Beteiligung bewaffneter deutscher Streitkräfte an dem Einsatz einer Internationalen Sicherheitsunterstützungtruppe in Afghanistan ISAF; Kabinettentscheidung vom 7. Februar 2007; BT-Drs. 16/4298; Zustimmung des Deutschen Bundestages am 9. März 2007; Deutscher Bundestag, 16. Wahlperiode, Sten. Prot. S. 8712 A (Ergebnis der namentlichen Abstimmung); Personaleinsatz: Zusätzlich zum bisherigen Personal für ISAF bis zu 500 Soldatinnen und Soldaten für den Einsatz des Einsatzmoduls Tornado Recce im Rahmen von Luftaufklärung und Luftüberwachung. Der Einsatz ist bis zum 13. Oktober 2007 befristet.[1249]

[1249] Ob die Zustimmung des Deutschen Bundestags zum Einsatz der Aufklärer vom Typ Tornado Recce verfassungsrechtlich geboten war, ist streitig. Vgl. dazu MdB Hans-Ulrich Klose (SPD), IP Mai 2007, S. 22 ff.

- Fortsetzung UNMIS; Beteiligung deutscher Streitkräfte an der Friedensmission der Vereinten Nationen in Sudan; Kabinettentscheidung vom 28. März 2007; BT-Drs. 16/4861; Zustimmung des Deutschen Bundestages am 27. April 2007; Deutscher Bundestag, 16. Wahlperiode, Sten. Prot. S. S. 9715 ff. (Ergebnis der namentlichen Abstimmung); Personaleinsatz: bis zu 75 deutsche Soldaten; Fortsetzung des Einsatzes längstens bis zum 15. November 2007.

- Fortsetzung AMIS; Einsatz bewaffneter deutscher Streitkräfte zur Unterstützung der Überwachungsmission AMIS der Afrikanischen Union in Dafur/Sudan; Kabinettentscheidung vom 23. Mai 2007; BT-Drs. 16/5436; Zustimmung des Bundestages am 14. Juni 2007; Deutscher Bundestag, 16. Wahlperiode, Sten. Prot. S. 10 617 D (Ergebnis der namentlichen Abstimmung); Personaleinsatz: bis zu 200 deutsche Soldaten. Einsatzzeitraum: Fortsetzung des Einsatzes bis zum 15. Dezember 2007.

- KFOR; Fortsetzung der deutschen Beteiligung an der Internationalen Sicherheitspräsenz im Kosovo; Kabinettentscheidung vom 13. Juni 2007; BT-Drs. 16/5600; Zustimmung des Bundestages am 21. Juni 2007; Deutscher Bundestag, 16. Wahlperiode, Sten. Prot. S. 10772 D (Ergebnis der namentlichen Abstimmung). Personalobergrenze: 8500 Soldaten. Verlängerung des Einsatzes für weitere zwölf Monate; die Kräfte können eingesetzt werden, solange ein Mandat des Sicherheitsrats der Vereinten Nationen und ein entsprechender Beschluß des NATO-Rates sowie die konstitutive Zustimmung des Deutschen Bundestags vorliegen.

- Verlängerung UNIFIL; Beteiligung bewaffneter deutscher Streitkräfte an der „United Nations Interim Force in Lebanon" (UNIFIL); Kabinettentscheidung vom 22. August 2007; BT-Drs. 16/6278; Zustimmung des Bundestages am 12. September 2007; Deutscher Bundestag, 16. Wahlperiode, Sten. Prot. S. 11570 C (Ergebnis der namentlichen Abstimmung); Personalobergrenze: 1400 Soldatinnen und Soldaten; der Einsatz ist bis zum 15. September 2008 befristet.

- Fortsetzung ISAF; Fortsetzung der Beteiligung bewaffneter deutscher Streitkräfte an dem Einsatz einer Internationalen Sicherheitsunterstützungstruppe in Afghanistan unter Führung der NATO (ISAF); Kabinettentscheidung vom 19. September 2007; BT-Drs. 16/6460; Zustimmung des Deutschen Bundestages am 12. Oktober 2007; Deutscher Bundestag, 16. Wahlperiode, Sten. Prot. S. 12373 A (Ergebnis der namentlichen Abstimmung); Personalobergrenze (einschließlich der Fähigkeiten zur Aufklärung und Überwachung aus der Luft): 3500 Soldaten. Der Einsatz ist bis zum 13. Oktober 2008 befristet.

F. Einsatz der Streitkräfte und das Völkerrecht

I. Die Bindung deutscher Staatsorgane an das Völkerrecht

Beim Einsatz bewaffneter deutscher Streitkräfte im Ausland sind die Normen des Grundgesetzes, aber auch die Vorschriften des Völkervertragsrechts und die allgemeinen Regeln des Völkerrechts (Art. 25 GG) zu beachten und einzuhalten.[1250] Im Beschluß des Bundesverfassungsgerichts vom 26. Oktober 2004 (– 2BvR 955/00 –, – 2 BvR 1038/01 –) heißt es dazu:

> „Die deutschen Staatsorgane sind gemäß Art. 20 Abs. 3 GG an das Völkerrecht gebunden, das als Völkervertragsrecht nach Art. 59 Abs. 2 Satz 1 GG und mit seinen allgemeinen Regeln insbesondere als Völkergewohnheitsrecht nach Art. 25 Satz 1 GG innerstaatlich Geltung beansprucht.
>
> ... Das Grundgesetz stellt die Staatsorgane mittelbar in den Dienst der Durchsetzung des Völkerrechts und vermindert dadurch das Risiko der Nichtbefolgung internationalen Rechts (vgl. Beschluß des Zweiten Senats des Bundesverfassungsgerichts vom 14. Oktober 2004 – 2 BvR 1481/04 –, im Umdruck S. 30 und auch BVerfGE 109, 13 <24>; 109, 38 <50>).
>
> Eine solche verfassungsunmittelbare Pflicht ist nach deutschem Verfassungsrecht allerdings nicht unbesehen für jede beliebige Bestimmung des Völkerrechts anzunehmen, sondern nur, soweit es dem in den Art. 23 bis 26 GG sowie in den Art. 1 Abs. 2, Art. 16 Abs. 2 Satz 2 GG niedergelegten Konzept des Grundgesetzes entspricht. Das Grundgesetz will die Öffnung der innerstaatlichen Rechtsordnung für das Völkerrecht und die internationale Zusammenarbeit in den Formen einer kontrollierten Bindung; es ordnet nicht die Unterwerfung der deutschen Rechtsordnung unter die Völkerrechtsordnung und den unbedingten Geltungsvorrang von Völkerrecht vor dem Verfassungsrecht an, sondern will den Respekt vor friedens- und freiheitswahrenden internationalen Organisationen und dem Völkerrecht erhöhen, ohne die letzte Verantwortung für die Achtung der Würde des Menschen und die Beachtung der Grundrechte durch die deutsche öffentliche Gewalt aus der Hand zu geben (vgl. Beschluß des Zweiten Senats des Bundesverfassungsgerichts vom 14. Oktober 2004 – 2 BvR 1481/04 -, im Umdruck S. 17)."[1251]

1250 Vgl. Oeter, NZWehrr 2000, S. 89 (94); Dreist, NZWehrr 2003, S. 152 (157 f.); Wiefelspütz, Das Parlamentsheer, S. 252; ders., ZfP 2006, S. 143; Stein/von Buttlar, Völkerrecht, Rdnr. 189 ff.; Schiedermair, Der internationale Frieden und das Grundgesetz, S. 192 f.

1251 BVerfGE 112, S. 1 (24 ff.)

256

II. Das Gewaltverbot des Art. 2 Ziff. 4 SVN

Das umfassende Verbot der Anwendung und Androhung militärischer Gewalt[1252] gehört zu den großen Errungenschaften der Entwicklung des Völkerrechts in den vergangenen Jahrzehnten.[1253] Als die „grundlegende Regel des heutigen Völkerrechts"[1254], als eine „der größten Errungenschaften in der Völkerrechtsentwicklung seit dem 2. Weltkrieg"[1255], als „basic principal of customary international law"[1256], als Eckpfeiler des gegenwärtigen Völkergewohnheitsrechts[1257], als „tragender Grundpfeiler ... der gesamten internationalen Ordnung"[1258], als „Fundamentalnorm"[1259] und als einer der „leitenden Grundsätze"[1260] der VN wird das in Art. 2 Ziff. 4 SVN normierte absolute Gewaltverbot[1261] verstanden, das den Staaten die Gewaltanwendung in ihren internationalen Beziehungen verbietet.[1262] Das Gewaltverbot hat den Zweck, die territoriale Integrität der Staaten und ihre politische Handlungsfähigkeit zu sichern.[1263] Überwiegend wird das Gewaltverbot in der Form, die es in Art. 2 Ziff. 4 SVN gefunden hat, zum universellen Völkergewohnheitsrecht

---

1252 Zur Geschichte des Gewaltverbots instruktiv: Faßbender, EuGRZ 31 (2004), S. 241 ff.; Hartmann, Staatliche Beteiligung an terroristischen Gewaltaktionen, S. 151 ff.; Schweisfurth, Völkerrecht, 2006, S. 357 f.

1253 Herdegen, Völkerrecht, § 34 Rdnr. 1; Faßbender, EuGRZ 31 (2004), S. 241 (246 f.); Wandscher, Internationaler Terrorismus und Selbstverteidigungsrecht, S. 124; Kunde, Der Präventivkrieg, S. 102 ff.

1254 Jiménez de Aréchaga, El derecho Internacional contemporaneo, 1980, S. 108. Nach Geiger, Grundgesetz und Völkerrecht, § 64 I 1 (S. 352), handelt es sich beim Gewaltverbot um „den harten Kern des völkerrechtlichen jus cogens". Dörr, APuZ 54 (2004), 43 vom 18.10.2004, S. 14 (20), spricht von der „zentralen Norm für die internationale Ordnung".

1255 Hobe, in: Festschrift für Hartmut Schiedermair, S. 819 (821).

1256 Delbrück, GYIL 44 (2001), S. 9 (13).

1257 Dinstein, in: Walter/Vöneky/Röben/Schorkopf (eds.), Terrorism as a Challenge for National and International Law: Security versus Liberty?, S. 915; Hillgenberg, in: Liber Amicorum Tono Eitel, S. 141 (143): „Kernstück der Charta"; vgl. auch Hilpold/Zagel, Sicherheit und Frieden 2006, S. 38 f.

1258 Dörr, APuZ 54 (2004), 43 vom 18.10.2004, S. 14.

1259 Dederer, JZ 2004, S. 421.

1260 Dupuy/Tomuschat, FAZ vom 31. Juli 2002.

1261 Vgl. Randelzhofer, in: Simma (Hg.), The Charter of the United Nations, Volume I, Art. 2 Ziff. 4 Rdnr. 14; Fischer, in: Ipsen, Völkerrecht, § 59 Rdnr. 9 ff.; Schindler, in: Schindler/Hailbronner, Die Grenzen des völkerrechtlichen Gewaltverbots, Berichte der Deutschen Gesellschaft für Völkerrecht, Heft 26, Heidelberg 1986, S. 11 ff.; Bothe, in: Graf Vitzthum (Hg.), Völkerrecht, 8. Abschnitt, Rdnr. 9 ff. m. w. N.; Geiger, Grundgesetz und Völkerrecht, § 64 I 1 (S. 352).

1262 Schindler, in: Schindler/Hailbronner, Die Grenzen des völkerrechtlichen Gewaltverbots, S. 15; Wolfrum, in: http://www.mpil.de/de/Wolfrum/irak.pdf, S. 1.

1263 Dahm/Delbrück/Wolfrum, Völkerrecht, Bd. I/3, Die Formen des völkerrechtlichen Handelns. Die inhaltliche Ordnung der internationalen Gemeinschaft, 2. Aufl., 2002, § 169 XI (S. 832).

gerechnet.[1264] Obwohl das Gewaltverbot des Art. 2 Ziff. 4 SVN mehrfach „totgesagt" wurde,[1265] ist es weiterhin die unverzichtbare „Grundnorm für die Gestaltung der internationalen Beziehungen"[1266] und hat sich in seinem materiellen Gehalt als „hinreichend stabil"[1267] erwiesen.[1268]

Das völkerrechtliche Gewaltverbot geht weiter als das Verbot des Angriffskrieges.[1269] Unter Gewalt i. S. des Art. 2 Ziff. 4 SVN ist Waffengewalt (militärische Gewalt) zu verstehen.[1270] Das Verbot, Gewalt auf fremdem Staatsgebiet anzuwenden, gilt ohne Einschränkung hinsichtlich der Intensität der Gewaltanwendung.[1271] Keinem Staat zurechenbare „private" Gewalt ist vom Gewaltverbot nicht erfaßt.[1272]

Das Gewaltverbot bezieht sich nicht nur auf militärische Operationen gegen einen Staat, sondern erfaßt sämtliche bewaffnete Handlungen,[1273] auch Aktionen gegen nichtstaatliche Akteure, weil auch in diesem Fall regelmäßig die territoriale Unversehrtheit des Aufenthaltsstaates verletzt wird.[1274]

Unstreitig ist, daß von Art. 2 Ziff. 4 SVN die Gewaltanwendung im Innern eines

---

1264 ICJ, Case Concerning Military and Paramilitary Activities in and Against Nicaragua, Merits, ICJ Reports 1986, 14, para. 188; vgl. auch Dörr, in: Symposium für Albrecht Randelzhofer, S. 33 (37); Schaller, Das Friedenssicherungsrecht, S. 7; Wolfrum, ZaöRV 64 (2004), S. 255 (257); Dörr/Bosch, JuS 2003, S. 477 (482); Dederer, JZ 2004, S. 421; Weinzierl, JuS 2004, S. 602 (603); Pieper, Völkerrechtliche Aspekte der internationalen Terrorismusbekämpfung, S. 66; Bothe, in: Graf Vitzthum (Hg.), Völkerrecht, 8. Abschnitt, Rdnr. 8; Stein/von Buttlar, Völkerrecht, Rdnr. 774; Wiefelspütz, ZfP 2006, S. 143 (145); Hartmann, Staatliche Beteiligung an terroristischen Gewaltaktionen, S. 159 ff.; Kunde, Der Präventivkrieg, S. 107 ff.

1265 Vgl. Franck, AJIL 64 (1970), S. 809 ff.; dazu Dörr, in: Symposium für Albrecht Randelzhofer, S. 33 f.

1266 Dörr, in: Symposium für Albrecht Randelzhofer, S. 33 (37); Wiefelspütz, Humanitäres Völkerrecht – Informationsschriften – 2006, S. 103 (104).

1267 Ipsen, in: Weltinnenrecht. Liber amicorum Jost Delbrück. Hgg. von K. Dicke u. a., 2005, S. 371.

1268 Wiefelspütz, Humanitäres Völkerrecht – Informationsschriften – 2006, S. 103 (104).

1269 Herdegen, Völkerrecht, § 34 Rdnr. 5.

1270 Randelzhofer, in: Simma (Hg.), The Charter of the United Nations, Volume I, Art. 2 Ziff. 4 Rdnr. 21; Fischer, in: Ipsen, Völkerrecht, § 59 Rdnr. 12, 13; Geiger, Grundgesetz und Völkerrecht, § 64 I 1 (S. 352); Dahm/Delbrück/Wolfrum, Völkerrecht, Bd. I/3, § 169 IX 4 (S. 822); Hartmann, Staatliche Beteiligung an terroristischen Gewaltaktionen, S. 164 ff.; Schweisfurth, Völkerrecht, S. 358; Kunde, Der Präventivkrieg, S. 105.

1271 Kreß, ZStW 115 (2003), S. 294 (299); Herdegen, Völkerrecht, § 34 Rdnr. 5; a. A. Bothe, in: Graf Vitzthum (Hg.), Völkerrecht, 8. Abschnitt, Rdnr. 10.

1272 Dahm/Delbrück/Wolfrum, Völkerrecht, Bd. I/3, § 169 IX 4 Fn. 39 (S. 823); Bothe, in: Graf Vitzthum (Hg.), Völkerrecht, 8. Abschnitt, Rdnr. 11; Hillgruber, in: Menzel/Pier-lings/Hoffmann (Hg.), Völkerrechtsprechung, 2005, S. 815 f.

1273 Pieper, Völkerrechtliche Aspekte der internationalen Terrorismusbekämpfung, S. 67.

1274 Schaller, Das Friedenssicherungsrecht, S. 9.

Staates nicht berührt wird.[1275] Insbesondere umfaßt das Gewaltverbot des Art. 2 Ziff. 4 SVN in der Regel nicht die Durchsetzung der staatlichen Gebietshoheit.[1276] Jeder Staat hat das Recht, Grenzverletzungen notfalls gewaltsam zu verhindern.[1277] Das Recht zum – auch gewaltsamen – Schutz des eigenen befriedeten Territoriums gegen äußere Beeinträchtigungen aller Art, die ihrerseits nicht als „armed attack" i. S. des Art. 51 SVN zu qualifizieren sind, stützt sich auf die Gebietshoheit des betroffenen Staates.[1278]

Das völkerrechtliche Gewaltverbot umfaßt deshalb grundsätzlich nicht die Abwehr gegen in das Staatsgebiet eindringende Personen, Flugzeuge oder Schiffe.[1279] In der Staatspraxis ist anerkannt, daß jedem Staat aus eigener Machtvollkommenheit kraft seiner territorialen Souveränität das Recht zusteht, gegen unerlaubt in den Luftraum eindringende Flugzeuge oder in Hoheitsgewässer eindringende Schiffe vorzugehen.[1280] Hiernach gehört insbesondere die Terrorismusbekämpfung in erster Linie zu den inneren Angelegenheiten eines Staates.[1281] Völkerrechtlich relevante Fragestellungen ergeben sich erst beim *grenzüberschreitenden* Terrorismus und seiner *grenzüberschreitenden* Bekämpfung.[1282]

Politische und wirtschaftliche Gewalt, aber auch physische Gewalt, die wie bewaffnete Gewalt wirkt,[1283] werden nach überwiegender Meinung vom Gewaltverbot des Art. 2 Ziff. 4 SVN nicht erfaßt.[1284]

1275 Vgl. Schindler, in: Schindler/Hailbronner, Die Grenzen des völkerrechtlichen Gewaltverbots, S. 14; Pieper, Völkerrechtliche Aspekte der internationalen Terrorismusbekämpfung, S. 67; Hartmann, Staatliche Beteiligung an terroristischen Gewaltaktionen, S. 169.

1276 Fischer, in: Ipsen, Völkerrecht, § 59 Rdnr. 20.

1277 Hailbronner, in: Schindler/Hailbronner, Die Grenzen des völkerrechtlichen Gewaltverbots, Berichte der Deutschen Gesellschaft für Völkerrecht, Heft 26, 1986, S. 67; Riedel, Der Einsatz deutscher Streitkräfte im Ausland, S. 147; Wiefelspütz, ZfP 2006, S. 143 (145).

1278 Vgl. Hailbronner, in: Schindler/Hailbronner, Die Grenzen des völkerrechtlichen Gewaltverbots, S. 60, 68.

1279 Schindler, in: Schindler/Hailbronner, Die Grenzen des völkerrechtlichen Gewaltverbots, S. 15 m. w. N.; Verdross/Simma, Universelles Völkerrecht, S. 285 f.; Wilkesmann, NVwZ 2002, S. 1316 (1319).

1280 Riedel, Der Einsatz deutscher Streitkräfte im Ausland, S. 148 m. w. N.; Tomuschat, EuGRZ 2001, S. 535 (540).

1281 Blumenwitz, BayVBl. 1986, S. 737.

1282 Vgl. Blumenwitz, BayVBl. 1986, S. 737.

1283 Als Beispiele werden die Vertreibung von Personen oder das Abgraben eines Flusses durch den Oberliegerstaat genannt.

1284 Randelzhofer, in: Simma (Hg.), The Charter of the United Nations, Volume I, Art. 2 Ziff. 4 Rdnr. 17 – 21; ders., in: Bernhardt (Hg.), Encyclopaedia Of Public International Law, Vol. 4, 2. Aufl., 2000, S. 1249; Fischer, in: Ipsen, Völkerrecht, § 59 Rdnr. 14; Bothe, in: Graf Vitzthum (Hg.), Völkerrecht, 8. Abschnitt, Rdnr. 17; Schindler, in: Schindler/Hailbronner, Die Grenzen des völkerrechtlichen Gewaltverbots, S. 11 (33); Hartmann, Staatliche Beteiligung an terroristischen Gewaltaktionen, S. 166 f.

III. Ausnahmen vom Gewaltverbot

Ausnahmen vom Gewaltverbot sind die Zwangsmaßnahmen des Sicherheitsrats der VN nach Kapitel VII SVN[1285] und das Recht auf individuelle und kollektive Selbstverteidigung (Art. 51 SVN).[1286] Es wird darüber hinaus zunehmend die humanitäre Intervention als Ausnahme vom Gewaltverbot diskutiert.[1287]

1. Zwangsmaßnahmen des Sicherheitsrats

Dem Sicherheitsrat der VN ist nach Art. 24 Abs. 1 SVN die Hauptverantwortung für die Wahrung des Weltfriedens und der internationalen Sicherheit übertragen worden. Im Rahmen der friedlichen Beilegung von Streitigkeiten nach Kapitel VI SVN werden dem Sicherheitsrat durch die SVN Untersuchungs- und Empfehlungsrechte eingeräumt.[1288]

Bei Friedensgefährdungen oder bei einem Friedensbruch muß der Sicherheitsrat vor einem Tätigwerden nach Kapitel VII SVN feststellen, ob eine Bedrohung oder ein Bruch des Friedens oder eine Angriffshandlung vorliegt (Art. 39 SVN).

Der Sicherheitsrat kann

- zur Einhaltung vorläufiger Maßnahmen auffordern,
- Empfehlungen abgeben oder
- nicht-militärische bzw. militärische Zwangsmaßnahmen anordnen.[1289]

Der Sicherheitsrat kann insbesondere nach Art. 42 SVN militärische Sanktionen bestimmen. Der Sicherheitsrat kann aber auch die Mitgliedstaaten auffordern, selbst militärische Zwangsmaßnahmen zu ergreifen (Art. 48 SVN).[1290] Der Sicherheitsrat ist schließlich befugt, den Mitgliedstaaten zu empfehlen oder sie aufzufordern, vom

---

1285 Vgl. Randelzhofer, in: Simma (Hg.), The Charter of the United Nations, Volume I, Art. 2 Ziff. 4 Rdnr. 41 ff.; Fischer, in: Ipsen, Völkerrecht, § 60 Rdnr. 18 ff.; Hartmann, Staatliche Beteiligung an terroristischen Gewaltaktionen, S. 180 ff.

1286 Bothe, in: Graf Vitzthum (Hg.), Völkerrecht, 8. Abschnitt, Rdnr. 19; Schindler, in: Schindler/ Hailbronner, Die Grenzen des völkerrechtlichen Gewaltverbots, S. 16 ff.; Wandscher, Internationaler Terrorismus und Selbstverteidigungsrecht, S. 128; Scholz, Staatliches Selbstverteidigungsrecht und terroristische Gewalt, 2006, S. 29 f.

1287 Instruktiv: Hobe, in: Festschrift für Hartmut Schiedermair, S. 819 (822 ff.).Vgl. auch Kunde, Der Präventivkrieg, S. 123 ff.

1288 Fischer, in: Ipsen, Völkerrecht, § 60 Rdnr. 6.

1289 Vgl. auch Fischer, in: Ipsen, Völkerrecht, § 60 Rdnr. 11.

1290 Vgl. Geiger, Grundgesetz und Völkerrecht, § 65 I 1 (S. 362).

Recht der kollektiven Selbstverteidigung Gebrauch zu machen.[1291] Der Sicherheitsrat kann ein solches Recht in einem konkreten Fall auch anerkennen.

2. Das Selbstverteidigungsrecht nach Art. 51 SVN

Das Recht der individuellen und kollektiven Selbstverteidigung gilt unbestritten völkergewohnheitsrechtlich als allgemeine Regel des Völkerrechts[1292] und ist deshalb nach Art. 25 Satz 1 GG Bestandteil deutschen Bundesrechts.[1293]

1291 Vgl. die Beispiele bei Geiger, Grundgesetz und Völkerrecht, § 65 I 1 (S. 362).

1292 Randelzhofer, in: Simma (Hg.), The Charter of the United Nations, Volume I, Art. 51 Rdnr. 9 ff., 38; Schweisfurth, Völkerrecht, S. 361.

1293 Steinberger, in: Isensee/Kirchhof (Hg.), Handbuch des Staatsrechts, Bd. VII, Normativität und Schutz der Verfassung - Internationale Beziehungen, § 173 Rdnr. 37 ff.; P. Kirchhof, in: Festschrift Bernhardt, S. 797 (798).

IV. Der bewaffnete Angriff

Das Selbstverteidigungsrecht nach Art. 51 SVN[1294] setzt einen „bewaffneten Angriff" (armed attack) auf einen Staat[1295] voraus. Der bewaffnete Angriff ist eine conditio sine qua non für die Ausübung des Selbstverteidigungsrechts.[1296] Ein bewaffneter Angriff ist regelmäßig mit dem Einsatz militärischer Waffen verbunden.[1297] Diese Voraussetzung ist aber auch dann erfüllt, wenn an sich nicht-militärische Gegenstände wie beispielsweise Zivilflugzeuge zu Waffen umfunktioniert und zu Anschlägen mißbraucht werden, die nach dem Ausmaß der Zerstörung und des Schadens einem herkömmlichen militärischen Angriff entsprechen.[1298]

Nicht jede Gewaltanwendung ist bereits ein bewaffneter Angriff. Ein bewaffneter Angriff liegt nach vorherrschender Auffassung in der völkerrechtlichen Literatur nur vor, wenn Gewalt in *größerem* Umfang angewendet wird.[1299]

1294 Zur Debatte, ob unter der VN-Charter weiterhin ein völkergewohnheitsrechtliches Selbstverteidigungsrecht existiert, instruktiv: von Buttlar, in: Jürgen Bröhmer (Hg.), Internationale Gemeinschaft und Menschenrechte, Festschrift für Georg Ress zum 70. Geburtstag am 21. Januar 2005, 2005, S. 15 (16 ff.); Wiefelspütz, Das Parlamentsheer, S. 257; Oellers-Frahm, ZEuS 2007, S. 71 (73 f.).

1295 Talmon, in: Festschrift Graf Vitzthum, S. 101 (149); Dinstein, in: Walter/Vöneky/Rö-ben/Schorkopf (eds.), Terrorism as a Challenge for National and International Law: Security versus Liberty?, S. 915 (917); Dederer, JZ 2004, S. 421 (425 f. m. w. N.); Hobe, in: Festschrift für Hartmut Schiedermair, S. 819 (827); Schmalenbach, German Law Journal No. 9 (1 September 2002), Rdnr. 6; Wiefelspütz, Das Parlamentsheer, S. 257; Schweisfurth, Völkerrecht, S. 361; Oellers-Frahm, ZEuS 2007, S. 71 (76 ff.).

1296 Nicaragua, ICJ Reports 1986, S. 14 (122, Ziff. 236 f.); IGH, Case concerning Oil Platforms (Islamic Republic of Iran v. United States of America), Merits, Urteil vom 6. November 2003, § 51, www.icj-cij.org; Schulze, »Selbstverteidigung«, in: Wolfrum (Hg.), Handbuch der Vereinten Nationen, 2. Aufl., 1991, (102) Rdnr. 3 (S. 753); Talmon, in: Festschrift Graf Vitzthum, S. 101 (140); Dörr, in: Symposium für Albrecht Randelzhofer, S. 33 (38); Schaller, ZaöRV 62 (2002), S. 641 (657 f.); Dinstein, in: Walter/Vöneky/Röben/Schorkopf (eds.), Terrorism as a Challenge for National and International Law: Security versus Liberty?, S. 915 (917); Stein/von Buttlar, Völkerrecht, Rdnr. 784 ff.; Wiefelspütz, ZfP 2006, S. 143 (147 f.); ders., Die Friedens-Warte 2006, S. 73 (76).

1297 Dederer, JZ 2004, S. 421 (424 f.); Dörr, APuZ 54 (2004), 43 vom 18.10.2004, S. 14 (15); Hartmann, Staatliche Beteiligung an terroristischen Gewaltaktionen, S. 194.

1298 Dederer, JZ 2004, S. 421 (424 f.); Wandscher, Internationaler Terrorismus und Selbstverteidigungsrecht, S. 223 m. w. N.

1299 Randelzhofer, in: Simma (Hg.), The Charter of the United Nations, Volume I, Art. 51 Rdnr. 20; ders., in: Bernhardt (Hg.), Encyclopaedia Of Public International Law, Vol. 4, S. 1253; Schweisfurth, Völkerrecht, S. 361; Blumenwitz, BayVBl. 1994, S. 737; Verdross/Simma, Universelles Völkerrecht, S. 290; Bothe, in: Graf Vitzthum (Hg.), Völkerrecht, 8. Abschnitt, Rdnr. 19; Schulze, in: Wolfrum (Hg.), Handbuch der Vereinten Nationen, (102) Rdnr. 3, 6 (S. 753, 755); Herdegen, Völkerrecht, § 34 Rdnr. 12; Limpert, Auslandseinsatz, S. 41; Dederer, JZ 2004, S. 421 (425); S. 421; Weinzierl, JuS 2004, S. 602 (604); Pieper, Völkerrechtliche Aspekte der internationalen Terrorismusbekämpfung, S. 85 f.; Stein/von Buttlar, Völkerrecht, Rdnr. 784; Dörr, APuZ 54 (2004), 43 vom 18.10.2004, S. 14 (15); Wiefelspütz, ZfP 2006, S. 143 (148); Hartmann, Staatliche Beteiligung an terroristischen Gewaltaktionen, S. 193 f.; a. A. Fischer, in: Ipsen, Völkerrecht, § 59 Rdnr. 28; Kersting, Bündnisfall

Angriffe auf staatliche Außenposten können unter Umständen einem bewaffneten Angriff i. S. des Art. 51 SVN gleichkommen. Angriffe auf die Land-, See- und Luftstreitkräfte, auf Militärstützpunkte im Ausland sowie die Handelsmarine oder die zivile Luftflotte eines Staates werden völkerrechtlich wie der bewaffnete Angriff auf den Heimatstaat bewertet, wenn diese Operationen von einigem Gewicht sind.[1300] Angriffe auf einzelne Staatsangehörige sind in der Regel nicht als bewaffneter Angriff i. S. des Art. 51 SVN anzusehen.[1301] Ein Staat wird nämlich durch Angriffe auf Staatsangehörige im Ausland regelmäßig nicht in seiner Integrität oder Unabhängigkeit bedroht.[1302] Anderes kann aber dann gelten, wenn Menschen in größerer Zahl wegen ihrer Staatsangehörigkeit angegriffen werden.[1303] Rettungs-aktionen kommen freilich als humanitäre Intervention und damit als Ausnahme vom Gewaltverbot in Betracht.[1304]

Meinungen, die unterhalb der Angriffsschwelle eine „kleine Selbstverteidigung" für zulässig halten,[1305] sind in der Minderheit geblieben.[1306] So sind insbesondere

---

und Verteidigungsfall, S. 79; Schmalenbach, German Law Journal No. 9 (1 September 2002), Rdnr. 10; Dinstein, in: Walter/Vöneky/Röben/Schorkopf (eds.), Terrorism as a Challenge for National and International Law: Security versus Liberty?, S. 915 (918); kritisch: Doehring, Völkerrecht, Rdnr. 761 ff.; Heintschel von Heinegg/Gries, AVR 2002, S. 145 (153); Streinz, JöR n. F. 52 (2004), S. 219 (224).

1300 Pieper, Völkerrechtliche Aspekte der internationalen Terrorismusbekämpfung, S. 105; Dederer, JZ 2004, S. 421 (425 f.); Wandscher, Internationaler Terrorismus und Selbstverteidigungsrecht, S. 274.

1301 Randelzhofer, in: Simma (Hg.), The Charter of the United Nations, Volume I, Art. 51 Rdnr. 26 m. w. N.; Stahn, in: Walter/Vöneky/Röben/Schorkopf (eds.), in: Terrorism as a Challenge for National and International Law: Security versus Liberty?, S. 827 (833); Tomuschat, EuGRZ 2001, S. 535 (540); S. 421; Weinzierl, JuS 2004, S. 602 (604); Wiefelspütz, Das Parlamentsheer, S. 258; Hartmann, Staatliche Beteiligung an terroristischen Gewaltaktionen, S. 206; Talmon, in: Festschrift Graf Vitzthum, S. 101 (149 f.), mit der Einschränkung, daß das Recht auf Selbstverteidigung dann gegeben ist, wenn der Angriff nach Umfang und Auswirkungen einem bewaffneten Angriff entspricht; für eine „moralische Billigung" Pieper, Völkerrechtliche Aspekte der internationalen Terrorismusbekämpfung, S. 109.

1302 Schulze, in: Wolfrum (Hg.), Handbuch der Vereinten Nationen, (102) Rdnr. 3, 13 (S. 753 f., 756); Wiefelspütz, ZfP 2006, S. 143 (148); ders., Humanitäres Völkerrecht – Informationsschriften – 2006, S. 103 (105).

1303 Dinstein, in: Walter/Vöneky/Röben/Schorkopf (eds.), Terrorism as a Challenge for National and International Law: Security versus Liberty?; Stahn, in: Walter/Vöneky/ Röben/Schorkopf (eds.), in: Terrorism as a Challenge for National and International Law: Security versus Liberty?, S. 827 (854); Dederer, JZ 2004, S. 421 (425). Wandscher, Internationaler Terrorismus und Selbstverteidigungsrecht, S. 279, spricht sich de lege ferenda für ein Recht auf Selbstverteidigung zum Schutz eigener Staatsangehöriger im Rahmen des Art. 51 SVN aus.

1304 Stein/von Buttlar, Völkerrecht, Rdnr. 805 („ungeschriebener Rechtfertigungsgrund"); Herdegen, Völkerrecht, § 34 Rdnr. 21 f.; nach Dörr, APuZ 54 (2004), 43 vom 18. 10. 2004, S. 14 (17), liegt in diesen Fällen ein Rechtfertigungsgrund für den einzelstaatlichen Gewalteinsatz vor.

1305 Vgl. Verdross/Simma, Universelles Völkerrecht, § 472; Sondervotum Simma, IGH, Case concerning Oil Platforms (Islamic Republic of Iran v. United States of America), Merits, Urteil vom 6. November 2003, § 12, www.icj-cij.org.

1306 Dörr, in: Symposium für Albrecht Randelzhofer, S. 33 (38).

Grenzzwischenfälle zwar ein Verstoß gegen das Gewaltverbot des Art. 2 Ziff. 4 SVN, nicht aber ein bewaffneter Angriff.[1307] Der durch solche Gewaltakte verletzte Staat ist gleichwohl nicht rechtlos. Fraglos ist ein Staat berechtigt, jede rechtswidrige Verletzung seines Territoriums – gegebenenfalls auch mit militärischen Mitteln – abzuwehren.[1308] Auch Gewaltakte von geringerer Bedeutung verletzen nämlich die Gebietshoheit eines Staates. Sie rechtfertigen freilich (nur) Maßnahmen zur Abwehr des konkreten Angriffs. Dies darf allerdings – wenn erforderlich – auch mit militärischen Mitteln erfolgen.[1309]

Die Generalversammlung der VN unternahm mit der Resolution 3314 (XXIX) vom 14. Dezember 1974 den Versuch, den Begriff der Aggression näher zu umschreiben. Auf diese Resolution wird regelmäßig zurückgegriffen, um zu beurteilen, ob es sich bei der Anwendung von Gewalt um einen bewaffneten Angriff handelt.[1310] Danach spricht beim Ersteinsatz militärischer Gewalt eine Vermutung dafür, daß ein Akt der Aggression vorliegt, es sei denn, der Sicherheitsrat der VN kommt zu einer anderen Bewertung.

Anders als die Wahrnehmung der Gebietshoheit umfaßt das Selbstverteidigungsrecht nach Art. 51 SVN nicht nur das Recht auf militärische Abwehr des Angreifers an der Grenze, sondern auch das Recht, Streitkräfte über die Grenze hinaus ins Ausland zu entsenden, um dort alle Maßnahmen zu ergreifen, die für eine wirksame Verteidigung notwendig sind.[1311]

Der bewaffnete Angriff muß noch gegenwärtig sein.[1312] Deshalb müssen Selbstverteidigungsmaßnahmen unmittelbar dem bewaffneten Angriff folgen.[1313] Außerdem müssen sie im Hinblick auf den bewaffneten Angriff verhältnismäßig sein.[1314]

1307 Randelzhofer, in Simma (Hg.), The Charter of the United Nations, Volume I, Art. 51 Rdnr. 20; Dederer, JZ 2004, S. 421 (425).

1308 Vgl. Herdegen, Völkerrecht, § 34 Rdnr. 7.

1309 Geiger, Grundgesetz und Völkerrecht, § 66 I (S. 369).

1310 Schulze, in: Wolfrum (Hg.), Handbuch der Vereinten Nationen, (102) Rdnr. 3 (S. 753); Herdegen, Völkerrecht, § 34 Rdnr. 12; Blumenwitz, ZRP 2002, S. 102 (104); Streinz, JöR n. F. 52 (2004), S. 219 (224); Dederer, JZ 2004, S. 421 (424).

1311 Schultz, Die Auslandsentsendung, S. 237.

1312 Bruha/Bortfeld, Vereinte Nationen 2001, S. 161 (165); Tomuschat, EuGRZ 2001, S. 535 (542); Dederer, JZ 2004, S. 421 (428 f.); Bothe, in: Graf Vitzthum (Hg.), Völkerrecht, 8. Abschnitt, Rdnr. 19; Schmalenbach, German Law Journal No. 9 (1 September 2002), Rdnr. 6, 11; Pieper, Völkerrechtliche Aspekte der internationalen Terrorismusbekämpfung, S. 115; Stein/von Buttlar, Völkerrecht, Rdnr. 792; Wiefelspütz, ZfP 2006, S. 143 (149); Streinz, JöR n. F. 52 (2004), S. 219 (225), verlangt die Unmittelbarkeit des Angriffs.

1313 Limpert, Auslandseinsatz, S. 42; Fischer, in: Ipsen, Völkerrecht, § 59 Rdnr. 38; Kugelmann, Jura 2003, S. 376 (381); Schaller, Das Friedenssicherungsrecht, S. 14.

1314 Fischer, in: Ipsen, Völkerrecht, § 59 Rdnr. 39; Schmahl/Haratsch, WeltTrends Nr. 32, Herbst 2001, S. 111 (113); Frowein, ZaöRV 62 (2002), S. 879 (888); Tomuschat, EuGRZ 2001, S. 535 (543); Pieper,

Bei einem singulären, abgeschlossenen terroristischen Anschlag erlischt das Recht auf Selbstverteidigung, selbst wenn der Anschlag als bewaffneter Angriff i. S. des Art. 51 SVN gewertet werden durfte.[1315] Zur typischen Struktur terroristischer Umtriebe gehört freilich, daß die Täter zunächst untertauchen und erst nach geraumer Zeit an anderer Stelle erneut Anschläge verüben.[1316] Man wird deshalb das Erfordernis der Gegenwärtigkeit des Angriffs bei terroristischen Anschlägen weiter fassen müssen.[1317] Das Recht auf Selbstverteidigung darf nicht dadurch geschmälert werden, daß der angegriffene Staat die terroristischen Strukturen und Verantwortlichkeiten zunächst klären muß.[1318] Dem angegriffenen Staat wird deshalb ein gewisser Ermessensspielraum bei der Art und Weise der Verteidigungsmaßnahmen einzuräumen sein.[1319]

Dem angegriffenen Staat wird auch ein angemessener Zeitraum zur Planung und Vorbereitung der militärische Verteidigungshandlungen zu gewähren sein.[1320]

Völkerrechtliche Aspekte der internationalen Terrorismusbekämpfung, S. 111 ff.; Delbrück, GYIL 44 (2001), S. 9 (16); kritisch Scholz, Staatliches Selbstverteidigungsrecht und terroristische Gewalt, S. 65 ff.

1315 Bruha/Bortfeld, Vereinte Nationen 2001, S. 161 (165); vgl. aber Herdegen, Völkerrecht, § 34 Rdnr. 16.

1316 Vgl. Kreß, Kursbuch Heft 155 (2004), S. 62 (77).

1317 Delbrück, in: GYIL 44 (2001), S. 9 (16); Schmalenbach, German Law Journal No. 9 (1 September 2002), Rdnr. 11, 16; Talmon, in: Festschrift Graf Vitzthum, S. 101 (149); Schaller, Das Friedenssicherungsrecht, S. 14; Neuhold, ZaöRV 64 (2004), S. 263 (272 f.); Pieper, Völkerrechtliche Aspekte der internationalen Terrorismusbekämpfung, S. 87 f., 116; Wiefelspütz, Humanitäres Völkerrecht – Informationsschriften – 2006, S. 103 (106); Heintschel von Heinegg, in: Wolfrum (Hg.), Seerecht, Kapitel 7, Rdnr. 278; wohl auch Hartmann, Staatliche Beteiligung an terroristischen Gewaltaktionen, S. 446 ff.

1318 Vgl. Schmidt-Radefeldt, in: The ‚Double Democratic Deficit', S. 147 (156); Hartmann, Staatliche Beteiligung an terroristischen Gewaltaktionen, S. 448.

1319 Tomuschat, EuGRZ 2001, S. 535 (542); Wiefelspütz, ZfP 2006, S. 143 (150).

1320 Fischer, in: Ipsen, Völkerrecht, § 59 Rdnr. 38.

V. Nichtstaatliche Gewalt

Die zunehmende „Privatisierung der Gewalt"[1321] bei bewaffneten Konflikten und die typischen Formen des internationalen Terrorismus werfen zunehmend die Fragestellung auf, ob ein „bewaffneter Angriff" die Verstrickung eines Staates voraussetzt.[1322]

Es bedarf auch der Klärung, ob der angegriffene Staat im Rahmen der Selbstverteidigung terroristische Stützpunkte oder Basen im jeweiligen Aufenthaltsstaat bekämpfen darf. In demselben Zusammenhang fragt sich, unter welchen Voraussetzungen der Aufnahmestaat selber als Angreifer zu qualifizieren ist.

1. Staatliche und nichtstaatliche Gewalt

Insbesondere die terroristischen Anschläge vom 11. September 2001 in den USA haben zu einer Neubewertung der Voraussetzungen für einen bewaffneten Angriff i. S. des Art. 51 SVN geführt.[1323]

Unstreitig ist, daß die Unterstützung, ja bereits die Tolerierung terroristischer Aktionen, die sich gegen einen Staat richten, völkerrechtswidrig ist.[1324]

Sind der bewaffnete Angriff und die Steuerung der Tat ausschließlich auf dem Territorium des angegriffenen Staates zu lokalisieren, ist nicht das Völkerrecht,

---

1321 Dahm/Delbrück/Wolfrum, Völkerrecht, Bd. I/3, § 169 IX 3 (S. 822).

1322 Vgl. Herdegen, Völkerrecht, § 34 Rdnr. 15; Talmon, in: Festschrift Graf Vitzthum, S. 101 (151 f.); Wandscher, Internationaler Terrorismus und Selbstverteidigungsrecht, S. 138 ff.

1323 Instruktiv: Hillgenberg, in: Liber Amicorum Tono Eitel, S. 141 (153 ff.), und Wandscher, Internationaler Terrorismus und Selbstverteidigungsrecht, S. 222 ff. m. w. N. sowie Schweisfurth, Völkerrecht, 2006, S. 494 ff.; Heintschel von Heinegg/Gries, AVR 2002, S. 145 (155 ff.); Schmahl/Haratsch, WeltTrends Nr. 32, Herbst 2001, S. 111 ff.; Kreß, Kursbuch Heft 155 (2004), S. 62 (65 ff.); Stahn, in: Walter/Vöneky/Röben/Schorkopf (eds.), in: Terrorism as a Challenge for National and International Law: Security versus Liberty?, S. 827 ff.; Wiefelspütz, Das Parlamentsheer, S. 262 ff. m. w. N.; Ladiges, Die Bekämpfung nicht-staatlicher Angriffe im Luftraum, S. 73 ff.

Die Versuche, eine umfassende Terrorismuskonvention zu schaffen, sind freilich bis heute gescheitert. Vgl. dazu Fischer, in: Ipsen, Völkerrecht, § 59 Rdnr. 13; Limpert, Auslandseinsatz, S. 43; Schmalenbach, German Law Journal No. 9 (1 September 2002), Rdnr. 6 ff.; Bruha, AVR 40 (2002), S. 383 (393 ff.); Schmitt, MJIL Vol. 24 (2003), S. 513 (536 ff.); Eick, ZRP 2004, S. 200; Dederer, JZ 2004, S. 421 (424 ff.); E. Klein, in: Isensee (Hg.), Der Terror, der Staat und das Recht, 2004, S. 9 (23 ff.); Scholz, Staatliches Selbstverteidigungsrecht und terroristische Gewalt, S. 19 f.; Hartmann, Staatliche Beteiligung an terroristischen Gewaltaktionen, S. 11, 24 ff.; Schweisfurth, Völkerrecht, S. 498 ff.; umfassend Wandscher, Internationaler Terrorismus und Selbstverteidigungsrecht, S. 34 ff.

1324 Dahm/Delbrück/Wolfrum, Völkerrecht, Bd. I/3, § 169 IX 9 (S. 824); Frowein, ZaöRV 62 (2002), S. 879 (883); Schweisfurth, Völkerrecht, S. 495 f.

sondern das nationale Recht einschlägig.[1325] Wird ein Staat von einer terroristischen Organisation angegriffen, die auf der Hohen See oder in einem Flugzeug über der Hohen See operiert, kann der angegriffene Staat militärische Gegenmaßnahmen ergreifen, ohne in Konflikt mit dem Gewaltverbot des Art. 2 Ziff. 4 SVN zu kommen.[1326] In diesem Fall darf sich der angegriffene Staat auf seine unbeschränkte Souveränität berufen.[1327]

Traditionell wurde davon ausgegangen, daß ein „bewaffneter Angriff" nur von einem Staat geführt werden kann.[1328] Dementsprechend wurden nichtstaatliche terroristische Anschläge nicht als „bewaffneten Angriffe" gewertet, gegen die ein Staat das Selbstverteidigungsrecht nach Art. 51 SVN in Anspruch nehmen darf.[1329] Diese Auffassung war bis zu den Anschlägen vom 11. September 2001 vorherrschend[1330] und

---

1325 Walter, in: Fleck (Hg.), Rechtsfragen der Terrorismusbekämpfung, S. 23 (39).

1326 Tomuschat, in: Jahrbuch Menschenrechte 2004, S. 121 (127); Hartmann, Staatliche Beteiligung an terroristischen Gewaltaktionen, S. 457; Scholz, Staatliches Selbstverteidigungsrecht und terroristische Gewalt, S. 180 ff.

1327 Schmalenbach, German Law Journal No. 9 (1 September 2002), Rdnr. 7; a. A. Walter, in: Fleck (Hg.), Rechtsfragen der Terrorismusbekämpfung, S. 23 (39 f.); Pieper, Völkerrechtliche Aspekte der internationalen Terrorismusbekämpfung, S. 110 f.

1328 Vgl. Schulze, in: Wolfrum (Hg.), Handbuch der Vereinten Nationen, (102) Rdnr. 17 (756 f.); Randelzhofer, in: Simma (Hg.), The Charter of the United Nations, Volume I, Art. 51 Rdnr. 35; Zimmer, Terrorismus und Völkerrecht: militärische Zwangsanwendung, Selbstverteidigung und Schutz der internationalen Sicherheit, 1998, S. 56; Blumenwitz, ZRP 2002, S. 102 (104); Kugelmann, Jura 2003, S. 376 (378); Tomuschat, Leviathan 2003, S. 450 (458); Schmitt, MJIL Vol. 24 (2003), S. 513 (536); E. Klein, in: Isensee (Hg.), Der Terror, der Staat und das Recht, S. 9 (23); Stahn, in: Walter/Vöneky/Röben/Schorkopf (eds.), in: Terrorism as a Challenge for National and International Law: Security versus Liberty?, S. 827 (848); Eick, ZRP 2004, S. 200; Schaller, Das Friedenssicherungsrecht, S. 12; Walter, in: Fleck (Hg.), Rechtsfragen der Terrorismusbekämpfung, S. 23 (25); Hillgruber, in: Menzel/Pierlings/Hoffmann (Hg.), Völkerrechtsprechung, S. 820 f.; Schweisfurth, Völkerrecht, S. 374; Wiefelspütz, Das Parlamentsheer, S. 263; Ladiges, Die Bekämpfung nicht-staatlicher Angriffe im Luftraum, S. 72 f.

1329 Randelzhofer, in: Simma (Hg.), The Charter of the United Nations, Volume I, Art. 51 Rdnr. 34; Delbrück, Die Friedens-Warte 1999, S. 139 (156); Blumenwitz, ZRP 2002, S. 102 (104); Tietje/Nowrot, NZWehr 2002, S. 1 (5 f.); Krajewski, AVR 40 (2002), S. 183 (187 f.); aktuell aber auch Hartmann, Staatliche Beteiligung an terroristischen Gewaltaktionen, S. 432 ff., 441: „Ein Titulieren des Attentates von New York bzw. Washington als Angriffsakt im Verhältnis zur USA ist ... abzulehnen."

1330 Vgl. Kreß, Gewaltverbot und Selbstverteidigungsrecht nach der Satzung der Vereinten Nationen bei staatlicher Verwicklung in Gewaltakte Privater, 1995, S. 206 m. w. N.; ders., ZStW 115 (2003), S. 294 (310 m. w. N.); jetzt auch Zahner, BayVBl. 2006, S. 490 (493).

ist vom IGH in seinem Mauer-Gutachten vom 9. Juli 2004[1331] und Kongo-Uganda-Fall[1332] bekräftigt worden.[1333] Zumindest wird verlangt, daß dem Aufenthaltsstaat das Handeln der nichtstaatlichen Organisation zugerechnet werden kann („indirekte Aggression").[1334] Der IGH ist mit seiner Auffassung inzwischen weitgehend isoliert.[1335] Richter Bruno Simma erkannte in einer abweichenden Meinung im Kongo-Uganda-Fall:

> „Such a restrictive reading of Article 51 might well have reflected the state, or rather the prevailing interpretation, of the international law on self-defense for a long time. However, in the light of more recent developments not only in State practice but also with regard to accompanying *opinio juris*, is ought urgently to be reconsidered, also by the Court. As is well known, these developments were triggered by the terrorists attacks of September 11, in the wake of which far more favourably by the international community than other extensive re-readings of the relevant Charter provisions, particularly the "Bush doctrine" justifying the pre-emptive use of force. Security Council resolution 1368 (2001) and 1373 (2001) cannot but be read as affirmation of the view that large-scale attacks by not State actors can qualify as "armed attacks" within the meaning of Article 51."[1336]

1331 IGH, Gutachten vom 9. Juli 2004, Rdnr. 139: „Article 51 of the Charter thus recognizes the existence of an inherent right of self-defence in the case of armed attack by one State against another State." Dazu Bruha/Tams, in: Weltinnenrecht. Liber amicorum Jost Delbrück. Hgg. von K. Dicke u. a., 2005, S. 85 (92 ff. m. w. N.); Tams, EJIL 16 (2005), S. 963 ff.; Oellers-Frahm, in: Weltinnenrecht. Liber amicorum Jost Delbrück. Hgg. von K. Dicke u. a., 2005, S. 503 ff.; dies., ZEuS 2007, S. 71 (80 f.); Scholz, Staatliches Selbstverteidigungsrecht und terroristische Gewalt, S. 160 ff.; Wandscher, Internationaler Terrorismus und Selbstverteidigungsrecht, S. 210 ff.; Dinstein, War, Aggression and Self-Defence, S. 204 f.; Tomuschat, DÖV 2006, S. 357 (358 Fn. 3), meint freilich, der IGH habe wohl eher unbedacht festgestellt, daß das Recht der Selbstverteidigung nur gegenüber einem Staat zur Anwendung kommen könne.

1332 IGH, Congo v. Uganda, Urteil vom 19. Dezember 2005, abgedruckt in: www.icj-cij.org.; dazu Oellers-Frahm, ZEuS 2007, S. 71 (82 ff.).

1333 Instruktiv zur Rechtsprechung des IGH: Oellers-Frahm, ZEuS 2007, S. 71 ff.

1334 Vgl. die Nachweise bei Scholz, Staatliches Selbstverteidigungsrecht und terroristische Gewalt, S. 16 Fn. 3 und S. 31 f. m. w. N.; diese Auffassung vertreten aktuell Wandscher, Internationaler Terrorismus und Selbstverteidigungsrecht, S. 226 ff. m. w. N.; Hartmann, Staatliche Beteiligung an terroristischen Gewaltaktionen, S. 187, 199, 443 f.; Schmidt-Radefeldt, Humanitäres Völkerrecht – Informationsschriften – 2006, S. 245 (246 f.).

1335 Zur Rechtsprechung des IGH instruktiv Schweisfurth, Völkerrecht, S. 374 ff.

1336 Congo v. Uganda, supra note 4. Separate Opinion of Judge Simma para 11. Vgl. auch IGH, The Advisory Opinion of 9 july 2004 on the „Legal Consequences of the Construction of a Wall", abgedruckt in: www.icj-cij.org, die abweichenden Meinungen der Richterin Higgins, § 33 ihres Votums, des Richters Kooijmans, § 35 seines Votums, und des Richters Buergenthal, § 6 seines Votums.

Der Wortlaut des Art. 51 SVN rechtfertigt freilich eine solche Interpretation nicht,[1337] denn es ist lediglich die Rede von „armed attack", nicht von „armed attack by a state".[1338] Ein bewaffneter Angriff kann aber vom Territorium eines anderen Staates ausgehen.[1339] Entscheiden ist, daß er von außen gesteuert wird.[1340]

Inzwischen wird immer häufiger die Meinung vertreten, daß ein „bewaffneter Angriff" auch von einer nichtstaatlichen terroristischen Organisation ausgehen kann, wenn ein Staat ihr durch bloße Duldung auf seinem Staatsgebiet Operationsmöglichkeiten einräumt.[1341] Gewalt von nichtstaatlichen Gruppen sei dann als bewaffneter Angriff zu werten ist, wenn die Gewalt kriegsmäßiges Ausmaß erreiche.[1342] Entscheidend sei, daß die Angriffe nicht vom Territorium des Zielstaates ihren Ausgang nähmen und ihre Durchführung nur dadurch möglich gewesen sei, daß das hinter den Terroristen stehende Netzwerk transnationale Züge trage.[1343] Allgemein sei festzustellen, daß es einem angegriffenen Staat möglich sein müsse, unter Wahrung der territorialen Souveränität des Drittstaates eine effektive Verfolgung der terroristischen Organisationen vorzunehmen.[1344]

1337 Dinstein, in: Walter/Vöneky/Röben/Schorkopf (eds.), Terrorism as a Challenge for National and International Law: Security versus Liberty?, S. 915 (921); Wiefelspütz, Das Parlamentsheer, S. 264; Ladiges, Die Bekämpfung nicht-staatlicher Angriffe im Luftraum, S. 80; Scholz, Staatliches Selbstverteidigungsrecht und terroristische Gewalt, S. 75 ff. Nach Dederer, JZ 2004, S. 421 (426), stellt die Zurechnung zu einem Staat in Art. 51 Satz 1 SVN kein Merkmal des Tatbestands „bewaffneter Angriff", sondern ein auf der Rechtsfolgenseite zu verortendes Kriterium dar.

1338 Stahn, in: Walter/Vöneky/Röben/Schorkopf (eds.), in: Terrorism as a Challenge for National and International Law: Security versus Liberty?, S. 827 (830, 848 f.); Walter, in: Fleck (Hg.), Rechtsfragen der Terrorismusbekämpfung, S. 23 (25); Wiefelspütz, ZfP 2006, S. 143 (152); Schweisfurth, Völkerrecht, S. 374; Vöneky, German Law Journal Vol. 8 No. 7 - 1 July 2007, S. 747 (749); a. A. Hartmann, Staatliche Beteiligung an terroristischen Gewaltaktionen, S. 196.

1339 Dinstein, in: Walter/Vöneky/Röben/Schorkopf (eds.), Terrorism as a Challenge for National and International Law: Security versus Liberty?, S. 915 (921).

1340 Vgl. Stahn, in: Walter/Vöneky/Röben/Schorkopf (eds.), in: Terrorism as a Challenge for National and International Law: Security versus Liberty?, S. 827 (849); Blumenwitz, ZfP 50 (2003), S. 301 (312).

1341 Herdegen, Völkerrecht, § 34 Rdnr. 15; Streinz, JöR n. F. 52 (2004), S. 219 (225); a. A. Böge, in: Müller-Heidelberg, Finckh, Steven, Rogalla, Micksch, Kaleck, Kutscha (Hg.), Grundrechte-Report 2003, 2003, S. 173 (175 f.); Kreß, Kursbuch Heft 155 (2004), S. 62 (77); Sigloch, Auslandseinsätze der deutschen Bundeswehr, S. 139 ff., 164 f., 171; a. A. Blumenwitz, ZfP 50 (2003), S. 301 (327): „Auch hier wird wiederum deutlich, daß ein bewaffneter Angriff im Sinne von Art. 51 UN-Charta nur von einem Subjekt des Völkerrechts, das gemäß Staatenverantwortlichkeit zurechenbar handelt, geführt werden kann".; Zahner, BayVBl. 2006, S. 490 (493).

1342 Vgl. Randelzhofer, in: Simma (Hg.), The Charter of the United Nations, Volume I, Art. 51 Rdnr. 34; Hillgenberg, in: Liber Amicorum Tono Eitel, S. 141 (154); Pieper, Völkerrechtliche Aspekte der internationalen Terrorismusbekämpfung, S. 90 f.

1343 Heintschel von Heinegg/Gries, AVR 2002, S. 145 (156).

1344 Heintschel von Heinegg/Gries, AVR 2002, S. 145 (158); Pieper, Völkerrechtliche Aspekte der internationalen Terrorismusbekämpfung, S. 91.

Mittlerweile scheint sich die Auffassung durchzusetzen, daß es zur Feststellung der Selbstverteidigungssituation eines Staates keines staatlichen Zurechnungssubjekts für die Angriffshandlung bedarf,[1345] was auch der Staatenpraxis entspricht.[1346] Die Zurechnung eines Anschlages sei nicht für die Definition eines bewaffneten Angriffs von Bedeutung, sondern für die Auswahl des Adressaten der Verteidigungsmaßnahmen.[1347] In einer Zeit, in der terroristische Organisationen über Massenvernichtungswaffen zu verfügen imstande oder in der Lage seien, Anschläge zu verüben, die in ihrer Zerstörungskraft herkömmlichen militärischen Operationen nahe kommen oder diese gar übertreffen, könne die Berechtigung zur Selbstverteidigung nicht davon abhängen, ob ein Staat dahinter stehe oder nicht.[1348] Der Begriff des bewaffneten Angriffs sei ausschließlich materiell zu verstehen. Eine Verknüpfung zwischen privater Gewaltanwendung und staatlicher Verantwortung sei nicht erforderlich.[1349]

1345 Vgl. insbesondere die sorgfältige und überzeugende Interpretation des Art. 51 SVN von Scholz, Staatliches Selbstverteidigungsrecht und terroristische Gewalt, S. 75 – 101, 157, 171; Dinstein, War, Aggression and Self-Defence, S. 204 ff.; Heintschel von Heinegg/Gries, AVR 2002, S. 145 (155 ff.); Bruha/Bortfeld, Vereinte Nationen 2001, S. 161 (165); Bruha, AVR 40 (2002), S. 383 (394 f.); Kugelmann, Jura 2003, S. 376 (378); Krajewski, AVR 41 (2003), S. 183 (197 ff.); Ruffert, ZRP 2002, S. 247 f.; Frowein, ZaöRV 62 (2002), S. 879 (887); Murphy, HILJ 43 (2002), S. 41 (50); Tietje/Nowrot, NZWehr 2002, S. 1 (5 ff.); Schmitt, MJIL Vol. 24 (2003), S. 513 (536 ff., 539); Dederer, JZ 2004, S. 421 (423 ff.); Neuhold, ZaöRV 64 (2004), S. 263 (272); Schaller, Das Friedenssicherungsrecht, S. 12; Delbrück, GYIL 44 (2001), S. 9 (16); Oellers-Frahm, in: Weltinnenrecht. Liber amicorum Jost Delbrück. Hgg. von K. Dicke u. a., S. 503 (514); Stahn, in: Walter/Vöneky/Röben/Schorkopf (eds.), in: Terrorism as a Challenge for National and International Law: Security versus Liberty?, S. 827 (838); Wiefelspütz, Humanitäres Völkerrecht – Informationsschriften – 2006, S. 103 (107); ders., Die Friedens-Warte 2006, S. 73 (79); E. Klein, in: Isensee (Hg.), Der Terror, der Staat und das Recht, S. 9 (27 ff.); Schweisfurth, Völkerrecht, S. 374 ff.; Weber, AVR 44 (2006), S. 460 (462 f. m. w. N.); Kranz, The Polish Quaterly of International Affairs, Volume 15 (2006), no. 3, S. 68 (77); The Chatham House Principles of International Law on the Use of Force in Self-Defence, ICLQ Volume 55, Part 4, October 2006, S. 963 (969 f.); wohl auch Hobe, ZLW 2006, S. 333 (337); Heintschel von Heinegg, in: Wolfrum (Hg.), Seerecht, Kapitel 7, Rdnr. 274; Wiefelspütz, Das Parlamentsheer, S. 265 f.; Ladiges, Die Bekämpfung nicht-staatlicher Angriffe im Luftraum, S. 86; kritisch Dörr, in: Symposium für Albrecht Randelzhofer, S. 33 (39, 41), der betont, private Gewalt setze einen Staat nur dann der Selbstverteidigung durch den Opferstaat aus, wenn ihm die Gewalt zugerechnet werden könne. Offen gelassen bei Kunde, Der Präventivkrieg, S. 119. Vgl. bereits Schulze, in: Wolfrum (Hg.), Handbuch der Vereinten Nationen, (102) Rdnr. 19 (S. 757).

1346 Schmitt, MJIL Vol. 24 (2003), S. 513 (536); The Chatham House Principles of International Law on the Use of Force in Self-Defence, ICLQ Volume 55, Part 4, October 2006, S. 963 (970); Wiefelspütz, Das Parlamentsheer, S. 265; Ladiges, Die Bekämpfung nicht-staatlicher Angriffe im Luftraum, S. 82 ff.

1347 Walter, in: Fleck (Hg.), Rechtsfragen der Terrorismusbekämpfung, S. 23 (26); Dederer, JZ 2004, S. 424 (425).

1348 Frowein, ZaöRV 62 (2002), S. 879 (887).

1349 Bruha, AVR 40 (2002), S. 383 (395 m. w. N. in Fn. 62); vgl. auch Dederer, JZ 2004, S. 421 (424).

Vereinzelt wird erwogen, terroristischen Organisationen partielle Völkerrechtssubjektivität zuzusprechen;[1350] es wird auch von einem völkerrechtlichen Rechtsverhältnis zwischen dem angegriffenen Staat und der terroristischen Organisation ausgegangen.[1351]

Verallgemeinernd läßt sich heute feststellen: Ein terroristischer Anschlag wird inzwischen jedenfalls dann als bewaffneter Angriff gewertet, wenn er mit Waffengewalt erfolgt und ein Ausmaß erreicht, das nach Umfang und Auswirkungen dem Angriff regulärer Streitkräfte entspricht.[1352]

Demgegenüber wird von Gerd Seidel eingewandt, Art. 51 SVN stelle auf ein zwischenstaatliches Verhältnis zwischen Angreifer und Angegriffenem ab. Es habe sich bislang weder eine völkerrechtliche Praxis noch die erforderliche opinio juris herausgebildet, die eine Änderung des Initiators eines bewaffneten Angriffs bewirkt haben könnte.[1353] Die Anerkennung terroristischer Organisationen als partielle Völkerrechtssubjekte hieße, daß künftig der von einem bewaffneten Angriff betroffene Staat einen beliebigen Staat, in dem sich Terroristen vermeintlich oder tatsächlich niedergelassen haben, als Zielstaat einer Selbstverteidigungsmaßnahme auswählen könnte. Damit könnte das Selbstverteidigungsrecht entgegen der ratio des Art. 51 SVN in inflationärem Umfang ausgedehnt werden.[1354]

Die Auffassung von Gerd Seidel überzeugt nicht. Aus der Sicht des angegriffenen Staates ist es unerheblich, ob die Gewalt von einem Staat oder einer anderen Organisation ausgeht. Der Wortlaut des Art. 51 SVN enthält kein „präzisierendes" staatliches Tatbestandsmerkmal.[1355] Für die Annahme eines bewaffneten Angriffs im Sinne des Art. 51 SVN ist entscheidend, daß ein Staat Opfer militärische Gewalt von größerem Umfang ist. Die Beschränkung des Selbstverteidigungsrechts auf staatliche Angriffe würde der Schutzfunktion des Art. 51 SVN nicht gerecht. Die Fixierung auf staatliche Angriffe würde im Falle von (nichtstaatlichen) terroristischen Anschlägen von einem Gewicht und einer Tragweite, die mit einem erheblichen militärischen Angriff vergleichbar sind, eine nicht verantwortbare Schutzlücke entstehen

---

1350 Delbrück, Die Friedens-Warte 1999, S. 139 (156).

1351 Vgl. Bruha/Bortfeld, Vereinte Nationen 2001, S. 161 (163); Bruha, AVR 40 (2001), S. 383 (390 m. w. N.); Kugelmann, Jura 2003, S. 376 (377); wohl auch Krajewski, AVR 41 (2003), S. 183 (202); ablehnend Talmon, in: Festschrift Graf Vitzthum, S. 101 (168).

1352 Schmitt, MJIL Vol. 24 (2003), S. 513 (539 f.); Talmon, in: Festschrift Graf Vitzthum, S. 101 (142 f.); Schaller, Das Friedenssicherungsrecht, S. 12; Dederer, JZ 2004, S. 421 (425 ff.); Wiefelspütz, ZfP 2006, S. 143 (153); Weber, AVR44 (2006), S. 460 (462 f. m. w. N.).

1353 Seidel, AVR 41 (2003), S. 449 (461); ähnlich argumentiert Hillgruber, in: Menzel/Pierlings/Hoffmann (Hg.), Völkerrechtsprechung, S. 820 f.

1354 Seidel, AVR 41 (2003), S. 449 (462); vgl. auch Cassese, EJIL 12 (2001), S. 993 (997).

1355 Tomuschat, Die Friedens-Warte 1999, S. 450 (458).

lassen. Deshalb kommen auch nichtstaatliche Gruppen als Gegner der staatlichen Selbstverteidigung nach Art. 51 SVN in Betracht.[1356]

Das Vorliegen eines bewaffneten Angriffs löst das Selbstverteidigungsrecht gegenüber der privaten, nichtstaatlichen oder transnationalen Organisation aus. Dies ermächtigt zu militärischen Maßnahmen gegen diese Gruppierung. Das schließt deren Bekämpfung in hoheitsfreien Räumen (Luftraum, Hohe See) ein.[1357]

2. Die Zurechnung eines bewaffneten Angriffs

Im Falle eines bewaffneten Angriffs durch eine nichtstaatliche Gruppe sind die Verteidigungsmaßnahmen grundsätzlich nur gegen diese Gruppe und nicht gegen den Aufenthaltsstaat zu richten.[1358]

Alle Staaten sind verpflichtet, den internationalen Terrorismus zu bekämpfen[1359] und terroristische Akte zu verhindern, die von ihrem Hoheitsgebiet ausgehen und gegen Ziele in anderen Staaten gerichtet sind.[1360] Kommt ein Staat dieser Verpflichtung nicht nach, darf sich der Aufenthaltsstaat nicht uneingeschränkt auf seine territoriale Unversehrtheit berufen und muß in begrenztem Umfang Verteidigungsmaßnahmen des angegriffenen Staates auf seinem Territorium dulden.[1361] Denn das Selbstverteidigungsrecht des angegriffenen Staates überwiegt das territoriale Interesse des Aufenthaltsstaates.[1362] Der angegriffene Staat darf in einem solchen Fall die Maßnahmen ergreifen, die der Aufenthaltsstaat hätte ergreifen müssen.[1363] Weitere Voraussetzung ist aber stets, daß der Anschlag auf den angegriffenen Staat das Ausmaß eines bewaffneten Angriffs i. S. des Art. 51 SVN erreicht.[1364]

1356 Schmahl/Haratsch, WeltTrends Nr. 32, Herbst 2001, S. 111 (112 f.); Hillgenberg, in: Liber Amicorum Tono Eitel, S. 141 (154); Talmon, in: Festschrift Graf Vitzthum, S. 101 (158 ff.); Wiefelspütz, ZfP 2006, S. 143 (154).

1357 Bruha/Bortfeld, Vereinte Nationen 2001, S. 161 (166).

1358 Schaller, Das Friedenssicherungsrecht, S. 14.

1359 Pieper, Völkerrechtliche Aspekte der internationalen Terrorismusbekämpfung, S. 65 ff.

1360 Frowein, ZaöRV 62 (2002), S. 879 (883); Schmitt, MJIL Vol. 24 (2003), S. 513 (540); Schaller, Das Friedenssicherungsrecht, S. 12; Walter, in: Fleck (Hg.), Rechtsfragen der Terrorismusbekämpfung, S. 23 (34 ff.); Heintze, Internationale Politik und Gesellschaft 2004, 3/2004, S. 38 (41 ff.).

1361 Schmitt, MJIL Vol. 24 (2003), S. 513 (540 ff.); Tomuschat, in: Jahrbuch Menschenrechte 2004, S. 121 (127); ders., EuGRZ 2001, S. 535 (541).

1362 Schaller, Das Friedenssicherungsrecht, S. 13.

1363 Dinstein, in: Walter/Vöneky/Röben/Schorkopf (eds.), Terrorism as a Challenge for National and International Law: Security versus Liberty?, S. 915 (922 f.), spricht in diesem Fall von „extra-territorial law enforcement".

1364 Walter, in: Fleck (Hg.), Rechtsfragen der Terrorismusbekämpfung, S. 23 (41).

Aber auch wenn ein Aufenthaltsstaat aufgrund eigener Zerfallserscheinungen eine terroristische Organisation nicht effektiv zu bekämpfen in der Lage ist, muß er gewaltsame Maßnahmen der Selbstverteidigung auf seinem Staatsgebiet dulden.[1365] Voraussetzung für einen Einsatz auf fremdem Territorium ist allerdings immer, daß mit hoher Plausibilität die Gefährdung des eigenen Territoriums durch terroristische Aktionen nachgewiesen werden kann.[1366]

Ein Selbstverteidigungsfall liegt auch dann vor, wenn die terroristischen Täter auf dem Territorium des angegriffenen Staates leben, der Anschlag aber von einem fremden Staat oder einer fremden, nicht im Zielstaat ansässigen Organisation kontrolliert wird.[1367]

Ob freilich gegen den Aufnahmestaat selbst als Objekt des Selbstverteidigungsrechts militärisch vorgegangen werden darf, ist davon abhängig, ob die Gewalttaten diesem Staat zugerechnet werden können.[1368]

Wenn ein Staat Terroristen entsendet, um einen anderen Staat anzugreifen, handeln die Terroristen – de jure oder de facto – als Organe des den Anschlag initiierenden Staates.[1369]

Die Tatsache, daß eine nichtstaatliche terroristische Gruppe vom Staatsgebiet des Aufenthaltsstaates aus operiert, genügt freilich allein nicht, die Gewalttaten dem Aufenthaltsstaat zuzurechnen.[1370] In seinem Nicaragua-Urteil[1371] ging der IGH

1365 Randelzhofer, in: Simma (Hg.), The Charter of the United Nations, Volume I, Art. 51 Rdnr. 36; Herdegen, Völkerrecht, § 34 Rdnr.15; Heintschel von Heinegg/Gries, AVR 2002, S. 145 (160); Bruha, AVR 40 (2002), S. 383 (408 f.); Dederer, JZ 2004, S. 421 (428); Frowein, FAZ vom 23. Juli 2003; Dörr, in: Symposium für Albrecht Randelzhofer, S. 33 (41); Talmon, in: Festschrift Graf Vitzthum, S. 101 (177); Stahn, in: Walter/Vöneky/Röben/ Schorkopf (eds.), in: Terrorism as a Challenge for National and International Law: Security versus Liberty?, S. 827 (864 ff.); Pieper, Völkerrechtliche Aspekte der internationalen Terrorismusbekämpfung, S. 103.

1366 Frowein, FAZ vom 23. Juli 2003; Wiefelspütz, ZfP 2006, S. 143 (155).

1367 Frowein, ZaöRV 62 (2002), S. 879 (886).

1368 Vgl. Schulze, in: Wolfrum (Hg.), Handbuch der Vereinten Nationen, (102) Rdnr. 17 ff. (S. 756 f); instruktiv die Übersicht bei Dörr, in: Symposium für Albrecht Randelzhofer, S. 33 (39 ff.); Kugelmann, Jura 2003, S. 376 (378 f.); Talmon, in: Festschrift Graf Vitz-thum, S. 101 (152); Stahn, in: Walter/ Vöneky/Röben/Schorkopf (eds.), in: Terrorism as a Challenge for National and International Law: Security versus Liberty?, S. 827 (850); Dederer, JZ 2004, S. 421 (424); Schweisfurth, Völkerrecht, S. 371 ff.

1369 Vgl. Art. 3 lit g General Assembly Resolution 3314 (XXIX); siehe auch Dinstein, in: Walter/Vöneky/ Röben/Schorkopf (eds.), Terrorism as a Challenge for National and International Law: Security versus Liberty?, S. 915 (919); Blumenwitz, ZfP 50 (2003), S. 301 (312 f.); Hartmann, Staatliche Beteiligung an terroristischen Gewaltaktionen, S. 335 ff., 365, 370 ff.

1370 Vgl. Seidel, AVR 41 (2003), S. 449 (463 ff.); Schaller, Das Friedenssicherungsrecht, S. 17; Dederer, JZ 2004, S. 421 (428).

1371 IGH Reports 1986, S. 14 et seq., 103-123, Ziff. 195; dazu jetzt Wandscher, Internationaler Terrorismus und Selbstverteidigungsrecht, S. 151 ff.; Hartmann, Staatliche Beteiligung an terroristischen Gewalt-

davon aus, daß die *Entsendung* bewaffneter Banden, nicht aber bereits die bloße Unterstützung dieser Banden einen bewaffneten Angriff darstellt.[1372] Der Aufenthaltsstaat mußte gleichsam „Tatherrschaft" über die terroristischen Aktionen haben.[1373] Die ICL forderte noch im August 2001 „direction or control" für die Zurechenbarkeit nichtstaatlichen Handelns.[1374]

Mittlerweile scheint sich insbesondere in unmittelbarer Reaktion auf die Anschläge vom 11. September 2001 die Auffassung durchgesetzt zu haben, daß bei der Zurechnung erweiternde Kriterien ausreichen.[1375]

Auch derjenige Staat gilt als legitimes Ziel der Selbstverteidigung, der private Gewalttäter im weiteren Sinne unterstützt[1376] oder mit ihnen verstrickt ist.[1377] Die Unterstützung einer terroristischen Gruppierung, aber auch das Schützen oder zumindest wissentliche Dulden („harboring") solcher Gruppen auf eigenem Hoheitsgebiet genügt für eine Zurechnung.[1378] Nicht erforderlich ist, daß die

---

aktionen, S. 254 ff.; Scholz, Staatliches Selbstverteidigungsrecht und terroristische Gewalt, S. 39 ff., 139 ff.

1372 Vgl. auch Schaller, Das Friedenssicherungsrecht, S. 16.

1373 Blumenwitz, ZRP 2002, S. 102 (104); ders., ZfP 50 (2003), S. 301 (313); Bruha, in: Koch (Hg.), Terrorismus – Rechtsfragen der äußeren und inneren Sicherheit, 2002, S. 51 (67); Kugelmann, Jura 2003, S. 376 (379); Talmon, in: Festschrift Graf Vitzthum, S. 101 (154 f.); Schaller, Das Friedenssicherungsrecht, S. 16; Stahn, in: Walter/Vöneky/Röben/ Schorkopf (eds.), in: Terrorism as a Challenge for National and International Law: Security versus Liberty?, S. 827 (838 ff.); Dederer, JZ 2004, S. 421 (427).

1374 Hillgenberg, in: Liber Amicorum Tono Eitel, S. 141 (155); instruktiv Scholz, Staatliches Selbstverteidigungsrecht und terroristische Gewalt, S. 48 ff.; Wandscher, Internationaler Terrorismus und Selbstverteidigungsrecht, S. 215 ff. Hartmann, Staatliche Beteiligung an terroristischen Gewaltaktionen, S. 303 und 305 ff., befürwortet die Anwendung der Zurechnungskonzeptionen der ILC zur Staatenverantwortlichkeit. Dem steht freilich entgegen, daß die Kodifikationsarbeit noch keinen Abschluß gefunden hat.

1375 Schaller, Das Friedenssicherungsrecht, S. 16 f.; Hillgruber, in: Menzel/Pierlings/Hoff-mann (Hg.), Völkerrechtsprechung, S. 815 f.; Hillgruber/Hoffmann, NWVBl. 2004, S. 176 (177); Wiefelspütz; Die Friedens-Warte 2006, S. 73 (78 f.); Kunde, Der Präventivkrieg, S. 119; instruktiv: Dederer, JZ 2004, S. 421 (427 ff.); vgl. auch die Übersicht bei Wandscher, Internationaler Terrorismus und Selbstverteidigungsrecht, S. 227 f. m. w. N.; Kranz, The Polish Quaterly of International Affairs, Volume 15 (2006), no. 3, S. 68 (80); vgl. auch die Nachweise bei Scholz, Staatliches Selbstverteidigungsrecht und terroristische Gewalt, S. 32 Fn. 37; Oellers-Frahm, ZEuS 2007, S. 71 (84 ff.); a. A. Hartmann, Staatliche Beteiligung an terroristischen Gewaltaktionen, S. 430 ff.

1376 Randelzhofer, in: Simma (Hg.), The Charter of the United Nations, Volume I, Art. 51 Rdnr. 33 f.; Franck, Recourse to Force, Fifth printing, 2004, S. 54, 67; Dörr, in: Symposium für Albrecht Randelzhofer, S. 33 (40); Neuhold, ZaöRV 64 (2004), S. 263 (272); Pieper, Völkerrechtliche Aspekte der internationalen Terrorismusbekämpfung, S. 99 ff.; a. A. Hartmann, Staatliche Beteiligung an terroristischen Gewaltaktionen, S. 419.

1377 Krings/Burkiczak, DÖV 2002, S. 501 (509).

1378 Hillgenberg, in: Liber Amicorum Tono Eitel, S. 141 (156); Schmahl/Haratsch, WeltTrends Nr. 32, Herbst 2001, S. 111 (114); Herdegen, Völkerrecht, § 34 Rdnr.15; Heintschel von Heinegg/Gries,

terroristische Gruppierung vom Aufenthaltsstaat gesteuert wird.[1379]

Unternimmt ein Aufenthaltsstaat nichts, um Angriffe von Terroristen, die in seinem Staatsgebiet operieren, zu unterbinden, obwohl dies möglich wäre, wir er selbst zum Angreifer.[1380] Der bloße Verdacht einer Unterstützung reicht freilich nicht aus, um gegen diesen Staat militärisch vorgehen zu dürfen.[1381]

Die Voraussetzungen des Art. 51 SVN können auch dann gegeben sein, wenn Terroristen von einem Aufenthaltsstaat aus einen anderen Staat angreifen, und der Anschlag erst nachträglich vom Aufenthaltsstaat gebilligt wird. Auch in diesem Fall werden die Terroristen faktisch zu Organen des Aufenthaltsstaates. Wenn der bewaffnete Angriff noch andauert, kann der angegriffene Staat im Rahmen seines Rechts auf Selbstverteidigung auch gegen den Aufenthaltsstaat militärisch vorgehen.[1382]

AVR 2002, S. 145 (159); Kugelmann, Jura 2003, S. 376 (380); Kreß, Kursbuch Heft 155 (2004), S. 62 (77); Pieper, Völkerrechtliche Aspekte der internationalen Terrorismusbekämpfung, S. 76, 102, anders aber auf S. 97; Hillgruber, in: Menzel/Pierlings/Hoffmann (Hg.), Völkerrechtsprechung, S. 815; a. A. Hartmann, Staatliche Beteiligung an terroristischen Gewaltaktionen, S. 394 f., 414 ff.; Blumenwitz, ZRP 2002, S. 102 (104): „Die Duldung terroristischer Gruppen auf dem Territorium, auch deren unspezifische Unterstützung können weder als „Angriffshandlung" noch als „military attack" angesehen werden." Auch Wandscher, Internationaler Terrorismus und Selbstverteidigungsrecht, S. 250, verlangt für eine Zurechnung zumindest, daß der Staat eine terroristische Organisation aktiv oder passiv unterstützt. Er müsse dabei jedenfalls ungefähre Kenntnis über Ziel und Ausmaß des Anschlags haben.

1379 Dahm/Delbrück/Wolfrum, Völkerrecht, Bd. I/3, § 169 IX 9 (S. 825); Schaller, Das Friedenssicherungsrecht, S. 16 f.; Wiefelspütz, ZfP 2006, S. 143 (156).

1380 Schmahl/Haratsch, WeltTrends Nr. 32, Herbst 2001, S. 111 (114); Weber, AVR 44 (2006), S. 460 (466 f.).

1381 So aber Pieper, Völkerrechtliche Aspekte der internationalen Terrorismusbekämpfung, S. 74; wie hier: Dederer, JZ 2004, S. 421 (429); wie hier: Wiefelspütz, Die Friedens-Warte 2006, S. 73 (79); ders., Die Abwehr terroristischer Anschläge und das Grundgesetz, S. 25.

1382 Dinstein, in: Walter/Vöneky/Röben/Schorkopf (eds.), Terrorism as a Challenge for National and International Law: Security versus Liberty?, S. 915 (920).

VI. Die Zulässigkeit präemptiver oder präventiver Anwendung militärischer Gewalt

Der Irak-Krieg im Jahre 2003[1383] und die sog. Bush-Doktrin aus dem Jahre 2002[1384], bekräftigt im Jahre 2006[1385] haben die Diskussion über die Zulässigkeit präventiver bzw. präemptiver Selbstverteidigung intensiviert.[1386] Die USA nehmen das Recht auf Anwendung von militärischer Gewalt bereits bei einer abstrakten Gefahr für sich in Anspruch.[1387] Die sog. Bush-Doktrin ist im völkerrechtlichen Schrifttum auf heftige Kritik gestoßen.[1388]

Die Terminologie in der Auseinandersetzung ist aber nicht einheitlich.[1389] Vielfach

---

1383 Zur Operation „Iraqi Freedom" vgl. Neuhold, ZaöRV 64 (2004), S. 263 (274 ff. m. w. N.); Schaller, ZaöRV 62 (2002), S. 641 ff.; Tomuschat, Die Friedens-Warte 2003, S. 141 ff.; Bothe, AVR 41 (2003), S. 255 ff.; Blumenwitz, ZfP 50 (2003), S. 301 ff.; Dörr/Bosch, JuS 2003, S. 477 ff.; Fischer, Humanitäres Völkerrecht – Informationsschriften – 2003, S. 4 ff.; Schmitt, MJIL Vol. 24 (2003), S. 513 ff.; Hillgenberg, in: Liber Amicorum Tono Eitel, S. 141 (158 ff.); Kreß, ZStW 115 (2003), S. 294 ff.; ders., Kursbuch Heft 155 (2004), S. 62 ff.; Wandscher, Internationaler Terrorismus und Selbstverteidigungsrecht, S. 286 ff.

1384 National Security Strategy vom 20. September 2002, www.whitehouse.gov/nsc/nss.pdf; dazu Stein/ von Buttlar, Völkerrecht, Rdnr. 824 ff.; Herdegen, Völkerrecht, § 34 Rdnr. 4 m. w. N.; Wandscher, Internationaler Terrorismus und Selbstverteidigungsrecht, S. 285 f.; Schweisfurth, Völkerrecht, S. 377 ff.; Kunde, Der Präventivkrieg, S. 161 ff. m. w. N.; Kranz, The Polish Quaterly of International Affairs, Volume 15 (2006), no. 3, S. 68 (93 ff.); Meiertöns, Die Doktrinen U.S.-amerikanischer Sicherheitspolitik, 2006, S. 187 ff.

1385 White House, The National Strategy of the United States of America, March 2006, www.whitehouse. gov/nsc/nss/2006; vgl. dazu Kunde, Der Präventivkrieg, S. 190 f.

1386 Vgl. von Lepel, Humanitäres Völkerrecht – Informationsschriften 2003, S. 77 ff.; Dörr, in: Symposium für Albrecht Randelzhofer, S. 33 (42 ff. m. w. N.); Streinz, JöR n. F. 52 (2004), S. 219 (221, 226 f.); Hestermeyer, ZaöRV 64 (2004), S. 315 (326 ff.); Blumenwitz, Politische Studien, Heft 391, 2003, S. 21 ff.; ders., ZfP 50 (2003), S. 301 (315 ff.); Häußler, NZWehrr 2004, S. 221 (228 ff.); Zahner, BayVBl. 2006, S. 490 (494 f.); instruktiv: Reisman/Armstrong, AJIL 100 (2006), S. 525 ff.; Kranz, The Polish Quaterly of International Affairs, Volume 15 (2006), no. 3, S. 68 (93 ff.).

1387 Vgl. The National Security Strategy of the United States of America, www.whitehouse. gov/nsc/nss. pdf.; Krisch, Der Staat 43 (2004), S. 267 (272 m. w. N.); Schaller, Das Friedenssicherungsrecht, S. 19.

1388 Murswiek, NJW 2003, S. 1014 (1019); Schweisfurth, FAZ vom 28. April 2003; Hillgenberg, in: Liber Amicorum Tono Eitel, S. 141 (166 f.); Tomuschat, Die Friedens-Warte 78 (2003), S. 141 (142 f., 158); ders., in: Jahrbuch Menschenrechte 2004, S. 121 (126 ff.); Wolfrum, http://www.mpil.de/de/ Wolfrum/irak.pdf„ S. 1 (5 ff.); Stahn, in: Walter/Vöneky/Röben/Schorkopf (eds.), in: Terrorism as a Challenge for National and International Law: Security versus Liberty?, S. 827 (867 ff.); Breitwieser, NZWehrr 2005, S. 45 ff.; Bruha/Tams, APuZ 55 (2005), 22 vom 30.05.2005, S. 32 (35 ff.); Dörr, APuZ 54 (2004), 43 vom 18.10.2004, S. 14 (16 f.); Zahner, BayVBl. 2006, S. 490 (494 f.); Kunde, Der Präventivkrieg, S. 192 ff. m. w. N.; Meiertöns, Die Doktrinen U.S.-amerikanischer Sicherheitspolitik, S. 194 ff.; Hofmeister, Jura 2007, S. 767 (771).

1389 Vgl. Kamp, Internationale Politik 6/2004, S. 42 (43); Dinstein, in: Walter/Vöneky/Röben/ Schorkopf (eds.), Terrorism as a Challenge for National and International Law: Security versus Liberty?, S. 915 (918); Stein/von Buttlar, Völkerrecht, Rdnr. 825; Wiefelspütz, ZfP 2006, S. 143

wird die völkerrechtlich zulässige präemptive Verteidigung – gemeint ist die Abwehr eines unmittelbar drohenden oder bevorstehenden Angriffs – von der völkerrechtlich unzulässigen präventiven Verteidigung – darunter wird die Abwehr eines nicht unmittelbar bevorstehenden oder drohenden Angriffs oder die Abwehr einer nicht nahen Gefahr verstanden – unterschieden.[1390]

Der Tatbestand des Art. 51 SVN ist erst „im Falle eines bewaffneten Angriffs" erfüllt. Regelmäßig löst nur ein *konkreter* Angriff das Selbstverteidigungsrecht aus.[1391] Nach dem herkömmlichen Verständnis des Wortlauts der Vorschrift heißt dies, daß tatsächlich ein bewaffneter Angriff stattgefunden haben muß.[1392] Von einer Aggression kann dann nicht die Rede sein, wenn sich feindliche Planungen erst in einem Vorbereitungsstadium befinden.[1393] Das Selbstverteidigungsrecht setzt danach grundsätzlich die Anwendung von Waffengewalt oder eine gleichwertige militärische Operation voraus.[1394] Jede Art antizipatorischer Selbstverteidigung wäre danach ausgeschlossen.[1395]

Freilich muß der zur Selbstverteidigung entschlossene Staat nicht auf den ersten Schuß warten.[1396] Selbstverteidigung ist in extremen Ausnahmelagen dann nicht

---

(157 f.); Kranz, The Polish Quaterly of International Affairs, Volume 15 (2006), no. 3, S. 68 (88 ff.); Meiertöns, Die Doktrinen U.S.-amerikanischer Sicherheitspolitik, S. 191; Kunde, Der Präventivkrieg, S. 135 f.; Wandscher, Internationaler Terrorismus und Selbstverteidigungsrecht, S. 284, differenziert zwischen antizipatorischer und präemptiver Selbstverteidigung und hält beide für Formen präventiver Selbstverteidigung.

1390 Vgl. United Nations, General Assembly, 2 December 2004, A more secure world: our shared responsibility, Report of the High-level Panel on Threats, Challenges and Change, A/59/565, Ziff. 189; Eick, ZRP 2004, S. 200 f.; nicht selten wird – statt der Unterscheidung zwischen präemptiver und präventiver Verteidigung – die präventive Verteidigung unter besonderen Umständen für zulässig angesehen, während sie im Regelfall unzulässig sein soll. Stein/von Buttlar, Völkerrecht, Rdnr. 825, verwenden die Begriffe Präemption und Prävention mit umgekehrter Bedeutung; ebenso Reisman/Armstrong, AJIL 100 (2006), S. 525 (526). Wie hier: Kamp, Internationale Politik 6/2004, S. 42 (43); zur Staatspraxis: von Buttlar, Festschrift Ress, S. 15 (18 ff.)

1391 Wolfrum, http://www.mpil.de/de/Wolfrum/irak.pdf,, S. 1 (5); Wiefelspütz, ZfP 2006, S. 143 (158).

1392 Dupuy/Tomuschat, FAZ vom 31. Juli 2002; Tomuschat, Die Friedens-Warte 1999, S. 33; ders., Internationale Politik 5/2003, S. 39 (40); Zahner, BayVBl. 2006, S. 490 (495).

1393 Dupuy/Tomuschat, FAZ vom 31. Juli 2002.

1394 Blumenwitz, in: Festschrift für Dieter Fleck, S. 23 (34).

1395 So Randelzhofer, in: Simma (Hg.), The Charter of the United Nations, Volume I, Art. 51 Rdnr. 34; Bothe, in: Graf Vitzthum (Hg.), Völkerrecht, 8. Abschnitt, Rdnr. 19; Cassese, International Law, 2001, S. 307 ff.; Kugelmann, Jura 2003, S. 376 (381); Talmon, in: Festschrift Graf Vitzthum, S. 101 (145), der sich freilich zu Unrecht auf eine herrschende Meinung beruft.

1396 Blumenwitz, in: Festschrift für Dieter Fleck, S. 23 (34); ders., Politische Studien, Heft 391, 2003, S. 21 (26 f.); ders., ZfP 50 (2003), S. 301 (320); Tomuschat, Jahrbuch Menschenrechte 2004, S. 121 (128); Wiefelspütz, Das Parlamentsheer, S. 273; ders., ZfP 2006, S. 143 (158); Weber, AVR 44 (2006), S. 460 (463); Kunde, Der Präventivkrieg, S. 140; The Chatham House Principles of International Law on the Use of Force in Self-Defence, ICLQ Volume 55, Part 4, October 2006, S. 963 f.; Hofmeister, Jura 2007, S. 767 (770).

ausgeschlossen, wenn „der Gegner hin zu einem von ihm geplanten bewaffneten Angriff nur noch ein letztes Schrittchen zurückzulegen hat und der Aufmarsch seiner Truppen bereits vollzogen ist"[1397]. Es ist keinem Staat zuzumuten, die volle Entfaltung eines völkerrechtswidrigen bewaffneten Angriffs hinzunehmen.[1398]

Wenn es evident ist, daß ein gewaltsamer Angriff gegen das Staatsgebiet bevorsteht, können Abwehrmaßnahmen beginnen.[1399] Selbstverteidigung ist danach bereits dann zulässig, wenn der Gegner den Angriff eingeleitet hat.[1400]

Es sind unverkennbar Sachverhalte denkbar, bei denen sich die drohende Angriffsgefahr nicht nur als abstrakte Gefahr manifestiert, sondern sich so sehr verdichtet und konkretisiert, „daß ein Überfall durch den – immer noch potentiellen – Gegner nicht mehr als bloße hypothetische Möglichkeit, sondern als ein konkret vorhersehbarer, gleichsam unabwendbarer Geschehensablauf erscheint"[1401]. In solchen Situationen ist es für das Opfer nicht zumutbar abzuwarten, bis die Aggressionsabsicht sich verwirklicht.[1402] Vor diesem Hintergrund wird inzwischen überwiegend die präemptive Selbstverteidigung grundsätzlich anerkannt.[1403]

Es gibt aber nach wie vor namhafte Autoren, die vor allem wegen der unverkennbaren Mißbrauchgefahr Bedenken gegen die vorbeugende Selbstverteidigung geltend machen[1404] oder antizipatorisches militärisches Handeln generell ablehnen[1405].

1397 Tomuschat, in: Jahrbuch Menschenrechte 2004, S. 121 (127); vgl. auch die kritische Übersicht bei von Buttlar, Festschrift Ress, S. 15 (22 ff.).

1398 Doehring, Völkerrecht, § 11 Rdnr. 574; Verdross/Simma, Universelles Völkerrecht, S. 470 ff.; Tomuschat, Hague Academy of International Law, 2001, S. 207 (216 f.); Dupuy/Tomuschat, FAZ vom 31. Juli 2002.

1399 Frowein, FAZ vom 23. Juli 2003.

1400 Blumenwitz, in: Festschrift für Dieter Fleck, S. 23 (34); ders., Politische Studien, Heft 391, 2003, S. 21 (27); Dinstein, in: Walter/Vöneky/Röben/Schorkopf (eds.), Terrorism as a Challenge for National and International Law: Security versus Liberty?, S. 915 (918 f.).

1401 Tomuschat, Die Friedens-Warte 1999, S. 450 (460).

1402 Tomuschat, Die Friedens-Warte 1999, S. 450 (460); Dörr, in: Symposium für Albrecht Randelzhofer, S. 33 (43); Eick, ZRP 2004, S. 200 (201); Wiefelspütz, Humanitäres Völkerrecht – Informationsschriften – 2006, S. 103 (108).

1403 Schachter, MLR 82 (1984), S. 1620 (1634 f.); Schulze, in: Wolfrum (Hg.), Handbuch der Vereinten Nationen, (102) Rdnr. 22 (S. 757 f.); Higgins, Problems and process: international law and how we use it, 1994, S. 242; Nolte, FAZ vom 10. Januar 2003; Franck, Recourse to Force, S. 97 ff.; Streinz, JöR n. F. 52 (2004), S. 219 (226); Heintschel von Heinegg, in: Frowein/Scharioth/Winkelmann/Wolfrum (Hg.), Verhandeln für den Frieden – Negotiating for Peace, Liber Amicorum Tono Eitel, 2003, S. 533 (550 f.); Herdegen, Völkerrecht, § 34 Rdnr.19; Tomuschat, Internationale Politik 5/2003, S. 40; Wiefelspütz, ZfP 2006, S. 143 (159).

1404 Vgl. Blumenwitz, ZfP 50 (2003), S. 301 (332).

1405 Randelzhofer, in: Simma (Hg.), The Charter of the United Nations, Volume I, Art. 51 Rdnr. 39 m. w. N.; Fischer, in: Ipsen, Völkerrecht, § 59 Rdnr. 29 f.; ders., Humanitäres Völkerrecht – Informationsschriften 2003, S. 4 (5 f.); wohl auch Hilpold/Zagel, Sicherheit und Frieden 2006, S. 38

Bereits die Möglichkeit, gegen einen unmittelbar bevorstehenden Angriff militärisch vorzugehen, stelle eine problematische Erweiterung des Selbstverteidigungsrechts dar. Mit einem erfolgten Angriff könne aber nicht die noch nicht konkretisierte Möglichkeit eines Angriffs gleichgesetzt werden; auf keinen Fall rechtfertige sie die Verletzung der territorialen Integrität des Gegners, die mit der vorsorglichen Selbstverteidigung notwendig einhergehe. Der entscheidende Gesichtspunkt gegen jede Form der vorsorglichen Selbstverteidigung liege letztlich in der rein subjektiven Einschätzung des Staates, der Selbstverteidigung geltend mache. Damit sei das Gewaltverbot praktisch zur Disposition dieses Staates gestellt.[1406]

Die vor allem im völkerrechtlichen Schrifttum im Zusammenhang mit dem Irak-Krieg des Jahres 2003 intensivierte Diskussion über die Zulässigkeit des Präventivkrieges belegt, daß vorsorgliche militärische Maßnahmen nur unter sehr engen Voraussetzungen als zulässig gewertet werden.[1407] Maßstab für die Zulässigkeit präemptiver (antizipatorischer) militärischer Maßnahmen ist die vom völkerrechtlichen Schrifttum ganz überwiegend getragene „Webster-Formel"[1408] aus dem sog. „Caroline Case"[1409]. Danach ist antizipatorische Selbstverteidigung nur und frühestens zulässig, wenn die Gefahrenlage „gegenwärtig und überwältigend" ist und „keine Wahl der Mittel und keinen Augenblick zur Überlegung läßt" („the necessity is instant, overwhelming and leaving no choice of means, and

---

(39) und Zahner, BayVBl. 2006, S. 490 (495).

1406 Wolfrum, http://www.mpil.de/de/Wolfrum/irak.pdf, S. 1 (6).

1407 Vgl. Bothe, AVR Bd. 41 (2003), S. 255 (261 ff. m. w. N.); Geiger, Grundgesetz und Völkerrecht, § 66 I (S. 369); von Lepel, Humanitäres Völkerrecht – Informationsschriften – 2003, S. 77 ff. m. w. N.; Kurth, ZRP 2003, S. 195 ff.; Murswiek, NJW 2003, S. 1014 (1016 ff.); Nolte, FAZ vom 10. Januar 2003; Frowein, FAZ vom 23. Juli 2003; Dupuy/Tomuschat, FAZ vom 31. Juli 2002; Blumenwitz, Festschrift für Dieter Fleck, S. 23 ff.; Dörr/Bosch, JuS 2003, S. 477 (480 ff.); Wandscher, Internationaler Terrorismus und Selbstverteidigungsrecht, S. 308 ff.; instruktiv jetzt Schweisfurth, Völkerrecht, S. 377 ff.

1408 Delbrück, in: German Yearbook Of International Law 44 (2001), S. 9 (16); Blumenwitz, Festschrift für Dieter Fleck, S. 23 (35); ders., ZfP 50 (2003), S. 301 (316 ff.); ders., Politische Studien, Heft 391, 2003, S. 21 (23 f.); Herdegen, Völkerrecht, § 34 Rdnr. 18 f.; Schaller, ZaöRV 62 (2002), S. 641 (658 ff.); ders., Die Unterbindung, S. 20; Schweisfurth, FAZ vom 28. April 2003; Dederer, Krieg gegen Terror, JZ 2004, S. 421 (429); Kreß, Kursbuch Heft 155 (2004), S. 62 (66 f.); Eick, ZRP 2004, S. 200 (201); vgl. aber Wolfrum, http://www.mpil.de/Wolfrum /irak.pdf, S. 1 (5 f.); Dörr, in: Symposium für Albrecht Randelzhofer, S. 33 (44 ff.); Schaller, Das Friedenssicherungsrecht, S. 18; Dinstein, in: Walter/Vöneky/Röben/ Schorkopf (eds.), Terrorism as a Challenge for National and International Law: Security versus Liberty?, S. 915 (922 f.); Schmitt, MJIL Vol. 24 (2003), S. 513 (529 ff.); Pieper, Völkerrechtliche Aspekte der internationalen Terrorismusbekämpfung, S. 117; Dörr, APuZ 54 (2004), S. 14 (17); Kunde, Der Präventivkrieg, S. 142 ff.; Kranz, The Polish Quaterly of International Affairs, Volume 15 (2006), no. 3, S. 68 (88 ff.); The Chatham House Principles of International Law on the Use of Force in Self-Defence, ICLQ Volume 55, Part 4, October 2006, S. 963 (967 f.); Hofmeister, Jura 2007, S. 767 (770 f.).

1409 Instruktiv: Breitwieser, NZWehrr 2005, S. 45 (46 ff.); Buttlar, Völkerrecht, Rdnr. 829 f.; Kunde, Der Präventivkrieg, S. 142 ff.; ablehnend Hartmann, Staatliche Beteiligung an terroristischen Gewaltaktionen, S. 201 ff.

no moment for deliberation")[1410]. Auch die Bundesregierung ist offenbar dieser Auffassung.[1411]

Diese Voraussetzungen sind nicht gegeben, wenn nur eine generelle Bedrohungslage,[1412] bloße Gefahrenlagen,[1413] ein lediglich möglicher Angriff[1414] in eher fernerer Zukunft[1415], fern liegende Bedrohungen[1416] oder nur die *abstrakte* Gefahr eines in unbestimmter Zukunft möglicherweise drohenden Angriffs gegeben ist[1417] oder gar nur „Risikovorbeugung"[1418] Zweck der militärischen Unternehmung ist. Dies gilt selbst dann, wenn der Angriff mit Massenvernichtungswaffen erfolgen kann.[1419] Ebenso genügen das Gefühl des Bedrohtseins oder frühere Gewalttaten nicht.[1420] Die gewaltsame Reaktion auf Friedensbedrohungen unterhalb der Schwelle eines unmittelbar bevorstehenden bewaffneten Angriffs ist ausschließlich Sache des Sicherheitsrats.[1421]

Ein pauschaler Verdacht, den internationalen Terrorismus zu unterstützen, erfüllt nicht annähernd die Voraussetzungen für die Wahrnehmung des Rechts auf Selbstverteidigung.[1422] Erst recht ist zur Rechtfertigung von Verteidigungsmaßnahmen nicht ausreichend, wenn ein eher vager Verdacht gehegt wird, daß

1410 State Secretary *Webster*, British and Foreign State Papers 29 (1840 – 1841), S. 1129 (1138).

1411 In der Antwort der Bundesregierung (BT-Drs. 15/3181, S. 25) auf eine Kleine Anfrage von Abgeordneten der CDU/CSU heißt es: „Das Recht zur individuellen oder kollektiven Selbstverteidigung nach Art. 51 VN-Charta schließt nach Ansicht der Bundesregierung Abwehrmaßnahmen gegen einen unmittelbar bevorstehenden Angriff ein."

1412 *Talmon*, in: Festschrift Graf Vitzthum, S. 101 (145); vgl. auch *Stahn*, in: Walter/Vöne-ky/Röben/Schorkopf (eds.), in: Terrorism as a Challenge for National and International Law: Security versus Liberty?, S. 827 (868 f.); *Wiefelspütz*, ZfP 2006, S. 143 (160); ders., Humanitäres Völkerrecht – Informationsschriften – 2006, S. 103 (109).

1413 *Tomuschat*, in: Jahrbuch Menschenrechte 2004, S. 121 (127).

1414 *Weber*, AVR 44 (2006), S. 460 (461 f.).

1415 *Neuhold*, ZaöRV 64 (2004), S. 263 (273); The Chatham House Principles of International Law on the Use of Force in Self-Defence, ICLQ Volume 55, Part 4, October 2006, S. 963 (968).

1416 *Faßbender*, EuGRZ 31 (2004), S. 241 (250); *Hillgruber*, in: Menzel/Pierlings/Hoffmann (Hg.), Völkerrechtsprechung, S. 819.

1417 *Fink*, in: von Mangoldt/Klein/Starck (Hg.), Grundgesetz, Bd. 2, Art. 26 Rdnr. 35; *Hillgenberg*, in: Liber Amicorum Tono Eitel, S. 141 (158 f.); *Dörr*, in: Symposium für Albrecht Randelzhofer, S. 33 (45); *Eick*, ZRP 2004, S. 200 (201 f.); *Hillgruber*, in: Menzel/Pierlings/Hoffmann (Hg.), Völkerrechtsprechung, S. 819; *Wandscher*, Internationaler Terrorismus und Selbstverteidigungsrecht, S. 314 f.; *Kunde*, Der Präventivkrieg, S. 136.

1418 *Eick*, ZRP 2004, S. 200 (201 f.).

1419 *Fink*, in: von Mangoldt/Klein/Starck (Hg.), Grundgesetz, Bd. 2, Art. 26 Rdnr. 35; *Nolte*, FAZ vom 10. Januar 2003; *Dederer*, JZ 2004, S. 421 (429).

1420 *Schulze*, in: Wolfrum (Hg.), Handbuch der Vereinten Nationen, (102) Rdnr. 22 (S. 758).

1421 *Hillgruber*, in: Menzel/Pierlings/Hoffmann (Hg.), Völkerrechtsprechung, S. 819.

1422 *Dederer*, JZ 2004, S. 421 (429).

ein Land eines Tages zu einer konkreten Gefahr für den Weltfrieden werden könnte.[1423]

Hartmut Hillgenberg betont mit Recht: „Die Zulässigkeit von Präventivschlägen ohne „instant and overwhelming necessity", die „no choice of means and no moment of deliberation" zulässt, würde das Gewaltverbot als „Herz" der VN-Charta und Ergebnis aus Erfahrungen mit Weltkriegen aus den Angeln heben."[1424] Theodor Schweisfurth formuliert unmißverständlich: „Ist schon die Legalität der präventiven Selbstverteidigung umstritten, so findet ihre Ausweitung zur vorsorglichen Selbstverteidigung im System der Charta der Vereinten Nationen gewiß keine Stütze. Mit Art. 51 SVN ist sie unvereinbar."[1425]

Erfüllen militärische Drohungen nicht die engen Voraussetzungen der Webster-Formel, ist allein der Sicherheitsrat der VN befugt, Maßnahmen zu Friedenssicherung anzuwenden.[1426]

Für (zulässige) Verteidigungshandlungen bei einer sich konkret realisierenden Angriffsgefahr hat Yoram Dinstein[1427] den prägnanten Begriff „interceptive strike" – Abfangschlag – gefunden, der diesen Sachverhalt überzeugend und anschaulich umschreibt. Diese Betrachtungsweise ist auf Ablehnung[1428] gestoßen, sie findet aber wachsende Zustimmung.[1429]

Unverkennbar bereitet es erhebliche Schwierigkeiten, die extreme Gefährlichkeit von Massenvernichtungswaffen im Zusammenhang mit präemptiver Verteidigung angemessen zu würdigen und gleichzeitig die Verletzung des Gewaltverbots durch eine mißbräuchliche Inanspruchnahme des Selbstverteidigungsrechts zu verhindern.[1430]

1423 Tomuschat, Internationale Politik 5/2003, S. 40 (41); Wiefelspütz, Das Parlamentsheer, S. 276.

1424 Hillgenberg, in: Liber Amicorum Tono Eitel, S. 141 (166); ähnlich Schweisfurth, Völkerrecht, S. 379. Scharfe Kritik an der Bush-Doktrin auch von Kreß, Kursbuch Heft 155 (2004), S. 62 (67): „Die Bush-Doktrin geht über das tradierte Verständnis antizipierter Selbstverteidigung hinaus. Der Erstschlag soll auch dann in Betracht kommen, wenn Zeit und Ort des zukünftigen Angriffs ungewiss sind. Vor allem aber wird völlig darauf verzichtet, den erforderlichen Grad der Gefahr zu konkretisieren. ... Was hier aufscheint, ist der am Ende tatsächlich nur wenig verhüllte Entwurf einer hegemonialen Völkerrechtsordnung."

1425 Schweisfurth, Völkerrecht, S. 378.

1426 Blumenwitz, Politische Studien, Heft 391, 2003, S. 21 (27); Wiefelspütz, ZfP 2006, S. 143 (161); ders., Humanitäres Völkerrecht – Informationsschriften – 2006, S. 103 (109).

1427 Dinstein, War, Aggression and Self-Defence, S. 187 ff.; ders., in: Walter/Vöneky/Röben/Schorkopf (eds.), Terrorism as a Challenge for National and International Law: Security versus Liberty?, S. 915 (918 f.).

1428 Vgl. Cassese, International Law, 2001, S. 309.

1429 Bowett, Self-Defence in International Law, 1958, S. 185 f.; Franck, Recourse to Force, S. 99 ff.; offen gelassen von Tomuschat, Die Friedens-Warte 1999, S. 450 (460).

1430 Vgl. Frowein, FAZ vom 23. Juli 2003; Schaller, ZaöRV 62 (2002), S. 641 (659 f.); Kamp, Internationale Politik 6/2004, S. 42 (45); Kreß, Kursbuch Heft 155 (2004), S. 62 (78); Schmitt, MJIL

Das Völkerrecht stößt hier angesichts existentieller Interessen von Staaten an seine Grenzen.[1431] Bereits der einmalige Einsatz von Massenvernichtungswaffen kann einen unermeßlichen Schaden anrichten, ja die Existenz des angegriffenen Staates vernichten. Wenn in einer solchen Situation Verteidigung nicht rechtzeitig einsetzt, ist sie unter Umständen überhaupt nicht mehr möglich.[1432]

Eine Grenzziehung zur unzulässigen Gewaltanwendung ist gleichwohl unverzichtbar. Die Diskussion ist ersichtlich noch nicht abgeschlossen.[1433] Man wird auch zu bedenken haben, daß das Überleben eines existenziell bedrohten Staates nicht nur eine Frage des (Völker)Rechts ist.[1434]

Karl-Heinz Kamp schlägt folgende Kriterien für die Rechtmäßigkeit eigenen militärischen Handelns vor: Die gegnerische Absicht, Schaden zuzufügen muß evident sein. Es müssen Maßnahmen und Vorbereitungen erkennbar sein, daß diese Absicht in die Tat umgesetzt werden soll. Es muß offensichtlich sein, daß ein Nichthandeln das eigene Risiko dramatisch erhöht.[1435]

Nach Dieter Dörr und Dorit Bosch könnte in Fällen atomarer Bedrohung ein (zulässiges) präventives Selbstverteidigungsrecht bejaht werden, wenn die Zweitschlag-Kapazität des bedrohten Staates nicht mehr gegeben sei. Es sei unzumutbar, daß eine durch einen unmittelbaren Angriff drohende Zerstörung, die bereits beim ersten Waffeneinsatz des Gegners eintreten könne, abgewartet werden müsse, bevor dagegen militärisch vorgegangen werde.[1436]

In Analogie zum Gefahrenabwehrrecht erwägt Oliver Dörr die Wahrscheinlichkeit und den Umfang des potentiellen Schadens beim bedrohten Rechtsgut in Beziehung zum Zeitpunkt von zulässigen Abwehrmaßnahmen zu setzen.[1437] Je gravierender die mutmaßliche Bedrohung, je schwieriger die Angriffsabwehr bei weiterem Zuwarten, je kleiner das „Zeitfenster" für ein effektives Eingreifen, desto weiter müsse ein Staat befugt sein, den drohenden militärischen Angriff zu antizipieren.[1438]

Michael N. Schmitt unterbreitete den Vorschlag, Selbstverteidigungsmaßnahmen bereits vor Abschluß der Angriffsvorbereitungen dann zuzulassen, wenn sich

---

Vol. 24 (2003), S. 513 (534 ff.); Stein/von Buttlar, Völkerrecht, Rdnr. 833 ff.

1431 Vgl. Kreß, ZStW 115 (2001), S. 294 (315).

1432 Vgl. Kamp, Internationale Politik 6/2004, S. 42 f.; Schaller, Das Friedenssicherungsrecht, S. 18.

1433 Instruktiv jetzt: Reisman/Armstrong, AJIL 100 (2006), S. 525 ff.

1434 Kranz, The Polish Quaterly of International Affairs, Volume 15 (2006), no. 3, S. 68 (95).

1435 Kamp, Internationale Politik 6/2004, S. 46.

1436 Dörr/Bosch, JuS 2003, S. 477 (480 f.).

1437 Dörr, in: Symposium für Albrecht Randelzhofer, S. 33 (45).

1438 Dörr, in: Symposium für Albrecht Randelzhofer, S. 33 (45); ähnlich Schaller, Das Friedenssicherungsrecht, S. 18.

anderenfalls das „Fenster effektiver Verteidigungsmöglichkeiten" schlösse.[1439] Andererseits wird der bloße Besitz von Massenvernichtungswaffen zur Rechtfertigung von Verteidigungsmaßnahmen nicht ausreichen.[1440] Das verbietet sich bereits deshalb, weil der Besitz von Massenvernichtungswaffen für sich genommen nicht völkerrechtswidrig ist und im Übrigen zu viele Staaten im Besitz solcher Waffen sind.

Militärische Abwehrmaßnahmen sind als Selbstverteidigung dann erlaubt, wenn sich an Bord eines Schiffes Massenvernichtungswaffen, radioaktives Material oder waffenfähige Substanzen befinden, die nachweislich für terroristische Umtriebe bestimmt sind. Solche Einsatzmittel stellen im Besitz von Terroristen immer eine unmittelbare und gegenwärtige Gefahr für den bedrohten Staat dar.[1441]

Nach Jochen A. Frowein ist Voraussetzung für die Inanspruchnahme des Selbstverteidigungsrechts, „daß vor der Weltöffentlichkeit im Sicherheitsrat wirklich mit hoher Plausibilität diese Gefährdung dargelegt werden kann"[1442]. Es müsse detailliert dargelegt werden können, daß der Angriffsabsichten hegende Staat sich die Voraussetzungen für einen Überraschungsangriff schaffen wolle.[1443] Bei terroristischen Organisationen könne kein Zweifel daran bestehen, daß der Besitz von Massenvernichtungswaffen als eine unmittelbare Bedrohung anzusehen sei. Es sollte auch nicht bezweifelt werden, daß aus dem Verhalten von Staaten bei Herstellung, Erwerb oder versuchtem Erwerb von Massenvernichtungswaffen der Schluß gezogen werden könne, daß hier eine unmittelbare Bedrohung vorliege.[1444]

In diesem Zusammenhang verdient ein aktuelles Dokument der Vereinten Nationen wegen seines prägnanten und repräsentativen Charakters besondere Beachtung. Am 2. Dezember 2004 veröffentlichten die VN den „Report of the High-level Panel on Threats, Challenges and Change – A more secure world: our shared responsibility – A/59/565".[1445] Die „Hochrangige Gruppe" war ein Jahr zuvor von Generalsekretär

---

1439 Schmitt, MJIL Vol. 24 (2003), S. 513 (535).

1440 Frowein, ZaöRV 62 (2002), S. 879 (889 f.); Schaller, Das Friedenssicherungsrecht, S. 19; Stein/von Buttlar, Völkerrecht, Rdnr. 839 ff.; Hillgruber, in: Menzel/Pierlings/ Hoffmann (Hg.), Völkerrechtsprechung, S. 820.

1441 Schaller, Die Unterbindung, S. 18, 21; Frowein, FAZ vom 23. Juli 2003; Wiefelspütz, ZfP 2006, S. 143 (162); ders., Humanitäres Völkerrecht – Informationsschriften – 2006, S. 103 (110); vgl. auch Kamp, Internationale Politik 6/2004, S. 42 (44).

1442 Frowein, FAZ vom 23. Juli 2003.

1443 Alexandrov, Self-Defense Against the Use of Force in International Law, 1996, S. 163 f.; Frowein, ZaöRV 62 (2002), S. 879 (891).

1444 Frowein, FAZ vom 23. Juli 2003.

1445 Dazu Wiefelspütz, Das Parlamentsheer, S. 279 f.; ders., Humanitäres Völkerrecht – Informationsschriften – 2006, S. 103 (110 f.); Herdegen, Völkerrecht, § 34 Rdnr. 19; Graf von Einsiedel, Vereinte Nationen 2005, S. 5 ff.; Bruha/Tams, APuZ 55 (2005), 22 vom 30.05.2005, S. 32 (37); Hilpold, Vereinte Nationen 53 (2005), S. 81 ff.; Hilpold/Zagel, Sicherheit und Frieden 2006, S. 38 ff.; Ruys, International

Kofi Annan eingesetzt worden, um Vorschläge zur Reform des kollektiven Sicherheitssystems und der Vereinten Nationen zu erarbeiten. Zu Art. 51 SVN heißt es im „Report":

„188. Der Wortlaut dieses Artikels ist restriktiv: "Diese Charta beeinträchtigt im Falle eines bewaffneten Angriffs gegen ein Mitglied der Vereinten Nationen keineswegs das naturgegebene Recht zur individuellen oder kollektiven Selbstverteidigung, bis der Sicherheitsrat die zur Wahrung des Weltfriedens und der internationalen Sicherheit erforderlichen Maßnahmen getroffen hat." Indessen kann ein bedrohter Staat nach lange etablierten Regeln des Völkerrechts militärische Maßnahmen ergreifen, solange der angedrohte Angriff *unmittelbar* bevorsteht, durch kein anderes Mittel abzuwenden ist und die Maßnahmen verhältnismäßig sind. Ein Problem entsteht dann, wenn die fragliche Gefahr nicht unmittelbar droht, aber dennoch als real dargestellt wird, beispielsweise der in mutmaßlich feindseliger Absicht erfolgende Erwerb der Fähigkeit zur Herstellung von Nuklearwaffen.

189. Kann ein Staat, ohne sich an den Sicherheitsrat zu wenden, unter diesen Umständen das Recht für sich beanspruchen, in antizipatorischer Selbstverteidigung nicht nur präemptiv (gegen eine unmittelbar drohende oder nahe Gefahr) sondern präventiv (gegen eine nicht unmittelbar drohende oder nahe Gefahr) zu handeln? Diejenigen, die dies bejahen, vertreten den Standpunkt, daß manche Gefahren (wie z. B. im Besitz einer Kernwaffe befindliche Terroristen) ein so großes Schadenspotential haben, dass man einfach das Risiko nicht eingehen kann, abzuwarten, bis sie zu einer unmittelbaren Bedrohung werden, und daß durch frühzeitigeres Handeln unter Umständen weniger Schaden angerichtet wird (etwa durch die Vermeidung eines nuklearen Schlagabtauschs oder des radioaktiven Niederschlags aus einer Reaktorzerstörung).

190. Um diese Frage kurz zu beantworten: Wenn gute, durch handfeste Beweise erhärtete Argumente für militärische Präventivmaßnahmen vorliegen, so sollten diese dem Sicherheitsrat unterbreitet werden, der die Maßnahmen sodann nach seinem Gutdünken genehmigen kann. Tut er dies nicht, besteht per definitionem Zeit genug, um andere Strategien zu verfolgen, darunter Überzeugungsarbeit, Verhandlungen, Abschreckung und Eindämmungspolitik, und danach die militärische Option erneut zu prüfen.

191. Denjenigen, die einer solchen Antwort mit Ungeduld begegnen, muß entgegengehalten werden, daß in dieser Welt voll mutmaßlicher potentieller Bedrohungen die Gefahr für die globale Ordnung und die Norm der Nichtintervention, auf der diese nach wie vor aufbaut, einfach zu groß ist, als daß einseitige Präventivmaßnahmen, im Unterschied zu kollektiv gebilligten Maßnahmen, als rechtmäßig akzeptiert werden könnten. Einem zu gestatten, so zu handeln, bedeutet, es allen zu gestatten."[1446]

Law Forum Du Droit International, Vol. 7, Nr. 2, 2005, S. 92 ff.; Reisman/Armstrong, AJIL 100 (2006), S. 525 (532 f.).

1446 United Nations, General Assembly, 2 December 2004, A more secure world: our shared responsibility, Report of the High-level Panel on Threats, Challenges and Change, A/59/565, Nr. 188 ff.

Abschließend heißt es prägnant:

„192. Wir befürworten keine Neufassung oder Neuauslegung des Artikels 51."[1447]

Der „Report" ist – soweit er sich zu Art. 51 VN-Charter verhält – erkennbar eine kritisch-ablehnende Reaktion auf aktuelle Herausforderungen des Völkerrechts durch die amerikanische Nationale Sicherheitsstrategie und der sog. *Bush*-Doktrin.[1448] Zur Reichweite des Rechts auf individuelle und kollektive Selbstverteidigung nimmt der Report ausdrücklich eine dezidiert restriktive Position ein, indem er die in den VN und in der Völkerrechtswissenschaft vertretenen Mehrheitsauffassungen zu Art. 51 VN-Charter wiedergibt.

Pointiert und mit geradezu provokanter Deutlichkeit widerspricht der Report den Versuchen, die *Unmittelbarkeit* des bevorstehenden bewaffneten Angriffs als zwingende Voraussetzung für die Wahrnehmung der Rechte nach Art. 51 VN-Charter durch ein wie auch immer geartetes Recht zur präventiven Sicherung der internationalen Ordnung zu ersetzen.[1449] Die völkerrechtlich ungelösten Fragen, die mit der Bedrohung durch Massenvernichtungswaffen – insbesondere durch Nuklearwaffen – verbunden sind, werden vom Report lediglich angesprochen. Präventive militärische Gewaltanwendung als Ausübung des Selbstverteidigungsrechts lehnt die Expertenkommission dezidiert ab. Präventivmaßnahmen – auch solche militärischer Art – sind nach Auffassung der Kommission ausschließlich dem Sicherheitsrat vorbehalten.

Es fällt auf, daß der Report terroristische Gefahren zwar in einem zentralen Kapitel anspricht,[1450] das aktuelle Thema Selbstverteidigung und terroristische Anschläge nichtstaatlicher Organisationen jedoch ausspart.[1451] Die bedeutsame völkerrechtliche Diskussion[1452] über die Reichweite des Selbstverteidigungsrechts nach Art. 51 VN-Charter, die insbesondere vor dem Hintergrund der Anschläge vom 11. September 2001 geführt wird, reflektiert der Report nicht.

Der Report ist im Schrifttum auf deutliche Kritik gestoßen. Peter Hilpold und Gudrun Zagel kritisieren, die „Webster-Formel" zur Auslegung des Art. 51 VN-Charter sei eindeutig enger formuliert als die von der Expertenkommission geprägte

---

1447 United Nations, General Assembly, 2 December 2004, A more secure world: our shared responsibility, Report of the High-level Panel on Threats, Challenges and Change, A/59/565, Nr. 192.

1448 So auch Ronzitti, The International Spectator 40 (2005), S. 91 (92).

1449 Vgl. dazu Schröder, in: Festschrift für Georg Ress zum 70. Geburtstag am 21. Januar 2005, hrsg. von J. Bröhmer, 2005, S. 285 (290).

1450 United Nations, General Assembly, 2 December 2004, A more secure world: our shared responsibility, Report of the High-level Panel on Threats, Challenges and Change, A/59/565, Nr. 145 - 164.

1451 Kritisch auch Ruys, International Law Forum Du Droit International, Vol. 7, Nr. 2, 2005, S. 92 (95).

1452 Instruktiv: Bruha/Tams, in: Weltinnenrecht. Liber amicorum Jost Delbrück. Hgg. von K. Dicke u. a., 2005,, S. 85 (92 ff. m. w. N.).

Formel. Die Feststellung, es werde keine „Neufassung oder Neuregelung des Artikels 51 befürwortet", sei somit irreführend. Für das Gewaltverbot hätte es einer profunden Aufarbeitung des rechtlichen *Status quo* bedurft. Die Ausführungen zum Selbstverteidigungsrecht seien potentiell kontraproduktiv.[1453]

Zutreffend an dieser Kritik ist, daß die Schlußfolgerung des Reports („Wir befürworten keine Neufassung oder Neuauslegung des Artikels 51.") doch wohl ein Euphemismus ist.[1454] Bislang hat nämlich kein anderes Organ der VN – insbesondere nicht die International Law Commission und auch nicht der International Court of Justice – die von der Expertenkommission für richtig gehaltene Interpretation des Art. 51 SVN vertreten.[1455]

Jenseits des Vorstehenden ist die Kritik von Peter Hilpold und Gudrun Zagel jedoch überzogen. Der Report ist in seiner Zielsetzung ein politischer und kein juristischer Text. Das „wording" des Reports orientiert sich unübersehbar an der „Webster-Formel"[1456], die Formulierungen sind freilich knapper als das historische Vorbild. Es sind keine Anhaltspunkte erkennbar, daß auch nur indirekt eine Ausweitung des Selbstverteidigungsrechts über die „Webster-Formel" hinaus befürwortet würde. Der Schlüsselbegriff für zulässige präemptive Selbstverteidigung ist und bleibt die Unmittelbarkeit der Gefahr.[1457]

Insgesamt ist vor allem ein besorgniserregender Trend zur Inanspruchnahme unilateraler Gewaltanwendung durch die Politik der Staaten festzustellen. Die Entwicklung der letzten Jahre in der Staatenpraxis und der Völkerrechtswissenschaft fassend prognostizieren W. Michael Reisman und Andrea Armstrong in einem luziden Beitrag:

> „In any event, if one were to hazard a prediction in this fluid situation, it would be that a conception of lawful self-defense incorporating only the *Caroline* Doctrine will continue for most matters: beyond that, the right of self defense will have been relaxed only for the so-called war against terrorism."[1458]

1453 Hilpold, Vereinte Nationen, 53 (2005), S. 81 (85 f.); Hilpold/Zagel, Sicherheit und Frieden 2006, S. 38 (43 f.).

1454 Wiefelspütz, Humanitäres Völkerrecht – Informationsschriften – 2006, S. 103 (111).

1455 Vgl. Ruys, International Law Forum Du Droit International, Vol. 7, Nr. 2, 2005, S. 92 (94).

1456 Schweisfurth, Völkerrecht, S. 365.

1457 Wiefelspütz, Humanitäres Völkerrecht – Informationsschriften – 2006, S. 103 (111).

1458 Reisman/Armstrong, AJIL 100 (2006), S. 525 (548).

VII. Die humanitäre Intervention

Unter humanitärer Intervention wird im Völkerrecht die Anwendung militärischer Gewalt zur Verhinderung oder Beendigung schwerster Menschenrechtsverletzungen in einem fremden Staat[1459] oder die Rettung eigener Staatsbürger aus einem anderen Staat[1460] verstanden. Liegt das Einverständnis des betroffenen Staates vor, handelt es sich nicht um eine humanitäre Intervention, sondern um eine einverständliche, völkerrechtlich unbedenkliche Gewaltanwendung.[1461]

Humanitäre Interventionen, die durch Resolutionen des Sicherheitsrats der VN legitimiert sind,[1462] sind völkerrechtlich weithin anerkannt.[1463] Umstritten indes sind unilaterale humanitäre Interventionen, die sich nicht auf ein Mandat der VN stützen können.[1464]

1. Humanitäre Intervention bei schwerwiegenden Menschenrechtsverletzungen

a) Die Diskussion der humanitären Intervention

Als ungeschriebene Ausnahme vom Gewaltverbot wird immer stärker die humanitäre Intervention bei schwerwiegendsten Menschenrechtsverletzungen erörtert.[1465] Freilich

---

1459 Vgl. Deiseroth, in: Umbach/Clemens (Hg.), Grundgesetz, Bd. I, Art. 24 Rdnr. 309; Fischer, in: Ipsen, Völkerrecht, § 59 Rdnr. 26; Herdegen, Völkerrecht, § 34 Rdnr. 25; Stein/von Buttlar, Völkerrecht, Rdnr. 812 ff.; Dörr, in: Symposium für Albrecht Randelzhofer, S. 33 (47 f.).

1460 Herdegen, Völkerrecht, § 34 Rdnr. 25; Dörr, in: Symposium für Albrecht Randelzhofer, S. 33 (46 f.). Stein/von Buttlar, Völkerrecht, Rdnr. 805, sehen in der Rettung eigener Staatsangehöriger einen ungeschriebenen Rechtfertigungsgrund (für die Anwendung von Gewalt).

1461 Deiseroth, in: Umbach/Clemens (Hg.), Grundgesetz, Art. 24 Rdnr. 309.

1462 Vgl. die humanitären Interventionen aufgrund einer Genehmigung des Sicherheitsrats der VN in Somalia (1992), Ruanda (1994), Haiti (1994) und im ehemaligen Jugoslawien (1993). SC Res. 794 (1992) vom 3. Dezember 1992, SC Res. 929 (1994) vom 22. Juni 1994, SC Res. 940 (1994) vom 31. Juli 1994, SC Res. 836 vom 10. Juni 1993; zur Praxis der VN: Hobe, in: Festschrift für Hartmut Schiedermair, S. 819 (822 ff.).

1463 Vgl. Deiseroth, in: Umbach/Clemens (Hg.), Grundgesetz, Art. 24 Rdnr. 311; Kunde, Der Präventivkrieg, S. 113.

1464 Dahm/Delbrück/Wolfrum, Völkerrecht, Bd. I/3, § 169 X 1 (S. 825 f.).

1465 Vgl. dazu instruktiv Hailbronner, in: Graf Vitzthum (Hg.), Völkerrecht, 3. Abschnitt Rdnr. 218 ff. m. w. N.; Herdegen, Völkerrecht, § 34 Rdnr. 4 m. w. N.; Doehring, Völkerrecht, Rdnr. 1008 ff. m. w. N.; Fischer, in: Ipsen, Völkerrecht, § 59 Rdnr. 26; Schweisfurth, Völkerrecht, S. 367 ff.; Geiger, Grundgesetz und Völkerrecht, § 64 II 2 (S. 355 f. m. w. N.); Delbrück, Die Friedens-Warte 1999, S. 139 (148 ff.); Tomuschat, Die Friedens-Warte 1999, S. 450 (456 ff.); Dörr, in: Symposium für Albrecht Randelzhofer, S. 33 (47 f.); Hillgenberg, in: Liber Amicorum Tono Eitel, S. 141 (163 ff.); Warg, Von

kann nicht davon ausgegangen werden, daß sich bereits Völkergewohnheitsrecht herausgebildet hätte, wonach nicht vom Sicherheitsrat der VN autorisierte militärische humanitäre Interventionen als zulässig betrachtet würden.[1466] Das schließt aber nicht aus, daß vor allem unter Berücksichtigung des Schutzes der Menschenrechte humanitäre Interventionen in Übereinstimmung mit Sinn und Zweck der SVN erfolgen können.

Im Wesentlichen wird die völkerrechtlichen Debatte durch zwei grundlegende Auffassungen geprägt: Die eine Seite versteht das Verbot der unilateralen Gewaltanwendung – mit Ausnahme des Rechts auf individuelle oder kollektive Selbstverteidigung – absolut, während andere annehmen, daß es weitere Fälle gibt, in denen Gewaltanwendung zulässig ist.[1467]

Teile des völkerrechtlichen Schrifttums äußern sich kritisch oder gar ablehnend – insbesondere wegen der Mißbrauchgefahr – zur Zulässigkeit der humanitären Intervention ohne Mandat der VN.[1468] Diejenigen, die sich für ein Verbot der humanitären Intervention aussprechen, berufen sich vor allem auf den Wortlaut der SVN. Das Gewaltverbot des Art. 2 Ziff. 4 SVN wird von Vertretern dieser Auffassung als absolut und unbeschränkt aufgefaßt.[1469] Unter der Charta der Vereinten Nationen schließe das Gewaltverbot a priori eine humanitäre Intervention mit militärischen Mitteln aus.[1470] Auch wenn zu berücksichtigen sei, daß die Bedeutung des Menschenrechtsschutzes als ein elementarer Bestandteil der völkerrechtlichen

Verteidigung kollektiver Sicherheit. Der Nato-Vertrag auf Rädern, 2004, S. 114 ff.; Kranz, The Polish Quaterly of International Affairs, Volume 15 (2006), no. 3, S. 68 (83 ff.).

1466 Dahm/Delbrück/Wolfrum, Völkerrecht, Bd. I/3, § 169 X 3 d (S. 829); Beyerlin, Humanitarian Intervention, in: Bernhardt (Hg.), Encyclopaedia Of Public International Law, Vol. 2, 1995, S. 926 ff.; Fink, in: Festschrift für Hartmut Schiedermair, S. 803 (804); Lange, EuGRZ 1999, S. 313 ff.; Zuck, ZRP 1999, S. 225 ff.; Deiseroth, NJW 1999, S. 3084 (3086 f.).

1467 Vgl. Wolfrum, ZaöRV 64 (2004), S. 255 (258); einen knappen, aber instruktiven Überblick über die „Denkschulen" bei Stein/von Buttlar, Völkerrecht, Rdnr. 312 ff.; vgl. auch Schmalenbach, JZ 2005, S. 637 ff.

1468 Vgl. Isensee, JZ 1995, S. 429 ff.; Randelzhofer, in: Simma (Hg.), The Charter of the United Nations, Volume I, Art. 2 Ziff. 4 Rdnr. 56 – 56 (Fn. 157 m. w. N.); Fischer, in: Ipsen, Völkerrecht, § 59 Rdnr. 26; Wolfrum, ZaöRV 64 (2004), S. 255 (260); Bothe, in: Graf Vitzthum (Hg.), Völkerrecht, 8. Abschnitt, Rdnr. 22; Warg, Von Verteidigung kollektiver Sicherheit, S. 126; Hilpold/Zagel, Sicherheit und Frieden 2006, S. 38 (40 ff.); Schweisfurth, Völkerrecht, S. 368 ff.; Kunde, Der Präventivkrieg, S. 127; vgl. auch die Nachw. bei Masuch, Die rechtswissenschaftliche Diskussion der Kosovo-Intervention, S. 14 f.

1469 Vgl. Beyerlin, in: Bernhardt (Hg.), Encyclopedia Of Public International Law, Vol. 2, 1995, S. 926 ff.; Randelzhofer, in: Simma (Hg.), The Charter of the United Nations, Volume I, Art. 2 Ziff. 4 Rdnr. 57 ff.; Hailbronner, in: Schindler/Hailbronner, Die Grenzen des völkerrechtlichen Gewaltverbots, S. 97 ff.; Bryde, in: Berichte der Deutschen Gesellschaft für Völkerrecht, Heft 33 (1994), S. 185 f.; Deiseroth, in: Umbach/Clemens (Hg.), Grundgesetz, Art. 24 Rdnr. 312 ff. m. w. N.; Zahner, BayVBl. 2006, S. 490 (491 f.); Wandscher, Internationaler Terrorismus und Selbstverteidigungsrecht, S. 291; Hartmann, Staatliche Beteiligung an terroristischen Gewaltaktionen, S. 506; besonders eindringlich: Dahm/Delbrück/Wolfrum, Völkerrecht, Bd. I/3, § 169 X 3 (S. 826 ff.).

1470 Wolfrum, http://www.mpil.de/de/Wolfrum/irak.pdf,, S. 1 (6); Schmalenbach, JZ 2005, S. 637 (642 f.).

Wertordnung ständig zugenommen habe, lasse sich daraus eine Abschwächung der Verpflichtung aus Art. 2 Ziff. 4 SVN aber noch nicht allein begründen.[1471]

Sogar die Rettung eigener Staatsangehöriger wird unter Hinweis auf Art. 2 Ziff. 4 SVN für völkerrechtswidrig gehalten.[1472] In der Konsequenz heißt dies, daß selbst im Falle eines Völkermordes gegen den Aggressor nur mit Zustimmung des Sicherheitsrates der VN vorgegangen werden darf und im Falle der Untätigkeit der Vereinten Nationen auch schwersten Menschenrechtsverletzungen hingenommen werden müssen.[1473]

Es wird deshalb vor allem von amerikanischen Völkerrechtlern die Auffassung vertreten, die humanitäre Intervention sei unter bestimmten Bedingungen zulässig.[1474] Die Erfahrungen mit den Menschenrechtsverletzungen im ehemaligen Jugoslawien haben aber auch in Europa zu einer Neubewertung der humanitären Intervention geführt, zumal wenn – wie im Fall des Kosovo – der Sicherheitsrat der VN seiner Verantwortung zur Unterbindung schwerster Menschenrechtsverletzungen, begangen von einer Regierung an ihren eigenen Staatsbürgern, nicht nachkommt.[1475]

In der Staatengemeinschaft und in der Völkerrechtslehre werden das Gewaltverbot des Art. 2 Ziff. 4 SVN zunehmend – in Deutschland vor allem seit und wegen der deutschen Beteiligung am Kosovo-Krieg im Jahre 1999[1476] – nicht als absolute Verbotsnorm[1477] verstanden, sondern einer Abwägung mit elementaren Menschenrechten unterzogen.[1478] Oliver Dörr geht nach der humanitären Intervention im Kosovo von einer gewohnheitsrechtlichen Ausnahme vom Gewaltverbot in statu

---

1471 Dahm/Delbrück/Wolfrum, Völkerrecht, Bd. I/3, § 169 X 3 d (S. 829).

1472 Randelzhofer, in: Simma (Hg.), The Charter of the United Nations, Volume I, Art. 2 Ziff. 4 Rdnr. 57; Beyerlin, in: Bernhardt (Hg.), Encyclopaedia Of Public International Law, Vol. 2, S. 928 f.

1473 Vgl. Doehring, Völkerrecht, Rdnr. 1011.

1474 Vgl. die Nachweise bei Randelzhofer, in: Simma (Hg.), The Charter of the United Nations, Volume I, Art. 2 Ziff. 4 Fn. 146, und bei Masuch, Die rechtswissenschaftliche Diskussion der Kosovo-Intervention, S. 13.

1475 Vgl. Kreß, Kursbuch Heft 155 (2004), S. 62 (78); Delbrück, Die Friedens-Warte 1999, S. 139 (152 f.); Häußler, NZWehr 2004, S. 221 (223 ff.); Sigloch, Auslandseinsätze der deutschen Bundeswehr, S. 273 ff., 291 f.

1476 Vgl. dazu Limpert, Auslandseinsatz, S. 39 f., 66 ff.; ein umfassendes nationales und internationales Meinungsbild bei Masuch, Die rechtswissenschaftliche Diskussion der Kosovo-Intervention als Beispiel eines unterschiedlichen Völkerrechtsverständnisses der USA und Kontinentaleuropas, 2006 (zugleich Diss., Universität Konstanz, 2006); für Wild, DÖV 2000, S. 622 (628) handelt es sich um eine Militäraktion im Rahmen eines Systems gegenseitiger kollektiver Sicherheit.

1477 Eine vorsichtige Relativierung findet sich bei Simma, EJIL 1999, S. 1 (4 ff.).

1478 Ipsen, Die Friedens-Warte 1999, S. 19 (20); Tomuschat, Die Friedens-Warte 1999, S. 33 (34 ff.); Doehring, in: Antônio Augusto Cançado Trindade (Hg.), The Modern World of Human Rights. Essays in Honour of Thomas Buergenthal, 1996, S. 549 (559 ff.); Willms, ZRP 1999, S. 227 ff.; Herdegen, Völkerrecht, § 34 Rdnr. 4, 28; Klein/Schmahl, RuP 1999, S. 198 (202 f.); Kamp, Internationale Politik 6/2004, S. 42 (44 f.); Häußler, NZWehr 2004, S. 221 (225).

nascendi aus.[1479] Nur ein genuin multilaterales Vorgehen könne in Zukunft gerechtfertigt werden.[1480] Claus Kreß erwägt eine Nothilfebefugnis zugunsten einer zu diesem Zweck zum partikularen Völkerrechtssubjekt erhobenen angegriffenen Zivilbevölkerung.[1481] Nach Auffassung von Eckart Klein sind auch einzelne Staaten bei Versagen des Sicherheitsrats zur bewaffneten humanitären Intervention befugt.[1482] Unter engen Voraussetzungen gesteht Jost Delbrück – der Argumentation von Karl Doehring[1483] folgend – ein Recht der Nothilfe zu.[1484]

b) Bewertung

Die Diskussion ist erkennbar noch nicht abgeschlossen.[1485] Das nicht hinnehmbare ethisch-moralische Desaster, das im Falle der Untätigkeit gegenüber evident schwersten Menschenrechtsverletzungen unausweichlich wäre, gebietet geradezu die Nothilfe.[1486] In diesem Zusammenhang verdient Erwähnung, daß der Sicherheitsrat der VN inzwischen elementare Menschenrechtsverletzungen als Bedrohung des Friedens wertet, da sie geeignet sind, zur Destabilisierung einer Region zu führen.[1487]

Die territoriale Integrität eines Regimes, das sich zu „ethnischen Säuberungen" und Völkermord hinreißen läßt, kann nicht der oberste Wert der Völkerrechtsordnung sein. Angesichts schwerster internationaler Verbrechen muß es jedenfalls einer Staatengruppe, die glaubhaft für die Lebensrechte der verfolgten Bevölkerung eintritt, gestattet sein, Gewalt anzuwenden, wenn alle anderen Mittel zur Herstellung eines rechtmäßigen Zustandes versagt haben.[1488]

1479 Dörr, in: Symposium für Albrecht Randelzhofer, S. 33 (47); ders., APuZ 54 (2004), S. 14 (18): „gewohnheitsrechtliche Ausnahme vom völkerrechtlichen Gewaltverbot in der Entwicklung"); a. A. Fink, in: Festschrift für Hartmut Schiedermair, S. 803 ff.; ähnlich Hillgenberg, in: Liber Amicorum Tono Eitel, S. 141 (164).

1480 Dörr, in: Symposium für Albrecht Randelzhofer, S. 33 (48); ders., APuZ 54 (2004), S. 14 (18).

1481 Kreß, Kursbuch Heft 155 (2004), S. 62 (65).

1482 E. Klein, in: Isensee (Hg.), Der Terror, der Staat und das Recht, S. 9 (12).

1483 Doehring, Völkerrecht, Rdnr. 1008 ff.

1484 Delbrück, Die Friedens-Warte 1999, S. 139 (152 ff.).

1485 Vgl. jetzt instruktiv Kreß, Kursbuch Heft 155 (2004), S. 62 ff.; Fink, in: Festschrift für Hartmut Schiedermair, S. 803 ff.; Hillgenberg, in: Liber Amicorum Tono Eitel, S. 141 (163 ff.); Hobe, in: Festschrift für Hartmut Schiedermair, S. 819 (822 ff.); Hillgruber, in: Menzel/Pierlings/Hoffmann (Hg.), Völkerrechtsprechung, S. 820 f.

1486 Instruktiv Tomuschat, Die Friedens-Warte 1999, S. 450 (455 ff.).

1487 Vgl. Resolution Nr. 794 (Somalia) vom 3. Dezember 1992; Resolution Nr. 929 (Ruanda) vom 22. Juni 1994; Resolution Nr. 1199 (Kosovo) vom 23. September 1998; vgl. auch Klein/Schmahl, RuP 1999, S. 198 (201).

1488 Dupuy/Tomuschat, FAZ vom 31. Juli 2002; Wiefelspütz, ZfP 2006, S. 143 (167).

Wegen der erhöhten Mißbrauchgefahr[1489] darf die humanitäre Intervention allerdings nur bei gravierendsten Menschenrechtsverletzungen in Betracht gezogen werden.[1490] Nur genozidartige oder vergleichbare systematische Tötungen und Vertreibungen von ganzen Bevölkerungsgruppen können ein Einschreiten mit Waffengewalt im Rahmen von Nothilfe rechtfertigen.[1491]

2. Humanitäre Intervention zur Rettung eigener oder fremder Staatsangehöriger

a) Der Stand der Diskussion

Ebenfalls völkerrechtlich umstritten ist der unilaterale Einsatz von militärischer Gewalt zur Rettung eigener oder fremder Staatsangehöriger.[1492]

Ein nach wie vor erheblicher Teil des Schrifttums hält den unilateralen Einsatz militärischer Gewalt zum Schutz eigener Staatsbürger ohne Zustimmung des betroffenen Staates für nicht völkerrechtskonform.[1493]

Gegen die Zulässigkeit eines solchen Vorgehens wird eingewandt, militärische Maßnahmen gegen einen Staat seien immer wieder mißbräuchlich damit begründet worden, daß diese der Rettung eigener (oder fremder) Staatsangehöriger dienten. Es treffe nicht zu, daß in der Bedrohung eigener Staatsangehöriger ein bewaffneter Angriff liege, der Selbstverteidigungsmaßnahmen rechtfertige. Es sei nicht möglich, den Angriff auf eine Gruppe von Staatsangehörigen mit einem Angriff auf ein Staatsgebiet gleichzusetzen, denn mit dem Angriff auf die Staatsangehörigen sei keine Gefährdung der territorialen Integrität bzw. der politischen Handlungsfreiheit des Heimatstaates verbunden.[1494] Es überzeuge auch nicht, Befreiungsaktionen auf den Rechtfertigungsgrund der Pflichtenkollision zu stützen. Die Begründung sei eine unzulässige Vorwegnahme des gewünschten Ergebnisses und hebe das Gewaltverbot

---

1489 Vgl. Hailbronner, in: Graf Vitzthum (Hg.), Völkerrecht, 3. Abschnitt Rdnr. 228; Tomuschat, Die Friedens-Warte 1999, S. 33 (35).

1490 Tomuschat, EuGRZ 2001, S. 535 (539).

1491 Herdegen, Völkerrecht, § 34 Rdnr. 28; Wiefelspütz, ZfP 2006, S. 143 (167).

1492 Vgl. Schweisfurth, Völkerrecht, S. 366 f. Nach Delbrück, Die Friedens-Warte 1999, S. 139 (145), zeigt die Einstellung gegenüber der Rechtmäßigkeit des gewaltsamen Schutzes eigener Staatsangehöriger eine gewisse Ambivalenz.

1493 Deiseroth, in: Umbach/Clemens (Hg.), Grundgesetz, Art. 24 Rdnr. 300 ff. m. w. N.; Dahm/Delbrück/ Wolfrum, Völkerrecht, Bd. I/3, § 169 X 4 (S. 830 ff. m. w. N.); Wild, DÖV 2000, S. 622 (625); Weinzierl, JuS 2004, S. 602 ff.; Bothe, in: Graf Vitzthum (Hg.), Völkerrecht, 8. Abschnitt, Rdnr. 21; Zahner, BayVBl. 2006, S. 490 (491).

1494 Dahm/Delbrück/Wolfrum, Völkerrecht, Bd. I/3, § 169 X 4 (S. 831 m. w. N.); Westerdiek, AVR 21 (1983), S. 383 ff.; Weinzierl, JuS 2004, S. 602 (604 f.).

aus den Angeln.[1495] Es wird demgegenüber weitgehend als realitätsfremd bewertet, einem Staat die gewaltsame Rettung eigener Staatsbürger vor völkerrechtswidriger Bedrohung an Leib und Leben zu versagen.[1496] Schließlich wird die Auffassung vertreten, die Rettung eigener Staatsangehöriger sei u. U. als Selbstverteidigung nach Art. 51 SVN gerechtfertigt.[1497]

b) Bewertung

Es verdient Zustimmung, daß eine „Völkerrechtslehre, die einem Staat die gewaltsame Rettung eigener Staatsangehöriger vor völkerrechtswidriger Bedrohung an Leib oder Leben versagt, unzumutbare Anforderungen an die Opferbereitschaft des einzelnen Staates"[1498] stellt.[1499] Erkennbar dringt die Meinung vor, die den gewaltsamen Schutz eigener Staatsangehöriger unter bestimmten Voraussetzungen zuläßt.[1500] Oliver Dörr meint sogar, es sei eine völkergewohnheitsrechtliche Ausnahme zum Gewaltverbot entstanden.[1501] Allerdings darf dies nicht als Vorwand für politisch motivierte Gewaltaktionen dienen.[1502]

1495 Weinzierl, JuS 2004, S. 602 (605); kritisch auch Schweisfurth, Völkerrecht, S. 366 f.

1496 Herdegen, Völkerrecht, § 34 Rdnr. 22 m. w. N.; Doehring, in: Festschrift Buergenthal, S. 599 ff.; Nolte, ZaöRV 59 (1999), S. 941 (950 f.); Dörr, in: Symposium für Albrecht Randelzhofer, S. 33 (46 f.); vgl. auch Heintschel von Heinegg, in: Wolfrum (Hg.), Seerecht, Kapitel 7, Rdnr. 264 ff.

1497 Stahn, in: Walter/Vöneky/Röben/Schorkopf (eds.), in: Terrorism as a Challenge for Na-tional and International Law: Security versus Liberty?, S. 827 (856 f.).

1498 Herdegen, Völkerrecht, § 34 Rdnr. 22.

1499 Wiefelspütz, ZfP 2006, S. 143 (168).

1500 Vgl. Herdegen, Völkerrecht, § 34 Rdnr. 22; Franzke, ÖZöR 16 (1966), S. 128 ff.; Isensee, JZ 1995, S. 421 (426: „... in krassen Fällen ... als ultima ratio ..."); wohl auch Kunde, Der Präventivkrieg, S. 124 f.

1501 Dörr, in: Symposium für Albrecht Randelzhofer, S. 33 (46); ders., APuZ 54 (2004), S. 14 (17).

1502 Vgl. Herdegen, Völkerrecht, § 34 Rdnr. 22.

G. Das Parlamentsbeteiligungsgesetz vom 18. März 2005[1503]

§ 1

Grundsatz

(1) Dieses Gesetz regelt Form und Ausmaß der Beteiligung des Deutschen Bundestages beim Einsatz bewaffneter deutscher Streitkräfte im Ausland. Art. 115 a des Grundgesetzes bleibt davon unberührt.

(2) Der Einsatz bewaffneter deutscher Streitkräfte außerhalb des Geltungsbereichs des Grundgesetzes bedarf der Zustimmung des Deutschen Bundestages.

1. Der Anwendungsbereich des PBG

Mit dem PBG kommt der Gesetzgeber einer Anregung nach, die das Bundesverfassungsgericht bereits im Streitkräfteurteil vom 12. Juli 1994 gemacht hatte.[1504]

Dessen ungeachtet vertritt Claus Arndt die Meinung, daß es nach der objektiven Verfassungslage weder eine Grundlage noch ein Bedürfnis für das Parlamentsbeteiligungsgesetz gebe. Das Streitkräfteurteil des Bundesverfassungsgerichts stehe in einem unauflösbaren Widerspruch zum objektiven Text der Verfassung. Es sei sehr mißlich, daß die Staatspraxis durch viele Jahre so verfahren sei, als gebe es die objektive Verfassungslage nicht. Im Grundgesetz sei zwar der Verteidigungsfall, nicht aber der sogenannte Bündnisfall geregelt. Der Verfassungsgesetzgeber habe beim 17. Gesetz zur Änderung des Grundgesetzes das Auseinanderfallen von Verteidigungs- und Bündnisfall für denkgesetzlich ausgeschlossen gesehen. Das Parlamentsbeteiligungsgesetz sei zwar nicht verfassungswidrig. Es fehle ihm aber die grundgesetzliche Basis, auf die es sich beziehen könnte.[1505]

Die Auffassung von Claus Arndt zu den verfassungsrechtlichen Fragestellungen des Auslandseinsatzes der Streitkräfte, die seit vielen Jahren bekannt ist,[1506] steht quer zur Entwicklung der Rechtsprechung des Bundesverfassungsgerichts, der staatsrechtlichen Literatur und zur Staatspraxis. Seine Auffassung ist widersprüchlich.

1503 BGBl. I 2005 S. 775.

1504 Vgl. BVerfGE 90, S. 286 (389).

1505 Arndt, DÖV 2005, S. 909 (910 f.).

1506 Vgl. Arndt, NJW 1994, S. 2179; ders., DÖV 1992, S. 618 (620).

Einerseits fehle es dem PBG an der grundgesetzlichen Basis, andererseits sei es nicht verfassungswidrig. Dies geht nicht zusammen.

Im Übrigen ist die Verteidigung der Bundesrepublik Deutschland nicht davon abhängig, daß der Verteidigungsfall festgestellt worden ist.[1507] Es liegt im Ermessen der Bundesregierung, nach Art. 115 a Abs. 1 GG im Falle eines Angriffs auf die Bundesrepublik Deutschland die Feststellung des Verteidigungsfalls zu beantragen. Die Feststellung des Verteidigungsfalls hat nämlich einschneidende Veränderungen der innerstaatlichen Verfassungsordnung zur Folge. Das Bundesverfassungsgericht führte dazu im Streitkräfteurteil überzeugend aus:

„Die Feststellung des Verteidigungsfalles nach Art. 115 a Abs. 1 GG bewirkt zwar unmittelbar nur den Übergang von der Normal- zur Notstandsverfassung und paßt insbesondere das Staatsorganisationsrecht den Anforderungen eines durch einen bewaffneten Angriff auf das Bundesgebiet hervorgerufenen äußeren Notstandes an. Sie ist also nicht Voraussetzung für jeden Verteidigungseinsatz der Bundeswehr."[1508]

Bei kleineren militärischen Angriffen auf das Territorium der Bundesrepublik Deutschland wird es deshalb nahe liegen, die Bundeswehr zur Verteidigung des deutschen Territoriums einzusetzen, ohne den Verteidigungsfall festzustellen.

§ 1 Abs. 1 Satz 1 PBG stellt klar, daß das Gesetz lediglich Form und Ausmaß der parlamentarischen Mitwirkung regelt.[1509] Das PBG ist weitgehend ein Verfahrensgesetz.[1510] Freilich konkretisiert es den aus dem Grundgesetz abgeleiteten konstitutiven wehrverfassungsrechtlichen Parlamentsvorbehalt und hat damit – jedenfalls in einem gewissen Umfang – auch materiell-rechtliche Bedeutung.[1511]

Die Kritik von Andreas L. Paulus, das Parlamentsbeteiligungsgesetz führe zu einer erheblichen Gewichtsverschiebung zwischen Exekutive und Legislative zugunsten des Parlaments, ist überzogen. Der Gesetzgeber konkretisiert den konsti-

---

1507 Vgl. dazu Herzog, in: Maunz/Dürig, Grundgesetz, Art. 115 a Rdnr. 24 Fn. 4; Kersting, Bündnisfall und Verteidigungsfall, S. 197; Isensee, in: Wellershoff (Hg.), Frieden ohne Macht?, S. 210 (215); von Bülow, Der Einsatz der Streitkräfte, S. 90 ff; Ipsen, AöR 94 (1960), S. 554 (584); Wiefelspütz, Das Parlamentsheer, S. 411; Paulus, Parlament und Streitkräfteeinsatz, S. 384; F. Kirchhof, in: Isensee/Kirchhof (Hg.), Handbuch des Staatsrechts, Bd. IV, Aufgaben des Staates, § 84 Rdnr. 49; a. A. Graf Vitzthum, in: Isensee/Kirchhof (Hg.), Handbuch des Staatsrechts, Bd. VII, Normativität und Schutz der Verfassung - Internationale Beziehungen, § 170 Rdnr. 34: „Jedenfalls für den Streitkräfteeinsatz zur Verteidigung des Bundesgebietes ist die Feststellung des Verteidigungsfalles unumgänglich." Unklar Schaefer, Verfassungsrechtliche Grenzen, S. 123 f., und Linke, DÖV 2003, 890 (892 f.), sowie ders., AöR 129 (2004), S. 489 (515). Linke geht offenbar davon aus, daß ein Angriff auf die Bundesrepublik Deutschland mit dem Verteidigungsfall nach Art. 115 a GG gleichzusetzen ist.

1508 BVerfGE 90, S. 286 (385 f.).

1509 BT-Drs. 15/2742, S. 5.

1510 Wiefelspütz, NVwZ 2005, S. 496; Rau, AVR 44 (2006), S. 93 (94).

1511 Ähnlich Rau, AVR 44 (2006), S. 93 (95 f.). Kritisch wegen der angeblich weitgehend deklaratorischen Bedeutung des Gesetzes Schröder, NJW 2005, S. 1402 (1402, 1404).

tutiven wehrverfassungsrechtlichen Parlamentsvorbehalt, wie er vom Bundesverfassungsgericht in inzwischen ständiger Rechtsprechung formuliert wurde.[1512] In
der Begründung des PBG heißt es ausdrücklich:

> „Die bestehende materielle Rechtslage wird nicht geändert. Die Voraussetzungen für einen
> Auslandeinsatz regeln sich nach wie vor nach internationalem Recht, insbesondere der
> Charta der Vereinten Nationen, und den Bestimmungen des Grundgesetzes. Die Rechte
> des Deutschen Bundestages, die durch die Rechtsprechung des Bundesverfassungsgerichts
> konkretisiert sind, werden weder ausgeweitet noch eingeschränkt."[1513]

Ebenso wenig ist der Einwand von Andreas L. Paulus berechtigt, das enge Verständnis des Gesetzgebers von seiner Rolle bei der Ausfüllung der Lücken der Verfas-
sungsgerichtsentscheidung habe dazu geführt, daß bisherigen Streitfragen wie der Einsatz
in multilateralen Eingreiftruppen oder die Frage von Einsätzen außerhalb von Bündnissen
kollektiver Sicherheit gemäß Artikel 24 Abs. 2 GG offen geblieben seien.[1514]

Selbstverständlich gilt das PBG auch für den unilateralen Einsatz bewaffneter
deutscher Streitkräfte außerhalb von Bündnissen kollektiver Sicherheit. Die Behauptung von Andreas L. Paulus, die Begründung des PBG deute an, daß die Bundestags-
mehrheit, die das PBG verabschiedete, der Ansicht zuneigte, daß Einsätze außerhalb
jedes Bündnisses nicht vom PBG erfaßt, ja ganz unzulässig seien, jedenfalls wenn
es dabei nicht um Verteidigung gehe[1515], ist nicht belegbar und gehört in den Bereich
der Spekulation.

Die Beteiligung deutscher Soldaten an bewaffneten Einsätzen multilateraler Einsatz-
gruppen ist zwar nicht ausdrücklich gesetzlich geregelt worden, was wünschenswert
gewesen wäre. Die Zustimmungsbedürftigkeit[1516] solcher Einsätze wird freilich
ausreichend durch § 2 Abs. 1 PBG geregelt.

Durch § 1 Abs. 1 Satz 2 PBG wird klargestellt, daß der Verteidigungsfall vom
Anwendungsbereich des Gesetzes ausgenommen ist. Diese Klarstellung ist wegen
des Vorrangs der Verfassung überflüssig.[1517]

Für das materielle Recht gilt, daß Einsätze bewaffneter deutscher Streitkräfte
nach wie vor ausschließlich auf der Grundlage des Verfassungsrechts und des
Völkerrechts stattfinden dürfen. Zweck des § 1 PBG ist es, Unsicherheiten bezüglich
der Regelungsweite des Gesetzes zu vermeiden.

1512 Vgl. BT-Drs. 15/2472, Begründung, I. Allgemeiner Teil, B. Vgl. auch Wiefelspütz, Das
Parlamentsheer, S. 407; Schaefer, Verfassungsrechtliche Grenzen, S. 136.

1513 BT-Drs. 15/2472, Begründung, I. Allgemeiner Teil, B.

1514 Paulus, Parlament und Streitkräfteeinsatz, S. 294.

1515 Paulus, Parlament und Streitkräfteeinsatz, S. 294.

1516 Siehe unten S. 338 ff.; vgl. auch Wiefelspütz, Das Parlamentsheer, S. 438 ff.; ders., ZaöRV 64
(2004), S. 363 ff.

1517 Burkiczak, Verwaltungsrundschau 2005, S. 289 (290).

2. Gesetz oder Geschäftsordnung

Es bedarf der Prüfung, ob die gesetzliche Regelung des konstitutiven wehrverfassungsrechtlichen Parlamentsvorbehalts zulässig oder gar geboten ist; oder reicht die Geschäftsordnungsautonomie des Bundestages aus, um diese Rechtsmaterien geschäftsordnungsrechtlich zu regeln?[1518] Schließlich wäre denkbar, daß ausschließlich eine geschäftsordnungsrechtliche Regelung erfolgen muß und sich eine gesetzliche Regelung verbietet.

Das Bundesverfassungsgericht ist im Streitkräfteurteil wie selbstverständlich davon ausgegangen, daß der Bundestag das Verfahren zur Wahrnehmung des konstitutiven Parlamentsvorbehalts durch Gesetz, nicht etwa ausschließlich durch die Geschäftsordnung regelt.[1519]

Im Rahmen der verfassungsrechtlich verbürgten Parlamentsautonomie wird nicht nur kontrovers erörtert, ob und in welchem Umfang Angelegenheiten der Geschäftsordnung durch Gesetz geregelt werden dürfen.[1520] Es ist ebenfalls umstritten, ob geschäftsordnungsrechtliche Regelungen nicht nur Abgeordnete, sondern auch Verfassungsorgane, andere staatliche Einrichtungen oder Dritte rechtlich zu binden vermögen.

Die herrschende Meinung[1521] geht davon aus, daß das Geschäftsordnungsrecht als

---

1518 Schwerin, Der Deutsche Bundestag als Geschäftsordnungsgeber, 1998, S. 171. Vgl. auch Koch, Das Parlamentsbeteiligungsgesetz, S. 1 (11); ders., Das Parlamentsbeteiligungsgesetz, Erweiterte Fassung, S. 18 f.

1519 BVerfGE 90, S. 286 (389): „Es ist Sache des Gesetzgebers, die Form und das Ausmaß der parlamentarischen Mitwirkung näher auszugestalten."

1520 Vgl. Klein, in: Maunz/Dürig, Grundgesetz, Art. 40 (Zweitbearbeitung) Rdnr. 77 ff. m. w. N.; BVerfGE 70, S. 324 ff., mit Sondervoten der Richter Böckenförde und Mahrenholz; Bollmann, Verfassungsrechtliche Grundlagen und allgemeine verfassungsrechtliche Grenzen des Selbstorganisationsrechts des Bundestages, 1992, S. 139 ff., 167 ff.; Schwerin, Der Deutsche Bundestag als Geschäftsordnungsgeber, S. 46 ff.; Haug, Bindungsprobleme und Rechtsnatur parlamentarischer Geschäftsordnungen, 1994, S. 46 ff.; Kretschmer, ZParl 1986, S. 334 (337 ff.); Bücker, ZParl 1986, S. 324 ff.; Dach, in: Bonner Kommentar, Art. 40 Rdnr. 32; Kretschmer, in: Schmidt-Bleibtreu/Klein, Grundgesetz, Art. 40 Rdnr. 17 f.

1521 BVerfGE 1, S. 144 (149); Achterberg, Parlamentsrecht, 1984, S. 59; Achterberg/Schulte, in: von Mangoldt/Klein/Starck (Hg.), Grundgesetz, Bd. 2, Art. 40 Rdnr. 39; Pieroth, in: Jarass/Pieroth, Grundgesetz, Art. 40 Rdnr. 7; Magiera, in: Sachs (Hg.), Grundgesetz, Art. 40 Rdnr. 22; Stern, Staatsrecht, Bd. II, § 26 III 6 d (S. 84); Badura, Staatsrecht, Kap. E Rdnr. 43; Ritzel/Bücker/Schreiner, Handbuch für die parlamentarische Praxis, 1990 ff., Vorb. Zu §§ 36 bis 41, Anm. 2; Trossmann, Parlamentsrecht und Praxis des Deutschen Bundestages, 1967, § 45 GO-BT Anm. 2.2; Arndt, Parlamentarische Geschäftsordnungsautonomie und autonomes Parlamentsrecht, 1966, S. 110 ff.; Bollmann, Verfassungsrechtliche Grundlagen, S. 120; Schäfer, Der Bundestag, 4. Aufl., 1982, S. 67; Pietzcker, in: Schneider/Zeh (Hg.), Parlamentsrecht und Parlamentspraxis, § 10 Rdnr. 20; Bücker, in: Schneider/Zeh (Hg.), Parlamentsrecht und Parlamentspraxis, § 34 Rdnr. 4 f.; Dach, in: Bonner

Intraorganrecht Rechte und Pflichten anderer Verfassungsorgane, anderer staatlicher Einrichtungen oder Dritter nicht begründet. Ein Teil des Schrifttums vertritt hingegen die Auffassung, die Geschäftsordnung könne jedenfalls in begrenztem Umfang rechtliche Verbindlichkeit gegenüber Dritten entfalten.[1522]

Eine auf Joseph Bücker[1523] und Gerald Kretschmer[1524] zurückgehende funktionale Interpretation des Art. 40 Abs. 1 Satz 2 GG räumt dem Bundestag die Befugnis ein, anderen Institutionen oder Nicht-Parlamentariern durch Geschäftsordnungs-vorschriften Pflichten insoweit aufzuerlegen, als diese Personen freiwillig in den inneren Bereich des Bundestages eintreten oder aufgrund verfassungsrechtlicher Befugnisse einbezogen werden dürfen.[1525]

Letztlich muß dieser Meinungsstreit hier nicht entschieden werden, denn die Ausübung des konstitutiven Parlamentsvorbehalts hat kraft Verfassung bindende Wirkung für das Verfassungsorgan Bundesregierung. Durch den konstitutiven Parlamentsbeschluß wird – auch in Gestalt einer verbindlichen Entscheidung eines Ausschusses – nicht Intraorganrecht, sondern Interorganrecht geschaffen.[1526]

Schließlich ist zu bedenken, daß der wehrverfassungsrechtliche Parlamentsvorbehalt kein Recht des Bundestages als autonome Körperschaft zur Regelung lediglich interner Angelegenheiten ist[1527] – wie beispielsweise Fragen der Organisation oder der Ordnung des Parlaments –, sondern ein aus der Verfassung abgeleitetes Recht zur Mitwirkung an staatsleitenden Entscheidungen. Eine ausschließlich geschäfts-ordnungsrechtliche Regelung des konstitutiven wehrverfassungsrechtlichen Parla-mentsvorbehalts, wie von Josef Isensee ins Gespräch gebracht wurde,[1528] reicht

---

Kommentar, Art. 40 Rdnr. 33.

1522 Schneider, AK-GG, Art. 40 Rdnr. 10; Kretschmer, ZParl 1986, S. 334 (341 f.); ders., in: Schneider/ Zeh (Hg.), Parlamentsrecht und Parlamentspraxis, § 9 Rdnr. 51; Haug, Bindungsprobleme und Rechtsnatur parlamentarischer Geschäftsordnungen, S. 11 ff.; Schwerin, Der Deutsche Bundestag als Geschäftsordnungsgeber, S. 75 ff.; Morlok, in: Dreier (Hg.), Grundgesetz, Bd. II, Art. 40 Rdnr. 12 ff. Zeh, in: Isensee/Kirchhof (Hg.), Handbuch des Staatsrechts, Bd. III, Demokratie Bundesorgane, § 43 Rdnr. 11. Eine differenzierende Position nimmt Klein, in: Maunz/Dürig, Grundgesetz, Art. 40 Rdnr. 66 ff., ein.

1523 Bücker, ZParl 1986, S. 324 (330).

1524 Kretschmer, ZParl 1986, S. 334 (341 f.).

1525 Kretschmer, ZParl 1986, S. 334 (341); ders., in: Schmidt-Bleibtreu/Klein, Grundgesetz, Art. 40 Rdnr. 26 („Drittwirkung der Geschäftsordnung"); ders., in: Schneider/Zeh (Hg.), Parlamentsrecht und Parlamentspraxis, § 9 Rdnr. 54; Klein, in: Maunz/Dürig, Grundgesetz, Art. 40 (Zweitbearbeitung) Rdnr. 68; Morlok, in: Dreier (Hg.), Grundgesetz, Bd. II, Art. 40 Rdnr. 14; Schwerin, Der Deutsche Bundestag als Geschäftsordnungsgeber, S. 115 f.

1526 Vgl. Preuß, ZRP 1988, S. 389 (390); Wiefelspütz, Das Parlamentsheer, S. 410; Schaefer, Verfassungsrechtliche Grenzen, S. 134.

1527 Vgl. Pietzcker/Pallasch, JuS 1995, S. 511 (513).

1528 Isensee, Deutscher Bundestag, 15. Wahlperiode, Ausschuß für Wahlprüfung, Immunität und

deshalb nicht aus,[1529] es sei denn, es würden lediglich Verfahrensfragen geregelt.[1530] Die Einzelheiten der innerparlamentarischen Wahrnehmung des konstitutiven wehrverfassungsrechtlichen Parlamentsvorbehalts regelt der Bundestag indes im Rahmen seiner Parlamentsautonomie.[1531] Im Pofalla-Urteil des Bundesverfassungsgerichts heißt es zur Parlamentsautonomie:

> „Die dem Parlament zustehende Autonomie erstreckt sich nicht nur auf Angelegenheiten der Geschäftsordnung. Autonomie bezeichnet die allgemeine Befugnis des Parlaments, seine eigenen Angelegenheiten selbst zu regeln (BVerfGE 102, 224 [235])."[1532]

Im Rahmen seiner Geschäftsordnungsautonomie ist der Bundestag danach frei, die bislang am Gesetzgebungsverfahren orientierte Behandlung der Anträge auf Zustimmung zum Einsatz bewaffneter Streitkräfte – erste Beratung des Antrags der Bundesregierung im Plenum, Überweisung in die Ausschüsse, abschließende Beratung im Plenum – beizubehalten oder ein eigenständiges Verfahren einzuführen.[1533] Durch entsprechende geschäftsordnungsrechtliche Regelungen kann das Parlamentsbeteiligungsgesetz ergänzt werden.[1534] Dies ist bald nach der Verabschiedung des PBG durch Einfügung des § 96 a in die Geschäftsordnung des Deutschen Bundestages geschehen.[1535]

3. Auslandseinsätze der Bundeswehr und das PBG

Nach § 1 Abs. 1 Satz 1 PBG gilt das Gesetz für bewaffnete Einsätze deutscher Streitkräfte im Ausland. Diese Regelung ist mißglückt. Es darf nämlich nicht

---

Geschäftsordnung, Ausschußdrucksache 15 – G – 17 –, S. 41.

1529 Wiefelspütz, Der Einsatz bewaffneter deutscher Streitkräfte, S. 82; ders., Das Parlamentsheer, S. 410; Gilch, Das Parlamentsbeteiligungsgesetz, S. 195 f.

1530 Wiefelspütz, Der Einsatz bewaffneter deutscher Streitkräfte, S. 80 ff.; Schröder, Das parlamentarische Zustimmungsverfahren, S. 157 ff. Vgl. Pietzner, Petitionsausschuß und Plenum, 1974, S. 98 f.; a. A. Schwerin, Der Deutsche Bundestag als Geschäftsordnungsgeber, S. 176, 185 f., für den Bereich der Verfassungsrichterwahl. Dabei übersieht Schwerin, daß die Wahl der Verfassungsrichter keine genuin parlamentsinterne Angelegenheit ist.

1531 BVerfG, NJW 2002, S. 1111 (1114); Wiefelspütz, Das Parlamentsheer, S. 410; ders., ZaöRV 64 (2004), S. 363 (382); Schaefer, Verfassungsrechtliche Grenzen, S. 133; zur Parlamentsautonomie vgl. auch Morlok, in: Dreier (Hg.), Grundgesetz, Bd. II, Art. 40 Rdnr. 5; Schneider, in: AK-GG, Art. 40 Rdnr. 2; Kretschmer, in: Schmidt-Bleibtreu/Klein, Grundgesetz, Art. 40 Rdnr. 8.

1532 BVerfGE 104, S. 310 (332).

1533 Vgl. Deutscher Bundestag, 15. Wahlperiode, Ausschuß für Wahlprüfung, Immunität und Geschäftsordnung, Ausschußdrucksache 15 – G – 15, S. 6.

1534 Wiefelspütz, Das Parlamentsheer, S. 411; Schaefer, Verfassungsrechtliche Grenzen, S. 135.

1535 Siehe unten S. 390ff.

übersehen werden, daß auch bewaffnete Einsätze der Bundeswehr im Inland der Zustimmung des Deutschen Bundestages unterliegen können. Das ist beispielsweise dann der Fall, wenn die Bundeswehr im Rahmen ihres Verteidigungsauftrags nach Art. 87 a Abs. 1 Satz 1 GG im Geltungsbereich des Grundgesetzes einen militärischen Angriff abwehren würde, ohne daß der Verteidigungsfall festgestellt worden ist.[1536]

4. Die Zustimmung des Deutschen Bundestages

Nach § 1 Abs. 2 PBG bedarf der Einsatz bewaffneter deutscher Streitkräfte außerhalb des Geltungsbereichs des Grundgesetzes der Zustimmung des Deutschen Bundestages. Damit wird der konstitutive wehrverfassungsrechtliche Parlamentsvorbehalt, wie er im Streitkräfteurteil des Bundesverfassungsgerichts vom 12. Juli 1994 entwickelt wurde,[1537] mit seinem zentralen Inhalt in den Gesetzestext übernommen.

5. Die Kritik am nationalen Zustimmungsverfahren

Das nationale Zustimmungsverfahren wird inzwischen vor allem vor dem Hintergrund der rasch einsetzbaren Eingreiftruppe NATO RESPONSE FORCE (NRF[1538]) kritisiert.[1539] Das nationale Zustimmungsverfahren könne erst eingeleitet werden, nachdem der NATO-Rat (NAC) seine Entscheidung getroffen habe. Eine Befassung des Bundestages mit noch Änderungen unterliegenden Vorlagen an den NAC sei ausgeschlossen. Im günstigsten Fall könnte das Zustimmungsverfahren in wenigen Tagen abgeschlossen werden. Während der Parlamentsferien bzw. bei Dissens

---

1536 Wiefelspütz, Der Einsatz bewaffneter deutscher Streitkräfte, S. 23; ders., RuP 2004, S. 101 (102); ders., NVwZ 2005, S. 496; F. Kirchhof, in: Isensee/Kirchhof (Hg.), Handbuch des Staatsrechts, Bd. IV, Aufgaben des Staates, § 84 Rdnr. 49; Kokott, in: Sachs (Hg.), Grundgesetz, Art. 87 a Rdnr. 21; Lutze, DÖV 2003, S. 972 (976 f.), verkennt, daß seine zutreffende Auffassung so neu, wie er meint, nicht ist.

1537 BVerfGE 90, S. 286 (381 ff.).

1538 Zur NRF vgl. Eitelhuber, Europäische Sicherheit 4/2004, S. 18; ders., Stiftung Wissenschaft und Politik, Forschungsgruppe Sicherheitspolitik, Manuskript „NATO Response Force – Implikationen für die Parlamentsbeteiligung – Folgerungen für eine vertiefte militärische Integration in Europa", 2004 (nicht veröffentlicht), S. 1 ff.; Sinjen/Varwick, in: Krause/Irlenkaeuser (Hg.): Bundeswehr – Die nächsten 50 Jahre, S. 95 (101 ff.). Zu NRF und konstitutivem Parlamentsvorbehalt Schmidt-Radefeldt, Parlamentarische Kontrolle, S. 189 ff.

1539 Eitelhuber, Europäische Sicherheit 4/2004, S. 18 ff.; ders., Manuskript „NATO Response Force – Implikationen für die Parlamentsbeteiligung", S. 5 ff.; vgl. auch die Übersicht bei Biermann, ZParl 2004, S. 607 (618 ff.); Schmidt-Radefeldt, UBWV 2005, S. 201 (205); Burkiczak, Verwaltungsrundschau 2005, S. 289 (291).

sei eine deutliche Überschreitung dieses Zeitansatzes sehr wahrscheinlich. Das Bedürfnis nach eilbedürftigen Entscheidungen werde zunehmen. Die angestrebte rasche Einsetzbarkeit der NRF und damit der Hauptzweck der NRF stehe wegen des (zu langsamen) deutschen Entscheidungsprozesses infrage. Außerdem stelle das parlamentarische Zustimmungsverfahren auch nach Mitwirkung der deutschen Exekutive am einstimmigen Einsatzbeschluß des NAC die Verfügbarkeit deutscher Kräfte nicht sicher.[1540] Selbst wenn Deutschland dem Einsatz der NRF im NAC seine Zustimmung erteile, könne es zu einer De-facto-Blockade der Einsatztruppe kommen.[1541]

Diese Bewertung sei nicht allein symptomatisch für die NRF als schnelle Eingreiftruppe. Analoge Fragen und Folgerungen ergäben sich aus der Bereitstellung von Kräften für die Europäische Eingreiftruppe und aus der fortschreitenden Integration von Streitkräften im bi- bzw. multinationalen Rahmen innerhalb der EU. Die De-Nationalisierung und Vergemeinschaftung traditioneller Militäraufgaben stoße schon in ihrem heutigen frühen Stadium zunehmend an ihre Grenzen und drohe, am fehlenden Vertrauen in die Verläßlichkeit der Partner in einer Krise blockiert zu werden.[1542]

Die Berechtigung der Bundesregierung, bei Gefahr im Verzug vorläufig den Einsatz von Streitkräften zu beschließen und an entsprechenden Beschlüssen in den Bündnissen oder internationalen Organisationen ohne vorherige Einzelermächtigung durch das Parlament mitzuwirken und diese vorläufig zu vollziehen, sei kein hinreichender Ersatz. Es werde daher empfohlen, der Bundesregierung die Möglichkeit einzuräumen, verbindlich einstimmig im NAC getroffenen Einsatzentscheidungen zuzustimmen, die sich im Rahmen des durch die NATO-Dokumente beschriebenen Auftrags der NRF bewegen.[1543] Zur Wahrung der Rechte des Parlaments sei eine Pflicht zu seiner unmittelbaren Unterrichtung durch die Bundesregierung in Verbindung mit einem Rückholrecht zu verankern.[1544] Eine (weitere) Option sei die Befassung eines Ausschusses mit der Entsendung.[1545]

Der Abgeordnete Eckart von Klaeden (CDU/CSU) kritisierte im Deutschen Bundestag die Langsamkeit des nationalen Zustimmungsverfahrens:

> „Ein Bündnis wie die NATO wird nur so stark und die Gemeinsame Außen- und Sicherheitspolitik der EU wird nur so erfolgreich sein wie ihr schwächstes Mitglied. Wer

---

1540 Eitelhuber, Europäische Sicherheit 4/2004, S. 18 (19).

1541 Eitelhuber, Europäische Sicherheit 4/2004, S. 18 (19).

1542 Eitelhuber, Europäische Sicherheit 4/2004, S. 18 (19).

1543 Eitelhuber, Manuskript „NATO Response Force – Implikationen für die Parlamentsbeteiligung", S. 12; ders., Europäische Sicherheit 4/2004, S. 18 (20).

1544 Eitelhuber, Europäische Sicherheit 4/2004, S. 18 (20).

1545 Eitelhuber, Europäische Sicherheit 4/2004, S. 18 (19).

durch seine eigenen innerstaatlichen Entscheidungsvoraussetzungen die Entscheidung im Bündnis erschwert, der schwächt das Bündnis und zwingt andere geradezu zu Alleingängen."[1546]

Der Abgeordnete schlug vor,

„… am Anfang einer Legislaturperiode einen generellen Parlamentsbeschluß zu fassen und dann das Parlament über eine Verstärkung der Kontrollrechte, wozu ein allgemeines Rückholrecht gehören kann, mit einer effektiven Kontrollbefugnis auszustatten."[1547]

Der Abgeordnete Karl-Theodor zu Guttenberg (CDU/CSU) meinte, das Parlament solle sich darauf beschränken, den äußeren Rahmen eines Einsatzes zu setzen, innerhalb dessen die Regierung das Recht zu eigenständigem Handeln habe.

„Eine Regierung, die auch bei Einzelheiten des Einsatzes wie die Bereitstellung von Aufklärungsfähigkeiten, Operationskonzepten oder sogar Einsatzregeln die Zustimmung des Parlaments einholen müßte, wäre bündnispolitisch nicht handlungsfähig. Sie würde schnell an internationalem Respekt und Mitsprache einbüßen."[1548]

Der Abgeordnete Hans-Ulrich Klose (SPD) schreibt, das Parlament müsse der Neigung widerstehen, im Rahmen der Parlamentsbeteiligung Teil des Regierungshandelns zu werden, anstatt zu kontrollieren. Der Abgeordnete befürwortet für Einsätze der NATO Response Force und der EU Battle Groups aus Gründen der bündnispolitischen Verläßlichkeit besondere Regeln für die parlamentarische Beschlußfassung; nicht in Form von Vorratsbeschlüssen zu Beginn einer Wahlperiode, aber doch in einem abgestuften Verfahren, das der Regierung die Möglichkeit eigenverantwortlichen Handelns belasse. Jedenfalls müsse sichergestellt werden, daß bei einem negativen Votum des Parlaments die deutschen Soldaten in den integrierten Stäben verblieben. Ferner schlägt der Abgeordnete Hans-Ulrich Klose (SPD) vor, die Regierung müsse nationale Vorbehalte (Caveats) bei der Mandatsausübung nur selbst festlegen und verantworten dürfen. Sie dürfe sich insoweit nicht durch das Parlament binden lassen.[1549]

Berthold Meyer erwägt für die Beteiligung der Bundeswehr an Einsätzen der Schnellen Eingreiftruppe der EU, durch Gesetz eine „perspektivische Übergangsregelung" vorzusehen, die dann in Kraft tritt, wenn das Europäische Parlament eine hinreichende sicherheitspolitische Entscheidungskompetenz erlange.[1550]

Roman Schmidt-Radefeldt hebt hervor, die Mitentscheidungsbefugnis des Parlaments

---

1546 Abg. Eckart von Klaeden (CDU/CSU), Deutscher Bundestag, 15. Wahlperiode, 100. Sitzung, 25. März 2004, Sten. Prot. S. 8980 C.

1547 Abg. Eckart von Klaeden (CDU/CSU), Deutscher Bundestag, 15. Wahlperiode, 100. Sitzung, 25. März 2004, Sten. Prot. S. 8981 D.

1548 Abg. Karl-Theodor zu Guttenberg (CDU/CSU), FAZ vom 2. Februar 2007, S. 10.

1549 Abg. Hans-Ulrich Klose (SPD), IP Mai 2007, S. 22 (26).

1550 Meyer, Entscheidungsmündigkeit, S. 37 f.

erschöpfe sich darin, den Streitkräfteeinsatz zu ermöglichen bzw. zu verhindern. Die Abgeordneten entschieden dabei zuweilen über Militäroperationen, auf deren Planung sie nur wenig Einfluß hätten und deren Risiken sie oft nicht einschätzen könnten. Insoweit sei die Gefahr nicht auszuschließen, daß sich der am konkreten Fall ausgerichtete konstitutive wehrverfassungsrechtliche Parlamentsvorbehalt auf eine bloße Akklamationsfunktion reduziere oder gar für andere Sachzusammenhänge „instrumentalisiert" werde.[1551]

Kritik mit einem anderen Akzent kommt von Timo Noetzel und Benjamin Schreer.[1552] Beide Autoren kritisieren „die Intransparenz der Einsätze des Kommandos Spezialstreitkräfte und die unzureichenden politischen Kontrollmöglichkeiten"[1553]. Allerdings äußere sich das Parlamentsbeteiligungsgesetz nicht zur Verwendung von Spezialstreitkräften. Das Parlamentsbeteiligungsgesetz sollte daher um eine explizite Regelung zum Einsatz von Spezialstreitkräften ergänzt werden. Nur so könne verhindert werden, daß die Praxis der Geheimhaltung, die die Einsätze der Spezialstreitkräfte kennzeichne, fast zwangsläufig mit dem Anspruch des Parlaments auf eine umfassende Unterrichtung kollidiere. Bislang obliege die Entsendung des Kommandos Spezialstreitkräfte allein dem Ermessen der Bundeswehrführung. Die Obleute der Bundestagsfraktionen im Verteidigungsausschuß würden darüber jeweils unterrichtet – allerdings auf freiwilliger Basis.[1554] Timo Noetzel und Benjamin Schreer schlagen zur Verbesserung der parlamentarischen Kontrolle ein neues Gremium vor, das aus den Vorsitzenden und Obleuten der Ausschüsse für Auswärtiges, Verteidigung und Haushalt bestünde und den Einsatz der Spezialstreitkräfte begleiten könnte.[1555]

In einem weiteren Beitrag wiederholen und vertiefen Timo Noetzel und Benjamin Schreer ihren Vorschlag. Das formelle Recht der deutschen Legislative, über den Einsatz bewaffneter deutscher Streitkräfte im Ausland zu entscheiden, werde in der Verfassungswirklichkeit mehr und mehr durch die Praxis des Aushandelns zwischen Exekutive und internationalen Organisationen zurückgedrängt. Es gehe um die Frage, wie das Parlament seine Kontrollfunktion angesichts einer zunehmend integrierten deutschen Sicherheitsarchitektur im geforderten Umfang nachkommen könne. Seit 2001 seien mit Zustimmung des Parlaments eine kontinuierlich steigende Zahl von Soldaten, Polizisten und Mitarbeitern deutscher Nachrichtendienste im Ausland im Rahmen verdeckter und/oder geheimschutzbedürftiger Operationen eingesetzt worden. Diese Einsatzmuster erforderten eine Reform der deutschen

---

1551 Schmidt-Radefeldt, Parlamentarische Kontrolle, S. 155.

1552 Noetzel/Schreer, SWP-Aktuell 50, November 2006; dies., SWP-Aktuell 10, Februar 2007; dies., in: Mair (Hg.), Auslandseinsätze der Bundeswehr, SWP-Studie, 2007, S. 35 ff.

1553 Noetzel/Schreer, SWP-Aktuell 50, November 2006, S. 1.

1554 Noetzel/Schreer, SWP-Aktuell 50, November 2006, S. 3.

1555 Noetzel/Schreer, SWP-Aktuell 50, November 2006, S. 4; dies., Spezialkräfte der Bundeswehr. Strukturerfordernisse für den Auslandseinsatz, SWP-Studie, September 2007, S. 18 ff.

Sicherheitsarchitektur mit dem Ziel, die unterschiedlichen staatlichen Akteure enger miteinander zu verzahnen. Es müsse auch verstärkt über eine Anpassung der Mechanismen parlamentarischer Kontrolle nachgedacht werden. Die Nichtanpassung der Kontrollstrukturen des Parlaments habe in den vergangenen Jahren einen Verlust an legislativen Kompetenzen bei Auslandseinsätzen der Bundeswehr mit sich gebracht. In der politischen Praxis sei nur schwer vorstellbar, daß eine Mehrheit des Bundestages die Zustimmung zu einem Einsatz verweigere bzw. im Nachhinein widerrufe. Das Parlament müßte wesentlich früher in die Entscheidungsfindung der Regierung eingebunden sein. Eine Option zur Stärkung der parlamentarischen Kontrollrechte wäre die Einrichtung eines „Entsendeausschusses" oder „Einsatzausschusses" in Form eines aus Mitgliedern der Ausschüsse für Auswärtiges, Haushalt, Inneres und Verteidigung zusammengesetzten Ausschusses. Ausgestattet mit ausreichenden Haushalts- und Sanktionsmittel, wäre dieser Entsendeausschuß mit der Kontrolle geheimschutzbedürftiger und/oder verdeckter Operationen sowie bewaffneter Einsätze von Streit- und Sicherheitskräften im Ausland befaßt.[1556]

Alternativ schlagen Timo Noetzel und Benjamin Schreer einen „Einsatzausschuß" als Unterausschuß des Auswärtigen Ausschusses vor. Dieses Modell entspräche eher einer Anpassung im Rahmen bestehender Ausschußstrukturen und könnte dennoch zu einer besseren Verzahnung der an Auslandseinsätzen der Bundeswehr beteiligten Ressortausschüsse führen. Um der besonderen Geheimschutzbedürftigkeit von Einsätzen der Spezialkräfte der Bundeswehr und anderer Sicherheitskräfte gerecht zu werden, wäre zudem über die Einrichtung eines Unterausschusses für geheimschutzbedürftige Operationen von Streit- und Sicherheitskräften nachzudenken.[1557]

Die FDP-Bundestagsfraktion vertritt die Auffassung, es sei sachgerecht einen „Ausschuß für besondere Auslandseinsätze" einzurichten. Der Ausschuß für besondere Auslandseinsätze ist ermächtigt, die Zustimmung zu einem Antrag der Bundesregierung zu erteilen, falls die Bundesregierung ihren Antrag

- als Verschlußsache des Geheimhaltungsgrades GEHEIM und höher eingestuft hat,

- wegen Gefahr im Verzuge als besonders eilbedürftig bezeichnet hat, insbesondere zur Rettung von Menschen aus besonderen Gefahrenlagen, solange durch die öffentliche Beschlussfassung des Bundestages das Leben der zu rettenden Menschen gefährdet würde oder

- wegen der Teilnahme einzelner deutscher Soldaten an bewaffneten Einsätzen der Vereinten Nationen, der Organisation für Sicherheit und Zusammenarbeit in Europa,

1556 Noetzel/Schreer, SWP-Aktuell 10, Februar 2007; dies., in: Mair (Hg.), Auslandseinsätze der Bundeswehr, SWP-Studie, 2007, S. 35 ff.; dies., Spezialkräfte der Bundeswehr. Strukturerfordernisse für den Auslandseinsatz, SWP-Studie, September 2007, S. 18 ff.

1557 Noetzel/Schreer, in: Mair (Hg.), Auslandseinsätze der Bundeswehr, SWP-Studie, 2007, S. 35 (42); dies., Spezialkräfte der Bundeswehr. Strukturerfordernisse für den Auslandseinsatz, SWP-Studie, September 2007, S. 19.

der North Atlantic Treaty Organization, anderer Systeme gegenseitiger kollektiver Sicherheit im Sinne von Artikel 24 Abs. 2 des Grundgesetzes oder der Europäischen Union stellt.[1558]

Karl Ulrich Voss meint, es sei eine notorische Klage der Abgeordneten, sie hätten angesichts der engen Befristung und weitgehenden Geheimhaltung relevanter Fakten keine eigentlich verantwortliche Entscheidung i. S. des Art. 38 Abs. 1 Satz 2 GG treffen können. Damit sei die Kontrollfunktion dieses Verfahrens als eher gering einzuschätzen; sein Wert liege am ehesten in der teilweisen Öffentlichkeit der parlamentarischen Befassung.[1559]

Sven Bernhard Gareis hält (negative) Auswirkungen auf die Bündnisfähigkeit der Bundesrepublik Deutschland bei einem möglicherweise rasch auftretenden Einsatzerfordernis wegen des engen Zeitrahmens nicht für ausgeschlossen. Die auch in Deutschland geführten monatelangen Debatten über Interessen und Ziele im Zusammenhang mit der EU-Operation EUFOR RD Congo oder der Streit über die mögliche Einbeziehung deutscher Soldaten in Afghanistan ließen zumindest vermuten, daß es der Regierung schwer fallen dürfte, einen wirklichen Kampfeinsatz innerhalb der im Bündnisrahmen angemessenen Zeit durch den Bundestag zu bringen. Damit der Parlamentsvorbehalt nicht zum bündnispolitischen Stolperstein werde, erschienen Modifikationen des bisherigen parlamentarischen Zustimmungsverfahrens erforderlich und möglich. Vorstellbar wäre etwa, daß mit der Bereitschaftsmeldung deutscher Verbände für NATO und EU ein Vorratsbeschluß durch den Bundestag verabschiedet werde. Dieser könnte die Bundesregierung ermächtigen, die bereitgestellten Kräfte gemäß der von ihr im NATO-Rat oder im EU-Rat mitgetragenen Entscheidungen auch tatsächlich einzusetzen. Eine exakte Informationspflicht der gegenüber dem Parlament in Verbindung mit dem Rückholrecht gemäß § 8 PBG könne so hinreichende Mitwirkungs- und Kontrollmöglichkeiten des Bundestages mit den Bündnisanforderungen in Einklang bringen. Ohne jeden Verlust an Bündnisfähigkeit verstärkt werden könnte indes die Informationspflicht der Regierung gegenüber dem Parlament, insbesondere was die Einsätze der Spezialkräfte anginge.[1560]

1558 Vgl. BT-Drs. 15/1985, § 6; BT-Drs. 16/3342, § 6.

1559 Voss, ZRP 2007, S. 78 (81).

1560 Gareis, GWP Heft 2/2007, S. 217 (226 f.).

6. Bewertung

Die am nationalen Zustimmungsverfahren geübte Kritik überzeugt – jedenfalls vor dem Hintergrund der bisherigen Entsendeentscheidungen – nicht.[1561]

Eine Gefahr, daß die Wahrnehmung des konstitutiven Parlamentsvorbehalts auf eine bloße Akklamation reduziert werde,[1562] ist nicht erkennbar.[1563] In einer mehr als zehnjährigen Parlamentspraxis wurden die wichtigeren Auslandseinsätze im Parlament intensiv beraten. Die Debatten in den Fachausschüssen und im Plenum, aber auch die interpretierenden Protokollerklärungen zeugen davon.[1564]

Neben der formalisierten parlamentarischen Beratung darf die informelle Kommunikation zwischen dem Deutschen Bundestag und der Bundesregierung nicht unterschätzt werden.

Ganz generell ist die Kritik[1565] am vermeintlich langwierigen parlamentarischen Beratungsvorgang unberechtigt. Die Kritik ist von dem stereotypen Einwand geprägt, das Parlament benötige zu viel Zeit für den Abschluß seiner Entscheidungsprozesse.[1566] Es ist freilich ein leicht widerlegbares Vorurteil, daß Beratungsprozesse des Deutschen Bundestages mehr Zeit in Anspruch nähmen als Entscheidungen der Bundesregierung. Eine Auswertung der tatsächlichen Abläufe des bundesdeutschen parlamentarischen Zustimmungsverfahrens belegt, daß die meisten Verfahren von der Zuleitung bis zur Entscheidung des Parlaments sehr zügig erfolgten.[1567]

Bei der Zustimmung zu den bislang 63 Einsätzen bewaffneter deutscher Streitkräfte im Ausland handelt es sich sowohl um erstmalige Zustimmungsbeschlüsse als auch um Fortsetzungsbeschlüsse des Deutschen Bundestages. Eine Auswertung dieser

---

1561 Dreist, KritV 87 (2004), S. 79 (98); vgl. auch die differenzierte Bewertung von Biermann, ZParl 2004, S. 607 (622 ff.).

1562 So aber Schmidt-Radefeldt, Parlamentarische Kontrolle, S. 155.

1563 Klein, AöR 130 (2005), 632 (634).

1564 Vgl. Paulus, Parlament und Streitkräfteeinsatz, S. 262; ders., in: Weingärtner (Hg.), Einsatz der Bundeswehr im Ausland, S. 81 (87 f.); Abg. Hans-Ulrich Klose, IP Mai 2007, S. 22 (25 ff.).

1565 Vgl. die Kritik von Schmidt-Radefeldt, in: The ‚Double Democratic Deficit', S. 147 (150); ders., Parlamentarische Kontrolle, S. 160.

1566 Dies insinuieren auch Schmidt-Radefeldt, in: The ‚Double Democratic Deficit', S. 147 (154) und Gareis, GWP Heft 2/2007, S. 217 (226).

1567 Vgl. Wiefelspütz, Das Parlamentsheer, S. 321 ff.; Auswertung des Sekretariats des Geschäftsordnungsausschusses des Deutschen Bundestages vom 24. Februar 2004 – PD I A 1/1 –; die Auswertung berücksichtigte Zustimmungsentscheidungen bis Ende 2003. Für jüngere Einsatzentscheidungen vgl. die Angaben oben auf S. #. Siehe auch Wiefelspütz, ZaöRV 64 (2004), S. 363 (381); Dreist, KritV 87 (2004), S. 79 (98); Schmidt-Radefeldt, Parlamentarische Kontrolle, S. 190 ff.; Gilch, Das Parlamentsbeteiligungsgesetz, S. 112.

Staatspraxis läßt erkennen, daß die Zustimmung des Plenums in aus der Sicht der Bundesregierung eilbedürftigen Fällen zeitnah eingeholt werden konnte.[1568]

Die Installierung eines Entsendeausschusse ist denkbar. Der Gesetzgeber hat sich bislang gegen ein solches Gremium ausgesprochen.[1569] Zwingende Gründe für die Einrichtung eines solchen Ausschusses sind nicht erkennbar.

Aus nahe liegenden Gründen nahm in allen Fällen der Zeitraum der Willensbildung der Bundesregierung erheblich mehr Zeit in Anspruch als die Beratungen im Parlament. In Aussicht genommene militärische Operationen verlangen sowohl aus militär-fachlichen wie vor allem aus außen- und verteidigungspolitischen Gründen einen angemessenen Zeitraum für die politische Beurteilung in der Bundesregierung selbst und für die Abstimmung im Bündnis. Bislang ist jedenfalls kein einziger Fall nachweisbar, in dem die außenpolitische Handlungs- und Bündnisfähigkeit Deutschlands wegen der zeitlichen Abläufe, die mit dem wehrverfassungsrechtlichen Parlamentsvorbehalts verbunden sind, substantiell gemindert wurde.

Es ist freilich einzuräumen, daß für zukünftige Einsatzentscheidungen der NRF anderes gelten könnte.[1570] Andererseits fehlen bislang Erfahrungen mit konkreten Kampfeinsätzen der NRF. Wenn die NRF innerhalb von 5 – 30 Tagen weltweit einsatzfähig sein soll, ist das jedenfalls ein Zeitraum, während dessen bislang regelmäßig auch der Deutsche Bundestag entscheidungsfähig war.[1571] Sollte die Einberufung des Bundestages ausnahmsweise nicht zeitgerecht erfolgen können, würden die Vorgaben des Bundesverfassungsgerichts für militärische Einsätze bei Gefahr im Verzug[1572] zunächst ausreichend, aber auch angemessen sein, um die Handlungsfähigkeit der Bundesregierung zu gewährleisten.[1573]

Auch die Einwände von Timo Noetzel und Benjamin Schreer überzeugen nicht. Timo Noetzel und Benjamin Schreer übersehen – ähnlich wie der Abgeordnete Hans-Ulrich Klose (SPD)[1574] – bereits, daß das Parlament bei Auslandseinsätzen bewaffneter deutscher Streitkräfte nicht lediglich die Bundesregierung kontrolliert, sondern konstitutiv an der Entsendeentscheidung mitwirkt. Der konstitutive

---

1568 Biermann, ZParl 2004, S. 607 (623 ff.).

1569 Vgl. Wiefelspütz, Das Parlamentsheer, S. 499 ff., 513 ff., 515 ff.

1570 Burkiczak, Verwaltungsrundschau 2005, S. 289 (291), spricht sich für eine Vorabzustimmung des Bundestages bei Einsätzen der NRF aus. Vgl. auch MdB Hans-Ulrich Klose (SPD), IP Mai 2007, S. 22 (26).

1571 Vgl. auch Schmidt-Radefeldt, Parlamentarische Kontrolle, S. 190 f.

1572 Vgl. BVerfGE 90, S. 286 (388).

1573 Wiefelspütz, ZaöRV 64 (2004), S. 363 (381); kritisch Abg. Polenz (CDU/CSU), Deutscher Bundestag, 15. Wahlperiode, 146. Sitzung, 3. Dezember 2004, Sten. Prot. S. 13651 B ff.; Paulus, Parlament und Streitkräfteeinsatz, S. 307.

1574 MdB Hans-Ulrich Klose (SPD), IP Mai 2007, S. 22 (26).

wehrverfassungsrechtliche Parlamentsvorbehalt räumt dem Deutschen Bundestag (ausnahmsweise) beim Auslandseinsatz der Streitkräfte unmittelbar kraft Verfassungsrecht eine besondere Befugnis des Parlaments zur Mitgestaltung der auswärtigen Gewalt ein. Die Befugnis nimmt das Parlament mit großer Intensität war. Die sorgfältigen Beratungen und die engagierten Parlamentsdebatten belegen dies.[1575]

Völlig abwegig ist der Vorschlag, das Kommando Spezialkräfte in das PBG aufzunehmen. Das PBG regelt die Wahrnehmung des konstitutiven Parlamentsvorbehalts beim Auslandseinsatz bewaffneter Streitkräfte. Der Parlamentsvorbehalt hat aber nichts mit Truppengattungen oder speziellen Kampfgruppen zu tun. Die Pflicht der Bundesregierung, das Parlament über den Verlauf der Auslandseinsätze zu unterrichten erstreckt sich auch auf geheimhaltungsbedürftige Einsätze. Diese Pflicht steht keineswegs im Ermessen der Bundesregierung. Es ist deshalb auch verfehlt, das „Kommando Spezialkräfte" zum Anlaß für einen „Entsendeausschuß" zu wählen.[1576]

Die vermeintlich notorische Klage der Abgeordneten, auf die Karl Ulrich Voss hinweist, ist nicht belegt.[1577]

Eine generelle Vorabgenehmigung, wie sie der Abgeordnete Eckart von Klaeden (CDU/CSU) vorschlug[1578], würde den konstitutiven wehrverfassungsrechtlichen Parlamentsvorbehalt zur parlamentarischen Bedeutungslosigkeit verurteilen.[1579] Martin Limpert meint, ohne Änderung des Grundgesetzes dürfte eine solche Regelung nicht zulässig sein.[1580]

Der konstitutive Parlamentsvorbehalt hat Verfassungsrang. Das Grundgesetz verpflichtet die Bundesregierung, für einen Einsatz bewaffneter Streitkräfte die - grundsätzlich vorherige - konstitutive Zustimmung des Deutschen Bundestages einzuholen.[1581] Mit dieser normativen Vorgabe des Grundgesetzes ist eine Beschlußfassung des Parlaments zu Anfang der Wahlperiode zwecks pauschaler Genehmigung aller im Verlaufe der Wahlperiode „anfallenden" bewaffneten Einsätze der Streitkräfte unvereinbar und deshalb verfassungswidrig. Wollte man eine solche Staatspraxis einführen, bedürfte es einer Änderung des Grundgesetzes.

Denkbar wäre freilich, zu Anfang der Wahlperiode durch Beschlußfassung des

---

1575 Vgl. auch die instruktive Kritik des MdB Hans-Ulrich Klose (SPD), IP Mai 2007, S. 22 (24 ff.).

1576 So aber jetzt der Antrag der FDP-Bundestagsfraktion auf BT-Drs. 16/3342, Seite 1 A. Problem, S. 4 A. Allgemeines. Ablehnend mit bedenkenswerten Gründen: MdB Hans-Ulrich Klose (SPD), IP Mai 2007, S. 22 (27).

1577 Vgl. demgegenüber ausgewogen Abg. Hans-Ulrich Klose (SPD), IP Mai 2007, S. 22 ff.

1578 Abg. Eckart von Klaeden (CDU/CSU), Deutscher Bundestag, 15. Wahlperiode, 100. Sitzung, 25. März 2004, Sten. Prot. S. 8981 D.

1579 Ähnlich Meyer, Entscheidungsmündigkeit, S. 32; Paulus, Parlament und Streitkräfteeinsatz, S. 306.

1580 Limpert, Auslandseinsatz, S. 92; so auch Menzenbach, Wissenschaftlicher Dienst des Deutschen Bundestages, WD 3 – 037/07, S. 10 f. m. w. N.

1581 BVerfGE 90, S. 286 Ls. 3 a.

Bundestages bestimmte typisierte bewaffnete Einsätze der Streitkräfte vorab zu genehmigen. Im Streitkräfteurteil des Bundesverfassungsgerichts heißt es:

> „Jenseits dieser Mindestanforderungen und Grenzen des Parlamentsvorbehalts sind das Verfahren und die Intensität der Beteiligung des Bundestages in der Verfassung nicht im einzelnen vorgegeben. Es ist Sache des Gesetzgebers, die Form und das Ausmaß der parlamentarischen Mitwirkung näher auszugestalten. Je nach dem Anlaß und den Rahmenbedingungen des Einsatzes bewaffneter Streitkräfte sind unterschiedliche Formen der Mitwirkung denkbar. Insbesondere im Hinblick auf unterschiedliche Arten der Einsätze, vor allem bei solchen, die keinen Aufschub dulden oder erkennbar von geringer Bedeutung sind, empfiehlt es sich, den Zeitpunkt und die Intensität der Kontrolle des Parlaments näher zu umgrenzen. Dabei kann es angezeigt sein, im Rahmen völkerrechtlicher Verpflichtungen die parlamentarische Beteiligung nach der Regelungsdichte abzustufen, in der die Art des möglichen Einsatzes der Streitkräfte bereits durch ein vertraglich geregeltes Programm militärischer Integration vorgezeichnet ist.“[1582]

Die Beteiligung des Bundestages kann danach gemindert werden, wenn dies aufgrund der vertraglich vorgegebenen militärischen Integration sachdienlich erscheint. Dies verlangt freilich die ausdrückliche Zustimmung des Deutschen Bundestages, der insoweit auf sein Beteiligungsrecht (teilweise) verzichten muß. Denkbar – und verfassungsrechtlich unproblematisch – wäre die generelle Vorabzustimmung des Deutschen Bundestages zu Einsätzen der NATO Response Force für den Verlauf einer Wahlperiode. Eine ganz andere, nicht staatsrechtliche, sondern ausschließlich politische Frage ist es, ob eine solche „Selbstentmachtung" des Parlaments mehrheitlich gewollt ist. Es sei hier die Prognose gewagt, daß ein selbstbewußtes Parlament nicht gewillt sein wird, die Substanz des konstitutiven Parlamentsvorbehalts zu mindern. Das verfassungsrechtlich Zulässige dürfte kaum das politisch mehrheitlich Gewollte sein.[1583]

Die kompensatorische Einräumung eines Rückholrechts bei Erteilung einer generellen Vorabgenehmigung ist bedeutungslos, weil es dem Parlament ein Recht gibt, das es bereits hat. Das Rückholrecht ist Teil des konstitutiven wehrverfassungsrechtlichen Parlamentsvorbehalts.

Der Vorschlag von Berthold Meyer, eine provisorische Übergangsregelung vorzusehen, ist bereits deshalb nicht überzeugend, weil nicht absehbar ist, ob, wann und wie das Europäische Parlament beim Einsatz von Streitkräften beteiligt sein wird.

Vor dem Hintergrund der fortschreitenden und sich vertiefenden Integration militärischer Strukturen wird der Gesetzgeber in Zukunft immer wieder die Frage beantworten müssen, ob die militärische Einsatzrationalität stärker zu gewichten ist als das vorherige konstitutive Beteiligungsrecht des Parlaments.[1584]

1582 BVerfGE 90, S. 286 (389).

1583 Vgl. auch Menzenbach, Wissenschaftlicher Dienst des Deutschen Bundestages, WD 3 – 037/07, S. 9 ff. m. w. N.

1584 Vgl. auch Schmidt-Radefeldt, UBWV 2005, S. 201 (206); Paulus, Parlament und Streitkräfteeinsatz,

§ 2

Begriffsbestimmung

(1) Ein Einsatz bewaffneter Streitkräfte liegt vor, wenn Soldatinnen oder Soldaten der Bundeswehr in bewaffnete Unternehmungen einbezogen sind oder eine Einbeziehung in eine bewaffnete Unternehmung zu erwarten ist. (2) Vorbereitende Maßnahmen und Planungen sind kein Einsatz im Sinne dieses Gesetzes. Sie bedürfen keiner Zustimmung des Deutschen Bundestages. Gleiches gilt für humanitäre Hilfsdienste und Hilfsleistungen der Streitkräfte, bei denen Waffen lediglich zum Zweck der Selbstverteidigung mitgeführt werden, wenn nicht zu erwarten ist, daß die Soldatinnen oder Soldaten in bewaffnete Unternehmungen einbezogen werden.

1. Der „bewaffnete Einsatz" und die Reichweite des konstitutiven Parlamentsvorbehalts

Gegenstand der Parlamentsbeteiligung ist der Einsatz bewaffneter Streitkräfte.[1585] Es ist deshalb von entscheidender Bedeutung zu klären, was ein Einsatz bewaffneter Streitkräfte ist.[1586]

Die Bestimmung des Begriffs bewaffneter Einsatz durch den Gesetzgeber ist von maßgeblicher Bedeutung für die Abschichtung der die Bundeswehr betreffenden Entscheidungen, die ausschließlich im Verantwortungsbereich der Bundesregierung liegen, von Entscheidungen, bei denen die konstitutive Beteiligung des Bundestages erforderlich ist.

Mit der Legaldefinition des Begriffs bewaffneter Einsatz in § 2 Abs. 1 PBG verwirklicht der Deutsche Bundestag seine „Definitionsmacht".[1587] Mit der Wahrnehmung dieser „Definitionsmacht" sichert der Deutsche Bundestag sein Beteiligungsrecht und vermeidet eine Abhängigkeit von faits accomplis durch die Bundesregierung.[1588]

S. 307; Rau, AVR 44 (2006), S. 93 (112 f.); Abg. Hans-Ulrich Klose (SPD), IP Mai 2007, S. 22 ff..

1585 BVerfGE 90, S. 286 (387).

1586 So auch der FDP-Antrag BT-Drs. 15/36, S. 2 Ziff. 2; Wiefelspütz, Der Einsatz bewaffneter deutscher Streitkräfte, S. 31; Schröder, JA 2004, S. 853; ders., Das parlamentarische Zustimmungsverfahren, S. 143, 166. Skeptisch gegenüber einer abstrakt-generellen Regelung des „Einsatzes bewaffneter Streitkräfte" Gramm, UBWV 2003, S. 161 (163). Da erst der Einsatz bewaffneter Streitkräfte den Parlamentsvorbehalt auslöst, ist eine Begriffsbestimmung jedoch unerläßlich.

1587 Böckenförde, Die War Powers Resolution, S. 26; Wiefelspütz, NVwZ 2005, S. 496; kritisch Pofalla, ZRP 2004, S. 221 (222).

1588 Böckenförde, Die War Powers Resolution, S. 26.

Wenn im Zusammenhang mit militärischen Einsätzen der Bundeswehr immer wieder die Rede von rechtlichen Grauzonen ist, dann ist damit gemeint, daß es bislang nicht gelungen ist, trennscharf den Bereich der ausschließlichen Verantwortung der Bundesregierung („Eigenbereich exekutiver Handlungsbefugnis und Verantwortlichkeit"[1589]) vom verbindlichen Beteiligungsrecht des Bundestages abzuschichten. Weder im Streitkräfteurteil vom 12. Juli 1994[1590] noch im AWACS II-Beschluß vom 25. März 2003[1591] hat sich das Bundesverfassungsgericht der Mühe unterzogen, den konstitutiven wehrverfassungsrechtlichen Parlamentsvorbehalt hinreichend auszumessen. Dies ist aber zwingend erforderlich, um den Bereich der Eigenverantwortung der Exekutive vom Zuständigkeitsbereich des Parlaments abzugrenzen. Anders gewendet: Es sind die Fragen zu beantworten, wie weit die ausschließliche Verantwortung der Bundesregierung für den Einsatz bewaffneter Streitkräfte reicht, ab wann die zwingende Beteiligung des Parlaments einsetzt und wie lange diese Mitwirkung und Mitverantwortung andauert.

Bislang ist lediglich ausführlich im Hinblick auf die Reichweite des Verfassungsvorbehaltes des Art. 87 a Abs. 2 GG[1592] erörtert worden, was unter dem „Einsatz" der Streitkräfte zu verstehen ist. Nach ganz überwiegender Meinung ist Einsatz[1593] in diesem Zusammenhang nicht jede Verwendung der Bundeswehr,[1594] aber auch nicht nur die militärische Verwendung in Gestalt von Gefechts- und Kampfeinsätzen,[1595] sondern „ihre Verwendung als Mittel der vollziehenden Gewalt"[1596]. Auf die Bewaffnung kommt es dabei nicht an.[1597] Entscheidend ist vielmehr, daß die

---

1589 BVerfGE 90, S. 286 (389, 390).

1590 BVerfGE 90, S. 286 ff.

1591 BVerfGE 108, S. 34 ff.

1592 Gleiches gilt für den Einsatz der Streitkräfte nach Art. 35 Abs. 2 Satz 1, Art. 35 Abs. 3 Satz 2 und Art. 87 a Abs. 4 Satz 1 GG.

1593 Einen umfassenden Nachweis über den Meinungsstand zum Begriff „Einsatz" gibt Schultz, Die Auslandsentsendung, S. 156 – 179. Vgl. auch Schmidt-Jortzig, DÖV 2002, S. 773 (775 f.); Wiefelspütz, NZWehr 2003, S. 45 (57 f. m. w. N.); Lutze, NZWehr 2003, S. 101 (102); Gramm, NZWehr 2003, S. 89 (93). Das Bundesverfassungsgericht ließ in seiner Streitkräfteentscheidung den Inhalt des Einsatzbegriffs offen. Vgl. BVerfGE 90, S. 286 (355). Konfus Sigloch, Auslandseinsätze der deutschen Bundeswehr, S. 52 ff., wonach für den Einsatzbegriff die Gefahrenabwehr und das Merkmal hoheitliche Verwendung, „wenn auch unter Vorbehalten", maßgeblich sein soll.

1594 So aber Deiseroth, NJ 1993, S. 145 (148); Kersting, NZWehr 1983, S. 64 (69).

1595 Stern, Staatsrecht, Bd. II, § 42 III 3 b (S. 864).

1596 So bereits BT-Drs. V/2873, S. 13; Stern, Staatsrecht, Bd. II, § 42 III 3 b (S. 864); zu weitgehend Ladiges, Die Bekämpfung nicht-staatlicher Angreifer im Luftraum, S. 51, wonach ein Einsatz bereits dann vorliegen soll, wenn die Streitkräfte potentiell zu Eingriffshandlungen oder zur Unterstützung dieser Eingriffshandlungen herangezogen werden könnten. „Potentiell" können die Streitkräfte praktisch immer zu Eingriffshandlungen herangezogen werden.

1597 So aber Tomuschat, in: Bonner Kommentar, Art. 24 Rdnr. 186; Ipsen, in: Bonner Kommentar, Art. 87 a Rdnr. 33 f.; Jahn/Riedel, DÖV 1988, S. 957 (959); Fleck, VN 1979, S. 99; Hernekamp, in: von Münch/Kunig (Hg.), Grundgesetz, Bd. 3, Art. 87 a Rdnr. 13; Nettesheim/Vetter, JuS 2004, S. 219 (224).

Streitkräfte hoheitlichen Zwang anwenden.[1598] Ohne daß damit ein anderer Bedeutungszusammenhang hergestellt wird, wird häufig auch auf die Regelungs- und Eingriffsqualität des Handelns der Streitkräfte abgehoben.[1599]

2. Der „Einsatz bewaffneter Streitkräfte" im Spiegel der Meinungen

Der Verfassungsvorbehalt, der nur für den „Einsatz" der Streitkräfte gilt, darf indes nicht mit dem den Parlamentsvorbehalt auslösenden „Einsatz bewaffneter Streitkräfte" verwechselt oder gleichgesetzt werden.[1600] Im Gegensatz zum Begriff „Einsatz" i. S. des Art. 87 a Abs. 2 GG ist nicht hinreichend geklärt, was ein „Einsatz bewaffneter Streitkräfte" ist.[1601] Die Literatur dazu ist ausgesprochen unergiebig.[1602] Vielfach werden die Ausführungen des Bundesverfassungsgerichts zum Parlamentsvorbehalt lediglich kritisch referiert.[1603]

1598 Schultz, Die Auslandsentsendung, S. 167; Wild, DÖV 2000, S. 622 (624 m. w. N.); Wiefelspütz, Die Polizei 2003, S. 301 (303); ders., Das Parlamentsheer, S. 414 m. w. N.; Fischer, JZ 2004, S. 376 (379); E. Klein, in: Festschrift für Reinhard Mußgnug, **S. 71 (74)**; Sigloch, Auslandseinsätze der deutschen Bundeswehr, S. 55; Franz/Günther, VBlBW 2006, S. 340 (341); Ladiges, Die Bekämpfung nicht-staatlicher Angreifer im Luftraum, S. 41; anschaulich Schmidt-Jortzig, DÖV 2002, S. 773 (776), der allerdings zusätzlich die Inanspruchnahme der Streitkräfte als spezifisch militärischen Handlungsverband verlangt. Es wird jedoch nicht erkennbar, welchen Erkenntniswert dieses zusätzliche Kriterium haben soll; Paulus, Parlament und Streitkräfteeinsatz, S. 376 ff.

1599 Gornig, JZ 1993, S. 123 (126); Jahn/Riedel, DÖV 1988, S. 957 (959); E. Klein, in: Isensee/Kirchhof (Hg.), Handbuch des Staatsrechts, Bd. VII, Normativität und Schutz der Verfassung - Internationale Beziehungen, § 169 Rdnr. 45; Pieroth, in: Jarass/Pieroth, Grundgesetz, Art. 87 a Rdnr. 11; Wild, DÖV 2000, S. 622 (624); Lutze, NZWehr 2001, S. 117 (119); Jochum, JuS 2006, S. 511 (512); ähnlich Stein, in: Festschrift für Reinhard Mußgnug, S. 85 (90): „Entscheidend kann aber doch nur sein, ob das Militär seiner eigentlichen Funktion gemäß verwendet wird."

1600 Dieser Verwechslung unterliegt aber Dreist, KritV 87 (2004), S. 79 (91), der z. B. Einsätze der Streitkräfte nach Art. 35 Abs. 3 GG, die unstreitig nicht der Zustimmung des Deutschen Bundestages bedürfen, als „Einsatz bewaffneter Streitkräfte" im Sinne des konstitutiven Parlamentsvorbehalts wertet. Keine hinreichende Differenzierung der Begriffe „Einsatz" und „Einsatz bewaffneter Streitkräfte" bei: Burkiczak, ZRP 2003, S. 83 f.; Fischer/Fischer-Lescano, KritV 2002, S. 113 (115 ff.); Wild, DÖV 2000, S. 622 (624); Oeter, NZWehr 2000, S. 89 (97); Sigloch, Auslandseinsätze der deutschen Bundeswehr, S. 46 ff.; Ladiges, Die Bekämpfung nicht-staatlicher Angreifer im Luftraum, S. 48 ff. Konfus indes Schröder, Das parlamentarische Zustimmungsverfahren, S. 166 ff., der seitenlang ergebnislos die längst geklärte Frage erörtert, was ein Einsatz i. S. des Art. 87 a Abs. 2 GG ist.

1601 Oeter, NZWehr 2000, S. 89 (96 ff.).

1602 Vgl. den Überblick bei Wiefelspütz, Der Einsatz bewaffneter deutscher Streitkräfte, S. 32 ff.; in sehr enger Anlehnung – wie noch häufig – an die vorstehende Monographie Schröder, Das parlamentarische Zustimmungsverfahren, S. 186 ff.

1603 Z. B. Schulze, JR 1995, S. 98 (100 ff.); Schroeder, JuS 1995, S. 398 (404); Stein/Kröninger, Jura 1995, S. 254 (259); Limpert, Auslandseinsatz, S. 45 ff.; ders., in: Der Staat als Teil und als Ganzes, S. 41 (45 ff.); Sachs, JuS 1995, S. 163 (166).

Gelegentlich unterbleibt eine nähere Auseinandersetzung mit der Reichweite des Parlamentsvorbehalts, weil er abgelehnt wird.[1604]

Bodo Pieroth meint, der Bundestag müsse „jedem militärischen Einsatz der Streitkräfte im Einzelfall vorher zustimmen"[1605]. Nach Ondolf Rojahn bedarf der Einsatz von Bundeswehreinheiten im Einzelfall der konkreten Zustimmung des Bundestages, und zwar unabhängig von der in einem Vertragsgesetz im Vorwege erteilten abstrakten Zustimmung des Gesetzgebers zum militärischen Einsatz von Streitkräften.[1606] Juliane Kokott und Christian Hillgruber erörtern den konstitutiven Parlamentsvorbehalt „für den militärischen Einsatz von Streitkräften"[1607]. Für Juliane Kokott hat das Bundesverfassungsgericht die Frage, unter welchen Voraussetzungen nach dem Grundgesetz ein „Einsatz bewaffneter Streitkräfte" vorliege, nicht geklärt, weshalb unsicher sei, ob der Anwendungsbereich des PBG verfassungskonform festgelegt oder gegebenenfalls verfassungskonform auszulegen sei. Für die Einbeziehung in eine bewaffnete Unternehmung genüge die hinreichende Wahrscheinlichkeit einer bewaffneten Eskalation. Die Funktion des vorherigen Parlamentsvorbehalts und dessen Effektivität sprächen für diese Auffassung, da ansonsten der Bundestag vor vollendete Tatsachen gestellt werden könnte, indem er den Einsatz nur noch nachträglich billigen könnte.[1608]

Für Manfred Baldus erstreckt sich der Parlamentsvorbehalt auf „konkrete bewaffnete Einsätze"[1609]. Es bedürfe aber der Klärung, „ob der Parlamentsvorbehalt auch schon bei Truppendislozierungen im Vorfeld eines kriegerischen Konflikts oder bei Manövern ausgelöst"[1610] werde. Abgrenzungskriterium der zustimmungsbedürftigen von zustimmungsfreien Einsätzen sei die Gefährdung von Leib und Leben der Soldaten. Kein Kriterium sei die Bewaffnung, die Anzahl der Soldaten, Kosten und Einsatzdauer.[1611]

Werner Heun hebt lediglich hervor, daß „der Bundeswehreinsatz nach Auffassung des Bundesverfassungsgerichts unter einem Parlamentsvorbehalt"[1612] stehe. Stephan Hobe

---

1604 Vgl. Roellecke, Der Staat 1995, S. 415 (423 ff.); Stein/Kröninger, Jura 1995, S. 254 (261 f.).

1605 Pieroth, in: Jarass/Pieroth, Grundgesetz, Art. 87 a Rdnr. 11.

1606 Rojahn, in: von Münch/Kunig (Hg.), Grundgesetz, Bd. 2, Art. 24 Rdnr. 93.

1607 Kokott, in: Sachs (Hg.), Grundgesetz, Art. 87 a Rdnr. 38; Hillgruber, in: Umbach/Clemens (Hg.), Grundgesetz, Bd. II, Art. 87 a Rdnr. 34; ähnlich Brenner/Hahn, JuS 2001, S. 729 (730): „In der Konsequenz dieser Ausgestaltung als „Parlamentsheer" liegt es, daß alle militärischen Einsätze der Bundeswehr grundsätzlich einen vorherigen Beschluß des Bundestages ... erfordern ..."

1608 Kokott, in: Sachs (Hg.), Grundgesetz, Art. 87 a Rdnr. 42.

1609 Baldus, in: von Mangoldt/Klein/Starck (Hg.), Grundgesetz, Bd. 3, Art. 87 a Rdnr. 44.

1610 Baldus, in: von Mangoldt/Klein/Starck (Hg.), Grundgesetz, Bd. 3, Art. 87 a Rdnr. 45.

1611 Baldus, Deutscher Bundestag, 15. Wahlperiode, Ausschuß für Wahlprüfung, Immunität und Geschäftsordnung, Protokoll G 25 vom 17. Juni 2004, S. 60 ff.

1612 Heun, in: Dreier (Hg.), Grundgesetz, Bd. III, Art. 87 a Rdnr. 17; ähnlich Schmidt-Bleibtreu, in: Schmidt-Bleibtreu/Klein, Grundgesetz, 9. Aufl., 1999, Art. 87 a Rdnr. 5a.

meint, das Bundesverfassungsgericht habe „die Entsendung von Soldaten an einen dafür konstitutiven Parlamentsvorbehalt geknüpft"[1613]. Nach Dieter Blumenwitz bedarf jeder Einsatz deutscher Streitkräfte der konstitutiven Zustimmung. Keiner Zustimmung des Bundestages bedürften Hilfsdienste und Hilfeleistungen der Bundeswehr, da es sich hier – sofern die Soldaten dabei nicht in bewaffnete Unternehmungen einbezogen seien – nicht um militärische Einsätze i. S. der Verfassung handele.[1614] Für Michael Wild läßt sich der Inhalt des Parlamentsvorbehalts aus seinem Zweck genauer bestimmen. Der Parlamentsvorbehalt knüpfe nicht an den Zweck eines Einsatzes an, sondern nur an das formale Kriterium der Bewaffnung, die schon allein die abstrakte Gefahr einer gewaltsamen Eskalation mit sich bringe.[1615] Nach Auffassung von Christof Gramm gibt es noch keine rechtliche Klarheit darüber, ab wann die Schwelle zur bewaffneten militärischen Unternehmung überschritten werde. Eine abstrakt-generelle Regelung bliebe ihrerseits interpretationsbedürftig. Die uneindeutigen Fälle ließen sich mit dem Grundsatz „im Zweifel für den Parlamentsvorbehalt" wohl am ehesten einer Lösung zuführen.[1616]

Immerhin den Versuch einer Konkretisierung des Parlamentsvorbehalts unternimmt Georg Nolte. Nicht nur Kampfeinsätze unterfielen dem Parlamentsvorbehalt, sondern auch Einsätze, bei denen die Verwendung der mitgeführten Waffen unwahrscheinlich sei. Eine Grenzziehung für den Parlamentsvorbehalt, die einen großen Sicherheitsabstand zu eigentlichen Kampfeinsätzen für geboten halte, sei grundsätzlich legitim. Der umfassenden parlamentarischen Kontrolle der Streitkräfte seien jedoch teleologische und funktionelle Grenzen gesetzt. Wenn Kriegsschiffe auf Hoher See über ihre gewöhnlichen Aktivitäten in Friedenszeiten nur insoweit hinausgingen, als sie nicht-militärischen Verkehr beobachteten, sei der Bezug zur „Grundentscheidung über Krieg und Frieden" nicht mehr ersichtlich. Erst wenn AWACS-Verbände einen Auftrag erhielten, der in der äußeren Erscheinungsform über die gewöhnlichen Aufklärungs-, Übungs- oder Patrouillenaktivitäten in Friedenszeiten hinausginge, wozu auch ihre Verwendung als Feuerleitsystem gehöre, erscheine eine Beteiligung des Parlaments sinnvoll und geboten.[1617]

In einem weiteren Beitrag von Georg Nolte heißt es: „Thus, the scope of an „armed operation" requiring parliamentary approval is very wide and includes every operation in which members of the armed forces, while armed for that particular purpose, perform a duty outside the German territory which entails some minimal risk of taking or inflicting casualties."[1618]

1613 Hobe, in: Friauf/Höfling, Grundgesetz, Art. 24 Rdnr. 60.

1614 Blumenwitz, BayVBl. 1994, S. 678 (681).

1615 Wild, DÖV 2000, S. 622 (624).

1616 Gramm, UBWV 2003, S. 161 (163).

1617 Nolte, ZaöRV 54 (1994), S. 652 (678).

1618 Nolte, in: Ku/Jacobson (Hg.), Democratic Accountability, S. 231 (244).

Für Wolff Heintschel von Heinegg ist entscheidend, ob die Soldaten in bewaffnete Unternehmungen einbezogen sind. Nicht die deutsche Beteiligung, sondern die Aktion als Ganze sei für die Abgrenzung entscheidend. Allgemein lasse sich sagen, daß das Zustimmungserfordernis immer dann gelte, wenn in Bezug auf das Einsatzgebiet die Voraussetzungen von Art. 39 SVN bejaht worden seien oder es überhaupt an friedlichen Rahmenbedingungen fehle.[1619]

Rupert Scholz hält den Begriff „bewaffneter Einsatz" für nur schwer eingrenzbar.[1620] Nach Hans H. Klein sind die verfassungsgerichtlichen Vorgaben für den Begriff „bewaffneter Einsatz" nicht sehr konkret, sehe man von dem klarstellenden Hinweis ab, daß ein Einsatz bewaffneter Streitkräfte im Rahmen von Resolutionen des Sicherheitsrats der VN stets der parlamentarischen Zustimmung bedürfe.[1621]

Für Joachim Wieland ist in der Frage der Schwelle zur Zustimmungsbedürftigkeit einer militärischen Operation die Herleitung des Parlamentsvorbehalts aus der Verfassungsgeschichte relevant. Es sei immer auf die Kriegserklärung abgestellt worden, die es heute tatsächlich nicht mehr gebe. Daß es die Kriegserklärung nicht mehr gebe, verändere nicht die Schwelle. Die Schwelle bleibe gleich hoch. Auch der territoriale Aspekt sei sehr wichtig.[1622] Kleinere Einsätze brauchten nicht besonders beschlossen werden. Wenn aber die Schwelle überschritten werde, ab der man nach klassischem Völkerrecht die Kriegserklärung erwartet hätte, sei der Parlamentsvorbehalt wirksam.[1623]

Heike Krieger hebt hervor, der (wehrverfassungsrechtliche) Parlamentsvorbehalt wolle gewährleisten, daß die Verantwortung für die Entscheidung über einen Streitkräfteeinsatz angesichts der Schwere der möglichen Folgen für die Bundesrepublik Deutschland von der Exekutive und der Legislative gemeinsam getragen werden. Der Parlamentsvorbehalt dürfe nur durch die konkrete Gefahr der Verstrickung ausgelöst werden. Nur die entfernte Möglichkeit, daß bewaffnete Streitkräfte in bewaffnete Auseinandersetzungen verwickelt würden, reiche nicht aus. Die konkrete Verstrickungsgefahr sei von der abstrakten Gefahr zu trennen. Nicht die Bewaffnung, sondern die Gesamtschau aller Umstände sei entscheidend. Ob eine konkrete Verstrickungsgefahr vorliege, hänge entscheidend vom Einsatzauftrag und Einsatzort ab.[1624]

1619 Heintschel von Heinegg, in: Tomuschat (Hg.), Rechtsprobleme einer europäischen Sicherheits- und Verteidigungspolitik, S. 87 (92).

1620 Scholz, Deutscher Bundestag, 15. Wahlperiode, Ausschuß für Wahlprüfung, Immunität und Geschäftsordnung, Protokoll G 25 vom 17. Juni 2004, S. 117.

1621 Klein, Deutscher Bundestag, 15. Wahlperiode, Ausschuß für Wahlprüfung, Immunität und Geschäftsordnung, Protokoll G 25 vom 17. Juni 2004, S. 94.

1622 Wieland, Deutscher Bundestag, 15. Wahlperiode, Ausschuß für Wahlprüfung, Immunität und Geschäftsordnung, Protokoll G 25 vom 17. Juni 2004, S. 18.

1623 Wieland, Deutscher Bundestag, 15. Wahlperiode, Ausschuß für Wahlprüfung, Immunität und Geschäftsordnung, Protokoll G 25 vom 17. Juni 2004, S. 26.

1624 Krieger, Streitkräfte im demokratischen Verfassungsstaat, S. 323 ff., 326.

Florian Schröder betont, ein Einsatz bewaffneter Streitkräfte liege vor, wenn deutsche Soldaten im Ausland allein oder zusammen mit anderen Streitkräften Tätigkeiten verrichten, die nicht ausschließlich humanitären Zwecken dienen, oder Dritte bei derartigen Tätigkeiten unterstützen, und sie dadurch die Gefahr einer Verwicklung der Bundesrepublik Deutschland in eine bewaffnete Auseinandersetzung begründen. Dies sei insbesondere der Fall, wenn die Tätigkeiten innerhalb oder mit Auswirkungen innerhalb eines Gebietes stattfänden, für welches die Voraussetzungen des Art. 39 SVN festgestellt wurden, in welchem es zu Kampfhandlungen komme oder in welchem solche zu erwarten seien. Weiterhin liege ein Einsatz bewaffneter Streitkräfte vor, wenn deutsche Soldaten im Ausland zur Erfüllung ihres Auftrages Waffen mit sich führen, von ihnen Gebrauch machen oder Dritte in einer dieser Tätigkeiten unterstützen, es sei denn, dies sei nur aufgrund der Beschaffenheit des notwendigen Materials unvermeidlich, diene ausschließlich Übungszwecken, oder der Auftrag liege im bloßen Präsentieren der Waffen.[1625]

Wolfgang Weiß vertritt die Verfassung, bei bewaffneten Einsätzen gehe es um Situationen, in denen die Bundeswehr von ihren Waffen aktuell oder potentiell Gebrauch mache. Ein bewaffneter Einsatz liege deshalb vor, weil die Bundeswehr hoheitlich als Vollzugsorgan, das heißt mit zumindest potentieller, durch die Waffen ausgelöster Zwangswirkung oder mit Bezug auf diese auftrete. Kein bewaffneter Einsatz sei gegeben, wenn die Bundeswehr ohne die von ihrer Bewaffnung ausgehende Zwangswirkung eingesetzt werde.[1626]

Andreas Gilch meint, entscheidendes Kriterium sei der Grad der Gefahr der Einbeziehung deutscher Soldaten in eine bewaffnete Auseinandersetzung, in der sich ein militärtypisches und damit staatsrechtlich relevantes Kriegsrisiko oder – im Falle von Friedensmissionen – das Risiko bewaffneter Auseinandersetzungen von einigem Gewicht verwirkliche.[1627]

Thomas Schaefer betont, hinsichtlich des Gegenstandes der Parlamentsbeteiligung biete sich das Modell des Art. 59 Abs. 2 Satz 1 GG als Paradigma an für die Herstellung von Konkordanz zwischen dem von der Verfassung für außenpolitisches Handeln gewollten Eigenbereich exekutiver Handlungsbefugnis und Verantwortlichkeit und der verfassungsrechtlich gebotenen förmlichen Mitwirkung des Bundestages an der Willensbildung bei konkreten Entscheidungen über den Einsatz bewaffneter Streitkräfte.[1628] Durch die Rechtsprechung des Bundesverfassungsgerichts sei eine bewaffnete Auseinandersetzung mit Kriegscharakter oder kriegsähnlicher Bedeutung als maßgebliches Kriterium für die Auslösung des Parlamentsvorbehalts vorgegeben.[1629]

1625 Schröder, Das parlamentarische Zustimmungsverfahren, S. 203.

1626 Weiß, NZWehrr 2005, S. 100 (104).

1627 Gilch, Das Parlamentsbeteiligungsgesetz, S. 116.

1628 Schaefer, Verfassungsrechtliche Grenzen, S. 187 f.

1629 Schaefer, Verfassungsrechtliche Grenzen, S. 198.

Andreas L. Paulus kritisiert, während das Bundesverfassungsgericht in der AWACS II-Entscheidung bemüht gewesen sei, die konstitutive Parlamentszustimmung auf die Wurzel der Analogie zur klassischen Parlamentszustimmung zu Kriegserklärungen und Friedensschlüsse zurückzuführen, ende die Regelung im Parlamentsbeteiligungsgesetz mit der Ausweitung der Zustimmungsbedürftigkeit in Richtung auf jeden bewaffneten Einsatz, der über den Routinebetrieb hinausgehe und in der der Einsatz von Waffengewalt nicht ausgeschlossen werden könne. Statt einer vom Bundesverfassungsgericht angeregten Einschränkung („Abstufung") der konstitutiven Zustimmung des Bundestags, insbesondere für die Streitkräfteintegration, sei deren maximale Ausweitung getreten, ergänzt um ein unbegrenztes Rückholrecht, lediglich gemildert durch das – bei Obstruktionspolitik nur einer Fraktion im wesentlichen leer laufende – vereinfachte Verfahren des § 4 PBG."[1630]

Daniel Sigloch meint, das Gefährdungspotential einer militärischen Unternehmung sei für die Bestimmung des Parlamentsvorbehalts relevant.[1631]

3. Vom Bundesverfassungsgericht benannte Einsatzarten bewaffneter Streitkräfte

Da sich das Bundesverfassungsgericht im Streitkräfteurteil vom 12. Juli 1994[1632] und im AWACS II-Beschluß vom 25. März 2003[1633] mit insgesamt vier realen Einsatzkonstellationen[1634] zu befassen hatte, sind den Entscheidungen eine Reihe von Parametern zum Einsatz bewaffneter Streitkräfte zu entnehmen, die geeignet sind, den Gegenstandsbereich des wehrrechtlichen Parlamentsvorbehalts näher zu konkretisieren.[1635]

1630 Paulus, Parlament und Streitkräfteeinsatz, S. 339.

1631 Sigloch, Auslandseinsätze der deutschen Bundeswehr, S. 306.

1632 BVerfGE 90, S. 286 ff.

1633 AWACS-Einsatz in der Türkei.

1634 1. Einsatz deutscher Soldaten in Somalia.

2. Einsatz deutscher Soldaten in AWACS-Flugzeugen zur Durchsetzung eines Flugverbots über Bosnien-Herzegowina.

3. Beteiligung der Bundeswehr an einer Aktion von Seestreitkräften der NATO und der WEU in der Adria zur Überwachung und Durchsetzung eines Waffen- und Handelsembargos, das die VN gegen die Föderative Republik Jugoslawien verhängt hatte.

4. Einsatz von deutschen Soldaten in AWACS-Flugzeugen im Luftraum der Türkei im Jahre 2003.

1635 Wiefelspütz, Der Einsatz bewaffneter deutscher Streitkräfte, S. 34; ähnlich Schröder, Das parlamentarische Zustimmungsverfahren, S. 184.

Das Bundesverfassungsgericht erstreckt den Parlamentsvorbehalt ausdrücklich auf:

- den konkreten Einsatz der Bundeswehr nach Maßgabe der bestehenden Bündnisverpflichtung im Falle eines Angriffs auf einen Bündnispartner[1636],

- den Einsatz der Bundeswehr im Zusammenhang mit der Feststellung des Verteidigungsfalls[1637] und auf

- Einsätze bewaffneter Streitkräfte im Rahmen und auf der Grundlage von Resolutionen des Sicherheitsrates der VN, wobei es nicht auf die verschiedenen Einsatzformen von Friedenstruppen ankommt.[1638]

Diese Einsatzarten bilden gleichsam den Kern der Einsätze bewaffneter deutscher Streitkräfte.

Von den bislang 63 Fällen, in den der Bundestag dem Antrag auf Zustimmung zum Einsatz bewaffneter Streitkräfte zustimmte, erfolgten die meisten Einsätze im Rahmen von Resolutionen des Sicherheitsrates der VN. In der Staatspraxis[1639] war bei diesen militärischen Einsätzen die Notwendigkeit der konstitutiven Beteiligung des Parlaments nicht streitig.

Bei der deutschen Beteiligung an der Operation Enduring Freedom[1640] handelt es sich um eine gemeinsame Reaktion auf terroristische Angriffe gegen die USA am 11. September 2001.[1641] Ein VN-Mandat wurde für diesen Einsatz nicht erteilt.

4. Der „Einsatz bewaffneter Streitkräfte" i. S. des § 2 Abs. 1 PBG

Nach § 2 Abs. 1 PBG liegt ein Einsatz bewaffneter Streitkräfte vor, wenn Soldatinnen oder Soldaten der Bundeswehr in bewaffnete Unternehmungen einbezogen sind oder eine Einbeziehung in eine bewaffnete Unternehmung zu erwarten ist.

1636 BVerfGE 90, S. 286 (387).

1637 BVerfGE 90, S. 286 (387). Soweit Bundestag und Bundesrat gemäß Art. 115 a GG den Verteidigungsfall festgestellt haben, schließt diese Entscheidung die Zustimmung des Parlaments zu einem Einsatz bewaffneter Streitkräfte ein.

1638 BVerfGE 90, S. 286 (387 f.).

1639 Zur Staatspraxis instruktiv Limpert, Auslandseinsatz, S. 62 ff.

1640 NATO-Ratsbeschluß: 4. Oktober 2001, Bündnisfall nach Art. 5 NATO-Vertrag einstimmig festgestellt; Kabinettentscheidung: 7. November 2001, BT-Drs. 14/7296; Empfehlung Auswärtiger Ausschuß: BT-Drs. 14/7447; Vertrauensfrage des Bundeskanzlers gemäß Art. 68 GG, BT-Drs. 14/7400 vom 13. November 2001; Zustimmung des Bundestages: 16. November 2001. Instruktiv dazu Limpert, Auslandseinsatz, S. 82 ff.

1641 Vgl. Ipsen, Staatsrecht I, 18. Aufl., 2006, Rdnr. 245.

§ 2 Abs. 1 PBG ist eine Legaldefinition des Einsatzes bewaffneter Streitkräfte.[1642] Es werden nicht nur Einsätze im Rahmen bewaffneter Unternehmungen umfaßt, sondern auch Einsätze, bei denen mit der Einbeziehung in eine bewaffnete Unternehmung zu rechnen ist.

§ 2 PBG erfaßt – sieht man von Einsätzen von geringer Intensität und Tragweite ab – *alle* bewaffneten Einsätze, nicht etwa nur oder auch nur vor allem Einsätze auf der Grundlage von Art. 24 Abs. 2 GG.[1643] Das PBG sieht eine Differenzierung nach der Rechtsgrundlage der bewaffneten Einsätze nicht vor. Auch das Bundesverfassungsgericht kann dafür nicht herangezogen werden.

a) Krieg, kriegsähnliche Operationen, Kampfhandlungen

Den Parlamentsvorbehalt lösen unstreitig aus: bewaffnete Einsätze der Bundeswehr im Rahmen der Landesverteidigung und der Bündnisverteidigung, Einsätze der Bundeswehr im Zusammenhang mit der Feststellung des Verteidigungsfalls und Einsätze bewaffneter Streitkräfte auf der Grundlage von Resolutionen des Sicherheitsrates der VN. Diese Aufzählung ist freilich nicht abschließend, erfaßt aber die meisten der in Betracht kommenden bewaffneten Einsätze.

Es bedarf ferner der Klärung, welche organisatorisch-militärische Maßnahmen eingeleitet oder angeordnet sein müssen, damit die Voraussetzungen für eine zwingende Beteiligung des Parlaments gegeben sind.

Im Streitkräfteurteil hebt das Gericht darauf ab, ob Soldaten „in bewaffnete Unternehmungen einbezogen sind"[1644]. Eine „unmittelbare Einbeziehung in Kampfhandlungen"[1645] löst den konstitutiven Parlamentsvorbehalt aus.

> „Nicht der Zustimmung des Bundestages bedarf die Verwendung von Personal der Bundeswehr für Hilfsdienste und Hilfeleistungen im Ausland, sofern die Soldaten dabei nicht in bewaffnete Unternehmungen einbezogen sind."[1646]

Es ist außerdem von besonderer Bedeutung, wenn das Gericht in seinem AWACS II-Beschluß vom 25. März 2003 in Fortführung und Ergänzung seiner Rechtsprechung betont:

> „Der konstitutive Parlamentsvorbehalt ist in der Begründung auf das historische Bild

---

1642 BT-Drs. 15/2742, S. 5; Wiefelspütz, NVwZ 2005, S. 496; Weiß, NZWehrr 2005, S. 100 (106), kritisiert, daß der Gesetzgeber die Chance zu einer näheren Bestimmung des bewaffneten Einsatzes nicht genutzt habe. Ähnlich die Kritik von Rau, AVR 44 (2006), S. 93 (98).

1643 So aber Schaefer, Verfassungsrechtliche Grenzen, S. 230 ff.

1644 BVerfGE 90, S. 286 (388).

1645 BVerfGE 108, S, 34 (42 f.).

1646 BVerfGE 90, S. 286 (388).

eines Kriegseintritts zugeschnitten (vgl. BVerfGE 90, 286 <383>). Unter den heutigen politischen Bedingungen, in denen Kriege nicht mehr förmlich erklärt werden, steht eine sukzessive Verstrickung in bewaffnete Auseinandersetzungen dem offiziellen Kriegseintritt gleich. Deshalb unterliegt grundsätzlich jeder Einsatz bewaffneter deutscher Streitkräfte der konstitutiven parlamentarischen Mitwirkung."[1647]

Damit wird vom Gericht neben den Einsätzen bewaffneter Streitkräfte im Rahmen von Resolutionen des Sicherheitsrates der VN[1648] die – auch schrittweise – Verwicklung oder Verstrickung deutscher Soldaten in bewaffnete Auseinandersetzungen mit Kriegscharakter oder kriegsähnlicher Bedeutung als maßgebliches materielles Kriterium für die Auslösung des Parlamentsvorbehalts vorgegeben. Hierdurch wird ein Maßstab gewonnen, mit dessen Hilfe die Abgrenzung zustimmungspflichtiger Einsätze von nicht zustimmungspflichtigen Einsätzen danach erfolgt, ob deutsche Soldaten in eine bewaffnete militärische Unternehmung,[1649] die mit Kriegsgeschehen gleichzusetzen ist, einbezogen werden.[1650]

Aus der konstitutiven Beteiligung des Bundestages bei vor allem kriegsähnlichen Operationen oder Kriegshandlungen deutscher Soldaten folgt andererseits, daß Einsätze im Frieden, auch Verwendungen von *bewaffneten* Soldaten in Friedenszeiten ausschließlich Sache der Bundesregierung sind. Beispielsweise unterliegt die Bewachung von militärischen Anlagen im Inland oder im verbündeten Ausland durch bewaffnete Soldaten der Bundeswehr nicht der Zustimmung durch den Bundestag, weil die Bundeswehr Friedensdienst leistet. Gleiches gilt für Manöver, militärische Ausbildung, Wachdienst und vergleichbare Verwendungen in Friedenszeiten.

Nicht der konstitutiven Beteiligung des Parlaments bedarf der tägliche Dienst deutscher Soldaten in integrierten Einheiten der NATO, weil es sich ausschließlich um die Wahrnehmung von Bündnisverpflichtungen in Friedenszeiten handelt. Dazu gehören auch die regelmäßigen Überwachungsflüge der AWACS-Flugzeuge der NATO mit zum Teil deutscher Besatzung über NATO-Gebiet. Diese Flüge werden auch nicht dadurch zustimmungsbedürftig, daß mit den technischen Einrichtungen der Flugzeuge in den Luftraum von Staaten „hineingeschaut" wird, die nicht der NATO angehören.[1651]

In Übereinstimmung mit der herrschenden Auffassung[1652] geht das PBG davon

---

1647 BVerfGE 108, S. 34 (42 f.).

1648 BVerfGE 90, S. 286 (387 f.).

1649 Vgl. BVerfGE 90, S. 286 (387 f.); Oeter, NZWehrr 2000, S. 89 (97).

1650 Vgl. Wiefelspütz, NZWehrr 2003, S. 133 (138); ders., Das Parlamentsheer, S. 423; Schaefer, Verfassungsrechtliche Grenzen, S. 196.

1651 Wiefelspütz, NVwZ 2005, S. 496 (497).

1652 Vgl. Klein, Deutscher Bundestag, 15. Wahlperiode, Ausschuß für Wahlprüfung, Immunität und Geschäftsordnung, Protokoll G 25 vom 17. Juni 2004, S. 13; Röben, Deutscher Bundestag, 15. Wahlperiode, Ausschuß für Wahlprüfung, Immunität und Geschäftsordnung, Protokoll G 25 vom

aus, daß *jeder* bewaffnete Einsatz der Zustimmung des Bundestages bedarf.[1653] Der Gesetzgeber hat sich in § 2 Abs. 1 PBG dafür entschieden, daß *jeder* bewaffnete Einsatz – unabhängig von Art, Intensität, Umfang und Bedeutung – der Zustimmung des Parlaments bedarf. Entscheidend ist nach § 2 Abs. 1 PBG allein, ob Soldatinnen oder Soldaten der Bundeswehr in bewaffnete Unternehmungen einbezogen sind oder eine Einbeziehung in eine bewaffnete Unternehmung zu erwarten ist.[1654]

Das wird auch durch § 4 Abs. 1 PBG belegt.[1655] Danach kann bei Einsätzen von geringer Intensität und Tragweite die Zustimmung in einem vereinfachten Verfahren erteilt werden.

Von einem Teil der Vertreter der Mehrheitsauffassung wird bei Entscheidungen über bewaffnete Einsätze von geringerer Bedeutung ein „Entsendeausschuß"[1656] oder ein „Vorbereitungsausschuß"[1657] mit der Wahrnehmung der Befugnisse des Plenums beauftragt. Diese Auffassungen haben sich freilich im Gesetzgebungsverfahren des PBG nicht durchgesetzt.[1658]

Zu den zustimmungspflichtigen Einsätzen der Bundeswehr nach § 2 Abs. 1 PBG gehören grundsätzlich auch kleinere Erkundungskommandos (Fact-Finding-Missionen),[1659] von denen die Modalitäten eines geplanten Einsatzes geprüft werden.[1660]

---

17. Juni 2004, S. 14; Baldus, Deutscher Bundestag, 15. Wahlperiode, Ausschuß für Wahlprüfung, Immunität und Geschäftsordnung, Ausschußdrucksache 15 – G – 32, S. 22; Schmidt-Jortzig, Deutscher Bundestag, 15. Wahlperiode, Ausschuß für Wahlprüfung, Immunität und Geschäftsordnung, Protokoll G 25 vom 17. Juni 2004, S. 15; Dreist, NZWehrr 2001, S. 1 (7); ders., KritV 87 (2004), S. 79 (89); Schröder, Das parlamentarische Zustimmungsverfahren, S. 206; Weiß, NZWehrr 2005, S. 100 (104); Gilch, Das Parlamentsbeteiligungsgesetz, S. 117; Schaefer, Verfassungsrechtliche Grenzen, S. 202 f. Der Gesetzentwurf der F.D.P.-Bundestagsfraktion (BT-Drs. 15/1985) geht ebenfalls davon aus, daß sämtliche bewaffnete Einsätze der Streitkräfte der konstitutiven Zustimmung des Bundestages bedürfen. Vgl. dazu Wiefelspütz, NZWehrr 2004, S. 133 (134).

1653 Wiefelspütz, NVwZ 2005, S. 496 (497).

1654 Krieger, Streitkräfte im demokratischen Verfassungsstaat, S. 324 ff., hält unter Berufung auf BVerfGE 108, S. 34 (43), die „Verstrickung in bewaffnete Auseinandersetzungen" für entscheidend. Für Schröder, Das parlamentarische Zustimmungsverfahren, S. 192, ist die „Verwicklung in eine bewaffnete Auseinandersetzung" maßgeblich. Die „Verstrickung in bewaffnete Auseinandersetzungen" oder die „Verwicklung in eine bewaffnete Auseinandersetzung" ist aber nichts anderes als die Einbeziehung in eine bewaffnete Unternehmung i. S. des § 2 Abs. 1 PBG.

1655 Ähnlich Rau, AVR 44 (2006), S. 93 (99) mit Hinweis auf § 4 Abs. 3 PBG.

1656 FDP-Antrag, BT-Drs. 15/36, S. 2 f. Ziff. 5; ähnlich Burkiczak, ZRP 2003, S. 82 (85). Vgl. jetzt auch den Antrag der FDP-Bundestagsfraktion BT-Drs. 16/3342; dazu Axer, ZRP 2007, S. 82 ff.

1657 Abg. Dr. Bartels (SPD), DER SPIEGEL, Heft 18/2003, S. 20.

1658 Vgl. Wiefelspütz, Das Parlamentsheer, S. 424; Paulus, Vortrag, S. 23; ders., in: Weingärtner (Hg.), Einsatz der Bundeswehr im Ausland, S. 81 (89).

1659 Vgl. dazu Dreist, NZWehrr 2002, S. 133 (144 f.).

1660 So im Ergebnis auch Abg. van Essen (F.D.P.), Deutscher Bundestag, 15. Wahlperiode, Ausschuß für Wahlprüfung, Immunität und Geschäftsordnung, Protokoll G 9, S. 11.

Gleiches gilt für kleinere militärische Austauschprogramme, kurzfristige Einsätze, die Entsendung von Austausch- oder Verbindungsoffizieren[1661] und die Abstellung einzelner oder weniger Soldaten für Einsätze in VN-Friedenstruppen.

Anderes gilt freilich, wenn nicht zu erwarten ist, daß das Erkundungskommando in eine bewaffnete Unternehmung verstrickt wird, insbesondere das Einsatzgebiet der Erkundungsmission (noch) nicht kriegsverstrickt ist.[1662]

Es wird indes auch die Meinung vertreten, daß bewaffnete Einsätze von geringer Intensität und Tragweite (noch) nicht den wehrverfassungsrechtlichen Parlamentsvorbehalt auslösen. Die Einbeziehung *aller* bewaffneten Einsätze in den konstitutiven Parlamentsvorbehalt läßt sich nämlich nicht zwingend auf die Rechtsprechung des Bundesverfassungsgerichts stützen.[1663] Der Hinweis des Bundesverfassungsgerichts auf so gravierende Ereignisse wie Krieg und Kriegseintritt[1664] belegt, daß erst eine militärische Operation von einigem Ausmaß und Gewicht die Zustimmung des Bundestages verlangt.[1665] Die Beteiligung deutscher Soldaten an bewaffneten Einsätzen von lediglich geringer Bedeutung ist hingegen von Verfassungs wegen (noch) nicht zustimmungspflichtig.[1666]

Nach Auffassung des Bundesverfassungsgerichts unterliegt zwar „grundsätzlich jeder Einsatz bewaffneter deutscher Streitkräfte der konstitutiven parlamentarischen Mitwirkung".[1667] „Grundsätzlich" ist nach dem Wortsinn jedoch nicht gleichzusetzen mit „ausnahmslos" oder „in jedem Fall".[1668]

1661 Vgl. Verteidigungsminister Dr. Peter Struck (SPD), Deutscher Bundestag, 15. Wahlperiode, Ausschuß für Wahlprüfung, Immunität und Geschäftsordnung, Protokoll G 9, S. 9; Dreist, ZG 2004, S. 39 (54 Fn. 77).

1662 Ähnlich Schaefer, Verfassungsrechtliche Grenzen, S. 221.

1663 Wiefelspütz, BayVBl. 2003, S. 609 (612); ders., Das Parlamentsheer, S. 425; Krieger, Streitkräfte im demokratischen Verfassungsstaat, S. 321. Explizit a. A.: Klein, Deutscher Bundestag, 15. Wahlperiode, Ausschuß für Wahlprüfung, Immunität und Geschäftsordnung, Protokoll G 25 vom 17. Juni 2004, S. 13.

1664 BVerfGE 108, S. 34 (42 f.); vgl. auch Wiefelspütz, Das Parlamentsheer, S. 425; Weiß, NZWehrr 2005, S. 100 (104).

1665 Wiefelspütz, Das Parlamentsheer, S. 425; Schaefer, Verfassungsrechtliche Grenzen, S. 197. Schaefer argumentiert freilich widersprüchlich, weil er gleichzeitig (a. a. O., S. 202 f.) jeden bewaffneten, also auch einen weniger gravierenden Einsatz für zustimmungspflichtig hält.

1666 Vgl. Wiefelspütz, Das Parlamentsheer, S. 212 FN 865; ders., NZWehr 2003, S. 133 (140); ders., BWV 2003, S. 193 (195); ders., Der Einsatz bewaffneter deutscher Streitkräfte, S. 37; Wieland, Deutscher Bundestag, 15. Wahlperiode, Ausschuß für Wahlprüfung, Immunität und Geschäftsordnung, Protokoll G 25 vom 17. Juni 2004, S. 18; Calliess, in: Isensee/Kirchhof (Hg.), Handbuch des Staatsrechts, Bd. IV, Aufgaben des Staates, § 83 Rdnr. 39. Ähnlich Oeter, NZWehrr 2000, S. 89 (97) und Paulus, Parlament und Streitkräfteeinsatz, S. 301 f.; ders., in: Weingärtner (Hg.), Einsatz der Bundeswehr im Ausland, S. 81 (93); Nowrot, NZWehr 2003, S. 65 (73), befürwortet bei bewaffneten Einsätzen von geringer Bedeutung lediglich eine Abstufung der Kontrollbefugnisse des Bundestages.

1667 BVerfGE 108, S. 34 (43).

1668 Wiefelspütz, BayVBl. 2003, S. 609 (612); Krieger, Streitkräfte im demokratischen Verfassungsstaat,

Allerdings empfiehlt das Gericht für Einsätze, die „erkennbar von geringer Bedeutung sind"[1669], den Zeitpunkt und die Intensität der Kontrolle des Parlaments näher zu umgrenzen.[1670] Das scheint dafür zu sprechen, daß *jeder* Einsatz bewaffneter Streitkräfte den Parlamentsvorbehalt auslöst.[1671] Wenngleich die Hürde zum Parlamentsvorbehalt nicht zu hoch angesetzt werden darf, um den konstitutiven Parlamentsvorbehalt nicht zu entwerten, *jeglicher* Verzicht auf materielle, gewichtende Kriterien für das Auslösen des Parlamentsvorbehalts ist mit dem Gepräge des wehrverfassungsrechtlichen Parlamentsvorbehalts nicht vereinbar. Das Bundesverfassungsgericht hebt selbst „auf das historische Bild eines Kriegseintritts"[1672] und damit auf eine gravierende bewaffnete Unternehmung ab.

Der Gesetzgeber des PBG hat sich freilich anders entschieden. Verfassungsrechtlich geboten ist lediglich: Wenn und soweit bewaffnete Einsätze eine in einem Parlamentsbeteiligungsgesetz näher zu konkretisierende Intensität und Tragweite nicht erreichen, sind sie selbst dann nicht zustimmungspflichtig, wenn die Soldaten in eine bewaffnete Unternehmung einbezogen werden oder sich auf einem kriegsbefangenen Territorium bewegen.[1673]

Ebenso wenig bedarf ein Einsatz bewaffneter Streitkräfte von Verfassungs wegen der Zustimmung des Parlaments, wenn es sich bei der Unternehmung materiell-funktional um eine polizeiliche Unternehmung der Streitkräfte wie bei der Rettungsaktion in Tirana / Albanien (Operation LIBELLE)[1674] im Jahre 1997 handelt.[1675] Auch bei solchen

---

S. 321; a. A. Weiß, NZWehrr 2005, S. 100 (106).

1669 BVerfGE 90, S. 286 (389).

1670 BVerfGE 90, S. 286 (389).

1671 Von dieser „übervorsichtigen" Auffassung ging offenbar die Bundesregierung in der 15. Wahlperiode des Deutschen Bundestages aus. Vgl. Bundesaußenminister Fischer (Bündnis 90/Die Grünen), Deutscher Bundestag, 15. Wahlperiode, Ausschuß für Wahlprüfung, Immunität und Geschäftsordnung, Protokoll G 11 vom 27. Juni 2003. So auch die herrschende Meinung. Siehe oben S. 319.

1672 BVerfGE 108, S. 34 (42 f.).

1673 Abg. Dr. Dieter Wiefelspütz (SPD), Deutscher Bundestag, 15. Wahlperiode, Ausschuß für Wahlprüfung, Immunität und Geschäftsordnung, Ausschußdrucksache 15 – G – 17, S. 36; Abg. Jörg van Essen (F.D.P.), Deutscher Bundestag, 15. Wahlperiode, Ausschuß für Wahlprüfung, Immunität und Geschäftsordnung, Protokoll G 11 vom 27. Juni 2003, S. 11. Im Eckpunktepapier der CDU/CSU für ein Parlamentsbeteiligungsgesetz vom 10. November 2003 wird vorgeschlagen, gesetzlich genau vorzugeben, wann es sich um sog. kleine Einsätze handelt, auf die sich der Parlamentsvorbehalt nicht erstreckt; siehe dazu Wiefelspütz, Das Parlamentsheer, S. 540.

1674 Vgl. Wiefelspütz, Das Parlamentsheer, S. 290. Seinerzeit sind freilich Bundesregierung und Bundestag von der (nachträglichen) Zustimmungsbedürftigkeit der Rettungsaktion ausgegangen. Vgl. BT-Drs. 13/7233; nachträgliche Zustimmung des Deutschen Bundestages am 20. März 1999, Deutscher Bundestag, 13. Wahlperiode, 166. Sitzung, 20. März 1997, Sten. Prot. S. 14989 C, D.

1675 Wiefelspütz, Das Parlamentsheer, S. 427; ders., NVwZ 2005, S. 496 (497); so auch Röben, ZaöRV 63 (2003), S. 585 (586 Fn. 4); ähnlich Kreß, ZaöRV 57 (1997), S. 329 (356); a. A. Rau, AVR 44 (2006), S. 93 (99); Sigloch, Auslandseinsätze der deutschen Bundeswehr, S. 308; Paulus, Parlament und Streitkräfteeinsatz, S. 377: „Hier zwischen „Polizeieinsätzen" und echten Einsätzen als kämpfender

Einsätzen ist ein Zusammenhang mit Krieg oder kriegsähnlichen Verstrickungen nicht ersichtlich.

Die Verfassungsorgane Bundesregierung und Deutscher Bundestag waren bislang freilich anderer Auffassung. Bereits bei der Operation LIBELLE hielten Bundesregierung und Deutscher Bundestag die konstitutive Beteiligung des Parlaments für verfassungsrechtlich geboten.[1676] Der Gesetzgeber hat sich in Gestalt des § 5 Abs. 1 Satz 2 PBG dafür entschieden, daß militärische Rettungsaktionen lediglich nicht der vorherigen Zustimmung des Deutschen Bundestages bedürfen.

Zu weit geht allerdings Claus Kreß, der die Auffassung vertritt, daß „zeitlich auf das engste begrenzte Militäreinsätze bei Gefahr im Verzuge in den von der Verfassung für außenpolitisches Handeln grundsätzlich gewollten Eigenbereich exekutiver Handlungsbefugnis und Verantwortlichkeit fallen"[1677]. Diese Meinung steht im Widerspruch zum Streitkräfteurteil. Bei Gefahr im Verzug ist die Zustimmung des Bundestages zumindest nachträglich einzuholen. Auch zeitlich eng begrenzte bewaffnete Einsätze können wegen ihrer militärischen Intensität und Tragweite von so großer Bedeutung sein, daß die Zustimmung des Parlaments nach Maßgabe der Kriterien des Streitkräfteurteils regelmäßig zwingend erforderlich ist.[1678]

b) Die Gefahr, in Kampfhandlungen einbezogen zu werden

Nach § 2 Abs. 1 2. Alt. PBG liegt ein Einsatz bewaffneter Streitkräfte auch dann vor, wenn eine Einbeziehung von Soldatinnen oder Soldaten der Bundeswehr in eine bewaffnete Unternehmung zu erwarten ist.

Entgegen einer vielfach geäußerten Auffassung löst die bloße *Gefahr*, in eine bewaffnete Unternehmung einbezogen zu werden, den konstitutiven wehrverfassungsrechtlichen Parlamentsvorbehalt noch nicht aus.[1679] Die Gefährlichkeit eines bewaffneten Einsatzes

---

Truppe im Ausland unterscheiden zu wollen, erscheint bei der Vielfältigkeit von Einsatz-Mischformen unmöglich."

1676 LIBELLE; Evakuierung deutscher Staatsbürger aus Albanien; Kabinettentscheidung am 14. März 1997; BT-Drs. 13/7233; Zustimmung des Deutschen Bundestages am 20. März 1997; Deutscher Bundestag, 13. Wahlperiode, Sten. Prot. S. 14989 D (Beschluß); es wurden am 14. März 1997 323 deutsche Soldaten eingesetzt.

1677 Kreß, ZaöRV 57 (1997), S. 229 (356).

1678 Wiefelspütz, Das Parlamentsheer, S. 427; Schaefer, Verfassungsrechtliche Grenzen, S. 204.

1679 So aber Dreist, KritV 87 (2004), S. 79 (84, 91); Schröder, Das parlamentarische Zustimmungsverfahren, S. 193, 203; Nolte, in: Ku/Jacobson (Hg.), Democratic Accountability, S. 231 (244); Weiß, NZWehrr 2005, S. 100 (105); Gilch, Das Parlamentsbeteiligungsgesetz, S. 116, 211; Schaefer, Verfassungsrechtliche Grenzen, S. 207, 228; Sigloch, Auslandseinsätze der deutschen Bundeswehr, S. 305 ff.; Calliess, in: Isensee/Kirchhof (Hg.), Handbuch des Staatsrechts, Bd. IV, Aufgaben des Staates, § 83 Rdnr. 39; offen gelassen von Rau, AVR 44 (2006), S. 93 (98), der meint, es sei völlig offen, welchen Grad an Wahrscheinlichkeit der Einbeziehung in bewaffnete Unternehmungen § 2 Abs. 1

für den eingesetzten Soldaten zwingt noch nicht zur Beteiligung des Parlaments. Gleiches gilt für die bloße Möglichkeit der Verwicklung in bewaffnete Auseinandersetzungen.[1680] Krieg oder ein kriegsähnliches Geschehen ist nicht mit der Gefahr gleichzusetzen, als Soldat in solch eine Begebenheit einbezogen zu werden. Die bloße Gefahr, daß deutsche Soldaten in Kampfhandlungen verstrickt werden, zwingt noch nicht zur konstitutiven Beteiligung des Parlaments.[1681] Denn prinzipiell kann jeder Soldat Ziel und Opfer eines militärischen Überraschungsangriffs werden. Das Kriterium der Gefahr wird auch nicht dadurch zu einem geeigneten Abgrenzungskriterium, wenn auf die Verwicklung Deutschlands in einen bewaffneten Konflikt abgehoben wird.[1682] Der Gesetzgeber hat das Kriterium der „Gefahr" nicht herangezogen.[1683] Der Begriff der „Gefahr" ist als Abgrenzungskriterium zu unbestimmt und deshalb ungeeignet, weil danach eine Vielzahl von Verwendungen deutscher Soldaten im Ausland den konstitutiven Parlamentsvorbehalt auslösen würde. Bereits eine geringe Wahrscheinlichkeit der Verwicklung deutscher Soldaten in einen bewaffneten Konflikt würde die konstitutive Beteiligung des Parlaments verlangen. Denn eine Gefahr der Verwicklung in einen bewaffneten Konflikt kann auch in einem solchen Fall nicht ausgeschlossen werden.

Auch „die konkrete Gefahr einer Verwicklung in Kampfhandlungen"[1684] oder die „konkrete Gefahr der Verstrickung"[1685] gebieten nicht die konstitutive Befassung des Parlaments.

Erst recht reicht die abstrakte Gefahr einer gewaltsamen Eskalation nicht aus, um den konstitutiven Parlamentsvorbehalt auszulösen.[1686] Die abstrakte Gefahr der militärischen Verstrickung ist bei weitem noch nicht die Einbeziehung in eine bewaffnete Unternehmung, sondern eine ungewisse, eher fern liegende Möglichkeit, in ein militärisches Kampfgeschehen verwickelt zu werden.[1687]

PBG verlange.

1680 Heintschel von Heinegg, in: Tomuschat (Hg.), Rechtsprobleme einer europäischen Sicherheits- und Verteidigungspolitik, S. 87 (92 f.).

1681 Wiefelspütz, NZWehrr 2003, S. 133 (139); ders., Das Parlamentsheer, S. 428; ders., NVwZ 2005, S. 496 (497); offen gelassen von Blumenwitz, in: Politik – Geschichte, Recht und Sicherheit: Festschrift für Gerhard Ritter, aus Anlaß des achtzigsten Geburtstags, hgg. von Ferenc I. Majoros, Armin A. Steinkamm, Bernhard W. Krack, 1995, S. 311 (315).

1682 So aber Schröder, Das parlamentarische Zustimmungsverfahren, S. 193, 203.

1683 Das übersieht Schaefer, Verfassungsrechtliche Grenzen, S. 207.

1684 So aber Röben, ZaöRV 63 (2003), S. 585 (592); ähnlich Nolte, in: Ku/Jacobson (Hg.), Democratic Accountability, S. 231 (244); vgl. Wiefelspütz, NZWehrr 2004, S. 133 (134).

1685 So aber Krieger, Streitkräfte im demokratischen Verfassungsstaat, S. 324.

1686 So aber Nolte, ZaöRV 1994, S. 652 (678); Lutze, DÖV 63 (2003), S. 972 (973, 975); Wild, DÖV 2000, S. 622 (624); Fischer-Lescano, NVwZ 2003, S. 1474 (1476).

1687 Wiefelspütz, NZWehrr 2004, S. 133 (134); ähnlich Krieger, Streitkräfte im demokratischen

Selbst eine erhöhte Gefahr, in Kampfhandlungen einbezogen zu werden, verlangt noch nicht die Entscheidung, die Soldaten aus der Gefahrenzone abzuziehen oder um die Zustimmung des Parlaments zum Verbleiben (Einsatz) der betreffenden Soldaten nachzusuchen.[1688]

Insbesondere ist die erhöhte Wachsamkeit, die Anordnung der Alarmbereitschaft von Soldaten in Zeiten größerer politischer Spannungen in der Regel noch nicht als konkreter Einsatz bewaffneter Streitkräfte zu werten.[1689] Dies ist nach aller Erfahrung nicht notwendigerweise mit einer sukzessiven Verstrickung in einen bewaffneten Einsatz gleichzusetzen.[1690] Gleiches gilt für das Auffüllen von militärischen Einheiten mit Reservisten.

Die Umgruppierung von militärischen Einheiten in Deutschland oder im Bündnisgebiet ist für sich genommen noch kein zustimmungspflichtiger Vorgang. Das gilt auch dann, wenn in angrenzenden Gebieten militärische Kampfhandlungen stattfinden.[1691] Der präventive Schutz des Territoriums der Bundesrepublik Deutschland sowie des Bündnisgebietes von NATO und WEU ist der Friedensauftrag der Bundeswehr und verlangt deshalb nicht die einsatzorientierte Zustimmung des Bundestages. Das gilt auch für lageabhängig gesteigerte militärische Schutzvorkehrungen, die sich auf das Bündnisgebiet beschränken und strikt präventiv-defensiven Charakter haben.[1692] Gleiches gilt auch dann, wenn sich im weiteren Verlauf der Ereignisse ein Verteidigungshandlungen auslösender Bündnisfall ergeben kann.[1693]

Im Vorfeld eines bewaffneten Konflikts mag sich die Wahrscheinlichkeit, in eine bewaffnete Unternehmung verstrickt zu werden, erhöhen und damit auch die Gefahr der Einbeziehung in Kampfhandlungen steigen. Die Situation bleibt jedoch immer noch dadurch geprägt, daß die Soldaten (noch) keinen Kampfbefehl haben. Erst mit der konkreten Entscheidung, die Kampfhandlungen aufzunehmen, ist die Zustimmung des Parlaments gefragt.[1694]

Verfassungsstaat, S. 324.

1688 So aber Rath, taz vom 4. April 2003. Auch der damalige Bundesverteidigungsminister Dr. Struck (SPD) vertrat in Gespräch mit Mitgliedern des Ausschusses für Wahlprüfung, Immunität und Geschäftsordnung am 5. Juni 2003 – wohl aber eher unter politischen als staatsrechtlichen Gesichtspunkten – die Auffassung, wegen der Gefährlichkeit der Auslandseinsätze sei die Zustimmungspflicht des Bundestages wichtig. Vgl. Deutscher Bundestag, 15. Wahlperiode, Ausschuß für Wahlprüfung, Immunität und Geschäftsordnung, Protokoll G 9, S. 8.

1689 Wiefelspütz, ZaöRV 64 (2004), S. 363 (379); ders., NVwZ 2005, S. 496 (497); a. A. Schaefer, Verfassungsrechtliche Grenzen, S. 214.

1690 So aber Schaefer, Verfassungsrechtliche Grenzen, S. 214.

1691 Wiefelspütz, Das Parlamentsheer, S. 430; Gilch, Das Parlamentsbeteiligungsgesetz, S. 118 f.

1692 Wiefelspütz, Das Parlamentsheer, S. 430.

1693 A. A. Gilch, Das Parlamentsbeteiligungsgesetz, S. 120 f.

1694 Wiefelspütz, Das Parlamentsheer, S. 430; a. A. Weiß, NZWehr 2005, S. 100 (106); Schaefer,

Dies bedeutet keine Absenkung der Schwelle für die Zustimmungsbedürftigkeit eines bewaffneten Einsatzes.[1695] Im Einzelfall kann bereits vor der Entscheidung, einen Kampfbefehl zu geben, die konstitutive Beteiligung des Parlaments erforderlich sein. Zustimmungspflichtig wird ein Einsatz nämlich auch dann, wenn bei verständiger Würdigung der zu erwartenden Geschehensabläufe selbst bei einer strikt defensiven Ausrichtung der Streitkräfte die Verstrickung deutscher Soldaten in Kampfhandlungen unausweichlich erscheint,[1696] zumindest aber überwiegend wahrscheinlich[1697] ist und deshalb „die Einbeziehung in eine bewaffnete Unternehmung zu erwarten ist" (§ 2 Abs. 1 2. Alt. PBG).[1698] In einer solchen Lage wird die Einbeziehung deutscher Soldaten in militärische Kampfhandlungen nicht mehr zu vermeiden sein. Ist die Verstrickung in Kampfhandlungen eher unwahrscheinlich ist der Einsatz (noch) nicht zustimmungsbedürftig. Der Bundesregierung wird in solchen Situationen für die Beurteilung der Lage und ihrer voraussichtlichen Entwicklung allerdings im Rahmen ihrer Prognose eine Einschätzungsprärogative einzuräumen sein.[1699]

Die Grenze zum zustimmungspflichtigen Einsatz wird auch überschritten, wenn deutsche Soldaten auf einem „kriegsbefangenen Territorium"[1700] eingesetzt werden. Auf einem solchen Gebiet sind die Soldaten in einem Maße in ein Kriegsgeschehen einbezogen, daß sie untrennbar Teil eines bewaffneten Konflikts sind.[1701]

Verfassungsrechtliche Grenzen, S. 210 f.

1695 So aber Schaefer, Verfassungsrechtliche Grenzen, S. 210. Die Argumentation von Schaefer ist konfus. Einerseits meint er (a. a. O., S. 206), ein Einsatz sei zustimmungsbedürftig, wenn eine militärische Aktion die Bundesrepublik Deutschland in eine kriegerische Verwicklung führen kann. Andererseits sei das entscheidende allgemeine Kriterium der Grad der Gefahr der Verstrickung (a. a. O., S. 207). Zustimmungspflichtig sei ein Einsatz, wenn die Beteiligung an Kampfhandlungen unmittelbar drohe (a. a. O., S. 207). Ohne daß es bei einem Einsatz deutscher Streitkräfte bereits zu Kampfhandlungen komme oder unausweichlich kommen werde, sei die Zustimmung des Parlaments (noch) nicht erforderlich (a. a. O., S. 207). Es sei nicht auf die Gefahr oder Wahrscheinlichkeit der Einbeziehung in bewaffnete Unternehmungen abzustellen (a. a. O., S. 216).

1696 Kritisch Paulus, Parlament und Streitkräfteeinsatz, S. 301 Fn. 169, 303.

1697 Kokott, in: Sachs (Hg.), Grundgesetz, Art. 87 a Rdnr. 42: „hinreichende Wahrscheinlichkeit"; ähnlich Weiß, NZWehr 2005, S. 100 (106).

1698 Wiefelspütz, Das Parlamentsheer, S. 430; Weiß, NZWehrr 2005, S. 100 (106).

1699 Wiefelspütz, ZaöRV 64 (2004), S. 363 (379); ders., Der Einsatz bewaffneter deutscher Streitkräfte, S. 40; Schaefer, Verfassungsrechtliche Grenzen, S. 228; für die Phase des Übergangs eines nicht zustimmungspflichtigen Einsatzes in einen zustimmungspflichtigen Einsatz erwägt Weiß, NZWehrr 2005, S. 100 (107), eine zeitliche Durchbrechung des Parlamentsvorbehalts.

1700 BVerfGE 108, S. 34 (43).

1701 Wiefelspütz, Der Einsatz bewaffneter deutscher Streitkräfte, S. 40; ders., NVwZ, 2005, S. 496 (498); Krieger, Streitkräfte im demokratischen Verfassungsstaat, S. 326; Schröder, Das parlamentarische Zustimmungsverfahren, S. 199, schreibt umständlich von „räumlicher Anknüpfung", meint aber das „kriegsbefangene Territorium". Im Ergebnis ebenso Schaefer, Verfassungsrechtliche Grenzen, S. 214 f. Freilich kommt es entgegen der Auffassung von Schaefer (a. a. O., S. 215) nicht auf das Mitführen von Waffen an. Wenn unbewaffnete Sanitätssoldaten in ein kriegsbefangenes Territorium entsandt werden, ist auch dieser Einsatz zustimmungsbedürftig.

Der Auslandseinsatz deutscher Soldaten in einem Nachbarstaat eines kriegsbefangenen Territoriums kann, muß aber nicht zustimmungspflichtig sein. Entscheidend ist, ob die Einbeziehung in eine bewaffnete Unternehmung zu erwarten ist (§ 2 Abs. 1 2. Alt. PBG).[1702]

Die Gefährlichkeit des bewaffneten Einsatzes ist freilich für Manfred Baldus[1703] entscheidend für die Auslösung des konstitutiven Parlamentsvorbehalts. Die Gefährlichkeit eines Einsatzes ist in der Tat von erheblicher Bedeutung für die Schutz- und die Fürsorgepflichten des Dienstherrn gegenüber dem eingesetzten Soldaten. Die Gefährlichkeit des Einsatzes eines Soldaten, eines Polizeibeamten oder eines anderen Mitarbeiters des Staates ist jedoch kein hinreichender Grund für die Auslösung eines Parlamentsvorbehalts.[1704]

c) Der konkrete Einsatz bewaffneter Streitkräfte

Nach § 2 Abs. 2 Satz 1 PBG sind vorbereitende Maßnahmen und Planungen kein Einsatz im Sinne dieses Gesetzes.[1705]

Hervorzuheben ist, daß erst der *konkrete* Einsatz der Zustimmung des Bundestages bedarf.[1706] Vorbereitende militärische Maßnahmen bedürfen noch nicht der Zustimmung des Parlaments.[1707] In der Begründung zu § 2 PBG heißt es dazu:

„Weiterhin werden vorbereitende Maßnahmen und Planungen ... aus der Anwendbarkeit des Gesetzes ausdrücklich ausgeschlossen. Dies dient zunächst der Abgrenzung, da es in der Praxis nahezu unmöglich ist, bei Vorbereitungshandlungen und Planungen gerade in international besetzten militärischen Organisationen wie der NATO abstrakte und konkrete Planungen voneinander zu trennen bzw. die spätere Verwendung von

---

1702 Auf die Bewaffnung der Soldaten kommt es in diesem Zusammenhang nicht an. A. A. Schaefer, Verfassungsrechtliche Grenzen, S. 215.

1703 Baldus, Deutscher Bundestag, 15. Wahlperiode, Ausschuß für Wahlprüfung, Immunität und Geschäftsordnung, Ausschußdrucksache 15 – G – 32, S. 13; ähnlich als ergänzendes Kriterium Schröder, Das parlamentarische Zustimmungsverfahren, S. 194 ff.; a. A. Wild, in: Menzel (Hg.), Verfassungsrechtsprechung, S. 547 (549); Wiefelspütz, Deutscher Bundestag, 15. Wahlperiode, Stenographisches Protokoll der 25. Sitzung des Ausschusses für Wahlprüfung, Immunität und Geschäftsordnung am 17. Juni 2004, Protokoll G 25 vom 17. Juni 2004, S. 10; Vöneky/Wolfrum, ZaöRV 63 (2003), S. 569 (599).

1704 Baldus, Deutscher Bundestag, 15. Wahlperiode, Ausschuß für Wahlprüfung, Immunität und Geschäftsordnung, Sitzung vom 17. Juni 2004, Protokoll G 25 vom 17. Juni 2004, S. 31, räumt im übrigen selber zutreffend ein, daß sich der vom Bundesverfassungsgericht entwickelte konstitutive Parlamentsvorbehalt nur auf den Einsatz von Soldaten bezieht.

1705 Rau, AVR 44 (2006), S. 93 (100), bemängelt, daß das PBG keine Kriterien liefere, wie die Abgrenzung zwischen reinen Vorbereitungsmaßnahmen und Einsätzen zu erfolgen habe.

1706 BVerfGE 90, S. 286 (387); Wiefelspütz, NZWehr 2003, S. 133 (139).

1707 Wiefelspütz, NVwZ, 2005, S. 496 (498); so auch Burkiczak, Verwaltungsrundschau 2005, S. 289 (290), der Vorbereitung und Planung zum Kernbereich der Exekutive rechnet.

erarbeiteten Unterlagen abzusehen. Der Gesetzgeber geht davon aus, daß die Bundeswehr im Rahmen ihrer Zugehörigkeit zu militärischen Bündnissen an Planungen beteiligt ist, die gegebenenfalls Auswirkungen auf bewaffnete Unternehmungen haben können. Doch liegt dies ausschließlich in der Verantwortung der Bundesregierung. Erst der konkrete militärische Einsatz bedarf der parlamentarischen Zustimmung."[1708]

Deshalb sind mehrere der im F.D.P.-Antrag auf BT-Drs. 15/36 aufgeführten Maßnahmen nicht zustimmungspflichtig:[1709]

- die vorsorgliche Operationsplanung,

- die Durchführung spezieller Ausbildungsprogramme zur Vorbereitung auf eventuelle Einsätze und die

- vorsorgliche Bereitstellung von Transportraum.

Selbst wenn die vorbereitenden Maßnahmen am präsumtiven Einsatzort ergriffen werden, wird der Parlamentsvorbehalt erst ausgelöst, wenn es sich schon dabei um eine bewaffnete Unternehmung handelt.[1710]

Demgegenüber kritisiert Wolfgang Weiß, die Fassung des Gesetzes sei wegen der „Breite hinsichtlich der vorbereitenden Maßnahmen sehr zweifelhaft"[1711]. Es könnten auch erste Erkundungen auf fremdem, gar kriegsbefangenem Territorium umfaßt sein, bei denen ein Einsatz von Waffen zumindest zur Selbstverteidigung denkbar sei.[1712]

Diese Kritik verkennt, daß es ohne Bedeutung für die Auslösung des Parlaments-vorbehalts ist, ob ein Territorium fremd oder nicht fremd ist. Relevant ist es aber, wenn ein Erkundungskommando auf einem kriegsbefangenen Territorium stattfindet. In solch einem Fall ist der Einsatz nach der Rechtsprechung des Bundes-verfassungsgerichts zwingend zustimmungsbedürftig.

Da nur der konkrete Einsatz bewaffneter deutscher Streitkräfte die konstitutive Beteiligung des Parlaments gebietet, unterliegen Maßnahmen im Vorfeld einer militärischen Operation, die lediglich einen für möglich gehaltenen konkreten Einsatz vorbereiten sollen, nicht dem Zustimmungsvorbehalt.[1713] Insbesondere

---

1708 BT-Drs. 15/2742, S. 5.

1709 Vgl. BT-Drs. 15/36, S. 2 Ziff. 3; ähnlich der damalige Bundesverteidigungsminister Dr. Struck (SPD), Deutscher Bundestag, 15. Wahlperiode, Ausschuß für Wahlprüfung, Immunität und Geschäftsordnung, Protokoll G 9, S. 15.

1710 Klein, in: Festschrift Schmitt Glaeser, S. 245 (261).

1711 Weiß, NZWehrr 2005, S. 100 (105).

1712 Weiß, NZWehrr 2005, S. 100 (105).

1713 Wiefelspütz, ZaöRV 64 (2004), S. 363 (377); Klein, Deutscher Bundestag, 15. Wahlperiode, Ausschuß für Wahlprüfung, Immunität und Geschäftsordnung, Ausschußdrucksache 15 – G – 31, S. 2; Scholz, Deutscher Bundestag, 15. Wahlperiode, Ausschuß für Wahlprüfung, Immunität und Geschäftsordnung,

sind strategische Studien, militärische Überlegungen und Planungen nicht zustimmungspflichtig.[1714]

Gleiches gilt für Erkundungsmaßnahmen, wenn noch gar nicht feststeht, ob es zu einer Einsatzentscheidung kommt.[1715] Auch die vorsorgliche Bereitstellung von militärischen Kräften außerhalb eines kriegsbefangenen Territoriums löst (noch) nicht den Parlamentsvorbehalt aus, solange nicht die Entscheidung über den Beginn einer militärischen Operation unter Einbeziehung von Kampfhandlungen getroffen wurde.[1716] Anderes gilt freilich, wenn die Soldaten einer an sich nicht zustimmungsbedürftigen Erkundungsmaßnahme in eine bewaffnete Unternehmung verstrickt werden. In diesem Fall müssen die Soldaten zurückgerufen werden oder die Zustimmung des Bundestages nach § 2 Abs. 1 i. V. mit § 1 Abs. 2 PBG eingeholt werden.[1717]

Selbst wenn man mit der herrschenden Meinung der Auffassung ist, daß eine militärische Operation zur Befreiung von Geiseln[1718] der Zustimmung des Parlaments bedarf, ist die Heranführung und Bereitstellung von Kampfeinheiten nicht zustimmungspflichtig, wenn die Entscheidung, die Kräfte in einer bewaffneten Unternehmung einzusetzen, noch nicht getroffen worden ist und es somit letztlich offen ist, ob es zu einem militärischen Einsatz kommt. Dies gilt insbesondere, wenn die militärischen Kräfte außerhalb des voraussichtlichen Einsatzgebietes zusammengezogen und bereitgestellt werden, ohne daß schon die Entscheidung über den konkreten Einsatz gefallen wäre.[1719]

Ausschußdrucksache 15 – G – 29, S. 4; Schmidt-Jortzig, Deutscher Bundestag, 15. Wahlperiode, Ausschuß für Wahlprüfung, Immunität und Geschäftsordnung, Ausschußdrucksache 15 – G – 29, S. 2; Baldus, Deutscher Bundestag, 15. Wahlperiode, Ausschuß für Wahlprüfung, Immunität und Geschäftsordnung, Ausschußdrucksache 15 – G – 32, S. 26, allerdings nur, wenn keine Gefährdungslage absehbar; Dieter, Deutscher Bundestag, 15. Wahlperiode, Ausschuß für Wahlprüfung, Immunität und Geschäftsordnung, Protokoll G 25 vom 17. Juni 2004, S. 8; ähnlich Blumenwitz, in: Festschrift für Gerhard Ritter, S. 311 (316). Anderes gilt, wenn vorbereitende Maßnahmen selbst Teil von Kampfhandlungen sind. Das ist z. B. der Fall, wenn sie auf einem kriegsbefangenen Territorium stattfinden.

1714 Wiefelspütz, ZaöRV 64 (2004), S. 363 (377); vgl. den Antrag der FDP-Fraktion auf BT- Drs. 15/36, S. 2 Ziff. 3; ähnlich der damalige Bundesverteidigungsminister Dr. Peter Struck (SPD), Deutscher Bundestag, 15. Wahlperiode, Ausschuß für Wahlprüfung, Immunität und Geschäftsordnung, Protokoll G 9, S. 15; kritisch: Paulus, Parlament und Streitkräfteeinsatz, S. 295 f.

1715 A. A. Lutze, DÖV 2003, S. 972 (973); Nettesheim/Vetter, JuS 2004, S. 219 (224).

1716 Wiefelspütz, ZaöRV 64 (2004), S. 363 (378).

1717 Diese Systematik übersieht Gilch, Das Parlamentsbeteiligungsgesetz, S. 135, 212.

1718 Vgl. Wiefelspütz, Der Einsatz bewaffneter deutscher Streitkräfte, S. 42; Schultz, Die Auslandsentsendung, S. 95 f.; Kreß, ZaöRV 57 (1997), S. 229 ff.; Limpert, Auslandseinsatz, S. 60, 62; Fastenrath, FAZ vom 19. März 1997; Dau, NZWehr 1998, S. 89 ff.; Hermsdörfer, BayVBl. 1998, S. 652 ff.; Epping, AöR 124 (1999), S. 423 ff.; von Lersner, Humanitäres Völkerrecht – Informationsschriften – 1999, S. 156 ff.; Wild, DÖV 2000, S. 622 (625); Dreist, NZWehr 2002, S. 133 (141 ff.).

1719 So auch Schaefer, Verfassungsrechtliche Grenzen, S. 223.

Es überzeugt deshalb nicht, wenn Andreas Fischer-Lescano auf das Vorhandensein eines potentiell militärischen Einsatzes zur Auslösung des konstitutiven Parlamentsvorbehalts abhebt.[1720] Ein lediglich abstrakt möglicher militärischer Einsatz ist noch kein *konkreter* Einsatz. Wenn ein Einsatz deutscher Streitkräfte im Bündnis lediglich der bewaffneten Prävention dient, ohne daß es zu Kampfhandlungen kommen soll oder mit Wahrscheinlichkeit kommen wird, ist die Zustimmung des Parlaments (noch) nicht erforderlich.

d) Die Bewaffnung

Die Bewaffnung für sich genommen ist nicht bereits die hinreichende Voraussetzung für die Zustimmungsbedürftigkeit eines Einsatzes.[1721] Die bloße Bewaffnung macht eine Verwendung noch nicht zu einer bewaffneten Unternehmung.[1722] Soldaten tragen auch in Friedenszeiten Waffen, sie leisten bewaffneten Wachdienst, sie üben mit Waffen, beteiligen sich – regelmäßig bewaffnet – an Manövern. Alle diese Verwendungen bedürfen nicht der Zustimmung des Parlaments, weil keine Einbeziehung in militärische Kampfhandlungen, in eine kriegsähnliche Unternehmung oder in einen Krieg vorliegt.[1723]

Andererseits kann ein ausnahmsweise unbewaffneter Soldat in unzweifelhaft zustimmungspflichtige militärische Einsätze einbezogen sein.[1724] Das trifft beispielsweise für Soldaten zu, die – ohne bewaffnet zu sein – im Rahmen der Logistik von Kampftruppen eingesetzt werden. Gleiches gilt für Sanitätspersonal oder unbewaffnete Soldaten, die mit technisch-handwerklichen oder gar wissenschaftlichen Aufgaben oder mit Aufklärungsaufgaben in einer militärischen Einheit Dienst tun, die in eine bewaffnete Unternehmung verstrickt ist.[1725] Entscheidend ist bei einer Gesamtwürdigung[1726], ob der Soldat bewußt und gewollt Teil eines bewaffneten

---

1720 Fischer-Lescano, NVwZ 2003, S. 1474 (1475).

1721 Wiefelspütz, NZWehrr 2003, S. 133 (140); ders., Der Einsatz bewaffneter deutscher Streitkräfte, S. 41; ders., Das Parlamentsheer, S. 434 f.; Schröder, Das parlamentarische Zustimmungsverfahren, S. 201; a. A. Wild, DÖV 2000, S. 622 (624); Hermsdörfer, DVP 2004, S. 183 f.; Gilch, Das Parlamentsbeteiligungsgesetz, S. 211; Schaefer, Verfassungsrechtliche Grenzen, S. 204 f., 234 f.

1722 Wiefelspütz, Der Einsatz bewaffneter deutscher Streitkräfte, S. 41; Krieger, Streitkräfte im demokratischen Verfassungsstaat, S. 324 ff.

1723 Wiefelspütz, Das Parlamentsheer, S. 434; Schaefer, Verfassungsrechtliche Grenzen, S. 205.

1724 A. A. Hermsdörfer, DVP 2004, S. 183 (184). Hermsdörfer verkennt, daß nicht jeder unbewaffnete Einsatz notwendigerweise ein humanitärer Einsatz ist. Man denke an Sanitätssoldaten, Soldaten in AWACS-Flugzeugen, die alle Teil einer unstreitig bewaffneten Unternehmung sein können.

1725 Vgl. BVerfGE 90, S. 286 (388); Paulus, Parlament und Streitkräfteeinsatz, S. 377.

1726 Wiefelspütz, Der Einsatz bewaffneter deutscher Streitkräfte, S. 41; Krieger, Streitkräfte im demokratischen Verfassungsstaat, S. 325: „Gesamtschau aller Umstände"; ebenso Schröder, Das parlamentarische Zustimmungsverfahren, S. 191 f.

Handlungszusammenhangs ist,[1727] der Kampfhandlungen zumindest erwarten läßt. Ist dies der Fall, ist auch die Verwendung eines unbewaffneten Soldaten zustimmungspflichtig.

5. Militärischer Einsatz und Selbstverteidigung

Das Bundesverfassungsgericht hebt hervor, daß

> „der Begriff der Selbstverteidigung, die schlichten Friedenstruppen erlaubt ist, bereits in einem aktiven Sinne dahin definiert (wird), daß sie auch den Widerstand gegen gewaltsame Versuche einschließt, die Truppen an der Ausführung ihres Auftrags zu hindern ... .“[1728]

Diese Passage des Streitkräfteurteils bezieht sich indes ausschließlich auf Friedensmissionen der VN. Wenn deutsche Soldaten Waffen *ausschließlich* zur Selbstverteidigung einsetzen dürfen, ist dieser Umstand für sich genommen noch nicht geeignet, das Zustimmungsrecht des Parlaments zu begründen.[1729] Denn der bewaffnete Soldat ist grundsätzlich auch in Friedenszeiten und somit stets befugt, seine Waffen zur Selbstverteidigung einzusetzen, ohne daß es der Zustimmung des Parlaments bedürfte.[1730] Anderes gilt freilich, wenn eine solche Verwendung in Friedenszeiten im Verlaufe des Einsatzes in eine bewaffnete Unternehmung verstrickt wird oder auf kriegsbefangenes Territorium gerät.[1731]

6. Die mittelbare Beteiligung an einer bewaffneten Unternehmung

Im AWACS-II Beschluß des Bundesverfassungsgerichts heißt es:

> „Ferner könnte klärungsbedürftig sein, inwieweit auch eine mittelbare Einbeziehung in bewaffnete Unternehmungen den Parlamentsvorbehalt auslöst.“[1732]

Militärische Unternehmungen haben im technisch-industriellen Zeitalter eine häufig hochkomplexe Struktur. Um ein militärisch bedeutsamer, integrierter Teil einer bewaffneten Unternehmung zu sein, ist es nicht entscheidend, daß der Soldat bewaffnet ist und unmittelbar an Kampfhandlungen teilnimmt. Hingewiesen sei auf Soldaten, die im Bereich der Logistik

---

1727 Dies übersieht Hermsdörfer, DVP 2004, S. 183.

1728 BVerfGE 90, S. 286 (388).

1729 Burkiczak, Verwaltungsrundschau 2005, S. 289 (290).

1730 Hermsdörfer, Humanitäres Völkerrecht – Informationsschriften – 2004, S. 17 (18 f.); Burkiczak, Verwaltungsrundschau 2005, S. 289 (290).

1731 Zutreffend Weiß, NZWehrr 2005, S. 100 (105).

1732 BVerfGE 108, S. 34 (43).

oder in der – inzwischen vielfach computergestützten – Informationsgewinnung und -verarbeitung Verwendung finden und dadurch ein unverzichtbarer Teil einer militärischen Einheit bzw. Operation sind.[1733] Auch leicht oder gar nicht bewaffnete Sanitätseinheiten können integraler Teil einer bewaffneten Unternehmung sein.

Allerdings löst nicht jede, vielleicht nur entfernte Verbindung von Soldaten zu einer bewaffneten Unternehmung die zwingende Beteiligung des Parlaments aus. Maßgeblich ist, ob die eingesetzten Soldaten bei Würdigung aller Umstände integraler Teil eines bewaffneten Konflikts sind oder ob ihr Einsatz (nur) als Ausdruck einer nicht zustimmungspflichtigen erhöhten Verteidigungsbereitschaft beurteilt werden muß.[1734] Es kommt bei der Abgrenzung von nicht zustimmungspflichtigen zu zustimmungspflichtigen Einsätzen nicht auf die technischen Fähigkeiten eines militärischen Waffen- oder Informationssystems an, sondern auf die militärische Auftrags- und Befehlslage.[1735]

Der Einsatz von Aufklärungs-, Versorgungs-, Transport- und Nachschubeinheiten mit deutscher militärischer Beteiligung bedarf erst dann der Zustimmung des Bundestages, wenn sich der Einsatz direkt und unmittelbar auf eine konkrete bewaffnete Unternehmung bezieht.[1736]

Die gewollte und geplant Weitergabe von Aufklärungsinformationen, die von deutschen Aufklärungseinheiten oder in integrierten Einheiten mit Beteiligung von deutschen Soldaten gewonnen wurden (z. B. durch AWACS-Flugzeuge), an einen *kriegführenden* Verbündeten löst den Parlamentsvorbehalt aus, wenn diese Informationen für militärische Operationen in einem bewaffneten Konflikt Verwendung finden sollen. Denn in einem solchen Fall ist der deutsche Beitrag zwar ein mittelbarer, aber doch integraler Beitrag zu einem bewaffneten Einsatz, obwohl die Aufklärungseinheit keinen unmittelbaren Kampfauftrag hat.[1737] Wenn AWACS-Flugzeuge als Feuerleit- und Aufklärungssystem für kämpfende Einheiten der Bundeswehr dienen, ist auch der Einsatz dieser unbewaffneten Flugzeuge zustimmungsbedürftig, weil sie ein untrennbarer Teil einer militärischen Operation sind.[1738]

1733 Vgl. dazu auch Schmidt-Radefeldt, Parlamentarische Kontrolle, S. 163, der von unterstützenden Einsätzen spricht.

1734 Wiefelspütz, Der Einsatz bewaffneter deutscher Streitkräfte, S. 42; Schröder, Das parlamentarische Zustimmungsverfahren, S. 191 f.

1735 Wiefelspütz, dpa-Gespräch vom 18. März 2003; Schmidt-Radefeldt, Parlamentarische Kontrolle, S. 164. Nach Gilch, Das Parlamentsbeteiligungsgesetz, S. 122, sind der Gefährdungsgedanke und die Integration des Einsatzes in die Gesamtstrategie der militärischen Unternehmung entscheidend.

1736 Zustimmungspflichtige Beispiele sind die Beteiligung deutscher Soldaten an UNOSOM II und an AMIS. Siehe oben S. 243, 251 ff.

1737 Wiefelspütz, NVwZ, 2005, S. 496 (498); ähnlich Schmidt-Radefeldt, Parlamentarische Kontrolle, S. 164 f.; Klein, 15. Deutscher Bundestag, Ausschuß für Wahlprüfung, Immunität und Geschäftsordnung, Protokoll G 25 vom 17. Juni 2004, S. 14.

1738 So auch Weiß, NZWehrr 2005, S. 100 (104 Fn. 23).

Zu Unrecht sind Edzard Schmidt-Jortzig[1739], Manfred Baldus[1740] und wohl auch Andreas L. Paulus[1741] der Auffassung, der Einsatz der AWACS-Flugzeuge im Luftraum der Türkei im März 2003 erfülle die Voraussetzungen des § 2 Abs. 1 PBG.[1742]

Edzard Schmidt-Jortzig stützt sich darauf, daß eine Integration (des AWACS-Einsatzes) in die Gesamtstrategie einer militärischen Unternehmung vorliege.[1743] Das ist freilich eine Behauptung, die zu begründen Edzard Schmidt-Jortzig unterlassen hat.

Für Manfred Baldus erfüllt die Beteiligung deutscher Soldaten an den AWACS-Flügen bereits deshalb die Voraussetzungen des § 2 Abs. 1 PBG, weil die zeitliche und örtliche Nähe zu einem bewaffneten Konflikt (hier: Irak-Krieg) die Soldaten einer besonderen Gefährdung aussetze.[1744] Diese Meinung ist bereits deshalb verfehlt, weil die Gefährlichkeit einer Verwendung in der Regel über die Zustimmungsbedürftigkeit einer Operation nichts aussagt.[1745]

Roman Schmidt-Radefeldt macht geltend, das Bundesverfassungsgericht habe die Frage nicht geklärt, in welchem Stadium die mittelbare Einbeziehung deutscher Soldaten in bewaffnete Unternehmungen den Parlamentsvorbehalt auslöse. Die gesamte militärische Tätigkeit im Vorfeld von Kampfhandlungen verbleibe in einer verfassungsrechtlichen Grauzone, die für den eingesetzten Soldaten ausgesprochen unbefriedigend erscheine.[1746]

Dies ist eine überzogene Kritik. Die Rechtsprechung des Bundesverfassungsgerichts liefert eine Reihe von Abgrenzungskriterien, um zustimmungsbedürftige bewaffnete Unternehmungen von anderen Verwendungen der Bundeswehr abzuschichten.

Reine Spekulation ist es, wenn Andreas Gilch meint, das Bundesverfassungsgericht gehe bei dem AWACS-Einsatz in der Türkei wohl eher von einer Einbeziehung in

---

1739 Schmidt-Jortzig, 15. Deutscher Bundestag, Ausschuß für Wahlprüfung, Immunität und Geschäftsordnung, Ausschußdrucksache Geschäftsordnung 15 – G – 29, S. 3.

1740 Baldus, 15. Deutscher Bundestag, Ausschuß für Wahlprüfung, Immunität und Geschäftsordnung, 15 – G – 32, S. 26 f.

1741 Paulus, Parlament und Streitkräfteeinsatz, S. 302 f., allerdings ohne nachvollziehbare Begründung.

1742 A. A. Wieland, 15. Deutscher Bundestag, Ausschuß für Wahlprüfung, Immunität und Geschäftsordnung, Protokoll G 25 vom 17. Juni 2004, S. 18. Röben, 15. Deutscher Bundestag, Ausschuß für Wahlprüfung, Immunität und Geschäftsordnung, Protokoll G 25 vom 17. Juni 2004, S. 14, wertete den Einsatz als möglicherweise mittelbaren Einsatz.

1743 Schmidt-Jortzig, 15. Deutscher Bundestag, Ausschuß für Wahlprüfung, Immunität und Geschäftsordnung, Ausschußdrucksache Geschäftsordnung 15 – G – 29, S. 3.

1744 Baldus, 15. Deutscher Bundestag, Ausschuß für Wahlprüfung, Immunität und Geschäftsordnung, 15 – G – 32, S. 26 f.

1745 Siehe oben S. 323 ff.

1746 Schmidt-Radefeldt, Parlamentarische Kontrolle, S. 165 f.

ein bewaffnetes Unternehmen aus.[1747] Es sollte zu denken geben, daß das Gericht bis heute nicht in der Hauptsache entschieden hat.

7. Konstitutiver Parlamentsvorbehalt und militärische Integration

a) Militärische Integration

Vor dem Hintergrund der zunehmenden Integration der Streitkräfte der Mitgliedsstaaten der NATO[1748] stellt sich die Frage, ob und in welchem Umfang der wehrverfassungsrechtliche konstitutive Parlamentsvorbehalt mit der fortschreitenden Inte-gration deutscher Streitkräfte korreliert. Dabei ist zu beachten, daß das Bundesverfassungsgericht ausdrücklich auf eine zulässige gesetzlich regelbare Abstufung der Beteiligung des Deutschen Bundestages hinweist, wenn der Einsatz der Streitkräfte

„durch ein vertraglich geregeltes Programm militärischer Integration vorgezeichnet ist".[1749]

Derzeit finden über 2.200 Soldaten der Bundeswehr in der integrierten NATO-Struktur und ca. 20 Soldaten der Bundeswehr in der integrierten Struktur der Europäischen Union Verwendung.[1750]

Bei der NATO entsprechen die 2.200 deutschen Soldaten in integrierter Verwendung ca. 18% des Gesamtumfangs von rd. 12.000 Soldaten. Über 9.000 Soldaten sind z. Z. in beiden alliierten Kommandobereichen (Allied Command Transformation – ACT – rd. 1.000 Soldaten; Allied Command Operation – ACO – rd. 8.000 Soldaten) eingesetzt. Deutschland stellt bei ACT in Norfolk, Virginia/USA, nur einen kleinen Teil, hat hingegen bei ACO einen erheblichen Anteil an den Kräften.[1751] 3. 000 Dienstposten sind in der NATO CIS Service Agency (NCSA) und im nachgeordneten Bereich ausgebracht.

Bei SHAPE in Mons/Belgien stellt Deutschland 13 % der Soldaten. Deutschland ist außer in SHAPE im Joint Force Command (JFC Brunssum/Niederlande), im Component Command Land (CC Land Heidelberg) im Component Command Air (Ramstein) mit erheblichen Anteilen an den Kräften der Hauptquartiere vertreten.[1752]

1747 Gilch, Das Parlamentsbeteiligungsgesetz, S. 123.

1748 Beispiele militärischer Integration bei Wiefelspütz, Das Parlamentsheer, S. 439 f.

1749 BVerfGE 90, S. 286 (389).

1750 Stand: 15. März 2007.

1751 Stand: 15. März 2007.

1752 Stand: 15. März 2007; zum Vorstehenden vgl. Wiefelspütz, ZaöRV 64 (2004), S. 363 (365).

b) Grundlagen der militärischen Integration

Deutschland hat sich als Mitgliedsland der NATO bewußt für die militärische Inte-gration entschieden und unterstützt auch weiterhin den Integrationsprozeß des Bündnisses. Einer Renationalisierung der Verteidigungspolitik soll dadurch vorgebeugt werden. Deutschland hat nach dem Beitritt zur NATO,[1753] dem der Deutsche Bundestag durch Gesetz vom 24. März 1955[1754] zustimmte, und durch die Zustimmung zu den Vertragswerken der EU auf breiter parlamentarischer Ebene diese Integration gefordert und gefördert.

Folge der Integration ist es, daß deutsche Soldaten wie auch Soldaten anderer Mitgliedstaaten der NATO in integrierten Stäben und Hauptquartieren Dienst tun, wobei sie teilweise Schlüsselpositionen innehaben, die bei einer Herauslösung der Kräfte die Handlungsfähigkeit der Organisation spürbar behindern können.

Die politische Entscheidung, sich an integrierten Stäben und Hauptquartieren zu beteiligen, schafft auf Seiten der Allianzpartner die Erwartung, daß jedes Mitgliedsland zur Arbeitsfähigkeit der integrierten Teile des Bündnisses beiträgt und ihre Funktionsfähigkeit grundsätzlich gewährleistet. Die Erwartungssicherheit, daß das Bündnis handlungsfähig ist und jeder Partner hierzu im Rahmen seiner Möglichkeiten beiträgt, ist ein zentraler Aspekt der Bündnissolidarität.

Um kollektiv den neuen sicherheitspolitischen Herausforderungen begegnen zu können, hat die Nordatlantische Allianz den Aufbau der NRF beschlossen.[1755] Ihr Auftrag beinhaltet Missionen zur Bekämpfung des internationalen Terrorismus, zum Kampf gegen die Verbreitung von Massenvernichtungswaffen sowie zur Evakuierung gefährdeter Zivilisten. Die NRF ist seit Herbst 2004 bedingt einsatzbereit. Die volle Einsatzbereitschaft mit etwa 21.000 Soldaten wurde im Oktober 2006 erreicht.[1756]

Das Gesamtkonzept betont die Schaffung eines Kräftedispositivs sehr hoher Verfügbarkeit ohne Redundanzen.[1757] Bei der Eingreiftruppe handelt es sich nicht um eine stehende Streitmacht, sondern um nach einem Rotationsmodell bereitgestellte

---

1753 Die völkerrechtliche Einbeziehung der Bundesrepublik Deutschland in das nordatlantische Verteidigungssystem erfolgte durch Beitritt zum Nordatlantikvertrag vom 4. April 1949 (in der Fassung vom 17. Oktober 1951 – BGBl. 1955 II S. 289 –) und Beitritt zum Vertrag über die Westeuropäische Union. Vgl. dazu F. Kirchhof, in: Isensee/Kirchhof (Hg.), Handbuch des Staatsrechts, Bd. IV, Aufgaben des Staates, § 84 Rdnr. 42 ff.; Wolfrum, in: Isensee/Kirchhof (Hg.), Handbuch des Staatsrechts, Bd. VII, Normativität und Schutz der Verfassung - Internationale Beziehungen, § 176 Rdnr. 4 f.

1754 Der Beitritt erfolgte durch Gesetz vom 24. März 1955 – BGBl. II S. 256 – mit Wirkung vom 6. Mai 1955, Bekanntmachung am 9. Mai 1955 – BGBl. 1955 II S. 630 –.

1755 Der Aufbau der NRF wurde auf dem informellen Treffen der Verteidigungsminister der NATO-Mitgliedsstaaten im Jahre 2002 beschlossen.

1756 www.bmvg.de/sicherheit/buendnisse/nato/.

1757 Eitelhuber, Stiftung Wissenschaft und Politik, Forschungsgruppe Sicherheitspolitik, Manuskript „NATO Response Force – Implikationen für die Parlamentsbeteiligung –, S. 1.

Verbände. Einheiten der Bundeswehr sollen in jeden Zyklus eingebunden sein. Nach Beschluß des Nordatlantikrats (NAC) ist vorgesehen, daß die NRF weltweit innerhalb von 5 – 30 Tagen für 30 Tage autark eingesetzt werden kann.[1758]

Für die Europäische Sicherheits- und Verteidigungspolitik der EU gilt: Die EU selbst verfügt nicht über eine der NATO vergleichbare integrierte militärische Kommandostruktur. Es existieren lediglich ein EU-Militärstab und ein EU-Militärausschuß.

c) Unterstellungsverhältnisse von Bundeswehr-Soldaten in integrierten Verwendungen der NATO

Der Vorgang, mit dem die Befehlsgewalt über ein Kontingent vom Entsendestaat auf die NATO übergeht, wird als „Transfer of Authority" (ToA) bezeichnet.[1759] Normalerweise geschieht dies nach Verlegung der Truppe in das Einsatzgebiet. Mit ToA erhält der NATO-Befehlshaber die Befugnis, „Operational Command" / „Operational Control" auszuüben. Das Bundesverfassungsgericht führte dazu aus:

> „Operational Command" und „Operational Control" sind Teilbefugnisse aus dem sogenannten „Full Command". Diese aus dem Sprachgebrauch der NATO stammende Begriffe werden in der Zentralen Dienstvorschrift 1/50 der Bundeswehr wie folgt definiert: *„Full Command* ist die nur nationalen militärischen Führern zustehende, alle Gebiete des militärischen Bereichs umfassende Befehlsgewalt. ... Ein NATO-Befehlshaber hat niemals Full Command über Streitkräfte, die ihm assigniert sind; denn mit der Assignierung von Streitkräften für die NATO übertragen die Staaten nur Operational Command oder Operational Control.
>
> *Operational* Command ist die einem Befehlshaber/Kommandeur übertragene Befugnis, nachgeordneten Befehlshabern bzw. Kommandeuren Aufgaben zuzuweisen oder Aufträge zu erteilen, Truppenteile zu dislozieren, die Unterstellung von Kräften neu zu regeln sowie Operational Control und/oder Tactical Control je nach Notwendigkeit selbst auszuüben oder zu übertragen. Die truppendienstliche Befehlsbefugnis oder die logistische Verantwortlichkeit ist im allgemeinen nicht darin eingeschlossen.
>
> *Operational Control* ist die einem Befehlshaber/Kommandeur übertragene Befugnis, assignierte Kräfte so zu führen, daß er bestimmte Aufgaben oder Aufträge durchführen kann, die im allgemeinen nach Art, Zeit und Raum begrenzt sind; ferner die betreffenden Truppenteile zu dislozieren und die Tactical Control über diese Truppenteile selbst auszuüben oder zu übertragen. Der Begriff umfaßt weder die Befugnis, den gesonderten Einsatz von Teilen dieser Truppenteile anzuordnen, noch sind im allgemeinen truppendienstliche oder logistische Führungsaufgaben mit eingeschlossen."[1760]

1758 www.bmvg.de/sicherheit/buendnisse/nato/; Eitelhuber, Manuskript „NATO Response Force – Implikationen für die Parlamentsbeteiligung –", S. 1.

1759 Vgl. Wiefelspütz, ZaöRV 64 (2004), S. 363 (367 f.).

1760 BVerfGE 90, S. 286 (308); vgl. F. Kirchhof, in: Isensee/Kirchhof (Hg.), Handbuch des Staatsrechts, Bd. IV, Aufgaben des Staates, § 84 Rdnr. 44; Ipsen, Rechtsgrundlagen, S. 176 ff.; kritisch Zöckler, EJIL

Im Unterschied dazu erhält der einzelne Soldat der Bundeswehr im Falle einer inte-grierten NATO-Verwendung (z.B. Stabsverwendung) einen „Befehl zur Zusammenarbeit" bei der Versetzung, das heißt den Befehl, den Weisungen der NATO Folge zu leisten. Er wird damit in den NATO-Befehlsstrang integriert. Truppendienstlich bleibt der Soldat auch in diesem Fall der Bundeswehr unterstellt. Die Bundeswehr kann den deutschen Soldaten insbesondere zurückbeordern.

d) Die militärische Integration der Bundeswehr und die Staatspraxis in Deutschland

Die Anträge der Bundesregierung und die Zustimmungsentscheidungen des Deutschen Bundestages belegen, daß der Einsatz deutscher Stabssoldaten bislang ausnahmslos nur dann dem Parlament zur Zustimmung vorgelegt wurde, wenn die Soldaten *im Einsatzgebiet* bewaffneter Unternehmungen Verwendung fanden.[1761]

Der Deutsche Bundestag stimmte beispielsweise am 6. Dezember 1995 der deutschen Beteiligung an dem NATO-mandatierten Einsatz IFOR zur Absicherung des Friedensvertrages für Bosnien-Herzegowina zu.[1762] Er genehmigte dabei auch die von der Bundesregierung beschlossene Vorausverlegung von Führungskräften für internationale Hauptquartiere im früheren Jugoslawien.

Bundesregierung und Bundestag gingen stets davon aus, daß der Einsatz deutscher Soldaten in integrierten Verbänden, die – wie seinerzeit die AWACS-Flugzeuge mit zum Teil deutscher Besatzung zur Überwachung des Flugverbots über Bosnien-Herzegowina – im Einsatzgebiet einer bewaffneten Unternehmung operieren, den konstitutiven Parlamentsvorbehalt auslösen.[1763]

Dem entspricht, daß auch in der Auseinandersetzung um den umstrittenen Einsatz der AWACS-Flugzeuge im Luftraum der Türkei im Vorfeld und während des Irak-Krieges im Jahre 2003 stets unstreitig war, daß der Einsatz deutscher Soldaten jedenfalls dann der Zustimmung des Deutschen Bundestages bedarf, wenn die

---

1995, S. 274 (280).

1761 Wiefelspütz, ZaöRV 64 (2004), S. 363 (372); unrichtig Schröder, Das parlamentarische Zustimmungs-verfahren, S. 207, der davon ausgeht, daß sich der zustimmende Beschluß des Bundestages auf sämtliche an der Mission beteiligten Soldaten im Ausland bezieht.

1762 Vgl. BT-Drs. 13/3122; Deutscher Bundestag, 13. Wahlperiode, 76. Sitzung, 6. Dezember 1995, Sten. Prot. S. 6673 B (Beschluß); dazu Hermsdörfer, UBWV 2003, S. 404 f.; Rauch, Auslandseinsätze, S. 163 ff.

1763 Vgl. Antrag der Bundesregierung vom 19. Juli 1994, BT-Drs. 12/8303: Deutsche Beteiligung an Maßnahmen der NATO und WEU zur Durchsetzung von Beschlüssen des Sicherheitsrats der Vereinten Nationen zum Adria-Embargo und Flugverbot über Bosnien-Herzegowina (AWACS); (nachträgliche) Zustimmung des Deutschen Bundestages am 22. Juli 1994, Deutscher Bundestag, 12. Wahlperiode, 240. Sitzung, 22. Juli 1994, Sten. Prot. S. 21165 C ff.

AWACS-Flugzeuge in eine bewaffnete Unternehmung verstrickt werden.[1764]

Die Beteiligung deutscher Soldaten an *ständigen* NATO-Hauptquartieren oder Stäben außerhalb des konkreten, räumlich umgrenzten Operations- und Einsatzgebietes einer bewaffneten Unternehmung war bislang weder Bestandteil eines Antrages der Bundesregierung auf Zustimmung des Deutschen Bundestages noch Teil einer Protokollerklärung der Bundesregierung. Andererseits nehmen deutsche Soldaten über ihre Mitwirkung in den *ständigen* Hauptquartieren und Stäben regelmäßig an allen NATO-gestützten bewaffneten Unternehmungen teil.

Daraus kann nur der Schluß gezogen werden, daß Bundesregierung und Deutscher Bundestag bislang davon ausgingen, daß die Mitwirkung deutscher Soldaten in ständigen NATO-Hauptquartieren oder Stäben auch dann nicht der Zustimmung des Deutschen Bundestages bedarf, wenn diese Einheiten bewaffnete NATO-Operationen führen.

Bundesregierung und Bundestag hatten bislang noch keine Veranlassung, über die deutsche Beteiligung an eigens für konkrete bewaffnete Einsätze gebildeten Stäben und Hauptquartieren der NATO und anderer Organisationen kollektiver Sicherheit zu entscheiden.

e) Die militärische Integration der Bundeswehr und die Reichweite des konstitutiven Parlamentsvorbehalts

In der Begründung zu § 2 PBG heißt es:

> „Der bisherigen Praxis entsprechend wird die Beteiligung von Soldatinnen und Soldaten der Bundeswehr an ständigen integrierten sowie multinational besetzten Stäben und Hauptquartieren der NATO und anderer Organisationen kollektiver Sicherheit nicht als Einsatz bewaffneter deutscher Streitkräfte im Sinne des Gesetzes angesehen, während bei einer Verwendung in eigens für konkrete bewaffnete Einsätze gebildeten Stäben und Hauptquartieren der NATO und anderer Organisationen kollektiver Sicherheit der Vorbehalt der konstitutiven Zustimmung des Deutschen Bundestages besteht."[1765]

Das Bundesverfassungsgericht deutet den wehrverfassungsrechtlichen Parlamentsvorbehalt grundsätzlich „integrationsfreundlich". Im Streitkräfteurteil heißt es:

> „Die Einordnung Deutschlands in ein System gegenseitiger kollektiver Sicherheit bedarf nach Art. 24 Abs. 2 in Verbindung mit Art. 59 Abs. 2 Satz 1 GG der Zustimmung des Gesetzgebers. Dieser Gesetzesvorbehalt überträgt dem Bundestag als Gesetzgebungsorgan ein Mitentscheidungsrecht im Bereich der auswärtigen Angelegenheiten (vgl. BVerfGE 68, 1 [84 f.]) und begründet insoweit ein Recht des Bundestages im Sinne von § 64 Abs. 1 BVerfGG.

1764 Vgl. den AWACS II-Beschluß des Bundesverfassungsgerichts vom 25. März 2003, BVerfGE 108, S. 34 ff.

1765 BT-Drs. 15/2742, S. 5.

Hat der Gesetzgeber der Einordnung in ein System gegenseitiger kollektiver Sicherheit zugestimmt, so ergreift diese Zustimmung auch die Eingliederung von Streitkräften in integrierte Verbände des Systems oder eine Beteiligung von Soldaten an militärischen Aktionen des Systems unter dessen militärischem Kommando, soweit Eingliederung oder Beteiligung in Gründungsvertrag oder Satzung, die der Zustimmung unterlegen haben, bereits angelegt sind. Die darin liegende Einwilligung in die Beschränkung von Hoheitsrechten umfaßt auch die Beteiligung deutscher Soldaten an militärischen Unternehmungen auf der Grundlage des Zusammenwirkens von Sicherheitssystemen in deren jeweiligem Rahmen, wenn sich Deutschland mit gesetzlicher Zustimmung diesen Systemen eingeordnet hat. ...

Der Eingliederung deutscher Streitkräfte in integrierte Verbände der NATO hat der deutsche Gesetzgeber durch den Beitritt zum Nordatlantikvertrag zugestimmt (vgl. BVerfGE 68, 1 [99 ff.]). Diese Zustimmung umfaßt auch den Fall, daß integrierte Verbände im Rahmen einer Aktion der Vereinten Nationen, deren Mitglied die Bundesrepublik Deutschland ist, eingesetzt werden."[1766]

Die Zustimmung des Gesetzgebers zur Einordnung Deutschlands in Systeme kollektiver Sicherheit wie UNO und NATO erschöpft freilich nicht die Beteiligungsrechte des Parlaments.[1767]

Hervorzuheben ist, daß der *konkrete* Einsatz deutscher Soldaten stets der gesonderten Zustimmung des Bundestages bedarf.[1768] Im Streitkräfteurteil des Bundesverfassungsgerichts heißt es dazu:

„Das Grundgesetz ermächtigt den Bund, Streitkräfte zur Verteidigung aufzustellen und sich Systemen kollektiver Selbstverteidigung und gegenseitiger kollektiver Sicherheit anzuschließen; darin ist auch die Befugnis eingeschlossen, sich mit eigenen Streitkräften an Einsätzen zu beteiligen, die im Rahmen solcher Systeme vorgesehen sind und nach ihren Regeln stattfinden. Davon unabhängig bedarf jedoch der Einsatz bewaffneter Streitkräfte grundsätzlich der vorherigen konstitutiven Zustimmung des Bundestages."[1769]

Unverkennbar besteht zwischen der gesetzlichen Zustimmung zum Beitritt zu einem System der kollektiven Sicherheit und der Beteiligung des Bundestages beim Einsatz bewaffneter deutscher Streitkräfte ein enger Zusammenhang, aber auch ein Spannungsverhältnis. Zutreffend schreibt Hans H. Klein von einem Spannungsverhältnis zwischen Internationalisierung und demokratischer Konstitutionalisierung von Streitkräften und äußert die Besorgnis, daß das

---

1766 BVerfGE 90, S. 286 (351, 355).

1767 Wiefelspütz, ZaöRV 64 (2004), S. 363 (376); Schmidt-Radefeldt, in: The 'Double Democratic Deficit', S. 147 (151).

1768 BVerfGE 90, S. 286 (387); Wiefelspütz, NZWehrr 2003, S. 133 (139); ders., Der Einsatz bewaffneter deutscher Streitkräfte, S. 40; ders., BayVBl. 2003, S. 609 (611); Schmidt-Radefeldt, in: The 'Double Democratic Deficit', S. 147 (151).

1769 BVerfGE 90, S. 286 (381).

„Parlamentsheer" dem Zugriff des Parlaments entgleite.[1770] Die Zustimmung zum Beitritt macht die Zustimmung zum konkreten militärischen Einsatz nicht entbehrlich.[1771]

Andererseits ist zu beachten, daß die verfassungsrechtlich gebotene Mitwirkung des Bundestages bei konkreten Entscheidungen über den Einsatz bewaffneter Streitkräfte die militärische Wehrfähigkeit und die Bündnisfähigkeit der Bundesrepublik Deutschland nicht beeinträchtigen darf.[1772] Es ist deshalb zu klären, wie weit die konstitutive Wirkung des Zustimmungsgesetzes nach Art. 59 Abs. 2 GG reicht und ab wann der wehrverfassungsrechtliche Parlamentsvorbehalt einsetzt.

Aus der Zusammenschau des Vorbehalts der Zustimmung des Deutschen Bundestages zur militärischen Integration durch Gesetz und der Zustimmung zum konkreten militärischen Einsatz durch konstitutiven Parlamentsbeschluß ergibt sich eine gestufte konstitutive Beteiligung des Parlaments.[1773] Die Zustimmung des Deutschen Bundestages zum Beitritt zu einem System gegenseitiger kollektiver Sicherheit schließt die Befugnis ein, deutsche Soldaten in den in solchen Systemen typischerweise vorgesehenen integrierten militärischen Führungsstrukturen wie ständigen Hauptquartieren und Stäben einzusetzen. Diese Zustimmung muß *nicht* im Falle der Einbeziehung dieser ständigen Führungseinheiten in eine konkrete bewaffnete Unternehmung „erneuert" werden.[1774]

Wenn ein ständiges Hauptquartier zusätzlich die Funktion eines Hauptquartiers für eine bewaffnete Unternehmung wie die Bestimmung des (ständigen) NATO-Headquarter Mitte zum ISAF-Headquarter und ein deutscher NATO-Kommandeur im Rahmen seiner ständigen Funktion eine weitere Funktion in einem Hauptquartier

---

1770 Klein, AöR 130 (2005), S. 632 (633).

1771 Vgl. Pofalla, ZRP 2004, S. 221 (225); Wiefelspütz, NVwZ 2005, S. 496 (498).

1772 BVerfGE 90, S. 286 (388).

1773 Wiefelspütz, ZaöRV 64 (2004), S. 363 (376); ders., NVwZ 2005, S. 496 (498).

1774 Wiefelspütz, ZaöRV 64 (2004), S. 363 (376); ders., NZWehrr 2004, S. 133 (134 f.); ders., NVwZ 2005, S. 496 (498); Wieland, Deutscher Bundestag, 15. Wahlperiode, Ausschuß für Wahlprüfung, Immunität und Geschäftsordnung, Ausschußdrucksache 15 – G – 33, S. 4; ders., Deutscher Bundestag, 15. Wahlperiode, Ausschuß für Wahlprüfung, Immunität und Geschäftsordnung, Protokoll G 25 vom 17. Juni 2004, S. 17, 34; Schmidt-Jortzig, Deutscher Bundestag, 15. Wahlperiode, Ausschuß für Wahlprüfung, Immunität und Geschäftsordnung, Protokoll G 25 vom 17. Juni 2004, S. 8, 16; Scholz, Deutscher Bundestag, 15. Wahlperiode, Ausschuß für Wahlprüfung, Immunität und Geschäftsordnung, Protokoll G 25 vom 17. Juni 2004, S. 16; Klein, Deutscher Bundestag, 15. Wahlperiode, Ausschuß für Wahlprüfung, Immunität und Geschäftsordnung, Ausschußdrucksache 15 – G – 31, S. 2; unklar aber ders., Deutscher Bundestag, 15. Wahlperiode, Ausschuß für Wahlprüfung, Immunität und Geschäftsordnung, Protokoll G 25 vom 17. Juni 2004, S. 20 („Kritisch wird es aber dann, wenn diese Stäbe nicht nur planend und vorbereitend, sondern handelnd in militärische bewaffnete Aktionen einbezogen sind."); Burkiczak, Verwaltungsrundschau 2005, S. 289 (290); Gilch, Das Parlamentsbeteiligungsgesetz, S. 131. A. A. Paulus, Parlament und Streitkräfteeinsatz, S. 297 f.

einer bewaffneten Unternehmung erhält, dann muß diese Verwendung nicht dem Bundestag zur Zustimmung vorgelegt werden.[1775]

Für integrierte Hauptquartiere und Stäbe – beispielsweise im Rahmen der NRF – gilt: Dem Einsatz deutscher Soldaten in Hauptquartieren und Stäben der NRF hat der deutsche Gesetzgeber durch den Beitritt zum Nordatlantikvertrag zugestimmt. Es ist dabei ohne Bedeutung, daß diese Einheiten nach Maßgabe eines Rotationsmodells bereitgestellt werden sollen. Einer weiteren konstitutiven Beteiligung des Deutschen Bundestages bedarf es selbst dann nicht, wenn diese Hauptquartiere und Stäbe der NRF in das Einsatzgebiet einer bewaffneten Unternehmung verlegt würden.[1776]

Ebenfalls keiner konstitutiven Zustimmung bedarf die übliche Beteiligung deutscher Soldaten an den Bündnisstrukturen der NATO in Friedenszeiten.[1777] Dazu gehören auch Übungen, Manöver, Überwachungsaufgaben und ähnliche Routineaufgaben des Bündnisses.

Die gesetzliche Zustimmung des Bundestages umfaßt jedoch nicht die Zustimmung zu einer *konkreten* bewaffneten Unternehmung mit deutscher Beteiligung. Es ist deshalb folgerichtig, die konstitutive Zustimmung des Parlaments zu verlangen, wenn es sich um „eigens für konkrete bewaffnete Einsätze gebildete Stäbe und Hauptquartiere der NATO und anderer Organisationen kollektiver Sicherheit"[1778] handelt.[1779]

Eine weitere konstitutive Beteiligung des Parlaments wird erst durch den konkreten militärischen Einsatz erforderlich und bezieht sich lediglich auf die militärischen Einsatzkräfte, die bei einer vorgegebenen Führungsstruktur unmittelbar operativ eingesetzt werden. Eine erneute Beteiligung des Bundestages für den Einsatz deutscher Soldaten in ständigen Hauptquartieren und Stäben ist verfassungsrechtlich auch dann nicht geboten, wenn diese ständigen Hauptquartiere und Stäbe konkrete bewaffnete Unternehmungen führen.[1780]

Wenn Roman Schmidt-Radefeldt die Gefahr thematisiert, daß „der bislang konsequent gehandhabte Parlamentsvorbehalt im Zuge einer fortschreitenden multinationalen Streitkräfteintegration sukzessive ausgehöhlt wird"[1781], übersieht er,

---

1775 Wiefelspütz, Das Parlamentsheer, S. 448 f.; Gilch, Das Parlamentsbeteiligungsgesetz, S. 132.

1776 Wiefelspütz, ZaöRV 64 (2004), S. 363 (377); a. A. offenbar – allerdings ohne Begründung – Abg. Hans-Ulrich Klose (SPD), IP Mai 2007, S. 22 (26); unklar Schaefer, Verfassungsrechtliche Grenzen, S. 236. Zur politologischen Sicht vgl. Böckenförde, Die War Powers Resolution, S. 30.

1777 Vgl. Spies, in: Festschrift für Dieter Fleck, S. 531 (546 ff.); Gilch, Das Parlamentsbeteiligungsgesetz, S. 140 f.

1778 BT-Drs. 15/2742, S. 5, Begründung zu § 2.

1779 Vgl. auch Klein, in: Festschrift Schmitt Glaeser, S. 245 (261).

1780 Wiefelspütz, ZaöRV 64 (2004), S. 363 (377).

1781 Schmidt-Radefeldt, Parlamentarische Kontrolle, S. 182.

daß der konstitutive wehrverfassungsrechtliche Parlamentsvorbehalt nicht statisch verstanden werden darf. Es ist Sache des Gesetzgebers, vor dem Hintergrund der zunehmenden Streitkräfteintegration den konstitutiven wehrverfassungsrechtlichen Parlamentsvorbehalt zu konkretisieren und die Beteiligungsrechte des Parlaments mit der militärischen Wehrfähigkeit und Bündnisfähigkeit der Bundesrepublik Deutschland in Konkordanz zu bringen. Das ist durch die Verabschiedung des PBG geschehen, ohne daß der konstitutive Parlamentsvorbehalt substantiell eingeschränkt worden ist.

Deshalb ist auch die Kritik von Andreas L. Paulus realitätsfern, der meint, die immer stärker werdende Einbindung der Bundesrepublik Deutschland in internationale Entscheidungsprozesse verenge trotz des Parlamentsvorbehalts die parlamentarischen Spielräume in der Verfassungswirklichkeit.[1782] In der Frage der Einsätze deutscher Soldaten in multilateralen Verbänden sei das PBG unzureichend.[1783] Der Gesetzgeber des PBG entschied sich in Kenntnis der internationalen Entscheidungsprozesse und in Auseinandersetzung mit anderen (exekutivfreundlichen) Optionen für eine ungeschmälerte gesetzliche Regelung des Beteiligungsrechts des Deutschen Bundestages.[1784] Letztlich ging es dem Gesetzgeber auch vor dem Hintergrund gewollter Integrationsprozesse um die Behauptung des Letztentscheidungsrechts deutscher Verfassungsorgane in Fragen von nationaler Bedeutung.[1785]

Mit dem wehrverfassungsrechtlichen Parlamentsvorbehalt wäre freilich vereinbar,

> „im Rahmen völkerrechtlicher Verpflichtungen die parlamentarische Beteiligung nach der Regelungsdichte abzustufen, in der die Art des möglichen Einsatzes der Streitkräfte bereits durch ein vertraglich geregeltes Programm militärischer Integration vorgezeichnet ist."[1786]

Es wäre deshalb – unbeschadet der politischen Bewertung – verfassungsrechtlich unbedenklich, besonderen Formen der militärischen Integration wie der NRF dadurch Rechnung zu tragen, daß durch eine gesetzliche Regelung im PBG die Mitwirkung der Bundesregierung an einer einstimmigen Entscheidung des NAC über den Einsatz der NRF mit Beteiligung deutscher Soldaten ausreicht und eine weitere Beteiligung des Parlaments nicht erforderlich ist.[1787]

Möglich und ausreichend wäre auch – statt einer gesetzlichen Regelung – zu Beginn einer Wahlperiode einen Beschluß des Bundestages herbeizuführen, in dem

---

1782 Paulus, Vortrag, S. 26; ders., in: Weingärtner (Hg.), Einsatz der Bundeswehr im Ausland, S. 81 (92).

1783 Paulus, Parlament und Streitkräfteeinsatz, S. 325; ders., in: Weingärtner (Hg.), Einsatz der Bundeswehr im Ausland, S. 81 (91).

1784 Wiefelspütz, ZParl 38 (2007), S. 3 (7).

1785 Dies sieht am Ende auch Paulus, Parlament und Streitkräfteeinsatz, S. 326, positiv.

1786 BVerfGE 90, S. 286 (389).

1787 Einen ähnlichen Vorschlag macht Spies, in: Festschrift für Dieter Fleck, S. 531 (543 f.), für den Fall der Beteiligung Deutschlands an Einsätzen im Standby Arrangements Systems der Vereinten Nationen (UNSAS).

entsprechenden Entscheidungen des NAC unter Mitwirkung der Bundesregierung vorab und generell zugestimmt wird[1788] und das Parlament auf Informationsrechte und ein Rückholrecht verwiesen wird.[1789]

Eine ganz andere Frage ist freilich, ob dies politisch gewollt ist. Gegenwärtig gibt es dafür keine Mehrheiten im Deutschen Bundestag.

8. Der räumliche Bezug des konstitutiven Parlamentsvorbehalts

Das aus dem Rechtsstaatsprinzip abgeleitete Bestimmtheitsgebot verlangt die hinreichend exakte Bestimmung des Einsatzgebietes der bewaffneten Streitkräfte. Allerdings sollten dabei die Anforderungen nicht überspannt werden. Militärische Operationen lassen sich nur in den Grundzügen mit angemessener Genauigkeit vorausplanen.[1790]

Der militärische Einsatz zielt operativ immer auf einen konkreten Raum und auf ein geografisch bestimmbares Einsatzgebiet.[1791] Eingesetzt werden indes nur Soldaten, die im Einsatzgebiet mit militärischen Aufgaben im Rahmen einer bewaffneten Unternehmung betraut sind. Das schließt eigens für eine bewaffnete Unternehmung gebildete Hauptquartiere und Stäbe ein, die im Einsatzgebiet die militärischen Operationen führen. Deutsche Soldaten in solchen Hauptquartieren und Stäben dürfen nur mit Zustimmung des Deutschen Bundestages eingesetzt werden.[1792]

Dieses Verständnis über die Reichweite des konstitutiven Parlamentsvorbehalts entspricht wie dargelegt auch der Regierungs- und Parlamentspraxis.

1788 Dies entsprach offenbar der Konzeption der CDU/CSU in der 15. Wahlperiode. Vgl. den entsprechenden Vorschlag des Abg. Volker Rühe (CDU/CSU) in: Süddeutsche Zeitung vom 19. Dezember 2003; Abg. Eckart von Klaeden (CDU/CSU), Deutscher Bundestag, 15. Wahlperiode, 100. Sitzung, 25. März 2004, Sten. Prot. S. 8981 B f.; Abg. Ronald Pofalla (CDU/CSU), Deutscher Bundestag, 15. Wahlperiode, 100. Sitzung, 25. März 2004, Sten. Prot. S. 8989 B. Vgl. auch Spies, in: Festschrift für Dieter Fleck, S. 531 (556).

1789 Wiefelspütz, ZaöRV 64 (2004), S. 363 (386); Pofalla, ZRP 2004, S. 221 (224); a. A. Schaefer, Verfassungsrechtliche Grenzen, S. 265.

1790 Wiefelspütz, ZaöRV 64 (2004), S. 363 (379); Schaefer, Verfassungsrechtliche Grenzen, S. 273.

1791 Wiefelspütz, ZaöRV 64 (2004), S. 363 (379).

1792 Wiefelspütz, ZaöRV 64 (2004), S. 363 (380).

9. Sonstige Einsätze bewaffneter Streitkräfte

Bei der Beteiligung deutscher Soldaten am bis heute politisch, staatsrechtlich und völkerrechtlich umstrittenen[1793] Kosovo-Krieg[1794] fehlte es an einem Mandat der VN. Ebenso ohne Ermächtigung des VN-Sicherheitsrats erfolgte die Evakuierung von ca. 120 Zivilpersonen unterschiedlicher Nationalität – darunter auch deutsche Staatsbürger – aus dem vom Bürgerkrieg erfaßten Albanien durch Soldaten der Bundeswehr am 14. März 1997[1795]. In beiden Fällen stimmte der Bundestag dem bewaffneten Einsatz der Bundeswehr zu.[1796]

Das Bundesverfassungsgericht erwähnt ausdrücklich nicht die humanitäre Intervention.[1797] Es steht aber weitgehend außer Streit, daß Einsätze deutscher Soldaten im Rahmen einer bewaffneten humanitären Intervention der konstitutiven Zustimmung des Bundestages bedürfen.[1798]

1793 Ipsen, Die Friedens-Warte 1999, S. 19 ff.; ders., in: Wehrrecht und Friedenssicherung, Festschrift für Klaus Dau zum 65. Geburtstag, hgg. von Knut Ipsen, Christian Raap, Torsten Stein, Armin A. Steinkamm, 1999, S. 103 ff.; Laubach, ZRP 1999, S. 276 (277 ff.); Epping, in: Festschrift Ipsen, S. 615 ff.; Simma, EJIL 1999, S. 1 ff.; Merkel (Hg.), Der Kosovo-Krieg und das Völkerrecht, 2000.

1794 Vgl. dazu Limpert, Auslandseinsatz, S. 39 f., 66 ff.; für Wild, DÖV 2000, S. 622 (628) handelt es sich um eine Militäraktion im Rahmen eines Systems gegenseitiger kollektiver Sicherheit.

1795 Vgl. dazu Schultz, Die Auslandsentsendung, S. 95 f.; Kreß, ZaöRV 57 (1997), S. 229 ff.; Limpert, Auslandseinsatz, S. 60, 62; Fastenrath, FAZ vom 19. März 1997; Dau, NZWehr 1998, S. 89 ff.; Hermsdörfer, BayVBl. 1998, S. 652 ff.; Epping, AöR 124 (1999), S. 423 ff.; von Lersner, Humanitäres Völkerrecht – Informationsschriften – 1999, S. 156 ff.; Wild, DÖV 2000, S. 622 (625); Dreist, NZWehrr 2002, S. 133 (141 ff.).

1796 ALLIED FORCE; Operationszweck: Limited/Phased Air Operations (Luftschläge früheres Jugoslawien); NATO-Ratsbeschluß: 8. Oktober 1998; BT-Drs. 13/11469; Kabinettentscheidung: 12. Oktober 1998; BT-Drs. 13/11469; Zustimmung des Bundestages: 16. Oktober 1998.

LIBELLE; Evakuierung deutscher Staatsbürger aus Albanien; Kabinettentscheidung am 14. März 1997; BT-Drs. 13/7233; Zustimmung des Deutschen Bundestages am 20. März 1997; Deutscher Bundestag, 13. Wahlperiode, Sten. Prot. S. 14989 D (Beschluß).

1797 Vgl. dazu Brenner/Hahn, JuS 2001, S. 729 (734); Schilling, AVR 1997, S. 430 (435); Blumenwitz, BayVBl 1994, S. 678 (679); ders., APuZ 1994, S. B 47 ff; Greenwood, EA 1993, S. 93 (95 ff.); Geiger, Grundgesetz und Völkerrecht, § 65 II 2 (S. 364 f.); Limpert, Auslandseinsatz, S. 36 ff., 67 f.; Doehring, Völkerrecht, Rdnr. 1013 ff.; Schultz, Die Auslandsentsendung, S. 264 ff.; Wild, DÖV 2000, S. 622 (624 ff.).

1798 Kreß, ZaöRV 57 (1997), S. 229 (356), vertritt die Auffassung, „daß zeitlich auf das engste begrenzte Militäreinsätze bei Gefahr im Verzuge in den von der Verfassung für außenpolitisches Handeln grundsätzlich gewollten Eigenbereich exekutiver Handlungsbefugnis und Verantwortlichkeit fallen." Siehe aber oben S. 323.

10. Militärische Einsätze deutscher Streitkräfte auf Hoher See und die konstitutive Beteiligung des Deutschen Bundestages

Zweifelsfrei bedürfen militärische Einsätze deutscher Streitkräfte auf Hoher See der grundsätzlich vorherigen konstitutiven Zustimmung des Deutschen Bundestages. § 2 PBG sieht keine Differenzierung nach Ausmaß, Bedeutung und Intensität des Einsatzes vor. Einsätze der Bundeswehr auf Hoher See mit lediglich *polizeilichem* Charakter wie die Wahrnehmung der Flaggenhoheit, der Schutz der deutschen Handelsmarine gegenüber kriminellen Angriffen auf Hoher See, die Nacheile, die Bekämpfung der Piraterie und des Sklavenhandels und vergleichbare Operationen bedürfen keiner Zustimmung des Deutschen Bundestages.[1799]

11. Humanitäre Einsätze der Bundeswehr

Nach § 2 Abs. 2 Satz 3 i. V. mit § 2 Abs. 2 Satz 1 und 2 PBG sind humanitäre Hilfsdienste und Hilfsleistungen der Streitkräfte, bei denen Waffen lediglich zum Zweck der Selbstverteidigung mitgeführt werden, keine zustimmungsbedürftigen Einsätze, wenn nicht zu erwarten ist, daß die Soldatinnen oder Soldaten in bewaffnete Unternehmungen einbezogen werden. In der Begründung zu § 2 PBG heißt es:

> „Es wird ferner deutlich gemacht, daß der Parlamentsvorbehalt auf militärische Aktionen beschränkt ist und sich nicht auf humanitäre Hilfsleistungen wie z. B. Katastrophenhilfe bezieht."[1800]

Humanitäre Einsätze der Bundeswehr, bei denen die Bewaffnung ausschließlich zur Selbstverteidigung dient, bedürfen danach nicht der Zustimmung des Bundestages, wenn eine Verstrickung in eine bewaffnete Unternehmung nicht zu besorgen ist.[1801] Bei solchen Einsätzen handelt es sich nicht um Verwendungen, die mit kriegsähnlichen Einsätzen oder mit der Verstrickung in einen Krieg vergleichbar sind.[1802] Denn sie sind nicht durch die Anwendung von militärischer Gewalt geprägt.

Der Einwand von Peter Dreist, diese der Rechtsprechung des Bundesverfassungsgerichts im Streitkräfteurteil nachgebildete Vorschrift sei „nicht umsetzbar", da die Bundesregierung vor Beginn des Einsatzes die konstitutive Zustimmung einholen und daher in einer Prognoseentscheidung prüfen und entscheiden müsse, inwiefern die

---

1799 Anders aber wohl die h. M.; siehe oben S. 319 f.

1800 BT-Drs. 15/2742, S. 5.

1801 Wiefelspütz, Das Parlamentsheer, S. 453; Schaefer, Verfassungsrechtliche Grenzen, S. 216; ähnlich Dreist, KritV 87 (2004), S. 79 (100).

1802 Wiefelspütz, Das Parlamentsheer, S. 453; Gilch, Das Parlamentsbeteiligungsgesetz, S. 136.

Gefahr der Einbeziehung in bewaffnete Unternehmungen bestehe[1803], überzeugt nicht. Bei einem humanitären Auslandseinsatz der Streitkräfte muß zunächst in einer Prognoseentscheidung abgewogen werden, ob die Soldaten in eine bewaffnete Unternehmung verstrickt werden. Nur wenn dies nicht der Fall ist, bedarf der Einsatz nicht der Zustimmung des Parlaments. Wenn bei einem humanitären Einsatz eine Verstrickung in eine bewaffnete Unternehmung zu erwarten ist, muß dies nicht gegen den Einsatz sprechen. Es ist in diesem Fall freilich die konstitutive Zustimmung des Deutschen Bundestages erforderlich. Im Übrigen sind Prognoseentscheidungen zur Abgrenzung der zustimmungsbedürftigen von nicht zustimmungsbedürftigen Einsätzen nichts Ungewöhnliches. Die tatsächliche Entwicklung eines Einsatzes kann dazu führen, daß trotz sachgerechter Prognose durch einen nicht absehbaren Geschehensablauf ein nicht zustimmungsbedürftiger Einsatz zu einem zustimmungspflichtigen Einsatz wird. In einem solchen Fall hat die Bundesregierung die Alternative, die Zustimmung des Parlaments zu dem Einsatz zu beantragen oder den Einsatz durch Rückzug der Soldaten zu beenden.

Humanitäre Hilfeleistungen der Bundeswehr mit einer sogenannten Selbstschutz-komponente sind zustimmungspflichtig, wenn die Bewaffnung nicht nur ausschließlich der Selbstverteidigung, sondern auch der Durchsetzung des Einsatzzieles zu dienen bestimmt ist.[1804] Diese Einsätze haben bei einer Gesamtschau in einem nicht unwesentlichen Umfang ein militärisches, die Anwendung von militärischer Gewalt einschließendes Gepräge, insbesondere weil die Anwendung von Gewalt zur Sicherung der Zweckbestimmung des Einsatzes in Betracht kommt.[1805]

Anders liegt der Fall bei humanitären Einsätzen mit Sicherungskräften,[1806] wenn und soweit die Sicherungskräfte lediglich den Selbstschutz aller am Einsatz beteiligten Soldaten zu gewährleisten haben. Bewaffnung ausschließlich zur Selbstverteidigung löst den Parlamentsvorbehalt nicht aus.

Humanitäre Einsätze der Bundeswehr auf kriegsbefangenem Territorium sind unab-hängig von der Bewaffnung[1807] stets zustimmungsbedürftig, weil sie untrennbar Teil eines Kiegsgeschehens sind.

1803 Dreist, in: Entschieden für Frieden, S. 507 (512); ders., BWV 2005, S. 29 (34).

1804 Wiefelspütz, Das Parlamentsheer, S. 453; so auch Hermsdörfer, DVP 2004, S. 183 (185); anders Gilch, Das Parlamentsbeteiligungsgesetz, S. 137, der die Zustimmungsbedürftigkeit ausnahmslos aus der Selbstschutzkomponente ableitet.

1805 Wiefelspütz, Das Parlamentsheer, S. 453; Schaefer, Verfassungsrechtliche Grenzen, S. 218.

1806 Vgl. BT-Drs. 15/36, S. 2 Ziff. 3.

1807 A. A. Schaefer, Verfassungsrechtliche Grenzen, S. 217.

12. Nicht vom konstitutiven Parlamentsvorbehalt erfaßte Einsätze

Nicht Gegenstand der konstitutiven Zustimmung des Deutschen Bundestages zu einem Einsatz bewaffneter deutscher Streitkräfte ist die Beteiligung von Polizeivollzugsbeamten des Bundes und der Länder oder von Kräften anderer Bundes- oder Landesbehörden oder die Beteiligung von Zivilpersonen an solchen Einsätzen.[1808] Denn der konstitutive Parlamentsvorbehalt bezieht sich ausschließlich auf den Einsatz bewaffneter *Streitkräfte*.

1808 Wiefelspütz, Das Parlamentsheer, S. 453; Dreist, KritV 87 (2004), S. 79 (101); ders., ZaöRV 64 (2004), S. 1001 (1023); Scholz, Deutscher Bundestag, 15. Wahlperiode, Ausschuß für Wahlprüfung, Immunität und Geschäftsordnung, Protokoll G 25 vom 17. Juni 2004, S. 27 f.; Gilch, Das Parlamentsbeteiligungsgesetz, S. 99 f. Fn. 377.

§ 3

Antrag

(1) Die Bundesregierung übersendet dem Bundestag den Antrag auf Zustimmung zum Einsatz der Streitkräfte rechtzeitig vor Beginn des Einsatzes.

(2) Der Antrag der Bundesregierung enthält Angaben insbesondere über
den Einsatzauftrag,
das Einsatzgebiet,
die rechtlichen Grundlagen des Einsatzes,
die Höchstzahl der einzusetzenden Soldatinnen und Soldaten,
die Fähigkeiten der einzusetzenden Streitkräfte,
die geplante Dauer des Einsatzes,
die voraussichtlichen Kosten und die Finanzierung.

(3) Der Bundestag kann dem Antrag zustimmen oder ihn ablehnen. Änderungen des Antrags sind nicht zulässig.

1. Die rechtzeitige Vorlage des Antrags der Bundesregierung

Nach § 3 Abs. 1 PBG übersendet die Bundesregierung dem Bundestag den Antrag auf Zustimmung zum Einsatz der Streitkräfte rechtzeitig vor Beginn des Einsatzes.[1809] Dies dient dazu, daß dem Parlament ausreichend Zeit zur Verfügung steht, um den Antrag angemessen beraten zu können.

2. Die Bestimmtheit des Antrags auf Zustimmung

§ 3 Abs. 2 PBG bestimmt, welche Angaben der Antrag der Bundesregierung enthält. Dabei handelt es sich, wie das Wort „insbesondere" ausdrückt, um eine Mindestanforderung. Die Bundesregierung ist frei, weitere Einzelheiten in ihrem Antrag aufzuführen. Die aufgeführten Angaben sollen eine umfassende Informationsbasis für die parlamentarische Entscheidung sicherstellen.[1810]

Im Zusammenhang mit der Diskussion über ein Parlamentsbeteiligungsgesetz sind

---

1809 Kritisch Schröder, NJW 2005, S. 1402, der eine Soll-Regelung mit verschiedenen Fristen für angemessener hält. Mit der rechtzeitigen Zuleitung des Antrages hat es bislang freilich keine Probleme gegeben.

1810 Vgl. BT-Drs. 15/2742, Zu § 3 (S. 5).

Erwägungen artikuliert worden, die konstitutive Zustimmung des Bundestages auf das „Ob" der Entsendung zu beschränken und entsprechend den Vorgaben der Streitkräfteentscheidung[1811] das „Wie" des bewaffneten Einsatzes der Bundesregierung zu überlassen.[1812] Diese Auffassung ist zumindest mißverständlich. Das Rechtsstaatsprinzip gebietet, daß die Bundesregierung dem Parlament einen hinreichend bestimmten Antrag auf Zustimmung zum bewaffneten Einsatz der Streitkräfte vorlegt.[1813]

Die Entscheidung über den bewaffneten Einsatz der Streitkräfte ist für alle Beteiligten von besonderer Tragweite. Der Bundestag ist nur dann in der Lage, eine verantwortliche Entscheidung zu treffen, wenn er von Anfang an alle wesentlichen Elemente des konkreten Einsatzes überblicken kann.[1814] Der Antrag auf konstitutive Zustimmung des Parlaments muß deshalb den Gesamtcharakter[1815] sowie den Anlaß und die Struktur des Einsatzes erkennen lassen.[1816] Dazu gehören insbesondere das Einsatzgebiet, die Anzahl der eingesetzten Soldaten,[1817] die Bewaffnung, die voraussichtliche Dauer und die Kosten des Einsatzes.[1818]

Die Zustimmung des Bundestages darf nicht zum „Blankoscheck" werden. Kleinere Veränderungen des Einsatzes berühren die konstitutive Zustimmung nicht. Wesentliche Änderungen des Einsatzes lassen die Zustimmungsbedürftigkeit erneut

---

1811 Vgl. BVerfGE 90, S. 286 (389).

1812 Vgl. spiegel-online vom 27. März 2003 – Union legt Papier zum Entsendegesetz vor –; Hermsdörfer, DVP 2004, S. 183 (184); Heintschel von Heinegg, in: Tomuschat (Hg.), Rechtsprobleme einer europäischen Sicherheits- und Verteidigungspolitik, S. 87 (93); Schmidt-Radefeldt, in: The ‚Double Democratic Deficit', S. 147 (154); Lorz, Interorganrespekt, S. 374; Pofalla, ZRP 2004, S. 221 (225); ders., Deutscher Bundestag, 15. Wahlperiode, 100. Sitzung, 25. März 2004, Sten. Prot. S. 8988 B ff.; Nolte, in: Ku/Jacobson (Hg.), Democratic Accountability, S. 231 (245); ähnlich Krieger, Streitkräfte im demokratischen Verfassungsstaat, S. 330; Dreist, in: Entschieden für Frieden, S. 507 (513); ders., BWV 2005, S. 29 (35).

1813 Zum Bestimmtheitsgebot als Bestandteil des Rechtsstaatsprinzips vgl. Schulze-Fielitz, in: Dreier (Hg.), Grundgesetz, Bd. II, Art. 20 (Rechtsstaat) Rdnr. 129 ff. m. w. N.; Jarass, in: Jarass/Pieroth, Grundgesetz, Art. 20 Rdnr. 60 ff.; Sommermann, in: von Mangoldt/Klein/Starck (Hg.), Grundgesetz, Bd. 2, Art. 20 Rdnr. 279 ff.; BVerfGE 49, S. 168 (181); 59, S. 104 (114); 87, S. 234 (263); 89, S. 69 (84).

1814 Vgl. Nolte, ZaöRV 54 (1994), S. 652 (681); Günther, in: Wehrhafte Demokratie, S. 329 (341); Nowrot, NZWehrr 2003, S. 65 (67); Schmidt-Radefeldt, Parlamentarische Kontrolle, S. 167; Wiefelspütz, Der Einsatz bewaffneter deutscher Streitkräfte, S. 44 ff; ders., NVwZ 2005, S. 496 (498); Rau, AVR 44 (2006), S. 93 (104); Schaefer, Verfassungsrechtliche Grenzen, S. 260; ähnlich Schröder, Das parlamentarische Zustimmungsverfahren, S. 297.

1815 Isensee, Kölner Stadtanzeiger vom 22. September 2001; Koch, Das Parlamentsbeteiligungsgesetz, S. 1 (15): „Gesamtkonzept"; ders., Das Parlamentsbeteiligungsgesetz, Erweiterte Fassung, S. 23 f.

1816 Vgl. Isensee, Kölner Stadtanzeiger vom 22. September 2001; Wild, DÖV 2000, S. 622 (624); Wiefelspütz, NVwZ 2005, S. 496 (498); ähnlich Gilch, Das Parlamentsbeteiligungsgesetz, 2005, S. 103.

1817 Isensee, Kölner Stadtanzeiger vom 22. September 2001.

1818 Wiefelspütz, Das Parlamentsheer, S. 456.

aufleben.[1819] Wesentlich ist eine Änderung des Einsatzes, wenn der Gesamtcharakter der Operation sich in seinem Kern verändert.

Diesen Vorgaben entspricht die Staatspraxis in inzwischen 63 Fällen der konstitutiven Zustimmung des Bundestages zu bewaffneten Einsätzen der Bundeswehr. Die Bundesregierung führte in ihren Anträgen auf Zustimmung regelmäßig alle bedeutsamen Elemente des Einsatzes auf.[1820]

Diese Praxis, die durch das PBG festgeschrieben wird,[1821] ist zu Unrecht als zu detailliert kritisiert worden.[1822] Niemand zwingt die Bundesregierung indes zu Anträgen, die von übertriebener Detailliertheit geprägt sind.[1823] Andererseits hat das Parlament das Recht zu wissen, worüber es entscheidet. Das setzt ein hinreichendes Maß an Informationen über den Einsatz voraus.[1824]

Außerdem wird kritisiert, § 3 PBG habe die Tendenz zu einer Beschränkung auf Mindest-Inhaltsangaben, ohne die Gelegenheit wahrzunehmen, dies durch ausdrückliche Geheimschutzvorbehalte auszuweisen. Damit würden das administrative Gewicht und der exekutivische Schwerpunkt des Gesetzes deutlich.[1825]

Dieser Vorwurf ist unbegründet. Dem Bestimmtheitsgebot, dem der Antrag entsprechen muß, wird durch nicht weniger als sieben Regelvoraussetzungen, die der Antrag der Bundesregierung nach § 3 Abs. 2 PBG erfüllen muß, mehr als hinreichend nachgekommen.

1819 A. A. Gilch, Das Parlamentsbeteiligungsgesetz, S. 128; Schmidt-Radefeldt, Parlamentarische Kontrolle, S. 169, erwägt Korrektur- und Steuerungsinstrumente, um für den gesamten Verlauf des Einsatzes Möglichkeiten zur Einflußnahme zu garantieren. Unklar Sigloch, Auslandseinsätze der deutschen Bundeswehr, S. 317.

1820 Vgl. die Nachweise der Einsätze oben S. 242 ff.

1821 Zustimmend Rau, AVR 44 (2006), S. 93 (104).

1822 Vgl. die Kritik von Dreist, ZRP 2005, S. 35 f., und des Abg. Ronald Pofalla (CDU/CSU) in: www. pofalla.de („Parlamentsheer in exekutiver Verantwortung"): „Die Bundesregierung gab in ihrem Antrag oft bis ins kleinste Detail vor, in welcher Truppenstärke die Bundeswehr wo und wie eingesetzt wurde". Heintschel von Heinegg, in: Tomuschat (Hg.), Rechtsprobleme einer europäischen Sicherheits- und Verteidigungspolitik, S. 87 (94), sieht in der Praxis der Bundesregierung eine freiwillige Beschränkung ihres von der Verfassung für außenpolitisches Handeln gewährten Eigenbereichs exekutiver Handlungsbefugnis und Verantwortlichkeit. Vgl. auch die Bedenken von Paulus, Parlament und Streitkräfteeinsatz, S. 308 ff., und die Hinweise von MdB Hans-Ulrich Klose (SPD), IP Mai 2007, S. 22 (24 ff.).

1823 Vgl. Paulus, Vortrag, S. 24 ff.; ders., in: Weingärtner (Hg.), Einsatz der Bundeswehr im Ausland, S. 81 (90 ff.).

1824 Paulus, Parlament und Streitkräfteeinsatz, S. 308, kritisiert, der Deutsche Bundestag habe die schleichende Erweiterung einer punktuellen Zustimmung zu einem Akt der Bundesregierung in eine lineare Ermächtigung durchgesetzt, die der Schaffung einer speziellen Rechtsgrundlage für den jeweiligen Streitkräfteeinsatz gleichkomme. Vgl. auch ders., in: Weingärtner (Hg.), Einsatz der Bundeswehr im Ausland, S. 81 (91).

1825 Koch, Das Parlamentsbeteiligungsgesetz, S. 1 (15); ders., Das Parlamentsbeteiligungsgesetz, Erweiterte Fassung, S. 24.

Allerdings hat das Bundesverfassungsgericht in der Streitkräfteentscheidung aus-drücklich hervorgehoben, daß der Zustimmungsvorbehalt für den Einsatz bewaffneter Streitkräfte dem Deutschen Bundestag keine Initiativbefugnis verleiht.[1826] Der Deutsche Bundestag könne lediglich einem von der Bundesregierung beabsichtigten Einsatz seine Zustimmung versagen, nicht aber die Regierung zu einem solchen Einsatz der Streitkräfte verpflichten.[1827]

Daraus ist der Schluß gezogen worden, aus dem Streitkräfteurteil ergebe sich nicht, daß dem Parlament immer mehr operative Einzelheiten zur Zustimmung zu unterbreiten seien.[1828] Hans H. Klein betont, die Benennung von Einsatzort und -ziel sei ein notwendiger Bestandteil des Zustimmungsbeschlusses.[1829] Die Dauer des Einsatzes unterliege indes nicht der rechtsverbindlichen Zustimmung des Bundestages. Sie sei Sache der Bundesregierung, solange der Bundestag nicht von seinem Rückholrecht Gebrauch mache.[1830] Ebenso wenig erstrecke sich die Rechtsverbindlichkeit des Zustimmungsbeschlusses auf die Art und den Umfang der zum Einsatz kommenden Streitkräfte.[1831] Gewinne die Bundesregierung im Zuge der Durchführung der Aktion den Eindruck, daß andere oder mehr als die ursprünglich vorgesehenen Kräfte gebraucht werden, fielen die erforderlichen Entscheidungen in ihre Zuständigkeit. Die Bundesregierung bedürfe insoweit keiner Ermächtigung durch den Bundestag.[1832]

Ähnlich argumentiert Andreas Gilch. Die Bestimmung der maximalen Dauer des Einsatzes sei kein verfassungsrechtlich zulässiger Bestandteil der Beschlußfassung des Bundestages. Die Entscheidung über die Dauer eines Einsatzes sei originäres Recht der Regierung.[1833]

Thomas Schaefer hebt hervor, § 3 Abs. 2 PBG sei nur dann mit dem von der Verfassung für außenpolitisches Handeln gewollten Eigenbereich exekutiver Handlungs-befugnis und Verantwortlichkeit vereinbar, wenn er verfassungskonform als „Soll"-Vorschrift ausgelegt werde.[1834]

1826 BVerfGE 90, S. 286 (389).

1827 BVerfGE 90, S. 286 (389).

1828 Dreist, NZWehrr 2002, S. 133 (143).

1829 Klein, in: Festschrift Schmitt Glaeser, S. 245 (252); ähnlich Krieger, Streitkräfte im demokratischen Verfassungsstaat, S. 330 f.

1830 Klein, in: Festschrift Schmitt Glaeser, S. 245 (253); ders., Deutscher Bundestag, 15. Wahlperiode, Ausschuß für Wahlprüfung, Immunität und Geschäftsordnung, Ausschußdrucksache 15 – G – 31, S. 4 f.

1831 Klein, in: Festschrift Schmitt Glaeser, S. 245 (253); ders., Deutscher Bundestag, 15. Wahlperiode, Ausschuß für Wahlprüfung, Immunität und Geschäftsordnung, Ausschußdrucksache 15 – G – 31, S. 5; ähnlich Krieger, Streitkräfte im demokratischen Verfassungsstaat, S. 332; Gilch, Das Parlamentsbeteiligungsgesetz, S. 105.

1832 Klein, in: Festschrift Schmitt Glaeser, S. 245 (254).

1833 Gilch, Das Parlamentsbeteiligungsgesetz, S. 105, 143 ff., 214.

1834 Schaefer, Verfassungsrechtliche Grenzen, S. 276.

Diese Argumentation ist nicht überzeugend.[1835] Das Parlament kann nur dann die (Mit)Verantwortung für einen bewaffneten Einsatz übernehmen, wenn es hinreichend Ausmaß und Tragweite des Einsatzes beurteilen kann. Dazu gehört auch die voraussichtliche Dauer einer militärischen Operation.[1836] Die operativen Einzelheiten eines Einsatzes verbleiben gleichwohl ausschließlich in der Verantwortung der Regierung.[1837]

Der bisherigen Praxis des Deutschen Bundestages kommt Ferdinand Kirchhof nahe, wenn er hervorhebt, zeitliche und personelle Grenzen eines Einsatzes sowie dessen Ziel könne der Zustimmungsbeschluß des Parlaments vorgeben. Durchführungsanweisungen oder Bedingungen dürfe er nicht enthalten, weil der Bundesregierung der politische und militärische Handlungsspielraum beim militärischen Einsatz zustehe.[1838]

Die vom Bundesverfassungsgericht geforderte parlamentarische Beratung des Antrages auf konstitutive Zustimmung in den zuständigen Ausschüssen des Deutschen Bundestages[1839] macht im Übrigen nur Sinn, wenn dem Parlament eine angemessen präzise und – bezogen auf die wesentlichen Elemente des Einsatzes – verbindliche[1840] Beratungsgrundlage vorliegt.[1841] Allerdings dürfen die Anforderungen an die Angaben der Bundesregierung nicht überspannt werden.

Andreas L. Paulus betont mit Recht, daß das gesamte Konzept der Parlamentsbeteiligung davon abhängig sei, daß sich die beteiligten Staatsorgane an ihre eigenen Angaben hielten.[1842]

Gegen die Operation Enduring Freedom sind freilich wegen der übergroßen territorialen Reichweite Einwände erhoben worden.[1843] Mit Rücksicht auf die global wirksamen Gefahren des internationalen Terrorismus wird man diese Bedenken jedoch zurückstellen müssen.[1844]

1835 Vgl. auch Paulus, Parlament und Streitkräfteeinsatz, S. 311 f.

1836 Zur Entwicklung der Staatspraxis vgl. Rau, AVR 44 (2006), S. 93 (108).

1837 Wiefelspütz, Das Parlamentsheer, S. 458; Schaefer, Verfassungsrechtliche Grenzen, S. 268; F. Kirchhof, in: Isensee/Kirchhof (Hg.), Handbuch des Staatsrechts, Bd. IV, Aufgaben des Staates, § 84 Rdnr. 36.

1838 F. Kirchhof, in: Isensee/Kirchhof (Hg.), Handbuch des Staatsrechts, Bd. IV, Aufgaben des Staates, § 84 Rdnr. 36.

1839 BVerfGE 90, S. 286 (388).

1840 A. A. Paulus, Parlament und Streitkräfteeinsatz, S. 310.

1841 Krieger, Streitkräfte im demokratischen Verfassungsstaat, S. 340.

1842 Paulus, Parlament und Streitkräfteeinsatz, S. 311 f.

1843 Vgl. Fastenrath, FAZ vom 12. November 2001; Blumenwitz, ZRP 2002, S. 102 (106); Schmidt-Radefeldt, Parlamentarische Kontrolle, S. 167; Biermann, ZParl 2004, S. 607 (608); Gilch, Das Parlamentsbeteiligungsgesetz, S. 106 f.; kritisch auch Paulus, Parlament und Streitkräfteeinsatz, S. 275 ff.

1844 Wiefelspütz, Das Parlamentsheer, S. 458; Schaefer, Verfassungsrechtliche Grenzen, S. 272 ff. m. w.

3. Konstitutive Zustimmung und Vorratsbeschluß

Im Zusammenhang mit dem Gebot der hinreichenden Bestimmtheit des Antrages auf Zustimmung zum Einsatz bewaffneter Streitkräfte wird eingewandt, der konstitutive Parlamentsvorbehalt zwinge das Parlament zu Vorratsbeschlüssen.[1845] Vor allem im Zusammenhang mit dem Kosovo-Einsatz der Bundeswehr habe sich die Bundesregierung zur Einholung von Bundestagsbeschlüssen verpflichtet gesehen, die ihrerseits noch auf sehr unvollkommenen Vorgaben beruhten, weil die internationalen und exekutivischen Klärungen im Zeitpunkt der notwendig gewordenen Bundestagsentscheidung noch nicht vorlagen. Hier drohe eine weitere Verwischung von parlamentarischen und exekutivischen Zuständigkeiten.[1846]

Freilich ist einzuräumen, daß sich der weitere Verlauf von militärischen Operationen schwer voraussehen läßt. Bewaffnete Unternehmungen können eskalieren,[1847] sie können sich gewollt oder auch ungewollt dynamisch entwickeln.[1848] Unlösbar waren die damit verbundenen Probleme in der bisherigen Staatspraxis jedoch weder für die Bundesregierung noch für den Deutschen Bundestag.[1849] Das gilt auch für den Einsatz von deutschen Soldaten, die Teil integrierter NATO-Einheiten waren. Die Bundesregierung ist nicht gehindert, bei dem Antrag auf Zustimmung zum Einsatz bewaffneter Streitkräfte die vorhersehbare Entwicklung des Einsatzes zu berücksichtigen. Es ist für die Bundesregierung und den Bundestag außerdem zumutbar, wenn bei einer *wesentlichen* Veränderung des Einsatzes bewaffneter Streitkräfte der Bundestag erneut konstitutiv befaßt wird.[1850]

N.; vgl. auch Krieger, Streitkräfte im demokratischen Verfassungsstaat, S. 330.

1845 Scholz, in: Dreier/Badura (Hg.), Festschrift 50 Jahre Bundesverfassungsgericht, Zweiter Band, S. 663 (675); vgl. auch Dreist, NZWehrr 2002, S. 133 (134); Nowrot, NZWehrr 2003, S. 65 (68 f. m. w. N.); Abg. Christian Schmidt (CDU/CSU), Deutscher Bundestag, 15. Wahlperiode, 10. Sitzung, 14. November 2002, Sten. Prot. S. 641 A; Wiefelspütz, ZaöRV 64 (2004), S. 363 (385 f.); Böckenförde, Die War Powers Resolution, S. 29.

1846 Scholz, in: Dreier/Badura (Hg.), Festschrift 50 Jahre Bundesverfassungsgericht, Zweiter Band, S. 663 (675); vgl. auch die Kritik von Paulus, Parlament und Streitkräfteeinsatz, S. 243 ff., 269.

1847 Heintschel von Heinegg, in: Tomuschat (Hg.), Rechtsprobleme einer europäischen Sicherheits- und Verteidigungspolitik, S. 87 (94).

1848 Vgl. Abg. Schmidt (CDU/CSU), Deutscher Bundestag, 15. Wahlperiode, 10. Sitzung, 14. November 2002, Sten. Bericht, S. 640 B; Klein, AöR 130 (2005), S. 632 (634).

1849 Zur Staatspraxis bei den Kosovo-Einsätzen der Bundeswehr vgl. instruktiv Limpert, Auslandseinsatz, S. 66 ff.

1850 Heintschel von Heinegg, in: Tomuschat (Hg.), Rechtsprobleme einer europäischen Sicherheits- und Verteidigungspolitik, S. 87 (94), verlangt eine grundlegende Änderung der bei der Beschlußfassung gegebenen Umstände und Einsatzbedingungen. Paulus, Parlament und Streitkräfteeinsatz, S. 310, stellt darauf ab, ob sich der Einsatz in ein „aliud" verändert.

Nicht bedenkenfrei ist freilich die Staatspraxis im Zusammenhang mit der Operation ENDURING FREEDOM ein Kräftekontingent, von dem nur ein kleiner Teil tatsächlich eingesetzt wird, vom Bundestag billigen zu lassen.[1851] Diese Praxis nähert sich einem unzulässigen Vorratsbeschluß.[1852] Die Zustimmung des Bundestages bezieht sich nämlich immer auf einen konkreten Einsatz.

4. Keine Änderung des Antrags der Bundesregierung durch den Bundestag

Nach § 3 Abs. 3 PBG kann der Bundestag dem Antrag zustimmen oder ihn ablehnen. Änderungen des Antrags (durch den Bundestag) sind nicht zulässig. Den Einsatz näher zu bestimmen und dann durchzuführen ist Sache der Bundesregierung.[1853]

Unstreitig kann jedoch die Bundesregierung bis zur Abstimmung durch den Bundestag jederzeit *ihren* Antrag verändern oder gar zurückziehen.[1854] Ebenso unbedenklich ist es, wenn die *Bundesregierung* ihrem Antrag vor der endgültigen Abstimmung im Plenum des Deutschen Bundestages durch Protokollerklärungen[1855] eine bestimmte Interpretation gibt.[1856] Denn die Bundesregierung ist bis zur Schlußabstimmung

1851 Gilch, Das Parlamentsbeteiligungsgesetz, S. 106 f.; Paulus, Vortrag, S. 33 f.; ders., Parlament und Streitkräfteeinsatz, S. 321.

1852 Kritisch auch Noetzel/Schreer, SWP-Aktuell 10, Februar 2007, S. 2.

1853 Weiß, NZWehrr 2005, S. 100 (107).

1854 Klein, Deutscher Bundestag, 15. Wahlperiode, Ausschuß für Wahlprüfung, Immunität und Geschäftsordnung, Ausschußdrucksache 15 – G – 31, S. 4; Röben, Deutscher Bundestag, 15. Wahlperiode, Ausschuß für Wahlprüfung, Immunität und Geschäftsordnung, Ausschußdrucksache 15 – G – 34, S. 2; ders., Deutscher Bundestag, 15. Wahlperiode, Ausschuß für Wahlprüfung, Immunität und Geschäftsordnung, Protokoll G 25 vom 17. Juni 2004, S. 36; Wiefelspütz, NVwZ 2005, S. 496 (498).

1855 Zur Praxis der Protokollerklärungen: Wiefelspütz, Der Einsatz bewaffneter deutscher Streitkräfte, S. 52 f.; Schaefer, Verfassungsrechtliche Grenzen, S. 275 f. Schröder, NJW 2005, S. 1402, der Protokollerklärungen für eine Umgehung des Grundsatzes hält, daß der Bundestag eine Antrag auf Zustimmung nur ablehnen oder dem Antrag zustimmen darf. Vgl. auch Wiefelspütz, Das Parlamentsheer, S. 314 ff.; Gilch, Das Parlamentsbeteiligungsgesetz, S. 109.

1856 Schmidt-Jortzig, Deutscher Bundestag, 15. Wahlperiode, Ausschuß für Wahlprüfung, Immunität und Geschäftsordnung, Ausschußdrucksache 15 – G – 29, S. 3 f.; ders., Deutscher Bundestag, 15. Wahlperiode, Ausschuß für Wahlprüfung, Immunität und Geschäftsordnung, Protokoll G 25 vom 17. Juni 2004, S. 36; Baldus, Deutscher Bundestag, 15. Wahlperiode, Ausschuß für Wahlprüfung, Immunität und Geschäftsordnung, Aus-schußdrucksache 15 – G – 32, S. 31; ders., Deutscher Bundestag, 15. Wahlperiode, Ausschuß für Wahlprüfung, Immunität und Geschäftsordnung, Protokoll G 25 vom 17. Juni 2004, S. 37; Scholz, Deutscher Bundestag, 15. Wahlperiode, Ausschuß für Wahlprüfung, Immunität und Geschäftsordnung, Ausschußdrucksache 15 – G – 29, S. 9; ders., Deutscher Bundestag, 15. Wahlperiode, Ausschuß für Wahlprüfung, Immunität und Geschäftsordnung, Protokoll G 25 vom 17. Juni 2004, S. 6, 35; Rau, AVR 44 (2006), S. 93 (104).

Herrin ihres Antrages („Herr der exekutivischen Verantwortung"[1857]).

Der von der Bundesregierung schriftlich einzureichende Antrag – insoweit in Übereinstimmung mit der bisherigen Rechtlage – kann vom Parlament nicht geändert oder ergänzt werden.[1858] Dieses Verfahren hat die Funktion, daß über den Antrag nur im Ganzen abgestimmt werden kann. Nur auf diese Weise kann der Verantwortung der Bundesregierung für den Auslandseinsatz Rechnung getragen werden.[1859] Die bisherige Praxis der Erstellung von Protokollerklärungen bleibt davon unberührt.[1860]

Diese Regelung des § 3 Abs. 3 PBG ist nicht überzeugend.[1861] Zwar heißt es im Streitkräfteurteil des Bundesverfassungsgerichts:

„Der Zustimmungsvorbehalt für den Einsatz bewaffneter Streitkräfte verleiht dem Bundestag keine Initiativbefugnis (vgl. BVerfGE 68, 1 [86]); der Bundestag kann lediglich einem von der Bundesregierung beabsichtigten Einsatz seine Zustimmung versagen oder ihn, wenn er ausnahmsweise ohne seine Zustimmung schon begonnen hat ..., unterbinden, nicht aber die Regierung zu solch einem Einsatz der Streitkräfte verpflichten. Der der Regierung von der Verfassung für außenpolitisches Handeln gewährte Eigenbereich exekutiver Handlungsbefugnis und Verantwortlichkeit wird durch den Parlamentsvorbehalt nicht berührt. Das gilt insbesondere hinsichtlich der Entscheidung über die Modalitäten, den Umfang und die Dauer der Einsätze, die notwendige Koordination in und mit Organen internationaler Organisationen."[1862]

Daraus darf jedoch nicht der Schluß gezogen werden, daß der Bundestag zu dem Antrag der Bundesregierung lediglich Ja oder Nein sagen darf.[1863] Die Staatspraxis ist bereits

---

1857 Scholz, Deutscher Bundestag, 15. Wahlperiode, Ausschuß für Wahlprüfung, Immunität und Geschäftsordnung, Ausschußdrucksache 15 – G – 29, S. 9; Wiefelspütz, NVwZ 2005, S. 496 (498 f.).

1858 Klein, in: Festschrift Schmitt Glaeser, S. 245 (251); Schaefer, Verfassungsrechtliche Grenzen, S. 327 ff.; Sigloch, Auslandseinsätze der deutschen Bundeswehr, S. 302.

1859 Wiefelspütz, NVwZ 2005, S. 496 (499).

1860 BT-Drs. 15/2742, Zu § 3 (S. 5).

1861 Vgl. Wiefelspütz, NZWehr 2004, S. 133 (136); Koch, Das Parlamentsbeteiligungsgesetz, S. 1 (23); ders., Das Parlamentsbeteiligungsgesetz, Erweiterte Fassung, S. 36 f., 60.

1862 BVerfGE 90, S. 286 (389).

1863 So aber Lutze, DÖV 2003, S. 972 (976); Günther, in: Wehrhafte Demokratie, S. 329 (341); Scholz, Deutscher Bundestag, 15. Wahlperiode, Ausschuß für Wahlprüfung, Immunität und Geschäftsordnung, Ausschußdrucksache 15 – G – 17, S. 4; Abg. Nachtwei (Bündnis 90/Die Grünen), Deutscher Bundestag, 15. Wahlperiode, Ausschuß für Wahlprüfung, Immunität und Geschäftsordnung, Ausschußdrucksache 15 – G – 17, S. 21; Klein, Deutscher Bundestag, 15. Wahlperiode, Ausschuß für Wahlprüfung, Immunität und Geschäftsordnung, Ausschußdrucksache 15 – G – 31, S. 4; Baldus, Deutscher Bundestag, 15. Wahlperiode, Ausschuß für Wahlprüfung, Immunität und Geschäftsordnung, Protokoll G 25 vom 17. Juni 2004, S. 37; Biermann, ZParl 2004, S. 607 (617); Burkiczak, Verwaltungsrundschau 2005, S. 289 (291); Paulus, Parlament und Streitkräfteeinsatz, S. 315; Schaefer, Verfassungsrechtliche Grenzen, S. 328; a. A. Wiefelspütz, NZWehr 2004, S. 133 (136); ders., RuP 2004, S. 101 (104); Wieland, Deutscher Bundestag, 15. Wahlperiode, Ausschuß für Wahlprüfung, Immunität und Geschäftsordnung,

vor Verabschiedung des Parlamentsbeteiligungsgesetzes eigene Wege gegangen. Es sei angemerkt, daß die strenge Unterscheidung zwischen der ausschließlich der Regierung eingeräumten Initiativbefugnis und dem Parlamentsvorbehalt der dynamisch-prozeßhaften, sich wechselseitig beeinflussenden Relation zwischen Parlament und Regierung kaum gerecht wird. Die Regierung ist gut beraten, wenn sie beizeiten die Bereitschaft und die Bedingungen des Parlaments für eine Zustimmung auslotet. Das Parlament hingegen beeinflußt die Initiativbefugnis der Regierung.[1864]

Zweifelsfrei steht es dem Bundestag nicht zu, den ausschließlich von der Bundesregierung verantworteten Antrag auf Zustimmung zu verändern. Der Bundestag ist jedoch bei seiner Entscheidung aufgrund der Parlamentsautonomie frei in der näheren Ausgestaltung seiner Zustimmung. Zwischen der Zustimmung und der Ablehnung gibt es auch eine modifizierte oder konditionierte Zustimmung.[1865] Die Parlamentspraxis verlangt nach diesen flexiblen Gestaltungsformen der Zustimmung statt des Beharrens auf die starre Alternative zwischen Zustimmung und Ablehnung.[1866] Zutreffend hebt Gerald Kretschmer hervor, da auch die Willensbildung der Bundesregierung zum Einsatz der Bundeswehr im Ausland auf politischen Erwägungen beruhen dürfe, sei es nicht abwegig, einer Mehrheit im Bundestag das Recht zuzugestehen, sich auf Grund eines Antrages aus seiner Mitte entgegen der regierungsamtlichen Einschätzung für Modifikationen des beantragten Einsatzes auszusprechen und darauf die parlamentarische Genehmigung zu beschränken.[1867]

Andreas L. Paulus wendet ein, eine Abänderungsmöglichkeit des Parlaments stellte einen schweren Eingriff in die exekutivische Eigenverantwortung dar. Mit einer vollen operativen Parlamentskontrolle würde ein erhebliches Maß an Verantwortung auf das Parlament übergehen, das mit jeder Streichung aus dem „Programm" der Bundesregierung dann auch für dessen Scheitern – mit unter Umständen tödlichen Konsequenzen – verantwortlich wäre. Dies liefe nicht auf eine Stärkung,

---

Protokoll G 25 vom 17. Juni 2004, S. 34; Röben, Deutscher Bundestag, 15. Wahlperiode, Ausschuß für Wahlprüfung, Immunität und Geschäftsordnung, Ausschußdrucksache Geschäftsordnung 15 – G – 34, S. 2, der allerdings eine Protokollnotiz des Bundestages für ausreichend hält.

1864 Wiefelspütz, Der Einsatz bewaffneter deutscher Streitkräfte, S. 51. Zustimmend Paulus, Parlament und Streitkräfteeinsatz, S. 283 f. Es ist freilich völlig überzogen, wenn Paulus, Vortrag, S. 20, eine Versschiebung von der ursprünglich regierungsgesteuerten Initiative zur parlamentsbestimmten Praxis festzustellen meint.

1865 Ähnlich Koch, Das Parlamentsbeteiligungsgesetz, S. 1 (23); ders., Das Parlamentsbeteiligungsgesetz, Erweiterte Fassung, S. 36 f., 60; Weiß, NZWehr 2005, S. 100 (107).

1866 Vgl. Kretschmer, in: Für Recht und Staat, Festschrift für Herbert Helmrich zum 60. Geburtstag, hgg. von Klaus Letzgus, Hermann Hill, Hans Hugo Klein, Detlef Kleinert, Georg-Berndt Oschatz, Hans de With, 1994, S. 537 (544 ff.); Wolfrum, VVDStRL Heft 56 (1997), S. 39 (48). Zur Parlamentspraxis der befristeten Zustimmungen und der Protokollerklärungen vgl. Wiefelspütz, Der Einsatz bewaffneter deutscher Streitkräfte, S. 51 ff.

1867 Kretschmer, in: Schmidt-Bleibtreu/Klein, Grundgesetz, Art. 45 a Rdnr. 16; Wiefelspütz, NVwZ 2005, S. 496 (499).

sondern eine Schwächung der Parlamentskontrolle und der Verantwortlichkeit der Regierung hinaus. Deshalb erscheine auch die Beschränkung des Parlaments auf die Zustimmung zu einem Antrag der Bundesregierung als funktions- und sachgerecht. Schon die Praxis der Protokollerklärungen gehe an die Grenze der exekutiven Eigenverantwortung.[1868]

Diese Auffassung verkennt, daß der Deutsche Bundestag mit der Zustimmung zum Einsatz bewaffneter Streitkräfte nicht nur eine zwingende Voraussetzung für die staatsrechtliche Rechtmäßigkeit des Einsatzes schafft. Er übernimmt auch die uneingeschränkte politische (Mit)Verantwortung für den Erfolg des Einsatzes. Opfer des Einsatzes hat politisch auch der Deutsche Bundestag zu verantworten. Der Deutsche Bundestag bekommt keinen „Rabatt" dafür, daß er in der Regel die militärfachlichen Einzelheiten einer militärischen Operation nicht beurteilen kann und sie deshalb an sich auch nicht zu verantworten hat.

1868 Paulus, Parlament und Streitkräfteeinsatz, S. 315.

Vereinfachtes Zustimmungsverfahren

(1) Bei Einsätzen von geringer Intensität und Tragweite kann die Zustimmung in einem vereinfachten Verfahren erteilt werden. Die Bundesregierung hat begründet darzulegen, aus welchen Gründen der bevorstehende Einsatz von geringer Intensität und Tragweite ist. Die Präsidentin oder der Präsident des Deutschen Bundestages übermittelt den Antrag an die Vorsitzenden der Fraktionen sowie die Vorsitzenden des Auswärtigen Ausschusses und des Verteidigungsausschusses und je einen von jeder in diesen Ausschüssen vertretenen Fraktionen benannten Vertreter (Obleute) und läßt den Antrag als Bundestagsdrucksache an alle Mitglieder des Bundestages verteilen. Die Zustimmung gilt als erteilt, wenn nicht innerhalb von sieben Tagen nach der Verteilung der Drucksache von einer Fraktion oder fünf von Hundert der Mitglieder des Bundestages eine Befassung des Bundestages verlangt wird. Wird die Befassung des Bundestages verlangt, entscheidet dieser.

(2) Ein Einsatz ist dann von geringer Intensität und Tragweite, wenn die Zahl der eingesetzten Soldatinnen und Soldaten gering ist, der Einsatz auf Grund der übrigen Begleitumstände erkennbar von geringer Bedeutung ist und es sich nicht um die Beteiligung an einem Krieg handelt.

(3) In der Regel liegt ein Einsatz von geringer Intensität und Tragweite vor, wenn es sich um ein Erkundungskommando handelt, das Waffen lediglich zum Zweck der Selbstverteidigung mit sich führt,

einzelne Soldatinnen oder Soldaten betroffen sind, die auf Grund von Austauschvereinbarungen Dienst in verbündeten Streitkräften leisten,

oder einzelne Soldatinnen oder Soldaten im Rahmen eines Einsatzes der VN, der NATO, der EU oder einer Organisation, die einen VN-Auftrag erfüllt, verwendet werden.

1. Die Ziele des Vereinfachten Zustimmungsverfahrens

Ein vermeintlich zentrales Element des PBG bildet das Vereinfachte Zustimmungsverfahren.[1869] § 4 PBG überträgt die Befugnis zur verbindlichen Entscheidung über einen Einsatz von geringer Intensität und Tragweite nicht dem vieldiskutierten

---

[1869] Weiß, NZWehrr 2005, S. 100 (109), hält das Vereinfachte Zustimmungsverfahren für die bedeutendste Neuerung des PBG. Vgl. auch Paulus, Parlament und Streitkräfteeinsatz, S. 298 ff.

Entsendeausschuß,[1870] sondern sieht für diese Einsätze ein Vereinfachtes Zustimmungsverfahren vor.[1871] Das Vereinfachte Zustimmungsverfahren ist dem Verfahren zum Erlaß einer Vorentscheidung[1872] aus dem Immunitätsrecht des Deutschen Bundestages entlehnt[1873] und fingiert die Zustimmung des Parlaments zum Einsatz bewaffneter Streitkräfte.[1874]

In der Begründung zu § 4 PBG heißt es:

„Das neu einzuführende Verfahren spezifiziert die vom Bundesverfassungsgericht eingeräumte Möglichkeit, Form und Ausmaß der parlamentarischen Mitwirkung je nach Art der Einsätze zu differenzieren. In Fällen, in denen die Bundesregierung der Auffassung ist, daß ein beabsichtigter Einsatz von geringer Intensität und Tragweite ist, hat sie die Möglichkeit, ein vereinfachtes Zustimmungsverfahren zu beantragen. Das Gleiche gilt für die Verlängerung von bereits erteilten Zustimmungsbeschlüssen. Den Fraktionen des Deutschen Bundestages (bzw. fünf Prozent der Abgeordneten) steht es frei, binnen sieben Tagen eine ordentliche Befassung des Bundestages zu verlangen.

Das Verfahren dient zwei Zielen: Einerseits soll sich das Plenum des Deutschen Bundestages nur mit inhaltlich bedeutenden oder politisch umstrittenen Entscheidungen befassen. So wird der Bedeutung der Plenardebatte Rechnung getragen. Andererseits soll aber auch dem Bedürfnis der Praxis entsprochen werden, Plenarsitzungen und aufwendige Sondersitzungen des Deutschen Bundestages insbesondere in sitzungsfreien Perioden bei unstrittigen Auslandseinsätzen von geringer Intensität und Tragweite zu vermeiden."[1875]

2. Der Ablauf des Vereinfachten Zustimmungsverfahrens

Die Zustimmung des Deutschen Bundestages gilt als erteilt, wenn nicht innerhalb von

---

1870 Vgl. dazu ausführlich Wiefelspütz, Der Einsatz bewaffneter deutscher Streitkräfte, S. 70 ff., und ders., Das Parlamentsheer, S. 499 ff.; Schaefer, Verfassungsrechtliche Grenzen, S. 299 ff.; kritisch Schröder, NJW 2005, S. 1402 (1403); Paulus, Vortrag, S. 23; ders., in: Weingärtner (Hg.), Einsatz der Bundeswehr im Ausland, S. 81 (89); ohne eigenständige Argumentation Gilch, Das Parlamentsbeteiligungsgesetz, S. 185 ff.

1871 Dazu Koch, Das Parlamentsbeteiligungsgesetz, S. 1 (15 f.); ders., Das Parlamentsbeteiligungsgesetz, Erweiterte Fassung, S. 25 f.; vgl. auch Wiefelspütz, NVwZ 2005, S. 496 (499).

1872 Zur Vorentscheidung vgl. Kreuzer, Der Staat 1968, S. 183 (201 ff.); Berg, Der Staat 1970, S. 21 (34 ff.); Butzer, Immunität im demokratischen Rechtsstaat, 1991, S. 351 ff., 384; Steiger, Organisatorische Grundlagen des parlamentarischen Regierungssystems, 1973, S. 139 f.; Klein, in: Schneider/Zeh (Hg.), Parlamentsrecht und Parlamentspraxis, § 17 Rdnr. 54; Magiera, in: Bonner Kommentar, Art. 46 Rdnr. 91 m. w. N.; Maunz, in: Maunz/Dürig, Grundgesetz, Art. 46 Rdnr. 61; Schwerin, Der Deutsche Bundestag als Geschäftsordnungsgeber, S. 177 f.; Wiefelspütz, NVwZ 2003, S. 38 (41); vgl. auch Roll, NJW 1981, S. 23 (24).

1873 Vgl. Wiefelspütz, Das Parlamentsheer, S. 351.

1874 Kritisch Schröder, NJW 2005, S. 1402.

1875 BT-Drs. 15/2742, Zu § 4 (S. 5).

sieben Tagen nach der Verteilung des Antrags an die Mitglieder des Bundestages von einer Fraktion oder fünf vom Hundert der Mitglieder des Bundestages Widerspruch erhoben wird (§ 4 Abs. 1 Satz 3 PBG). Wird Widerspruch erhoben, entscheidet der Bundestag (§ 4 Abs. 1 Satz 4 PBG).

An dieser Regelung ist problematisch, daß bereits fünf vom Hundert der Mitglieder des Bundestages eine Plenarentscheidung erzwingen können – auch wenn der Einsatz mehrheitlich als Einsatz von geringer Bedeutung qualifiziert wird. Kleinere Bundestagsfraktionen werden versucht sein, aus Gründen der öffentlichkeitswirksameren Selbstdarstellung das Plenarverfahren zu erzwingen.[1876] Es hätte näher gelegen, wie bei der Vorentscheidung im Immunitätsrecht, die Plenarentscheidung an eine Mehrheitsentscheidung des Bundestages zu knüpfen.[1877] Das geringe Quorum von fünf vom Hundert der Mitglieder des Bundestages wird dazu führen, daß das Vereinfachte Zustimmungsverfahren in der parlamentarischen Praxis zur Bedeutungslosigkeit verurteilt ist. Bislang ist nur in wenigen Fällen vom Vereinfachten Zustimmungsverfahren Gebrauch gemacht worden.[1878] Insgesamt ist das Vereinfachte Zustimmungsverfahren nach § 4 PBG ein gründlich mißglückter Versuch, das parlamentarische Verfahren in angemessener Weise zu straffen. Es liegt deshalb neben der Sache, das Vereinfachte Zustimmungsverfahren als „bedeutsamste Neuerung"[1879] oder als „das besondere Kennzeichen"[1880] des PBG zu bezeichnen.

Vor diesem Hintergrund relativiert sich auch die Kritik von Marcus Rau, der gegenüber dem Vereinfachten Zustimmungsverfahren keine verfassungsrechtlichen Bedenken geltend macht, sondern fragt, ob es der politischen Bedeutung der Entscheidung über die Entsendung bewaffneter Streitkräfte gerecht wird, die Zustimmung des Bundestages zu einem Auslandseinsatz der Bundeswehr nur zu fingieren.[1881] Marcus Rau verdient allerdings Zustimmung, wenn er einen Entsendeausschuß gegenüber dem Vereinfachten Zustimmungsverfahren bevorzugt.[1882]

1876 Vgl. inzwischen die Parlamentspraxis der Bundestagsfraktion Die Linke in der 16. Wahlperiode. Dazu Paulus, Parlament und Streitkräfteeinsatz, S. 300.

1877 Wiefelspütz, RuP 2004, S. 58 (61 f.); a. A. Paulus, Parlament und Streitkräfteeinsatz, S. 300.

1878 Fortsetzung UNMIS, Fortsetzung AMIS; siehe oben S. 252 ff.

1879 Rau, AVR 44 (2006), S. 93 (101).

1880 Abgeordneter Gernot Erler (SPD), Deutscher Bundestag, 15. Wahlperiode, Sitzung vom 25. März 2004, Sten. Prot. S. 8978.

1881 Rau, AVR 44 (2006), S. 93 (102).

1882 Rau, AVR 44 (2006), S. 93 (102); zum Entsendeausschuß vgl. ausführlich Wiefelspütz, Der Einsatz bewaffneter deutscher Streitkräfte, S. 70 ff., ders., Jura 2004, S. 292 ff.

3. Der „Einsatz von geringer Intensität und Tragweite"

§ 4 Abs. 2 PBG definiert, was ein Einsatz von geringer Intensität und Tragweite ist.[1883] Ein Einsatz ist dann von geringer Intensität und Tragweite, wenn die Zahl der eingesetzten Soldatinnen und Soldaten gering ist, der Einsatz auf Grund der übrigen Begleitumstände erkennbar von geringer Bedeutung ist und es sich nicht um die Beteiligung an einem Krieg handelt (§ 4 Abs. 2 PBG).[1884]

In der Begründung zu § 4 Abs. 2 PBG heißt es:

> „In Absatz 2 wird im Übrigen klargestellt, daß es neben der Zahl der eingesetzten Soldaten immer auch auf die übrigen Begleitumstände des Einsatzes ankommt. Eine „schicksalhafte politische Entscheidung über Krieg und Frieden" (vgl. BVerfGE 90, 286, 384) kann damit nicht im Wege des vereinfachten Zustimmungsverfahrens sanktioniert werden."[1885]

Nach § 4 Abs. 3 PBG liegt in der Regel ein Einsatz von geringer Bedeutung und Tragweite vor, wenn es sich um ein Erkundungskommando[1886] handelt, das Waffen lediglich zum Zweck der Selbstverteidigung mit sich führt, einzelne Soldatinnen oder Soldaten betroffen sind, die auf Grund von Austauschvereinbarungen Dienst in verbündeten Streitkräften leisten, oder einzelne Soldatinnen oder Soldaten im Rahmen eines Einsatzes der VN, der NATO, der EU oder einer Organisation, die einen VN-Auftrag erfüllt, verwendet werden.

Die geringe Anzahl der eingesetzten Soldaten ist ein wichtiger, aber nicht allein entscheidender Indikator für einen Einsatz von geringer Intensität und Tragweite. Auch der Einsatz eines einzigen Soldaten kann im konkreten Fall die Zustimmung des Parlaments erforderlich machen, wenn nach den gesamten Umständen der Einsatz dieses Soldaten – etwa als Kommandeur – eine nicht nur nachgeordnete militärische Bedeutung hat.[1887]

1883 Vgl. auch Wiefelspütz, Der Einsatz bewaffneter deutscher Streitkräfte, S. 38; kritisch Dreist, ZRP 2005, S. 35, und Paulus, Parlament und Streitkräfteeinsatz, S. 299: „Zirkularität der Definition".

1884 Kritisch zum Begriff Koch, Das Parlamentsbeteiligungsgesetz, S. 1 (12 f.); ders., Das Parlamentsbeteiligungsgesetz, Erweiterte Fassung, S. 20 f.; Schröder, NJW 2005, S. 1402 (1403); Weiß, NZWehr 2005, S. 100 (111); Burkiczak, Verwaltungsrundschau 2005, S. 289 (291).

1885 BT-Drs. 15/2742, Zu § 4 (S. 6).

1886 Hermsdörfer, UBWV 2003, S. 404 (406), schlug vor, „Erkundungskommandos im Ausland ohne ein zeitaufwendiges parlamentarisches Zustimmungsverfahren" zu erlauben. Der Gesetzgeber griff diesen Vorschlag nicht auf. Schröder, NJW 2005, S. 1402 (1402), nimmt irrtümlich an, zu den Regelbeispielen eines Einsatzes von geringer Bedeutung und Tragweite gehöre auch ein Vorauskommando. Ein Vorauskommando, das belegt der Wortsinn, ist Teil eines bewaffneten Einsatzes, Teil eines Kommandos und deshalb zustimmungsbedürftig. Vgl. dazu auch Schaefer, Verfassungsrechtliche Grenzen, S. 219. Der Wortgebrauch ist freilich unterschiedlich. Vorauskommando wird nicht selten mit Erkundungskommando gleichgesetzt. In diesem Sinne etwa Schaefer, Verfassungsrechtliche Grenzen, S. 222 ff.

1887 Vgl. Wiefelspütz, Das Parlamentsheer, S. 466; Koch, Das Parlamentsbeteiligungsgesetz, S. 1 (13);

Die Abschichtung eines bewaffneten Einsatzes von bewaffneten Einsätzen von lediglich geringer Intensität und Tragweite mag im Einzelfall nicht einfach sein. Das spricht aber nicht gegen diese Regelung,[1888] denn die Interpretationshoheit liegt stets beim Parlament. Das Parlament kann einen bewaffneten Einsatz nach § 4 Abs. 1 Satz 5 PBG jederzeit zur Sache des Plenums machen.

4. Die Verlängerung von Zustimmungsbeschlüssen

Nach § 7 PBG findet das Vereinfachte Zustimmungsverfahren auch Anwendung auf die Verlängerung von Zustimmungsbeschlüssen ohne inhaltliche Änderung. Das ist sachgerecht, aber auch ausreichend. Denn das Plenum des Bundestages war mit dieser Angelegenheit im Kern bereits konstitutiv befaßt.[1889]

5. Die verfassungsrechtliche Zulässigkeit des Vereinfachten Zustimmungsverfahrens

Das Vereinfachte Zustimmungsverfahren ist nach ganz überwiegender Auffassung verfassungsrechtlich unbedenklich.[1890]

„Erhebliche Bedenken"[1891] macht indes Manfred Baldus geltend. § 4 PBG gewährleiste nicht, daß der Deutsche Bundestag jeden Einsatz bewaffneter Streitkräfte im Ausland sorgfältig prüfen und beraten werde, bevor er seine Zustimmung gebe. Das Bundesverfassungsgericht habe als Mindestanforderung an die Fassung des konstitutiven Beschlusses herausgestellt, daß er, so es die Lage irgend erlaube, in

---

ders., Das Parlamentsbeteiligungsgesetz, Erweiterte Fassung, S. 20; Schaefer, Verfassungsrechtliche Grenzen, S. 203; kritisch Schröder, NJW 2005, S. 1402.

1888 So aber Koch, Das Parlamentsbeteiligungsgesetz, S. 1 (13); ders., Das Parlamentsbeteiligungsgesetz, Erweiterte Fassung, S. 20; Weiß NZWehr 2005, S. 100 (111).

1889 Vgl. Wiefelspütz, Der Einsatz bewaffneter deutscher Streitkräfte, S. 85; ders., RuP 2004, S. 58 (62).

1890 Scholz, Deutscher Bundestag, 15. Wahlperiode, Ausschuß für Wahlprüfung, Immunität und Geschäftsordnung, Ausschußdrucksache 15 – G – 29, S. 10; Klein, Deutscher Bundestag, 15. Wahlperiode, Ausschuß für Wahlprüfung, Immunität und Geschäftsordnung, Ausschußdrucksache 15 – G – 31, S. 6; ders., Deutscher Bundestag, 15. Wahlperiode, Ausschuß für Wahlprüfung, Immunität und Geschäftsordnung, Protokoll G 25 vom 17. Juni 2004, S. 30; Schmidt-Jortzig, Deutscher Bundestag, 15. Wahlperiode, Ausschuß für Wahlprüfung, Immunität und Geschäftsordnung, Ausschußdrucksache 15 – G – 29, S. 4; Burkiczak, Verwaltungsrundschau 2005, S. 289 (291); Gilch, Das Parlamentsbeteiligungsgesetz, S. 217 f.; Paulus, Parlament und Streitkräfteeinsatz, S. 301; Rau, AVR 44 (2006), S. 93 (102).

1891 Baldus, Deutscher Bundestag, 15. Wahlperiode, Ausschuß für Wahlprüfung, Immunität und Geschäftsordnung, Ausschußdrucksache 15 – G – 32, S. 33.

den zuständigen Ausschüssen vorbereitet und im Plenum des Bundestages erörtert werde. Die Erörterungspflicht erkläre sich aus dem fundamentalen Zweck, auf den der Parlamentsvorbehalt ausgerichtet sei, nämlich den Legitimationsgehalt der Entsendeentscheidung deshalb zu erhöhen, weil Soldaten durch die zeitliche und örtliche Nähe zu bewaffneten Konflikten einer besonderen Gefährdung ihrer Rechtsgüter Leib und Leben ausgesetzt seien.[1892]

Die Auffassung von Manfred Baldus überzeugt bereits deshalb nicht, weil die Gefährlichkeit eines militärischen Einsatzes für den Geltungsgrund des wehrverfassungsrechtlichen Parlamentsvorbehalts ohne entscheidende Bedeutung ist[1893] und danach die Argumentation nicht mehr schlüssig ist.

Berthold Meyer wendet gegen das Vereinfachte Zustimmungsverfahren ein, das Verfahren könne „als stillschweigende Aushebelung des Parlamentsvorbehalts angesehen werden"[1894]. Mandatsverlängerungen seien nicht weniger verantwortungsvoll zu behandeln als neue Mandate.[1895]

Diese Kritik ist abwegig. Bereits der Widerspruch von einer Fraktion oder fünf vom Hundert der Mitglieder des Bundestages genügt, um die Entscheidung des Plenums des Bundestages (§ 4 Abs. 1 Satz 4 PBG) zu erzwingen. Bei einer solch niedrigen Schwelle fragt es sich eher, worin bei dem Vereinfachten Zustimmungsverfahren die Vereinfachung zu sehen ist.[1896]

Roman Schmidt-Radefeldt kritisiert, das Vereinfachte Zustimmungsverfahren gewährleiste nicht, daß der Bundestag jeden Einsatz bewaffneter Streitkräfte sorgfältig geprüft und beraten habe. Es lasse sich nicht ausschließen, daß einzelne Abgeordnete schwiegen, weil sie den Antrag – aus welchen Gründen auch immer – gar nicht zur Kenntnis genommen hätten. Es erscheine deshalb zweifelhaft, ob die Zustimmungsvermutung, wie sie das Parlamentsbeteiligungsgesetz vorsehe, den verfassungsgerichtlichen Vorgaben eines konstitutiven Bundestagsbeschlusses entspreche.[1897]

Wolfgang Weiß meint, das vereinfachte Verfahren sei der am stärksten kritisierte Teil des Gesetzes, weil es nach Ansicht der Kritiker zu einer Parlamentsentmündigung führe. Es frage sich, ob die durch die Zustimmungsfiktion herbeigeführte Zuständigkeitsübertragung nicht der verfassungsrechtlichen Grundlage bedürfe. Durch die

---

1892 Baldus, Deutscher Bundestag, 15. Wahlperiode, Ausschuß für Wahlprüfung, Immunität und Geschäftsordnung, Ausschußdrucksache 15 – G – 32, S. 34.

1893 Siehe oben S. 205 f.

1894 Meyer, Entscheidungsmündigkeit, S. 31.

1895 Meyer, Entscheidungsmündigkeit, S. 37.

1896 Ähnlich die Kritik von Paulus, Vortrag, S. 28 f.; ders., in: Weingärtner (Hg.), Einsatz der Bundeswehr im Ausland, S. 81 (93).

1897 Schmidt-Radefeldt, Parlamentarische Kontrolle, S. 161.

von der Regierung herbeigeführte Zustimmungsfiktion gehe die Zuständigkeit zum Einsatzbeschluß auf die Regierung über.[1898]

Thomas Schaefer betont, die einfachgesetzliche Fiktion der Zustimmung des Deutschen Bundestages zu Streitkräfteeinsätzen von geringer Intensität und Tragweite gemäß § 4 Abs. 1 Satz 3 PBG verstoße gegen das Prinzip förmlicher parlamentarischer Beteiligung an der Entscheidung über militärische Einsätze deutscher Streitkräfte und sei aus diesem Grund verfassungswidrig.[1899]

Daniel Sigloch äußert Bedenken gegen § 4 Abs. 3 PBG. Wenn dort Erkundungskommandos genannt seien, die Waffen lediglich zur Selbstverteidigung mitführten, so erscheine es zweifelhaft, ob es sich dabei wirklich um Kleinsteinsätze handele.[1900]

Diese Kritik würdigt nicht angemessen, daß das Bundesverfassungsgericht selbst ein vereinfachtes Verfahren bei Einsätzen von geringer Intensität und Tragweite anregte:

„Insbesondere im Hinblick auf unterschiedliche Arten der Einsätze, vor allem bei solchen, die keinen Aufschub dulden oder erkennbar von geringer Bedeutung sind, empfiehlt es sich, den Zeitpunkt und die Intensität der Kontrolle des Parlaments näher zu umgrenzen."[1901]

Im Rahmen der Parlamentsautonomie ist der Bundestag befugt, parlamentarische Entscheidungsabläufe und Entscheidungsprozesse zu regeln. Im Pofalla-Urteil des Bundesverfassungsgerichts heißt es:

„Die dem Parlament zustehende Autonomie erstreckt sich nicht nur auf Angelegenheiten der Geschäftsordnung. Autonomie bezeichnet die allgemeine Befugnis des Parlaments, seine eigenen Angelegenheiten selbst zu regeln (BVerfGE 102, 224 [235])."[1902]

Zuvor hatte das Gericht erkannt:

„Weder das Grundgesetz noch die Landesverfassungen haben die überkommenen Grundsätze der Parlamentsautonomie umfassend und einheitlich geregelt. Die aus ihr fließenden wesentlichen, beispielhaft im Grundgesetz aufgeführten Rechte, wie die Geschäftsordnungsautonomie (Art. 40 Abs. 1 Satz 2 GG), das Selbstversammlungsrecht (Art. 39 Abs. 3 GG), die Wahl eigener Organe (Art. 40 Abs. 1 Satz 1 GG), das Enqueterecht (Art. 44 Abs. 1 GG), die Immunität der Abgeordneten (Art. 46 GG) sowie Hausrecht und Polizeigewalt (Art. 40 Abs. 2 GG), bilden den Kern der verfassungsrechtlich begründeten Parlamentsautonomie.

Das Bundesverfassungsgericht zählt zu den Regelungsgegenständen des Selbstorganisationsrechts die Abläufe des Gesetzgebungsverfahrens, soweit es nicht in der Verfassung selbst geregelt ist, sowie die Funktion, Zusammensetzung und Arbeitsweise der Ausschüsse,

---

1898 Weiß, NZWehrr 2005, S. 100 (110).

1899 Schaefer, Verfassungsrechtliche Grenzen, S. 322.

1900 Sigloch, Auslandseinsätze der deutschen Bundeswehr, S. 311 f.

1901 BVerfGE 90, S. 286 (389).

1902 BVerfGE 104, S. 310 (332).

die Wahrnehmung von Initiativ-, Informations- und Kontrollrechten, die Bildung und die Rechte von Fraktionen und die Ausübung des parlamentarischen Rederechts (BVerfGE 80, 188 [219]).

... Dieser Katalog zählt die Regelungsgegenstände und Instrumente der Parlamentsautonomie nicht erschöpfend auf. Denn auch dieses Recht muß im Hinblick auf die jeweiligen politischen Verhältnisse konkretisiert werden, um eine Anpassung an veränderte Arbeitsbedingungen zu ermöglichen."[1903]

In Anwendung dieser Grundsätze lassen sich durchgreifende verfassungsrechtliche Einwände gegen das Vereinfachte Zustimmungsverfahren nicht überzeugend geltend machen. Den konkreten Ablauf des Zustimmungsverfahrens im Bereich des konstitutiven Parlamentsvorbehalts bestimmt der Deutsche Bundestag ebenso selber wie die Einzelheiten des Gesetzgebungsverfahrens. Er darf deshalb auch – wie in einfachen Immunitätsverfahren – auf ein vereinfachtes Verfahren zurückgreifen. Der Deutsche Bundestag ist überdies auch beim Vereinfachten Zustimmungsverfahren jederzeit Herr des Verfahrens und kann eine Plenarentscheidung erzwingen. Das Bundesverfassungsgericht hatte in seinem Streitkräfteurteil vom 12. Juli 1994 seinerseits indirekt auf die Parlamentsautonomie abgehoben, als es hervorhob:

„Jenseits dieser Mindestanforderungen und Grenzen des Parlamentsvorbehalts sind das Verfahren und die Intensität der Beteiligung des Bundestages in der Verfassung nicht im einzelnen vorgegeben. Es ist Sache des Gesetzgebers, die Form und das Ausmaß der parlamentarischen Mitwirkung näher auszugestalten. Je nach dem Anlaß und den Rahmenbedingungen des Einsatzes bewaffneter Streitkräfte sind unterschiedliche Formen der Mitwirkung denkbar. Insbesondere im Hinblick auf unterschiedliche Arten der Einsätze, vor allem bei solchen, die keinen Aufschub dulden oder erkennbar von geringer Bedeutung sind, empfiehlt es sich, den Zeitpunkt und die Intensität der Kontrolle des Parlaments näher zu umgrenzen."[1904]

1903 BVerfGE 102, S. 224 (236).
1904 BVerfGE 90, S. 286 (389).

5

Nachträgliche Zustimmung

(1) Einsätze bei Gefahr im Verzug, die keinen Aufschub dulden, bedürfen keiner vorherigen Zustimmung des Bundestages. Gleiches gilt für Einsätze zur Rettung von Menschen aus besonderen Gefahrenlagen, solange durch die öffentliche Befassung des Bundestages das Leben der zu rettenden Menschen gefährdet würde.

(2) Der Bundestag ist vor Beginn und während des Einsatzes in geeigneter Weise zu unterrichten.

(3) Der Antrag auf Zustimmung zum Einsatz ist unverzüglich nachzuholen. Lehnt der Bundestag den Antrag ab, ist der Einsatz zu beenden.

1. Das Verfahren bei Gefahr im Verzug

Um die militärische Wehrfähigkeit und die Bündnisfähigkeit Deutschlands zu sichern, sieht das Gesetz in Übereinstimmung mit der Rechtsprechung des Bundesverfassungsgerichts[1905] bei Gefahr in Verzug ein besonderes Verfahren für die Zustimmung zu diesen Einsätzen vor.[1906]

Nach § 5 Abs. 1 Satz 1 PBG bedürfen Einsätze bei Gefahr im Verzug, die keinen Aufschub dulden, keiner vorherigen Zustimmung des Bundestages. Gleiches gilt für Einsätze zur Rettung von Menschen aus besonderen Gefahrenlagen, solange durch die öffentliche Befassung des Bundestages das Leben der zu rettenden Menschen gefährdet würde (§ 5 Abs. 1 Satz 2 PBG).

Im Falle von Gefahr im Verzug tritt die Wahrnehmung des Parlamentsvorbehalts durch den Bundestag zeitlich gegenüber der Entscheidungsbefugnis der Bundesregierung zurück. Dies wird durch eine unverzügliche Informationspflicht und die zwingende Nachholung der Beteiligung des Parlaments ausgeglichen. Dabei hat die Bundesregierung die Gründe für das von ihr gewählte Verfahren darzulegen.[1907] Der Gesetzgeber setzt damit die Rechtsprechung des Bundesverfassungsgerichts um. Nach dieser Rechtsprechung ist die Bundesregierung bei Gefahr im Verzug berechtigt, vorläufig den Einsatz von Streitkräften zu beschließen und an entsprechenden

---

1905 Vgl. BVerfGE 90, S. 286 (388).
1906 Zur Staatspraxis in Fällen von Gefahr in Verzug: Hermsdörfer, UBWV 2003, S. 404 ff.
1907 BT-Drs. 15/2742, Zu § 5 (S. 6).

Beschlüssen in den Bündnissen oder internationalen Organisationen ohne vorherige Einzelermächtigung durch das Parlament mitzuwirken und diese vorläufig zu vollziehen.[1908] Die Bundesregierung muß das Parlament jedoch umgehend mit dem bewaffneten Einsatz befassen[1909] und die Zustimmung nachträglich einholen:[1910]

> „Die verfassungsrechtlich gebotene Mitwirkung des Bundestages bei konkreten Entscheidungen über den Einsatz bewaffneter Streitkräfte darf die militärische Wehrfähigkeit und die Bündnisfähigkeit der Bundesrepublik Deutschland nicht beeinträchtigen. Deshalb ist die Bundesregierung bei Gefahr im Verzug berechtigt, vorläufig den Einsatz von Streitkräften zu beschließen und an entsprechenden Beschlüssen in den Bündnissen oder internationalen Organisationen ohne vorherige Einzelermächtigung durch das Parlament mitzuwirken und diese vorläufig zu vollziehen. Die Bundesregierung muß jedoch in jedem Fall das Parlament umgehend mit dem so beschlossenen Einsatz befassen. Die Streitkräfte sind zurückzurufen, wenn es der Bundestag verlangt. Dem Gesetzgeber bleibt es unbenommen, die Voraussetzungen eines solchen Notfalls und das dabei zu beobachtende Verfahren näher zu regeln ...“[1911]

Nach § 5 Abs. 3 Satz 1 PBG ist der Antrag auf Zustimmung zum Einsatz unverzüglich, d. h. ohne schuldhaftes Zögern, nachzuholen, während das Bundesverfassungsgericht eine umgehende,[1912] d. h. sofortige[1913] Befassung des Parlaments verlangt.[1914]

Es kann freilich keine Rede davon sein, daß sich der Deutsche Bundestag bei der nachträglichen Zustimmung auf die Zusicherung der Bundesregierung verlassen kann, der Einsatz sei verfassungsrechtlich und völkerrechtlich abgesichert gewesen.[1915] Das Parlament muß nämlich in eigener Verantwortung die verfassungsrechtliche und völkerrechtliche Zulässigkeit des Einsatzes der deutschen Soldaten auch in einem Eilfall in vollem Umfang prüfen.

Die Notwendigkeit der nachträglichen konstitutiven Beteiligung des Parlaments entfällt keineswegs, wenn der militärische Einsatz bereits abgeschlossen ist.[1916] Die

---

1908 BVerfGE 90, S. 286 (388).

1909 BVerfGE 90, S. 286 (388).

1910 In der Staatspraxis sind bislang zwei Fälle belegt, bei denen bewaffnete Einsätze bei Gefahr im Verzuge angeordnet wurden: Evakuierung deutscher Staatsbürger Tirana, BT-Drs. 13/7233; Aufstockung ISAF 2002, BT-Drs. 14/9246. Vgl. dazu Limpert, Auslandseinsatz, S. 59 ff.; Epping, AöR 124 (1999), S. 423 ff.

1911 BVerfGE 90, S. 286 (388).

1912 BVerfGE 90, S. 286 (388).

1913 So Klein, in: Festschrift Schmitt Glaeser, S. 245 (263).

1914 Schmidt-Radefeldt, Parlamentarische Kontrolle, S. 158, spricht sich bei der Beantwortung der Frage, wann die Befassung des Bundestages zu erfolgen habe, für einen Ermessensspielraum der Bundesregierung aus.

1915 So aber Paulus, Parlament und Streitkräfteeinsatz, S. 267, im Hinblick auf die Operation LIBELLE.

1916 So aber Schaefer, Verfassungsrechtliche Grenzen, S. 287 ff.

konstitutive Zustimmung des Bundestages ist Voraussetzung für die Rechtmäßigkeit des Einsatzes. Diese Funktion entfällt nicht dadurch, daß der Einsatz bereits abgeschlossen ist.[1917]

2. Voraussetzungen für Gefahr im Verzug

Bei den Voraussetzungen für Gefahr im Verzug ist die Orientierung am polizeirechtlichen Gefahrenbegriff geboten.[1918] Danach liegt eine Gefahr vor, wenn eine Sachlage oder ein Verhalten bei ungehindertem Ablauf des zu erwartenden Geschehens mit hinreichender Wahrscheinlichkeit ein Rechtsgut schädigt.[1919] Eine Gefahr ist dann „im Verzug", wenn aufgrund gewichtiger, auf einen konkreten Fall bezogenen Tatsachen davon auszugehen ist, daß die Schädigung eines Rechtsgutes bereits begonnen hat oder unmittelbar bevorsteht und ein Zuwarten auf eine parlamentarische Zustimmung die Abwehr der Gefahr oder die Beendigung der Schädigung vereiteln würde.[1920]

Gefahr im Verzug ist zum einen dann gegeben, wenn angesichts einer konkreten Gefahr unmittelbar gehandelt werden muß und die Entscheidung des Bundestages nicht rechtzeitig herbeigeführt werden kann. Dabei muß es sich um die Gefahr für ein hochrangiges Rechtsgut handeln.[1921] Zum anderen kann Gefahr im Verzug auch bei Einsätzen zur Rettung aus besonderen Gefahrenlagen[1922] gegeben sein, solange durch

---

1917 Ähnlich Dau, NZWehrr 1998, S. 89 (99); Lutze, DÖV 2003, S. 972 (978); Klein, in: Festschrift Schmitt Glaeser, S. 263.

1918 Klein, in: Festschrift Schmitt Glaeser, S. 245 (262); ders., Deutscher Bundestag, 15. Wahlperiode, Ausschuß für Wahlprüfung, Immunität und Geschäftsordnung, Ausschußdrucksache 15 – G – 31, S. 8; Baldus, Deutscher Bundestag, 15. Wahlperiode, Ausschuß für Wahlprüfung, Immunität und Geschäftsordnung, Ausschußdrucksache 15 – G – 32, S. 40 f.; Pofalla, ZRP 2004, S. 221 (223); Koch, Das Parlamentsbeteiligungsgesetz, S. 1 (14); ders., Das Parlamentsbeteiligungsgesetz, Erweiterte Fassung, S. 21 f.; Wiefelspütz, NVwZ 2005, S. 496 (499); Gilch, Das Parlamentsbeteiligungsgesetz, S. 125; Paulus, Parlament und Streitkräfteeinsatz, S. 304; a. A. allein Schröder, NJW 2005, S. 1401 (1403), der Gefahr im Verzug nur bei einer Beeinträchtigung der militärischen Wehrfähigkeit und Bündnisfähigkeit für möglich hält. Rau, AVR 44 (2006), S. 93 (105), meint, das PBG enthalte keine nähere Konkretisierung dessen, was unter einer Gefahr im Verzug im Einzelnen zu verstehen sei.

1919 Pieroth/Schlink/Kniesel, Polizei- und Ordnungsrecht, 4. Aufl., 2007, § 4 Rdnr. 2.

1920 Baldus, Deutscher Bundestag, 15. Wahlperiode, Ausschuß für Wahlprüfung, Immunität und Geschäftsordnung, Ausschußdrucksache 15 – G – 32, S. 41; Hermsdörfer, UBWV 2003, S. 404 (406); Lutze, DÖV 2003, S. 972 (977); Klein, Festschrift Schmitt Glaeser, S. 245 (263); Wiefelspütz, NVwZ 2005, S. 496 (499); Gilch, Das Parlamentsbeteili-gungsgesetz, S. 126; Paulus, Parlament und Streitkräfteeinsatz, S. 304 f.

1921 Paulus, Parlament und Streitkräfteeinsatz, S. 305; Klein, Festschrift Schmitt Glaeser, S. 245 (262).

1922 Zur völkerrechtlichen Zulässigkeit der Rettung eigener oder fremder Staatsangehöriger siehe oben S. 291 f; Rau, AVR 44 (2006), S. 93 (106), weist darauf hin, daß im Streitkräfteteil des Bundes-

die öffentliche Befassung des Bundestages das Leben der zu rettenden Menschen gefährdet würde. Für diese geheimhaltungsbedürftigen militärischen Operationen ist eine Notkompetenz der Regierung vorgesehen.[1923]

Markus Rau hebt mit Recht hervor, daß der Gesetzgeber „Einsätze (im Ausland) zur Rettung von Menschen aus besonderen Gefahrenlagen" (§ 5 Abs. 1 Satz 2 PBG) verfassungsrechtlich und völkerrechtlich für zulässig hält.[1924]

Gefahr im Verzug ist wegen des Ausnahmecharakters eng auszulegen,[1925] zumal wegen der besonderen Bedeutung des Parlamentsvorbehalts Einschränkungen dieses Mitwirkungsrechts des Parlaments auf unabweisbare Notwendigkeiten begrenzt bleiben müssen.

Im konkreten Einzelfall sind reine Spekulationen oder hypothetische Erwägungen zur Begründung einer Gefahr im Verzug nicht hinreichend.[1926] „Gefahr im Verzug muß mit Tatsachen begründet werden, die auf den Einzelfall bezogen sind."[1927] Gefahr im Verzug kann im Rechtssinne auch nicht dadurch entstehen, daß die Bundesregierung ihre tatsächlichen Voraussetzungen selbst herbeiführt.[1928]

Gefahr im Verzug erfaßt auch alle geheimhaltungsbedürftigen Einsätze.[1929] Es macht keinen Sinn, eine militärische Aktion, deren Gelingen von der Geheimhaltung abhängt, zuvor im Parlament zu erörtern.[1930]

Von der F.D.P.-Bundestagsfraktion wurde vorgeschlagen, bei Gefahr im Verzug die

---

verfassungsgerichts Einsätze zur Rettung von Menschen aus besonderen Gefahrenlagen nicht als Ausnahme vom Erfordernis der vorherigen Zustimmung zum Einsatz genannt werden.

1923 Vgl. Schmidt-Radefeldt, Parlamentarische Kontrolle, S. 162 f.

1924 Rau, AVR 44 (2006), S. 93 (95 f.); vgl. auch Weißbuch zur Sicherheitspolitik Deutschlands und zur Zukunft der Bundeswehr, hgg. vom Bundesministerium der Verteidigung, S. 73.

1925 BVerfGE 103, S. 142 (153); Wiefelspütz, Der Einsatz bewaffneter deutscher Streitkräfte, S. 62; Gilch, Das Parlamentsbeteiligungsgesetz, S. 125; Paulus, Parlament und Streitkräfteeinsatz, S. 305, anders aber S. 341; kritisch zur Heranziehung der Rechtsprechung des Bundesverfassungsgerichts zu Art. 13 GG: Baldus, Deutscher Bundestag, 15. Wahlperiode, Ausschuß für Wahlprüfung, Immunität und Geschäftsordnung, Ausschußdrucksache 15 – G – 32, S. 41; zustimmend hingegen: Röben, Deutscher Bundestag, 15. Wahlperiode, Ausschuß für Wahlprüfung, Immunität und Geschäftsordnung, Ausschußdrucksache 15 – G – 34, S. 3.

1926 BVerfGE 103, S. 142 (155).

1927 BVerfGE 103, S. 142 (155); Wiefelspütz, Das Parlamentsheer, S. 474; Schaefer, Verfassungsrechtliche Grenzen, S. 251.

1928 BVerfGE 103, S. 142 (155).

1929 Isensee, Kölner Stadtanzeiger vom 22./23. September 2001, S. 2.; Wiefelspütz, Das Parlamentsheer, S. 474; Schaefer, Verfassungsrechtliche Grenzen, S. 270; kritisch Paulus, Parlament und Streitkräfteeinsatz, S. 305 f.

1930 Isensee, Kölner Stadtanzeiger vom 22./23. September 2001, S. 2; Nolte, ZaöRV 54 (1994), S. 652 (679); Epping, AöR 124 (1999), S. 423 (455 f.); Hermsdörfer, DVP 2004, S. 183 (186); Wiefelspütz, NVwZ 2005, S. 496 (499).

Befugnis des Bundestages zur konstitutiven Beteiligung auf einen „Entsendeausschuß" zu übertragen.[1931] Diesem Vorschlag ist der Gesetzgeber nicht gefolgt. Dabei war von Bedeutung, daß zwar die mögliche Eilbedürftigkeit militärischer Entscheidungen häufig erwähnt wird,[1932] in der Staatspraxis aber alle eilbedürftigen Entscheidungen bislang problemlos getroffen werden konnten. Das „Problem" hat kaum die Dringlichkeit, die ihm insbesondere von Seiten der Exekutive gelegentlich beigemessen wird. Der Einsatz bewaffneter Streitkräfte verlangt regelmäßig aus militärischen, vor allem aber aus bündnispolitischen und allgemeinpolitischen Gründen einen langen Vorbereitungs- und Planungszeitraum. Die Zeit, die das Parlament für eine sachgerechte Beratung und Entscheidung benötigt, fällt nach den bisherigen Erfahrungen mit der parlamentarischen Beteiligung an Entscheidungen über Einsätze bewaffneter Streitkräfte kaum ins Gewicht.[1933]

1931 Vgl. BT-Drs. 15/1985, § 5; zustimmend Schaefer, Verfassungsrechtliche Grenzen, S. 298 ff.; kritisch dazu Burkiczak, ZRP 2003, S. 82 (85); Paulus, Parlament und Streitkräfteeinsatz, S. 324, erneuert diesen Vorschlag für die Entscheidung über geheimhaltungsbedürftige Einsätze.

1932 Vgl. z. B. der damalige Verteidigungsminister Dr. Struck (SPD), Deutscher Bundestag, 15. Wahlperiode, Ausschuß für Wahlprüfung, Immunität und Geschäftsordnung, 9. Sitzung, 5. Juni 2003, Protokoll G 9, S. 14; Bundesminister Fischer (Bündnis 90/Die Grünen), Deutscher Bundestag, 15. Wahlperiode, Ausschuß für Wahlprüfung, Immunität und Geschäftsordnung, Protokoll G 11 vom 27. Juni 2003.

1933 Nach Krieger, Streitkräfte im demokratischen Verfassungsstaat, S. 333, ermöglicht § 5 PBG die Beteiligung an der schnellen Eingreiftruppe von NATO und EU.

§ 6

Unterrichtungspflicht

(1) Die Bundesregierung unterrichtet den Bundestag regelmäßig über den Verlauf der Einsätze und über die Entwicklung im Einsatzgebiet.

(2) In Fällen des § 4 Abs. 1 (Vereinfachtes Zustimmungsverfahren) unterrichtet die Bundesregierung die zuständigen Ausschüsse und die Obleute unverzüglich.

1. Das Recht des Abgeordneten auf Informationen

Art. 38 Abs. 1 Satz 2 GG enthält die grundsätzlichen Regelungen zum verfassungsrechtlichen Status des Abgeordneten.[1934] Zu den statusrechtlich verbürgten Teilhaberechten des Abgeordneten gehört sein Informationsanspruch.[1935] Der Abgeordnete kann seinen Aufgaben, insbesondere der sachgerechten Beratung und Abstimmung nur nachkommen, wenn er über deren Gegenstände grundsätzlich umfassende Informationen erhält.[1936] Dieser Informationsanspruch ist u. a. die Basis für eine selbständige Beurteilung von Gesetzgebungsvorhaben und von Haushaltsplänen.[1937]

Dem Informationsanspruch entspricht die Verpflichtung der Bundesregierung, „auf Fragen Rede und Antwort zu stehen"[1938] und „den Abgeordneten die zur Ausübung ihres Mandats erforderlichen Informationen zu verschaffen"[1939]. Es liegt in der Natur der Sache, daß einer umfassenden Information des Parlaments über die wesentlichen Umstände eines bewaffneten Einsatzes deutscher Streitkräfte eine entscheidende Bedeutung bei der Wahrnehmung des konstitutiven wehrverfassungsrechtlichen Parlamentsvorbehalts zukommt.[1940]

1934 Roth, in: Umbach/Clemens (Hg.), Grundgesetz, Bd. II, Art. 38 Rdnr. 106.

1935 BVerfGE 70, S. 324 (355); 80, S. 188 (218); Roth, in: Umbach/Clemens (Hg.), Grundgesetz, Bd. II, Art. 38 Rdnr. 106; Achterberg/Schulte, in: von Mangoldt/Klein/Starck (Hg.), Grundgesetz, Bd. 2, Art. 38 Rdnr. 91; Schmidt, DÖV 1986, S. 236 ff.; Pieroth, in: Jarass/Pieroth, Grundgesetz, Art. 38 Rdnr. 34; Hömig, in: Hömig (Hg.), Grundgesetz, Art. 43 Rdnr. 3; Trute, in: von Münch/Kunig (Hg.), Grundgesetz, Bd. 2, Art. 38 Rdnr. 92; Magiera, in: Sachs (Hg.), Grundgesetz, Art. 38 Rdnr. 41.

1936 Klein, in: Isensee/Kirchhof (Hg.), Handbuch des Staatsrechts, Bd. III, Demokratie – Bundesorgane, § 41 Rdnr. 33; Böckenförde, Die War Powers Resolution, S. 29; Wiefelspütz, Der Einsatz bewaffneter deutscher Streitkräfte, S. 59 ff.; ähnlich Schröder, Das parlamentarische Zustimmungsverfahren, S. 303 ff.; Krieger, Streitkräfte im demokratischen Verfassungsstaat, S. 340; Gilch, Das Parlamentsbeteiligungsgesetz, S. 111, 221.

1937 BVerfGE 57, S. 1 (5); 67, S. 100 (129); 70, S. 324 (355 f.).

1938 BVerfGE 13, S. 123 (125); VerfGH NW, NVwZ 1994, S. 679.

1939 BVerfGE 57, S. 1 (5); 67, S. 100 (129); 70, S. 324 (355); Magiera, in: Schneider/Zeh (Hg.), Parlamentsrecht und Parlamentspraxis, § 52 Rdnr. 55 ff.

1940 Vgl. Schmidt-Radefeldt, in: The ‚Double Democratic Deficit', S. 147 (156); ders., Parlamentarische

2. Die Informationspflicht der Bundesregierung bei Auslandseinsätzen

Nach § 6 Abs. 1 PBG unterrichtet die Bundesregierung den Deutschen Bundestag regelmäßig über den Verlauf der Einsätze und über die Entwicklung im Einsatzgebiet. § 6 PBG stellt die regelmäßige Unterrichtung des Deutschen Bundestages durch die Bundesregierung sicher. Diese soll mit Blick auf bevorstehende Einsätze insbesondere über vorbereitende Maßnahmen und Planungen zum Einsatz bewaffneter Streitkräfte unterrichten. Über den Verlauf der Einsätze und die Entwicklung im Einsatzgebiet unterrichtet die Bundesregierung den Deutschen Bundestag schriftlich. Denn die Verantwortung des Deutschen Bundestages erschöpft sich nicht in der Zustimmung zu einem Einsatz bewaffneter Streitkräfte, sondern bezieht sich auch auf den Vollzug des Einsatzes.[1941]

Die Bundesregierung soll darüber hinaus dem Bundestag jährlich einen bilanzierenden Gesamtbericht über den jeweiligen Einsatz bewaffneter Streitkräfte und die politische Gesamtentwicklung im Einsatzgebiet vorlegen.[1942]

Das Parlament – und damit jeder einzelne Abgeordnete – kann den konstitutiven wehrverfassungsrechtlichen Parlamentsvorbehalt nur dann sachgerecht wahrnehmen, wenn es von der Regierung angemessen über den beabsichtigten Einsatz bewaffneter Streitkräfte informiert wird. Die Informationspflicht ist insbesondere im Bereich des konstitutiven wehrverfassungsrechtlichen Parlamentsvorbehalts eine „Bringschuld" der Bundesregierung.[1943] Andererseits muß das Parlament selbst alle zu Gebote stehen Informationen heranziehen, um sich ein umfassendes Bild über den Einsatz machen zu können.[1944]

Zur Vorbereitung der Entscheidung des Bundestages über den Auslandseinsatz bewaffneter Streitkräfte hat die Bundesregierung bzw. der Bundesminister der Verteidigung grundsätzlich eine Rechtspflicht zur Information des Bundestages über alle Einzelheiten des geplanten Einsatzes. Wenn das Parlament beim Einsatz der Streitkräfte an der Staatsleitung beteiligt ist, hat es einen Anspruch auf umfassende Informationen durch die Bundesregierung, die allein über diese Informationen verfügt. Deshalb war es angezeigt, die Informationsrechte des Parlaments ausdrücklich im Gesetz zu regeln.

Kontrolle, 2005, S. 171 ff.; Koch, Das Parlamentsbeteiligungsgesetz, S. 1 (18 f.); ders., Das Parlamentsbeteiligungsgesetz, Erweiterte Fassung, S. 29; Krieger, Streitkräfte im demokratischen Verfassungsstaat, S. 340; kritisch zur gesetzlichen Regelung Schröder, NJW 2005, S. 1401 (1403).

1941 Rau, AVR 44 (2006), S. 93 (106 f.).

1942 Vgl. BT-Drs. 15/2742, S. 6; Wiefelspütz, NVwZ 2005, S. 496 (500); kritisch Weiß, NZWehr 2005, S. 100 (112).

1943 Wiefelspütz, BayVBl. 2003, S. 609 (613); Gilch, Das Parlamentsbeteiligungsgesetz, S. 221; Schaefer, Verfassungsrechtliche Grenzen, S. 394.

1944 Schmidt-Radefeldt, Parlamentarische Kontrolle, S. 173.

Ausnahmen von der Informationspflicht der Bundesregierung stehen nicht im Ermessen der Bundesregierung, sondern bedürfen der verfassungsrechtlichen Begründung, wie etwa der Schutz von Individualrechten oder der Schutz der Funktionsfähigkeit der Regierung.[1945] Die Informationspflicht erstreckt sich nicht auf den Kernbereich exekutiver Eigenverantwortung der Bundesregierung.[1946] Überzogen ist freilich das Ansinnen, Abgeordneten des Verteidigungsausschusses bei geheimhaltungsbedürftigen Einsätzen „Einsicht in die Akten und Dateien zu geben" der Bundesregierung zu geben.[1947]

Die bloße Berufung auf das Wohl des Staates rechtfertigt nicht die Einschränkung der Informationspflicht der Bundesregierung, da das Staatswohl nicht der Bundesregierung allein, sondern ihr und dem Bundestag *gemeinsam* anvertraut ist.[1948] Erfordert das Staatswohl oder Rechte Dritter die Geheimhaltung, so muß der Bundestag jedoch die Geheimhaltung der betreffenden Informationen gewährleisten.[1949]

Es überzeugt deshalb nicht, wenn Christian M. Burkiczak betont, die Informationspflicht der Bundesregierung werde durch die Notwendigkeit der Einsatzerfüllung erfüllt. Über geheimhaltungsbedürftige Tatsachen müsse die Bundesregierung nicht berichten.[1950]

3. Die Unterrichtungspflicht im Vereinfachten Zustimmungsverfahren

Nach § 6 Abs. 2 PBG unterrichtet die Bundesregierung in Fällen des § 4 Abs. 1 (Vereinfachtes Zustimmungsverfahren) die zuständigen Ausschüsse und die Obleute unverzüglich. Da im vereinfachten Zustimmungsverfahren keine Ausschußberatung vorgesehen ist, soll durch § 6 Abs. 2 PBG auf jeden Fall die Unterrichtung der an sich zu befassenden Fachausschüsse des Deutschen Bundestages gewährleistet werden.[1951]

1945 Magiera, in: Sachs (Hg.), Grundgesetz, Art. 38 Rdnr. 42.

1946 Vgl. dazu Wiefelspütz, Das Untersuchungsausschußgesetz, 2003, S. 71 ff. m. w. N.

1947 So aber der Gesetzentwurf der FDP-Bundestagsfraktion, BT-Drs. 16/3342, § 10 Abs. 4 PBG.

1948 BVerfGE 65, S. 1 (42 ff.); 67, S. 100 (136, 143 f.); 77, S. 1 (46 ff.); Magiera, in: Sachs (Hg.), Grundgesetz, Art. 38 Rdnr. 42.

1949 BVerfGE 67, S. 100 (137); Magiera, in: Sachs (Hg.), Grundgesetz, Art. 38 Rdnr. 42; ders., in: Schneider/Zeh (Hg.), Parlamentsrecht und Parlamentspraxis, § 52 Rdnr. 66 m. w. N.; vgl. auch Schaefer, Verfassungsrechtliche Grenzen, S. 395.

1950 Burkiczak, Verwaltungsrundschau 2005, S. 289 (292).

1951 Kritisch Rau, AVR 44 (2006), S. 93 (107).

4. Das Auskunftsrecht des Parlaments und geheimhaltungsbedürftige Sachverhalte

In den Berichten der Bundesregierung müssen geheimhaltungsbedürftige Tatsachen nicht enthalten sein. Über diese Tatsachen sollen die Obleute des Auswärtigen Ausschusses und des Verteidigungsausschusses in geeigneter Weise informiert werden. Findet innerhalb der Frist des § 4 Absatz 1 Satz 4 PBG eine Ausschußsitzung des Auswärtigen Ausschusses oder des Verteidigungsausschusses nicht statt, so sollten ebenfalls die Obleute dieser Ausschüsse unterrichtet werden.[1952]

Das Auskunftsrecht des Parlaments kann aus Geheimhaltungsgründen zum Schutz des Rechts auf Leib und Leben von Menschen und aus Gründen der Gewährleistung der äußeren Sicherheit eingeschränkt werden, wenn es dazu unabdingbar ist.[1953] Dabei darf den Mitgliedern des Bundestages nicht unterstellt werden, sie seien hinsichtlich der Verschwiegenheit über die Einzelheiten von Auslandseinsätzen weniger vertrauenswürdig als die mit dem Vorgang notwendigerweise befaßten Soldaten und zivilen Mitarbeiter des Ministeriums und der Bundeswehr. Geheimhaltung darf nicht gegen das Parlament, sondern muß mit dem Parlament praktiziert werden.[1954]

Je nach dem Grad der Gefährdung hochrangiger Rechtsgüter kann es im Einzelfall zulässig und unter Umständen sogar rechtlich geboten sein, den Kreis der Anwesenden bei diesen Beratungen weiter zu beschränken. In Betracht kommt die Information des Ausschußvorsitzenden und der Obleute der Fraktionen im Ausschuß.[1955]

Im Zusammenhang mit geheimhaltungsbedürftigen Einsätzen ist das Informationsverhalten der Bundesregierung kritisiert worden. Über verdeckte Operationen, vor allem der KSK-Soldaten, werde schriftlich nie und mündlich nur selten und unregelmäßig berichtet.[1956]

Die beiden zuständigen Minister (Äußeres und Verteidigung) reagierten auf diese Kritik und unterbreiteten dem Bundestag einen Vorschlag, „wie die zukünftige Praxis zur Unterrichtung des Deutschen Bundestags und seiner Gremien zu Auslandseinsätzen der Bundeswehr ausgestaltet werden soll". Wörtlich heißt es in einem Brief der beiden Minister:

„Die Bundesregierung informiert die Vorsitzenden, die stellvertretenden Vorsitzenden und die Obleute des Verteidigungsausschusses und des Auswärtigen Ausschusses auf

---

1952 Vgl. BT-Drs. 15/2742, S. 6.

1953 Vgl. BVerfGE 67, S. 100 (138 f., 144).

1954 Vgl. Abg. Dr. Dieter Wiefelspütz (SPD), Deutscher Bundestag, 15. Wahlperiode, Ausschuß für Wahlprüfung, Immunität und Geschäftsordnung, Protokoll G 11 vom 27. Juni 2003, S. 16.

1955 Schmidt-Radefeldt, in: The 'Double Democratic Deficit', S. 147 (154), schlägt eine umfassende Information des Verteidigungsausschusses vor.

1956 Abg. Hans-Ulrich Klose (SPD), IP Mai 2007, S. 22 (26).

vertraulicher Basis vor der Entsendung von Spezialkräften und nach Abschluß von wichtigen Einzeloperationen während des Einsatzes, sobald und soweit dies ohne Gefährdung des Einsatzes, der Soldaten oder ihrer Angehörigen möglich ist. Die Obleute sind ermächtigt, diese Informationen vertraulich an die Fraktionsvorsitzenden weiterzugeben. Unter den gleichen Voraussetzungen wird derselbe Teilnehmerkreis alle sechs Monate in vertraulicher Sitzung zusammenfassend über KSK-Einsätze informiert."[1957]

Das Auskunftsrecht des Parlaments kann nicht durch andere Staaten oder zwischen-bzw. überstaatliche Organisationen eingeschränkt werden. Eine dementsprechende Verpflichtungserklärung der Bundesregierung gegenüber einem anderen Völker-rechtssubjekt wäre verfassungswidrig. Auch Art. 11 des NATO-Vertrages bestimmt, daß die Maßnahmen von den einzelnen Mitgliedstaaten gemäß dem ihrer Verfassung entsprechenden Verfahren durchgeführt werden.

Der Gesetzgeber ist nicht dem Vorschlag gefolgt, einen Entsendeausschuß zu installieren, um dort über geheimhaltungsbedürftige Sachverhalte zu informieren.[1958] Es war erwogen worden, daß der Schutz der beteiligten Soldaten und die Wahrung der äußeren Sicherheit es geboten erscheinen lassen können, nur ein kleines Gremium – den „Entsendeausschuß", den Verteidigungsausschuß oder den Auswärtigen Ausschuß – zu informieren, das insoweit das Informationsrecht des Bundestages stellvertretend wahrnimmt.[1959] Der betreffende Ausschuß hätte für seine Beratungen flexibel die jeweils erforderliche Geheimhaltungsstufe festlegen können.

1957 Zitiert nach Abg. Hans-Ulrich Klose (SPD), IP Mai 2007, S. 22 (27).

1958 Die FDP-Bundestagsfraktion brachte am 8. November 2006, BT-Drs. 16/3342, erneut den Entwurf eines Gesetzes ein, das die Einrichtung eines „Ausschusses für besondere Auslandseinsätze" vorsieht. Dazu Axer, ZRP 2007, S. 82 ff. Über den Antrag wurde noch nicht entschieden. Der Antrag ist im Hinblick auf die Einrichtung eines „Ausschusses für besondere Auslandseinsätze" identisch mit dem Antrag der FDP-Bundestagsfraktion auf BT-Drs. 15/1985 vom 12. November 2003.

1959 Ähnlich Eising/Kramer, Wissenschaftlicher Dienst des Deutschen Bundestages, WF II – 074/02, S. 7.

§ 7

Verlängerung von Einsätzen

(1) Das Verfahren nach § 4 findet auch Anwendung auf die Verlängerung von Zustimmungsbeschlüssen ohne inhaltliche Änderung.

(2) Beantragt die Bundesregierung die Verlängerung eines Einsatzes, so gilt der Einsatz bis zum Ablauf von zwei Sitzungstagen nach Verteilung des Antrags als Bundestagsdrucksache als genehmigt. Wird der Antrag im vereinfachten Verfahren nach § 4 gestellt, so gilt er bis zum Ablauf der auf das Verlangen auf Befassung folgenden Sitzungswoche als genehmigt. Die Geltungsdauer der ursprünglichen Genehmigung bleibt durch die Regelungen der Sätze 1 bis 2 unberührt.

1. Verlängerung von Einsätzen und Vereinfachtes Zustimmungsverfahren

Nach § 7 Abs. 1 PBG findet das Vereinfachte Zustimmungsverfahren auch Anwendung auf die Verlängerung von Zustimmungsbeschlüssen ohne inhaltliche Änderung.[1960] Dies setzt voraus, daß sich die Rahmenbedingungen des Einsatzes nicht wesentlich geändert haben.

Die Kritik von Florian Schröder, bei „brisanteren" Missionen könne das Vereinfachte Zustimmungsverfahren nach § 7 i. V. mit § 4 PBG zu einer Unterschreitung der notwendigen Kontrolldichte führen[1961], ist wirklichkeitsfremd. Denn bereits fünf vom Hundert der Mitglieder des Bundestages können eine Plenarentscheidung erzwingen, auch wenn der Einsatz mehrheitlich als Einsatz von geringer Bedeutung qualifiziert wird (vgl. § 4 Abs. 1 Satz 4 und 5 PBG).

2. Anträge auf Verlängerung einer Genehmigung kurz vor Ablauf der ursprünglichen Genehmigung, § 7 Abs. 2 PBG

Absatz 2 bezieht sich auf Genehmigungsbeschlüsse, die in der sitzungsfreien Zeit des Deutschen Bundestages auslaufen. Insbesondere die oftmals sehr kurzfristigen

---

1960 Zu § 7 PBG instruktiv: Rau, AVR 44 (2006), S. 93 (108 ff.).
1961 Schröder, NJW 2005, S. 1401 (1404).

Entscheidungen der Gremien der Vereinten Nationen machen eine solche Regelung sinnvoll. Das Recht der Fraktionen, jederzeit eine Befassung des Parlaments über die Verlängerung herbeizuführen, bleibt unberührt.[1962]

Durch § 7 Abs. 2 PBG wird verhindert, daß bei Anträgen auf Verlängerung einer Genehmigung, die erst kurz vor Ablauf der ursprünglichen Genehmigung eingereicht werden, unter Umständen ein genehmigungsloser Zustand eintritt.

Satz 1 stellt sicher, daß ein Einsatz, dessen Verlängerung z. B. am Mittwoch einer Sitzungswoche beantragt und als Drucksache verteilt wird, jedenfalls bis einschließlich Freitag dieser Sitzungswoche als genehmigt gilt. Dadurch wird eine reguläre Behandlung in den Ausschüssen und im Plenum gewährleistet.

Satz 2 gewährleistet, daß bei Nutzung des Vereinfachten Verfahrens auch ein gegen Ende der 7-Tage-Frist des § 4 PBG geltend gemachtes Verlangen auf Befassung durch den Bundestag ausreichend Zeit für eine parlamentarische Behandlung bietet. Wird keine Befassung verlangt, tritt nach Ablauf der 7-Tage-Frist die Wirkung des § 4 PBG ein, d. h. die Verlängerung gilt – wie beantragt – als erteilt.

Satz 3 stellt klar, daß die vorgenannten Regelungen einen etwaigen länger dauernden Gültigkeitszeitraum der ursprünglichen Genehmigung nicht abkürzen, falls die Bundesregierung bereits gewisse Zeit vor Genehmigungsablauf die Verlängerung beantragt.

1962 Vgl. BT-Drs. 15/2742, Zu § 7 (S. 6).

§ 8

Rückholrecht

Der Bundestag kann die Zustimmung zu einem Einsatz bewaffneter Streitkräfte widerrufen.

1. Die Fassung des § 8 PBG

Nach § 8 PBG kann der Bundestag die Zustimmung zu einem Einsatz bewaffneter Streitkräfte widerrufen.

In der Begründung zu § 8 PBG heißt es lapidar:

> „Die Vorschrift beendet die bisher bestehende Unsicherheit, ob der Bundestag die einmal getroffene Entsendeentscheidung aus eigenem Recht wieder rückgängig machen kann oder nicht."[1963]

2. Das Rückholrecht im Spiegel der Meinungen

Das Revokationsrecht des Bundestages nach einer einmal erteilten Zustimmung des Parlaments zum Einsatz bewaffneter Streitkräfte wird bis heute im Schrifttum kontrovers erörtert. Weil dem Bundestag kein Initiativrecht bei der Entsendung bewaffneter Streitkräfte zukommt,[1964] ist umstritten, ob eine einmal beschlossene Zustimmung zum Einsatz bewaffneter Streitkräfte widerrufen werden kann bzw. ob dem Bundestag ein Rückrufrecht zusteht.[1965]

Das Bundesverfassungsgericht hat bislang lediglich entschieden, daß die Bundesregierung bei Gefahr im Verzug berechtigt ist, bewaffnete Streitkräfte einzusetzen und die Zustimmung des Bundestages erst nachträglich einzuholen.[1966] Die Streitkräfte sind zurückzurufen, wenn es der Bundestag verlangt.[1967] Über die Zulässigkeit eines

---

1963 BT-Drs. 15/2742, Zu § 8 (S. 6); dazu Koch, Das Parlamentsbeteiligungsgesetz, S. 1 (16 f.); ders., Das Parlamentsbeteiligungsgesetz, Erweiterte Fassung, S. 26 f.

1964 BVerfGE 90, S. 286 (389).

1965 Zum Rückrufrecht vgl. den Überblick: Wiefelspütz, Der Einsatz bewaffneter deutscher Streitkräfte, S. 64 ff.; Schröder, Das parlamentarische Zustimmungsverfahren, S. 286 ff.; Gilch, Das Parlamentsbeteiligungsgesetz, S. 147 ff.; Paulus, Parlament und Streitkräfteeinsatz, S. 318 ff.

1966 BVerfGE 90, S. 286 (388).

1967 BVerfGE 90, S. 286 (388).

generellen Rückholrechts[1968] hatte das Bundesverfassungsgericht bislang keine Veranlassung zu entscheiden.[1969]

Wenn das Bundesverfassungsgericht immer wieder für eine Ablehnung eines generellen Rückholrechts in Anspruch genommen wird,[1970] wird übersehen, daß das Gericht bislang zu dieser Frage keine Entscheidung getroffen hat.[1971]

Es überzeugt indes nicht, wenn eine Passage des Streitkräfteurteils herangezogen wird, um ein Revokationsrecht des Bundestages zu verneinen. In dem Urteil heißt es:

> „Freilich ist der Bundestag bei seiner Beschlußfassung an die mit seiner Zustimmung zustande gekommenen rechtlichen Festlegungen über den Einsatz bewaffneter Streitkräfte gebunden."[1972]

Mit diesem Satz spricht sich das Bundesverfassungsgericht nicht, wie Rupert Scholz[1973] und Josef Isensee[1974] behaupten, gegen das Revokationsrecht aus.[1975] Die Ausführungen des Bundesverfassungsgerichts sind vielmehr so zu interpretieren, daß darunter völkerrechtlich Verträge zu verstehen sind, die der Umsetzung durch den Deutschen Bundestag bedürfen, etwa durch einen Zustimmungsbeschluß zum Einsatz der Bundeswehr im Bündnisfall.[1976] In Betracht kommen auch abstrakt-generelle Festlegungen über den Einsatz bewaffneter Streitkräfte in einem Parlamentsbeteiligungsgesetz.[1977]

Es liegt deshalb neben der Sache, wenn Roman Schmidt-Radefeldt die Auffassung vertritt, das Bundesverfassungsgericht habe in seinem Streitkräfteurteil dem Parlament ein generelles Rückholrecht eingeräumt.[1978]

1968 Gemeint ist der Widerruf der Zustimmung.

1969 So überzeugend Hans H. Klein, Deutscher Bundestag, 15. Wahlperiode, Ausschuß für Wahlprüfung, Immunität und Geschäftsordnung, Protokoll G 25 vom 17. Juni 2004, S. 3 f.; Krieger, Streitkräfte im demokratischen Verfassungsstaat, S. 334; Weiß, NZWehrr 2005; S. 100 (113); a. A. Nolte, in: Ku/Jacobson (Hg.), Democratic Accountability, S. 231 (245).

1970 So Dreist, KritV 87 (2004), S. 79 (92 f.); ders., in: Entschieden für Frieden, S. 507 (516); ders., BWV 2005, S. 29 (49 f.); Nolte, in: Ku/Jacobson (Hg.), Democratic Accountability, S. 231 (245).

1971 Vgl. Hans H. Klein, Deutscher Bundestag, 15. Wahlperiode, Ausschuß für Wahlprüfung, Immunität und Geschäftsordnung, Protokoll G 25 vom 17. Juni 2004, S. 3 f.

1972 BVerfGE 90, S. 286 (388).

1973 Scholz, Deutscher Bundestag, 15. Wahlperiode, Ausschuß für Wahlprüfung, Immunität und Geschäftsordnung, Ausschußdrucksache 15 – G – 17, S. 4, 40.

1974 Isensee, Deutscher Bundestag, 15. Wahlperiode, Ausschuß für Wahlprüfung, Immunität und Geschäftsordnung, Ausschußdrucksache 15 – G – 17, S. 29.

1975 Vgl. auch Dreist, NZWehrr 2001, S.1 (8); Schaefer, Verfassungsrechtliche Grenzen, S. 338 ff.

1976 So auch Hummel, NZWehrr 2001, S. 221 (227 f.); Fischer/Fischer-Lescano, KritV 2002, S. 113 (128); Schmidt-Radefeldt, Parlamentarische Kontrolle, S. 176.

1977 Fischer/Fischer-Lescano, KritV 2002, S. 113 (128).

1978 Vgl. Schmidt-Radefeldt, in: The 'Double Democratic Deficit', S. 147 (155). Andererseits betont Schmidt-Radefeldt, Parlamentarische Kontrolle, S. 175, das Bundesverfassungsgericht habe sich im

Wolff Heintschel von Heinegg vertritt die Auffassung, der der Regierung von der Verfassung gewährte Eigenbereich dürfe durch den Parlamentsvorbehalt nicht berührt werden. Die Rücknahme einer einmal erteilten Zustimmung sei unzulässig, wenn der Einsatz (noch) von der Zustimmung gedeckt sei.[1979]

Thomas Günther meint, ein umfassendes Rückholrecht des Bundestages sei abzulehnen. Aus dem Wesen des Parlamentsvorbehalts folge jedoch, daß zumindest dann, wenn der Bundeswehreinsatz nachträglich wesentlich von dem gebilligten Einsatzplan abweiche, eine erneute Zustimmung des Bundestages erforderlich sei.[1980] Nach Auffassung von Peter Dreist[1981] steht dem Parlament ein allgemeines Rückholrecht, das sich als Ausübung einer eigenen Initiativbefugnis darstellt, nicht zu.[1982] Für den Regelfall billige das Bundesverfassungsgericht in seinem Streitkräfteurteil dem Parlament gerade keine Initiativbefugnis und damit auch kein Rückholrecht zu.[1983] Stefan Oeter schreibt, dem Bundestag stehe nur in Fällen des eilbedürftigen Einsatzes eine Rückholbefugnis zu. Habe der Bundestag dem Einsatz ordnungsgemäß zugestimmt, könne er diese Zustimmung nicht ohne weiteres entziehen.[1984] Einzig über eingebaute Befristungen könne er sich eine periodische Kontrolle über die Fortsetzung solcher Einsätze sichern.[1985]

Roman Schmidt-Radefeldt betont, rechtlich werde man das parlamentarische Verlangen nach Rückruf der Streitkräfte kaum als formelles Rückrufrecht, sondern vielmehr als Verweigerung der Zustimmung für den weiteren Einsatz werten müssen.[1986] Mit dem im Parlamentsbeteiligungsgesetz geregelten Rückholrecht werde dem Parlament eine „Waffe" zur Steuerung von Einsatzentwicklungen in die Hand gegeben, ohne gleichzeitig das Spannungsfeld zwischen parlamentarischen Kompetenzen und dem verfassungsrechtlichen Rücksichtnahmegebot hinsichtlich der Wehr- und Bündnisfähigkeit aufzulösen.[1987]

Streitkräfteurteil nicht eindeutig zum parlamentarischen Revokationsrecht geäußert.

1979 Heintschel von Heinegg, in: Tomuschat (Hg.), Rechtsprobleme einer europäischen Sicherheits- und Verteidigungspolitik, S. 87 (95).

1980 Günther, in: Wehrhafte Demokratie, S. 329 (342).

1981 Dreist, NZWehrr 2002, S. 133 (148 f.); ders., NZWehrr 2001, S. 1 (11); ders., ZRP 2005, S. 35 (36); ähnlich Dolzer, FAZ vom 23. November 2001.

1982 So auch Eising/Kramer, Wissenschaftlicher Dienst des Deutschen Bundestages, WF II – 074/02, S. 6; Abg. Merz (CDU/CSU), Deutscher Bundestag, 14. Wahlperiode, 202. Sitzung, 16. November 2001, Sten. Prot. S. 19859 D.

1983 Dreist, KritV 87 (2004), S. 79 (92); ders., ZRP 2005, S. 35 (36).

1984 Oeter, NZWehrr 2000, S. 89 (98).

1985 Vgl. Eising/Kramer, Wissenschaftlicher Dienst des Deutschen Bundestages, WF II – 074/02, S. 7.

1986 Schmidt-Radefeldt, Parlamentarische Kontrolle, S. 175; ders., Jura 2003, S. 201 (204); vgl. jetzt aber ders., in: The 'Double Democratic Deficit', S. 147 (155), wo das Rückholrecht des Parlaments bejaht wird.

1987 Schmidt-Radefeldt, Parlamentarische Kontrolle, S. 178.

Florian Schröder hebt hervor, die Einräumung eines umfassenden Rückrufrechts (in den Entwürfen eines Parlamentsbeteiligungsgesetzes) ohne Festlegung einschränkender Voraussetzungen stelle eine radikale Lösung dar, was angesichts des nachvollziehbaren Wunsches des Parlaments nach größtmöglichem Einfluß nicht verwundern könne. Materiell-rechtlich begegne diese Lösung allerdings Bedenken.[1988] Um weder den Kernbereich exekutiver Befugnisse noch das parlamentarische Zustimmungsrecht zu verletzen, müsse sich jede Seite auf die grundsätzliche Bestandskraft von Maßnahmen der jeweils anderen verlassen können. Grundsätzlich sei die Zustimmung des Bundestages unwiderruflich, aber zeitlich begrenzt zu erteilen, um sich nicht der von Verfassungs wegen bestehenden Einflußmöglichkeiten zu begeben. Hierfür biete sich ein Höchstzeitraum von einem Jahr an. Ein Rückruf sei allein bei grundlegender Veränderung der Einsatzumstände möglich. Daneben sei ein Verfahren denkbar, bei welchem die Mission der Bundeswehr durch das Parlament ohne zeitliche Befristung mandatiert werde, der Bundestag aber das Recht zum Rückruf der Truppe ohne Angabe von Gründen erhalte.[1989]

Martin Limpert[1990] verneint unter Berufung auf Rupert Scholz[1991] ein Revokationsrecht des Bundestages. Der Bundestag dürfe die Bundesregierung in der Einhaltung ihrer außenpolitischen Verpflichtungen nicht desavouieren, zumal dann nicht, wenn sie auf einer völkerrechtlichen Grundlage beruhen. Die völkerrechtliche Lage ändere sich nur dann, wenn wegen einer grundlegenden Änderung der tatsächlichen Verhältnisse für die Bundesregierung die Möglichkeit bestehe, die clausula rebus sic stantibus anzurufen. In einer solchen Situation sei die Geschäftsgrundlage für die Zustimmung des Bundestages entfallen. Eine Fortführung des Einsatzes wäre im parlamentsrechtlichen Sinne ein anderer, ein neuer Einsatz, dem der Bundestag erneut konstitutiv zustimmen müßte.

Widersprüchlich ist die Position von Rupert Scholz, der im Verlaufe der Afghanistan-Debatte[1992] im Bundestag erklärte:

> „Zur Frage des so genanten Rückholrechts muß etwas gesagt werden. Die Entscheidung über den Einsatz der Bundeswehr ist, wie auch das Bundesverfassungsgericht klargestellt hat, eine grundsätzliche exekutivische Angelegenheit, und das ist auch richtig so. Das bedeutet, daß die Zustimmung des Parlaments keine Initiativentscheidung ist, sondern nichts anderes als eine Entscheidung, das exekutivische Verhalten, die exekutivische

---

1988 Schröder, JA 2004, S. 853 (855).

1989 Schröder, Das parlamentarische Zustimmungsverfahren, S. 291.

1990 Limpert, Auslandseinsatz, S. 58 f.

1991 Abg. Prof. Dr. Rupert Scholz (CDU/CSU), Deutscher Bundestag, 14. Wahlperiode, 202. Sitzung, 16. November 2001, Sten. Prot. S. 19865 C.

1992 Zur Kontroverse der Abgeordneten Friedrich Merz (CDU/CSU), Dr. Peter Struck (SPD) und Prof. Dr. Rupert Scholz (CDU/CSU) zum Rückholrecht vgl. Fischer/Fischer-Lescano, KritV 2002, S. 113 (124 ff.), und Paulus, Vortrag, S. 21.

Entscheidung zu legitimieren. Daraus ergibt sich, daß hier kein Rückholrecht besteht...

Der Bundestag hat nur eine einzige Möglichkeit, selbst initiativ zu werden; das ist ... die clausula rebus sic stantibus, wenn also die Grundlage der Zustimmung des Bundestages in evidenter Form verlassen worden ist. Das bedeutet wiederum, daß das Parlament dann natürlich seine eigene Zustimmung zurückziehen, verändern oder einschränken kann."[1993]

Inzwischen vertritt Rupert Scholz – unterstützt von Josef Isensee[1994] – die Auffassung, ein Rückholrecht sei verfassungspolitisch sinnvoll, könne aber nur durch eine Änderung des Grundgesetzes eingeführt werden. Das Bundesverfassungsgericht verneine im Streitkräfteurteil vom 12. Juli 1994 ein Rückholrecht.[1995]

Nach Auffassung von Juliane Kokott darf der Bundestag von seiner Rückholbefugnis nur bei einer wesentlichen Veränderung der Umstände Gebrauch machen. Dies fordere das Gebot der Achtung der Kompetenzen der Exekutive sowie das Verbot des venire contra factum proprium.[1996]

Wolfgang Graf Vitzthum und Daniel Hahn vertreten die Meinung, das Parlament könnte auch die Einsatzdauer regeln, wenn ein grundsätzliches Revokationsrecht des Bundestags bestünde. Dies hätte zur Folge, daß sich der Parlamentsvorbehalt neben dem „Ob" im Ergebnis auch auf das „Wie" des Einsatzes erstrecken würde. Mit der exekutiven Eigenverantwortung der Regierung im Bereich außen- und sicherheitspolitischen Handels wäre dies nicht vereinbar. Ein generelles Revokationsrecht des Parlaments sei abzulehnen.[1997]

Nach Auffassung von Andreas Gilch ist die verfassungsrechtlich vorgegebene Kompetenzverteilung das entscheidende Argument gegen ein Rückholrecht. Die Exekutive sei primäre Trägerin der auswärtigen Gewalt. § 8 PBG sei deshalb verfassungswidrig.[1998]

Thomas Schaefer meint, die Verfassung wolle für außenpolitisches Handeln einen

1993 Deutscher Bundestag, 14. Wahlperiode, 202. Sitzung, 16. November 2001, Sten. Prot. S. 19 865 C, D. Beraten wurde der Antrag der Bundesregierung auf Zustimmung zur Beteiligung deutscher Soldaten an der Operation Enduring Freedom, Deutscher Bundestag, 14. Wahlperiode, 202. Sitzung, 16. November 2001, Sten. Prot. S. 19855 D ff. Prof. Dr. Rupert Scholz, damals Abgeordneter der CDU/CSU, erwiderte auf den Abg. Dr. Peter Struck (SPD), der zuvor erklärt hatte (Deutscher Bundestag, 14. Wahlperiode, 202. Sitzung, 16. November 2001, Sten. Prot. S. 19862 C: „Ihre rechtliche Interpretation des Beschlusses des Deutschen Bundestages, die besagt, man könne diesen nie wieder zurückholen, ist falsch. Ich sage Ihnen ganz deutlich: Der Bundestag kann jederzeit eine anders lautende Entscheidung treffen, entsprechende Mehrheitsverhältnisse vorausgesetzt."

1994 Isensee, Deutscher Bundestag, 15. Wahlperiode, Ausschuß für Wahlprüfung, Immunität und Geschäftsordnung, Ausschußdrucksache 15 – G – 17, S. 29.

1995 Scholz, Deutscher Bundestag, 15. Wahlperiode, Ausschuß für Wahlprüfung, Immunität und Geschäftsordnung, Ausschußdrucksache 15 – G – 17, S. 4, 40.

1996 Kokott, in: Sachs (Hg.), Grundgesetz, Art. 87 a Rdnr. 40, 42.

1997 Graf Vitzthum/Hahn, VBlBW 2004, S. 71 (75).

1998 Gilch, Das Parlamentsbeteiligungsgesetz, S. 159 f., 222 ff.

Eigenbereich exekutiver Handlungsbefugnis und Verantwortlichkeit. Dieser Befugnis sei ein alleiniges Entscheidungsrecht der Bundesregierung über die Modalitäten eines laufenden Streitkräfteeinsatzes immanent. Das Grundgesetz gewähre dem Deutschen Bundestag im funktionalen Ablauf der Entscheidung über den konkreten auswärtigen Einsatz bewaffneter Streitkräfte lediglich das Recht, in einem einmaligen punktuellen Zustimmungsakt durch vorherige oder nachträgliche Zustimmung seinen rechterheblichen Einfluß auf die konkrete Verwendung der Soldaten der Bundeswehr auszuüben.[1999]

Auch die clausula rebus sic stantibus verleihe dem Bundestag keine initiative Befugnis, von der Bundesregierung die Erteilung des Rückzugsbefehls zu verlangen. Vielmehr sei die Bundesregierung ihrerseits verpflichtet, bei Änderung der militärischen Einsatzbedingungen die erneute konstitutive Zustimmung des Deutschen Bundestages einzuholen.[2000]

Demgegenüber wird ganz überwiegend die Meinung vertreten – sehr bald auch von einer breiten Mehrheit der Mitglieder des Bundestages[2001] –, daß der Bundestag bei einer Veränderung der politischen Situation seine Zustimmung zum Einsatz zurücknehmen kann.[2002]

Diese Mehrheitsauffassung spiegelte sich in den Auffassungen der Sachverständigen in der Anhörung vor dem Ausschuß für Wahlprüfung, Immunität und Geschäftsordnung des Deutschen Bundestages am 17. Juni 2004. Mit unterschiedlichen Akzentuierungen sprachen sich die Sachverständigen Hans H. Klein, Edzard Schmidt-Jortzig, Manfred Baldus und Volker Röben für ein Rückholrecht

---

1999 Schaefer, Verfassungsrechtliche Grenzen, S. 381.

2000 Schaefer, Verfassungsrechtliche Grenzen, S. 385.

2001 Vgl. Abg. Dr. Peter Struck (SPD), Deutscher Bundestag, 14. Wahlperiode, 202. Sitzung, 16. November 2001, Sten. Prot. S. 19862 C; Abg. Ronald Pofalla (CDU/CSU), in: www.pofalla.de („Parlamentsheer in exekutiver Verantwortung") und lt. spiegel-online vom 27. März 2003 („Immer muß der Bundestag im Sinne eines Rückholrechts die Möglichkeit haben, eine Einsatzentscheidung zu widerrufen."); ders., ZRP 2004, S. 221 (224 f.); Abg. Dr. Norbert Röttgen (CDU/CSU), DER SPIEGEL Heft 15/2003, S. 48; Abg. Dr. Dieter Wiefelspütz (SPD), Deutscher Bundestag, 15. Wahlperiode, Ausschuß für Wahlprüfung, Immunität und Geschäftsordnung, Ausschußdrucksache 15 – G – 17, S. 37 f.

2002 Nolte, ZaöRV 54 (1994), S. 653 (681 ff.); gegenteiliger Ansicht aber ders. in: Ku/Jacobson (Hg.), Democratic Accountability, S. 231 (245 f.); Wolfrum, VVDStRL 1997, S. 38 (53); Vöneky/Wolfrum, ZaöRV 62 (2002), S. 569 (600); Schultz, Die Auslandsentsendung, S. 442 f.; Hummel, NZWehrr 2001, S. 221 (226 ff.); Wiefelspütz, BayVBl. 2003, S. 609; ders., Der Einsatz bewaffneter deutscher Streitkräfte, S. 64 ff. m. w. N.; Wild, DÖV 2000, S. 622 (630); Burkiczak, ZRP 2003, S. 82 (86); Fischer/Fischer-Lescano, KritV 2002, S. 113 (124 ff.); Kretschmer, in: Schmidt-Bleibtreu/Klein, Grundgesetz, Art. 45 a Rdnr. 16; Hans H. Klein, lt. DER SPIEGEL vom 12. November 2001; Lorz, Interorganrespekt, S. 370; Böckenförde, Die War Powers Resolution, S. 26 f.; Puhl, in: Isensee/Kirchhof (Hg.), Handbuch des Staatsrechts, Bd. III, Demokratie – Bundesorgane, § 48 Rdnr. 5 Fn. 10; Burkiczak, Verwaltungsrundschau 2005, S. 289 (292 f.); Paulus, Parlament und Streitkräfteeinsatz, S. 321; Rau, AVR 44 (2006), S. 93 (111); Sigloch, Auslandseinsätze der deutschen Bundeswehr, S. 320 f.

des Deutschen Bundestages aus.[2003]

Ein Rückholrecht befürwortet auch Ronald Pofalla. In der politischen Realität werde das Rückholrecht allerdings keine Rolle spielen. Es sei kaum vorstellbar, daß die Mehrheit des Bundestages die Beendigung eines Auslandseinsatzes gegen den Willen der Bundesregierung verlange. Das käme einem Mißtrauensvotum gleich. Die Bundesregierung wäre am Ende.[2004]

Heike Krieger hebt hervor, im konstitutiven Parlamentsvorbehalt sei ein Rückholrecht angelegt. Für die Rücknahmebefugnis spreche, daß der Parlamentsvorbehalt ins Leere liefe, wenn dem Parlament nicht die Möglichkeit zustünde, Einsätze unter bestimmten Bedingungen auch wieder zu beenden.[2005]

Willibald Hermsdörfer läßt offen, ob dem Parlament ein Rückholrecht zusteht.[2006]

Wolfgang Weiß betont, daß der Bundestag auch die Möglichkeit haben müsse, seine Zustimmung zurückzunehmen, wenn man den konstitutiven Parlamentsvorbehalt ernst nehme. Die Rückholbefugnis sei das Gegenstück zum positiven Einsatzbeschluß und ein Minus zur von vornherein verweigerten Zustimmung. Allerdings sei das Rückholrecht nicht auf die Situation geänderter Umstände beschränkt. § 8 PBG sei ohne solche Einschränkungen formuliert. Die Rückholbefugnis des Bundestages auch ohne verändert Umstände liege in der Konsequenz eines Parlamentsheers.[2007]

Andreas L. Paulus meint, die gesetzliche Regelung (des Rückholrechts) erscheine zwar nicht als vom Bundesverfassungsgericht geforderte, so doch durch gesetzliche Regelung erlaubte Abgrenzung von Legislativ- und Exekutivbefugnissen. Ohne einen Nachweis der Disfunktionalität dieser Lösung und angesichts ihrer Akzeptanz durch die Exekutive erscheine sie daher als möglich, wenn auch nicht zwingend. Das Rückholrecht per Gesetz sei daher verfassungsmäßig. Für den Fall einer wesentlichen Änderung der Umstände, in dem der Einsatz der Streitkräfte so transformiert würde, daß er einen anderen, neuen Einsatz darstellte, dem der Bundestag in jedem Falle zustimmen müßte, sei ein Rückholrecht sozusagen als „Abkürzung" in jedem Fall zu bejahen.[2008]

Markus Rau Betont, das Rückholrecht des Bundestages liege in der Konsequenz des konstitutiven Parlamentsvorbehalts.[2009]

2003 Deutscher Bundestag, 15. Wahlperiode, Ausschuß für Wahlprüfung, Immunität und Geschäftsordnung, Protokoll G 25 vom 17. Juni 2004, S. 30, 35; Ausschußdrucksache Geschäftsordnung 15 – G – 32 vom 15. Juni 2004, S. 46 ff.; Ausschußdrucksache Geschäftsordnung 15 – G – 34 vom 17. Juni 2004, S. 6.

2004 Pofalla, ZRP 2004, S. 221 (224).

2005 Krieger, Streitkräfte im demokratischen Verfassungsstaat, S. 335.

2006 Hermsdörfer, DVP 2004, S. 183 (184).

2007 Weiß, NZWehrr 2005, S. 100 (113 f.).

2008 Paulus, Parlament und Streitkräfteeinsatz, S. 321.

2009 Rau, AVR 44 (2006), S. 93 (111).

3. Bewertung

Beim konstitutiven Parlamentsvorbehalt handelt es sich um die Mitwirkung des Bundestages an der politischen Leitungsgewalt[2010] der Bundesrepublik Deutschland. So problematisch die Herleitung des konstitutiven Parlamentsvorbehalts durch das Bundesverfassungsgericht auch sein mag,[2011] der Bundestag ist berechtigt, seine Zustimmung zu einem bewaffneten Einsatz der Streitkräfte aus wichtigem Grund zu widerrufen. Wenn der Bundestag nicht nur berechtigt ist, den Verteidigungsfall festzustellen (Art. 115 a Abs. 1 GG), sondern ihn auch jederzeit für beendet erklären kann (Art. 115 l Abs. 2 Satz 1 GG),[2012] wenn er befugt ist, sogar Gesetze wieder aufzuheben, muß er auch das Recht haben, die Zustimmung zu einem bewaffneten Einsatz zurückzunehmen.[2013]

Nicht überzeugend ist freilich die Auffassung, das Rückholrecht werde in der politischen Realität keine Rolle spielen, weil es kaum vorstellbar sei, daß die Mehrheit des Bundestages die Beendigung eines Auslandseinsatzes gegen den Willen der Bundesregierung verlange.[2014] Das mag für gleich bleibende Mehrheitsverhältnisse im Bundestag gelten. Was aber, wenn sich im Verlaufe einer Wahlperiode oder nach einer Bundestagswahl die Mehrheitsverhältnisse und die Beurteilung eines bewaffneten Einsatzes deutscher Streitkräfte ändern? Man stelle sich vor, ein von der Parlamentsmehrheit legitimierter bewaffneter Einsatz der Bundeswehr im Ausland stößt auf die breite Ablehnung des Volkes. In einer solchen Situation können das Rückholrecht und seine in Aussicht gestellte

---

2010 Wiefelspütz, NVwZ 2005, S. 496 (500); ders., ZParl 38 (2007), S. 3 (10); ähnlich Wild, DÖV 2000, S. 622 (630); Wolfrum, in: Dreier/Badura (Hg.), Festschrift 50 Jahre Bundesverfassungsgericht, Zweiter Band, S. 693 (698). Vgl. auch Hesse, Grundzüge des Verfassungsrechts, § 15 Rdnr. 588 ff. (S. 252 f.).

2011 Die Herleitung des konstitutiven Parlamentsvorbehalts durch das Bundesverfassungsgericht ist überwiegend auf Kritik gestoßen; siehe dazu oben S. #, S. ff. und Starck, in: Badura/Dreier (Hg.), Festschrift 50 Jahre Bundesverfassungsgericht, Erster Band, 2001, S. 1 (21); Scholz, in: Verfassungsstaatlichkeit, Festschrift für Klaus Stern zum 65. Geburtstag, herausgegeben von Joachim Burmeister. Im Zusammenwirken mit Michael Nierhaus, Günter Püttner, Michael Sachs, Helmut Siekmann und Peter Josef Tettinger, 1997, S. 1201 (1209 f.); ders., in: Dreier/Badura (Hg.), Festschrift 50 Jahre Bundesverfassungsgericht, Zweiter Band, S. 663 (674); ders., 15. Wahlperiode, Ausschuß für Wahlprüfung, Immunität und Geschäftsordnung, Ausschußdrucksache 15 – G – 17, S. 2 f.; Schwarz, Die verfassungsgerichtliche Kontrolle der Außen- und Sicherheitspolitik, 1995, S. 341; Epping, AöR 124 (1999), S. 423 (445 ff.); Limpert, Auslandseinsatz, S. 45 ff. m. w. N.; Krings/Burkiczak, DÖV 2002, S. 501 (506); Burkiczak, ZRP 2003, S. 82 (84); Lorz, Interorganrespekt, S. 370; Maurer, Staatsrecht I, 5. Aufl., 2007, Rdnr. 124.

2012 Vgl. Wolfrum, VVDStRL 1997, S. 38 (53); Vöneky/Wolfrum, ZaöRV 62 (2002), S. 569 (600); Hummel, NZWehrr 2001, S. 221 (226); kritisch Paulus, Parlament und Streitkräfteeinsatz, S. 319.

2013 Wiefelspütz, Das Parlamentsheer, S. 490; ders., NVwZ 2005, S. 496 (500).

2014 So aber Pofalla, ZRP 2004, S. 221 (224); ähnlich Böckenförde, Die War Powers Resolution, S. 26, und Rau, AVR 44 (2006), S. 93 (111).

Ausübung nach der Wahl in einem Bundestagswahlkampf von wahlentscheidender Bedeutung sein.[2015]

Richtig ist freilich, daß die Wahrnehmung des Rückholrechts in der politischen Praxis nur in Ausnahmesituationen in Betracht kommen wird.[2016] Für das Selbstverständnis (und das Selbstbewußtsein) der Parlamentarier – nicht zuletzt auch im Verhältnis zur Bundesregierung – ist es freilich von erheblicher Bedeutung, daß sie einen militärischen Einsatz nicht nur genehmigen, sondern auch faktisch beenden können. Das Parlament bleibt von der Planung bis zum Ende des Einsatzes der Streitkräfte das Verfassungsorgan, das „auf (nahezu) gleicher Augenhöhe" der Bundesregierung in einer Verantwortungsgemeinschaft gegenübersteht.[2017] Die Bundesregierung kann sich der (dauerhaften) Zustimmung zu einem bewaffneten Einsatz der Streitkräfte nie völlig sicher sein. Diesem machtpsychologischen Sachverhalt wird nicht gerecht, wer wie Andreas L. Paulus meint, relevant werde das Rückholrecht nur im Falle eines Regierungswechsels oder im „Interregnum" zwischen zwei verschiedenen Mehrheitsregierungen.[2018]

Fragwürdig ist es indes, wenn vorgeschlagen wird, bewaffneten Einsätzen nur noch *unbefristet* zuzustimmen und einem „Entsendeausschuß" die Zustimmung zur Verlängerung eines bewaffneten Einsatzes mit der Maßgabe zuzuweisen, dem Bundestag in diesen Fällen ein Rückholrecht einzuräumen.[2019] Das Rückholrecht des Bundestages ist nämlich keine „Gegenleistung" für den Wegfall der Befristung, weil dem Bundestag das Recht zusteht, begrenzt praktisch lediglich durch das Verbot, willkürlich zu entscheiden, die zuvor erteilte Zustimmung zu einem bewaffneten Einsatz zu widerrufen.[2020] Die zeitliche Befristung eines bewaffneten Einsatzes auf in der Regel höchstens ein Jahr ist inzwischen Staatspraxis und keineswegs für die beteiligten Verfassungsorgane unzumutbar.[2021] Nahe liegend ist es aber, die

---

2015 Wiefelspütz, Das Parlamentsheer, S. 490; Paulus, Parlament und Streitkräfteeinsatz, S. 397.

2016 Paulus, Parlament und Streitkräfteeinsatz, S. 322; ders., in: Weingärtner (Hg.), Einsatz der Bundeswehr im Ausland, S. 81 (106).

2017 Vgl. Paulus, Parlament und Streitkräfteeinsatz, S. 322 f.; ders., in: Weingärtner (Hg.), Einsatz der Bundeswehr im Ausland, S. 81 (106 f.).

2018 Paulus, Parlament und Streitkräfteeinsatz, S. 397; ders., in: Weingärtner (Hg.), Einsatz der Bundeswehr im Ausland, S. 81 (106).

2019 Abg. Ronald Pofalla (CDU/CSU), in: www.pofalla.de („Parlamentsheer in exekutiver Verantwortung"); Abg. Dr. Hans-Peter Bartels (SPD), in: DER SPIEGEL, Heft 18/2003, S. 20; Verteidigungsminister Dr. Peter Struck (SPD), Deutscher Bundestag, 15. Wahlperiode, Ausschuß für Wahlprüfung, Immunität und Geschäftsordnung, 9. Sitzung, 5. Juni 2003, Protokoll G 9, S. 9; Schröder, Das parlamentarische Zustimmungsverfahren, S. 291.

2020 Rath, taz vom 4. April 2003 („Das Parlamentsheer sichern").

2021 Nach Hummel, NZWehrr 2001, S. 221 (225), müsse man dem Bundestag sogar das Recht zubilligen, einen Antrag auf Zustimmung zum unbefristeten Einsatz unter Hinzufügung einer auflösenden Befristung anzunehmen.

Verlängerung befristeter bewaffneter Einsätze in einem vereinfachten Verfahren zu regeln.[2022]

Keine Frage des Rückholrechtes ist die Notwendigkeit einer erneuten konstitutiven Beteiligung des Parlaments, wenn im Verlaufe der militärischen Operation wesentliche Veränderungen der Struktur des Einsatzes vorgenommen werden.[2023] Die wesentliche Änderung eines zustimmungsbedürftigen Einsatzes löst den konstitutiven Parlamentsvorbehalt erneut aus, weil es sich praktisch um einen anderen (neuen) zustimmungsbedürftigen Einsatz handelt.

4. Die rechtlichen Bindungen des Rückholrechts

Das Rückholrecht nach § 8 PBG ist Teil des konstitutiven Parlamentsvorbehalts und prinzipiell denselben rechtlichen Bindungen ausgesetzt.[2024] Da der konstitutive wehrverfassungsrechtliche Parlamentsvorbehalt den Bundestag nicht zu willkürlichem Handeln ermächtigt, mag es nahe liegen, die clausula rebus sic stantibus, einen wichtigen Grund, eine wesentliche Veränderung der Umstände, die Rechtsgrundsätze der Verfassungsorgantreue oder des Verbots des venire contra factum proprium zu bemühen, um zumindest Anhaltspunkte für eine Limitierung des Rückholrechts zu gewinnen.

Vor allem darf das Rückholrecht nicht willkürlich ausgeübt werden.[2025] Der Gesetzgeber hat auch kein voraussetzungsloses Rückholrecht beschlossen.[2026] Aus Gründen der Verfassungsorgantreue muß sich der Bundestag zur rechtmäßigen Ausübung des Rückholrechts auf sachlich erhebliche Gründe berufen können.[2027] Da aber eine politische Bewertung und Beurteilung der Wahrnehmung des Rückholrechts zugrunde liegt, kommt dem Bundestag eine weite Einschätzungsprärogative zu, ob ein wichtiger Grund vorliegt.[2028] Letztlich muß der Bundestag bei der Ausübung

---

2022 Vgl. jetzt § 7 PBG; Weiß, NZWehrr 2005, S. 100 (108).

2023 So aber Günther, in: Wehrhafte Demokratie, S. 329 (342); wohl auch Wild, DÖV 2000, S. 622 (629).

2024 Wiefelspütz, NVwZ 2005, S. 496 (500); ähnlich Lorz, Interorganrespekt, S. 370; Pofalla, ZRP 2004, S. 221 (224); vgl. auch Krieger, Streitkräfte im demokratischen Verfassungsstaat, S. 337 ff.; dies übersieht Schröder, NJW 2005, S. 1401 (1404), ebenso wie Weiß, NZWehrr 2005, S. 100 (113 f.).

2025 So aber wohl Wild, DÖV 2000, S. 622 (630).

2026 So aber Rau, AVR 44 (2006), S. 93 (111).

2027 Klein, in: Festschrift Schmitt Glaeser, S. 245 (257); Wiefelspütz, NVwZ 2005, S. 496 (500); ähnlich Krieger, Streitkräfte im demokratischen Verfassungsstaat, S. 338 („Ändern sich aber die Umstände des Einsatzes wesentlich, ist der Bundestag berechtigt, seine Zustimmung zurückzunehmen.").

2028 Vgl. Wiefelspütz, Der Einsatz bewaffneter deutscher Streitkräfte, S. 66 f.; ähnlich Krieger, Streitkräfte im demokratischen Verfassungsstaat, S. 338 („Aber auch der Wegfall der Unterstützung

des Rückholrechts auch die Interessen der militärischen Bündnispartner würdigen, etwa bei dem Rückzug deutscher Soldaten aus einem laufenden multilateralen Einsatz.[2029]

Sollte der Deutsche Bundestag sein Rückholrecht unter Verletzung der rechtlichen Bindungen ausüben, kann die Bundesregierung dies in einem Organstreitverfahren geltend machen.[2030]

5. Die Rechtsfolgen eines Rückholbeschlusses

Wenn der Deutsche Bundestag sein Rückholrecht ausübt, hat der Beschluß konstitutive Bedeutung für die Bundesregierung. Die Streitkräfte sind in diesem Fall von der Bundesregierung zurückzurufen. Dabei wird der Exekutive ein angemessener Ermessensspielraum einzuräumen sein, wie mit Rücksicht auf die Sicherheit der Soldaten der Bundeswehr und der Soldaten verbündeter Streitkräfte der Rückzug im Einzelnen erfolgt.[2031]

Es spricht nicht gegen die gesetzliche Regelung, daß die näheren Voraussetzungen für die Beendigung eines militärischen Einsatzes nicht ausdrücklich geregelt wurden.[2032] Das, was im Einzelfall unter Würdigung aller Umstände rechtlich geboten ist, läßt sich durch Auslegung der Norm erhellen.

---

in der breiten Öffentlichkeit bzw. wesentliche Änderungen im innenpolitischen Meinungsbild können einen Rückholbeschluß rechtfertigen.").

2029 Vgl. dazu Schmidt-Radefeldt, Parlamentarische Kontrolle, S. 177; Wiefelspütz, NVwZ 2005, S. 496 (500).

2030 Klein, in: Festschrift Schmitt Glaeser, S. 245 (257); Krieger, Streitkräfte im demokratischen Verfassungsstaat, S. 338.

2031 Burkiczak, Verwaltungsrundschau 2005, S. 289 (293).

2032 Kritisch aber Koch, Das Parlamentsbeteiligungsgesetz, S. 1 (17); ders., Das Parlamentsbeteiligungsgesetz, Erweiterte Fassung, S. 27.

§ 9

Inkrafttreten

Das Gesetz tritt am Tag nach seiner Verkündung in Kraft.

Das PBG wurde am 18. März 2005 vom Bundespräsidenten ausgefertigt und am 23. März 2005 im Bundesgesetzblatt verkündet (BGBl. I S. 775). Am 24. März 2005 trat somit das Gesetz in Kraft.

H. Die Geschäftsordnung des Deutschen Bundestages und das PBG

§ 96 a GO-BT

Verfahren nach dem Parlamentsbeteiligungsgesetz

(1) Der Vorsitzende eines Ausschusses ist zur Einberufung einer Sitzung außerhalb des Zeitplans zur Beratung über einen Antrag gemäß § 4 Abs. 1 oder § 7 Abs. 1 in Verbindung mit § 4 Abs. 1 des Parlamentsbeteiligungsgesetzes verpflichtet, wenn es eine Fraktion im Ausschuß oder mindestens ein Drittel der Mitglieder des Ausschusses verlangt und die Genehmigung des Präsidenten erteilt worden ist.

(2) Ein Verlangen auf Befassung des Bundestages gemäß § 4 Abs. 1 Satz 4 oder § 7 Abs. 1 in Verbindung mit § 4 Abs. 1 des Parlamentsbeteiligungsgesetzes muß binnen sieben Tagen seit der Verteilung der Drucksache beim Präsidenten eingehen. Nach Eingang des Verlangens unterrichtet der Präsident die Fraktionen und die Bundesregierung hierüber unverzüglich.

(3) Unterrichtet die Bundesregierung den Bundestag gemäß § 6 Abs. 1 des Parlamentsbeteiligungsgesetzes durch einen schriftlichen Bericht, wird dieser als Drucksache verteilt. Das Gleiche gilt für sonstige schriftliche Unterrichtungen des Bundestages. In Fällen des § 5 Abs. 1 des Parlamentsbeteiligungsgesetzes werden gemäß Absatz 2 grundsätzlich die Vorsitzenden und Obleute des Auswärtigen Ausschusses und des Verteidigungsausschusses außerhalb einer Ausschußsitzung unterrichtet. Hat der Bundestag einem Antrag gemäß § 5 Abs. 3 des Parlamentsbeteiligungsgesetzes zugestimmt, gelten für weitere Unterrichtungen die allgemeinen Regelungen.

(4) Die Geheimschutzordnung des Deutschen Bundestages (Anlage 3) findet Anwendung.

1. Einführung

Anträge der Bundesregierung aufgrund des Parlamentsbeteiligungsgesetzes sind im Deutschen Bundestag nach den ausdrücklichen gesetzlichen Vorkehrungen sowie den Bestimmungen der Geschäftsordnung, insbesondere zur Behandlung von Anträgen und zum Verfahren der Ausschüsse, zu behandeln.

In seiner 35. Sitzung in Geschäftsordnungsangelegenheiten am 17. März 2005 beschloß der Ausschuß für Wahlprüfung, Immunität und Geschäftsordnung des Deutschen Bundestages in der 15. Wahlperiode einstimmig, dem Bundestag zu empfehlen, ergänzend einige spezielle Verfahrensaspekte in die Geschäftsordnung als neuen § 96 a GO-BT aufzunehmen. Es handelt sich um

- Voraussetzungen für Sondersitzungen der Ausschüsse nach Eingang eines Antrags im Vereinfachten Zustimmungsverfahren (§ 96 a Abs. 1 GO-BT),

- Ausführungsregelungen zum Verlangen auf Plenarbefassung bei Antrag im Vereinfachten Zustimmungsverfahren (§ 96 a Abs. 2 GO-BT),

- Klarstellungen zur Behandlung der Unterrichtungen durch die Bundesregierung (§ 96 a Abs. 3 GO-BT) und

- Bekräftigung des Geheimschutzes (§ 96 a Abs. 4 GO-BT).[2033]

Der Deutsche Bundestag entsprach dieser Empfehlung und ergänzte am 21. April 2005 seine Geschäftsordnung um § 96 a GO-BT.[2034]

2. Zu § 96 a Abs. 1 GO-BT (Voraussetzungen für Sondersitzungen der Ausschüsse nach Eingang eines Antrags im vereinfachten Zustimmungsverfahren)

Für die Beratung von Zustimmungsanträgen in den Ausschüssen ist das geltende geschäftsordnungsrechtliche Instrumentarium zur Einberufung von Sitzungen grundsätzlich ausreichend.

Innerhalb des Zeitplans (§ 60 Abs. 2 GO-BT) kann jede Fraktion im Ausschuß oder ein Drittel der Ausschußmitglieder die Durchführung einer (noch nicht anberaumten) Sitzung verlangen; der Vorsitzende ist zur Einberufung verpflichtet. Ist bereits eine Sitzung vorgesehen, kann jede Fraktion eine Ergänzung der Tagesordnung verlangen.

Sitzungen außerhalb des Zeitplans (Sondersitzungen) setzen gemäß § 60 Abs. 3 GO-BT ein Verlangen einer Bundestagsfraktion bzw. einen einstimmigen Ausschußbeschluß und die Genehmigung des Präsidenten voraus. In der bisherigen Praxis mißt der Präsident, falls einem Verlangen von mehreren Fraktionen oder einer großen Fraktion widersprochen wird, diesem Umstand bei seiner Entscheidung erhebliches Gewicht bei. Bei Widerspruch werden Sondersitzungen nur bei Vorliegen

2033 Vgl. BT-Drs. 15/5245.

2034 Deutscher Bundestag, 15. Wahlperiode, Plenarprotokoll 15/172 vom 21. April 2005, S. 16091 D (Beschluß), BGBl. I 2005 S. 1230.

eines zwingenden parlamentarischen Beratungsbedarfs genehmigt, etwa weil zeitlich geplante Gesetzgebungsverfahren dies erfordern oder wichtige Entscheidungen der Bundesregierung unmittelbar bevorstehen, denen eine parlamentarische Beratung vorangehen müsste. Hiermit vergleichbar sind Zustimmungsanträge einzuordnen.

Während also im Normalfall die Regelungen in § 60 Abs. 1 und 2 GO-BT ausreichen, erscheint für das Vereinfachte Zustimmungsverfahren im Sinne des § 4 PBG – und zwar für die Zeit von der Zuleitung eines Zustimmungsantrags bis zur möglichen Geltendmachung einer Befassung durch den Deutschen Bundestag – eine geschäftsordnungsrechtliche Anpassung sinnvoll. Durch eine Ausschußbefassung innerhalb der Frist können die parlamentarischen Beteiligungs- und Informationsrechte gewahrt und zur Klärung des weiteren Vorgehens beigetragen, z. B. Vorbehalte gegen einen Antrag ausgeräumt werden.

Um somit Sondersitzungen zu erleichtern, ist abweichend von § 60 Abs. 3 GO-BT statt des Verlangens einer Bundestagsfraktion bzw. eines einstimmigen Ausschußbeschlusses ein Verlangen einer Fraktion im Ausschuß oder mindestens eines Drittels der Mitglieder des Ausschusses ausreichend. Dagegen ist die Genehmigung durch den Präsidenten auch angesichts vergleichbarer Spezialregelungen für den Ausschuß für die Angelegenheiten der Europäischen Union (§ 93a Abs. 3 Satz 5 GO-BT) und die Untersuchungsausschüsse (§ 8 Abs. 3 PUAG) erforderlich. Zudem bindet die praktizierte Vorbereitung der Genehmigungsentscheidung die Fraktionsführungen ein. Inhaltlich wird, da die Zustimmung des Deutschen Bundestages nach Ablauf der sieben Tage als erteilt gilt, grundsätzlich von einem zwingenden und eilbedürftigen parlamentarischen Handlungsbedarf auszugehen sein, so daß die Genehmigung in aller Regel erteilt werden kann.

3. Zu § 96 a Abs. 2 GO-BT (Ausführungsregelungen zum Verlangen auf Plenarbefassung bei Antrag im vereinfachten Zustimmungsverfahren)

Der Präsident übermittelt einen Antrag im Vereinfachten Zustimmungsverfahren gemäß § 4 Abs. 1 Satz 3 PBG – ggf. in Verbindung mit § 7 Abs. 1 PBG bei Verlängerungsanträgen – den Fraktionsvorsitzenden, den Vorsitzenden des Auswärtigen Ausschusses und des Verteidigungsausschusses sowie den Obleuten dieser Ausschüsse und läßt ihn gleichzeitig als Bundestagsdrucksache an alle Abgeordneten verteilen.

Am Tage nach der Verteilung beginnt gemäß § 4 Abs. 1 Satz 4 PBG in Verbindung mit § 123 GO-BT eine Frist von sieben Tagen, nach deren Ablauf die Zustimmung fingiert wird, wenn nicht zuvor eine Befassung des Plenums verlangt wird. Die Frist endet mit Ablauf des siebten Tages. Da gesetzlich geregelt, ist § 124 GO-

BT nicht anwendbar, wonach der Tag, an dem die Befassung spätestens verlangt werden kann, nicht einzurechnen ist. Ebenso wenig muß das Verlangen während der üblichen Dienstzeiten, spätestens aber um 18 Uhr des letzten Tages, geltend gemacht werden.

Klarstellend soll für ein fristgerechtes Verlangen der Eingang beim Präsidenten festgehalten werden. Zudem sollen die Fraktionen und die Bundesregierung unverzüglich über ein Befassungsverlangen unterrichtet werden.

4. Zu § 96 a Abs. 3 GO-BT (Klarstellungen zur Behandlung der Unterrichtungen durch die Bundesregierung)

Da das Parlamentsbeteiligungsgesetz zwar der Bundesregierung Unterrichtungspflichten auferlegt, aber nicht alle Details z. B. zum jeweiligen Adressaten und zur Form der Unterrichtung festlegt, ist eine geschäftsordnungsrechtliche Ergänzung erforderlich.

Für den Normalfall gilt, daß die Bundesregierung den Deutschen Bundestag „regelmäßig über den Verlauf der Einsätze und über die Entwicklung im Einsatzgebiet" unterrichtet (§ 6 Abs. 1 PBG). Laut Begründung zu § 6 PBG[2035] erfolgt dies schriftlich, was die Verteilung als Bundestagsdrucksache zur Folge hat.

Abweichend von der bisherigen Praxis sprechen Gesetz und Begründung für einen an den Deutschen Bundestag insgesamt zu adressierenden Bericht. Einer Unterrichtung nur der zuständigen Ausschüsse steht entgegen, daß das Gesetz als Empfänger den Deutschen Bundestag nennt. Grundsätzlich ist, wenn das Grundgesetz oder ein Gesetz den Deutschen Bundestag anführt, das Gesamtorgan gemeint. Zwar verfährt das Parlamentsbeteiligungsgesetz bezüglich der Unterrichtung nicht ganz einheitlich. Bei Einsätzen wegen Gefahr im Verzug oder Rettungseinsätzen nennt es ebenfalls den Deutschen Bundestag, verlangt dann aber vor und während des Einsatzes eine Unterrichtung „in geeigneter Weise". Statt einer Plenarbehandlung wird dies regelmäßig, jedenfalls vor Einsatzbeginn, nur unter Geheimschutz möglich sein, z. B. durch Information bestimmter Ausschüsse oder Abgeordneter. Diese für den Sonderfall auf eine Unterrichtung „in geeigneter Weise" abstellende Regelung bedeutet aber, daß im Normalfall das Gesamtorgan gemeint ist. Dies bestätigt die spezielle Unterrichtung im Vereinfachten Zustimmungsverfahren mit ausdrücklicher Nennung der zuständigen Ausschüsse und Obleute (§ 6 Abs. 2 PBG).

Ist grundsätzlich das Plenum zu unterrichten, legt das Gesetz – anders als die Begründung andeutet – nicht zwingend die Schriftform fest. In Betracht

---

2035 Drucksache 15/2742, S. 6.

kommt auch eine mündliche Regierungserklärung. Daß Plenarbehandlungen Ausschußbefassungen nicht ausschließen, ist selbstverständlich. Es wird in der Begründung dadurch bekräftigt, daß geheime Details, die nicht in die öffentlichen Berichte aufzunehmen sind, den Obleuten (und wohl auch Vorsitzenden) der zuständigen Ausschüsse mitzuteilen sind. Im Ergebnis soll zur Klarstellung das Plenum als Unterrichtungsadressat und bei Vorlage eines schriftlichen Berichts dessen Verteilung als Bundestagsdrucksache verdeutlicht werden. Dadurch wird auch erkennbar, daß ein schriftlicher Bericht nur eine mögliche Unterrichtungsform darstellt.

Das Gleiche gilt, soweit die Bundesregierung entsprechend der Gesetzesbegründung eine jährliche Bilanz des jeweiligen Einsatzes und der politischen Gesamtentwicklung im Einsatzgebiet sowie nach Beendigung des Einsatzes einen Evaluierungsbericht, aber auch Unterrichtungen über bevorstehende Einsätze übermittelt. Abgesehen von der fehlenden Bindungswirkung einer Festlegung nur in der Gesetzesbegründung verbieten sich detailliertere Festlegungen in der Geschäftsordnung.

Für Unterrichtungen im Vereinfachten Zustimmungsverfahren bzw. Verlängerungsfall (§§ 4, 7 PBG) hat laut § 6 Abs. 2 PBG die Bundesregierung die „zuständigen Ausschüsse und die Obleute unverzüglich" zu unterrichten. Da der Antrag selbst begründet sein muß, kann nur der Zeitraum zwischen der Übermittlung des begründeten Antrags und einem eventuellen Verlangen auf Plenarbefassung gemeint sein.

Finden während der Frist Ausschußberatungen statt, wären diese der Ort der Unterrichtung. Ansonsten kann sich die unverzügliche Unterrichtung der Obleute aktualisieren. Dies dürfte in der Praxis davon abhängen, ob alle oder einzelne Obleute entsprechende Informationen anfordern. Eine nähere geschäftsordnungsrechtliche Ausgestaltung ist nicht sinnvoll. Wird keine Plenarbefassung verlangt, gelten anschließend die normalen Unterrichtungspflichten des § 6 Abs. 1 PBG. Auch wenn es (nur) um Einsätze von geringer Intensität und Tragweite geht, würde eine Beschränkung der Unterrichtungspflicht auf die zuständigen Ausschüsse und Obleute die Regelung des § 6 Abs. 2 PBG überdehnen.

Die Pflicht, bei Gefahr im Verzug und im Rettungsfall vor Beginn und während des Einsatzes den Deutschen Bundestag „in geeigneter Weise zu unterrichten" (§ 5 Abs. 2 PBG), wird geschäftsordnungsrechtlich durch Nennung der Vorsitzenden und Obleute des Auswärtigen Ausschusses und des Verteidigungsausschusses als Unterrichtungsadressaten konkretisiert. Zudem wird auf eine Unterrichtung außerhalb einer Sitzung verwiesen. Da dies „grundsätzlich" vorgegeben wird, bleibt Raum für Abweichungen im Einzelfall.

Weiterhin wird klargestellt, daß für spätere Unterrichtungen die normalen Regelungen gelten, sobald der Deutsche Bundestag die erforderliche Genehmigung nachgeholt hat.

5. Zu § 96 a Abs. 4 GO-BT (Bekräftigung des Geheimschutzes)

Die Wahrung eines effektiven Geheimschutzes ist für das gesamte parlamentarische Beteiligungsverfahren von größter Bedeutung. Insbesondere für die Beratungen in den Ausschüssen sind die Bestimmungen der Geheimschutzordnung (Anlage 3 zur GO-BT) einschlägig und erscheinen auch als ausreichend. Soweit Unterrichtungen außerhalb der Ausschußsitzungen durchgeführt werden, erscheint eine Anpassung der Geheimschutzordnung aufgrund der bisherigen Erfahrungen mit Unterrichtungen nicht notwendig. Da das Gesetz selbst den Geheimschutz nicht regelt, soll zur Klarstellung auf die gemäß § 17 GO-BT ohnehin geltende Geheimschutzordnung verwiesen werden.

I. Der konstitutive Parlamentsvorbehalt als Beteiligungsrecht des Deutschen Bundestages

I. Der konstitutive Parlamentsbeschluß

Die Streitkräfteentscheidung hat dem deutschen Parlamentsrecht mit dem konstitutiven wehrverfassungsrechtlichen Parlamentsvorbehalt auch den konstitutiven Parlamentsbeschluß[2036] beschert. Der konstitutive Parlamentsbeschluß als Handlungsform des Bundestages fand zunächst kaum das Interesse der Rechtswissenschaft.[2037] Andreas L. Paulus hat sich freilich jetzt grundsätzlich mit dem konstitutiven wehrverfassungsrechtlichen Parlamentsvorbehalt auseinandergesetzt.[2038]

Durch die Neuschöpfung[2039] des konstitutiven Parlamentsbeschlusses hat das Bundesverfassungsgericht die parlamentarischen Handlungs- und Legitimationsmöglichkeiten erweitert.[2040] Neben dem „schlichten" Parlamentsbeschluß, dem „echten" Parlamentsbeschluß[2041] und dem Gesetz verfügt der Bundestag nunmehr über den konstitutiven wehrverfassungsrechtlichen Parlamentsbeschluß als Unterfall des „echten" Parlamentsbeschlusses.[2042]

Der konstitutive Parlamentsbeschluß ermöglicht eine wesentlich einfachere und schnellere Beteiligung des Parlaments als eine Beteiligung des Parlaments durch

---

2036 Vgl. Limpert, Auslandseinsatz, S. 41; Stein/Kröninger, Jura 1995, S. 254 (261); Schultz, Die Auslandsentsendung, S. 432; Schmidt-Radefeldt, Parlamentarische Kontrolle, S. 139 f.; Wiefelspütz, ZParl 38 (2007), S. 3; Kokott, DVBl. 1996, S. 937 (939 f.), wählt den weniger prägnanten Begriff „bindender schlichter Parlamentsbeschluß".

2037 Ein erster Versuch findet sich bei Limpert, Auslandseinsatz, S. 92 ff.; Wiefelspütz, Der Einsatz bewaffneter deutscher Streitkräfte, S. 46 ff.; instruktiv Kretschmer, in: Schmidt-Bleibtreu/Klein, Grundgesetz, Art. 40 Rdnr. 20; Schaefer, Verfassungsrechtliche Grenzen, S. 282 ff.; oberflächlich Schröder, Das parlamentarische Zustimmungsverfahren, S. 208 ff.

2038 Paulus, Die Wirkung parlamentarischer Beschlüsse im Bereich der auswärtigen Politik, Vortrag auf der Tagung der Deutschen Gesellschaft für Wehrrecht und Humanitäres Völkerrecht am 17. November 2005 in Bonn, Typoskript, 2005, S. 1 - 41 (nicht veröffentlicht); ders., in: Weingärtner (Hg.), Einsatz der Bundeswehr im Ausland, S. 81 ff.; ders., Parlament und Streitkräfteeinsatz, S. 283 ff., 327 ff.

2039 Schaefer, Verfassungsrechtliche Grenzen, S. 283, meint indes, der konstitutive Parlamentsbeschluß sei keine Neuschöpfung, da bereits Art. 59 a Abs. 1 GG a. F. in einem förmlichen Bundestagsbeschluß die rechtlich bindende Voraussetzung gesehen habe, die vom Bund zur Verteidigung aufgestellten Streitkräfte einzusetzen.

2040 Vgl. Limpert, Auslandseinsatz, S. 41 (52); ders., in: Der Staat als Teil und als Ganzes, S. 92.

2041 Vgl. Kretschmer, in: Schmidt-Bleibtreu/Klein, Grundgesetz, Art. 40 Rdnr. 20 m. w. N.

2042 Wiefelspütz, Das Parlamentsheer, S. 494; Paulus, Vortrag, S. 41, unpräzise noch ders., a. a. O., S. 29. Nach Schmidt-Radefeldt, Parlamentarische Kontrolle, S. 139, stellt der ungeschriebene verfassungsrechtliche Parlamentsvorbehalt einen neuen „Typus" beteiligungssichernder bindender Parlamentsbeschlüsse dar. Ungenau Dreist, in: Entschieden für Frieden, S. 507 (512); ders., BWV 2005, S. 29 (34); im Ergebnis auch Paulus, Parlament und Streitkräfteeinsatz, S. 327 ff.

Gesetz nach Art. 59 Abs. 2 GG.[2043]

Der Bundestag trifft seine Entscheidungen regelmäßig durch Beschluß oder, wenn er als Wahlorgan tätig wird, durch einen Kreationsakt (z. B. Art. 40 Abs. 1 Satz 1, 63 Abs. 1 GG). Die Beschlüsse des Bundestages sind nur dann rechtsverbindlich, wenn das Grundgesetz ihnen diese Eigenschaft ausdrücklich zuerkennt.[2044] Der für die Bundesregierung rechtsverbindliche Parlamentsbeschluß bildet die Ausnahme.[2045] Im Bereich des Wehrverfassungsrechts gehören zu diesen Ausnahmen die Feststellung des Spannungs- und Verteidigungsfalls,[2046] die Einstellung des Einsatzes der Bundeswehr im Innern[2047] und der konstitutive wehrverfassungsrechtliche Parlamentsbeschluß, durch den über den Antrag der Bundesregierung auf Zustimmung zum Einsatz bewaffneter Streitkräfte entschieden wird.

Im Rahmen seiner Organkompetenz artikuliert der Bundestag die Ergebnisse seiner politischen Meinungsbildung in Gestalt von schlichten Parlamentsbeschlüssen.[2048] Diese Beschlüsse sind zwar politisch und rechtlich erheblich,[2049] sie haben aber in der Regel keine rechtlich bindende Wirkung gegenüber anderen Staatsorganen oder Bürgern.[2050]

Dem für einen Einsatz von bewaffneten Streitkräften notwendigen Parlamentsbeschluß kommt aufgrund des aus dem Grundgesetz abgeleiteten konstitutiven Parlamentsvorbehalts rechtliche Verbindlichkeit zu. Kraft Verfassungsrecht bindet die Entscheidung des Bundestages über den Antrag auf Zustimmung zum Einsatz bewaffneter Streitkräfte die Bundesregierung.[2051]

Herkömmlich wird unter Parlamentsvorbehalt die Verpflichtung des Parlaments

---

2043 Geiger, NZWehrr 2001, S. 133 (146); Kokott, DVBl. 1996, S. 937 (944, 948 f.); Butzer, AöR 119 (1994), S. 61 (69).

2044 F. Klein, JuS 1964, S. 181 (185); Achterberg, Parlamentsrecht, S. 747; Magiera, Parlament und Staatsleitung, S. 212, 216; Steiger, Organisatorische Grundlagen, S. 103 f.; Hans H. Klein, in: Isensee/Kirchhof (Hg.), Handbuch des Staatsrechts, Bd. III, Demokratie – Bundesorgane, § 50 Rdnr. 13; Kühnreich, Das Selbstorganisationsrecht des Deutschen Bundestages unter besonderer Berücksichtigung des Hauptstadtbeschlusses, 1997, S. 109.

2045 Vgl. Kretschmer, in: Schmidt-Bleibtreu/Klein, Grundgesetz, Art. 40 Rdnr. 20 m. w. N.

2046 Vgl. Art. 80 a Abs. 1, 115 a Abs. GG. Vgl. Auch Rupp, Festschrift Häberle, S. 731 (738).

2047 Art. 87 a Abs. 4 Satz 2 GG.

2048 Vgl. Kühnreich, Das Selbstorganisationsrecht des Deutschen Bundestages, S. 91 ff. m. w. N.

2049 Magiera, Parlament und Staatsleitung, S. 215 ff.; Butzer, AöR 1994, S. 61 (90 ff.).

2050 Magiera, Parlament und Staatsleitung, S. 212 ff.; Stern, Staatsrecht, Bd. I, § 23 II 2 (S. 1036); ders., Staatsrecht, Bd. II, § 26 II 2 c) (S. 48 f. m. w. N.); Hans H. Klein, in: Isensee/Kirchhof (Hg.), Handbuch des Staatsrechts, Bd. III, Demokratie Bundesorgane, § 50 Rdnr. 14; Ipsen, Staatsrecht I, Rdnr. 217 ff.; von Münch, Staatsrecht I, Rdnr. 861; Maurer, Staatsrecht I, § 13 Rdnr. 134; a. A. Stein/Frank, Staatsrecht, 18. Aufl., 2002, S. 119.

2051 Kühnreich, Das Selbstorganisationsrecht des Deutschen Bundestages, S. 109.

verstanden, eine gesetzliche Grundlage für ein Handeln der Exekutive zu schaffen und hierbei die wesentlichen Fragen selbst zu entscheiden.[2052] Parlamentsvorbehalt kann aber auch die Wahrnehmung parlamentarischer Verantwortung außerhalb des Gesetzgebungsverfahrens bedeuten.[2053]

Der konstitutive Parlamentsvorbehalt fundiert die Mitwirkung des Bundestages an der politischen Leitungsgewalt des Staates.[2054] Der konstitutive Parlamentsbeschluß ist eine Handlungsform, in der das Parlament seinen Willen mit verbindlicher Wirkung für die Bundesregierung ausdrückt. Zutreffend weist Hans H. Klein darauf hin, daß der konstitutive Parlamentsbeschluß ein im Grundgesetz nicht ausdrücklich geregelter Fall eines verbindlichen Parlamentsbeschlusses ist.[2055]

Allerdings handelt es sich letztlich nicht um eine gleichberechtigte Mitwirkung des Bundestages an der Gestaltung der auswärtigen Beziehungen, denn dem Bundestag steht beim Einsatz der bewaffneten Streitkräfte keine Initiativbefugnis zu.[2056] Das Parlament „genehmigt" gleichsam die Einsatzentscheidung der Bundesregierung. Es ist deshalb verfehlt, wenn Meinhard Schröder hervorhebt, die Zustimmung des Parlaments sei ein „Rahmen" für die Ausübung der Befehls- und Kommandogewalt.[2057] Denn lediglich die – freilich genehmigte – Einsatzentscheidung der Bundesregierung bildet diesen „Rahmen".

Die Zustimmung des Bundestages ist zwar konstitutiv für die Rechtmäßigkeit des Einsatzes der Streitkräfte. Die Verantwortung für die operativen Einzelheiten einer militärischen Unternehmung liegt jedoch ausschließlich bei der Bundesregierung. Die Bundesregierung kann den vom Parlament genehmigten Einsatz jederzeit beenden und die Streitkräfte zurückbeordern.[2058] Der Bundestag kann die Bundesregierung nicht zum Einsatz bewaffneter Streitkräfte verpflichten.[2059] Wegen des ungleichen Anteils von Bundesregierung und Bundestag bei der Entscheidung über den Einsatz

2052 Degenhart, Staatsrecht I, 18. Aufl., 2002, Rdnr. 68; von Münch, Staatsrecht I, Rdnr. 352.

2053 Vgl. Ossenbühl, in: Isensee/Kirchhof (Hg.), Handbuch des Staatsrechts der Bundesrepublik Deutschland, Bd. III, Das Handeln des Staates, 2. Aufl., 1996, § 62 Rdnr. 39; Degenhart, Staatsrecht I, Rdnr. 68.

2054 Wolfrum, in: Dreier/Badura (Hg.), Festschrift 50 Jahre Bundesverfassungsgericht, Zweiter Band, S. 693 (698). Ähnlich Wild, DÖV 2000, S. 622 (630). Vgl. auch Hesse, Grundzüge des Verfassungsrechts, § 15 Rdnr. 588 ff. (S. 252 f.); nach Maurer, Staatsrecht I, § 13 Rdnr. 121, 124, handelt es sich bei dem konstitutiven Parlamentsbeschluß um die Zustimmung zu einem wichtigen politischen Akt.

2055 Klein, in: Isensee/Kirchhof (Hg), Handbuch des Staatsrechts, Bd. III, Demokratie – Bundesorgane, § 50 Rdnr. 13.

2056 Vgl. BVerfGE 90, S. 286 (389).

2057 Schröder, in: von Mangoldt/Klein/Starck (Hg.), Grundgesetz, Bd. 2, Art. 65 a Rdnr. 15.

2058 Schmidt-Radefeldt, Parlamentarische Kontrolle, S. 155; Sigloch, Auslandseinsätze der deutschen Bundeswehr, S. 317 f.

2059 BVerfGE 90, S. 286 (389).

bewaffneter Streitkräfte[2060] ist es deshalb überzogen, von einem Kondominium zu sprechen.[2061]

Andreas L. Paulus bemühte sich als einer der Ersten um eine grundlegende dogmatische Einordnung des konstitutiven wehrverfassungsrechtlichen Parlamentsbeschlusses.[2062] Er versucht u. a., wenngleich mit eher marginalem Ertrag, den konstitutiven wehrverfassungsrechtlichen Parlamentsbeschlusses von den herkömmlichen hoheitlichen Handlungsformen abzugrenzen. Mit dem Verwaltungsakt verbinde die Parlamentszustimmung der Einzelfallbezug.[2063] Mit der „konkret generellen" Allgemeinverfügung verbinde die Parlamentsbeteiligung den konkreten Bezug auf einen Einsatz und auf einen generellen Personenkreis.[2064] Gleichzeitig fehle der Parlamentszustimmung die für Verwaltungsakte und den Spezialfall der Allgemeinverfügung erforderliche Außenwirkung, weil sie den Status (das Grundverhältnis) des Soldaten nicht verändere.[2065]

Von der Rechtsverordnung, die die Exekutive in Ausführung von Gesetzen erlasse, unterscheide sich die Parlamentszustimmung formell durch die Beteiligung des Parlaments an der Beschlußfassung und materiell durch die Konkretisierung des (einen) Anwendungsfalls. Während bei der Rechtsverordnung die Bundesregierung Legislativaufgaben wahrnehme, beteilige sich beim Streitkräfteeinsatz die Legislative an exekutiven Aufgaben, zumindest, wenn man die Rechtsprechung des Bundesverfassungsgerichts zugrunde lege.[2066]

Mit dem (Einzelfall-)Gesetz verbinde den Parlamentsbeschluß das parlamentarische Verfahren. Allerdings handele es sich nicht um ein Gesetzgebungsverfahren. Nach dem formellen Gesetzesbegriff handele es sich daher nicht um ein Gesetz, sondern um einen – wenn auch „echten" – Parlamentsbeschluß. Ein materielles Gesetz im Sinne der überkommenen Unterscheidung zwischen formellem und materiellem Gesetz, das Sachverhalte abstrakt-generell regelt, sei der Parlamentsbeschluß nicht, insoweit er einen spezifischen Einsatz betreffe. Andererseits sei der Parlamentsbeschluß selbst

---

2060 Vgl. auch Wiefelspütz, Das Parlamentsheer, S. 197 f., 496 f.; Gilch, Das Parlamentsbeteiligungsgesetz, S. 108; Schröder, in: von Mangoldt/Klein/Starck (Hg.), Grundgesetz, Bd. 2, Art. 65 a Rdnr. 15.

2061 So aber Scholz, Deutscher Bundestag, 15. Wahlperiode, Ausschuß für Wahlprüfung, Immunität und Geschäftsordnung, Ausschußdrucksache 15 – G – 17, S. 3.

2062 Paulus, Vortrag, S. 29 ff.; ders., in: Weingärtner (Hg.), Einsatz der Bundeswehr im Ausland, S. 81 (94 ff.); ders., Parlament und Streitkräfteeinsatz, S. 327 ff.

2063 Paulus, Parlament und Streitkräfteeinsatz, S. 332; ders., in: Weingärtner (Hg.), Einsatz der Bundeswehr im Ausland, S. 81 (98).

2064 Paulus, Parlament und Streitkräfteeinsatz, S. 332 f.; ders., in: Weingärtner (Hg.), Einsatz der Bundeswehr im Ausland, S. 81 (98).

2065 Paulus, Parlament und Streitkräfteeinsatz, S. 333; ders., in: Weingärtner (Hg.), Einsatz der Bundeswehr im Ausland, S. 81 (98).

2066 Paulus, Parlament und Streitkräfteeinsatz, S. 333 f.; ders., in: Weingärtner (Hg.), Einsatz der Bundeswehr im Ausland, S. 81 (98 f.).

keine konkret-individuelle Anordnung, sondern enthalte die – auf den jeweiligen Einsatz zugeschnittenen – Rechtsgrundlage des jeweiligen Einsatzes. Materiell kommt er einem Einzelfallgesetz am nächsten.[2067] Es fragt sich indes, welchen Erkenntnisgewinn die Ableitungen von Andreas L. Paulus haben. Daß der konstitutive wehrverfassungsrechtliche Parlamentsbeschluß weder ein Verwaltungsakt, noch eine Allgemeinverfügung, noch eine Rechtsverordnung und schon gar kein Gesetz ist, ist so originell nicht.[2068] Daß es sich um einen „echten", Rechtswirkungen erzeugenden Parlamentsbeschluß handelt, liegt auf der Hand und wurde sehr bald festgestellt.[2069]

Andreas L. Paulus vertritt die Auffassung, es bestehe kaum ein Zweifel, daß das Bundesverfassungsgericht den Zustimmungsakt auf eine Regierungsinitiative gleichsam als einen isolierten Punkt angesehen habe, demgegenüber die exekutive Verantwortung der Regierung in vollem Umfang erhalten geblieben sei. Das PBG scheine von der Zustimmung zum Antrag der Bundesregierung als eine Rechtgrundlage der Entsendung selbst auszugehen. Mit den klassischen Kriterien sei der Rechtscharakter der Parlamentszustimmung nicht zu fassen. Auch wenn dies nicht befriedige, komme man wohl kaum um die Charakterisierung als „sui generis" herum. Der Parlamentszustimmung fehle die Außenwirkung, weil sie den Status der Soldaten nicht verändere. Mit dem (Einzelfall-)Gesetz verbinde den Parlamentsbeschluß das parlamentarische Verfahren. Allerdings handele es sich nicht um ein Gesetzgebungsverfahren. Den Gesamtakt aus Regierungsantrag und Parlamentszustimmung könne man als einen quasi-gesetzlichen Akt bezeichnen, der die jeweilige Rechtsgrundlage für einen Auslandseinsatz darstelle.[2070]

Resümierend hebt Andreas L. Paulus hervor, man werde „den Gesamtakt aus Regierungsantrag und Parlamentszustimmung als einen quasi-gesetzlichen Akt bezeichnen können, der die jeweilige Rechtsgrundlage für den Befehl gemäß Artikel 65 a GG für einen Auslandseinsatz darstelle und der durch das PBG und die Entscheidung des Bundesverfassungsgerichts ausreichend typisiert sei, um nicht dem Willkürverbot oder auch dem Verbot der Grundrechtseinschränkung durch Einzelfallgesetze gemäß Artikel 19 Abs. 1 GG ausgesetzt zu sein."[2071]

Diese Überlegungen überzeugen nicht. In der Tat berührt der konstitutive Parla-

---

2067 Paulus, Parlament und Streitkräfteeinsatz, S. 334; ders., in: Weingärtner (Hg.), Einsatz der Bundeswehr im Ausland, S. 81 (97 ff.).

2068 Wiefelspütz, ZParl 38 (2007), S. 3 (11).

2069 Vgl. Limpert, Auslandseinsatz, S. 41; Wiefelspütz, Der Einsatz bewaffneter deutscher Streitkräfte, S. 46 ff.; ders., Das Parlamentsheer, S. 494.

2070 Paulus, Vortrag, S. 29 ff.; ders., in: Weingärtner (Hg.), Einsatz der Bundeswehr im Ausland, S. 81 (101); ders., Parlament und Streitkräfteeinsatz, S. 330.

2071 Paulus, Parlament und Streitkräfteeinsatz, S. 337; ders., in: Weingärtner (Hg.), Einsatz der Bundeswehr im Ausland, S. 81 (101).

mentsbeschluß nicht den Status der Soldaten. Das schließt aber rechtliche Außenwirkung nicht aus. Der konstitutive Parlamentsbeschluß des Verfassungsorgans Deutscher Bundestag bindet nämlich kraft Verfassung das Verfassungsorgan Bundesregierung und hat damit evident Außenwirkung. Der konstitutive wehrverfassungsrechtliche Parlamentsbeschluß erzeugt Interorganrecht.[2072]

Die herkömmlichen Kategorien des Parlamentsrechts reichen zur Einordnung des konstitutiven Parlamentsbeschlusses völlig aus. Auch Andreas L. Paulus kommt schließlich zu dem Ergebnis, daß der konstitutive Parlamentsbeschluß ein „echter" Parlamentsbeschluß ist.[2073] Die Etikettierung des konstitutiven Parlamentsbeschlusses als „quasi-gesetzlichen Akt" verkennt die Funktion der Beteiligung des Parlaments bei der Entscheidung über den Auslandseinsatz der Streitkräfte. Dem Parlament steht kein Initiativrecht zu. Es wird nicht „Feldherr", auch nicht „Chef des Generalstabs". Der Deutsche Bundestag muß freilich wissen, worüber er beschließt, und ist deshalb von der Bundesregierung über die wesentlichen Elemente des militärischen Einsatzes in Kenntnis zu setzen. Schließlich kann der Bundestag seine Zustimmung begrenzen, niemals aber mit verbindlicher Wirkung einen anderen Einsatz anordnen oder regeln. Das Parlament darf auch den von der Bundesregierung gewollten Einsatz nicht ausweiten. Dies wäre aber der Fall, wenn der konstitutive Parlamentsbeschluß eine quasi-gesetzliche Bedeutung hätte.[2074]

2072 Wiefelspütz, ZParl 38 (2007), S. 3 (12).

2073 Paulus, Vortrag, S. 41; ders., in: Weingärtner (Hg.), Einsatz der Bundeswehr im Ausland, S. 81 (99); ders., Parlament und Streitkräfteeinsatz, S. 327 ff.

2074 Wiefelspütz, ZParl 38 (2007), S. 3 (12).

II. Konstitutiver Parlamentsbeschluß oder Parlamentsgesetz

Es ist freilich gelegentlich infrage gestellt worden, ob ein Parlamentsbeschluß in den Fällen bewaffneter Auslandseinsätze eine ausreichende parlamentsrechtliche Legitimation darstellt, in denen anders als bei Einsätzen in Systemen gegenseitiger kollektiver Sicherheit eine gesetzliche Grundlage fehlt.[2075] Diese Bedenken sind nicht begründet. Der die Bundesregierung rechtlich unmittelbar bindende konstitutive Parlamentsbeschluß hat die gleiche legitimierende Wirkung wie ein Parlamentsgesetz, zusätzlich aber die von der Parlamentspraxis geforderte erhöhte Flexibilität.[2076]

Andreas L. Paulus betont mit Recht, allerdings eher rechtpolitisch argumentierend: „Forderte man für die Entscheidung Gesetzesform, wäre sie so schwerfällig, daß am Ende fast immer Gefahr im Verzug vorläge und der Parlamentseinfluß in der Praxis leer liefe."[2077]

Es ist überdies zu bedenken, daß der konstitutive wehrverfassungsrechtliche Parlamentsvorbehalt ausschließlich ein Mitwirkungsrecht des Bundestages begründet. Der Bundesrat wird beim Einsatz bewaffneter Streitkräfte nicht beteiligt, auch nicht in abgestufter Form. Der Bereich des konstitutiven wehrverfassungsrechtlichen Parlamentsvorbehalts ist dem Bundesrat verschlossen.[2078] Bei einer gesetzlichen Regelung wäre aber eine Mitwirkung des Bundesrates verfassungsrechtlich geboten.

2075 So Fastenrath, FAZ vom 19. März 1997; Abg. Walter Kolbow (SPD), FAZ vom 20. März 1997. Vgl. auch die Problemskizze von Paulus, Parlament und Streitkräfteeinsatz, S. 328 f.

2076 Wiefelspütz, ZParl 38 (2007), S. 3 (14); ähnlich Kreß, ZaöRV 57 (1997), S. 329 (357).

2077 Paulus, Parlament und Streitkräfteeinsatz, S. 329; ders., in: Weingärtner (Hg.), Einsatz der Bundeswehr im Ausland, S. 81 (96).

2078 Wiefelspütz, Das Parlamentsheer, S. 313, 510; Schaefer, Verfassungsrechtliche Grenzen, S. 284 f. Vgl. Biermann, ZParl 2004, S. 607 (617); Paulus, Parlament und Streitkräfteeinsatz, S. 239. Schröder, Das parlamentarische Zustimmungsverfahren, S. 133, meint, die Auslandseinsätze seien „wie Gesetze" behandelt worden. Das ist falsch. Bei der Gesetzgebung ist immer der Bundesrat beteiligt; diese zwingende Beteiligung unterbleibt gerade bei der Wahrnehmung des konstitutiven Parlamentsvorbehalts.

III. Rechtliche Bindungen des Bundestages bei der Wahrnehmung des konstitutiven Parlamentsvorbehalts

Der Deutsche Bundestag ist bei der Wahrnehmung des konstitutiven Parlamentsvorbehalts rechtlichen Bindungen unterworfen.[2079]

Das Parlament ist an die mit seiner Zustimmung zustande gekommenen völkerrechtlich verbindlichen Bündnisverpflichtungen der Bundesrepublik Deutschland gebunden. Freilich sieht Art. 5 des NATO-Vertrages, die wichtigste Bündnisverpflichtung der Bundesrepublik Deutschland, einen nationalen Vorbehalt vor. Jeder Mitgliedstaat entscheidet selbst, welche Maßnahmen im Bündnisfall für erforderlich erachtet werden.[2080]

2079 Klein, in: Festschrift Schmitt Glaeser, S. 245 (256).
2080 Wiefelspütz, ZParl 38 (2007), S. 3 (14).

IV. Kanzlermehrheit oder einfache Mehrheit

Im Streitkräfteurteil heißt es lapidar:

„Der Bundestag hat über Einsätze bewaffneter Streitkräfte nach Maßgabe des Art. 42 Abs. 2 GG zu beschließen."[2081]

Danach genügt für die konstitutive Zustimmung des Bundestages die Mehrheit der abgegebenen Stimmen.[2082] Zwar ist zu Recht kritisiert worden, daß das Bundesverfassungsgericht dieses Diktum keiner Begründung für Wert befunden habe.[2083] Gleichwohl wird in ständiger, bislang nicht problematisierter Parlamentspraxis so verfahren.[2084]

Daß die konstitutive Zustimmung des Parlaments der Kanzlermehrheit[2085] bedürfe – wie zunächst von der F.D.P. gefordert[2086] – ist indes weder begründet worden, noch sind sonst überzeugende Argumente für diese Abweichung vom Regelfall des Art. 42 Abs. 2 Satz 1 GG (Mehrheit der abgegebenen Stimmen) ersichtlich.[2087]

Zu Recht hat die Forderung, bei einer Beteiligung deutscher Soldaten an friedensschaffenden Einsätzen der VN eine Zweidrittel-Mehrheit der Mitglieder des Bundestages einzuführen,[2088] keine Resonanz gefunden.[2089]

2081 BVerfGE 90, S. 286 (388).

2082 von Münch, Staatsrecht I, Rdnr. 866 (S. 381); Dreist, KritV 87 (2004), S. 79 (97); Zöckler, EJIL 1995, S. 274 (285); Nolte, in: Ku/Jacobson (Hg.), Democratic Accountability, S. 231 (246); Burkiczak, Verwaltungsrundschau 2005, S. 289 (291); Schaefer, Verfassungsrechtliche Grenzen, S. 290 ff.

2083 Limpert, Auslandseinsatz, S. 61.

2084 Wiefelspütz, Der Einsatz bewaffneter deutscher Streitkräfte, S. 63; Schröder, Das parlamentarische Zustimmungsverfahren, S. 230 ff.

2085 Die Mehrheit der Mitglieder des Bundestages (Art. 63 Abs. 2 Satz 1 GG i. V. mit Art. 121 GG).

2086 BT-Drs. 15/36, S. 2 Ziff. 5.

2087 So auch Burkiczak, ZRP 2003, S. 82 (86); Blumenwitz, in: Festschrift für Gerhard Ritter, S. 311 (316); ders., BayVBl. 1994, S. 678 (681 f.); Weiß, NZWehrr 2005, S. 100 (109); Gilch, Das Parlamentsbeteiligungsgesetz, S. 110; Sigloch, Auslandseinsätze der deutschen Bundeswehr, S. 316.

2088 Arndt, NJW 1994, S. 2197 (2198); Riedel, DÖV 1995, S. 135 (141).

2089 Überzeugend Zöckler, EJIL 1995, S. 274 (285). Im Gesetzentwurf der FDP fehlt eine Regelung über die erforderliche Mehrheit. Vgl. BT-Drs. 15/1985, § 3 und Begründung zu § 3.

J. Resümee und Ausblick

Die Bundeswehr ist inzwischen eine „Armee im Einsatz" geworden. Am Wehrverfassungsrecht ist seit 1968 nicht ein einziger Buchstabe geändert worden, sieht man davon ab, daß inzwischen auch Frauen der freiwillige Dienst in den Streitkräften (mit der Waffe) ermöglicht worden ist.[2090] Die vorherrschende Interpretation der Wehrverfassung und die Staatspraxis der Bundesrepublik Deutschland sind freilich nach 1990 radikal verändert worden. Der Einsatz bundesdeutscher Streitkräfte im Ausland ist Teil der legitimen und legalen Wahrnehmung deutscher Sicherheitsinteressen geworden. Durch die nicht nur verfassungsrechtliche, sondern auch faktische Inanspruchnahme wehrhafter Staatlichkeit ist die Bundesrepublik Deutschland in der Wirklichkeit der Teilhabe souveräner Staaten an der internationalen Sicherheitspolitik angekommen.

Bislang ist in Deutschland der Umgang mit militärischen Machtmitteln von einer Kultur der Zurückhaltung geprägt. Weniger Staats- und Völkerrecht, sondern politische Grundüberzeugungen und historische Erfahrungen hegen in besonderem Maße den Einsatz deutscher bewaffneter Streitkräfte ein.

Gegenwärtig gehört der Einsatz bewaffneter deutscher Streitkräfte ungeschmälert zum Kern nationaler Souveränität. Das konstitutive Beteiligungsrecht des Deutschen Bundestags beim Einsatz der Streitkräfte im Ausland ist gleichsam der „deutsche Sonderweg" im Umgang mit der Bundeswehr. Das muß nicht so bleiben. Vor allem europäische Integrationsprozesse, aber auch die Forderung nach besonders schnellen militärischen Einsatzentscheidungen bergen die Gefahr eines vorschnellen Verzichts auf Entscheidungsbefugnisse der Bundesregierung oder des Parlaments.[2091]

2090 Vgl. Art. 12 a Abs. 4 Satz 2 GG.

2091 Wiefelspütz, AöR 132 (2007), S. 44 (93).

Literaturverzeichnis:

Achterberg, Norbert: Parlamentsrecht, 1984.

Achterberg, Norbert / Püttner, Günter / Würtenberger, Thomas (Hg.): Besonderes Verwaltungsrecht, Bd. II, 2. Aufl., 2000.

Adamski, Heiner: Luftsicherheit und Terrorismus: dürfen Menschenleben gegen Menschenleben aufgerechnet werden?, GWP Heft 2/2006, S. 241 ff.

Ader, Werner: Gewaltsame Rettungsaktionen zum Schutz eigener Staatsangehöriger im Ausland, 1988.

Affeld, Jens: Der aktuelle Fall: Seeraub und die seepolizeiliche Rolle der Deutschen Marine, Humanitäres Völkerrecht – Informationsschriften –, 2000, S. 95 ff.

Alexandrov, Stanimir A.: Self-Defense Against the Use of Force in International Law, 1996.

Archangelskij, Alexander: Das Problem des Lebensnotstandes am Beispiel des Abschusses eines von Terroristen entführten Flugzeugs, 2005.

Arndt, Klaus Friedrich: Parlamentarische Geschäftsordnungsautonomie und autonomes Parlamentsrecht, 1966.

Arndt, Claus: Bundeswehreinsatz für die UNO, DÖV 1992, S. 618 ff.

Arndt, Claus: Bundeswehr und Polizei im Notstand, DVBl. 1968, S. 729 ff.

Arndt, Claus: Verfassungsrechtliche Anforderungen an internationale Bundeswehreinsätze, NJW 1994, S. 2197 ff.

Arndt, Claus: Das Grundgesetz und das Parlamentsbeteiligungsgesetz, DÖV 2005, S. 908 ff.

Aust, Stefan / Schnibben, Cordt (Hg.): Der 11. September. Geschichte eines Terrorangriffs, 5. Aufl., 2005.

Axer, Georg: Das „Kommando Spezialkräfte" zwischen Geheimschutzinteresse und Parlamentsvorbehalt, ZRP 2007, S. 82 ff.

Baade, Hans W.: Das Verhältnis von Parlament und Regierung im Bereich der auswärtigen Gewalt der Bundesrepublik, 1962.

Badura, Peter: Staatsrecht, 3. Aufl., 2004.

Badura, Peter / Dreier, Horst (Hg.): Festschrift 50 Jahre Bundesverfassungsgericht, Erster Band, 2001.

Badura, Peter / Dreier, Horst (Hg.): Festschrift 50 Jahre Bundesverfassungsgericht, Zweiter Band, 2001.

Bähr, Biner, Kurt, Wenkholm: Verfassungsmäßigkeit des Einsatzes der Bundeswehr im Rahmen der Vereinten Nationen, 1994.

Bähr, Biner, Kurt, Wenkholm: Verfassungsmäßigkeit des Einsatzes der Bundeswehr im Rahmen der Vereinten Nationen, ZRP 1994, S. 97 ff.

Bähr, Biner, Kurt, Wenkholm: Auslandseinsätze der Bundeswehr – Erste Anmerkungen zum Urteil des BVerfG vom 12. 07. 94, MDR 1994, S. 882 ff.

Baldus, Manfred: Exterritoriale Interventionen der Bundeswehr zur Rettung von fremden und deutschen Staatsangehörigen, in: Erberich, Ingo / Hörster, Ansgar / Hoffmann, Michael / Kingreen, Thorsten / Pünder, Hermann / Störmer, Rainer (Hg.), Frieden und Recht, 1998, S. 259 ff.

Baldus, Manfred: Streitkräfteeinsatz zur Gefahrenabwehr im Luftraum – Sind die neuen luftsicherheitsgesetzlichen Befugnisse der Bundeswehr kompetenz- und grundgesetzwidrig?, NVwZ 2004, S. 1278 ff.

Baldus, Manfred: Transnationales Polizeirecht, 2001.

Baldus, Manfred: Gefahrenabwehr in Ausnahmelagen – Das Luftsicherheitsgesetz auf dem Prüfstand, NVwZ 2006, S. 532 ff.

Bartke, Matthias: Verteidigungsauftrag der Bundeswehr, 1991.

Baumann, Karsten: Das Grundrecht auf Leben unter Quantifizierungsvorbehalt?, DÖV 2004, S. 853 ff.

Baumann, Karsten: Das Urteil des BVerfG zum Luftsicherheitsgesetz der Streitkräfte, Jura 2006, S. 447 ff.

Benda, Ernst / Klein, Eckart: Verfassungsprozeßrecht, 2. Aufl., 2001.

Benda, Ernst: Die Notstandsverfassung, 8. – 10. Aufl., 1968.

Benda, Ernst: Deutsche Außenpolitik vor Gericht: Bundesverfassungsgericht und auswärtige Gewalt, Internationale Politik 12/1995, S. 49 ff.

Benda, Ernst / Klein, Eckart: Verfassungsprozeßrecht, 2. Aufl., 2001.

Berg, Wilfried: Zur Übertragung von Aufgaben des Bundestages auf Ausschüsse, Der Staat 1970, S. 21 ff.

Bernhardt, Rudolf (Hg.): Encyclopaedia Of Public International Law, Vol. 2, 1995.

Bernhardt, Rudolf (Hg.): Encyclopaedia Of Public International Law, Vol. 4, 2. Aufl., 2000.

Biermann, Rafael: Der Deutsche Bundestag und die Auslandseinsätze der Bundeswehr. Zur Gratwanderung zwischen exekutiver Prärogative und legislativer Mitwirkung, ZParl 2004, S. 607 ff.

Bleckmann, Albert: Grundgesetz und Völkerrecht, 1975.

Blumenwitz, Dieter: Der Präventivkrieg und das Völkerrecht, Politische Studien, Heft 391, 2003, S. 21 ff.

Blumenwitz, Dieter, Die humanitäre Intervention, Aus Politik und Zeitgeschehen 1994, S. B 47 ff.

Blumenwitz, Dieter: Das universelle Gewaltanwendungsverbot und die Bekämpfung des grenzüberschreitenden Terrorismus, NZWehrr 1986, S. 737 ff.

Blumenwitz, Dieter: Der nach außen wirkende Einsatz deutscher Streitkräfte nach Staats- und Völkerrecht, NZWehrr 1988, S. 133 ff.

Blumenwitz, Dieter: Das Parlamentsheer nach dem Urteil des Bundesverfassungsgerichts vom 12. Juli 1994: rechtliche Vorgaben für ein künftiges Entsendegesetz, in: Politik – Geschichte, Recht und Sicherheit: Festschrift für Gerhard Ritter, aus Anlaß des achtzigsten Geburtstags, hgg. von Ferenc I. Majoros, Armin A. Steinkamm, Bernhard W. Krack, 1995, S. 311 ff.

Blumenwitz, Dieter: Der Einsatz deutscher Streitkräfte nach der Entscheidung des BVerfG vom 12. Juli 1994, BayVBl. 1994, S. 641 ff., 678 ff.

Blumenwitz, Dieter: Verteidigungs- und Sicherheitspolitik – Ein Streitfall für das Bundesverfassungsgericht?, in: Michael Piazolo (Hg.), Bundesverfassungsgericht: Gericht im Schnittpunkt von Recht und Politik, 1995, S. 87 ff.

Blumenwitz, Dieter: Die amerikanische Präventionsstrategie im Lichte des Völkerrechts, in: Fischer, Horst / Froissart, Ulrike / Heintschel von Heinegg, Wolff / Raap, Christian (Hg.), Krisensicherung und Humanitärer Schutz – Crisis Management and Humanitarian Protection, Festschrift für Dieter Fleck, 2004, S. 23 ff.

Blumenwitz, Dieter: Die völkerrechtlichen Aspekte des Irak-Konflikts, ZfP 50 (2003), S. 301 ff.

Blumenwitz, Dieter: Einsatzmöglichkeiten der Bundeswehr im Kampf gegen den Terrorismus, ZRP 2002, S. 102 ff.

Böckenförde, Ernst-Wolfgang: Die Eingliederung der Streitkräfte in die demokratisch-parlamentarische Verfassungsordnung und die Vertretung des

Bundesverteidigungsministers in der militärischen Befehlsgewalt (Befehls- und Kommandogewalt) in: Stellvertretung im Oberbefehl, Veröffentlichungen der Hochschule für politische Wissenschaften München, 1966, S. 43 ff.

Böckenförde, Ernst-Wolfgang: Die Organisationsgewalt im Bereich der Regierung, 1964.

Böckenförde, Ernst-Wolfgang (Hg.): Moderne deutsche Verfassungsgeschichte (1815 – 1914), 2. Aufl., 1981.

Böckenförde, Stephan: Die War Powers Resolution als ein mögliches Modell für ein Entsendegesetz/Parlamentsbeteiligungsgesetz, 2004.

Böge, Volker: „Landesverteidigung" am Hindukusch, in: Till Müller-Heidelberg, Ulrich Finckh, Elke Steven, Bela Rogalla, Jürgen Micksch, Wolfgang Kaleck, Martin Kutscha, (Hg.), Grundrechte-Report 2003. Zur Lage der Bürgerrechte in Deutschland, 2003, S. 173 ff.

Boldt, Hans: Einsatz der Bundeswehr im Ausland?, ZRP 1992, S. 218 ff.

Bollmann, Gerhard: Verfassungsrechtliche Grundlagen und allgemeine verfassungsrechtliche Grenzen des Selbstorganisationsrechts des Bundestages, 1992.

Bommarius, Christian: Im Zweifel für die Bundesregierung, in: Berliner Zeitung vom 26. März 2003.

Borchmann, Michael: Auswärtige Aktivitäten der Bundesländer: Recht u. Realität, VR 1987, S. 1 ff.

Born, Hans und Hänggi, Heiner (ed.): The 'Double Democratic Deficit'. Parliamentary Accountability and the Use of Force Under International Auspices, Edited by, 2004.

Boß, Wilhelm Mathias: Die „Befehls- und Kommandogewalt" des Grundgesetzes für die Bundesrepublik Deutschland im Vergleich zum „Oberbefehl" der Reichsverfassungen von 1871 und 1919, Diss., Universität Köln, 1960.

Bothe, Michael: Töten und getötet werden – Kombattanten, Kämpfer und Zivilisten im bewaffneten Konflikt, in: Weltinnenrecht. Liber amicorum Jost Delbrück. Hgg. von K. Dicke u. a., 2005, S. 67 ff.

Breitwieser, Thomas: Vorweggenommene Selbstverteidigung und das Völkerrecht, NZWehrr 2005, S. 45 ff.

Brenner, Michael / Hahn, Daniel: Bundeswehr und Auslandseinsätze, JuS 2001, S. 729 ff.

Bowett, Derek W.: Self-Defence in International Law, 1958.

British and Foreign State Papers: 29 (1840 – 1841).

Brownlie, Ian: Principles of Public International Law, 5. Aufl., 1998.

Bruha, Thomas / Bortfeld, Matthias: Terrorismus und Selbstverteidigung, Vereinte Nationen 2001, S. 161 ff.

Bruha, Thomas: Neuer Internationaler Terrorismus: Völkerrecht im Wandel?, in: Koch, Hans-Joachim (Hg.), Terrorismus – Rechtsfragen der äußeren und inneren Sicherheit, 2002, S. 51 ff.

Bruha, Thomas: Gewaltverbot und humanitäres Völkerrecht nach dem 11. September 2001, AVR 40 (2002), S. 383 ff.

Bruha, Thomas / Tams, Christian J.: Self-defence against terrorist attacks: considerations in the light of the ICJ's "Israeli Wall" opinion, in: Weltinnenrecht. Liber amicorum Jost Delbrück. Hgg. von K. Dicke u. a., 2005, S. 85 ff.

Brunkow, Wolfgang: Rechtliche Probleme des Einsatzes der Bundeswehr auf dem Territorium der Bundesrepublik Deutschland nach Art. 87 a GG, 1971.

Brunner, Stefan: Militärische Maßnahmen nach Kapitel VII der UN-Charta, NZWehrr 1992, S. 1 ff.

Bryde, Brun-Otto: Verpflichtungen Erga Omnes aus Menschenrechten, in: Berichte der Deutschen Gesellschaft für Völkerrecht, Heft 33 (1994), S. 185 ff.

Bubnoff, Eckhart v.: Terrorismusbekämpfung - eine weltweite Herausforderung, NJW 2002, S. 2672 ff.

Bücker, Joseph: Das Parlamentsrecht in der Hierarchie der Rechtsnormen, ZParl 1986, S. 324 ff.

Bülow, Christoph von: Der Einsatz der Streitkräfte zur Verteidigung, 1984.

Bülow, Christoph von: Der Verteidigungsauftrag der Streitkräfte, NZWehrr 1984, S. 237 ff.

Burkiczak, Christian: Ein Entsendegesetz für die Bundeswehr?, ZRP 2003, S. 82 ff.

Burkiczak, Christian: Das Parlamentsbeteiligungsgesetz, Verwaltungsrundschau 2005, S. 289 ff.

Burkiczak, Christian: Der praktische Fall – Das Luftsicherheitsgesetz, VR 2004, S. 379 ff.

Burkiczak, Christian: BVerfG, Urteil vom 15.2.2006 – 1 BvR 357/05 Verfassungswidrigkeit des § 14 III LuftSiG, JA 2006, S. 500 f.

Burkiczak, Christian M.: Das Luftsicherheitsgesetz vor dem Bundesverfassungsgericht, NZWehrr 2006, S. 89 ff.

Burmester, Gabriele: Verfassungsrechtliche Grundlagen beim Einsatz der Bundeswehr zur Verteidigung, NZWehrr 1993, S. 133 ff.

Busch, Eckart: Die Wehrverfassung in der Staatsverfassung, NZWehrr 1981, S. 56 ff.

Busch, Eckart: Die geographische Komponente des Verteidigungsbegriffes, Marineforum 1989, S. 190 ff.

Buttlar, Christian von: Rechtsstreit oder Glaubensstreit? Anmerkungen zur Debatte um die präventive Selbstverteidigung im Völkerrecht, in: Jürgen Bröhmer (Hg.), Internationale Gemeinschaft und Menschenrechte, Festschrift für Georg Ress zum 70. Geburtstag am 21. Januar 2005, 2005, S. 15 ff.

Butzer, Hermann: Immunität im demokratischen Rechtsstaat, 1991.

Butzer, Hermann: Der Bereich des schlichten Parlamentsbeschlusses: ein Beitrag insbesondere zur Frage der Substitution des förmlichen Gesetzes durch schlichten Parlamentsbeschluß, AöR Bd. 119 (1994), S. 61 ff.

Cassese, Antonio: International Law, 2001.

Cassese, Antonio: Terrorism is also disrupting some crucial legal categories of international law, in: European journal of international law 12 (2001), S. 993 ff.

Coridaß, Alexander: Der Auslandseinsatz von Bundeswehr und Nationaler Volksarmee, 1985.

Cremer, Hans-Joachim: Der Schutz vor den Auslandsfolgen aufenthaltsbeendender Maßnahmen, 1994 (zugleich Diss., Universität Heidelberg, 1991).

Cremer, Hans-Joachim: Das Verhältnis von Gesetzgeber und Regierung im Bereich der auswärtigen Gewalt in der Rechtsprechung des Bundesverfassungsgerichts: eine kritische Bestandsaufnahme, in: Rudolf Geiger (Hg.), Neuere Probleme der parlamentarischen Legitimation im Bereich der auswärtigen Gewalt, 2003, S. 11 ff.

Dahm, Georg / Delbrück, Jost / Wolfrum, Rüdiger: Völkerrecht, Bd. I/2, Der Staat und andere Völkerrechtssubjekte; Räume und internationale Verwaltung, 2. Aufl., 2002.

Dahm, Georg / Delbrück, Jost / Wolfrum, Rüdiger: Völkerrecht, Bd. I/3, Die Formen des völkerrechtlichen Handelns; Die inhaltliche Ordnung der internationalen Gemeinschaft, 2. Aufl., 2002.

Darnstädt, Thomas: Im Vorfeld des Bösen, DER SPIEGEL Nr. 28, 2007, S. 18 ff.

Das Deutsche Bundesrecht: Systematische Sammlung der Gesetze und Verordnungen mit Erläuterungen, Stand: 1966.

Dau, Klaus: Parlamentsheer unter dem Dach der Vereinten Nationen. Anmerkungen zu dem Urteil des Bundesverfassungsgerichts vom 12. Juli 1994 zu den Auslandsverwendungen deutscher Streitkräfte, NZWehrr 1994, S. 1073 ff.

Dau, Klaus: Die militärische Evakuierungsoperation „Libelle" – ein Paradigma der Verteidigung?, NZWehrr 1998, S. 89 ff.

Dau, Klaus / Wöhrmann, Gotthard (Hg.): Der Auslandseinsatz deutscher Streitkräfte, 1996.

Dau, Klaus: Auslandseinsätze zwischen Politik und Verfassungsrecht, in: Peter Goebel (Hrsg.), Von Kambodscha bis Kosovo, 2000, S. 21 ff.

Dau, Klaus: Buchbesprechung: Dieter Wiefelspütz, Das Parlamentsheer. Der Einsatz bewaffneter deutscher Streitkräfte im Ausland, der konstitutive Parlamentsvorbehalt und das Parlamentsbeteiligungsgesetz, 2005, in: NZWehrr 2005, S. 218 ff.

Dederer, Hans-Georg: Krieg gegen Terror, JZ 2004, S. 421 ff.

Deiseroth, Dieter: Die Beteiligung Deutschlands am kollektiven Sicherheitssystem der Vereinten Nationen aus verfassungsrechtlicher Sicht, NJ 1993, S. 145 ff.

Deiseroth, Dieter: „Humanitäre Intervention" und Völkerrecht, NJW 1999, S. 227 ff.

Delbrück, Jost: The Fight Against Global Terrorism: Self-Defense or Collective Security as International Police Action? Some Comments on the International Legal Implications of the 'War Against Terrorism', German Yearbook Of International Law, 44 (2001), S. 9 ff.

Denninger, Erhard / Hoffmann-Riem, Wolfgang / Schneider, Hans-Peter / Stein, Ekkehard (Hg.): Kommentar zum Grundgesetz für die Bundesrepublik Deutschland, Reihe Alternativkommentare, 3. Aufl., 2001 ff.

Depenheuer, Otto: Der verfassungsrechtliche Verteidigungsauftrag der Bundeswehr. Grundfragen des Außeneinsatzes deutscher Streitkräfte, DVBl. 1997, S. 685 ff.

Depenheuer, Otto: Das Bürgeropfer im Rechtsstaat, in: Staat im Wort, Festschrift für Josef Isensee, hgg. von Otto Depenheuer, Markus Heintzen, Matthias Jestaedt, Peter Axer, 2007, S. 43 ff.

Depenheuer, Otto: Selbstbehauptung des Rechtsstaats, 2007.

Dupuy, Pierre-Marie / Tomuschat, Christian: Warten auf den Schlag gegen Bagdad, FAZ vom 31. Juli 2002.

Dinstein, Yoram: War, Aggression and Self Defence, Fourth Edition, 2005.

Dinstein, Yoram: Comments on the Presentations by Nico Kirsch and Carsten Stahn, in: Walter, Christian/Vöneky, Silja/Röben, Volker/Schorkopf, Frank (eds.), Terrorism as a Challenge for National and International Law: Security versus Liberty?, 2004, S. 915 ff.

Dinstein, Yoram: The Conduct of Hostilities under the Law of International Armed Conflict, Third Printing, 2005.

Doehring, Karl: Völkerrecht, 2. Aufl., 2004.

Doehring, Karl: Die humanitäre Intervention – Überlegungen zu ihrer Rechtfertigung« in: Antônio Augusto Cançado Trindade, (Hg.), The Modern World of Human Rights. Essays in Honour of Thomas Buergenthal, San José 1996, S. 549 ff.

Dörr, Oliver: Das völkerrechtliche Gewaltverbot am Beginn des 21. Jahrhunderts – Was bleibt von Art. 2 (4) UN-Charta?, in: Dörr, Oliver (Hg.), Ein Rechtslehrer in Berlin. Symposium für Albrecht Randelzhofer, 2004, S. 33 ff.

Dörr, Oliver: Gewalt und Gewaltverbot im modernen Völkerrecht, Aus Politik und Zeitgeschichte: Beil. zur Wochenzeitung Das Parlament. - 54 (2004), 43 vom 18.10.2004, S. 14 ff.

Dörr, Dieter / Bosch, Dorit: Der praktische Fall – Völkerrecht: Aufmarsch vor dem Irak, JuS 2003, S. 477 ff.

Dolzer, Rudolf / Vogel, Klaus (Hg.): Bonner Kommentar zum Grundgesetz, 1950 ff.

Dolzer, Rudolf: Einspruch, Herr Struck!, FAZ vom 23. November 2001.

Domgörgen, Ulf: Res gestae Dieter Hömig: eine verfassungsrechtliche Chronik, EuGRZ 2006, S. 233 ff.

Donner, Michael: Völkerrechtliche und verfassungsrechtliche Aspekte der militärischen Absicherung der Friedensvereinbarung von Dayton, Humanitäres Völkerrecht – Informationsschriften – 1997, S. 63 ff.

Drees, Nicole / Niedzwicki, Matthias: Die Fußballweltmeisterschaft 2006 und der bewaffnete Einsatz der Bundeswehr, UB 2006, S. 139 ff.

Dreier, Horst (Hg.): Grundgesetz, Kommentar, Bd. I, 2. Aufl., 2004.

Dreier, Horst (Hg.): Grundgesetz, Kommentar, Bd. II, 2. Aufl., 2006.

Dreier, Horst (Hg.): Grundgesetz, Kommentar, Bd. III, 2000.

Dreier, Horst (Hg.): Grenzen des Tötungsverbotes – Teil 1, JZ 2007, S. 261 ff.

Dreist, Peter: Terrorismusbekämpfung als Streitkräfteauftrag – zu den verfassungsrechtlichen Grenzen polizeilichen Handelns der Bundeswehr im Innern, der kriminalist 2003, S. 349 ff.

Dreist, Peter: Rechtliche Aspekte des KFOR-Einsatzes, NZWehrr 2001, S. 1 ff.

Dreist, Peter: Offene Rechtsfragen des Einsatzes bewaffneter deutscher Streitkräfte, NZWehrr 2002, S. 133 ff.

Dreist, Peter: Auslandseinsätze der Bundeswehr ohne Grenzen?, BWV 1994, S. 125 ff.

Dreist, Peter: Ein Gesetz gewinnt Konturen: Zum notwendigen Regelungsgehalt eines künftigen Parlamentsbeteiligungsgesetzes, ZG 2004, S. 39 ff.

Dreist, Peter: Die Bundeswehr im Ausland, ZRP 2005, S. 35 f.

Dreist, Peter: AWACS-Einsatz ohne Parlamentsbeschluß?, Aktuelle Fragestellungen zur Zulässigkeit von Einsätzen bewaffneter Streitkräfte unter besonderer Berücksichtigung der NATO-AWACS-Einsätze in den USA 2001 und in der Türkei 2003, ZaöRV Bd. 64 (2004), S. 1001 ff.

Dreist, Peter: Der Bundestag zwischen „Vorratsbeschluss" und Rückholrecht: Plädoyer für ein wirkungsvolles Parlamentsbeteiligungsgesetz, KritV Heft 1/2004, S. 79 ff.

Dreist, Peter: Die Auslandseinsätze der Bundeswehr der Bundeswehr zwischen Politik und Verfassungsrecht, in: Entschieden für Frieden – 50 Jahre Bundeswehr 1955 bis 2005, hgg. von Klaus-Jürgen Bremm, Hans Mack und Martin Rink, 2005, S. 507 ff.

Dreist, Peter: 50 Jahre Bundeswehr – Rahmenbedingungen für Einsätze im Ausland im Spannungsfeld zwischen Politik und Recht, BWV 2005, S. 29 ff., 49 ff.

Dreist, Peter: Bundeswehreinsatz für die Fußball-WM 2006 als Verfassungsfrage, NZWehrr 2006, S. 45 ff.

Dreist, Peter: Bundeswehreinsatz als Wahrnehmung materieller Polizeiaufgaben ohne Grundgesetzänderung, UB 2006, S. 93 ff.

Dreist, Peter: Einsatz der Bundeswehr im Innern – Das Luftsicherheitsgesetz als Anlaß zum verfassungsrechtlichen Nachdenken, in: Sicherheit statt Freiheit?, Staatliche Handlungsspielräume in extremen Gefährdungslagen, hgg. von Ulrich Blaschke, Achim Förster, Stephanie Lumpp, Judith Schmidt, 2005, S. 77 ff.

Dreist, Peter: Bundeswehreinsätze im Innern zu polizeilichen Zwecken?, DPolBl 2005, S. 7 ff.

Droege, Michael: Die Zweifel des Bundespräsidenten – Das Luftsicherheitsgesetz und die überforderte Verfassung, NZWehrr 2005, S. 199 ff.

Dupuy, Pierre-Marie / Tomuschat, Christian: Warten auf den Schlag gegen Bagdad, in: FAZ vom 31. Juli 2002.

Eick, Christophe: „Präemption", „Prävention" und die Weiterentwicklung des Völkerrechts, ZRP 2004, S. 200 ff.

Eising / Kramer: Wissenschaftlicher Dienst des Deutschen Bundestages, WF II – 074/02, Informationspflicht der Bundesregierung gegenüber dem Bundestag über Auslandseinsätze der Bundeswehr.

Eitel, Tono: Zur Kontrolle der auswärtigen Gewalt – ein Zwischenruf, in: Liber amicorum Günther Jaenicke - Zum 85. Geburtstag, hgg. von Volkmar Götz, Peter Selmer, Rüdiger Wolfrum, 1998, S. 947 ff.

Eitelhuber, Norbert: Stiftung Wissenschaft und Politik, Forschungsgruppe Sicherheitspolitik, Manuskript „NATO Response Force – Implikationen für die Parlamentsbeteiligung – Folgerungen für eine vertiefte militärische Integration in Europa", 2004 (nicht veröffentlicht), S. 1 – 13.

Eitelhuber, Norbert: Stiftung Wissenschaft und Politik, Forschungsgruppe Sicherheitspolitik, Manuskript „NATO Response Force – Implikationen für die Parlamentsbeteiligung – Folgerungen für eine vertiefte militärische Integration in Europa", Europäische Sicherheit: Politik, Wirtschaft, Technik, Streitkräfte, 53 (2004), S. 18 ff.

Elbing, Gunther: Zur Anwendbarkeit der Grundrechte mit Auslandsbezug, 1992 (zugleich Diss., Universität München, 2001).

Elsner, Thomas / Schobert, Klara: Gedanken zur Abwägungsresistenz der Menschenwürde – angestoßen durch das Urteil des Bundesverfassungsgerichts zur Verfassungsmäßigkeit der Sicherungsverwahrung, DVBl. 2007, S. 278 ff.

Emde, Raimond: Voraussetzungen für die Zulässigkeit eines Bundeswehreinsatzes innerhalb und außerhalb der NATO, NZWehr 1992, S. 134 ff.

Epping, Volker: Der Fall >Godewind<, NZWehr 1993, S. 103 ff.

Epping, Volker: Die Evakuierung deutscher Staatsbürger im Ausland als neues Kapitel der Bundeswehrgeschichte ohne rechtliche Grundlage ? – Der Tirana-Einsatz der Bundeswehr auf dem rechtlichen Prüfstand –, AöR 124 (1999), S. 423 ff.

Epping, Volker: Nachbetrachtung: Der Kosovo-(Kampf)-Einsatz der Bundeswehr, in: Brücken bauen und begehen: Festschrift für Knut Ipsen zum 65. Geburtstag, hrsg. von Volker Epping und Horst Fischer und Wolff Heintschel von Heinegg, 2000, S. 615 ff.

Epping, Volker: Wehrverfassung. Entmilitarisierung–Wiederbewaffnung–Leistungsfähigkeit, in: Verfassungsrecht und soziale Wirklichkeit in Wechselwirkung, hgg. von Bodo Pieroth, 2000, S. 182 ff.

Erbel, Günter: Die öffentliche Sicherheit im Schatten des Terrorismus, APuZ B 10-11/2002 vom 8. März 2002, S. 14 ff.

Esklony, Daniel: Das Recht des inneren Notstandes unter besonderer Berücksichtigung der tatbestandlichen Voraussetzungen von Notstandsmaßnahmen und ihrer parlamentarischen Kontrolle, Diss., Universität Hamburg, 2000.

Falge, Dieter: Die Entscheidung über den Einsatz deutscher NATO-Streitkräfte, Diss., Universität Würzburg, 1967.

Faßbender, Bardo: Die Gegenwartskrise des völkerrechtlichen Gewaltverbotes vor dem Hintergrund der geschichtlichen Entwicklung, EuGRZ 31 (2004), S. 241 ff.

Fastenrath, Ulrich: Neues Kapitel der Bundeswehrgeschichte ohne rechtliche Grundlage?, FAZ vom 19. März 1997.

Fastenrath, Ulrich: Kompetenzverteilung im Bereich der auswärtigen Gewalt, 1986.

Fastenrath, Ulrich: Länderbüros in Brüssel. Zur Kompetenzverteilung für informales Handeln im auswärtigen Bereich, DÖV 1990, S. 125 ff.

Fehn, Karsten / Brauns, Miriam: Bundeswehr und innere Sicherheit, 2003.

Fehn, Karsten / Fehn, Bernd Josef: Die verfassungsrechtliche Zulässigkeit von Blauhelmeinsätzen der Bundeswehr, Jura 1997, S. 621 ff.

Fibich, Holger: Auslandseinsätze der Bundeswehr, ZRP 1993, S. 5 ff.

Fiebig, Jan-Peter: Der Einsatz der Bundeswehr im Innern: verfassungsrechtliche Zulässigkeit von innerstaatlichen Verwendungen der Streitkräfte bei Großveranstaltungen und terroristischen Bedrohungen, 2004.

Fink, Udo: Der Kosovo-Konflikt und die Entstehung von Völkergewohnheitsrecht, in: Die Macht des Geistes: Festschrift für Hartmut Schiedermair, hgg. von Bernhard Kempen u. a., 2001, S. 803 ff.

Fink, Udo: Verfassungsrechtliche und verfassungsprozeßrechtliche Fragen im Zusammenhang mit dem Kosovo-Einsatz der Bundeswehr, JZ 1999, S. 1016 ff.

Fischer, Christian / Fischer-Lescano, Andreas: Enduring Freedom für Entsendebeschlüsse? Völker- und verfassungsrechtliche Probleme der deutschen Beteiligung an Maßnahmen gegen den internationalen Terrorismus, KritV 2002, S. 113 ff.

Fischer, Horst: Zwischen autorisierter Gewaltanwendung und Präventivkrieg: Der völkerrechtliche Kern der Debatte um ein militärisches Eingreifen gegen den Irak, Humanitäres Völkerrecht – Informationsschriften 2003, S. 4 ff.

Fischer, Horst / Froissart, Ulrike / Heintschel von Heinegg, Wolff / Raap, Christian (Hg.): Krisensicherung und Humanitärer Schutz – Crisis Management and Humanitarian Protection, Festschrift für Dieter Fleck, 2004.

Fischer, Mattias G.: Terrorismusbekämpfung durch die Bundeswehr im Inneren Deutschlands?, JZ 2004, S. 376 ff.

Fischer, Mattias G.: Bundeswehr und Terrorismusbekämpfung, Zur Diskussion über den Inneneinsatz der Streitkräfte, Die politische Meinung Nr. 390, Mai 2002, S. 51 ff.

Fischer-Lescano, Andreas: Konstitutiver Parlamentsvorbehalt: Wann ist ein AWACS-Einsatz ein „Einsatz bewaffneter Streitkräfte"?, NVwZ 2003, S. 1474 ff.

Fleck, Dieter: UN-Friedenstruppen: Erfolgszwang und Bewährung, VN 1979, S. 99 ff.

Fleck, Dieter (Hg.): Rechtsfragen der Terrorismusbekämpfung durch Streitkräfte, 2004.

Franck, Thomas M.: Who killed Article 2 (4)? Or: Changing Norms Governing the Use of Force by States, AJIL 64 (1970), S. 809 ff.

Franck, Thomas A.: Recourse to Force, Fifth printing, 2004.

Franz, Einiko B. / Günther, Thomas: Tötungshandlungen beim Bundeswehreinsatz im Innern. Das Luftsicherheitsgesetz vor dem Bundesverfassungsgericht, VBlBW 2006, S. 340 ff.

Franz, Einiko Benno: Der Bundeswehreinsatz im Innern und die Tötung Unschuldiger im Kreuzfeuer von Menschenwürde und Recht auf Leben, Der Staat 45 (2006), S. 501 ff.

Franzke, Hans-Georg: Die militärische Abwehr von Angriffen auf Staatsangehörige im Ausland – insbesondere ihre Zulässigkeit nach der Satzung der Vereinten Nationen, ÖZöR 16 (1966), S. 128 ff.

Franzke, Hans-Georg: Art. 24 II GG als Rechtsgrundlage für den Außeneinsatz der Bundeswehr, NJW 1992, S. 3075 ff.

Franzke, Hans-Georg: Schutz von deutschen Staatsbürgern im Ausland durch die Bundeswehr?, NZWehrr 1996, S. 189 ff.

Frenz, Walter: Menschenwürde und Persönlichkeitsrecht versus Opferschutz und Fahndungserfolg, NVwZ 2007, S. 631 ff.

Freudenschuß, Helmut: Between unilateralism and collective security: authorizations of the use of force by the UN Security Council, EJIL 5 (1994), 4, S. 492 ff.

Friauf, Karl Heinrich / Höfling, Wolfram (Hg.): Berliner Kommentar zum Grundgesetz, 2000 ff. (Stand: August 2006).

Friesenhahn, Ernst: Parlament und Regierung im modernen Staat, VVDStRL 16 (1958), S. 9 ff.

Fröhlich, Manuel / Griep, Ekkehard: in: Joachim Krause / Jan C. Irlenkaeuser (Hg.): Bundeswehr – Die nächsten 50 Jahre, 2006, S. 127 ff.

Frowein, Jochen Abr. / Stein, Torsten (Hg.): Rechtliche Aspekte einer Beteiligung der Bundesrepublik Deutschland an Friedenstruppen der Vereinten Nationen, 1990.

Frowein, Jochen A.: Der Terrorismus als Herausforderung für das Völkerrecht, ZaöRV 62 (2002), S. 879 ff.

Frowein, Jochen A.: Ist das Völkerrecht tot?, in: FAZ vom 23. Juli 2003.

Fuchs, Rainer: Die Entscheidung über Krieg und Frieden, Friedensordnung und Kriegsrecht nach dem Bonner Grundgesetz, Diss., Universität Bonn, 1981.

Funke, Manfred: Aktuelle Aspekte deutscher Sicherheitspolitik, APuZ vom 6. November 1992, S. 17 ff.

Gaitanides, Charlotte: Bekämpfung des transnationalen Terrorismus und humanitäres Völkerrecht, KritV 2004, S. 129 (134).

Gareis, Sven Bernhard: Bedingt bündnisfähig?, Die parlamentarische Kontrolle internationaler Bundeswehreinsätze und die deutschen Verpflichtungen in NATO und EU, GWP Heft 2/2007, S. 217 ff.

Gas, Tonio: Darf der Staat töten?, Die Polizei 2007, S. 33 ff.

Gasser, Hans-Peter: Humanitäres Völkerrecht, 2007.

Gazzini, Tarcisio: The changing rules on the use of force in international law, 2005.

Geck, Karl Wilhelm: Rezension zu Ulrich Fastenrath, Kompetenzverteilung in der auswärtigen Gewalt, 1986, in: ZRP 1987, S. 292 f.

Geiger, Gunnar: Die völker- und verfassungsrechtlich wirksame Erweiterung des Aufgabenspektrums von NATO und WEU um Krisenmanagementaufgaben, NZWehrr 2001, S. 133 ff.

Geiger, Rudolf: Grundgesetz und Völkerrecht, 2. Aufl., 1994.

Geiger, Rudolf: Grundgesetz und Völkerrecht, 3. Aufl., 2002.

Giegerich, Thomas: The German Contribution to the Protection of Shipping in the Persian Gulf: Staying out for Political or Constitutional Reasons, ZaöRV 49 (1989), S. 1 ff.

Giemulla, Elmar M.: Das Luftsicherheitsgesetz, in: Martin H. W. Möllers / Robert Chr. van Ooyen (Hg.), Jahrbuch Öffentliche Sicherheit 2004/2005, 2005, S. 261 ff.

Giemulla, Elmar M.: Zum Abschuß von Zivilluftfahrzeugen als Maßnahme der Terrorbekämpfung, ZLW 2005, S. 33 ff.

Giemulla, Elmar / van Schyndel, Heiko: Luftsicherheitsgesetz, Kommentar, 2006.

Giemulla, Elmar / van Schyndel, Heiko: Frankfurter Kommentar zum Luftverkehrsrecht, Bd. 1.3, Luftsicherheitsgesetz.

Gilch, Andreas: Das Parlamentsbeteiligungsgesetz. Die Auslandsentsendung der Bundeswehr und deren verfahrensrechtliche Ausgestaltung, Diss., Universität Würzburg, 2005.

Gornig, Gilbert: Die Verfassungsmäßigkeit der Entsendung von Bundeswehrsoldaten zu „Blauhelm"-Einsätzen, JZ 1993, S. 123 ff.

Gramm, Christof: Bundeswehr als Luftpolizei: Aufgabenzuwachs ohne Verfassungsänderung?, NZWehrr 2003, S. 89 ff.

Gramm, Christof: Militärische Routine oder bewaffneter Einsatz?, UBWV 2003, S. 161 ff.

Gramm, Christof: Die Aufgaben der Bundeswehr und ihre Grenzen in der Verfassung, NZWehrr 2005, S. 133 ff.

Gramm, Christof: Der wehrlose Verfassungsstaat? – Urteilsanmerkung zur Entscheidung des BVerfG zum LuftSiG vom 15. Februar 2006 – 1 BvR 357/05 –, DVBl. 2006, S. 653 ff.

Gramm, Christof: Ein tragischer Held als letzter Ausweg?. Verfassungsrechtliche Grenzen des Streitkräfteeinsatzes im Innern, GreifRecht 2006, S. 82 ff.

Gramm, Christof: Wie weit darf der Staat bei „besonders schweren Unglücksfällen gehen?, UBWV 2007, S. 121 ff.

Greenwood, Christopher: Gibt es ein Recht auf humanitäre Intervention?, EA 1993, S. 93 ff.

Grewe, Wilhelm G.: Die auswärtige Gewalt in der Bundesrepublik, in: VVDStRL 12 (1954), S. 129 ff.

Gries, Tobias: Der aktuelle Fall: Mosambik – Rechtliche Aspekte internationaler Hilfsaktionen von Bundeswehr und Bundesgrenzschutz, Humanitäres Völkerrecht – Informationsschriften – 2000, S. 163 ff.

Gropp, Walter: Der Radartechniker-Fall – ein durch Menschen ausgelöster Defensivnotstand?, Ein Nachruf auf § 14 III Luftsicherheitsgesetz, GA 2006, S. 284 ff.

Großmann, Gerhard: Bundeswehrsicherheitsrecht, 1981.

Grubert, Wolfgang: Verteidigungsfremde Verwendungen der Streitkräfte in Deutschland seit dem Kaiserreich außerhalb des inneren Notstandes, 1997.

Günther, Thomas: Zum Einsatz der Bundeswehr im Ausland, in: Wehrhafte Demokratie, Beiträge über die Regelungen zum Schutze der freiheitlichen demokratischen Grundordnung, hgg. von Markus Thiel, 2003, S. 329 ff.

Guttenberg, Karl-Theodor zu: Aufsichtsrat, nicht Vorstand, FAZ vom 2. Februar 2007, S. 10.

Häberle, Peter / Schwarze, Jürgen / Vitzthum, Wolfgang Graf (Hg.): Der Staat als Teil und als Ganzes, 1998.

Häußler, Ulf: Irak-Krieg und Völkerrecht, NZWehrr 2004, S. 221 ff.

Hahnenfeld, Günter: Wehrverfassungsrecht, 1965.

Hamann, Andreas / Lenz, Helmut: Das Grundgesetz für die Bundesrepublik Deutschland vom 23. Mai 1949, 3. Aufl., 1970.

Hartleb, Torsten: Der neue § 14 III LuftSiG und das Grundrecht auf Leben, NJW 2005, S. 1397 ff.

Hartmann, Corinna Margit: Staatliche Beteiligung an terroristischen Gewaltaktionen, 2006.

Hartmann, Bernd J. / Pieroth, Bodo: Der Abschuß eines Zivilflugzeugs auf Anordnung des Bundesministers für Verteidigung Jura 2005, S. 274 ff.

Harupa, Ekkehard: Das Verhältnis zwischen Bund und Ländern im Bereich der auswärtigen Gewalt, Diss., Universität Marburg, 1960.

Hase, Friedhelm: Das Luftsicherheitsgesetz: Abschuß von Flugzeugen als „Hilfe bei einem Unglücksfall"?, DÖV 2006, S. 213 ff.

Haug, Volker: Bindungsprobleme und Rechtsnatur parlamentarischer Geschäftsordnungen, 1994.

Hecker, Wolfgang: Die Entscheidung des Bundesverfassungsgerichts zum Luftsicherheitsgesetz, KJ 2006, S. 179 ff.

Hailbronner, Kay: Die Grenzen des völkerrechtlichen Gewaltverbots, in: Dietrich Schindler / Kay Hailbronner, Die Grenzen des völkerrechtlichen Gewaltverbots, Berichte der Deutschen Gesellschaft für Völkerrecht, Heft 26, Heidelberg 1986, S. 49 ff.

Heintschel von Heinegg, W. / Haltern, U. R.: The Decision of the German Federal Constitutional Court of 12 July 1994 in Re Deployment of the German Armed Forces ‚Out of Area', NILR XLI 1994/3, S. 285 ff.

Heintschel von Heinegg, Wolff / Gries, Tobias: Der Einsatz der Deutschen Marine im Rahmen der Operation „Enduring Freedom", AVR Bd. 40 (2002), S. 145 ff.

Heintschel von Heinegg, Wolff / Unbehau, Hans-Joachim: Kommandanten-Handbuch, Rechtsgrundlagen für den Einsatz von Seestreitkräften, 2002.

Heintschel von Heinegg, Wolff: Rechtsprobleme einer deutsch-französischen Zusammenarbeit bei Friedenssicherungsaktionen der Vereinten Nationen, in: Christian Tomuschat (Hg.), Rechtsprobleme einer europäischen Sicherheits- und Verteidigungspolitik, Berichte der Deutschen Gesellschaft für Völkerrecht, Bd. 36, 1997, S. 87 ff.

Heintschel von Heinegg, Wolff: Countering the Proliferation of Weapons of Mass Destruction: The Case of Non-State Actors, in: Völkerrecht als Wertordnung: Festschrift für Christian Tomuschat, hgg. von Pierre-Marie Dupuy, 2006, S. 797 ff.

Heintze, Hans-Joachim: Das Völkerrecht wird unterschätzt: internationale Antworten auf den internationalen Terrorismus, Internationale Politik und Gesellschaft 2004 (IPG), 3/2004, S. 38 ff.

Heintzen, Markus: Auswärtige Beziehungen privater Verbände: eine staatsrechtliche, insbesondere grundrechtskollisionrechtliche Untersuchung, 1988.

Herdegen, Matthias: Völkerecht, 6. Aufl., 2007.

Herdegen, Matthias: Die Grundwerte der modernen Völkerrechtsordnung und ihre effektive Sicherung, in: Bernhard Vogel / Rudolf Dolzer / Matthias Herdegen (Hg.), Die Zukunft der UNO und des Völkerrechts, 2005, S. 226 ff.

Hermsdörfer, Willibald: Einsatz deutscher Streitkräfte zur Evakuierung deutscher Staatsbürger aus Albanien, BayVBl. 1998, S. 652 ff.

Hermsdörfer, Willibald: Humanitäre Hilfe durch die Bundeswehr bei Katastrophen im Ausland, NZWehrr 1996, S. 226 ff.

Hermsdörfer, Willibald: Einsatz bewaffneter Streitkräfte vor Zustimmung des Deutschen Bundestages, UBWV 2003, S. 404 ff.

Hermsdörfer, Willibald: Die NATO-geführte Operation Harvest in der Republik Mazedonien, NZWehrr 2004, S. 23 ff.

Hermsdörfer, Willibald: Parlamentsvorbehalt zum Einsatz bewaffneter Streitkräfte im Ausland, DVP 2004, S. 183 ff.

Hermsdörfer, Willibald: Die Auslandseinsätze der Bundeswehr, Humanitäres Völkerrecht – Informationsschriften, Heft 1/2004, S. 17 ff.

Herzog, Felix: Menschenwürde als absolute Grenze instrumenteller Vernunft, in: Fredrik Roggan (Hg.), Mit Recht für Menschenwürde und Verfassungsstaat, Festgabe für Dr. Burkhard Hirsch, 2006, S. 89 ff.

Heselhaus, Sebastian: Art. 24 II, 42 II GG: Kampfeinsätze der Bundeswehr, Anmerkung zum Urteil des Bundesverfassungsgerichts BVerfGE 90, 286, JA 1995, S. 454 ff.

Hesse, Konrad: Grundzüge des Verfassungsrechts der Bundesrepublik Deutschland, Neudruck der 20. Aufl., 1999.

Hestermeyer, Holger P.: Die völkerrechtliche Beurteilung des Irakkriegs im Lichte transatlantischer Rechtskulturunterschiede, ZaöRV 64 (2004), S. 315 ff.

Hetzer, Wolfgang: Menschenopfer im Rechtsstaat?, Kriminalistik 2007, S. 140 ff.

Heun, Werner: Staatshaushalt und Staatsleitung, 1989.

Heun, Werner: Anmerkung zum Urteil des Bundesverfassungsgerichts vom 12. Juli 1994, JZ 1994, S. 1073 ff.

Heyde, Wolfgang: Diskussionsbeitrag, in: Frowein, Jochen Abr. / Stein, Torsten (Hg.): Rechtliche Aspekte einer Beteiligung der Bundesrepublik Deutschland an Friedenstruppen der Vereinten Nationen, 1990, S. 80.

Higgins, Rosalyn: Problems and Process. International Law and How We Use It, 1994.

Hilgendorf, Eric: Unser kümmerliches Floß ist immer noch überlastet, FAZ vom 14. Februar 2005, S. 40.

Hilgendorf, Eric: Tragische Fälle, Extremsituationen und strafrechtlicher Notstand, in: Sicherheit statt Freiheit?, Staatliche Handlungsspielräume in extremen Gefährdungslagen, hgg. von Ulrich Blaschke, Achim Förster, Stephanie Lumpp, Judith Schmidt, 2005, S. 107 ff.

Hillgenberg, Hartmut: Gewaltverbot: Was gilt noch?, in: Jochen Abr. Frowein/ Klaus Scharioth / Ingo Winkelmann / Rüdiger Wolfrum (Hg.), Verhandeln für den Frieden – Negotiating for Peace, Liber Amicorum Tono Eitel, 2003, S. 141 ff.

Hillgruber, Christian / Hoffmann, Jeannine: Mehr, als die Polizei erlaubt? Kann die Bundeswehr in NRW gegen terroristische Angriffe aus der Luft eingesetzt werden?, NWVBl. 2004, S. 176 ff.

Hillgruber, Christian: Der Staat des Grundgesetzes – nur „bedingt abwehrbereit"?, JZ 2007, S. 209 ff.

Hillgruber, Christian / Goos, Christoph: Verfassungsprozeßrecht, 2. Aufl., 2006.

Hillgruber, Christian: Die Fortentwicklung völkerrechtlicher Verträge als staatsrechtliches Problem: Wie weit trägt der Rechtsanwendungsbefehl des Zustimmungsgesetzes nach Art. 59 Abs. 2 Satz 1 GG?, in: Freiheit und Eigentum. Festschrift für Walter Leisner zum 70. Geburtstag, hgg. von Josef Isensee, Helmut Lecheler, 1999, S. 53 ff.

Hillgruber, Christian: Die Fortentwicklung völkerrechtlicher Verträge als staatsrechtliches Problem: Wie weit trägt der Rechtsanwendungsbefehl des Zustimmungsgesetzes nach Art. 59 Abs. 2 Satz 1 GG?, in: Freiheit und Eigentum, Festschrift für Walter Leisner zum 70. Geburtstag, hgg. von Josef Isensee, Helmut Lecheler, 1999, S. 55 ff.

Hilpold, Peter / Zagel, Gudrun: Das Gewaltverbot auf dem Prüfstand: Von der NATO-Intervention im Kosovo zu den aktuellen UN-Reformvorschlägen, Sicherheit und Frieden 2006, S. 38 ff.

Hilpold, Peter: Die Vereinten Nationen und das Gewaltverbot, Vereinte Nationen 2005, S. 83 ff.

Hirsch, Burkhard: Verfassungsbeschwerde gegen das Gesetz zur Neuregelung von Luftsicherheitsaufgaben: Bemühungen zur Abwehr des finalen Rettungstotschlags, KritV 2006, S. 3 ff.

Hirsch, Burkhard: Einsatz der Bundeswehr in inneren Krisen, ZRP 2003, S. 378 ff.

Hirsch, Burkhard: Zum Verbot des Rettungstotschlags, NJW 2007, S. 1188 ff.

Hirsch, Burkhard: Bemerkungen zu der Behauptung eines Rechts zur vorsätzlichen Tötung Unschuldiger, RuP 2007, S. 153 ff.

Hirsch, Hans Joachim: Defensiver Notstand gegenüber ohnehin Verlorenen, in: Festschrift für Wilfried Küper zum 70. Geburtstag, herausgegeben von Michael Hettinger, Jan Zops, Thomas Hillenkamp, Michael Köhler, Jürgen Rath, Franz Streng, Jürgen Wolter, 2007, S. 149 ff.

Hobe, Stephan: NATO-Intervention im Kosovo: Rückkehr zur Lehre vom gerechten Krieg?, in: Die Macht des Geistes: Festschrift für Hartmut Schiedermair, hgg. von Bernhard Kempen u. a., 2001, S. 820 ff.

Hochhuth, Martin: Militärische Bundesintervention bei inländischem Terrorakt, NZWehr 2002, S. 154 ff.

Hochreither, Monika: Die heimliche Überwachung internationaler Kommunikation, (zugleich Diss., Universität München, 2001) 2002.

Höfling, Wolfram / Augsberg, Steffen: Luftsicherheit, Grundrechtsregime und Ausnahmezustand, JZ 2005, S. 1080 ff.

Hömig, Dieter (Hg.): Grundgesetz für die Bundesrepublik Deutschland, 8. Aufl., 2007.

Hoffmann, Oskar: Bundeswehr und Friedenssicherung, 1991.

Hofmann, Rainer: Grundrechte und Grenzüberschreitende Sachverhalte, 1993.

Hofmeister, Hannes: Will Iran be next?, Völkerrechtliche Aspekte eines militärischen Präventivschlags gegen den Iran, Jura 2007, S. 767 ff.

Holländer, Lutz: Auslandseinsätze der Bundeswehr: Bilanz und Perspektive, in: Joachim Krause / Jan C. Irlenkaeuser (Hg.): Bundeswehr – Die nächsten 50 Jahre, S. 225 ff.

Hopfauf, Axel: Zur Entstehung des Art. 87 a Abs. 2 GG, ZRP 1993, S. 321 ff.

Huber, Peter M.: Die Verantwortung für den Schutz vor terroristischen Angriffen, ZUR 2004, S. 1 ff.

Hummel, Konrad: Rückrufrecht des Bundestages bei Auslandseinsätzen der Streitkräfte, NZWehrr 2001, S. 221 ff.

Huster, Stefan: Zählen Zahlen?, Zur Kontroverse um das Luftsicherheitsgesetz, Merkur 2004, S. 1047 ff.

Inacker, Michael J.: Unter Ausschluß der Öffentlichkeit, 1991.

Ipsen, Jörn: Staatsrecht I. Staatsorganisationsrecht, 18. Aufl., 2006.

Ipsen, Knut:, Die rechtliche Institutionalisierung der Verteidigung im atlantisch-westeuropäischen Raum, JöR N. F. Bd. 21 (1972), S. 1 ff.

Ipsen, Knut: Legitime Gewaltanwendung neben dem Völkerrecht?, in: Weltinnenrecht. Liber amicorum Jost Delbrück. Hgg. von K. Dicke u. a., 2005, S. 371 ff.

Ipsen, Knut: Rechtsgrundlagen und Institutionalisierung der atlantisch-westeuropäischen Verteidigung, 1967.

Ipsen, Knut: Die Bündnisklausel der Notstandsverfassung (Artikel 80 a Abs. 3 GG), AöR 94 (1960), S. 554 ff.

Ipsen, Knut: Bündnisfall und Verteidigungsfall, DÖV 1971, S. 583 ff.

Ipsen, Knut: Der Einsatz der Bundeswehr zur Verteidigung, im Spannungs- und Verteidigungsfall sowie im internen bewaffneten Konflikt, in: Klaus-Dieter Schwarz (Hg.), Sicherheitspolitik, 3. Aufl., 1978, S. 615 ff.

Ipsen, Knut: dpa-Gespräch vom 20. Februar 2006: „Völkerrechtler Ipsen: Terrorabwehr ist keine Landesverteidigung".

Ipsen, Knut: Völkerrecht, 5. Aufl., 2004.

Ipsen, Knut: Der Kosovo-Einsatz – Illegal? Gerechtfertigt? Entschuldbar?, Die Friedenswarte 74 (1999), S. 19 ff.

Ipsen, Knut: Relativierung des „absoluten" Gewaltverbots? – Zur Problematik der Erstanwendung zwischenstaatlicher Waffengewalt, in: Wehrrecht und Friedenssicherung, Festschrift für Klaus Dau zum 65. Geburtstag, hgg. von Knut Ipsen, Christian Raap, Torsten Stein, Armin A. Steinkamm, 1999, S. 103 ff.

Ipsen, Jörn: Staatsrecht I, 14. Aufl., 2002.

Isensee, Josef: Menschenwürde: die säkulare Gesellschaft auf der Suche nach dem Absoluten, AöR 131 (2006), S. 173 ff.

Isensee, Josef / Kirchhof, Paul (Hg.): Handbuch des Staatsrechts der Bundesrepublik Deutschland, Bd. I, 3. Aufl., 2003.

Isensee, Josef / Kirchhof, Paul (Hg.): Handbuch des Staatsrechts der Bundesrepublik Deutschland, Bd. II, Demokratische Willensbildung – Die Staatsorgane des Bundes –, 2. Aufl., 1996.

Isensee, Josef / Kirchhof, Paul (Hg.): Handbuch des Staatsrechts der Bundesrepublik Deutschland, Bd. II, Verfassungsstaat, 3. Aufl., 2004.

Isensee, Josef / Kirchhof, Paul (Hg.): Handbuch des Staatsrechts der Bundesrepublik Deutschland, Bd. III, Das Handeln des Staates, 2. Aufl., 1996.

Isensee, Josef / Kirchhof, Paul (Hg.): Handbuch des Staatsrechts der Bundesrepublik Deutschland, Bd. III, Demokratie – Bundesorgane, 3. Aufl., 2005.

Isensee, Josef / Kirchhof, Paul (Hg.): Handbuch des Staatsrechts der Bundesrepublik Deutschland, Bd. III, Demokratie – Bundesorgane, 3. Aufl., 2005.

Isensee, Josef / Kirchhof, Paul (Hg.): Handbuch des Staatsrechts der Bundesrepublik Deutschland, Bd. IV, Aufgaben des Staates, 3. Aufl., 2006.

Isensee, Josef / Kirchhof, Paul (Hg.): Handbuch des Staatsrechts der Bundesrepublik Deutschland, Bd. VII, Normativität und Schutz der Verfassung - Internationale Beziehungen, 1992.

Isensee, Josef: Bundeswehr als internationale Krisenfeuerwehr und Friedenstruppe, in: Dieter Wellershoff (Hg.), Frieden ohne Macht?, 1991, S. 210 ff.

Isensee, Josef: Mit blauem Auge davon gekommen – das Grundgesetz, NJW 1993, S. 2583 ff.

Isensee, Josef: Weltpolizei für Menschenrechte, JZ 1995, S. 429 ff.

Isensee, Josef: „Debatte ist vorab sinnlos", Kölner Stadtanzeiger vom 22. Sept. 2001.

Isensee, Josef: Der Verfassungsstaat als Friedensgarant, in: Mellinghoff, Rudolf / Morgenthaler, Gerd / Puhl, Thomas (Hrsg.), Die Erneuerung des Verfassungsstaates, Symposion aus Anlaß des 60. Geburtstages von Professor Dr. Paul Kirchhof, 2003, S. 7 ff.

Jäger, Christian: Die Abwägbarkeit menschlichen Lebens im Spannungsfeld von Strafrechtsdogmatik und Rechtsphilosophie, ZStW 115 (2003), S. 765 ff.

Jakobs, Günther: Terroristen als Personen im Recht?, ZStW 117 (2005), S. 839 ff.

Jahrbuch des öffentlichen Rechts der Gegenwart: Neue Folge, Band 1, 1951, Entstehungsgeschichte der Artikel des Grundgesetzes, bearbeitet von Klaus Berto v. Doemming, Rudolf Werner Füsslein, Werner Matz.

Jahn, Matthias: Das Strafrecht des Staatsnotstandes, 2004.

Jahn, Ralf / Riedel, Norbert K.: Streitkräfteeinsatz im Wege der Amtshilfe, DÖV 1988, S. 957 ff.

Jakobs, Michael Chr.: Terrorismus und polizeilicher Todesschuß, DVBl. 2006, S. 83 ff.

Jarass, Hans D. / Pieroth, Bodo: Grundgesetz für die Bundesrepublik Deutschland, Kommentar, 8. Aufl., 2006.

Jarass, Hans D. / Pieroth, Bodo: Grundgesetz für die Bundesrepublik Deutschland, Kommentar, 6. Aufl., 2002.

Jerouschek, Günter: Nach dem 11. September: Strafrechtliche Überlegungen zum Abschuß eines von Terroristen entführten Flugzeugs, in: Strafrecht Biorecht Rechtsphilosophie, Festschrift für Hans-Ludwig Schreiber zum 70. Geburtstag am 10. Mai 2003, hgg. von Knut Amelung u. a., 2003, S. 185 ff.

Jiménez de Aréchaga, Eduardo: El derecho Internacional contemporaneo, 1980.

Jochum, Heike: Der Einsatz der Streitkräfte im Innern, JuS 2006, S. 511 ff.

Kabel, Rudolf: Die Mitwirkung des Deutschen Bundestages in Angelegenheiten der Europäischen Union, in: Gedächtnisschrift für Grabitz, 1995, S. 241 ff.

Kadelbach, Stefan / Guntermann, Ute: Vertragsgewalt und Parlamentsvorbehalt, AöR 126 (2001), S. 563 ff.

Kadelbach, Stefan: Die parlamentarische Kontrolle des Regierungshandelns bei der Beschlußfassung in internationalen Organisationen, in: Rudolf Geiger (Hg.), Neuere Probleme der parlamentarischen Legitimation im Bereich der auswärtigen Gewalt, 2003, S. 41 ff.

Kadelbach, Stefan / Hilmes, Christian: Die militärische Entwaffnung des Staates X, Jura 2005, S. 628 ff.

Kahl, Wolfgang: Neue Entwicklungslinien der Grundrechtsdogmatik, AöR 131 (2006), S. 579 ff.

Kaiser, Stefan: Die Grenzen der Sicherheit – Zum Entwurf eines Luftsicherheitsgesetzes, TranspR 2004, S. 353 ff.

Kamp, Karl-Heinz: „Preemptive Strikes". Eine neue sicherheitspolitische Realität, Internationale Politik 2004, S. 42 ff.

Karpinski, Peter: Öffentlich-rechtliche Grundsätze für den Einsatz der Streitkräfte im Staatsnotstand, 1974.

Keidel, Dieter: Polizei und Polizeigewalt im Notstandsfall, 1973.

Kersten, Jens: Die Tötung von Unbeteiligten, NVwZ 2005, S. 661 ff.

Kersting, Klaus: Bündnisfall und Verteidigungsfall, Diss., Universität Bochum, 1979.

Kersting, Klaus: Die Entscheidung über den Einsatz der Bundeswehr zur Verteidigung, NZWehr 1982, S. 84 ff.

Kersting, Klaus: Kollektive Sicherheit durch peacekeeping-operations – Insbesondere: Zur Beteiligung der Bundeswehr an UN-Aktionen, NZWehr 1983, S. 64 ff.

Kewenig, Wilhelm: Bundesrat und auswärtige Gewalt, ZRP 1971, S. 238 ff.

Kewenig, Wilhelm: Auswärtige Gewalt, in: Schwarz, H.-P. (Hg.), Handbuch der Deutschen Außenpolitik, 1975, S. 37 ff.

Kind, Hansgeorg: Einsätze der Streitkräfte zur Verteidigung – Ein Beitrag zur entstehungsgeschichtlichen Interpretation des Art. 87 a GG, DÖV 1993, S. 139 ff.

Kind, Hansgeorg: Diskussionsbeitrag, in: Frowein, Jochen Abr. / Stein, Torsten (Hg.): Rechtliche Aspekte einer Beteiligung der Bundesrepublik Deutschland an Friedenstruppen der Vereinten Nationen, 1990, S. 55.

Kindshäuser, Urs / Neumann, Ulfrid / Paeffgen, Hans-Ullrich (Hg.): Nomos Kommentar, Strafgesetzbuch, Bd. 1, 2. Aufl., 2005.

Kirchhof, Paul: Der Verteidigungsauftrag der deutschen Streitkräfte, in: Ulrich Beyerlin u. a. (Hg.), Recht zwischen Umbruch und Bewahrung. Festschrift für Rudolf Bernhardt, 1995, S. 797 ff.

Kirchhof, Paul: Menschenbild und Freiheitsrecht, in: Die Ordnung der Freiheit, Festschrift für Christian Starck zum siebzigsten Geburtstag. Herausgegeben von Rainer Grote u. a., 2007, S. 275 ff.

Klein, Eckart: Die Herausforderung durch den internationalen Terrorismus – hört hier das Völkerrecht auf?, in: Josef Isensee (Hg.), Der Terror, der Staat und das Recht, 2004, S. 9 ff.

Klein, Eckart: Rechtsprobleme einer deutschen Beteiligung an der Aufstellung von Streitkräften der Vereinten Nationen, ZaöRV 34 (1974), S. 429 ff.

Klein, Eckart: Die vorsätzliche Tötung unbeteiligter Personen durch den Staat, in: Recht – Kultur – Finanzen, Festschrift für Reinhard Mußgnug zum 70. Geburtstag am 26. Oktober 2005, hgg. Von Klaus Grupp und Ulrich Hufeld, 2005, S. 71 ff.

Klein, Eckart: Das Gesetz zur Neuregelung der Luftsicherheitsaufgaben (LuftSiG) auf dem Prüfstand, ZG 2005, S. 289 ff.

Klein, Eckart / Schmahl, Stefanie: Die neue NATO-Strategie und ihre völkerrechtlichen und verfassungsrechtlichen Implikationen, RuP 1999, S. 198 ff.

Klein, Friedrich: Zur rechtlichen Verbindlichkeit von Bundestagsbeschlüssen – BVerwGE 12, 16, JuS 1964, S. 181 ff.

Klein, Hans Hugo: Die Europäische Union und ihr demokratisches Defizit, in: Festschrift Remmers, 1995, S. 195 ff.

Klein, Hans Hugo: Einsatz der Bundeswehr in inneren Krisen, ZRP 2003, S. 140.

Klein, Hans Hugo: Rechtsfragen des Parlamentsvorbehalts für Einsätze der Bundeswehr, in: Recht im Pluralismus, Festschrift für Walter Schmitt Glaeser zum 70. Geburtstag, hgg. von Hans-Detlef Horn in Verbindung mit Peter Häberle, Herbert Schambeck, Klaus Stern. 2003, S. 245 ff.

Klein, Hans Hugo: „Eine militärische Unternehmung", Interview in der taz vom 23. Januar 2003.

Klein, Hans Hugo: Rezension Roman Schmidt-Radefeldt, Parlamentarische Kontrolle der internationalen Streitkräfteintegration, 2005, in: AöR 130 (2005), S. 632 ff.

Klose, Hans-Ulrich: Geteilte Verantwortung. Ist der so genannte Parlamentsvorbehalt bei Auslandseinsätzen der Bundeswehr ein sinnvolles politisches Instrument?, IP Mai 2007, S. 22 ff.

Klückmann, Harald: Die Bundeswehr im Recht der Amtshilfe, 1984.

Kluth, Winfried: Menschenwürde zwischen Naturrecht und Tabu, in: Staat im Wort, Festschrift für Josef Isensee, hgg. von Otto Depenheuer, Markus Heintzen, Matthias Jestaedt, Peter Axer, 2007, S. 535 ff.

Knelangen, Wilhelm / Irlenkaeuser, Jan C.: Die Debatte über den Einsatz der Bundeswehr im Innern, Kieler Analysen zur Sicherheitspolitik Nr. 12, März 2004.

Knödler, Christoph: Terror, Schutz - und Einsatz der Streitkräfte im Innern?, BayVBl. 2002, S. 107 ff.

Koch, Christian: Das Parlamentsbeteiligungsgesetz: Riskante Gestaltungsaufträge im Gefüge der Staatsfunktionen, Antrittsvorlesung an der Deutsche Hochschule für Verwaltungswissenschaft, 19. Juli 2004, unveröffentlichtes Typoskript, 2004, S. 1 - 43.

Koch, Christian: Das Parlamentsbeteiligungsgesetz: Riskante Gestaltungsaufträge im Gefüge der Staatsfunktionen, Erweiterte Fassung der Antrittsvorlesung im Sommersemester 2004, Speyer, 19. Juli 2004, Speyerer Vorträge Heft 79, 2006.

Koch, Dieter (Hg.): Die Blauhelme: im Einsatz für den Frieden, 1991.

Koch, Arndt: Tötung Unschuldiger als straflose Rettungshandlung?, JA 2005, S. 745 ff.

Koch / Buck / Goldbach: Wissenschaftliche Dienste des Deutschen Bundestages WF II – 047/03, 050/03, 052/03, 054/03, 055/03, 056/03 – Gesamtausarbeitung.

Köhler, Michael: Die objektive Zurechnung der Gefahr als Voraussetzung der Eingriffsbefugnis im Defensivnotstand, in: Festschrift für Friedrich-Christian Schröder zum 70. Geburtstag. Hgg. Von Andreas Hoyer, Henning Ernst Müller, Michael Pawlik, Jürgen Wolter. 2006, S. 257 ff.

König, Doris: Putting an End to an Endless Constitutional Debate? The Decision of the Federal Constitutional Court on the 'Out of Area' Deployment of German Armed Forces, German Yearbook Of International Law, 38 (1995), S. 103 ff.

Kohnen, Dominic: Die Zukunft des Gesetzesvorbehalts in der Europäischen Union, 1998.

Kokott, Juliane: Kontrolle der auswärtigen Gewalt, DVBl. 1996, S. 937 ff.

Kommentar zum Grundgesetz für die Bundesrepublik Deutschland, (Reihe Alternativkommentare): 1. Aufl., 1984.

Kommentar zum Grundgesetz für die Bundesrepublik Deutschland, hgg. von Erhard Denninger, Wolfgang Hoffmann-Riem, Hans-Peter Schneider und Ekkehart Stein: 3. Aufl., Stand: 2001.

Krajewski, Markus: Das Parlamentsheer als Kollateralschaden der Irak-Krieges?, AVR 41 (2003), S. 419 ff.

Krajewski, Markus: Terroranschläge in den USA und Krieg gegen Afghanistan: welche Antworten gibt das Völkerrecht?, KJ 2001, S. 363 ff.

Kranz, Jerzy: The Use of Armed Force – New Facts and Trends, The Polish Quaterly of International Affairs, Volume 15 (2006), no. 3, S. 68 ff.

Krause, Joachim / Irlenkaeuser, Jan C. (Hg.): Bundeswehr – Die nächsten 50 Jahre, 2006.

Kreß, Claus: Gewaltverbot und Selbstverteidigungsrecht nach der Satzung der Vereinten Nationen bei staatlicher Verwicklung in Gewaltakte Privater, 1995.

Kreß, Claus: Strafrecht und Angriffskrieg im Licht des „Falles Irak", ZStW 115 (2003), S. 294 ff.

Kreß, Claus: Die Rettungsoperation der Bundeswehr in Albanien am 14. März 1997 aus völker- und verfassungsrechtlicher Sicht, ZaöRV 57 (1997), S. 329 ff.

Kreß, Claus: Staat und Individuum in Krieg und Bürgerkrieg – Völkerrecht im Epochenwandel, NJW 1999, S. 3077 ff.

Kreß, Claus: Jus contra Bellum: Quo vadis?, Kursbuch Heft 155 (2004), S. 62 ff.

Kreß, Claus: The external Use of German armed Forces – The 1994 Judgement of the Bundesverfassungsgericht, International and Comparative Law Quarterly 44 (1995), S. 414 ff.

Kretschmer, Gerald: Zur Organisationsgewalt des Deutschen Bundestages im parlamentarischen Bereich, ZParl 1986, S. 334 ff.

Kretschmer, Gerald: Gesetzentwürfe aus der Mitte des Bundestages und völkerrechtliche Verträge, in: Für Recht und Staat, Festschrift für Herbert Helmrich zum 60. Geburtstag, herausgegeben von Klaus Letzgus, Hermann Hill, Hans Hugo Klein, Detlef Kleinert, Georg-Berndt Oschatz und Hans de With, 1994, S. 537 ff.

Kreuzer, Arthur: Zuständigkeitsübertragungen bei Verfassungsrichterwahlen und Immunitätsentscheidungen des Deutschen Bundestages, Der Staat, 7. Band, 1968, S. 183 ff.

Krieger, Heike: Streitkräfte im demokratischen Verfassungsstaat, Habilitationsschrift, Universität Göttingen, Typoskript, Juni 2004.

Krieger, Heike: Die gerichtliche Kontrolle von militärischen Operationen, in: Fleck (Hg.), Rechtsfragen der Terrorismusbekämpfung durch Streitkräfte, 2004, S. 223 ff.

Kriele, Martin: Nochmals: Auslandseinsätze der Bundeswehr, ZRP 1994, S. 103 ff.

Krings, Günter / Burkiczak, Christian: Bedingt abwehrbereit?, DÖV 2002, S. 501 ff.

Krings, Günter / Burkiczak, Christian: Sicherer Himmel per Gesetz?, NWVBl 2004, S. 249 ff.

Krisch, Nico: Amerikanische Hegemonie und liberale Revolution im Völkerrecht, Der Staat 43 (2004), S. 267 ff.

Kronke, Herbert: Die Wirkungskraft der Grundrechte bei Fällen mit Auslandsbezug, in: Berichte der Deutschen Gesellschaft für Völkerrecht Bd. 38 (1997), S. 33 ff.

Ku, Charlotte / Jacobson, Harold K. (Hg.): Democratic Accountability and the Use of Force in International Law, 2003.

Kühl, Kristian: Strafgesetzbuch, Kommentar, 26. Aufl., 2007.

Kühnreich, Matthias: Das Selbstorganisationsrecht des Deutschen Bundestages unter besonderer Berücksichtigung des Hauptstadtbeschlusses, 1997.

Küper, Wilfried: Tötungsverbot und Lebensnotstand, Zur Problematik der Kollision „Leben gegen Leben", JuS 1981, S. 785 ff.

Kugelmann, Dieter: Die völkerrechtliche Zulässigkeit von Gewalt gegen Terroristen, Jura 2003, S. 376 ff.

Kunde, Martin: Der Präventivkrieg. Geschichtliche Entwicklung und gegenwärtige Bedeutung, 2007 (zugleich: Dissertation, Universität Würzburg, 2006).

Kutscha, Martin: Terrorbekämpfung jenseits der Grundrechte?, RuP 2006, S. 202 ff.

Kutscha, Martin: Weltweite Bundeswehreinsätze, Neues Verfassungsrecht durch Wandel der "Verfassungswirklichkeit"?, in: Norman Paech / Alfred Rinken / Dian Schefold / Edda Weßlau (Hrsg.), Völkerrecht statt Machtpolitik, Beiträge für Gerhard Stuby, 2004, S. 268 ff.

Kutscha, Martin: „Verteidigung" – Vom Wandel eines Verfassungsbegriffs, KJ 37 (2004), S. 228 ff.

Kutscha, Martin: Das Grundrecht auf Leben unter Gesetzesvorbehalt – ein verdrängtes Problem, NVwZ 2004, S. 801 ff.

Kutscha, Martin: Militäreinsätze vor dem Bundesverfassungsgericht, in: Recht ist, was den Waffen nützt, hgg. von Helmut Kramer und Wolfram Wette, 2004, S. 321 ff.

Kutscha, Martin: Die Verfassungsbindung der Staatsgewalt, in: Fredrik Roggan (Hg.), Mit Recht für Menschenwürde und Verfassungsstaat, Festgabe für Dr. Burkhard Hirsch, 2006, S. 129 ff.

Ladiges, Manuel: Einsatz von Streitkräften im Innern, in: Christian Wilhelm Meyer/ Marcus Jurij Vogt (Hg.), CIMIC-Faktoren: Arenen, Speyerer Arbeitshefte Nr. 159, 2004, S. 161 ff.

Ladiges, Manuel: Comment – Oliver Lepsius's Human Dignity and the Downing of Aircraft: The German Federal Constitutional Court Strikes Down a Prominent Anti-terrorism Provision in the New Air-transport Security Act, German Law Journal Vol. 8 No. 3 - 1 March 2007, S. 307 ff.

Ladiges, Manuel: Die Bekämpfung nicht-staatlicher Angreifer im Luftraum, (zugleich: Diss. Greifswald, 2006), 2007.

Lagoni, Rainer: Piraterie und widerrechtliche Handlungen gegen die Sicherheit der Seeschifffahrt, in: Recht – Staat – Gemeinwohl, Festschrift für Dietrich Rauschning, Herausgegeben von Jörn Ipsen und Edzard Schmidt-Jortzig, 2001, S. 501 ff.

Lange, Christian: Zu Fragen der Rechtmäßigkeit des NATO-Einsatzes im Kosovo, EuGRZ 1999, S. 313 ff.

Laschewski, Gregor: Der Einsatz der deutschen Streitkräfte im Inland unter Berücksichtigung des neuen Luftsicherheitsgesetzes sowie aktuellen Initiativen zur Änderung des Grundgesetzes, Diss., Universität Würzburg, 2005.

Laubach, Birgit: Angriffskrieg oder Humanitäre Intervention?, ZRP 1999, S. 276 ff.

Leipziger Kommentar: Strafgesetzbuch, hgg. von Burkhard Jähnke, Heinrich Wilhelm Laufhütte, Walter Odersky, Zweiter Band, §§ 32 – 60, 11. Aufl., 2003.

Leipziger Kommentar: Strafgesetzbuch, hgg. Von Heinrich Wilhelm Laufhütte, Ruth Rissing-van Saan, Klaus Tiedemann. Zweiter Band. 12. Aufl., 2006, §§ 32 bis 55, 2006.

Lenz, Carl Otto: Notstandsverfassung des Grundgesetzes, 1971.

Lepsius, Oliver: Human Dignity and the Downing of Aircraft: The German Federal Constitutional Court Strikes Down a Prominent Anti-terrorism Provision in the New Air-Transport Security Act, German Law Journal Vol. 7 No. 9 - 1 September 2006, S. 761 ff.

Lepsius, Oliver: Das Luftsicherheitsgesetz und das Grundgesetz, in: Fredrik Roggan (Hg.), Mit Recht für Menschenwürde und Verfassungsstaat, Festgabe für Dr. Burkhard Hirsch, 2006, S. 47 ff.

Lersner, York Frhr. von: Der Einsatz von Bundeswehrsoldaten in Albanien zur Rettung deutscher Staatsangehöriger, Humanitäres Völkerrecht – Informations-schriften –, 1999, S. 156 ff.

Limpert, Martin, Außeneinsatz der Bundeswehr, in: Peter Häberle / Jürgen Schwarze / Wolfgang Graf Vitzthum (Hg.), Der Staat als Teil und als Ganzes, 1998, S. 92 ff.

Limpert, Martin: Auslandseinsatz der Bundeswehr, 2002.

Lindner, Josef Franz: Die Würde des Menschen und sein Leben, DÖV 2006, S. 577 ff.

Link, Werner: Der Parlamentsvorbehalt bei Auslandseinsätzen der Bundeswehr, Die politische Meinung 2001, S. 51 ff.

Linke, Tobias: Verfassungswidrige Wahrnehmung luftpolizeilicher Aufgaben durch die Bundeswehr?, DÖV 2003, S. 890 ff.

Linke, Tobias: Innere Sicherheit durch die Bundeswehr? Zu Möglichkeiten und Grenzen der Inlandsverwendung der Streitkräfte, AöR 129 (2004), S. 489 ff.

Linke, Tobias: Zur Rolle des Art. 35 GG in dem Entwurf eines Gesetzes zur Neuregelung von Luftsicherheitsaufgaben, NZWehrr 2004, S. 115 ff.

Linke, Tobias: Aufsichtsarbeit im Öffentlichen Recht: „Das umstrittene Luftsicherheitsgesetz, NWVBl. 2006, S. 71 ff.

Linke, Tobias: Die „militärische Waffe": ein Begriffsgespenst im Wehrverfassungs- und Im Recht der inneren Sicherheit?, NZWehrr 2006, S. 177 ff.

Linke, Tobias: Eine unendliche Geschichte oder läßt sich das Luftsicherheitsgesetz durch eine Verfassungsänderung retten?, NWVBl. 2007, S. 101 ff.

Lisken, Hans / Denninger, Erhard (Hg.): Handbuch des Polizeirechts, 4. Aufl., 2007.

Lorenz, Dirk: Der territoriale Anwendungsbereich der Grund- und Menschenrechte, 2005.

Lorse, Jürgen: Die Befehls- und Kommandogewalt des Art. 65 a GG im Lichte terroristischer Herausforderungen, DÖV 2004, S. 329 ff.

Lorz, Ralph Alexander: Interorganrespekt im Verfassungsrecht, 2001.

Lubig, Sebastian: Mitwirkung der Legislative an völkerrechtlichen Vertragsinterpretationen?, JA 2005, S. 143 ff.

Lüderssen, Klaus: Krieg gegen Terror. Die Logik des Luftsicherheitsgesetzes, FAZ vom 18. Januar 2005.

Lüderssen, Klaus: Kriegsrecht in Deutschland?, StV 2005, S. 106 f.

Lutz, Dieter S.: Seit dem 12. Juli 1994 ist die NATO ein System gegenseitiger kollektiver Sicherheit – Eine Urteilsschelte, NJ 1994, S. 505 ff.

Lutze, Christian: Abwehr terroristischer Angriffe als Verteidigungsaufgabe, NZWehrr 2003, S. 101 ff.

Lutze, Christian: Bewachung der Euro-Geldtransporte durch die Bundeswehr?, NZWehrr 2001, S. 117 ff.

Lutze, Christian: Der Parlamentsvorbehalt beim Einsatz bewaffneter Streitkräfte, DÖV 2003, S. 972 ff.

März, Wolfgang: Bundeswehr in Somalia, verfassungsrechtliche und verfassungspolitische Überlegungen zur Verwendung deutscher Streitkräfte in VN-Operationen, 1993.

Mager, Christoph: Terrorismusbekämpfung zwischen Freiheit und Sicherheit, Diss., Universität Kiel, 2005.

Magiera, Siegfried: Parlament und Staatsleitung in der Verfassungsordnung des Grundgesetzes, 1979.

Mandelarz, Herbert: Das Zusammenwirken von Parlament und Regierung beim Haushaltsvollzug, 1980.

Mangoldt, Herman von / Klein, Friedrich: Das Bonner Grundgesetz, Bd. II, 2. Aufl., 1964.

Mangoldt, Hermann von / Klein, Friedrich / Starck, Christian (Hg.): Kommentar zum Grundgesetz, Bd. 2, 5. Aufl., 2005.

Mangoldt, Hermann von / Klein, Friedrich / Starck, Christian (Hg.): Kommentar zum Grundgesetz, Bd. 3, 5. Aufl., 2005.

Martens, Wolfgang: Grundgesetz und Wehrverfassung, 1961.

Martinez Soria, José: Polizeiliche Verwendungen der Streitkräfte, DVBl. 2004, S. 597 ff.

Masuch, Christian-Albrecht: Die rechtswissenschaftliche Diskussion der Kosovo-Intervention als Beispiel eines unterschiedlichen Völkerrechtsverständnisses der USA und Kontinentaleuropas, 2006 (zugleich Diss., Universität Konstanz, 2006).

Maunz, Theodor / Dürig, Günter u. a.: Grundgesetz, Kommentar.

Maunz, Theodor / Schmidt-Bleibtreu, Bruno /Klein, Franz /Ulsamer, Gerhard / Bethge, Herbert / Grasshof, Karin / Mellinghoft, Rudolf: Bundesverfassungsgerichtsgesetz, Stand: Februar 2007.

Maurer, Hartmut: Staatsrecht I, 5. Aufl., 2007.

Meier, Ernst-Christoph: Die Verteidigungspolitischen Richtlinien der Bundeswehr im Spannungsfeld zwischen internationalen Anforderungen und nationalen Beschränkungen, in: Joachim Krause / Jan C. Irlenkaeuser (Hg.): Bundeswehr – Die nächsten 50 Jahre, 2006, S. 63 ff.

Meiertöns, Heiko: Die Doktrinen U.S.-amerikanischer Sicherheitspolitik, 2006.

Meiser, Christian / Buttlar, Christian von: Militärische Terrorismusbekämpfung unter dem Regime der UN-Charta, 2005.

Mellinghoff, Rudolf / Morgenthaler, Gerd / Puhl, Thomas (Hrsg.): Die Erneuerung des Verfassungsstaates, Symposion aus Anlaß des 60. Geburtstages von Professor Dr. Paul Kirchhof, 2003.

Melzer, Wolfgang / Haslach, Christian / Socher, Oliver: Der Schadensausgleich nach dem Luftsicherheitsgesetz, NVwZ 2005, S. 1361 ff.

Mensah, Thomas A.: Suppression of terrorism at sea – developments in the wake of the events of 11 September, 2001, in: Jochen Abr. Frowein / Klaus Scharioth / Ingo Winkelmann / Rüdiger Wolfrum (Hg.), Verhandeln für den Frieden – Negotiating for Peace, Liber Amicorum Tono Eitel, 2003, S. 627 ff.

Menzel, Jörg / Pierlings, Tobias / Hoffmann, Jeannine (Hg.): Völkerrechtsprechung, 2005.

Menzel, Eberhard: Die auswärtige Gewalt in der Bundesrepublik, in: VVDStRL 12 (1954), S. 179 ff.

Menzel, Eberhard: Die auswärtige Gewalt der Bundesrepublik in der Deutung des Bundesverfassungsgerichts, AöR 79 (1953/54), S. 326 ff.

Menzel, Jörg (Hg.): Verfassungsrechtsprechung, 2000.

Menzenbach, Steffi: Ausarbeitung des Wissenschaftlichen Dienstes des Deutschen Bundestages, WD 3 – 037/07.

Merkel, Reinhard: Der Kosovo-Krieg und das Völkerrecht, 2000.

Merkel, Reinhard: Wenn der Staat Unschuldige opfert, Die Zeit vom 8. Juli 2004.

Merkel, Reinhard: Gründe für den Ausschluß der Strafbarkeit im Völkerstrafrecht, ZStW 114 (2002), S. 437 ff.

Merkel, Reinhard: § 14 Abs. 3 Luftsicherheitsgesetz: Wann und warum darf der Staat töten?, JZ 2007, S. 373 ff.

Merten, Detlef / Papier, Hans-Jürgen (Hg.): Handbuch der Grundrechte in Deutschland und Europa, Bd. II Grundrechte in Deutschland: Allgemeine Lehren, 2006.

Merten, Detlef: Räumlicher Geltungsbereich von Grundrechtsbestimmungen, in: Die Macht des Geistes. Festschrift für Hartmut Schiedermair. Hgg. Von Dieter Dörr, Udo Fink, Christian Hillgruber, Bernhard Kempen, Dietrich Murswiek, 2001, S. 331 ff.

Meyer, Anton: Wirksamer Schutz des Luftverkehrs durch ein Luftsicherheitsgesetz?, ZRP 2004, S. 203 ff.

Meyer, Berthold: Von der Entscheidungsmündigkeit zur Entscheidungsmüdigkeit?, Nach zehn Jahren Parlamentsvorbehalt für Bundeswehreinsätze naht ein Beteiligungsgesetz, HSFK-Report 4/2004, 2004.

Middel, Stefan: Innere Sicherheit und präventive Terrorismusbekämpfung, 2006.

Mitsch, Wolfgang: Luftsicherheitsgesetz – Die Antwort des Rechts auf den 11. September 2001, JR 2005, S. 274 ff.

Mitsch, Wolfgang: Flugzeugabschüsse und Weichenstellungen, Unlösbare Strafrechtsprobleme in ausweglosen Notstandssituationen, GA 153 (2006), S. 11 ff.

Mitsch, Wolfgang: Die Legalisierung staatlich angeordneter Tötung von Terror-Geiseln, Leviathan 2005, S. 279 ff.

Möller, Kai: On treating persons as ends: the German aviation security act, human dignity, and the Federal Constitutional Court / 2006, Public law: incorporating the British journal of administrative law 2006, S. 457 ff.

Möller, Kai: Abwägungsverbote im Verfassungsrecht, Der Staat 46 (2007), S. 109 ff.

Mössner, Jörg Manfred: Bundeswehr in blauen Helmen. Verfassungsrechtliche Aspekte des Einsatzes von Bundeswehrsoldaten im Rahmen von UN-Peace-Keeping-Forces, in: Staatsrecht – Völkerrecht – Europarecht, Festschrift für Hans-Jürgen Schlochauer zum 75. Geburtstag am 28. März 1981, herausgegeben von Ingo von Münch, 1981, S. 97 ff.

Münch, Ingo von: Staatsrecht, Bd. I, 6. Aufl., 2000.

Münch, Ingo von / Kunig, Philip (Hg.): Grundgesetz-Kommentar, Bd. 2, 4./5. Auflage, 2001.

Münch, Ingo von / Kunig, Philip (Hg.): Grundgesetz-Kommentar, Bd. 3, 4./5. Auflage, 2003.

Münchau, Mathias: Terrorismus auf See aus völkerrechtlicher Sicht, 1994.

Münchener Kommentar zum Strafgesetzbuch: Bd. 1, §§ 1 – 51 StGB, Bandredakteur Bernd von Heintschel-Heinegg, 2003.

Menzenbach, Steffi: Ausarbeitung des wissenschaftlichen Dienstes des Deutschen Bundestages WD 3 – 037/07.

Murphy, S. D.: Terrorism and the Concept of Armed Attack in Article 51 on the U.N. Charter, Harvard ILJ 43 (2002), S. 41 ff.

Murswiek, Dietrich: Die amerikanische Präventivkriegsstrategie und das Völkerrecht, NJW 2003, S. 1014 ff.

Musil, Andreas / Kirchner, Sören: Katastrophenschutz im föderalen Staat, Die Verwaltung 2006, S. 373 ff.

Mußgnug, Reinhard: Die Befugnisse der Bundeswehr im Verteidigungsfall, DÖV 1989, S. 917 ff.

Nehm, Kay: Ein Jahr danach : Gedanken zum 11. September 2001, NJW 2002, S. 2665 ff.

Nettesheim, Martin/Vetter, Rainer: Übungsarbeit – Öffentliches Recht: Aktenherausgabe an einen Untersuchungsausschuß, JuS 2004, S. 219 ff.

Neuhold, Hanspeter: Law and Force in International Relations – European and European and American Positions, ZaöRV 64 (2004), S. 263 ff.

Neumann, Franz L. / Nipperdey, Hans Carl / Scheuner, Ulrich (Hg.): Die Grundrechte. Handbuch der Theorie und Praxis der Grundrechte. Zweiter Band, 1954, S. 51 ff.

Niedzwicki, Matthias: Parlamentsvorbehalt und Parlamentsbeteiligungsgesetz und der auswärtige bewaffnete Streitkräfteeinsatz, ThürVBl. 2006, S. 145 ff.

Nölle, Bernd: Die Verwendung deutscher Soldaten im Ausland, Diss., Universität Bonn, 1973.

Nötzel, Timo / Schreer, Benjamin: Parlamentsvorbehalt auf dem Prüfstand, SWP-Aktuell 10, Februar 2007, S. 1 - 4.

Nötzel, Timo / Schreer, Benjamin: Spezialkräfte der Bundeswehr, SWP-Aktuell 50, November 2006, S. 1 - 4.

Nötzel, Timo / Schreer, Benjamin: Spezialkräfte der Bundeswehr. Strukturerfordernisse für den Auslandseinsatz, SWP-Studie, September 2007.

Nötzel, Timo / Schreer, Benjamin: Vernetzte Kontrolle: Zur Zukunft des Parlamentsvorbehalts, in: Stefan Mair (Hg.), Auslandseinsätze der Bundeswehr, Stiftung Wissenschaft und Politik, SWP-Berlin, September 2007, S. 35 ff.

Nolte, Georg: Kosovo und Konstitutionalisierung: zur humanitären Intervention der NATO-Staaten, ZaöRV 59 (1999), S. 941 ff.

Nolte, Georg: Bundeswehreinsätze in kollektiven Sicherheitssystemen, ZaöRV 54 (1994), S. 652 ff.

Nolte, Georg: Germany: ensuring political legitimacy for the use of military forces by requiring constitutional accountability, in: Ku, Charlotte / Jacobson, Harold K. (Hg.), Democratic Accountability and the Use of Force in International Law, 2003, S. 231 ff.

Nolte, Martin: Der AWACS-Einsatz in der Türkei zwischen Parlamentsvorbehalt und Regierungsverantwortung, NJW 2003, S. 2359 ff.

Nolte, Georg: Weg in eine andere Rechtsordnung, Frankfurter Allgemeine vom 10. Januar 2003.

Nowrot, Karsten: Verfassungsrechtliche Vorgaben für die Mitwirkung des Deutschen Bundestages bei Auslandseinsätzen der Bundeswehr gegen den internationalen Terrorismus, NZWehrr 2003, S. 65 ff.

Odendahl, Guido: Die Bundeswehr auf Reisen, JuS 1998, S. 145 ff.

Odendahl, Kerstin: Der Umgang mit Unbeteiligten im Recht der Gefahrenabwehr: Das Luftsicherheitsgesetz als verfassungsgemäßer Paradigmenwechsel, Die Verwaltung 38 (2005), S. 425 ff.

Oellers-Frahm, Karin: The International Court of Justice and Article 51 of the UN Charter, in: Weltinnenrecht. Liber amicorum Jost Delbrück. Hgg. von K. Dicke u. a., 2005, S. 503 ff.

Oellers-Frahm, Karin: Der IGH und die „Lücke" zwischen Gewaltverbot und Selbstverteidigungsrecht – Neues im Fall „Kongo gegen Uganda"?, ZEuS 2007, S. 71 ff.

Oeter, Stefan: Einsatzarten der Streitkräfte außer zur Verteidigung, NZWehrr 2000, S. 89 ff.

Oppermann, Thomas: Der Beitrag des Internationalen Rechts zur Bekämpfung des internationalen Terrorismus, in: Staatsrecht – Völkerrecht – Europarecht, Festschrift für Hans-Jürgen Schlochauer zum 75. Geburtstag am 28. März 1981, herausgegeben von Ingo von Münch, 1981, S. 504 ff.

Otto, Harro: Die strafrechtliche Beurteilung der Kollision rechtlich gleichrangiger Interessen, Jura 2005, S. 470 ff.

Paech, Norman / Rinken, Alfred / Schefold, Dian/Weßlau, Edda (Hrsg.): Völkerrecht statt Machtpolitik, Beiträge für Gerhard Stuby, 2004.

Palm, Ulrich: Der wehrlose Staat? Der Einsatz der Streitkräfte im Innern nach der Entscheidung des Bundesverfassungsgerichts zum Luftsicherheitsgesetz, AöR 132 (2007), S. 95 ff.

Pannkoke, Jörg: Der Einsatz des Militärs im Landesinnern in der neueren deutschen Verfassungsgeschichte, 1998.

Papier, Hans-Jürgen: „Ausdrückliche Klarstellung", in: FAZ vom 22. Februar 2003, S. 4.

Paulke, Katja: Die Abwehr von Terrorgefahren im Luftraum im Spannungsverhältnis zwischen neuen Bedrohungsszenarien und den Einsatzmöglichkeiten der Streitkräfte im Inneren unter besonderer Berücksichtigung des Luftsicherheitsgesetzes, 2005.

Paulus, Andreas L.: Die Wirkung parlamentarischer Beschlüsse im Bereich der auswärtigen Politik, Vortrag auf der Tagung der Deutschen Gesellschaft für Wehrrecht und Humanitäres Völkerrecht am 17. November 2005 in Bonn, Typoskript, 2005, S. 1 - 41 (nicht veröffentlicht).

Paulus, Andreas L.: Die Parlamentszustimmung zu Auslandseinsätzen nach dem Parlamentsbeteiligungsgesetz, in: Dieter Weingärtner (Hg.), Einsatz der Bundeswehr im Ausland, 2006, S. 81 ff.

Paulus, Andreas L.: Parlament und Streitkräfteeinsatz in rechtshistorischer und rechtsvergleichender Perspektive, Habilitationsschrift, Universität München, Typoskript (noch nicht veröffentlicht), März 2006.

Pawlik, Michael: § 14 Abs. 3 des Luftsicherheitsgesetzes – ein Tabubruch?, JZ 2004, S. 1045 ff.

Pawlik, Michael: Zum Abschuß frei, Das Bürgeropfer im Luftsicherheitsgesetz, FAZ vom 19. Juli 2004.

Pechstein, Matthias: Der Golfkrieg, Jura 1991, S. 461 ff.

Pestalozza, Christian: Inlandstötung durch die Streitkräfte – Reformvorschläge aus ministeriellem Haus, NJW 2007, S. 492 ff.

Pestalozza, Christian: dpa vom 22. Juli 2003.

Pestalozza, Christian: Verfassungsprozeßrecht: Die Verfassungsgerichtsbarkeit des Bundes und der Länder, 3. Aufl., 1991.

Philippi, Nina: Bundeswehr-Auslandseinsätze als außen- und sicherheitspolitisches Problem des geeinten Deutschland, 1997.

Piazolo, Michael (Hg.): Bundesverfassungsgericht: Gericht im Schnittpunkt von Recht und Politik, 1995.

Pieper, Stephan Nicolaus: Völkerrechtliche Aspekte der internationalen Terrorismusbekämpfung, Diss., Universität München, 2004.

Pieroth, Bodo (Hg.): Verfassungsrecht und soziale Wirklichkeit in Wechselwirkung, 2000.

Pieroth, Bodo / Hartmann, Bernd J.: Der Abschuß eines Zivilflugzeugs auf Anordnung des Bundesministers für Verteidigung, Jura 2005, S. 729 ff.

Pieroth, Bodo / Schlink, Bernhard / Kniesel, Michael: Polizei- und Ordnungsrecht, 4. Aufl., 2007.

Pieroth, Bodo / Schlink, Bernhard: Grundrechte Staatsrecht II, 23. Aufl., 2007.

Pietzcker, Jost / Pallasch, Dirk: Verfassungswidrige Bundesverfassungsrichterwahl? – Ein Bericht über eine öffentlichrechtliche Hausarbeit, JuS 1995, S. 511 ff.

Pietzcker, Jost: Organstreit, in: Badura/Dreier (Hg.), Festschrift 50 Jahre Bundesverfassungsgericht, Erster Band, 2001, S. 587 ff.

Pietzner, Rainer: Petitionsausschuß und Plenum, 1974.

Pofalla, Ronald: Die Bundeswehr im Ausland – Eine Zwischenbilanz des Gesetzgebungsverfahrens –, ZRP 2004, S. 221 ff.

Pofalla, Ronald: Parlamentsheer in exekutiver Verantwortung, www.pofalla.de.

Poretschkin, Alexander: Anmerkung zum Urteil des Bundesverfassungsgerichts vom 15. Februar 2006 – 1 BvR 357/05 –, NZWehrr 2006, S. 123 f.

Preuß, Ulrich K.: Die Wahl der Mitglieder des BVerfG als verfassungsrechtliches und –politisches Problem, ZRP 1988, S. 389 ff.

Prüfert, Andreas (Hg.): Einsatz der Bundeswehr außerhalb des NATO-Bündnisses, 1991.

Putter, Adelheid: Deutschland, der Irak-Konflikt und das Grundgesetz, Humanitäres Völkerrecht – Informationsschriften 2003, S. 7 ff.

Raap, Christian: Deutsches Wehrrecht, 1999.

Randelzhofer, Albrecht: Deutschland und das kollektive Sicherheitssystem auf der Ebene der Vereinten Nationen, Politische Studien, Sonderheft 1/1996, S. 31 ff.

Rath, Christian: Jetzt soll ein Entsendegesetz her, taz vom 27. März 2003.

Rath, Christian: Das Parlamentsheer sichern, taz vom 4. April 2003.

Rau, Markus: NATO's New Strategic Concept and the German Federal Government's Authority in the Sphere of Foreign Affairs: The Decision of The Federal Constitutional Court of 22 November 2001, German Yearbook Of International Law, 44 (2001), S. 545 ff.

Rau, Markus: Auslandseinsatz der Bundeswehr: Was bringt das Parlamentsbeteiligungsgesetz, AVR 44 (2006), S. 93 ff.

Rauch, Andreas Martin: Zivile und militärische Auslandseinsätze der Bundeswehr, Gesellschaft – Wirtschaft – Politik (GWP) 1/2004, S. 57 ff.

Rauch, Andreas M.: Auslandseinsätze der Bundeswehr, 2006.

Reichel, Gerhard Hans: Die auswärtige Gewalt nach dem Grundgesetz für die Bundesrepublik Deutschland, 1967.

Reimer, Ekkehart: Die Schwäche des Rechtsstaats ist seine Stärke, Anmerkung zu BVerfG, Urt. V. 15. 2. 2006 (Luftsicherheitsgesetz), StudZR 2006, S. 601 ff.

Reisman, W. Michael / Armstrong, Andrea: The Past and the Future of the Claim of Preemptive Self-Defense, AJIL 100 (2006), S. 525 ff.

Rettenmaier, Felix: Das Luftsicherheitsgesetz – Bewährungsprobe für den grundrechtlichen Lebensschutz?, VR 2006, S. 109 ff.

Riedel, Norbert K.: Der Einsatz deutscher Streitkräfte im Ausland – verfassungs- und völkerrechtliche Schranken, 1989.

Riedel, Norbert: Entscheidungskompetenz des Bundestages bei der Feststellung des Bündnisfalles, DÖV 1991, S. 305 ff.

Riedel, Norbert: Die Entscheidung über eine Beteiligung der Bundeswehr an militärischen Operationen der UNO, DÖV 1993, S. 994 ff.

Riedel, Norbert: Die Entscheidung über den Einsatz der Streitkräfte als Ausübung der auswärtigen Gewalt, NZWehrr 1989, S. 45 ff.

Riedel, Norbert K.: Die Entscheidungen des Bundesverfassungsgerichts zum Bundeswehreinsatz im Rahmen von NATO-, WEU- bzw. UN-Militäraktionen, DÖV 1995, S. 135 ff.

Rieder, Bruno: Die Entscheidung über Krieg und Frieden nach deutschem Verfassungsrecht, 1984.

Ritzel, Heinrich G. / Bücker, Joseph / Schreiner, Hermann J.: Handbuch für die parlamentarische Praxis mit Kommentar zur Geschäftsordnung des Deutschen Bundestages, 1990 ff.

Robbers, Gerhard: Die Befugnisse der Bundeswehr im Katastrophenfall, DÖV 1989, S. 926 ff.

Robbers, Gerhard / Umbach, Dieter C. / Gebauer, Klaus-Eckart (Hg.): Innere Sicherheit, Menschenwürde, Gentechnologie, 2005.

Röben, Volker: Der Einsatz der Streitkräfte nach dem Grundgesetz, ZaöRV 63 (2003), S. 585 ff.

Roellecke, Gerd: Bewaffnete Auslandseinsätze – Krieg, Außenpolitik oder Innenpolitik?, Der Staat 1995, S. 415 ff.

Roemer, Walter: Die neue Wehrverfassung, JZ 1956, S. 193 ff.

Roll, Hans-Achim: Geschäftsordnungsreform im Deutschen Bundestag, NJW 1981, S. 23 ff.

Ronzitti, N.: The report of the UN High-Level Panel and the use of force, in: The International Spectator 40 (2005), S. 91 ff.

Roxin, Claus: Strafrecht, Allgemeiner Teil, Bd. I, 4. Aufl., 2006.

Rudolf, Walter: Territoriale Grenzen der staatlichen Rechtsetzung, in: Berichte der Deutschen Gesellschaft für Völkerrecht Heft 11 (1971), S. 7 ff.

Ruffert, Matthias: Terrorismusbekämpfung zwischen Selbstverteidigung und kollektiver Sicherheit : die Anschläge vom 11.9.2001 und die Intervention in Afghanistan, ZRP 2002, S. 247 ff.

Ruthig, Josef: Globalisierung und Grundgesetz – Die Grundrechte in Sachverhalten mit Auslandsbezug, in: Einwirkungen der Grundrechte auf das Zivilrecht, Öffentliches Recht und Strafrecht, hgg. Von Jürgen Wolter, Eibe Riedel und Jochen Taupitz, 2000, S. 271 ff.

Rupp, Hans Heinrich: Anmerkung zum Beschluß des Bundesverfassungsgerichts vom 25. März 2003 – 2 BvQ 18/03 –, JZ 2003, S. 2373 ff.

Rupp, Hans Heinrich: Neuere Probleme um den Gesetzes- und Parlamentsvorbehalt nach deutschem Verfassungsrecht, in: Verfassung im Diskurs der Welt, Liber Amicorum für Peter Häberle zum siebzigsten Geburtstag, herausgegeben von Alexander Blankenagel, Ingolf Pernice, Helmuth Schulze-Fielitz, 2004, S. 731 ff.

Rux, Johannes: Anmerkung zum Urteil des Bundesverfassungsgerichts vom 22. November 2001 – 2 BvE 6/99 – = BVerfGE 104, S. 151 ff.

Ruys, Tom: Reshaping Unilateral and Multilateral Use of Force: The Work of the UN High Level Panel on Threats, Challenges and Change, in: International Law Forum Du Droit International, Vol. 7, Nr. 2, 2005, S. 92 ff.

Sachau, Manfred: Wehrhoheit und Auswärtige Gewalt, 1967.

Sachs, Michael (Hg.): Grundgesetz, Kommentar, 4. Aufl., 2007.

Sachs, Michael: Anmerkung zu BVerfGE 90, S. 286 ff., JuS 1995, S. 163 ff.

Sachs, Michael: Anmerkung zum Urteil des Bundesverfassungsgerichts vom 15. Februar 2006 – 1BvR 357/05 –, JuS 2006, S. 448 ff.

Sattler, Henriette: Terrorabwehr durch die Streitkräfte nicht ohne Grundgesetzänderung–Zur Vereinbarkeit des Einsatzes der Streitkräfte nach dem Luftsicherheitsgesetz mit dem Grundgesetz, NVwZ, 2004, S. 1286 ff.

Sauer, Heiko: Reichweite des Parlamentsvorbehalts für die Entsendung der Bundeswehr, JA 2004, S. 19 ff.

Schachter, O.: The Right of States to Use Armed Force, Michigan Law Review 82 (1984), S. 1620 ff.

Schäfer, Friedrich: Der Bundestag, 4. Aufl., 1982.

Schaefer, Thomas: Verfassungsrechtliche Grenzen des Parlamentsbeteiligungsgesetzes, 2005.

Schäuble, Wolfgang: Für einen neuen Sicherheitsbegriff, in: Michael Glos (Hg.), Friedrich Zimmermann – 80 Jahre, 2005, S. 45 ff.

Schäuble, Wolfgang: Neue Bedrohungen und die Antwort des Notstandsrechts, in: Robbers/Umbach/Gebauer (Hg.): Innere Sicherheit, Menschenwürde, Gentechnologie, 2005, S. 35 ff.

Schaller, Christian: Massenvernichtungswaffen und Präventivkrieg – Möglichkeiten der Rechtfertigung einer militärischen Intervention im Irak aus völkerrechtlicher Sicht, ZaöRV 62 (2002), S. 641 ff.

Schaller, Christian: Die Unterbindung des Seetransports von Massenvernichtungswaffen, SWP-Studie, Stiftung Wissenschaft und Politik, Deutsches Institut für Internationale Politik und Sicherheit, 2004.

Schaller, Christian: Das Friedenssicherungsrecht im Kampf gegen den Terrorismus. Gewaltverbot, Kollektive Sicherheit, Selbstverteidigung und Präemption, SWP-Studie, Stiftung Wissenschaft und Politik, Februar 2004.

Schenke, Wolf-Rüdiger: Die Verfassungswidrigkeit des § 14 III LuftSiG, NJW 2006, S. 736 ff.

Schenke, Wolf-Rüdiger: Das Luftsicherheitsgesetz und das Recht der Gefahrenabwehr, in: Fredrik Roggan (Hg.), Mit Recht für Menschenwürde und Verfassungsstaat, Festgabe für Dr. Burkhard Hirsch, 2006, S. 75 ff.

Scheuner, Ulrich: Das parlamentarische Regierungssystem in der Bundesrepublik, DÖV 1957, S. 633 ff.

Scheuring, Michael: 1951 bis 2005 – vom Bundesgrenzschutz zur Bundespolizei, NVwZ 2005, S. 903 ff.

Schiedermair, Stephanie: Der internationale Frieden und das Grundgesetz, 2006.

Schilling, Theodor: Zur Rechtfertigung der einseitigen gewaltsamen humanitäre Intervention als Repressalie oder als Nothilfe, AVR 1997, S. 430 ff.

Schily, Otto: Das Notstandsrecht des Grundgesetzes und die Herausforderungen der Zeit, EuGRZ 2005, S. 290 ff.

Schily, Otto: Das Notstandsrecht des Grundgesetzes und die Herausforderungen der Zeit, in: Robbers/Umbach/Gebauer (Hg.): Innere Sicherheit, Menschenwürde, Gentechnologie, 2005, S. 17 ff.

Schindler, Dietrich: Die Grenzen des völkerrechtlichen Gewaltverbots, in: Dietrich Schindler / Kay Hailbronner, Die Grenzen des völkerrechtlichen Gewaltverbots, Berichte der Deutschen Gesellschaft für Völkerrecht, Heft 26, Heidelberg 1986, S. 11 ff.

Schlaich, Klaus / Korioth, Stefan: Das Bundesverfassungsgericht, 7. Aufl., 2007.

Schlink, Bernhard: An der Grenze des Rechts, DER SPIEGEL 2005, S. 34 ff.

Schmahl, Stefanie / Haratsch, Andreas: Internationaler Terrorismus als Herausforderung an das Völkerrecht, WeltTrends Nr. 32, Herbst 2001, S. 111 ff.

Schmalenbach, Kirsten: Die Beurteilung von grenzüberschreitenden Militäreinsätzen gegen den internationalen Terrorismus aus völkerrechtlicher Sicht, NZWehrr 2000, S. 177 ff.

Schmalenbach, Kirsten: The Right of Self-Defence and The „War on Terrorism" One Year after September 11, German Law Journal No. 9 (1 September 2002).

Schmidt, Walter: Informationsanspruch des Abgeordneten und Ausschußbesetzung, DÖV 1986, S. 236 ff.

Schmidt-Bleibtreu, Bruno / Klein, Franz (Hg.): Kommentar zum Grundgesetz, 2. Aufl., 1969.

Schmidt-Bleibtreu, Bruno / Klein, Franz (Hg.): Kommentar zum Grundgesetz, 10. Aufl., 2004.

Schmidt-Jortzig, Edzard: Verfassungsänderung für Bundeswehreinsätze im Innern Deutschlands?, DÖV 2002, S. 773 ff.

Schmidt, Rudolf / Wasum-Rainer, Susanne: Nicht nur Geld und gute Worte – Der deutsche Beitrag zu den friedenserhaltenden Maßnahmen der Vereinten Nationen, VN 1992, S. 88 ff.

Schmidt-Radefeldt, Roman: Einsatz und Rückruf von Streitkräften aus dem Ausland, Jura 2003, S. 201 ff.

Schmidt-Radefeldt, Roman: Parliamentary Accountability and Military Forces in NATO: The Case of Germany, in: The 'Double Democratic Deficit'. Parliamentary Accountability and the Use of Force Under International Auspices, Edited by Hans Born und Heiner Hänggi, 2004, S. 147 ff.

Schmidt-Radefeldt, Roman: Parlamentarische Kontrolle der internationalen Streit-kräfteintegration, 2005.

Schmidt-Radefeldt, Roman: Die Weiternetwicklung der Europäischen Sicherheits-und Verteidigungspolitik im EU-Verfassungsvertrag: Auf dem Weg zu einer europäischen Armee?, UBWV 2005, S. 2001 ff.

Schmidt-Radefeldt, Roman: Innere Sicherheit durch Streitkräfte, UB 2006, S. 161 ff.

Schmidt-Radefeldt, Roman: Enduring Freedom – Antiterrorkrieg für immer? – Ein Beitrag zum ius post bellum in Afghanistan, Humanitäres Völkerrecht – Informationsschriften – 2006, S. 245 ff.

Schmitt, Michael N.: Preemptive Strategies in International Law, Michigan Journal of International Law, Vol. 24 (2003), S. 513 ff.

Schneider, Hans-Peter / Zeh, Wolfgang (Hg.): Parlamentsrecht und Parlaments-praxis in der Bundesrepublik Deutschland, 1989.

Schönke, Adolf / Schröder, Horst: Strafgesetzbuch, 27. Aufl., 2006.

Scholz, Michael: Staatliches Selbstverteidigungsrecht und terroristische Gewalt, 2006.

Scholz, Rupert: Staatsleitung im parlamentarischen Regierungssystem, in: Dreier, Horst / Badura, Peter (Hg.), Festschrift 50 Jahre Bundesverfassungsgericht, Zweiter Band, 2001, S. 663 ff.

Scholz, Rupert: Geleitwort, in: Martin Limpert, Auslandseinsatz der Bundeswehr, 2002, S. 5 ff

Scholz, Rupert: Karlsruhe im Zwielicht – Anmerkungen zu den wachsenden Zwei-feln am BVerfG, in: Verfassungsstaatlichkeit, Festschrift für Klaus Stern zum 65. Geburtstag, herausgegeben von Joachim Burmeister. Im Zusammenwirken mit Michael Nierhaus, Günter Püttner, Michael Sachs, Helmut Siekmann und Peter Josef Tettinger, 1997, S. 1201 ff.

Scholz, Rupert: Pflicht zum Beistand auch im Persischen Golf: Einsatz der Bundeswehr für die UNO?, Europäische Wehrkunde 1990, S. 580 ff.

Scholz, Rupert: Grundgesetz steht nicht gegen deutsche Blauhelme, Süddeutsche Zeitung vom 25. August 1988.

Scholz, Rupert: Diskussionsbeitrag in: Schwarz, Jürgen H. / Steinkamm, Armin A. (Hg.): Rechtliche und politische Probleme des Einsatzes der Bundeswehr „out of area", 1993, S. 42.

Schopohl, Ulrich: Der Außeneinsatz der Streitkräfte im Frieden, Diss., Universität Hamburg, 1991.

Schreiber, Wolfgang: Die Befugnisse der Streitkräfte nach Art. 87 a Abs. 3 GG, DÖV 1969, S. 729 ff.

Schröder, Florian: Das parlamentarische Zustimmungsverfahren zum Auslandseinsatz der Bundeswehr in der Praxis, 2005.

Schröder, Florian: Ein Entsendegesetz für Auslandseinsätze der Bundeswehr, JA 2004, S. 853 ff.

Schröder, Florian: Das neue Parlamentsbeteiligungsgesetz, NJW 2005, S. 1401 ff.

Schröder, Meinhard: Zur Wirkkraft der Grundrechte bei Sachverhalten mit grenzüberschreitenden Elementen, in: Staatsrecht – Völkerrecht – Europarecht, Festschrift für Hans-Jürgen Schlochauer zum 75. Geburtstag am 28. März 1981, herausgegeben von Ingo von Münch, 1981, S. 137 ff.

Schröder, Meinhard: Aktuelle Gefahren der internationalen Gemeinschaft im Spiegel der US-amerikanischen und europäischen Sicherheitsstrategie, in: Internationale Gemeinschaft und Menschenrechte: Festschrift für Georg Ress zum 70. Geburtstag am 21. Januar 2005, hrsg. von J. Bröhmer, 2005, S. 285 ff.

Schroeder, Werner: Verfassungs- und völkerrechtliche Aspekte friedenssichernder Bundeswehreinsätze – BVerfG, NJW 1994, 2207, JuS 1995, S. 398 ff.

Schütte, Matthias: Luftsicherheitsgesetz erlaubt finalen Rettungsabschuß. Air Policing - Störer- und Terrorbekämpfung durch die Luftwaffe auf der Grundlage des neuen Luftsicherheitsgesetzes, DPolBl 2005, S. 15 ff.

Schultz, Markus:, Die Auslandsentsendung von Bundeswehr und Bundesgrenzschutz zum Zwecke der Friedenswahrung und Verteidigung, 1998.

Schulze, Götz: Deutsche Streitkräfte im Ausland, JR 1995, S. 98 ff.

Schwarz, Hans-Peter (Hg.): Handbuch der Deutschen Außenpolitik, 1975.

Schwarz, Klaus-Dieter (Hg.): Sicherheitspolitik, 3. Aufl., 1978.

Schwarz, Henning: Die verfassungsgerichtliche Kontrolle der Außen- und Sicherheitspolitik, 1995.

Schwarz, Jürgen H. / Steinkamm, Armin A. (Hg.): Rechtliche und politische Probleme des Einsatzes der Bundeswehr „out of area", 1993.

Schweisfurth, Theodor: Aggression, FAZ vom 28. April 2003.

Schweisfurth, Theodor: Völkerrecht, 2006.

Schwerin, Thomas: Der Deutsche Bundestag als Geschäftsordnungsgeber, 1998.

Schütte, Matthias: Air Policing – Störer- und Terrorbekämpfung durch die Luftwaffe auf der Grundlage des neuen Luftsicherheitsgesetzes, DPolBl 3/2005, S. 15 ff.

Seidel, Gerd: Quo vadis Völkerrecht?, AVR 41 (2003); S. 449 ff.

Seifert, Jens / Bünker, Benedikt: Der Einsatz der Bundeswehr im Innern, ThürVBl. 2006, S. 49 ff.

Sigloch, Daniel: Auslandseinsätze der deutschen Bundeswehr, 2006.

Simma, Bruno (Hg.): The Charter of the United Nations, Volume I, Second Edition, 2002.

Simma, Bruno: NATO, the UN and the Use of Force: Legal Aspects, EJIL 1999, S. 1 ff.

Simma, Bruno: Does the UN Charter Provide an Adequate Legal Basis for Individual or Collective Responses to Violations of Obligations erga omnes?, in: Jost Delbrück (ed.), The Future of International Law Enforcement. New Scenarios-New Law?, 1993, S. 125 ff.

Sinjen, Swenja / Varwick, Johannes: Die Bundeswehr und die Aufgaben der Nordatlantischen Allianz, in: Joachim Krause / Jan C. Irlenkaeuser (Hg.): Bundeswehr – Die nächsten 50 Jahre, 2006, S. 95 ff.

Sinn, Arndt: Tötung Unschuldiger auf Grund § 14 III Luftsicherheitsgesetz – rechtmäßig?, NStZ 2004, S. 585 ff.

Sittard, Ulrich / Ulbrich, Martin: Fortgeschrittenenklausur – Öffentliches Recht: Das Luftsicherheitsgesetz, JuS 2005, S. 432 ff.

Sittard, Ulrich / Ulbrich, Martin: Neuer Anlauf zu einem Luftsicherheitsgesetz – Ein Schuß in die Luft?, NZWehrr 2007, S. 60 ff.

Spectator: Zur Abwehr terroristischer Bedrohung aus der Luft, RuP 2007, S. 1 f.

Spendel, Günter: Luftsicherheitsgesetz und Bundesverfassungsgericht, RuP 2006, S. 131 ff.

Speth, Wolfgang: Rechtsfragen des Einsatzes der Bundeswehr unter besonderer Berücksichtigung sekundärer Verwendungen, 1985.

Spies, Sylvia Charlotte: Parlamentsvorbehalt und Parlamentsbeteiligung bei Einsätzen der Bundeswehr im Ausland, in: Fischer, Horst/Froissart, Ulrike/ von Heinegg, Wolff Heintschel / Raap, Christian (Hg.), Krisensicherung und Humanitärer Schutz – Crisis Management and Humanitarian Protection, Festschrift für Dieter Fleck, 2004.

Spranger, Tade Matthias: Wehrverfassung im Wandel, 2003.

Spranger, Tade Matthias: Einsatz der Streitkräfte zur Abwehr terroristischer Bedrohungen im Luftraum, in: Dieter Fleck (Hg.), Rechtsfragen der Terrorismusbekämpfung durch Streitkräfte, 2004, S. 183 ff.

Spranger, Tade Matthias: Innere Sicherheit durch Streitkräfteeinsatz?, NJW 1999, S. 1003 ff.

Stahn, Carsten: International law at a crossroads?: The impact of September 11, ZaöRV 62 (2002), S. 183 ff.

Stahn, Carsten: "Nicaragua is dead, long live Nicaragua" – the Right to Self-defence Under Art. 51 UN-Charter and International Terrorism, in: Walter, Christian / Vöneky, Silja / Röben, Volker / Schorkopf, Frank (eds.), Terrorism as a Challenge for National and International Law: Security versus Liberty?, 2004, S. 827 ff.

Starck, Christian: Das Bundesverfassungsgericht in der Verfassungsordnung und im politischen Prozeß, in: Dreier, Horst / Badura, Peter (Hg.), Festschrift 50 Jahre Bundesverfassungsgericht, Erster Band, 2001, S. 1 ff.

Starck, Christian: Anmerkung zum Urteil des Bundesverfassungsgerichts vom 15. Februar 2006 – 1 BvR 357/05 –, JZ 2006, S. 417 ff.

Starck, Christian: Auslegung und Fortbildung der Verfassung und des Verfassungs-prozeßgesetzes durch das Verfassungsgericht, in: Staat im Wort, Festschrift für Josef Isensee, hgg. von Otto Depenheuer, Markus Heintzen, Matthias Jestaedt, Peter Axer, 2007, S. 215 ff.

Stehr, Michael: Piraten und Terroristen. Die Befugnisse der Deutschen Marine, Marineforum 2004, S. 18 ff.

Stehr, Michael: Piraterie und Terror auf See, 2004.

Steiger, Heinhard: Organisatorische Grundlagen des parlamentarischen Regierungs-systems, 1973.

Stein, Ekkehart / Frank, Götz: Staatsrecht, 18. Aufl., 2002.

Stein, Torsten: Die verfassungsrechtliche Zulässigkeit einer Beteiligung der Bundesrepublik Deutschland an Friedenstruppen der Vereinten Nationen, in: Jochen Abr. Frowein / Torsten Stein (Hg.): Rechtliche Aspekte einer Beteiligung der Bundesrepublik Deutschland an Friedenstruppen der Vereinten Nationen, 1990, S. 17 ff.

Stein, Torsten: Landesverteidigung und Streitkräfte im 40. Jahr des Grundgesetzes, in: Staat und Völkerrechtsordnung: Festschrift für Karl Doehring, hgg. von Kay Hailbronner, 1989, S. 935 ff.

Stein, Torsten / Kröninger, Holger: Bundeswehreinsatz im Rahmen von NATO-, WEU bzw. VN-Militäraktionen, Jura 1995, S. 254 ff.

Stein, Torsten: Völkerrechtliche und verfassungsrechtliche Fragen des Schutzes der deutschen Handelsflotte durch die Bundesmarine, in: Recht – Staat – Gemeinwohl, Festschrift für Dietrich Rauschning, herausgegeben von Jörn Ipsen und Edzard Schmidt-Jortzig, 2001, S. 487 ff.

Stein, Torsten: German Military Participation in United Nations Peacekeeping Operations – Maybe too late, but not too little –, in: German Yearbook Of International Law 46 (2003), S. 64 ff.

Stein, Torsten / von Buttlar, Christian: Völkerrecht, 11. Aufl., 2005.

Stein, Torsten: Rechtssicherheit aus einer Hand?, Die verfassungsrechtliche Grundlage des Luftsicherheitsgesetzes, in: Recht – Kultur – Finanzen, Festschrift für Reinhard Mußgnug zum 70. Geburtstag am 26. Oktober 2005, hgg. Von Klaus Grupp und Ulrich Hufeld, 2005, S. 85 ff.

Stern, Klaus: Das Staatsrecht der Bundesrepublik Deutschland, Bd. I, 2. Aufl., 1984.

Stern, Klaus: Das Staatsrecht der Bundesrepublik Deutschland, Bd. II, 1980.

Stern, Klaus: Das Staatsrecht der Bundesrepublik Deutschland, Bd. III/1, 1988.

Stern, Klaus: Das Staatsrecht der Bundesrepublik Deutschland, Bd. III/2, Allgemeine Lehren der Grundrechte, 1994.

Stern, Klaus: Das Staatsrecht der Bundesrepublik Deutschland, Bd. IV/1, Die einzelnen Grundrechte. Der Schutz der freien Entfaltung des Individuums, 2006.

Stern, Klaus: Außenpolitischer Gestaltungsspielraum und verfassungsgerichtliche Kontrolle - Das Bundesverfassungsgericht im Spannungsfeld zwischen Juridical Activism und Judicial Restraint, NWVBl. 1994, 241 ff.

Stern, Klaus: Diskussionsbeitrag, in: VVDStRL 56 (1997), S. 97 (99).

Streinz, Rudolf: Wo steht das Gewaltverbot heute?, JöR n. F. 52 (2004), S. 219 ff.

Talmon, Stefan: Die Geltung deutscher Rechtsvorschriften bei Auslandseinsätzen der Bundeswehr mit Zustimmung des Aufenthaltsstaates, NZWehrr 1997, S. 221 ff.

Talmon, Stefan: Grenzen der „Grenzenlosen Gerechtigkeit". Die völkerrechtlichen Grenzen der Bekämpfung des internationalen Terrorismus nach dem 11. September 2001, in: An den Grenzen des Rechts: Kolloquium zum 60. Geburtstag von Wolfgang Graf Vitzthum, hrsg. von Wolfgang März, 2003, S. 101 ff.

Tammler, Ulrich: Wissenschaftlicher Dienst des Deutschen Bundestages, Verfassungsrechtliche Prüfung des Gesetzes zum Luftsicherheitsgesetz, WF III – 248/o3.

Tammler, Ulrich: Wissenschaftlicher Dienst des Deutschen Bundestages, WF III – 11/03.

Tams, Christian J.: Self-defence against terrorist-attacks: considerations in the light of the ICJ's "Israeli Wall" opinion, EJIL 16 (2005), S. 963 ff.

Tettinger, Peter J.: Der Luftsicherheitseinsatz der Bundeswehr, ZLW 2004, S. 334 ff.

Tettinger, Peter J.: Besonderes Verwaltungsrecht/1, 8. Aufl., 2005.

Thalmair, Roland: Die Bundeswehr im Ausland – eine offene Verfassungsfrage?, ZRP 1993, S. 201 ff.

The Chatham House Principles of International Law on the Use of Force in Self-Defence, ICLQ Volume 55, Part 4, October 2006, S. 963 ff.

Tietje, Christian / Nowrot, Karsten: Völkerrechtliche Aspekte militärischer Maßnahmen gegen den internationalen Terrorismus, NZWehr 2002, S. 1 ff.

Thomsen, Andreas: Der Parlamentsvorbehalt für den Einsatz der Streitkräfte zur Verteidigung, Diss., Universität Bonn, 1988.

Tomuschat, Christian: Le juridisme fait place à la politique. L' arrêt de la Cour constitutionelle Allemande du 12 juillet 1999 sur l' envoi à l' étranger de force armées Allemandes, AFDI 1994, S. 371 ff.

Tomuschat, Christian: Les opérations des troupes Allemandes à l' extérieur du territorire Allemand, AFDI 1993, S. 451 ff.

Tomuschat, Christian: Völkerrechtliche Aspekte bewaffneter Konflikte, Leviathan 2003, S. 450 ff.

Tomuschat, Christian: International Law: Ensuring the Survival of Mankind on the Eve of a New Century« in: Hague Academy of International Law, 2001, S. 207 ff.

Tomuschat, Christian: Deutscher Beitrag zu den VN-Friedenstruppen, Außenpolitik 1985, S. 272 ff.

Tomuschat, Christian: Völkerrechtliche Aspekte des Kosovo-Konflikts, Die Friedens-Warte 74 (1999), S. 33 ff.

Tomuschat, Christian: Der 11. September 2001 und seine rechtlichen Konsequenzen, EuGRZ 2001, S. 535 ff.

Tomuschat, Christian: Präventivkrieg zur Bekämpfung des internationalen Terrorismus?, in: Jahrbuch Menschenrechte 2004, hgg. vom Deutschen Institut für Menschenrechte und von Gabriele von Arnim / Volkmar Deile / Franz-Josef Hutter / Sabine Kurtenbach und Carsten Tessmer, 2003, S. 121 ff.

Tomuschat, Christian: Internationale Terrorismusbekämpfung als Herausforderung für das Völkerrecht, DÖV 2006, S. 357 ff.

Tomuschat, Christian: Der Sommerkrieg des Jahres 2006. Ein Schlußwort. Die Friedens-Warte 82 (2007), S. 107 ff.

Tröndle, Herbert / Fischer, Thomas: Strafgesetzbuch und Nebengesetze, 54. Aufl., 2007.

Troost, Georg: Die Autorisierung von VN-Mitgliedstaaten zur Durchführung militärischer Zwangsmaßnahmen des Sicherheitsrats in Recht und Praxis der Vereinten Nationen, 1997.

Trossmann, Hans: Parlamentsrecht und Praxis des Deutschen Bundestages, 1967.

Umbach, Dieter C. / Clemens, Thomas (Hg.): Grundgesetz, Bd. I, 2002.

Umbach, Dieter C. / Clemens, Thomas (Hg.): Grundgesetz, Bd. II, 2002.

Umbach, Dieter C. / Clemens, Thomas / Dollinger, Franz-Wilhelm (Hg.): Heidelberger Kommentar zum Bundesverfassungsgerichtsgesetz, 2. Aufl., 2005.

Verdross, Alfred / Simma, Bruno: Universelles Völkerrecht, 3. Aufl., 1984.

Verteidigungspolitische Richtlinien, hgg. vom Bundesministerium der Verteidigung: 2003.

Vitzthum, Wolfgang Graf (Hg.): Völkerrecht, 4. Aufl., 2007.

Vitzthum, Wolfgang Graf / Hahn, Daniel: Bundeswehr in den Auslandseinsatz und zurück, VBlBW 2004, S. 71 ff.

Vöneky, Silja / Wolfrum, Rüdiger: Die Reform der Friedensmissionen der Vereinten Nationen und ihre Umsetzung nach deutschem Verfassungsrecht, ZaöRV 62 (2002), S. 569 ff.

Vöneky, Silja: Response – The Fight against Terrorism and the Rules of International Law – Comment on Papers and Speeches of John B. Bellinger, Chief Legal Advisor to the Unite States State Department, German Law Journal Vol. 8 No. 7 - 1 July 2007, S. 747 ff.

Vöneky, Silja: Die Anwendbarkeit des humanitären Völkerrechts auf terroristische Akte und ihre Bekämpfung, in: Fleck (Hg.), Rechtsfragen der Terrorismusbekämpfung durch Streitkräfte, 2004, S. 147 ff.

Voss, Karl Ulrich: Rechtsstaat ad hoc? – Anwendung von Gesetzesvorbehalt und Parlamentsvorbehalt bei Auslandseinsätzen der Bundeswehr, ZRP 2007, S. 78 ff.

Waechter,Kay: Polizeirecht und Kriegsrecht, JZ 2007, S. 61 ff.

Wagener, Martin: Auf dem Weg zu einer „normalen" Macht? : Die Entsendung deutscher Streitkräfte in der Ära Schröder, in: Sebastian Harnisch, Christos Katsioulis, Marco Overhaus (Hrsg.), Deutsche Sicherheitspolitik, 2004, S. 89 ff.

Wallrabenstein, Astrid: Klausur Öffentliches Recht: Wer entscheidet über „Blauhelm"- Einsätze der Bundeswehr, JA 1998, 863 ff.

Walter, Christian / Vöneky, Silja / Röben, Volker / Schorkopf, Frank (eds.): Terrorism as a Challenge for National and International Law: Security versus Liberty?, 2004.

Walter, Christian: Zwischen Selbstverteidigung und Völkerstrafrecht: Bausteine für ein internationales Recht der "präventiven Terrorismus-Bekämpfung, in: Dieter Fleck (Hg.), Rechtsfragen der Terrorismusbekämpfung durch Streitkräfte, 2004, S. 23 ff.

Walter, Christian: Hüter oder Wandler der Verfassung? Zur Rolle des Bundesverfassungsgerichts im Prozeß des Verfassungswandels, AöR 125 (2000), S. 517 ff.

Walz, Dieter: Verfassungs- und wehrrechtliche Fragen einer deutschen Beteiligung an militärischen Aktionen der Vereinten Nationen, in: Prüfert, Andreas (Hg.), Einsatz der Bundeswehr außerhalb des NATO-Bündnisses, 1991, S. 25 ff.

Wandscher, Christiane: Internationaler Terrorismus und Selbstverteidigungsrecht, 2006.

Warg, Gunter: Von Verteidigung zu kollektiver Sicherheit. Der Nato-Vertrag auf Rädern, 2004.

Weber, Sebastian: Die israelische Militäraktion im Libanon und in den besetzten palästinensischen Gebieten 2006 und ihre Vereinbarkeit mit dem Völkerrecht, AVR 44 (2006), S. 460 ff.

Weinzierl, Sebastian: Vorlesungs-Abschlußklausur – Völkerrecht: Geiselbefreiung im Ausland, JuS 2004, S. 602 ff.

Weis, Hubert: Diskussionsbeitrag, in: Frowein, Jochen Abr. / Stein, Torsten (Hg.): Rechtliche Aspekte einer Beteiligung der Bundesrepublik Deutschland an Friedenstruppen der Vereinten Nationen, 1990, S. 79.

Weiß, Siegfried: Auswärtige Gewalt und Gewaltenteilung, 1971.

Weiß, Wolfgang: Die Beteiligung des Bundestags bei Einsätzen der Bundeswehr im Ausland – eine kritische Würdigung des Parlamentsbeteiligungsgesetzes –, NZWehrr 2005, S. 100 ff.

Weißbuch zur Sicherheitspolitik Deutschlands und zur Zukunft der Bundeswehr, hgg. vom **Bundesministerium der Verteidigung:** 2006.

Wellershoff, Dieter (Hg.): Frieden ohne Macht, 1991.

Werner, Angela: Die Grundrechtsbindung der Bundeswehr bei Auslandseinsätzen, (zugleich. Diss., Universität Köln, 2005), 2006.

Wessels, Johannes / Beulke, Werner: Strafrecht, Allgemeiner Teil, 35. Aufl., 2005.

Westerdiek, Claudia: Humanitäre Intervention und Maßnahmen zum Schutz eigener Staatsangehöriger im Ausland, AVR 21 (1983), S. 383 ff.

Westphal, Dietrich: Der finale Rettungsabschuß – ist das deutsche Luftsicherheitsgesetz verfassungsgemäß?, juridikum 2006, S. 138 ff.

Wiefelspütz, Dieter: Wiefelspütz: Klare Befehlslage für AWACS macht Beschluß unnötig, dpa-Gespräch vom 18. März 2003.

Wiefelspütz, Dieter: Die Immunität und Zwangsmaßnahmen gegen Abgeordnete, NVwZ 2003, S. 38 ff.

Wiefelspütz, Dieter: Das Untersuchungsausschußgesetz, 2003.

Wiefelspütz, Dieter: Sicherheit vor den Gefahren des internationalen Terrorismus durch den Einsatz der Streitkräfte, NZWehrr 2003, S. 45 ff.

Wiefelspütz, Dieter: Die Bundeswehr muß Terrorangriffe aus der Luft abwehren, Interview in: Die Welt vom 20. Februar 2006.

Wiefelspütz, Dieter: Bundeswehr und innere Sicherheit, NWVBl. 2006, S. 41 ff.

Wiefelspütz, Dieter: Der kriegerische terroristische Luftzwischenfall und die Landesverteidigung, RuP 2006, S. 71 ff.

Wiefelspütz, Dieter: Der Einsatz der Streitkräfte im Innern – Bundeswehr und Polizei –, Die Polizei 2003, S. 301 ff.

Wiefelspütz, Dieter: Konstitutiver Parlamentsvorbehalt und Entsendeausschuß, Jura 2004, S. 292 ff.

Wiefelspütz, Dieter: Der Einsatz bewaffneter deutscher Streitkräfte und der Bundestag, RuP 2004, S. 101 ff.

Wiefelspütz, Dieter: Der Einsatz bewaffneter deutscher Streitkräfte und der Bundestag, Bundeswehrverwaltung 2003, S. 193 ff.

Wiefelspütz, Dieter: Konturen eines Parlamentsbeteiligungsgesetzes, BayVBl. 2003, S. 609 ff.

Wiefelspütz, Dieter: Rezension: Jan-Peter Fiebig. Der Einsatz der Bundeswehr im Innern. Verfassungsrechtliche Zulässigkeit von innerstaatlichen Verwendungen der Streitkräfte bei Großveranstaltungen und terroristischen Bedrohungen, in: NZWehrr 2004, S. 174 f.

Wiefelspütz, Dieter: Einsatz der Bundeswehr in inneren Krisen, ZRP 2003, S. 140.

Wiefelspütz, Dieter: Der Einsatz bewaffneter deutscher Streitkräfte und der konstitutive Parlamentsvorbehalt, 2003.

Wiefelspütz, Dieter: Der Einsatz der Streitkräfte und die konstitutive Beteiligung des Deutschen Bundestages, NZWehrr 2003, S. 133 ff.

Wiefelspütz, Dieter: Die militärische Integration der Bundeswehr und der konstitutive Parlamentsvorbehalt , ZaöRV 64 (2004), S. 363 ff.

Wiefelspütz, Dieter: Die Fraktions-Entwürfe eines Parlamentsbeteiligungsgesetzes, NZWehrr 2004, S. 133 ff.

Wiefelspütz, Dieter: Bundeswehr und Amtshilfe für die Polizei, BWV 2004, S. 121 ff.

Wiefelspütz, Dieter: Bundeswehr und innere Sicherheit – Der Einsatz der Streitkräfte im Innern, in: Martin W. Möllers / Robert Chr. van Ooyen (Hg.), Jahrbuch Öffentliche Sicherheit 2002/2003, 2003, S. 283 ff.

Wiefelspütz, Dieter: Das Parlamentsheer, 2005.

Wiefelspütz, Dieter: Einsätze der Bundeswehr auf See, NZWehrr 2005, S. 146 ff.

Wiefelspütz, Dieter: Der Auslandseinsatz der Bundeswehr gegen den grenzüberschreitenden internationalen Terrorismus, ZaöRV 2005, S.819 ff.

Wiefelspütz, Dieter: Landesverteidigung gegen den grenzüberschreitenden internationalen Terrorismus, Bundeswehrverwaltung 2005, S. 49 ff.

Wiefelspütz, Dieter: Das Parlamentsbeteiligungsgesetz vom 18. 3. 2005, NVwZ 2005, S. 496 ff.

Wiefelspütz, Dieter: Die Zulässigkeit der Anwendung präemptiver oder präventiver militärischer Gewalt, Humanitäres Völkerrecht – Informationsschriften – 2006, S. 103 ff.

Wiefelspütz, Dieter: Das Gewaltverbot und seine Durchbrechungen: Aktuelle Tendenzen im Völkerrecht, ZfP 2006, S. 143 ff.

Wiefelspütz, Dieter: Völkerrecht und Staatsrecht im Wandel – Die Antwort auf den 11. September 2001, Die Friedens-Warte 2006, S. 73 ff.

Wiefelspütz, Dieter: Die Abwehr terroristischer Anschläge und das Grundgesetz, 2007.

Wiefelspütz, Dieter: Landesverteidigung gegen den grenzüberschreitenden internationalen Terrorismus, Bundeswehrverwaltung 2006, S. 49 ff.

Wiefelspütz, Dieter: Der konstitutive wehrverfassungsrechtliche Parlamentsbeschluß, ZParl 38 (2007), S. 3 ff.

Wiefelspütz, Dieter: Nochmals: Verteidigungsfall auch bei Terroranschlägen?, RuP 2007, S. 3 ff.

Wiefelspütz, Dieter: Der Einsatz bewaffneter deutscher Streitkräfte im Ausland, AöR 132 (2007), S. 44 ff.

Wiefelspütz, Dieter: Zitat, in: Berlin: Keine weiteren Hilfen für die Türkei, in: FAZ vom 1. März 2003, S. 2.

Wiefelspütz, Dieter: Wiefelspütz: Klare Befehlslage für AWACS macht Beschluß unnötig, dpa-Gespräch vom 18. März 2003.

Wiefelspütz, Dieter: Der kriegerische Luftzwischenfall und der Einsatz der Streitkräfte zur Verteidigung, RuP 2007, S. 73 ff.

Wiefelspütz, Dieter: SPD: Bundestagsbeschluß unnötig, FAZ vom 21. Januar 2003, S. 6.

Wiefelspütz, Dieter: Der Auslandseinsatz der Streitkräfte und die Geltung der Grundrechte, UBWV 2007, S. 321 ff.

Wiegand, Manfred H.: Germany's International Integration: The Rulings of the German Federal Constitutional Court of the Maastricht Treaty and the Out-OF-Area Deployment of German Troops, The American University Journal of International Law and Policy, 10 (1995), S. 889 ff.

Wiegand, Manfred H.: Methodische Bedenken zur Entscheidungsfindung des BVerfG im Bereich der Außenpolitik, NJ 1996, S. 113 ff.

Wieland, Joachim: Haushaltsentscheidungen im gewaltenteiligen Staat, AöR 112 (1987), S. 449 ff.

Wieland, Joachim: Verfassungsrechtliche Grundlagen für einen Einsatz der Bundeswehr, DVBl. 1991, S. 1174 ff.

Wieland, Joachim: Die Beteiligung der Bundeswehr an gemischtnationalen Einheiten, in: Offene Staatlichkeit: Festschrift für Ernst-Wolfgang Böckenförde zum 65. Geburtstag, hgg. von Rolf Grawert, Bernhard Schlink, Rainer Wahl, Joachim Wieland, 1995, S. 219 ff.

Wieland, Joachim: Die Entwicklung der Wehrverfassung, NZWehrr 2006, S. 133 ff.

Wieland, Joachim: Verfassungsähnliche Grundlagen polizeiähnlicher Einsätze der Bundeswehr, in: Dieter Fleck (Hg.), Rechtsfragen der Terrorismusbekämpfung durch Streitkräfte, 2004, S. 167 ff.

Wild, Michael: Verfassungsrechtliche Möglichkeiten und Grenzen für Auslandseinsätze der Bundeswehr nach dem Kosovo-Krieg, DÖV 2000, S. 622 ff.

Wilkesmann, Peter: Terroristische Angriffe auf die Sicherheit des Luftverkehrs, NVwZ 2002, S. 1316 ff.

Willms, Gerd: Parlamentarische Kontrolle und Wehrverfassung, Diss., Universität Göttingen, 1959.

Willms, Heiner: Der Kosovo-Einsatz und das Völkerrecht, ZRP 1999, S. 227 ff.

Winkeler, Frank: Bedingt abwehrbereit?, (zugleich: Diss. Freiburg, 2007) 2007.

Winkler, Daniela: Die Systematik der grundgesetzlichen des Bundeswehreinsatzes unter Anknüpfung an die Regelung des LuftSiG, DÖV 2006, S. 159 ff.

Winkler, Daniela: Die Systematik der grundgesetzlichen Normierung des Bundeswehreinsatzes unter Anknüpfung an die Regelung des LuftSiG, DÖV 2006, S. 149 ff.

Wipfelder, Hans-Jürgen: Wehrpflichtige der Bundeswehr als Blauhelme der UNO?, BWV 1992, S. 197 ff.

Wolff, Heinrich Amadeus: Der verfassungsrechtliche Rahmen für den Einsatz der Bundeswehr im Innern zur Terrorismusbekämpfung und zum Schutz ziviler Objekte, ThürVBl. 2003, S. 176 ff.

Wolfrum, Rüdiger: Fighting Terrorism at Sea: Options and Limitations under International Law, in: Jochen Abr. Frowein / Klaus Scharioth / Ingo Winkelmann / Rüdiger Wolfrum (Hg.), Verhandeln für den Frieden – Negotiating for Peace, Liber Amicorum Tono Eitel, 2003, S. 141 ff.

Wolfrum, Rüdiger: Auswärtige Beziehungen und Verteidigungspolitik, in: Dreier, Horst / Badura, Peter (Hg.), Festschrift 50 Jahre Bundesverfassungsgericht, Zweiter Band, 2001, S. 693 ff.

Wolfrum, Rüdiger: Terrorismusbekämpfung auf See, HANSA Maritime Journal Heft 4/2003, S. 12 ff., 24 ff.

Wolfrum, Rüdiger: Irak – eine Krise auch für das System der kollektiven Sicherheit, http://www.mpil.de/de/Wolfrum/irak.pdf, S. 1 – 8.

Wolfrum, Rüdiger: Kontrolle der auswärtigen Gewalt, in: VVDStRL 56 (1997), S. 38 ff.

Wolfrum, Rüdiger (Hg.): Handbuch der Vereinten Nationen, 2. Aufl., 1991.

Wolfrum, Rüdiger (Hg.): Handbuch des Seerechts, 2006.

Wolfrum, Rüdiger: American-European Dialogue: Different Perceptions of International Law – Introduction, ZaöRV 64 (2004), S. 255 ff.

Wolfrum, Rüdiger: Recourse to Force and ius in bello Reconsidered?, Max Planck Yearbook of United Nations Law Volume 7 (2003), S. 1 ff.

Wollenberg, Simon Friedrich Wilhelm: Die Nacheile zur See – eine dogmatische Betrachtung, AVR 42 (2004), S. 217 ff.

Wolter, Jürgen: Menschenwürde, Kernbereich privater Lebensgestaltung und Recht auf Leben (Schwerpunkt: Wohnungsüberwachung im Strafprozeß- und Polizeirecht), in: Festschrift für Wilfried Küper zum 70. Geburtstag, herausgegeben von Michael Hettinger, Jan Zops, Thomas Hillenkamp, Michael Köhler, Jürgen Rath, Franz Streng, Jürgen Wolter, 2007, S. 707 ff.

Woopen, Herbert: Dürfen die europäischen NATO-Staaten ihre Streitkräfte außerhalb des NATO-Gebietes einsetzen?, NZWehrr 1983, S. 201 ff.

Yousif, Muna A.: Die extraterritoriale Geltung der Grundrechte bei der Ausübung deutscher Staatsgewalt im Ausland, (zugleich: Dissertation Köln, 2007) 2007.

Zahner, Mathias Gregor Armin: Das Gewaltverbot der Satzung der Vereinten Nationen als Illusion?, BayVBl. 2006, S. 490 ff.

Zieschang, Frank: Strafrecht, Allgemeiner Teil, 2005.

Zimmer, Gerhard: Terrorismus und Völkerrecht: militärische Zwangsanwendung, Selbstverteidigung und Schutz der internationalen Sicherheit, 1998.

Zimmer, Mark: Einsätze der Bundeswehr im Rahmen kollektiver Sicherheit: staats- und völkerrechtliche Grundlagen unter Berücksichtigung des BVerfG-Urteils vom 12.07.1994, 1995.

Zippelius, Reinhold / Würtenberger, Thomas: Deutsches Staatsrecht, 31. Aufl., 2005.

Zöckler, Markus: Germany in Collective Security Systems, EJIL 1995, S. 274 ff.

Martin H. W. Möllers / Robert Chr. van Ooyen
(Hrsg.)

Jahrbuch
Öffentliche Sicherheit
2006/2007

614 Seiten • Hardcover gebunden
29,- € • ISBN 978-3-86676-000-4

Der dritte Band des JBÖS reflektiert wiederum das breite Spektrum der aktuellen Entwicklungen des Doppeljahres 2006/2007 im Sinne eines „erweiterten" Begriffs von Sicherheit. Im Vergleich zu den voran gegangenen Bänden ist die Zahl der Beiträge noch einmal gestiegen – ein untrügliches Zeichen dafür, dass die Öffentliche Sicherheit zur Zeit an Komplexität und Rasanz weiter zunimmt, und vielleicht auch ein Zeichen für die gesteigerte Resonanz des JBÖS.

In den vier Kernrubriken stehen dabei die folgenden Themenkomplexe im Vordergrund:

- *Extremismus / Radikalismus*
  u. a.: Linkspopulismus - Antiamerikanismus - Fußball und Rechtsextremismus - RAF - Rechtsterrorismus - Osama bin Laden

- *Öffentliche Sicherheit in Deutschland*
  u. a.: Luftsicherheit - Zuwanderung - Verfassungsschutz und Polizei - Auslandseinsätze Bundespolizei - Föderalismusreform - Polizei und Frauen - Versammlungsfreiheit - Aufenthaltsrecht und innere Sicherheit - Sicherheitsarchitektur

- *Europäische Sicherheitsarchitektur*
  u. a.: Polizeivertrag von Prüm - Menschenrechtsbeirat - EU-Haftbefehl - WEU-Polizei - EU-Verfassung - Strafrechtsharmonisierung - Europol

- *Internationale Sicherheit*
  u. a.: Menschliche Sicherheit - Atomwaffen - UN und Terrorismus - Auslandseinsätze Bundeswehr - UN-Reform - See-Piraterie - Police-Monitoring - Rückkehr des „gerechten Kriegs"

Dieter Wiefelspütz

Die Abwehr terroristischer Anschläge und das Grundgesetz

Polizei und Streitkräfte im Spannungsfeld neuer Herausforderungen

108 Seiten • 12,90 € • ISBN 978-3-86676-001-1

Die Abwehr terroristischer und anderer asymmetrischer Bedrohungen innerhalb Deutschlands ist vorrangig eine Aufgabe der für die innere Sicherheit zuständigen Behörden von Bund und Ländern. Jedoch kann die Bundeswehr zu ihrer Unterstützung mit den von ihr bereitgehaltenen Kräften und Mitteln immer dann im Rahmen geltenden Rechts zum Einsatz kommen, wenn nur mit ihrer Hilfe eine derartige Lage bewältigt werden kann, insbesondere wenn nur sie über die erforderlichen Fähigkeiten verfügt oder wenn die zuständigen Behörden erst zusammen mit Kräften der Bundeswehr den Schutz der Bevölkerung und gefährdeter Infrastrukturen sicherstellen können. Insbesondere bei terroristischen Bedrohungen aus dem Luftraum und von See her sind die Fähigkeiten der Bundeswehr zur Gefahrenabwehr gefragt. Das außerordentlich umstrittene Urteil des Bundesverfassungsgerichts zum Luftsicherheitsgesetz begrenzt den Einsatz der Bundeswehr bei einem nichtkriegerischen Luftzwischenfall deutlich. Diese Grenzen sind auch vom verfassungsändernden Gesetzgeber zu beachten. Gleichwohl ist eine kritische Auseinandersetzung mit diesem wichtigen Urteil geboten.

Dieter Wiefelspütz

Reform der Wehrverfassung

178 Seiten • 16,80 € • ISBN 978-3-86676-022-6

Das Luftsicherheitsurteil des Bundesverfassungsgerichts ist aus verfassungsrechtlichen Gründen, die Große Koalition aus verfassungspolitischen Gründen eine günstige Konstellation, um die zentralen wehrverfassungsrechtlichen Normen des Grundgesetzes auf ihre Tragfähigkeit zu überprüfen.

Es bietet sich an, eine eng gefasste Änderung des Art. 35 GG vorzunehmen und Art. 87 a GG um einen Abs. 5 zu ergänzen.

Dabei ist entscheidend, dass bei nichtkriegerischen Einsätzen der Bundeswehr im Inland polizeirechtliche Vorgaben bestimmend sind, während bei bewaffneten Auslandseinsätzen das Völkerrecht maßgeblich ist. Schließlich sollte der konstitutive Parlamentsvorbehalt wegen seiner besonderen Bedeutung ausdrücklich in das Grundgesetz aufgenommen werden. Es bietet sich danach an Art. 35 Abs. 2 – 5 GG neu zu fassen und einen neuen Art. 87 a Abs. 5 GG zu schaffen.